本刊受上海市高水平地方高校（学科）建设项目资助

CSSCI来源集刊

法律方法
Legal Method

第39卷

主　编·陈金钊　谢　晖
执行主编·杨知文

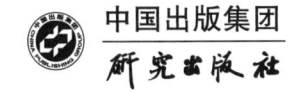

中国出版集团
研究出版社

图书在版编目 (CIP) 数据

  法律方法.第 39 卷/陈金钊,谢晖主编.——北京：研究出版社,2022.8
  ISBN 978-7-5199-1271-0

Ⅰ.①法… Ⅱ.①陈…②谢… Ⅲ.①法律－文集 Ⅳ.① D9-53

中国版本图书馆 CIP 数据核字 (2022) 第 128343 号

出 品 人：赵卜慧
出版统筹：张高里　丁　波
责任编辑：张立明

法律方法（第39卷）

FALV FANGFA（DI 39 JUAN）

陈金钊　谢　晖　主编

研究出版社 出版发行

（100006　北京市东城区灯市口大街100号华腾商务楼）
北京中科印刷有限公司印刷　新华书店经销
2022年8月第1版　2022年8月第1次印刷
开本：787mm×1092mm　1/16　印张：32.25
字数：659千字
ISBN 978-7-5199-1271-0　定价：118.00元
电话（010）64217619　64217612（发行部）

版权所有·侵权必究
凡购买本社图书，如有印制质量问题，我社负责调换。

法律方法

(第39卷)

主　编
陈金钊　谢　晖

学术顾问
（以姓名拼音为序）

郝铁川	胡玉鸿	蒋传光	季卫东
李桂林	刘作翔	舒国滢	沈国明
孙笑侠	王　申	熊明辉	叶　青
於兴中	张斌峰	张继成	郑成良

编辑委员会
（以姓名拼音为序）

陈金钊	戴津伟	杜文静	侯竣泰
黄　炎	蒋太珂	刘风景	吕玉赞
宋保振	吴冬兴	杨铜铜	杨知文

本卷执行主编
杨知文

序　言

　　人们不能总是消费别人的信任而不断地进行压服，司法裁判只有阐明裁判结论的形成过程和正当性理由，才可能提高裁判的可接受性，实现法律效果和社会效果的有机统一。法律方法就是站在维护法治的立场上，把法律作为修辞进行说服的纠纷解决方法，其包括但不限于法律发现、法律解释、利益衡量、漏洞填补、法律推理以及法律论证。而法律方法论则是对法律如何被运用的一系列解释、论证和推理的技巧、规则、程序、原则的系统思考。由于对逻辑思维的轻视，我国对法律方法论的研究起步较晚。但自21世纪初以来，随着对思维方式的体系化改造，法律方法论研究逐渐成为我国法学研究中的一门显学。

　　创刊于2002年的《法律方法》，迄今已经出版39卷，为法律方法论人才的培育，法律方法论研究的普及、深化、繁荣，提供了专业化的学术交流、切磋平台。多年来，幸赖学界同仁的支持、出版界同仁的合作，《法律方法》与学界同仁一道，共同推动了中国法律方法论的研究，见证了法律方法论研究的繁荣。

　　法律方法论研究的持续繁荣蕴含着研究契机的转换。随着裁判文书上网、案例指导制度的建立，学界越来越关注司法实践发展出来的教义规则及其方法支撑。法律方法论的研究正从以译介消化域外相关理论为特色的学说继受阶段，转向以本国立法、司法实践的教义学化为契机的本土化时代。面对这一新的发展趋势，我们认为，促进法治中国建设、生成法学教义规则，理应成为今日法律方法论研究的出发点和落脚点。法律方法论研究也应当在继续深挖法律方法的基础理论之上，提炼能够回应我国实践需求的命题。

　　因而，我们需要继续深挖法律方法的基础理论，拓展法律方法论的应用研究。

　　一是法律方法与法治的关系。法律方法依托于法治，没有法治目标，要不要法律方法都无所谓。基于何种法治立场、实现何种法治目标、讲述何种法治故事，是奠定法律方法论价值取向的前提性问题。如果忽略对这些问题的研究，法律方法的研究、运用必将沦为方法论上的盲目飞行。

　　二是法律方法与逻辑的关系。逻辑是思维的规律和规则。法律方法表现为各种具体的法律思维规则，法律思维规则构成了法律方法的骨架。如今，逻辑学经历了传统的形式逻辑向实质逻辑的转向。结合逻辑学的新变化，建构法律解释、法律推理、法律论证模型，对夯实法律方法论的逻辑基础，强化法律方法论的实践指向，具有重要的理论和实践意义。

三是回应实践的需要，提炼新的命题。面对法律供给不足的现实，我们应当坚持"持法达变"思维，把法律当成构建决策、裁判理由的主要依据，重视体系思维，将宪法中的"尊重和保障人权"原则融入法律思维或者法律方法之中，以防止"解释权"的误用、滥用。这意味着法律规范的供给不足隐含的是法律方法或者说法律思维规则供给不足。因此，面对法治实践的需要，应不断提炼出反映中国法治实践需要、满足中国法治实践需要的新的理论命题或者规则。

在法律方法研究重点发生转向的新时代，《法律方法》将"不忘初心、牢记使命"，继续秉持"繁荣法律方法研究，服务中国法治实践，培养方法论学术新进"的宗旨，为我国法律方法研究的繁荣、法律方法研究的实践取向，以及法律方法人才的培养做出应有的贡献。同时也希望各位先达新进不吝赐稿，以法律方法论研究为支点，共同推动中国法治建设。

陈金钊

目 录　　　　　法律方法（第39卷）

序　言　　　　　　　　　　　　　　　　　　　　　　　　　　　陈金钊／Ⅰ

域外法律方法论

法律解释与司法权力　　　　　［美］弗兰克·伊斯特布鲁克著　邱小航译／3
论跨越"约根森困境"的两类方案
　　——兼论涵摄的本质　　　　　［丹麦］奥夫·罗斯著　吴国邦译／13
法律、事实还是正义？　　　　［英］阿德里安·A.S.祖可曼著　陈佳文译／33
原意主义者解释的三个步骤　　　　　　　［美］大卫·克伦普著　赵子超译／51
论成员组成为奇数的委员会所作的法律决议　［德］托马斯·莱赛尔著　朱泓睿译／62
税法解释实证研究的关键问题及方法　　　［美］乔纳森·H.崔著　金彬彬译／72

法律方法基础理论

司法判断力的文化渊源探析　　　　　　　　　　　　　　　　　季金华／119
法律名称的要素、功能与确定方法
　　——基于全国人大及其常委会的立法实践　　　　　　　　刘怡达／143
一个非单调性的制定法论辩系统　　　　　　　　　　　　　　陈　坤／163
为不可放弃的权利辩护　　　　　　　　　　　　　　　　　　苏汉廷／194
法律解释与语言哲学　　　　　　　　［美］布莱恩·比克斯著　戴龙杰译／218
非规则型法视角：清代法的法律方法诠释　　　　　　　　　　董安静／228

司法方法论

涉破产虚假诉讼罪"捏造"行为实质解释研究　　　　　　　　赵运锋／253
类案检索的司法适用及其完善　　　　　　　　　　　　　　　孙　跃／268

决疑法及其在司法裁判的应用	金彦宇 / 282
论认罪认罚从宽案件的司法审查及其方法	许克军 / 301
后果主义裁判的后果可靠性危机及其解决机制	樊力源 / 317
美国专家证言审查的科学哲学与启示	
——从教条的科学主义到怀疑的理性主义	胡　萌 / 333

部门法方法论

刑事立法中平等原则的适用与展开	吕小红 / 347
刑法正当防卫条款的判断构造	陈　雪 / 359
税法解释性规则的理论阐释与司法适用	刘　珊 / 371
隐名股东排除代持股权强制执行的利益衡量论	范　一 / 383
国际法的碎片化与体系化：体系思维与方法的运用	黄　炎 / 398
企业合规问题的"中国化"探索	
——以国家治理为视域的分析	邵　晖 / 414
论去行政化审批后专业法官会议制度	
——以刑事审判为研究视角	李炜杰 / 431
电商平台个人信息民事案件管辖裁定的利益衡量	起海霞 / 447
违约金调整释明的正当性审视	邱饰雪 / 462
将社会主义核心价值观融入全民守法的路径分析	
——基于法治价值论的视角	陈　瑶 / 476
清末修律中罚金刑与赎刑的调适与反思	刘　维 / 485

附：《法律方法》稿约　　　　　　　　　　　　　　　　　　／504

域外法律方法论

法律解释与司法权力

[美] 弗兰克·伊斯特布鲁克[*] 著　邱小航[**] 译

摘　要　法官是语词的解释者，赋予语词意思。在疑难案件中，法官和受众未对语词的意思达成共识。法官不能依靠制定法和宪法解决疑难案件的原因包括：立法机构的有限性、词意的模糊性和矛盾性、尖锐问题难以解决、法律的妥协性、作为手段的法律含有限制性因素。同一个语词，会有不同解释，且不同解释各有理由支持。当没有明确目的时，宪法规则的意思会变模糊。语词的模糊性会影响法官结论的权威性。如果历史和语言不能为文本提供某种意思，必须为法律解释确立一套一致的、有原则的规则。

关键词　司法解释权　法律受众　疑难案件　最终决定权

法官解释语词。解释者赋予这些语词意思，但语词不能约束解释者。语词的意思和作者的"意图"是不同的。通常作者没有相关的意图或者有数个意图。当他们有意图时，意图并不受作者控制，因为语词只是向他人传达思想的工具。关键的人是语词的使用者，而非语词的作者。

只有在语言使用者共同体达成某种共识的情况下，语词才有意思。除非作者和读者都通过某种语词的解释来理解同一件事，否则写作要么没有任何意义，要么就像文义阐释一样，解放了读者，让读者提供自己的意思或故事。这就为理解法院的恰当作用创造了一个

---

[*] 弗兰克·伊斯特布鲁克（Frank H. Easterbrook），美国第七巡回上诉法院法官，芝加哥大学高级讲师。原文载《哈佛法律与公共政策杂志》（Harvard Journal of Law and Public Policy）第7卷（1984年第1期），第87-99页。本文作者使用了在别处出现过的观点，参见 Easterbrook, Statutes' Domains, 50 *U. CHI. L. REV.* 533（1983）; Easterbrook, Substance and Due Process, 1982 SUP. CT. REV. 85, 90-94; Easterbrook, Ways of Criticizing the Court, 95 *HARV. L. REV.* 802（1982）。

[**] 邱小航，女，山东安丘人，华东政法大学法学理论专业2020级博士研究生，研究方向为法律方法论、党内法规。

根本性的难题，因为法院是语词的使用者，但法院不被认为有太多的权力来创设法律规则，即便有的话。

很多时候，书面的语词会产生共同的解释。对法官来说，这样就不成问题了。事实上，当语词明确时，甚至不太可能有诉讼。人们通常不会花费时间和金钱来试图说服法官，让他们相信所有公正的读者都会得出他们没有表达的语词的意思。制定法和宪法的真正难题在于，在每一个有趣的案例中——在语词的熟练使用者和读者可以从文本中得出相反结论的每一个案例中——语词的作者和读者之间没有达成共识，也没有思想的交汇。我将在第二部分回到这个问题。

一、决定的难题

解释语词是困难的。即使语词是由一位能够决定作品结果的人所写，而非由一个包含许多思想和欲望的集体所写。集体的思想和欲望向不同的方向发展，使作品带有斗争的痕迹。即使作者花费几年的时间，将精力集中在一份文件上，解释仍是困难的。在简单义字解释中出现的难题，必然会在立法程序中成倍增加。考虑下述障碍：

（1）立法机构缺少时间来解决所有难题。通常情况下，他们的理解是浅薄的。即使事实并非如此，但新的案例仍会出现，这是他们没有预见或无法预见的。然而，缺少预见并不意味着授权读者补充作者遗漏的内容，因为在立法程序中，缺少时间是一个重要的限制。缺少时间是一个立法机构不能尝试做所有事情的原因，也是第七十三届国会没有解决我们今天面临的所有难题的原因。（无论如何，谁会想让这样的事情发生呢？）

缺少时间与三权分立有关。立法机关没有解决的问题，行政机关也没有解决。没有被提出来以供表决，就意味着不存在法律。如果上一届国会的所有成员在下周重新召开集会，并就几项法案达成一致，声称他们在1981至1982年缺少时间处理这些法案，法院将会忽略他们的残缺会议（rump session）。如果考虑到法院当下面临的难题，是否有更多的理由将空的制定法视为一个容器，让法官将他们认为的残缺会议［和一个"残缺总统（rump President）"］会做的事情倒进去？

（2）当某件事在起草者的思想中时，我们不一定会得到更确定的意思。成员众多的机构没有形成共同的意思。每个成员或许有自己的意思，每一个意思都很难发现。总的来说，意思可能是模糊的，也可能是矛盾的，又或者两者兼而有之。

（3）通常情况下，最尖锐的难题，被处理的可能性就最小。众所周知，集体机构无法解决最困扰它们的难题。解决意见分歧需要时间，而时间不是无限的。提案被搁置，机构则转而处理其他事情。除此之外，还有其他程序上的障碍，比如不受欢迎的附加条款和阻挠议案，它们阻止将多数人的意愿转化为法律。因此，即使法官知道团体中大多数成员的意愿，在不忽视审议制度的其他重要部分的情况下，他们无法例行公事地将该意愿作为法律来对待。

（4）大多数法律都是妥协的结果。有时候，妥协的本质就是什么都不做，把问题留给未来。若致力于妥协的人认为，如果没有达成新的协议、没有作出新的让步，外来者就会改变妥协，那么达成妥协就会更加困难。填补语言空白的努力会扰乱决定，并防止出现新的妥协。

（5）不必把注意力局限于自私利益之间的妥协上，人们就能看到划界上的难题。当国会为"纯粹的公共利益（pure public interest）"（无论其是什么）而行动时，其可能会试图用尽从立法中获得的收益。以《诚信贷款法案（Truth in Lending Act）》作为公共利益立法的例子。（我们不需要决定其是否为公共利益立法）。由此产生的一个问题是，该制定法没有明确规定的内容，比如，贷款人是否必须披露其保留的"未获得的（unearned）"的保险费，这些保险费在提前偿还本金时未返还的。① 制定法要求这种披露吗？这很快就转向另一个问题：披露越多越好吗？

了解到制定法是"支持披露的（pro-disclosure）"，并不能帮助你回答这个问题。披露"价值"的存在并没有说明国会认为为了追求该价值而牺牲多少是明智的。通过说明要披露的内容，国会很可能认为已经到了披露的成本超过披露更多信息所得到的受益的地步，包括混乱的披露文件所创造的成本。这些披露文件让人费解，而非让人得到启发。当一份文件规定了达到起草者预期目标的手段时，它就包含了自己的限制性原则——只要我们能找到它。②

二、解释的难题

这五项考虑所聚焦的难题是，制定法和宪法无法包含法院难以解决问题的"答案"。语词是麻烦的开端，法律文件中的语词更是如此。

以一项要求给狗拴绳的法律为例。这也包括猫（因为它确实涵盖动物）、狼（因为它确实涵盖犬科动物）或狮子（因为它确实涵盖危险动物）吗？法院会发现这些问题并不存在于立法者的思想中，如果立法者考虑过这些问题，他们可能会选择其中的任何一个加以说明。类似地，以看起来非常明确的事情为例，比如要求总统年满三十五岁。三十五是代表地球绕太阳公转的周期数，还是按照平均寿命的百分比设计的（所以今天的总统年龄必须是四十五岁）？或者，这种语言可以想象成表示青春期后的几年（所以今天一个人可以在三十岁时成为总统）？每种说法都有一系列看似合理的"价值观"支持。四十五岁的

---

① 参见 Anderson Bros. Ford v. Valencia, 452 U.S. 205 (1981)。
② 因为描述追求目标的手段的文件——而不是仅仅说明目的——有内在的限制，迈克尔·佩里（Michael Perry）认为他可以区分法官的"宪法外"决定和"违反宪法"决定是错误的。参见 Perry, Judicial Activism, 7 HARV. J. L. & PUB. POL'Y 69 (1984) [*hereinafter cited as Perry, Judicial Activism*] *and M. PERRY, THE CONSTITU-TION, THE COURTS, AND HUMAN RIGHTS ix*, 17-36 (1982)。佩里认为，法院可以在不明确的范围内追求宪法规定的任何价值。他似乎认为，宪法起草者从来没有听说过太多好事。这是不太可能的，宪法的整体结构暗示了具体的权利是有限的，因为创造和维护权利的成本很高。

解释将确保，相对于政府中的其他人来说，总统是相对成熟和受尊重的；三十岁的规则允许一个禀赋优异者在"成人社会"中度过若干年，在那里他或她学会了完成工作的必要技能。事实上，几乎任何对旧的语言的有趣解释都会得到一些看似合理的"价值观"的支持。

这似乎是一个荒谬的例子，但事实并非如此。宪法的其他部分在抽象上就像三十五岁规则一样明确，然而在解释的过程中，它们的意思却变得模糊不清，因为很难确定这些语词要达到的目的。① 没有援引某种共识，就不能说"三十五"是"明确"的，而这种共识反过来又取决于对"三十五"指称功能的认同。援引一种简单意思（plain meaning）规则，就是回避意思的核心问题，掩盖意思确立的方式。这可能是"简单意思"作为一种解释方法是如此受欢迎的原因。它减轻了法官作出正当理由的负担。

然而，如果没有一个确定的方法来为一部法令推导出意思，那么意思就在于对一项规则的选择。规则选择过程是任意的。自由裁量权属于法官。而自由裁量权就是大多数人喜欢拥有的权力。

因此，毫不奇怪的是，法定解释的规则完全是一团乱麻。卡尔·卢埃林（Karl Llewellyn）将它们列入《普通法传统》。他扮演着法律上艾萨克·牛顿（Isaac Newton）的角色，向我们展示每一条规则都有一条相等的和相反的规则。② 减损普通法的制定法被严格地解释，但是补救性制定法被自由地解释。事实证明，每一部补救性制定法都是对普通法的减损，所以法官有充分的自由裁量权。

试图解决这种混乱的努力没有成功，这也永远不会成功，因为法院作为一个以多数票达成决定的集体机构，其后果之一就是它必然会产生相互矛盾的决定。公共选择理论告诉我们，当一个有两个以上成员的机构有两个以上的选择时，其不能排除自我矛盾的可能。决策和成员越多，就越有可能出现矛盾。因此，我并不指责法院有如此多的解释方法。更确切地说，这里的问题是，可能没有一种方法是非常可取的。

请思考一下，哪些规则可以让法院能够摆脱变幻莫测的准则。"简单意思"规则显然

---

① 例如，"任何州不得……通过任何……损害合同义务的法律"（U. S. CONST. art. I, § 10, cl. 1）的条款被视为"除非有很好的理由这样做"。参见 Home Building & Loan Ass'n v. Blaisdell, 290 U. S. 398（1934）. 要求"凡经参众两院同意的任何命令、决议或表决（关于休会问题的除外），均应提交给美国总统；在该命令、决议或表决生效前，应由总统批准"或被其否决和推翻（U. S. CONST. art. I, § 7, cl. 3），被解释为不要求向总统提交宪法修正案，除非参议院和众议院同意，否则不得向各州提交宪法修正案。Hollingsworth v. Virginia, 3 U. S.（3 Dall.）378（1798），该案件后来被描述为创造一个"例外（原文如此！）"作总统签署条款（Presentment Clause）"。INS v. Chadha, 103 S. Ct. 2764, 2786 n. 20（1983）. 第一修正案规定，"国会不得制定……剥夺言论自由的法律"——甚至是最尊重字面意思的法官雨果·布莱克（Hugo Black）——就好像在说"政府的任何部门都不能做任何……限制言论自由的事情。"布莱克与他的同事们分道扬镳，只是因为他拒绝同意他们在修改后的条款中加上的"除非在权衡之后，正当情况需要删节"。第五修正案载有一项正当程序条款，但没有平等保护条款，因此被理解为与第十四条修正案意义相同，第十四条修正案载有这两项条款。Bolling v. Sharpe, 347 U. S. 497（1954）. 一个能够蔑视这种语言的法庭不会发现对总统的年龄限制是一个很大的障碍。

② K. LLEWELLYN, *THE COMMON LAW TRADITION* 521 - 35（1960）.

是荒谬的，原因现在应该很清楚了。"明确声明（clear statement）"规则是一种普遍的严格解释规则，与"简单意思"规则类似，但这种规则失败了。因为当法官对一个结果感到"惊讶"时，这种规则会被随意援引，而非统一援引。① 而统一适用明确声明规则也不起作用，因为立法机构往往想制定一项原则，而不是一套规则。《谢尔曼反托拉斯法》（The Sherman Act）是自由贸易这一法定原则的一个很好的例子，法院必须充实这一原则。

因此，明确陈述规则不能指导司法判决。另一种不同的方法是进入立法者的思想，想象他们会如何决定。从汉德（Hand）和法兰克福（Frankfurter）到现在的几位伟大的法官，都采用了这种方法的一种或另一种变体。然而，当原告援引一部制定法，而被告援引来自不同的立法机构的另一部制定法时，这种方法主张不可能实现的事。法官必须深入了解谁的思想？立法者可能曾以不同的方式回答过这些问题。哪一方是对的？["后者"是一个容易但错误的答案；格言"不赞成以默示的方式废除（repeals by implication are not favored）"是对前者的工作的褒奖，它基于这样一种信念，即立法机关既不会尝试也不能被期望去整理前几届会议的所有工作。]

想象立法者如何回答他们从未想到过的问题的方法是值得怀疑的，这基于另一个非常基本的原因：它要求法官改变对立法程序、联盟建设、时间需求和否决权的限制，将它们仅仅视为纯粹的废话。通过直接将推定意图改为法律规则，法院绕过了这些限制。

这种方法最终会失败，因为没有人能做到它所要求的内容。有多少法官能够了解1871年和1929年的国会议员的思想；又有多少法官知道，因为细微的变化，哪些条款能够在1930年制定，但这些条款在1931年无法制定？我们知道有这样的变化，看看今天的国会六个月以来的不同之处。我们对本届国会的了解也适用于往届国会。

法官的作用必须受到限制，以防出现缺少自我约束的任性法官，并保护除非明确取代否则私人秩序优先的原则。但这还不够。即使是最谦逊的法官，如果被要求在自己的思想中再造535个思考过昨天的难题的思想，并继续在他们的平台上立法，也是会失败。即使是最优秀的法官都将发现，被想象的已故立法者的对话，与当下法官的"良善"观念亦有许多共同之处。

接下来我们该怎么做？我的主要论证是，只要我们假设读者应该阅读和解释，我开始提出的难题就没有令人满意的解决方案——意思在于读者而不是作者。但是为什么一定要这样呢？解释行为假定对于任何给定的争议，都存在某种法律，只需要法官宣布该法律即

---

① 去年，当法院对国会对破产法的一项修正案具有追溯效力感到惊讶时，援引了"明确声明"的规则。United States v. Security Industrial Bank, 103 S. Ct. 407（1982）。只有一个小问题：制定法写得非常明确。最高法院给出的"解释"是一种使法律无效的间接方式，以避免面临宪法问题。为什么联邦最高法院认为它有权通过做与国会相反的事情来避免宪法问题，这一点从来没有"明确（clear）"过。

可。如果我们认为在一些问题上没有法律，会发生什么？① 法官拿起制定法或宪法条款，又把它放下。

诉讼中当事人和法官的通常假设是，国会或宪法的制定者已经解决或授权法官解决所有以后出现的问题。这当然只是一种幻想。国会还没有开始考虑所有的问题；它还不能提供所有的答案。在一个普遍的（古典）自由主义社会中，国会不会承认为所有争议提供了决定规则。有些事情被保留在私人领域中处理。

如果法官说："我们对这一争议没有答案"，他们这样做的理由是什么？他们可以援引反对法律监管的推定，但这很难证明是合理的。也许国会已经为某些类别的争议确立了普遍适用的规则。对制定法采取我们对合同的方式似乎更可取：创造一套背景理解（background understandings），使当事人能够达成协议并最大限度地交流他们的意思。

制定法的规则可能如下：如果立法机关授权创设普通法，那么法官可以在疑难案件中提供规则，但要根据他们的见解，而不是制定法律的国会的见解。在这种案例中，该规则执行立法计划，即使这不是国会选择的规则。《谢尔曼反托拉斯法》是一个例子，《国家劳资关系法》（National Labor Relations Act）（授权给国家劳动关系委员会而非授权给法院）是另一个例子。决定责任的转移必须明确，否则很难得到立法机关和行政机关的同意。然而，当转移发生时，法院对诉讼有充分的正当理由。

另一方面，当制定法似乎是以立法机关的名义确立规则时，那么推定必须是一种妥协，并因此导致司法被动性。提供更多规则的司法解释，甚至是那些推进与制定法相同价值的司法解释，破坏了妥协，也让立法机关在任期结束后继续存在。如果这意味着更多的法律没有通常的制定程序和否决的可能性，那么这是令人反感的；如果这意味着法官实施他们自己对于"良善"的想法，却把它们当作别人的主意，从而逃避责任，那么这也是令人反感的。

三、司法权威的难题

上述提出的所有问题背后都有一个难题，就是合法权威的问题。通常关于法官做什么或应该做什么的辩论始于一个辩论者的论证，即我们生活在一个代议制民主国家，民主意味着只有当选的（负责任的）官员才应该作出重要的决定，而法官不是选举产生的，他们的任期使他们不必一直为自己的决定负责，因此他们不应该作出重要的选择。这一论证的结论是，对于宪法选择来说，尤其如此，因为被选出的代表不能推翻法官的决定。

反驳论证来自许多传统。一种传统强调代议制民主的"不完美"；因为人民的"真正"意志并没有被立法机关贯彻，而且因为法官在作出某些决定（例如，涉及基本价值的

---

① 其他许多问题都有答案——正确的答案。通常情况下，人们在意思上是一致；文本和历史提供指引。我一点也不认为法律是模糊的。大多数问题都有答案，不需要诉诸政治就能得到答案。但是，正如我一开始所强调的那样，我的目的不是审查不通过上诉就能解决的简单案件。这里的分析涉及理性的人不同意的解释问题。

决定）时，可能比立法机关具有相对优势，所以我们应该把这些决定委托给法官。另一种回应强调，制宪者给了我们一份限制代议制民主范围的文件，而执行共和国基本原则的法官是这种限制的一部分。

只要稍加改动①，这两条论证路线都可以被强制纳入"完美宪法"模式，该模式具有以下推论：（1）宪法（或制定法）要求明智的、公正的、良善的东西。（2）法官有权解释宪法（或制定法），他们的决定对政府的其他部门有约束力。（3）政策是明智的、公正的、良好的［在这里附加任何有争议的政策］。因此（4）法官完全可以命令政府的其他部门或个别当事人遵循基于政策P的推论：无论出于什么原因，任何一位法官只要不下令执行政策P，一定是不同意该政策的可取性［前提（3）］。如果在同样的前提下，政策P是好的，那么法官一定是坏的。

那些怀疑法官拥有扩张性权力是否恰当或正当的人，通常通过否认前提（1）或前提（3）来进行辩论。似乎自约翰·马歇尔（John Marshall）以来，前提（2）就被已经解决了。②最高法院一遍又一遍地对勉强同意的听众说，其有权宣布法律是什么，而包括总统在内的其他人必须服从。③但是，如果在某些主题上根本没有可适用的法律，或者至少如果"法律"不是这样的规则，即其被牢固建立在被授权采取行动的人的决定基础之上，而是通过危险推理过程被创造出来的，那这会发生什么呢？当"法律"的地位有待商榷时，前提（2）也是如此。

让我把这个问题转换一下。正如前提（2）所说，我们为什么要服从法官？首席法官马歇尔在"马伯利诉麦迪逊案"（Marbury v. Madison）中提出的论证并不是司法至上的论证。马歇尔从未主张在决定宪法或其他问题时，法官有任何优越的智慧或相对优势，他也没有主张人们应该效忠法官。相反，最高法院在"马伯利诉麦迪逊案"中说，某些决定早就作出了。制宪者们决定了最高法院最初管辖权的范围；最高法院可以确定限度是多少；面对宪法和制定法之间的冲突，联邦最高法院不得不遵循宪法。大法官已经宣誓［像最高条款（Supremacy Clause）一样］把宪法放在首位。最高法院没有向外人强加任何义务，根据其理论，最高法院也无权这样做。恰恰相反，根据马伯利的推理，其他每一位政府官员都和每一位法官一样，都有责任进行推理。宣誓和最高条款将宪法置于协调部门的决定之上。因此，法院可以无视国会主张。然后，按照同样的推理过程，如果总统认为法院错了，他也可以无视法院的说法。鉴于争议的性质，无论哪位政府官员对某一主题有最终决定权，都将做出宪法判决。④

---

① 当然，没有人会承认支持这种简单的三段论，我也不是把它当作某一个人的观点来提出来的。我采用这种对严肃论证的删节只是为了避免使这篇文章变得乏味。
② Marbury v. Madison, 5 U. S. (1 Cranch) 137 (1803); Cooper v. Aaron, 358 U. S. 1 (1958).
③ E. g., United States v. Nixon, 418 U. S. 683 (1974).
④ 勒尼德·汉德（Learned Hand）把这个观点归功于杰弗逊（Jefferson），但是观点陈述似乎更多的是出自他，而不是杰弗逊。参见 L. HAND, THE BILL OF RIGHTS 3 – 30 (1958).

这种最后负责的官方方法似乎让权利悬而未决。没有人有权力给出明确的观点。有些人认为，需要明确的答案是允许法院拥有最终决定权的充分理由。我对此不太确定。第一，由于法院容易自相矛盾，它们无法为许多法律问题提供明确的答案。第二，有评论认为，总统可以无视法院（当美国宪法第一条和第二条中的权力分配赋予总统最终决定权时），这给了总统一个"宪法火箭筒（constitutional bazooka）"——一个与我们的政府结构无关且不受约束的权力，这种观点被证明是过分的。宪法充满了末日武器，它们被废弃的主要原因是其威力。如果国会愿意，它可以剥夺行政部门的雇员，并切断总统的资金。这是给你真正的力量。我们不会因为它是首要的，就试图让它消失。主要的控制并不是否认权力的存在，而是根据宪法。所有的权力都是有代价的，而总统有他自己的武器。行政部门对某些司法判决说"不"的权力，并不比对国会说"不"的司法权或对总统说"不"的立法权更具破坏性。

直到"马伯利诉麦迪逊案"后很久，最高法院才开始说明最高法院的解释权排除了其他部门行使类似权力的可能性。直到1958年，在"库珀诉亚伦案（Cooper v. Aaron）"中①，最高法院才明确表示，《宪法》将最终解释权完全交给了法官，库珀案中的陈述只是一种法官附带意见，因为该案涉及的是对各州适用最高条款，而不是在国家政府各部门之间分配权力。然而，早在"库珀诉亚伦案"之前，法院就暗中采取了库珀案的立场，法院的立场只是确认了很久很久以来的惯例。法官对制定法和宪法的意思有最终决定权，这种权力只在历史的法庭上体现，而不在逻辑的法院上体现。事实证明，在一个非常复杂的政府中，这是一种（普遍意义上）令人满意的职能分配方式。这绝不是必要的——在没有任何类似东西的情况下，其他大多数文明社会也能很好地存在——但它一直是有用的。

但是，司法审查的性质由一种用自己最好的见解来指导自己行为的权力，转变为一种支配他人如何行为的权力，这对法官必须提供的正当理由的质量有一定的影响。一个法官不能仅仅因为宣布了他认为明智和公正的结果，就期望服从。他必须随时准备回答这样一个问题：为什么其他人要注意到该意见？为什么这个意见比法律评论文章更有约束力？

法官给出的关于必须服从的理由，通常会以这样的形式出现，即断言法官之外的其他人真正决定了这个问题。这个问题由宪法的制定者或制定法的起草者来解决。有一条规则对法官和其他人都有约束力，所有人都必须遵守。法官强制服从的权力来自那个外在的决定，而非来自法官自己的欲望。

这并不是说法官必须"发现（find）"而不是"制定（make）"法律。发现与制定是一个错误的二分法。所有的解释都包含读者添加的意思。这个讨论的重点是，法官添加的意思越多，法官主张服从的权力就越少。

---

① 358 U. S. 1 (1958).

当法官根据制定法或但书的授权发布裁决，该制定法或但书授权法官就这一主题制定一部普通法（反托拉斯法和第四修正案的"合理性"条款也是很好的例子），法院对服从的主张就像法官在执行一项"简单的"制定法一样强烈。法官可以指出一个外部规则——在某个案件中要求服从"简单的"规则，在另一个案件中是法官利用立法权制定的任何规则。法官的主张至少和国会在根据"商业条款"行使权力时的主张一样好。

当法院主张服从的依据是法院相信其所做的事是立法者所希望做的，如果立法者考虑到这个问题的话，那么基础就薄弱许多。如果立法者没有解决某些问题，也没有授权法院填补空白，那么为什么人们要听法官的话呢？法官对于服从的主张比法学教授强不了多少。类似地，主张有权根据对宪法的非解释方法做出决定的法官确实很大胆。如果法官为支持该决定所能说的话只是：(a) 该决定制定了一个好的规则，以及 (b) 该决定没有"违反宪法"，即其与制宪者的实际决定没有完全相反，那么人们为什么要服从呢？①

我的观点很简单，尽管这个观点经常被忽略。撰写宪法和法定解释的法官和绝大多数学者都认为，模糊的制定法和宪法能解除约束法院的枷锁。这种论证认为，如果历史和语言不能为文本提供某种意思，那么法官有权提供意思，他们应该选择最符合明智和公正要求的政府意思。因为语词通常缺少明确的含义，又因为宪法和许多制定法是很久以前起草的，而且语言和历史通常都不能很好地与当前的难题相协调，所以这些人得出结论，法官几乎在每一场争议中都有很大的自由裁量权。②

前提可能是真的。通常情况下，语词没有固定的意思。我已经尝试给出一些原因，说明为什么制定法和宪法必然不能很好地或根本不能回答基本问题。但结论并没有随之而来。这混淆了法律和文义解释。制定法的流动性意味着法官的权力减少了，而不是增加了。我们越是怀疑语词传达意思的能力，我们就越是怀疑法官强制服从他们结论的权威，法官就越是谨慎对待他们的要求。

这只是一个立场的概述。可以提出一些反对意见［正如理查德·爱泼斯坦（Richard Epstein）在下一篇论文中所做的］。③ 但在这个领域，所有立场都站不住脚。无法解决的难题不会导致简单的答案。无论人们如何看待法官更愿意把制定法放回原处、阅读但不解释的建议，我们的目标必须是为法律解释确立一套一致的、有原则的规则，以便起草者

---

① 这似乎是佩里（Perry）教授的立场，其他许多人在司法权的范围上也持类似立场（尽管不一定是在其渊源上）。参见 Perry, Judicial Activism, supra note 3, at 72 – 73。

② 在这方面的众多论证中的几个，参见 G. CALABRSI, A COMMON LAW FOR THE AGE OF STATUTES (1982); Perry, Judicial Activism, supra note 3; Brest, The Misconceived Quest for the Original Understanding, 60 B. U. L. REV. 204 (1980); Dworkin, The Forum of Principle, 56 N. Y. U. L. REV. 469 (1981); Levinson, Law as Literature, 60 TEX. L. REV. 373 (1982); Tushnet, Following the Rules Laid Down: A Critique of Interpretivism and Neutral Principles, 96 HARV. L. REV. 781 (1983). 这些论点使用非常不同的途径得出结论，但结论是相似的。

③ Epstein, The Pitfalls of Interpretation, 7 HARV. J. L. & PUB. POL'Y 101 (1984).

在交流时有一套规范可以使用。在共和国成立二百年后，我们离这个目标比共和国成立之初更远，甚至对我们自己来说，也是一个徒劳的任务。但这个任务太重要了，以至于我们不能承认这一点。

（编辑：杨知文）

论跨越"约根森困境"的两类方案[*]
——兼论涵摄的本质

[丹麦] 奥夫·罗斯[**] 著　吴国邦[***] 译

摘　要　"约根森困境"的核心问题是，规范推理究竟是不是一种逻辑推理。传统的"迪比斯拉夫－约根森"式解决方案，是从祈使句中提取陈述成分，并借助与祈使句相匹配的陈述句建构逻辑推理。这样的间接方案必须诉诸祈使句同与其相匹配的陈述句间的"变形"与"逻辑通信"，但又无法对它们的逻辑意义给出恰当解释，因而容易遭受"文字游戏"等类似诘难。直接解决方案的核心是为祈使句找到能够类比于陈述句"真－假"值的逻辑值，大致思路有两种，分别是将祈使句有效性作为逻辑值（"有效－无效"）的"有效性"方案与将祈使句指令履行状态作为逻辑值（"履行－未履行"）的"履行"方案。其中，依照祈使句有效性的判定标准，"有效性"方案又分化出"客观有效性"方案与"主观有效性"方案两种亚型。这三种直接方案能够规避间接方案的联结难题，却也各自面临困境。但无论这些方案最终能否被证立、"约根森困境"最终能否被跨越，将法官裁判的思维形式定义为演绎推理都是不妥当的，因为其核心乃是"规范－事实"涵摄中的解释与判断。

关键词　祈使句　规范逻辑　约根森困境　涵摄模式

---

[*]　本文受到教育部国家留学基金管理委员会"国家建设高水平大学公派研究生"项目（202007070012）资助。

[**]　奥夫·罗斯（Alf Niels Christian Ross），丹麦法学家、法哲学家，曾任欧洲人权法院法官，系斯堪的纳维亚现实主义法学的领军人物。本文原题为《祈使句与逻辑》（Imperatives and Logic），现标题系译者所改，本文摘要、关键词系译者所加。

[***]　吴国邦，男，山东枣庄人，维也纳大学法学院博士研究生，中国政法大学《法理》编辑部编辑，主要研究方向为法学方法论、欧洲公法史等。

一、概述

对于"祈使句与逻辑"所大致指涉的问题,现有研究已有所触及。不过,其中一些研究显得有些游离。

马利(Mally)① 致力于建立同"思维逻辑"这一"常规逻辑"相类似的"意志逻辑"。为了强调其独立性,作者还将"意志逻辑"称为"道义",并认为它以"意志"的"基本法则"为基础,正如常规逻辑以"观念"的"基本法则"为基础那样。基于五种"应然公理",其中包括"至少存在一项事实在规范层面应当无条件地发生"这一公理,作者开发出一套"形式演绎系统",并通过一系列冗杂的定理,得出"在规范层面应当无条件发生的就是事实"这一结论。类似地,作者还开发出一套适用于"正确"意志的公理系统,其中包括"正确的意志是无矛盾的"这一公理。

不难看出,马利的推理路径以一种为人所熟知的方式导向了形式主义伦理学的建构。笔者并不欲以揭示这番建构的脆弱性。我们虽然很容易就能指出,马利无法对其所建立的演绎系统——尤其是"至少存在一项事实在规范层面应当无条件地发生"这一公理,或者说,"存在无条件的意志权利"这一公理——提供任何可能的解释这一事实,但由于它仍是个"未决问题",也不在讨论之列。因此,前述的这些问题都不是笔者打算在本文中处理的。

卡尔·门格尔(Karl Menger)② 谈到了"伦理逻辑"。③ 对于笔者而言,他想要借此概念表达什么,并不甚清晰。实际上,他的阐述主要植根于"集合数学理论"在不同人类群体中的应用。在他的语境中,这些群组将自身的存在归因于人们对某一特定规范的态度可能存在确信、拒斥或中立之差异的事实。④ 如果我们现在将那些具有可再分性的特定人

---

① Ernst Mally, *Grundgesetze des Sollens*, Elemente der Logik des Willens, 1926.
② Karl Menger, *Moral, Wille und Weltgestaltung*: Grundlegung zur Logik der Sitten, 1934.
③ 《道德、决断与社会组织:导向一种伦理逻辑》(*Moral, Wille und Weltgestaltung*: *Grundlegung zur Logik der Sitten/Morality, Decision and Social Organization*: *Toward a Logic of Ethics*)一书的作者系美籍奥地利裔数学家(兼及社会科学研究)卡尔·门格尔(1902 – 1985),而非被称为维也纳学派创始人的经济学家卡尔·门格尔(1840 – 1921),前者是后者的儿子。——译者注
④ 卡尔·门格尔将《道德、决断与社会组织:导向一种伦理逻辑》一书的讨论主要限定在,将用于探求人类不同群组(classes of men)间关系的一般模式加以公式化表达。他所给出的群组分类方法,建基于人们对一系列既定规则或规范的态度。他指出了三种人们对待既定规范的可能态度:接受、中立、拒斥。这意味着,诉诸规范态度的人类群组分类变元为3,也即,当存在n个针对某一特定情形的规范时,将存在3^n种人类群组的分类可能。他用于表述组间关系的公式还将人们对"未定规范"的允许、禁止、认为己身有义务遵守、认为己身无义务遵守、认为己身应当保持中立等模态纳入到了考量范围。该著作是将数学和逻辑方法运用于社会科学研究的一个典型样例,譬如,门格尔教授在书中给出了这样的模型:假定D是行动者在规范N'所提供的约束条件下就己身行动的预测,那么,如果N'' ∈ N且D(N')与N'是析取(disjunction)关系,当N'' ∈ N''时,D(N'')与N'也是析取关系。See E. N., Book Review, Moral, Wille und Weltgestaltung. Grundlegung zur Logik der Sitten by Karl Menger. The Journal of Philosophy, Vol. 32, No. 03, 1935, p. 79. 需要特别注意的是,就人类对既定规范三种态度的表述而言,奥夫·罗斯文的转引系"confirmative – rejective – indifferent",而 E. N. 所撰书评为"acceptance – rejection – indifference"。两相对照来看,"拒斥"和"中立"的程度分辨并无争议,"确信"与"接受"却似乎存在混同。笔者并未能获得该书的德文原本,其英文译本(D. Reidel Publishing Company1974年版,译者/编者系 Henk L. Mulder)的用词系"acceptance",即"接受";但到底是奥夫·罗斯对德文原词产生了误解,还是英文译本存在错译,便不得而知了。——译者注

群与特定规范集合纳入到考虑范围,则可能会得到一系列"(规范)态度-规范"组合,这些组合通常便被视为集合论的基础。笔者的数学知识虽不足以就它的数学价值作以评断,但对我个人而言,该理论似乎欠缺解释力,原因在于,无论是人们对规范的态度,还是规范本身,我们都无法将其转化为数值进行描述。不过,好在这些并不是笔者打算于本文中处理的问题。

据笔者所知,本文所要论述的问题与沃尔特·迪比斯拉夫(Walter Dubislav)在其论文《论"假设性语句"的不可论辩性》①中首次提出的问题相吻合。自那以后,尤尔根·约根森(Jørgen Jørgensen)、格雷林(Grelling)、格鲁埃·索伦森(Grue-Sørensen)、霍夫施塔特(Hofstadter)、麦肯锡(McKinsey)和罗斯·兰德(Rose Rand)等人均探讨过类似的问题。②尽管上述学者并未以相同的方式界定该问题,但他们的目标却始终都是阐明,用于表达要求、愿望或偏好(the like)的非描述性语句(一般多表现为"指令性语句"——译者注),是否能够以与指示性语句相同或相似的方式,成为逻辑作业的对象。

二、问题的进一步界定

本文所要探究的问题是:祈使句能否构成逻辑推理③的一部分?我们将通过下文作进一步阐释:

(1)我首先假定"逻辑推理"是一个通识的术语。即便未经系统阐述,我们也可以确定它的大致意义:"逻辑推理"可以说是一种"思维的活动",这种思维活动的形式是,从一个或多个命题出发,得出一个作为结论的新的命题,但这一新的命题并不揭示新的真理,或者说,其所揭示的真理已然被包含在前提命题或命题束中了;

(2)"构成逻辑推理的一部分"意味着,它要么成为推理的前提,要么成为推理所得出的结论;

(3)此处所称的作为语句的"祈使句",其"所指"乃是对行动的某种即时性要求,而非对事实的描述。笔者使用"即时"一词,是为了强调祈使句与包含间接的行动要求的陈述句之间的区别。所谓"间接的行动要求"是指,对某一特定事实的描述,可能会创造

---

① 该论文发表于 Theoria 杂志 1938 年第 3 期,页码范围为 330-342 页。——译者注

② Jørgen Jørgensen, Imperativer og Logik, Theoria 1938, p. 183 f.; Imperatives and Logic, Erkenntnis, Volume VII. p. 288 f.; Kurt Grelling, Zur Logik der Sollsatze, Unity of Science Forum, 1939, p. 44 f.; Grue-SOrensen, Imperativsatze und Logik, Theoria, 1939, p. 195 f.; Hofstadter & McKinsey, On the Logic of Imperatives, Philosophy of Science, 1939, p. 446 f.; Rose Rand, Logik der Forderungssatze, Revue Internationale de la theorie du Droit, 1939, p. 308 f. See also Karl Menger, A Logic of the Doubtful. On Optative and Imperative Logic, Reports of Mathematical Colloquium, 1939, p. 53.

③ 根据《逻辑学大辞典》的词条记录和说明,"inference"既可被译为"推理"、也可被译为"推论",即在一般情况下,这两个译名是可以交替使用的;但"推论"一词有时也可以指"推理或证明的结论"。参见彭漪涟、马钦荣:《逻辑学大辞典》,上海辞书出版社 2010 年版,第 317-318 页。考虑到歧义的可能性,本译文选择将"推理"作为"inference"的译名,"logical inference"即译为逻辑推理。——译者注

去做某事的动机。这就是所谓的"假言祈使句"。例如,"如果你想把水烧开,就必须将其加热到100°C"。该语句的含义与"水在被加热到100°C前是不会沸腾的"这一描述性命题相同。在假言的句式中,(发言者)便通过对描述性内容的陈述,向期望把水烧开的人提出了行动要求。

由此可见——与尤尔根·约根森相反[1]——在我看来,某一语句是否处于"祈使"这一语言模态并不重要。而且,如果通过含义来判断,那些用以表述"职责"和以其他形式标识行动之"道德正确性"的指示性语句中,也包含对行动的即时性要求。这些语句也应当被纳入到本文讨论的范围中,原因在于,尽管它们在语形上表现为指示性状态,但从认识论上看,它们并未包含对事实的描述[2],这便又引导我们观照其与逻辑之间的关系问题。

(4)通过下文的论述不难发现,笔者在处理相关问题时回避了祈愿句和其他表达形式的语句。这样做仅仅是为了限定本文的阐述范围。

三、约根森困境

在开始讨论"祈使句能否构成逻辑判断的一部分"这一问题前,我想先探讨尤尔根·约根森提出并试图解决的一个困境。

一方面,根据现有对逻辑的认识,逻辑推理表达了结论与前提或作为前提的命题束具有同等逻辑值这一事实。本文并不打算就近来关涉模态及其多值逻辑的讨论作深研,也即,本文语境中的逻辑值特指"真值"。在逻辑上由 S_1 推导出 S_2,意味着如果 S_1 为真,则 S_2 为真。为了能够建立逻辑推理关系,推理结构的组成部分均需为逻辑值是真(或假)的语句。这意味着,若推理部分为祈使句,这一条件便无法满足,因为如"关上门!"这样的祈使句明显无真假之分。职是之故,祈使句不能构成逻辑推理的一部分。当然,也可以设定某些祈使句的"变形规则",根据这样的规则,我们可以此从 I_1 推导出 I_2。不过,当用于建构逻辑推理关系的语句不存在真假值属性时,这样的"变形"也不可能具有合理的意义。

另一方面,直观上似乎很明显地,当参与逻辑运演的某些或所有命题都是祈使句时,人们仍可以将之组构为"逻辑推理"。约根森给出了以下例子:

> 遵守你的诺言!
> 这是你之所以为你的前提
> 因此:遵守你的诺言!

---

[1] Jørgen Jørgensen, Erkenntnis, Volume VII, p. 288
[2] Compare Alf Ross, Kritik der sogenannten praktischen Erkenntnis, 1933.

要像爱你自己一样爱你的邻居!

爱你自己!

爱你的邻居!

这里便显现出困境：根据普遍接受的逻辑推理定义，祈使句无法满足其要件；然而在一些情况下，我们可以明显地看到，祈使句正是作为逻辑推理结构的一部分而存在的。并且，这种情况既常见于日常生活推理，也糅杂在以规范性表达为话语工具的诸学科中，尤其是法学。在所有将一般规范涵摄于具体案例的活动——例如，当法官依据刑法典一般规范判处某一罪犯以刑罚——中，我们都能窥见与前述所及推理同类型的实践推理的身影。①

四、"迪比斯拉夫－约根森"式的困境解决尝试

尤尔根·约根森曾尝试解决这一困境。为此，他以一种更为特殊的形式，化用了由迪比斯拉夫首先提出的观点。约根森的一般化论述的主旨如下：祈使句表达了一种对行动的要求，因此，其中必然地包含对所要求内容之实质的陈述。任何人都无法在未道出使动意图的情况下提出要求。我们姑且将这种表述意向性的内容称为"要求的主题"。"要求的主题"由被假定为在作出"要求"之时尚不存在的某项事实、某种状态或某个行动构成，其现实化依赖于被动者践行使动意向的行为。因此，每一个祈使句在观念上都可以被解构为两个部分，一是表达"某事被要求"之意向性的祈使成分，另一则是描述被要求之某事具体内容——"要求的主题"——的陈述成分。由是，我们能够从祈使句中分离出陈述成分并以描述相应祈使句之"要求的主题"的独立单句表达它。例如，在祈使句"皮特，关上门!"中，"要求的主题"便是"皮特关门"这一语句。这样一来，陈述成分便获得了真假值属性，也即，当祈使句的要求被落实时，该陈述成分的逻辑值为真。

我们可以这样规定，对于祈使句 I_1 而言，存在一个与之相匹配的一般陈述句 S_1，S_1 中包含祈使句的"要求的主题"。或者可以反过来说，对于一般陈述句 S_1 而言，存在一个与之相匹配的祈使句 I_1，I_1 的"要求的主题"包含在 S_1 中。上述关系可由以下公式表达：$I_1 \equiv !(S_1)$。

由于与相应祈使句相匹配的语句 S_1 为一般陈述句，它完全可以成为普通形式逻辑作业的对象。我们可以通过在其上构建非、析取/或、合取/且、蕴含、等值和其他真值函数关系——回溯派生其并与其相匹配的祈使句——间接地将普通形式逻辑应用于祈使句。若以上可以成立，则似乎没有理由、也难有可能构建一种特殊的"规范逻辑"②。

---

① 实践推理在下文中意指由一个或多个祈使句构成的推理。

② 很显然，并非所有的祈使句都能够成为规范，因为并非所有的祈使句都具有规范性。但由于本文之于法学界、逻辑学界的最大价值是，为跨越"约根森困境"、建构起一种特殊的"规范逻辑"提供可能方案，故而选择将全文所有的"logic of imperatives"统一翻译为"规范逻辑"。——译者注

五、对"迪比斯拉夫—约根森"式困境解决方案的批判

就上述尝试，我提出两点反对意见。

首先，对以祈使句为基底构造推理结构的具体过程的描述不完整。尤尔根·约根森在其阐述中直接提到了仅有的一些只借助一项前提——与结论存在语义一致性的语句 S_1——便可推出的结论。根据约根森提出的规范三段论的例示，其论述还应当适用于同结论存在语义一致性的语句 S_1 能够与其他处于祈使模态的前提相结合的情形，这些情形的结论要么是（逻辑值为真的？）陈述句，要么是由作为前提之一的祈使句中推导而出的、与该祈使句具有语义一致性的语句。① 只有在这样的逻辑图式中，我们才能进行从一祈使句、一陈述句或两祈使句中推导结论的逻辑操作并藉由此建构"逻辑推理"关系。但这仍有不明确之处，因为在逻辑推理中，我们是否要规定某一语句的真值必须来自那些被建构出的且能够与其产生逻辑通信的语句，是否要规定处于同一推理系统中的不同祈使句必须来自同一

---

① 这句话的原文是 "The exposition should be extended, in accordance with the examples given by Jørgensen of imperative syllogisms, to the effect that the corresponding sentences S_1 can be combined with other imperative premises, which may be either (true?) indicative sentences or corresponding sentences derived from other given imperatives." 翻译的疑难在于，"which"引导的非限制性定语从句，修饰的先行词是"effect"还是"other imperative premises"。译者认为应是前者。最强理由在于，先行词若为后者，即作为祈使句的前提，从句便不可能再将其补充说明为"（逻辑值为真的）陈述句"，否则会自相矛盾。但将先行词定为"effect"也有理解上的困难。第一，"effect"本身如何翻译的问题。紧随"effect"其后的"that"引导的是"effect"的同位语从句，所以，比较合理的方案是将其译为同位语从句所描述的逻辑结构，服务于整句表意，则可称为"情形"等。但从定语从句的内容来看，它的先行词肯定是对诸多不同情形中执行相同功能的命题的统称。所以，似乎只有将"effect"意译为其所指代的逻辑结构中的"结论"，才能使主句与从句的语义不发生断裂。再者，从句的宾语均为复数，而句中的"effect"是单数；因此，只得将"effect"理解为表集合意义（其所描述的所有逻辑结构中的结论的统称）的抽象名词，方可不受语法规则的诘难。第二，如何理解规范三段论的结论是逻辑值为真的陈述句的问题。根据一般的经验，规范三段论的结论应当是祈使句。但从同位语从句的表述来看，本文中所指的"imperative syllogisms"应当包括但不限于惯常认知中的"规范三段论"（即便我们为了阅读和理解上的方便，将其译为了"规范三段论"）。具体来看，同位语从句描述的逻辑结构由一个与结论存在语义一致性的语句 S_1 和一个（与结论并不一定存在语义一致性的）祈使句组成，但该同位语从句并未言明 S_1 的语句性质，也即，S_1 既有可能是祈使句，也有可能是陈述句。于是，我们便可藉由此构建一种异于一般规范三段论的所谓"imperative syllogisms"，即"大前提"和"小前提"都是祈使句的"三段论"。譬如，我们可以将前文所述的约根森举的第二组例子的语形稍作转化，S_1 是"要像爱你自己一样爱你的邻居！"，另一个祈使句是"爱你自己！"，则结论可以是"被动者做了爱他的邻居这件事"。S_1 显然与结论具有语义一致性，除 S_1 以外的前提也是祈使句、结论是陈述句，完全符合同位语从句所述的所有条件。也就是说，这种形式的所谓"imperative syllogisms"，实际是对"迪比斯拉夫 - 约根森"式困境解决方案的再现，结论是从 S_1 中析取出的陈述要素、小前提是结论所述之事件发生、状态存在具有必然性的条件，或是对该必然性的一种要求。译者认为，也正是因此，罗斯才在"indicative sentences"前加注括号"（true?）"，因为只有当结论的逻辑值为真时，S_1 才是具有实效性（effectiveness）的、从祈使句 S_1 中析取陈述成份的活动才是有效（valid）的、同位语从句所描述的逻辑结构才可能是成立（possible）的。第三，如何理解"other given imperatives"的问题。定语从句中，在后的选言肢所表述的情形为，同位语从句给出的逻辑结构的结论，是从"other given imperatives"中推导出的、与其具有语义一致性的陈述句或祈使句。因此，翻译的关键便在于锁定"other given imperatives"的所指。这一工作的疑难之处在于，"other"容易让人误以为是除前述所有命题以外的祈使句，但这样显然无法成立，故而，只能把"other"翻译为 S_1 以外的另一个，即指小前提，这亦同与同位语从句所述的小前提的语句性质（祈使句）相符。以上系译者解决该句翻译疑点之思维过程的全面展示，之所以分点剖析，是因为译者并不确定以上理解是否准确，只得列明，以求各位方家指正、批评。——译者注

位使动者，均缺乏明确的规则指引。

其次，即使上述程序能够被确认为"唯一确定解"，它也无法解决约根森所描述的困境，即其无法解释从一个或多个给定祈使句中推理出一个新的祈使句这件事情意味着什么。

为表述清晰起见，我们不妨构设一种最为简单的推理型制，即仅包含一个前提的推理结构，约根森将其描述如下：

以祈使句 I_1 为起点，我们便自然知道应当如何建构可与之产生"逻辑通信"且唯一确定的陈述句 S_1。接下来，我们也通常能够知道，应当如何根据普通逻辑法则建立从 S_1 到 S_2 的推理关系。最后，如何建构一个能够与 S_2 产生"逻辑通信"且唯一确定的祈使句 I_2 同样显而易见。由此，自 I_1 至 I_2 的"变形规则"便被确立下来；换言之，我们也获知了祈使句 I_1 与 I_2 间的逻辑推理法则。这一推理方法可以用如下符号表述：

$$\begin{array}{c} I_1 \longrightarrow S_1 \\ \downarrow \\ I_2 \longrightarrow S_2 \end{array}$$

这些阐述都顺理成章。但现在问题来了：I_2 是 I_1 的逻辑推论[①]意味着什么？困境的一个方面在于，有人认为，当我们坚称逻辑推理意即前提与结论真值的统一时，便否定了它适用于祈使句的可能性。这时，我很难发现 I_1 到 I_2 的变形所依凭的程序性规则的认识论贡献，也即，它似乎对解释"相应变形意味着什么"这一问题毫无建树。问题依旧存在。这种变形是否仅仅是一种文字游戏？如果我们暂且忽略"首先"这一论点所提出的非完整性与非明确性批判，那么也不难发现，"迪比斯拉夫－约根森"方案确实为我们展示了一种可供判断 I_2 是否系 I_1 推理的可能方法。就此而言，其他的变形方法似乎也能够被随意地建构起来。然而，它们同样无法解释"变形究竟意味着什么"。困境依旧无解。[②]

六、解决困境的可能性

要解决困境似乎只能诉诸下述两种途径之一：要么证明预设的"逻辑域"过于狭窄，

[①] 译者没有将"logical consequence"翻译为"逻辑后承"，而是翻译为"逻辑推论"，理由如下：虽然在一些著述中，有论者将两种称谓等同起来，如"逻辑后承又称逻辑推论"。参见朱建平：《逻辑力量之源——论逻辑后承概念》，载《华侨大学学报（哲学社会科学版）》2013 年第 1 期，第 13 页。但严格意义上讲，"逻辑后承"概念仅指有效演绎推理的结论，它表明的是有效演绎推理中前提和结论间的必然逻辑联系，即前提已经蕴含了结论、结论无法揭示新的真理。参见 [美] 约翰·埃切门迪：《逻辑后承概念》，马亮、杜国平、曾文杰译，科学出版社 2020 年版。但这样的形式逻辑法则可能仅仅适用于事实命题间的逻辑推理，是否能够推展至规范命题本身是存疑的（参见王夏昊、吴国邦：《法律理念与规范逻辑的背离——一个关于法治秩序建构的思考》，载《湖南社会科学》2017 年第 2 期，第 58 页。），"约根森困境"正是为了揭示这样的疑虑而被提出。故此，在本文的语境中，即便有"变形规则"的加持，断称 I_2 为 I_1 的"逻辑后承"也可能是不严谨的。而从自然语义上看，"逻辑推论"可以泛指有效推理、无效推理、正确推理、错误推理、好的推理、坏的推理等各种演绎推理结构中的"结论"，以该词对译显然更加合适。——译者注

[②] 罗斯·兰德没有完全解决转化的意义这一问题。"就规范命题而言，不存在所谓的真理或谬误。但如果这些公理（即逻辑上的公理）之于命题逻辑操作的效用能够被证明，则其或可以在'变形'的意义上被纳入相应命题的逻辑中。"（in note 3 op. cit. p. 317）。上述表述过于含糊其词。

从而将其扩大以使前文所述的实践推理被纳入其中；要么证明那些被给出的"实践三段论"的例子仅仅表面上符合逻辑（伪逻辑）。就后一种途径而言，我们需要明白，这些推理的可能性仅建立在对语言材料的某种感觉之上；而且，不论是在前述提及的那些逻辑推理结构中（由前述提及的那些逻辑推理结构所触发），还是在已经为我们所熟知的逻辑推理过程里（由我们熟知的逻辑推理结构触发），这种感觉的本质都是相同的。但是，这种感觉可能仅仅是一种虚妄，经过更为深入的研究便可发现，它或许与实际情况大相径庭。

七、第一种解决方案：指向祈使句客观有效性的逻辑要素

我们可以将逻辑视为一种演绎系统，其中难以被确切描述的成分，在理论上能够被解释为一种代表具有真值性（具有被赋予真值的可能性或资格）之命题的符号，且这种命题的取值范围一定由符合逻辑公理的真值和假值（我们此处暂且不论多值逻辑）构成。这些符号可能被化约为如下形式的重言式："要么下雪，要么不下雪"，这类重言式的真值是客观的或者说是主体间的[1]。真值描述的是命题的性质，与命题背后的宣称无关，因为命题本身便是独立于言说主体而存在的。重言式存在的意义便是帮助我们释明，"对我"下雪却"对你"不下雪的情况是不可能存在的。

通过上文的论述我们已经清楚，解析逻辑要素概念的关键并不是关于具象情境的个别解释，而是从这些个别解释中抽象出来的演绎逻辑系统。在这里，解释的存在性与合逻辑性是一个意思，也即，如果其他解释应当是可能的，那么，它必然是合逻辑的。因此，尤尔根·约根森指出，逻辑要素的概念并不必然同逻辑上的真值或假值发生关联，[2] 这样一来，祈使句也不必事先被排除在逻辑推理的构成要素之外了。不过，这样的设想成功与否，主要取决于，我们能否将前文提到的演绎系统中"难以被确切描述的成分"，解释为一种具有（与传统形式逻辑）相似逻辑值的、能够适用于祈使句的符号。我们或许可以将这些逻辑值称为"有效"和"无效"，并把现有用于表达逻辑值的符号中由"t"和"f"替换为"v"和"i"。然而，很明显，此方案只有在这套逻辑值与真假值具有可类比性的情况下才成立，即它们具有重言式所表达的相同的客观性特征。这就意味着，所谓祈使句的"有效性"，便是指某一类不同于由实存所反映的客观事实，这类客观事实往往由某种"特殊物象"所包含或承载，且其同样能够被化约为一种包含意向性的重言式——"要么

---

[1] 从哲学史的角度看，无论是何种关于主体间性的论述，都表明，主体间性至少可能是客观性的条件和基础，甚至可能就是客观性本身。罗斯的这一论述正是在此意义上成立的。关于客观性与主体间性的关系的相关论述，可参见吴国林：《主体间性与客观性》，载《科学技术哲学研究》2001 年第 6 期。——译者注

[2] 在约根森看来，逻辑是一套演绎系统，但是传统形式逻辑对这套系统的解读却是符号化的，即将其符号化为了取值范围是"真"和"假"的二价逻辑。但从逻辑生成和逻辑演绎系统建构的一般机理来看，没有任何理论能够保证二值逻辑符号具有唯一性。根据译者的理解，原文中的所谓"interpretation"（解释）实际就是事实、事件或事态的命题化，很显然，祈使句也是这样的命题化产物。那么，根据命题存在性与合逻辑性的同一性原理，祈使句及其推理也应当是合逻辑的。但传统形式逻辑规则又不适用于它，这意味着，还存在着一种适用于祈使句推理的、尚未被逻辑学家发现的演绎系统，而这正是跨越困境的关键。——译者注

爱你的邻居，要么不要这样做"。

这条规则可以这样表述：如果认为某些特定或非特定的祈使句具有"客观有效性"和"客观无效性"这两种取值是有意义的，则将逻辑演绎系统应用于之便是可能的。从 I_1 到 I_2 的逻辑演绎即指，当 I_1 具备"客观有效性"时，I_2 也同样如此。

这里使用"有效"和"无效"代替"真值"和"假值"的原因在于，实证验真操作无法被应用于祈使句，为了找到关于祈使句有效或无效的客观判断标准，有必要发掘出一种不同的方法，我们可以称其为"承认操作"。

根据上面的论述继续推演，当某个特定的人（例如上帝）生出掌控或者定义有效性的念头时，有效性便与某些特定的（主观）实在——例如某一或其他主体的特定感受——发生同构，这意味着，关于某一祈使句具有"客观有效性"的宣称只能是虚妄的，所谓"祈使句有效"，只不过是一种主观臆断罢了。在此种情况下，（只能依赖特定主体言语行为被作出或未被作出进行判断的）"承认操作"再也无法与"实证验真操作"产生有效区隔；而且，即便有人提出新的解释方案与判准操作，只要上述条件届满，类似的混同依旧会发生，这相当于打掉了所有针对逻辑系统之新型解释的理论可能性。

这与格鲁埃·索伦森的观点一致，在他看来，只有当祈使句不再同使动主体发生牵连，而同作为"无祈使者的祈使句"[①] 的非人格化（不带个人感情色彩的）规范相联系时，方能真正具备被赋予逻辑——或半逻辑——值的资格。

八、可能解决方案的必要条件未得到满足

然而，上述解决方案的必要条件——确保赋予祈使句以客观有效性的操作是有意义的——并未得到满足，相应地，其可能性也必然被削弱甚至彻底否定。而且，目前尚无人无可辩驳地成功证明过用于客观地确认祈使句之有效性的"承认操作"（的科学性与合理性）。尽管如此，我也并不打算在本文中深入讨论科学、规范的伦理标准之可能性这样一个重大问题——我已在其他文章中作过详细论述[②]——因为符合现代科学理念的假设——对客观有效性在"宗教-道德的形而上学"的杂糅空间中占有一席之地的信念——已足以慰藉我心。

九、第二种解决方案：指向祈使指令之履行的逻辑要素

很显然，当我们在上文中阐述祈使句的变形方法时，迪比斯拉夫、约根森、格雷林等理论家们或许早已了然于胸，祈使句的客观有效性假设其实并非良方。因此，我们必须研

---

① P. 198 op. cit. in note 3. 作者的研究似乎导向了只有非人格化的（不带有个人感情色彩的）规范才能构成推理的结论，而这一结论似乎与下述包含有作为"个人意志性陈述"的祈使句的例示有所分歧。例如，父母要求：照着老师的要求做！老师说：预习课程！由此可以得出父母的要求，即预习课程。

② Alf Ross, Kritik der sogenannten praktischen Erkenntnis, 1933.

究，是否还有可能存在其他的解释方案，能够支持逻辑系统在祈使句中的运用。

如果我们将祈使句的逻辑值调整为"履行"和"未履行"，则可以得到：当与祈使句 I_1 存在逻辑通信的陈述语句（用以描述祈使句的使动内容）S_1 为真时，I_1 得到履行（I_1 的逻辑值为"履行"）；当陈述语句 S_1 为假时，I_1 未得到履行（I_1 的逻辑值为"未履行"）。这样一来，在祈使句（I 语句）的逻辑值"履行"同相应陈述语句（S 语句）的真值之间，一种完全平行的对应关系清晰可见。如此，我们即可脱离 S 语句建构直接适用于 I 语句的非、析取等逻辑运算，并且可以通过将不同 S 语句相结合——无论这些 S 语句是否是从祈使句中推导而出的——的方式，创制出从"S 语句中来，到 I 语句中去"的逻辑推理形式。

例如，与祈使句 I（x）"关上门！"存在逻辑通信的陈述语句是 S（x）"门关着"，将后者取"非"后的运算结果为"门没有关着"，与该运算结果存在逻辑通信的祈使句为"不要关门！"上述推理结构表明，如果祈使句"关上门！"得到履行，则语句"门关着"为真；而如果经过"非"运算后得到的陈述语句逻辑值不为真，则意味着祈使句"不要关门！"未得到履行。

因此，从 祈使句中推理出另一祈使句的过程，实际就是发现它们各自是否被履行之状态间的必然联系的过程。但无论怎样，这种推理操作都与所涉祈使句的"有效性"或"存在性"没有任何联系，无论这些祈使性表达被赋予何种意涵。不难看出，迪比斯拉夫和约根森提出的程式可以被解释为一种围绕祈使句展开的、用以表述将"履行"作为变元的函数运算的逻辑。霍夫施塔特和麦肯锡曾在一篇论文中就此意义上的"规范逻辑"作出过完整论述。①

十、第二种方案并非真正地解决问题而是在回避问题

上述解释指出了祈使句的逻辑推理是可能的，这一点毫无争议。但这些解释实质上却是在回避问题，而非真正尝试解决。根据前文所述方案，祈使要素实际是被完全隔离的，参与运算的逻辑要素仅涉及要求的实现，或者，更为确切地说，仅涉及那些用于表述已被实现或满足之需求的内容的陈述语句。将关于二值命题的普通逻辑语句转化为用以表达祈使句逻辑值——"履行"或"未履行"——的语句，似乎只是换汤不换药，并为产生任何实质性的知识增量。因此，霍夫施塔特和麦肯锡得出 S_1 涵摄！（S_1）或 I_1 的结论也便不

---

① P. 447 op. cit. in note 3："一般认为，只要所要求的内容成为现实，祈使句就得到了履行。因此，如果门是关着的，则'让门关上！'这个简单明了的语句就得到了履行。我们将看到，祈使句的履行与陈述句的真值具有相似性。在同语句运算的真值函数相类比的意义上，我们将要在下文中提到的连接符号，因其和语句算法中的真值运算具有相似性，或许可被视为祈使句的以'履行'为变元的函数运算。"（斜体字部分为笔者补充内容）。强调这一点很重要，因为如我们所看到的，祈使句的履行并非唯一甚至可能都不是对陈述句之真值最为"自然"的类比。如果这一点被忽视，严重的谬误便可能产生，即作者所阐释与发展的"规范逻辑"可能被片面地解释为一种仅用以表达"履行状态"的逻辑。

足为奇了，从这个意义上讲，祈使句的特殊标记"！"严格来说是多余的了。诚然，这正表示任何陈述句的真值都会与同其存在逻辑通信的祈使句的逻辑值（"履行"）保持一致，例如"门关着"为真正与祈使句"关上门！"得以履行是一致的。

但无论如何，在对于我们而言更为直观的实践推理场域中，发挥作用的显然并不是由我们脑海中这些内容所支配的逻辑。因为关于实践现象的直觉所指涉的，并非是祈使句的逻辑值（"履行"），而是一种与祈使句的"有效性"或"存在性"标识相类似的东西；这种标识的特点是，无论对祈使句本身的理解如何变化，它都能够发挥作用。我认为，这种观点的正确性在于，我们虽然可以建构出同被阐明的"规范逻辑"完全适配的推理结构，却无法跨越直觉的障碍，反而令人疑窦丛生。

例如：

$$I(x) \longrightarrow S(x)$$
$$\downarrow$$
$$I(x \vee y) \longrightarrow S(x \vee y)$$

上式表示，由祈使句 $I(x)$ 可推理祈使句 $I(x \vee y)$，譬如，由"把信投入信箱！"可推理"把信投入信箱或者烧了它！"不难看出，若将其视为以"履行"为变元的函数运算，则上述推理无懈可击：如果第一句祈使句得到履行，（如果信被投入信箱），那么另一句祈使句也必将得以履行〔信或者被投入信箱了，或者被烧了；（根据析取规则）只要有一个选言肢为真，则整句皆为真〕。同时也很明显，这一推理在直觉上并不合逻辑。通过其他真值函数运算也会得出相似结果，但我认为没有必要再继续说明这个问题。

从迪比斯拉夫、约根森——尤其是迪比斯拉夫——对作为推理有效性之先决条件的"使动主体（祈使者）同一性命题"的强调来看，在某一特定意义上，"迪比斯拉夫-约根森变形"方法被假定为同祈使句的"有效性"发生关联。① 因为在某一特定意义上，这一观念必须被推定为祈使句"有效性"和"意向性"② 的定义要素

十一、第三种解决方案：指向祈使句主观有效性的逻辑要素

在祈使句被赋予逻辑值"有效"和"无效"的情况下，逻辑化的解释便成为可能：

---

① Walter Dubislav, Zur Unbegründbarkeit der Forderungssätze, Theoria, 1937, p. 341.
② 根据"批判性思维"的基本原理，评价逻辑推理质量的两个核心标准分别是"有效"和"正确"。"使动主体同一性命题"既能够防止祈使句推理错位，执行上述功能；又能保证祈使句本身之"有效性"和"意向性"的工具，因为使动主体分散可能导致祈使在命题中失去意义。例如，A 说"做 A_1"，B 说"做 B_1"，但 A_1 与 B_1 间是矛盾关系，则"做 A_1 且做 B_1"会因意向抵消而成为无效命题。如果完全遵照原文表述，则"validity"与"holding good"的中心词是"imperative"而非"imperative inferences"，应当采后者翻译；但本段伊始提出"使动主体同一性命题"时的表述却是"the inference is valid"，若从体系融贯性的角度考虑，则应采前者翻译，而这就相当于宣告本段最后一个分句发生了笔误，即漏掉了一个"inference"。译者目前采后者翻译，一方面是出于尊重原文本的意图，另一方面是为了同第 7 部分第二自然段最后一句话的翻译保持一致。在那里的语境中，"holds good"用以指称承载祈使句之客观事实的特殊物象的特殊性，故而应采"意向性"的译法。——译者注

当某一特定的人表现出某种特定的心理状态（有待于进一步的定义）时，祈使句 I_1 被认为是有效的；而无这种状态时，则为无效。在这里，我们可以构设两种可能的情境：一是某一特定的人 N（规范提出者、祈使者）处于与祈使句相匹配的①"需求状态"，二是某一特定的人 M 处于与祈使句相匹配的"服从状态"。而且我们还需要对用于构设这两种情境的诸概念进行更为充分、细致的定义。

但无论是何种情境，哪怕需要就具体事态构设出其他情境，只要祈使句的有效性或无效性已然被与其存在逻辑通信的 S 语句的真值或假值所定义，且这种定义具有排他性，依照传统形式逻辑规则筹划"规范逻辑"的设想——将传统形式逻辑规则直接适用于具有真假值属性的 S 语句，从而将其间接地适用于同 S 语句存在逻辑通信的、逻辑取值范围为"有效"和"无效"的祈使句之上——便并非不可能。

然而，需要注意的是，相匹配的心理现象的缺失（或者与相应祈使句存在逻辑通信的陈述句为假）仅仅意味着相应祈使句（即映射相应心理状态所表征之需求的祈使句）是无效的；而不能因此推理，与相反的需求状态相匹配的祈使句是有效的。原因在于，在祈使句的推理中，"非"运算指向的是作为真正祈使要素的祈使句"有效性"，而非"要求"本身的内容。因此，我们有必要专注于语形，以区分两种具有不同意义侧重的"否定式祈使句"。它们分别是：（1）强调否定性需求内容的祈使句 $[I(\bar{x}) = $你要（不去关上门）$ = $你要让它开着$]$；（2）强调需求内容中的否定成分的祈使句，这类祈使句的存在意味着，指向同一需求标的②的"肯定式祈使句"是无效的 $[\bar{I}(x) = $你（不要去）关上门$ = $祈使句"你要去关上门"是无效的$]$。

口语中对祈使模态的使用会弱化上述两者的区分。这样一来，从语法角度看，所有的祈使句似乎都可以被转化为肯定式加以理解，因为我们总能通过适宜的逻辑操作在它们所表达的需求内容中找到肯定成分。例如，在口语中，"不要关门！"只能表达出 $I(\bar{x})$ 的含义，即其等值于"让门开着"，而表达不出 $\bar{I}(x)$ 的语义侧重。只有落实到纸面上，通过陈述模态的语形书写和变式，方可凸显二者的区别：例如，$I(\bar{x})$ 侧重表达"不关门是你的义务"，而 $\bar{I}(x)$ 中则包含了"关门不是你的义务"的意思。

---

① 在此语境中，再将"corresponding"翻译为"存在逻辑通信的"便不再合适了，故而采"相匹配的"译法。其他符合"逻辑通信"意涵的文本仍将维持此译法，目的是为了呼应译者所作的规范逻辑理论系列研究。——译者注

② 根据作者在本文中的区分（虽然没有在文中进行专门的概念界定，但通过综合考察各细节论述，基本可以判定为有意识的理论区分），一个完整的需求由两部分组成，一是"需求标的"，二是"需求状态"。前者指祈使本身的主题，它一定处于祈使模态中，无法圆融于同祈使句存在逻辑通信的陈述语句中；后者则指祈使的使动指向，是一种包含意向性的心理状态。例如，"关上门"这一祈使句的需求标的就是"关门"，而其需求状态则是对"关门"这一动作被完成的肯定和希望。不过，虽然可以认为作者对此进行的系有意识的区分，但毕竟没有专章论述，思考难免粗糙和疏漏。譬如，本部分第三段中的"imperatives with a negative theme of demand"这一表述，似乎就不太符合上述理解。因为需求标的是无所谓肯定否定的，肯定、否定揭示的乃是需求的心理状态。作者在文中许多地方使用了"theme of demand"一词，凡涉及表意不准确者，译者均采模糊化处理，即将该词组译为"需求内容"或"需求"。——译者注

上述讨论的"非"运算规则也可以以同样的方式被适用于其他逻辑值运算。由于同相应祈使句存在逻辑通信的 S 语句并不包含对需求标的的描述①，而是对欲使某一包含特定需求内容的祈使句有效的心理状态的描述。因此，在任何情况下，逻辑运算都只能发生在可被进行有效和无效评价的"祈使句"之间，而无法在应当被作以履行或未履行之评价的"需求"之间成就。

但是，这种解释似乎与我们所知觉到的逻辑推理有所出入。根据这种解释，不仅"非"运算，其他的逻辑值运算也都将围绕"祈使句"之间而非其"需求"之间的某种联系展开。比如，如果 I（x）有效且 I（y）有效，则可以推理 I（x）& I（y）有效，但无法推理 I（x & y）有效。换句话说，这样的解释只会导向祈使句的拼合，而无法给出一个统合了两种需求的新的祈使句；但毫无疑问，在生活实践中，我们试图以祈使句推理实现的目标，往往是后者。

十二、"履行"和"有效性"方案中逻辑值运算的定义

为进一步说明上述两种可能解释方案的区别，精确定义不同方案中的逻辑值运算十分重要。

（一）非

1. 以"履行"为逻辑值的逻辑系统（以下简称"履行逻辑"）

I（x）的非言形式是 I（$\bar{x}$）。

例如，I（x）：你要去关门！

　　　I（$\bar{x}$）：你要（不去关门）！

　　　　　　＝（把门开着）！

如果 I（x）得到履行，则 I（$\bar{x}$）未履行，反之亦然。

2. 以"有效性"为逻辑值的逻辑系统（以下简称"有效性逻辑"）

I（x）的非言形式是 $\bar{I}$（x）。

例如，I（x）：你要去关门！

　　$\bar{I}$（x）：你（不要去）关门！

　　　　　＝关门不是你的职责！

如果 I（x）有效，则 $\bar{I}$（x）无效，反之亦然。

3. 结合？

通过以上的函数关系建构，以祈使句的"履行"和"有效性"为算法变元的逻辑推理已成为可能，它们在理念上是无懈可击的；但如若将它们放置在更多依靠感官直觉的实

---

① 根据上注的理解，"需求标的"也无法被描述，只能被祈使。——译者注

践推理场域加以考察，结果似乎并不尽如人意。

现在，我将进一步发展这一预设，现有实践推理的特性在于试图构设两种逻辑值运算——以"履行"为逻辑值的逻辑运算与以"有效性"为逻辑值的逻辑运算——结果的结合态，以保证履行逻辑的变形规则能够得到遵守，但这样一来，祈使句"有效性"同"履行"两种逻辑值间的关联性的实现，便只能寄希望于变形操作了。

综合上述，我们又能够得到新的"非"运算定义形式——$\overline{I}(x)$。它的运算机理是：如果$I(x)$有效，则$I(\overline{x})$无效；反之亦然。

例如，如果祈使句

你要去关门！

是有效的，因为其所包含的命令由N发出，则祈使句

你要（不去关门）！

＝你要去把门开着！

就是无效的，因为它包含的命令不是由N发出的。

对于想要在同一可能世界或逻辑系统中获得有效性的祈使句而言，与之相匹配的上述推理可以直观地被认为在逻辑上是显而易见的。

但是，从上述讨论中也不难发现，此种结合态的成立，并非源自精密的逻辑计算，而是基于一种经验事实，即同一个人不能同时要求其所发出的相互抵触的命令得到执行。这是一种纯粹依赖经验的做法，但直觉有时也可能失灵。如果前述经验是正确的，则根据它的规律，当有人告诉你捡起帽子或将其留在原地中的某一种选择能够使你免于惩罚时，惩罚与不惩罚在同一时间节点发生的概率均为50%。但很显然，执法者完全可以令你无论是在捡起帽子抑或是将其留在原地时皆受处罚，这便打破了前述的经验。

由此可见，混合形态下的"非"运算及其推理结构，仅仅具有"表面信度"。它只有当系统内的义务冲突被完全消除——没有任何一个义务施加者要求我们同时完成相互冲突的若干项义务——时方才有效。① 很显然，这一点在实践中是不证自明的，因此它常被忽略，混合形态下的逻辑推理也往往因此被认为是一种无先置条件的逻辑操作。

---

① 前文所述的义务冲突有两种，一种是一元的，即不附条件的；另一种是二元的，即附条件的。对于一元义务冲突而言，冲突阻却方法来自天然的矛盾律。例如，同一个祈使者要求你同时把门关上和打开是不可能完成的任务，行动者只能择其一而为之。这正是混合形态下"非"运算的支配性规律。但对于二元义务冲突而言，冲突阻却方法只能依赖于执法者对规范的信仰和坚守，因为若失去此限制，不同义务条件所引致的责任后果、不同责任后果所应当被课以的制裁可能发生混同。其实，执法者对规范的信仰和坚守，也可以经由逻辑变项转化为不施加冲突义务的要求。仍以捡帽子为例，设捡帽子为P、受到惩罚为Q，则不捡帽子与不受到惩罚分别为¬P与¬Q，"捡帽子不受惩罚"与"不捡帽子不受惩罚"分别可以被表示为P→¬Q与¬P→¬Q；进行逻辑变项取其各自逆否命题得到Q→¬P与Q→P，命题化后分别为"如果想要不受惩罚就要不捡帽子"与"如果想要不受惩罚就要捡帽子"，即可被理解为以"不受惩罚"为目标施加的两种冲突义务——"捡帽子"与"不捡帽子"。综合来看，无论是一元义务冲突抑或是二元义务冲突，根本性跨越方案都是拒绝义务施加者的冲突指令。——译者注

（二）析取

1. 履行逻辑

$$I(x) \longrightarrow S(x)$$
$$\downarrow$$
$$I(x \vee y) \longrightarrow S(x \vee y)$$

上式表明，I(x) 和 I(y) 的析取运算结果为 I(x∨y)；其中，I(x) 或 I(y) 被履行，则 I(x∨y) 被履行。

例如，如果祈使句

"把信投入信箱！"被履行，则祈使句"要么把信投入信箱，要么烧了它！"也被履行。

2. 有效性逻辑

$$I(x) \longrightarrow S(x)$$
$$\downarrow$$
$$I(x) \vee I(y) \longrightarrow S(x \vee y)$$

上式表明，I(x) 和 I(y) 的析取运算结果为 I(x)∨I(y)；其中，I(x) 或 I(y) 有效，则 I(x)∨I(y) 有效。

例如，如果祈使句

"把信投入信箱！"有效，则复合祈使句"要么把信投入信箱，要么烧了它！"也有效。

3. 但我们无法将上述两者相结合，创制出适用于析取式 I(x∨y) 之有效性的逻辑值运算法则（相关论述请参阅本文第十部分）

（三）蕴含

1. 履行逻辑

"蕴含"运算 I(x→y) 表示，要么 I(x) 未履行，要么 I(y) 被履行。由此可得以下推理结构：

$$I(x) \longrightarrow S(x)$$
$$I(x \to y) \longrightarrow S(x \to y)$$
$$I(y) \longrightarrow S(y)$$

例如，爱你自己！

如果你爱你自己，你也要去爱你的邻居！①

---

① 我们或许应当就此例阐明蕴含式 I(x→y) 的正确方式作进一步的解释。该式包含了对 S(x→y) 为真之状态得以实现的需求，也即，你要去实现"爱你自己就意味着爱其他人"这一状态，或者说，要设法保证"如果你爱自己则你也爱其他人"这一语句的逻辑值始终为真。文中列示的与此存在逻辑通信的祈使句亦执此理。

(＝要像爱你自己一样爱你的邻居!)

爱你的邻居!

我们可以看到，由履行逻辑的逻辑值判断，这项推理无可指摘。因为如果前提1得到履行，我的确爱我自己，则很显然，此时前提2已然包含了结论。另一方面，根据人们惯常的理解，结论明显取假值，只因缺乏中介概念（intermediate concept）的过渡。我将在节第3部分继续讨论这一问题。

2. 有效性逻辑

"蕴含"运算 I（x）→I（y）表示，要么 I（x）无效，要么 I（y）有效。由此可得以下推理结构：

$$I(x) \text{——} S(x)$$
$$I(x) \rightarrow I(y) \text{——} S(x) \rightarrow S(y)$$
$$I(y) \text{——} S(y)$$

例如，爱你自己!

如果你要去爱自己，你也要去爱你的邻居!

爱你的邻居!

3. 但我们无法将上述两者相结合，创制出适用于蕴含式 I（x→y）之有效性的逻辑值运算法则

如果我们按照"两条前提都有效则结论也有效"的规则去理解下述推理结构，则会发现，它是错的：

爱你自己!

要像爱你自己一样爱你的邻居!

爱你的邻居!

因为根据第二条前提的表述，一个人要像自己实际爱自己那样去爱邻居；所以，如果第一个祈使句未得到履行，换句话说，这个人根本不爱他自己，即便它并未被预先假定，结论也是假的。

很奇怪的是，这一例示及与其相类似的其他例示反复出现在尤尔根·约根森、格雷林、格鲁埃·索伦森和罗斯·兰德等人的著作中。很显然，他们并未意识到结论可能是假的，这大抵缘于他们也采用了惯常的方法——从祈使句有效性的角度——去理解。①

---

① 罗斯·兰德（p. 318 op. cit. in note 3）使用的示例为：这个国家的所有公民必须诚实/真诚! 这个岛上的所有居民都应该是这个国家的公民。这个岛上的所有居民必须诚实/真诚! 直观上很明显存在假值。只有当小前提为陈述式时，结论才成立。可能并非所有岛民都成为该国公民，如果是这样的话，对诚实的要求就不适用于他们所有人。

（四）合取

1. 履行逻辑

"且"运算 I（x & y）表示，I（$\overline{x \vee y}$）未履行，或者 I（x）和 I（y）都得到履行。由此可得出如下推理结构：

$$I(x \& y) \longrightarrow S(x \& y)$$
$$\downarrow$$
$$I(x) \longrightarrow S(x)$$

例如，如果祈使句

"写封信并寄出！"得到履行，则祈使句

"写封信！"也得到履行。

2. 有效性逻辑

"且"运算 I（x）& I（y）表示，$\overline{I}$（x）$\vee \overline{I}$（y）无效，或者 I（x）和 I（y）都有效。

由此可得出如下推理结果：

$$I(x) \& I(y) \longrightarrow S(x) \& S(y)$$
$$\downarrow$$
$$I(x) \longrightarrow S(x)$$

例如，如果"你要去写信"和"你要去寄信"两个命题的合取是有效的，那么，"你要去写信"这一命题必然也是有效的。

3. 但我们无法将上述两者相结合，创制出适用于合取式 I（x & y）之有效性的逻辑值运算法则

"如果你要去写信并寄出是成立的，则你要去写信也成立"，这一结论并不确定。它取决于行动者的事实心理状态，即对复合后的对象（整体）抱有意愿或期望的人，是否也会对组成复合对象的某个单体抱有单独的意愿或期望。正如门格尔所指出的那样，当组构复合对象的单体间存在互补关系①时，这种推理无法总是成立。②

十三、对基于直观经验的实践推理某些潜在规律的最后一点说明

通过以上讨论我们看到，修正后的假设——即前述实践推理仅能够导出，履行逻辑与有效性逻辑的结合态，适用履行逻辑变形规则的结论；而无法依此规律创制出适用于结合态之有效性判断的逻辑运算法则——在"非"运算中成立，在其他逻辑值运算中不成立。

---

① 这里的逻辑是，在互补关系的语境下，当行动者对整体抱有期待时，任何一个单体都无法独立拟合行动者相同程度的意愿，因为整体的功能是由具有互补关系的单体组合后生成的。——译者注

② Menger, Moral, Wille, Weltgestaltung,（1934）, p. 52 f., and in Reports of a Mathematical Colloquium, 1939, p. 59. 门格尔在这里对命令和愿望进行区分，我认为不必详述。

的确，从 I(x) 中演绎出 $\bar{I}(\bar{x})$ 本身并不具有说服力，但其在某些默示前提下可能具备有效性，因此获致了伪逻辑①特征。而在一些喜欢把问题简单化的人看来，这种默示前提似乎是理所当然的。这个前提实际是一种"实践原则"，即当在同一逻辑系统中有效的祈使间发生矛盾时，行动者具有趋利性选择遵从或执行其一的自由；当在同一逻辑系统中有效的祈使被彼此抵消时，行动者则有免于受其束缚的自由。通过对上述前提的心照不宣，前述推理便获得了某种逻辑性指征：如果对 x 的要求成立，则对作为其对立面的$\bar{x}$的要求不能同时成立。

针对另一种重要的实践推理形式——一般祈使句的涵摄现象——我们也可以通过类似的方法加以说明。

例如，你要遵守你的承诺（一般祈使句）

这是你的承诺

你要遵守这个承诺（特殊祈使句）

一方面，这一推理似乎明显与组构其的祈使句的有效性相关。它意味着，如果属于某个祈使句特定系统的一般祈使句在某种意义上有效，则作为结论的特殊祈使句亦可藉由相同路径获得有效性。另一方面，很明显，这一推理仅在符合履行逻辑规则的变形中方才可能。

如此，我们得到了一种缺乏逻辑有效性的结合。因此，就目前所知而言，提出某项一般规则的使动者，在逻辑上没有必要再就该规则的具体应用作出规范。但实践是否如此却取决于使动者内心所想，因为制定了某一一般规则的使动者却在涉及己身的具体情境中不运用这条规则的情况并不少见。

尽管如此，这种推理仍具有伪逻辑特征，而这样的特征又只能通过上述祈使句系统内关涉前述实践原则的默示前提方可得以解释。

以下推理也属于同类型推理：

照 H 要求的做

H 要求：关上门！

---

① 本译文采用了区隔的译名以匹配"pseudo–logical"的不同表意功能。经查阅《逻辑学大辞典》，"pseudo–logical"并非作为通说的逻辑学术语；通过"知网翻译助手"检索，发现其在学术论文中大多被翻译为"伪逻辑"。而在本文中，"pseudo–logical"有时指某些推理所具有的伪逻辑特征，即对相应推理因不具有逻辑性（仅表面上符合逻辑）而无法成为真正的逻辑推理之状态的形容和描述；有时则在制度化意义上，指称一种专门的推理形式。译者以"伪逻辑的"这一译名对应前一义项，以"假性逻辑"这一译名对应后一义项。可能产生争议的是后一译名，因为某些论者可能会质疑，既然假性逻辑不具有逻辑性，便不能称其为逻辑、更不能将其下的推理作为一种专门的逻辑推理形式加以看待，并由此得出"假性逻辑"这一指称不合逻辑的结论。但需要指出的是，本文所称的"逻辑性"其实仍旧囿于传统逻辑的范畴，祈使句推理完全可能从逻辑后现代化的诸种理论流派中汲取己身的合法性；这就像政治经济学中将物的价值区分为"正价值"与"负价值"、数论中将数区分为"正数"与"负数"一样，逻辑推理也可能被区分为"真性逻辑推理"与"假性逻辑推理"。不过，最后需要特殊说明的是，"假性逻辑推理"这一译名系译者化用经济学中"假阳性"这一术语的对译方案（典型的译文如拉尔斯·马蒂森等：《向上定价压力评注——假阳性的可能性》，赵鑫译，载《法理——法哲学、法学方法论与人工智能》2020 年第 1 期。）所得，可能不是最佳甚至并不恰当，需要各位方家批评指正。——译者注

关上门！

这一例示在日常生活和法律实践中都具有重要意义。它表达了"权威者授权"的概念。与立法活动相关的宪法条款可用以说明此种推理结构。

那么，在所关涉祈使句的某些特定意义上，无论是通过逻辑的方式抑或伪逻辑的路径，究竟有哪些情况允许受有效性逻辑支配的实践推理的出场？答案或许是：

（1）依照有效性逻辑规则构造的逻辑推理自然是题中之义。这类推理同构于另一种推理，这种推理涉及某种心理实态的存在性，而这种心理实态往往被用于定义祈使句的有效性。而且，只需经过陈述化的语形变式，前述推理中的祈使句便可以被用于表达特定关系中义务的存在性。譬如，如果"在与A的关系中存在一项义务"这一陈述是"真值"，则我们可以得到："在与A的关系中不存在任何义务"这一陈述就是"假值"，"在与A的关系中或者在与B的关系中存在一项义务"这一陈述"真值"，等等。上述推理中蕴含的逻辑联系都是祈使句（义务存在性）之间的联系，而非需求内容间的联系；

基于这样的理由，直观地看，将以上推理作为特定实践推理的某一亚型进行认识并不合理。事实上，除了已经为陈述句的逻辑应用所包含的规律外，它们并未揭示任何新的真理；

（2）在需求本身不成立的情况下，如果针对需求标的进行"非"值运算，假性逻辑推理便可能产生。它会给人造成身具特定实践推理性质的错觉，原因在于，它已然无法为陈述语句适用逻辑的诸种样态所涵括；

（3）一般祈使句下的涵摄也同样适用；

（4）至于除本文所提及的两种情况外，是否还存在其他具备伪逻辑特征的实践推理类型，笔者并不敢下定论。从直观上看，多位作者所提及的、藉由"蕴含"运算而展开的"双祈使句演绎"类型似乎也是错误的。

至此，由上文所提问题引发的疑问可以得到如下的回答：

祈使句可以成为真性逻辑推理的组成部分，但若如此，它就变成了一个简单的逻辑推理转译问题，而这些逻辑推理总是要同一些陈述句发生关联，这些陈述句又同用于定义祈使句"有效性"的心理实态相关。在这样的语境下，推理不具备特定实践推理的特性。

在某些特定情况下，祈使句可以成为假性逻辑推理的组成部分。此时，这些推理能够就特定实践推理的特性作出逻辑承诺，即便它们只是一种伪逻辑。但如果获得了如前文所述的某种默示前提的支撑，则推理有可能真正获得逻辑性，但这同时也意味着，它将失去指涉特定实践化情境的能力。

十四、对法律适用中涵摄推理的补充说明[①]

根据一种广为流传——甚至在法学家中也颇为盛行——的观念，法律适用实际可以被

---

① 试比较 Alf Ross, Virkelighed og Gyldighed I Retslaeren (1934), p. 132.

视作一种涵摄类型的实践三段论,即法律提供了一般规范(祈使句),现实争议提供陈述式的小前提,判决则是作为结论的特定规范。比如,法律规定森林所有者负有缴税的义务。根据所掌握的信息来看,某人是某片森林的所有者。因此,他应缴税。

我们可以先不考虑上述结论的伪逻辑性,尽管如此,将此种情境中的此类判断视作三段论也是失之偏颇的。

在上例中,逻辑结论必然承诺小前提为真,即"某人是某片森林的所有者"为真。在可供讨论的诸种要素中,我建议单独考虑其所拥有的是否是"森林"这一问题。相应地,我将把"这是一片森林"这个语句分离出来作专门分析。

为使结论成立,这个语句必须为真且能够被验证。但是,一般而言,这样一个关于具体事实的语句只能借助科学理论指导下的符合论判断完成验真,被选用的科学理论必须以判断对象("森林")的概念定义为中心,且其包含的概念及其定义必须具有演绎一系列(关于判断对象的)科学陈述的能力。但很显然,法律并不会制度化地使用科学理论术语。法律往往通过对普通自然(日常)语词重新赋值或直接沿用自然语词的方式建构概念,其概念的定义方式也并不包括类似的验真方法。申言之,"这是一片森林"这个语句无法被验证,因此,它既非真也非假。在某些情况下,我们能够毫不犹豫地确定其为真[例如,"埃普索姆森林(Epsom Forest)是一片森林"];在另一些情况下,我们又可以毫不犹豫地确定其为假(例如,"我家园子里的树是森林");还有一些情况,我们无法斩钉截铁地给出结论,因而其为"真"或"假"是"存疑"的。但实际上,这些情况下的断言并非是对逻辑值意义上"真"或"假"的判定,而只是言说者对其所理解的"森林"一词及其用法的表达罢了;即便是第三种情况,也不一定意味在科学理论上"存疑",而可能缘于语言表达的模糊性。

在所有以日常语言概念指涉具体事实的尝试中,上述困境皆可能发生。如上述般的判断并不表达关于逻辑值意义上真假的认知,而是受制于具体语境和语用的言语行为,其中,语境尤指语词所指的实践目的。

因此,不能将法官所从事的裁判活动认知为逻辑推理。否则的话,法学家们将无用武之地。质言之,在始终假设法官精熟法律的情况下,裁判的任务便是建构第二条前提,即从在庭前确认的案件事实——这是一片森林,这是一份协议——中析取并确认小前提为何。这种意义上的小前提并不表示对"真"或"假"科学理论认知,而是基于同裁判目的之实践考量相关联的言语行为逻辑所作出的法律判断。

(编辑:杜文静)

法律、事实还是正义？

[英] 阿德里安·A. S. 祖可曼[*]著   陈佳文[**]译

摘　要　法律与事实的界分是裁判的重要基础。基于裁判的客观性假设，司法中的事实发现程序不囿于法律范畴，还探求独立于法律以外的客观事实真相。事实发现与法律适用之间存在交织融合的基础场域，规范价值同时形塑了两者。英美法系中，许多法律适用问题都被视为事实问题。在实践层面检视陪审团的司法权能，发现其未遵循理论上的法律—事实二分法。基于社会信任，陪审团依据"是非曲直原则"裁决，并充当法律和事实的裁判者。站在裁判立场，事实发现程序与法律适用规则无不浸润着道德和法律的双重价值选择。在司法程序中引入盖然性规则并依循统计学分配原理，对于达致证明标准的初步门槛颇有裨益。妥当运用证据概率论有助于正确判决的数量最大化，但在实现从证据事实到要件事实"飞跃"的同时，也不能放弃追寻个案裁判中正义的曙光。

关键词　事实发现　法律推理　证据概率论　盖然性规则

引　言

法律与事实的界分乃裁判之基础，且具有重要的意蕴。法律必须能够适用于案件事实。案件事实可以由当事人自行承认，也可以由法院主动查明，不论上述何种方式均不受法律约束。法律明确赋予哪些类型的事实以权利和义务；对于个案事实，其本身并非由法律直接规定，而是存在于"法外空间"。当案件事实发生争议时，法律程序的功用在于发现事实真相以得出恰当的法律结论。换言之，司法中的事实发现程序已超越了法律的范

---

[*] 阿德里安·A. S. 祖可曼（Adrian A. S. Zuckerman），英国牛津大学名誉教授，从事民事诉讼法和证据法学研究。原文标题为"Law, Fact or Justice?"，载《波士顿大学法律评论》（*Boston University Law Review*）第 66 卷，1986 年第 4 期，第 487－508 页。本文的摘要部分由译者代为执笔，全文翻译的准确性由译者负责。

[**] 陈佳文，女，浙江舟山人，华东政法大学法律学院硕士研究生，研究方向为宪法与行政法、法律方法论。

畴，进而探知法律以外的客观事实真相。笔者将其称为"裁判的客观性假设"。

界分法律与事实，也即对法律推理和事实推理所涉及的推理过程进行区分。在法律推理中，我们根据立法者制定或道德设定的规则进行推理，旨在明晰这些规则要求公民或法院如何行为。对比而言，在事实推理中，我们的视野通常不再局限于法律或道德规范的要求，而更关注客观事实的存在。一般地，无论在何种形式的事实调查程序里，我们只须遵循为查明事实真相这一目的而运用的推理方法。①

基于客观性的假设，事实发现盖然性的效用引发了诸多探讨。既然司法中的事实发现程序与其他事实调查程序别无二致，那么不妨在法律程序中吸纳其他领域更准确的调查方法以提高其准确性。有人提议，在事实纠纷认定的过程中应当更好地运用概率论基础。正如统计评估构成了社会决策之基础一般，道路交通的统计模式决定了道路建设的资源配置，故上述方法也应引导个案纠纷的事实发现。

诚然，关于统计学上分配的"一般化"，被愈来愈多地应用在诉讼领域以及由证据推断事态发展的其他领域。基于上述规律而阐发的一项推论值得重视：即在发现有人拥有最近被盗的物品时，人们会理所当然地认定是他偷了该物品。同理，当听说有犯罪嫌疑人在涉嫌实施犯罪后逃离了犯罪现场，我们会倾向于认定他有罪，因为经验事实告诉我们，犯罪往往是导致逃跑的最常见原因。法律统计学的支持者建议对此作进一步考量，他们主张允许"盖然性规则"在事实上支配诉讼结果，而不限于作为松散的或是准约束性质的一般化概括（加以适用）。对此以著名的事件为例：如果原告在一次交通事故中受伤，证据表明他是被一辆身份不明的公共汽车撞倒的，而作为被告方的公司则经营着该街道上80%的公共汽车，则原告应当获得胜诉判决。② 一般而言，既然造成原告受伤的公共汽车属于被告公司的概率为0.8，那么该证据完全满足了盖然性平衡的证明要求。

如前所述，这一论证根基建立在客观性的假设之上，认为司法程序的唯一功能是寻求法律之外的、独立的客观真相。然而，正如哲学家希拉里·普特南（Hilary Putnam）所言："真相并非底线。真相本身的生命力源自我们对理性的可接受标准，如果试图去发现科学中真正蕴含的价值，那么我们需要对这些标准加以关注。"③ 我们通过考察发现，诉讼中的客观事实与法律制度之间并非是相割裂的。客观性的假设以法律和事实的界分形式在司法程序每一重要阶段得以展现：在诉讼中，当事人双方陈述案情时必须基于事实而非法律；事实问题由陪审团决定，而法律问题则留给法官；法律性的判决会造就具有拘束力的判例，而事实性的判决并非如此；有关法律问题的裁判可以提起上诉，而有关事实问题

---

① 正如现代证据法之父塞耶教授（J. Thayer）指出的那样："法律并未提供关联性的标准。为此，法律心照不宣地将目光投向了逻辑与一般经验，并且假定：推理的原则如同大量的其他事物原理一般，早已被法官和执法者所充分吸收并掌握。"参见 J. Thayer, *A Preliminary Treatise on Evidence at Common Law*, 1898, p. 265。

② 参见 Smith v. Rapid Transit Inc., 317 Mass. 469, 58 N. E. 2d 754 (1945)。

③ H. Putnam, *Reason*, *Truth and History*, 130 (1981); 参见 Rorty, *The Contingency of Language*, 8 London REV. Books 3 (April 17, 1986)。

的裁判一般不能。然而,出于程序性和实践性的效用考量而人为设定法律和事实之间的鸿沟,事实上与两者在理论层面的界分并不等同。我们不难发现,法律问题——也即和法律之外事实存在与否无关的问题——经常会被当作事实问题。进而言之,我们应当注意到,涉及查明事实真相的程序性问题有时会被视同法律问题看待。

笔者以为,法律对事实问题(有些在理论上属于法律问题)的定义绝非权宜之策。相反地,当下司法实践表明,事实发现与法律适用之间存在某一交汇点——规范价值——它同时形塑了事实和法律两者。许多价值观念与基本原则是确定权利和义务的核心旨趣,这同样作用于事实发现程序,并进而影响到事实问题审判中客观真相的性质。有鉴于此,首先应当阐述法律适用和事实发现在审判中是如何交汇的;其次,将进一步讨论这种融合对纯粹"盖然性规则"研究方法引入审判程序的影响。

一、法律、证据事实和要件事实

目前已有不少文献关注到法律和事实的界分问题,却无不致力于界定法律概念的内涵和外延,而非探究事实概念。尽管在区分法律和事实的界限时困难丛生,但二者的核心要义依旧是明晰的。譬如:查明谋杀犯罪行为的构成要件被视作明显的法律问题,而被告人是否在犯罪现场则显然属于事实问题。在规则适用的过程中,只有遇到某些特定问题时才会产生不确定性,比如,被告人的行为是否足以认定其成功实施了犯罪意图,从而构成犯罪未遂?[1] 又如,被告人行为的主观目的与构成盗窃罪的目的要件之间是否一致?[2] 虽然在理论视域下,法律推理和事实推理两者界限清晰,但在司法实践中远非如此。

(一)证据事实

证据事实是指,为确认关键事实而被呈现在法庭之上的证据材料(或是被用于证明的事实)。正如霍菲尔德(Hohfeld)所说:"证据事实一经确立,就能为推断其他事实的成立提供逻辑基础,而不是结论。"后者既可能是初始性事实,也可能是中间性证据事实。[3]

霍菲尔德严谨地阐明了他内心的推论。他强调,认为诉状中陈述的要件事实是被审判中确立的真实而特定的事实所证明的,是一种错误。相反,他主张,真实而特定的事实本身才是要件事实。据此,在一次刑事审判中,被告人被指控侵入住宅并实施盗窃,他将手臂伸出窗户的事实行为并不能作为其入户盗窃的证据;该行为本身就是被告人侵入住宅的事实,即要件事实。[4] 然而,要从"某人将手臂伸出窗户"的陈述得出"某人侵入住宅"的推论,还受到一定规则的约束。霍菲尔德表示,这一步骤涉及的规则,不同于从证据事

---

[1] Criminal Attempts Act, 1981, §1.
[2] Theft Act, 1968, §1.
[3] W. Hohfeld, Fundamental Conceptions, 34 (1966).
[4] W. Hohfeld, p. 33.

实推断要件事实的规则。

第一步,从"将手臂伸出窗户"到"侵入住宅"(这一推论的得出),是受法律约束的。第二步,从"目击者说他看到一只手臂从窗户里伸了出来"得出"某人将手臂伸出窗户"的推断,则受制于塞耶教授提出的"逻辑和一般经验"。① 某一证据事实与待证事实之间的关系被称为关联性。在此援引斯蒂芬(Stephen)一个著名的定义:如果"根据事件发展的一般进程,某一事实能独立地证明、抑或在与其他事实关联后,具有证明或呈现过去、现在或未来存在与否的可能性"②,那么可以认定该事实与待证事实之间具有关联性。

在司法裁判的话语体系下,事实的确定有赖于推理的普遍性规则。这种规则客观地表现为不因调查性质的改变而发生根本变化,且以此区别于法律规则。基于此,由事实调查推断外部事实的过程,也即斯蒂芬所称的事件发展的一般进程,将受到我们对外部世界认知规则的限制。③ 这个过程被认为不受法律规则的影响,亦即规则旨在指导行为或对这种行为施加后果。现阶段,我们需要将目光流转到沟通法律规则与案件事实的"桥梁"之上。

(二) 要件事实

法院存在的价值在于,所裁判的对象仅面向涉及法律制度的事实纠纷以及有关法律权利、义务或其他法律后果的案件。因此,法院司法程序只与事实认定有关,而法律制度使事实认定增添了一定的法律后果。一般认为,这些事实指的是要件事实、关键事实、有效性或支配性的事实。④

从诉讼最初阶段开始,当事人就被告知要区分法律和事实。因此,在英国启动民事诉讼程序时,当事人应在民事起诉书中陈述其主张的基本事实,而非提出用以证明事实的证据⑤,同样无须对法律加以陈述;(因为)法庭将以事实为依据来决定法律后果并作出判决。⑥ 刑事起诉书在适用规则上有些许差异,但法律和事实的界分依然存在。⑦

---

① J. Thayer, *A Preliminary Treatise on Evidence at Common Law*, 1898, p. 263.
② J. Fitzjames, *Digest of The Law of Evidence* art. 1 (12th ed. 1946).
③ 有趣的是,塞耶(Thayer)关注到事实问题的推理模式与古老的审判程序在构成上的相似性,比如神明裁判和决斗,但他并未试图发展现代程序独特性的理论。参见 Thayer, "*Law and Fact*" in Jury Trials, 4 HARV. L. REV. 147, 153 (1890)。
④ 正如塞耶指出的那样:"当谈到陪审团决定'事实'时,此处论及的'事实'意指法律直接作用并施加法律后果的基本事实。"
⑤ *Supreme Court Practice*, 1985, p. 261.
⑥ *Supreme Court Practice*, 1985, pp. 261-262。
⑦ 在英国,一份刑事起诉书应当覆盖两大部分:一是对犯罪事实的陈述,二是对犯罪细节的描述。前者"对犯罪事实的陈述,即对犯罪嫌疑人被指控罪名的简要陈述",参见 Archbold, *Criminal Pleading, Evidence and Practice* 36 (1985)。后者"对犯罪细节的描述"要求"提供的细节需涵盖对被指控罪名性质的合理信息",以及应当揭示"构成犯罪的基本要件",同上注。"对犯罪事实的陈述"旨在确定犯罪嫌疑人被指控罪名所依据的法律,而"对犯罪细节的描述"旨在根据原告方指控的细节来认定事实,这些事实相当于(对起诉书第一部分"对犯罪事实的陈述")内容的详细说明。

然而，以实践的视角观之，法律与事实的界分在起诉书中难以完全确定。例如，在一个民事案件中，原告既不必要也无资格向被告主张一定数额的欠款，（因为）这仅被视为法律陈述而非事实陈述。但倘若原告主张被告曾与其签有一份合同，并在合同中约定，被告有义务向其支付一定数额的钱款，那么原告的主张才具有充分性。① 不过，应当从何种意义上来界定合同约定是一种义务而非一个事实？为什么原告可以主张要约与承诺而不能将被告的义务（作为事实进行主张）呢？

五十年以前，沃尔特·库克教授（Walter Cook）曾引发一场著名的哲学讨论，他指出，外部世界的自然事实（即未经法律处理的裸露事实）独立于我们的意志而存在，我们只能通过语言来描述它，进而在纷繁复杂的事物形态中对颜色、声音、气味等等进行区别。② 假设如下情境：某人对正在眺望窗外的另一个人提问看见了什么。正是由于观察者看见的任何东西都能用不同程度的细节来加以形容，所以，除非他领悟到提问者想要的答案，否则他将无法作答。库克由此得出结论：

> 仅仅"陈述事实"状态或"描述情况"的目标导向下，（倘若没有事实细节的填补）将是不充分的。如果是在明知回答目标的情形里，也许会对事情有所助益；同理，答辩状也是如此：辩护人的陈述是为了告知法院和对方当事人己方的胜诉理由。③

一项诉讼请求必须包含的内容由惯例决定，在诉讼中，诉讼请求的内容应当将实现向对方当事人的充分告知作为判断基准，而非理论上的区别。库克认为，"事实陈述"与"法律结论"的界分由来已久，但这只是其中一个维度，就好比"我看到一个物体"和"我看到一辆轿车"之间存在的区别一样。④

正是因为法律对要件事实的存在与否施加了法律后果，才让我们的视线聚焦于要件事实之上。基于此，当我们形容要件事实时，会经常性地借鉴相关规则，譬如要约、承诺、侵权等。为达致对其施加法律后果的目标，在对特定事实的选取以及多个事实的组合过程中，将不可避免地涉及法律创制的因素。这恰好解释了为何在描绘事实图景时，我们常常需要求助于法律概念。这一解释本身并不对法律和事实在理论面向的区别构成挑战，它只是表明：在司法程序中，对事实的描述不能完全游离于法律之外。然而，有关界定的问题仍待考量：站在法律后果的立场，我们如何才能查明要件事实？

（三）自然事实和法律适用

在诉讼系属之下，法庭必须在查明要件事实后才能对其施以法律后果。法律对要件事

---

① *Supreme Court Practice*, 1985, p. 262.
② Cook, "*Facts*" and "*Statements of facts*", U Chi. L. Rev, 1993, Vol. 4, pp. 233, 238.
③ Cook, "*Facts*" and "*Statements of facts*", U Chi. L. Rev, 1993, Vol. 4, p. 242.
④ Cook, "*Facts*" and "*Statements of facts*", U Chi. L. Rev, 1993, Vol. 4, p. 244.

实的描述与定义体现在常用术语或专业术语上。常用术语包括进入、放火、威胁、殴打、谋杀、伤害等类似的词汇。依照惯例，对于"供应某人土豆"的理解是把土豆送到某人住处并留在那里。不过，正如伊丽莎白·安斯科姆（Elizabeth Anscombe）解释的那样，上述只是通常情形，还存在相同行为并不等于"供应某人土豆"的特殊情况，例如，所谓的供应商将土豆短暂地送到某人住处后，没等多久就派人把它们搬走。[1] 她继续阐述：

从理论上讲，可能并不存在对所有情形的穷尽式表达，比如"把四盎司的土豆留在我的住处"简化表述成"供应给我四盎司的土豆"。假使穷尽式表达的确存在，有人会说："供应给我四盎司的土豆等同于要把它们留在我的住处，（除此之外）不存在其他任何情形。"这种情况下，我们只能说（供应土豆）相当于"把土豆留下"，同时也不存在把"留下土豆"的行为简化成"只提供给我土豆"的其他任何情况，这似乎难以解释。[2]

进一步思考，有关"案件事实是否符合某一描述"的何种命题能被运用于法律中呢？这一问题通过以下形式呈现："某种行为等同于谋杀吗？"又或是"某一伤害属于严重的身体伤害吗？"我们很难不承认，诸如此类的问题与纳入考虑范畴的规则之间不可剥离。如果某一行为不等同于"谋杀"，那么则不构成谋杀行为。如果已证实的伤害不属于"严重的身体伤害"，那么造成这种伤害的人就不能被定罪。上述问题的解决取决于所涉法律的目的、立法机关的政策以及其他考虑因素，这在法律调查而非事实认定中最为典型。

有鉴于此，我们必须将这类问题视作"提出法律问题"，（倘若）将其作为"预测推理过程"看待，则与如下程序——从证据事实到要件事实的"飞跃"——相去甚远。我们可以得出这样的结论：是否存在某些特殊情况，通常被视为"进入""供应""伤害"之类的事实也可能存疑，但这类问题有别于从证据推断事实的过程。在个案的特定语境中，"把土豆留在被告人的住处"是否应该被视为"供应土豆给被告人"或许留有疑问，但在消解这一疑虑之前，我们必须首先查明，土豆是否确实被留在了被告人住处。换言之，有关"供应"的问题只有在明确土豆被留在住处后才值得探讨。

然而，当我们在实践层面审视如何处理法律－事实二分法时，会发现其与理论之间存在巨大的鸿沟。尽管现实是：长期以来，我在讨论这类适用问题时，只涉及法律推理而不关涉事实推理，但在英国和美国，这些通常均被视为事实问题看待。一般地，事实问题的显著特征之一是能够以多种方式恰当回应。相较而言，法律问题的标志则是只容许"唯一正解"。在一起有关"贸易"一词理解的英国税收案件中，拉德克利夫勋爵（Lord Radcliffe）坦言："在所有这些案件里，不论基于（法律推理抑或事实推理中的）何种途径，（案件）事实均能保证判决的正当化，因而这类案件可以表述为程度问题，这也被认为是

---

[1] Anscombe, *On Brute Facts*, 18 Analysis p. 69, 70–71 (1958).

[2] Anscombe, *On Brute Facts*, 18 Analysis p. 71, 70–71 (1958).

事实问题。"①

　　这种看法在理论层面存在争议。就某项活动是否能被认定为"贸易"行为，合法的对价这一要件不可或缺；这不能仅仅根据自然事实决定。比如：某项活动是否属于"贸易"，某些行为是否评价为"欺诈"②或是相当于"侮辱行为"③，这些不只是简单诱发法律问题，还关涉到确定法律所禁止的事项。④尽管许多适用问题交由陪审团裁决，但不能因此将陪审团称为专门的事实裁判者。对此，有人主张认为，把"事实问题"交由陪审团裁决的制度设计仅仅基于如下的考量，即在陪审团的职权范围之内寻求便捷高效的简易程序。如若依此观点，则这一制度设计丧失了更深层次的内涵。

　　然而以笔者之见，事情不能止步于此，似乎在审判中，法律适用和事实发现的融合仅仅取决于语义学上的特殊考量。为探清事实发现与法律适用二者是如何紧密交织在一起的，我们不妨试想：某一程序装置之下，争议事实在提交陪审团前已经得到确认和分离。比如在一项对谋杀罪的指控中，控方的质证可能聚焦于某一关键时点被告是否在场。于是，陪审团将难以认清这项指控的性质，只被要求仅就被告是否在场的问题发表意见。不过，对这一审判制度是否需要借助许多其他的制度（才能实现），本人保持高度的怀疑。

　　就个人而言，这一程序装置（的设计）有悖于直觉，因为我们对事实裁决者（陪审团）赋予的期望值超过了纯粹机械的事实发现。裁判实践与理论层面对事实-法律法二分法的分歧并非权宜之策。站在裁判作出的立场上，事实发现和法律适用的交织与融合，对于我们希望司法裁判所扮演的角色地位而言，具有举足轻重的作用。这表明，涉及（法律和事实）两大利害关系问题存在着交汇融合的基础场域。当检视陪审团的职权时，这一共同根基会尤为明显，因为我们将看到这项制度设计时的初衷，是让法律与道德的双重价值得以共同映射在事实发现程序以及法律规则适用的过程之中。

二、陪审团在裁决中的作用

　　在普通法传统之下，陪审团是事实问题的决定者，而法官是法律问题的裁判者。⑤由于英美法系中许多适用问题都被视作事实问题，故陪审团在适用法律过程中享有广泛的自

---

　　① Edwards v. Bairstow, [1995] 3 All E. R, p.48, 56。相同观点参见 Lord Hailsham, L. C. in Cole Bros. Ltd. v. Phillips, [1982] 2 All E. R. p. 247, 253.
　　② In R. v. Feely, [1973] 1 All E. R. p. 341，这份判决基于1968年《反盗窃法》(the Theft Act of 1968) 的立法目的，认定欺诈行为属于事实问题，由陪审团来决定。
　　③ Brutus v. Cozens, [1972] 2 All E. R. p. 1297，这一判决同样认为这属于由陪审团决定的事实问题。
　　④ 比如参见 Mureinik, *The Application of Rules: Law and Fact?* Law Q. REV, 1982, Vol. 98, p. 587。
　　⑤ 在英国，陪审团在民事案件中已从实体上"销声匿迹"，然而在美国，对于引发事实争议的案件，陪审团制度依旧是法院裁判的标准模式。当然，陪审团在英国民事案件的消亡并不影响我的论述。

由裁量权,是法律和事实的"裁判者"。① 然而,现代陪审制度的支持者并不主张陪审团能够特别精准地适用法律,也不认为陪审团具备以下特质——形塑自身成为精确认定事实的装置。显而易见的是,陪审团制度的存在价值既不能从精准适用法律的层面加以证明,也不能在精确认定事实的维度寻找根基。进而,有必要将视距扩大到其他场域,再对陪审团制度的正当性价值进行一番探寻。

德夫林勋爵(Lord Devlin)始终致力于维护陪审团制度,当他在解释陪审团审判的优势时,提及陪审团公正裁判的能力在于根据"是非曲直"而非仅仅依照法律。② 透过上述这一点不难看出,他主张陪审团可以考虑法外因素从而决定案件。德夫林勋爵解释道:"人们普遍认为陪审团会倾向于支持穷人而反对富人……因为……有这样一种感觉:穷人不会像富人那样对他人的不幸遭遇漠不关心。"③ 对这一影响因素的肯认更能佐证:无谓地考虑当事人之相关财产是与法律背道而驰的。如此看来,陪审团似乎有漠视法律的极大自由:对于法律没有明确规定、可能影响法律后果的关键性争议事实,陪审团享有自主决定权。④

鉴于陪审团以"是非曲直"(原则)进行裁判,我们有必要对其相辅相成的两大职能稍作区别:一是源于实体层面,涉及"是非曲直原则"的理解;二是站在功能视角,如何证成由陪审团负责贯彻这一原则,以及为何要赋予陪审团事实问题的最终决定权。⑤

实体层面而言,裁判之"是非曲直原则"吸引了德夫林勋爵的目光,这触及特殊情况下案件的公正裁决。它反映出这样一种信念:个案当事人的具体情况变幻莫测,不论是立法机构抑或是法官制定的规则本身,都难以提供妥当的解决路径逐一应对。这些规则——如果可以发现的话——势必能对引发特定后果的重要事实进行罗列。但这种罗列必然会存在遗漏:某些要素在特定情形中才被披露,而这可能致使审判的不同法律结果。概言之,

---

① 并非所有的适用问题都由陪审团决定。从整体上看,由陪审团决定的范围是常用术语,比如"严重的身体伤害""侮辱行为"和"欺诈";而专业术语的解释以及更为概括的定义性问题,则被认为是法律问题,并交由法官裁决。因此,司法权的配置显然并不遵循学理上对法律与事实的界分。但是,由陪审团决定适用的问题和由法官决定适用的问题在理论层面并无差别。综上所述,司法权的配置问题大体上是一个"因循旧例"的问题。此处不再深究推动法官以何种方式形成裁判的理由,但即将在下一部分讨论的相关考虑因素也许能证成与其存在共通性。甚至在由法官裁决的适用问题上,也总是同样地留有陪审团解释的空间。因为正如我们所见,有关解释的问题也会呈现在较低层次的事实描述中。

② P. Devlin, *Trial by Jury*, 1956, p. 151 - 158;也可参见 Damaska, Presentation of Evidence and Fact—finding Precision, 123 *U. PA. L. REV*, p. 1038, 1103 - 1104 (1975)。

③ P. Devlin, *Trial by Jury*, 1956, p. 155.

④ 陪审团享有的职权(自主决定权)是不可替代的,这有鉴于两方面的事实:一是陪审团必须适用法律;二是对于案件描述可能存在的任何例外情况,陪审团不能在事先完全决定。

⑤ 对于事实问题,(当事人)不能上诉是一项基本原则,也正如我们所见,陪审团决定的所有问题,无论是法律适用还是事实发现,均被视同为事实问题。在英国,上诉法院对陪审团作出的有罪决定只享有有限的撤销权,不过更为重要的是,法院无权干涉陪审团的无罪判决。参见 P. Devlin, *Trial by Jury*, 1956, p. 83; M. Kadish, *Discretion to Disobey*, 1973, p. 162(探讨了陪审团拥有"无罪宣告的最高权力")。这可以用于佐证(下述内容):正如每位诉讼律师都会告诉你的那样,赢得陪审团对己方的同情极其重要。

为避免下述可能性：当事人主张将案件本身乃至立法者尚未言明的所有具体情形一并加以评价，（阻止这一请求）似乎是对个别当事人的不公。

站在功能视角，陪审团之所以适合掌控"是非曲直原则"进行裁决，是源自其在社会中赢得的信任。任何司法制度之实效，无不筑基于裁判对公众信任感之唤醒，因而裁判中的心证至关重要。① 法律适用与事实发现的任一层面，均难以提供一项司法之外的制度进而检验个案判决的精确性。② 所以，公众对事实发现程序的信任，并无法通过系统检验个别判决与事实之间的一致性得以保证。对事实决定正确性的信赖以及对决定作出者的信任之间是互相依存的，裁判原则在实体方面和程序方面也必然相辅相成。对陪审团的信任立足于以下事实：陪审团采用普遍熟知且广为接受的裁判准则。

公众对任何原则或政策的接受度，均构筑于道德层面的正当性与有用性之上。在刑事领域，判决对两大核心社会需求的传递不容忽视：保护无辜者免于定罪量刑③与保障社会不受犯罪侵害。公众对陪审团制度的强有力支持，恰好印证了陪审团尤其适合在裁判中传递此类价值观的看法。

陪审团有益于提高公众安全感方面的例证，从英国陪审团对不可靠的警方证词惴惴不安的态度中可见一斑。近来，基于未经证实的警察证据而定罪（的做法），英国陪审团展露出明显的抵制情绪。④ 同样地，在犯罪的认定和归因中，陪审团坚持了公众熟知的推理程序与制度价值，这也是对免受犯罪侵害之社会需要的最佳诠释。对事实发现程序的信赖，很大程度上是对事实认定适用推理过程信任的功能外化。⑤

特殊语境下，保护无辜者免于定罪量刑与保障社会不受犯罪侵害的双向社会需求，对于支持多元的事实认定标准而言颇有影响力。譬如，我们越是希望借助提高证明有罪的基准从而保护无辜者，被定罪之人会愈来愈少，那么人们免遭犯罪侵害（的可能性）也会随之减小。当然，这种语境下对证明程度的要求应在个案审判之前事先提出，并作为一项规则予以公布。即便如此，事实发现者总会留有一定余地来权衡这类竞争性因素。一项有趣

---

① Hart & McNaughtonm, *Evidence and Inference in the Law*, in Evidence and Inference, p. 48, 52（D. Lerner ed. 1958）.

② "即使案涉事实具体明确，是无法辩驳的真相（unchallengeable truth），陪审团的裁决也依旧属于一种推定真实（constructive truth）。" Issacs, *Law and the Fact*, COLUM. L. REV, 1922, Vol. 22, p. 1, 6.

③ 对于无辜者，我们颇为有效地警惕其被定罪的风险，却容易忽视个人安全也会受到来自司法不公的威胁。我们的法律——以免于自证其罪的方式——仍然留有源于17世纪英国星室法院（the court of the Star Chamber）、高等委员会法院（the High commission）那令人诟病的实践烙印。

④ 尤其当这种（未经证实的）警察证据包含了所指控的罪行。有趣的是，无论专业法官还是非专业治安官（lay magistrate），均未对此表示出质疑。

⑤ 当证据处于完全公开的领域下，社会公众会对审判结果赋予强烈的期待值，以期与自己的推论相符合。在刺杀约翰·肯尼迪总统（John F. Kennedy）后，刺杀者李·哈维·奥斯瓦尔德（Lee Harvey Oswald）又被杰克·鲁比（Jack Ruby）所枪杀，面对几百万的电视观众，寻求一个对杰克·鲁比的公正审判并非易事。但是，能否理解为任何裁判将是一份可接受的裁判，而并非与普遍信任相一致的裁判？参见 Damaska, *Presentation of Evidence and Fact—finding Precision*, 123 U. PA. L. REV, p. 1105, n. 45. 有关公众期待对指控的影响，参见 Williams, *Letting Off the Guilty and Prosecuting the Innocent*, CRIM. L. R, Sweet & Maxwell, 1985, p. 115, 118。

的例证：英国陪审团不愿认定履职过程中的警察有罪。① 对此存在的恰当解释是，由于警察被认为是在保护人们免受犯罪时实施了侵害行为，陪审团可能倾向于支持警察无罪，所以拒绝适用根据犯罪阶层论推导的有罪证据。② 倘若果真如此，这种倾向并非完全与前述"对未经证实的警察证据不予采信"存在矛盾。

虑及将未经证实的统计分配用作裁判的唯一理由时难免存在困难，对此我们将进一步探寻，那些蕴藏于"是非曲直原则"裁判中的其他价值原则，是如何跨越法律适用和事实发现的鸿沟（进而发挥实效的）。

三、裁判基础：个体价值与未经证实的统计分配

科恩教授（Professor Cohen）在他的著作《可能性与可证明性》中曾举例，假设有100人出席了一场马术竞技会，其中只有10位观众购买了门票，其余的人均为非法闯入者。③ 管理部门起诉了其中1名观众，除上述事实外，只能证明他出席了这场演出。这是否足以使裁决中管理部门要求支付票价的主张正当化呢？为履行民事案件的证明责任，原告只需将自己的主张建立在"盖然性平衡"之上。方便起见，我们假设这意味着支持原告的概率超过0.5。而从纯粹的概率论视角观察，因为被告人事实上没有支付门票的概率为0.9，所以管理部门应当胜诉。不过，大多数律师和外行人会认为这一判决是不公正的。

在探讨未经证实的统计分配能否使管理部门的裁决正当化之前，我们应消弭对"盖然性平衡"这一证明要求本质的误解。从案件最终结果看，如果这一要求的内在价值代表着正确判决最大化，那么判决原告胜诉须遵循"盖然性平衡"。然而，由于判决支持原告的假设有违直觉，我们有必要尝试是否可以从其他侧面考察民事证明标准的内在价值。

显而易见的是，假如我们对原告一方课以的证明责任越重，当原告出错时，其败诉的风险也就越大，法官将会判决对方胜诉。鉴于其他条件均相同，原被告双方在法律面前是平等的，若诉讼一方较之另一方处于不利地位，定有其特殊原因。在充分推理原因后，（对双方）歧视待遇仍面临合理性缺位，这使得法律必须保持中立，不能强加其中一方更大的败诉风险。然而，为防止最后处在"（法律）天平微妙平衡"的尴尬境地，（一方）必须作出妥协。基于此，法律要求原告以微弱的证据优势来打破诉讼僵局。"盖然性平衡"的证明标准，是民事诉讼当事人之间法律中立性的"代言人"，而不是正确判决最大化的政策"发声者"。倘若如此，我们不会被迫承认有利于原告的任何证据优势，不论优势多么微弱，也必然会导致原告胜诉。赋予民事证明标准一个全然不同、更为灵活的解释体系，我们秉持开放包容的理念。诚然，这并非是对"马术竞技案"中原告无需承担此类证

---

① 参见 Williams, *Letting Off the Guilty and Prosecuting the Innocent*, CRIM. L. R, Sweet & Maxwell, 1985, p. 115。

② 许多反常的证据或是警察受贿的证据，不可避免地出自黑社会之手。

③ L. COHEN, *The Probable and The Provable*, 1977, p. 75. 作者在文章使用了不同的数字进行举例。

明责任的积极主张，我们仍须寻求"原告不能胜诉"这一直觉成立的妥当解释。

我们已经认识到，陪审团被期望根据"是非曲直"适用法律，而不仅仅依照法律文本裁判。基于"是非曲直"裁判，表明我们把个人特有品性与特殊环境情况作为个体裁判时衡量的重要因素。我们反对盲目且无情的司法程序，并为此建立起一套溶入个别当事人独特性的审判制度，即使事先尚未列入左右其法律地位的特殊情况表。这一观点也被看作是对事实发现程序的影响。

在"马术竞技案"中，以90%的观众没有买票为由判决被告败诉类似于共同惩罚，正如基于被告所在的团体会员大多没有买票这一事实，最终毫无根据地判决败诉一般。作为一项责任原则，共同惩罚的特征在于：假定整个社会团体对其个别成员的违法行为承担责任是公平的。这一原则由于否认个人有权要求对自身行为单独做出评判，进而受到了道德观和法律观的强烈抨击。[1]

对共同责任的道德非难，源于我们作为个体不愿替他人行为承担责任的心理。[2] 基于未经证实的统计学分配而作出裁判，并公开承认个别被告大概率属于无辜的少数群体，这将削弱公众的信心：司法制度难以保障其不被错误地定罪或是强加责任。然而，这种信心对公众尊重司法裁判而言极为关键。站在社会学关系的视角，这一因素比波斯纳法官（Judge Posner）发展的诸如"判决经济效率低下"等反对理由更为紧要。[3] 尼森教授（Professor Nesson）对基于未经证实的统计学分配而作出裁判的行为持批判态度，他认为这并不保护客观发生的事实，而只对证据状态做出判断。同时，尼森教授主张这类判决并不能倡导公民为了法律之利益从而遵守法律，反而助长了根据后果是否于己不利而行事（的社会风气）。[4] 这一论证在刑事案件中比在民事案件更为有效，后者的优势证据标准默示接受了相当程度的风险，即判决被告败诉可能是错误的。依笔者之见，这些解释缺乏"反对共同责任的原则"所蕴含的道德尺度。该原则在刑事、民事案件中同样适用，并有助于阐明：为何我们愿意承担民事诉讼极大的错误风险，但反对只凭借因果关系裁判所创造的风险。

为实现惩罚或强制承担责任的目的，查明事实的手段本身就具有道德面向的重要

---

[1] 对上述论及的情形，如果在法律上作出管理部门胜诉的判决，那会导致其有权起诉所有100位观众。然而，一旦该管理部门从首批90位的观众手中拿回门票票价，将不再被允许提出针对剩余10人的不利裁判，因为原告取得的赔偿金额不能超过其损失金额。如果未经证实的统计数据足以支撑判决，不如让所有100位观众为每张门票票价的90%共同承担法律责任更显公平。通过未经证实的统计数据进行推理的路径，引导我们明确承担共同责任。

[2] 此处所指的不是替代责任（vicarious liability）。强制要求承担的替代责任，通常是因个人或机构的间接行为所引发的责任，它在所有事件里均不作为反对共同责任原则的例外而存在。

[3] R. POSNER, *Economic Analysis of the Law*, §21.2（1972）.

[4] Nesson, The Evidence or the Event? On Judicial Proof and the Acceptance of Verdict, *HARV. L. REV*, 1985, Vol. 98, p. 1357.

性。① 假定未经证实的统计学证据属于一种可接受的证明责任，那么陪审团就证明方式表达意见的自由将大为受限。正如"马术竞技案"中，陪审团可能很想表明，其并不支持管理部门试图单纯依靠"盖然性规则"将自身置于有利地位的诉讼策略，而非不辞辛劳地向个别观众收集证据。② 事实上，我们不免联想：当管理部门意识到只有少数人购买了门票时，他们本不应该举办这场演出，更遑论企图在结束后起诉不特定的观众。人们可能会认为，管理部门在职权范围内不论是向个人搜集取证还是避免损失，最后让无辜观众承担哪怕只有0.1的极小风险，于法而言都是不公平的。近期，英国的判例法公开承认，事实发现者拥有选择符合争议性质的证明标准之自由。③

倘若我们接受这样一种解释，凭借直觉抵制仅仅基于统计学分配而作的裁判，则进一步值得探讨的是，未经证实的统计学分配是否满足证据初步确凿的案件（a prima facie case）之构成，以便要求被告主张的抗辩理由具有正当性呢？或许有人会问，中，鉴于"马术竞技案"的事实盖然性如此不利于证明被告人是无辜的，为何不能（至少应当）指望被告人自证清白呢？现行法律之下，足以要求被告人提供初步的抗辩证据，这被定义为要求理智的陪审团作出支持原告的裁决。由于未经证实的统计证据赋予支持原告的裁决以正当性，因而也不足以要求被告人为自己辩护。然而随之而来的问题是，我们应否改变这方面的法律。

除了下述两个观点之外，笔者对此不再做过多追问。第一，无论是在刑事案件还是民事案件中，在请求被告方提供证据、自行辩护和承担败诉风险之前，我们显然需要掌握一定的证据。第二，一定情况下，统计学分配对于达致（证据标准的）初步门槛颇有裨益，后文会进行相应的阐述。然而，推动未经证实的统计分配达到初步确凿的证据标准尚不能完全解答我们的疑虑。假设"马术竞技案"中原告举证证明90%的观众并未购买门票，被告人被传唤到庭后却拒绝了抗辩的要求。我们将再次面临统计结论是否满足证明责任分配的问题。因此，变更初步确凿的证据规则或许将带动其他证明规则之嬗变。比如，关于证明责任转移的推定也可能随之变动。这类改变关乎价值取向，不能简单依附于（裁判的）客观性假设。

如若肯认"事实发现程序浸润着道德与法律的选择"这一说法的正确性，那将解释为何法律在设置法官和陪审团的司法裁判权限时，并未依循法律与事实二者在理论上的界

---

① 毕竟，为了事实发现程序能达致更为精确的结果，存在许多实用手段。但基于道德要求，我们准备放弃部分手段，例如询问被告人是否选择保持沉默。

② 当然，这一反对理由并非适用于所有未经证实的证据分配场合。引发广泛讨论的"出租车案"是一个典例：原告被一辆出租车撞伤并造成交通事故，他虽然不能辨认出这辆出租车，但是他能证明：行驶在发生交通事故公路上的出租车85%为蓝色，15%为绿色。请问他有权赢得蓝色出租车公司的胜诉判决吗？本案中，不能指责原告采纳了未经证实的证据分配。但是，反对共同责任的原则也依然成立。

③ Khawaja v. Secretary of State for the Home Office, [1983] 1 All E. R. 765; R. v. Hampshire County Council, [1985] 1 All E. R. 599.

分。例如,反对共同责任原则触及实体与证据两个层面。在认定这一原则和基于未经证实的统计学分配而作的决定站在对立面时,并非表示法律从不允许纯粹统计分配影响到责任分配。当原告证明两位独立的被告人对其存在疏忽大意的过失犯罪时,即使他无法证明究竟是谁造成了伤害结果,根据美国部分州的法律,原告也有权要求两位被告人承担按份责任。① 然而这表明,此类问题不能依托于对客观性假设的严格坚守或对探寻客观存在的绝对限制得以解决。

四、裁决的"是非曲直原则"与统计学的妙用

如何在妥当安放上述价值原则的同时利用好统计学证据,这一现实思考颇有益处。事实发现者在裁判中所提出的(统计学上的)一般化概括本身不存在问题。通过把社会公众对法院的信赖运用于纠纷的解决,陪审团裁决结果将不太可能同社会信赖之间产生信任隔阂。再者,陪审团依据"是非曲直原则"裁决的权能依然保留,因为这类一般化概括会被事实裁判者认定的其余相关因素所推翻。统计学上的分配并不能代表普遍认知规律,如何在裁决中得以合理运用,这尚待考察。

除了统计价值本身存在争议,多数情况下统计学证据都是能被接纳的。譬如,在犯罪现场发现的掌纹与被告人的掌纹相吻合,但人们拥有相同掌纹的概率是千分之一,则该证据可以被接受。这类证据之所以对陪审团依据"是非曲直原则"裁决的司法权能不构成任何问题,是因为其自身并不具备排除合理怀疑的说服力。因此,陪审团在评判其他相关证据时仍有广阔的空间,进而根据被告人的实际情况作出裁决。

然而也存在某些情形:证据产生了盖然性价值,这导致了留给陪审团进一步评判的空间极为有限。从概率论角度看,假定在犯罪现场发现的指纹是独一无二的,那么存在第二个人拥有相同指纹的概率是亿万分之一。人们可能会想,这种情况下陪审团一定会承认犯罪现场发现的正是这位被告人的指纹。不过,本案与"马术竞技案"仍有细微差别。后者我们可以明确肯定,具备被告人特征的群体中存在无辜者,亦即曾经到场的观众。然而,前案并无证据表明存在拥有相同指纹之人。② 盖然性本身便有助于驳斥"存在其他这样的人"的猜测,最近英国的一个案件印证了上述观点。

在雷吉纳诉阿巴顿一案(Regina v. Abadom)中③,被告人被指控为抢劫罪。证据表明,四名蒙面男子闯入一间办公室,随后,首要分子打碎了一扇内部窗户,并劫持了办公

---

① 参见 Nesson, *The Evidence or the Event? On Judicial Proof and the Acceptance of Verdict*, HARV. L. REV, 1985, Vol. 98, p. 1384. 这类情况应当和过于武断的情况相区别,比如,两名暗杀者同时向被害人开枪,两人全部命中且造成了被害人致命伤,但无法查清致命伤是出自哪名暗杀者之手。这也不同于下述情形:某人使用了 A 公司生产的 X 药品,但我们无法查证的是,如果他不使用 A 公司生产的 X 药品,其是否会使用 B 公司生产的类似药品。

② 参见 L. Cohen, *Is There a Base–Rate–Fallacy?*(未刊稿)。

③ [1983] 1 All E. R. 364.

室的主人。检方主张犯罪嫌疑人正是打破窗户的首要分子。为了证明这一点，警方从被告人家中提取了一双鞋子，在鞋里发现了玻璃碎片。为了建立这些碎片与打破窗户的抢劫者之间的关系，检方传唤专家证人到场作证，并就两点内容进行说明：(1) 鞋中玻璃碎片与破窗玻璃的折射率是一致的；(2) 在全国范围内只有4%的玻璃具备这一特定系数。基于此，鞋中的玻璃很有可能源自本案破碎的窗户。

但这一证据本身的证明力不足，因为（在全国范围内）4%的玻璃相当于（2万至4万吨）的庞大数量。结论是，该证据中无法排除被告人鞋中的玻璃碎片是否源于本案破碎窗户以外的其他可能性。为排除这一假设，检方表示部分碎片是在鞋子上方发现的，部分在鞋内，剩余碎片则嵌入鞋底。这暗示着被告人在现场时，碎片从上方掉落，同时其踩过这些碎片。这与检方对案情的描述相吻合，故判决被告有罪。

然而，就案件本身的盖然性而言，由于被告鞋中玻璃仍存在不源于抢劫现场的极大可能，因此可以主张检方缺乏排除合理怀疑的证据。也许难以具象化查清相关折射率的玻璃的破碎几率，以及该玻璃出现在某人鞋中特定位置的可能性，但我们对此不应置若罔闻。

笔者以为，事实发现者对这一因素视而不见的原因有三：第一，在一个随机挑选之人的鞋中发现这种玻璃的概率极低；第二，陪审团不相信犯罪嫌疑人是被随机挑选出来检查鞋子的；第三，没有任何其他在案证据显示以相同方式在其他人鞋中发现过玻璃。

正是这些推论的组合使本案不同于"马术竞技案"。后者覆盖了一类人群，部分无辜，部分则不然；同时无法言明被告人属于何种类型。如同我们所见，这催生出以下感觉：追究被告责任等同于为他集体担责，且并不是因为其行为有别于剩余部分观众。当然，证据不表明犯罪嫌疑人或被告人的行为与之存在关联。他具备某些个体特征——比如指纹或者满是玻璃碎片的鞋子——这足以将他与其他潜在的犯罪嫌疑人区分开。

针对"阿巴顿玻璃案"影响陪审团裁决的几方面原因，出现了不同的声音。陪审团势必猜测犯罪嫌疑人是否为随机挑选之人，他们难免好奇警察是如何找到犯罪嫌疑人的鞋子并对鞋上的玻璃痕迹进行检查的。① 也不免断定，警方搜查犯罪嫌疑人的理由与已掌握的抢劫行为或被告的特征信息相关。一旦陪审团得出这一结论，鞋里是否存在这种特殊折射率的玻璃将不再是侧重点，而是关注在与推论组合概率一致的人中，谁具备了这种特殊信息。或许有人认为，事实发现程序中，允许这类因素发挥作用与无罪推定原则相背离。这一原则要求犯罪嫌疑人在被证明有罪之前应当被视为无罪，同时，陪审团在事实认定时除假定犯罪嫌疑人无罪以外，不得有其他假设。然而，无罪推定并不要求陪审团忽略对证据进行直觉判断的功能。倘若审判中的证据指向了一般化的有罪结论，陪审团也将不可避免地更倾向于认定有罪。

---

① 既然未经证实的盖然性不被接受，那么陪审团不能假定检方是在人群中随机挑选进行取证，并将所调查发现鞋中有相关玻璃的第一个人带至法庭。

法律政策有时禁止这类一般化的概括，比如犯罪嫌疑人的前科劣迹或其他负面信息。但即便如此，这种禁止也很少绝对化，贬损信誉的证据有无可采性，取决于其是否影响到事实裁判者对证据的正当性认定。基于此，倘若被告人先前犯罪行为的证据价值远大于其不利影响，这在英国是可以接受的。[1] 排除这类证据时需要把排除成本纳入考量。[2] 在"阿巴顿玻璃案"中，若要阻止陪审团根据被告人鞋中玻璃径直得出有罪结论，唯一途径是将证据完全排除。当前罪证据具有高度证明价值时，排除这类证据并非更具正当性。

此时，或许有人会进一步提出反对意见。陪审团在排除存在其他人鞋里有相同玻璃出现的可能性时，必须先推断被告人鞋中存在玻璃的无罪解释。[3] 我在前文曾指出，未经证实的盖然性在法律上不足以佐证证据初步确凿的案件，比如要求被告或犯罪嫌疑人为自己辩护。难道因为被告人无法解释于己不利的案件事实，就不能说"阿巴顿玻璃案"不符合这一规则了吗？该案表明，有时候解释的缺失影响颇多，尤其是在现有证据面前，我们没有理由去不相信存在着某种（合理）解释。深层次而言，它涉及陪审团是否裁决相信被告人或其他当事人这一特殊意涵，具体阐释将在后文展开。

五、蕴藏无限价值的司法制度

笔者已试图阐明，事实发现程序中使用纯粹的统计学方法将会受阻，因为这被认为危及司法裁判的其他相关价值。部分价值也企图寻求捷径，打破法律与事实之间的藩篱，但尚未展现出令人满意的实效。通过隔离事实发现程序使其免于道德与法律的介入，或许能将事实发现从法律适用中分离，从而避免事实裁判者处于复杂困难的抉择境地。但我非常怀疑这一制度对公众而言是否具有吸引力，即使在统计学上可以证明，从案件的长远视角看，我们借助这一审理方法将获得更多实际正确的裁定。

司法审判蕴藏的价值与社会和道德的预期之间天然贯通。倘若寄希望于审判来保护我们不被定罪量刑或免于错误地承担民事法律责任，亦即希望一份裁判应当反映出个体的过错或责任。只要存有一位无辜者需要考虑的情形，纯粹基于有罪与无罪的比例而作的判决都将不被接受。（如果）一方主张有权根据"是非曲直原则"对案件进行裁判，反之意味着另一方可能将因此承担过失责任。在民事案件中，人们期望法庭考虑诉讼对立各方的比较优势。假如这些价值关乎是否决定接受这样或那样的错误风险，那么，先验的盖然性数

---

[1] D. P. P. v. Boardman, [1974] 3 All E. R. 887.

[2] 类似的事实或品格证据对依照"是非曲直原则"裁判提供了有益见解。法律一般趋向于限制这类证据，其理念基础在于，较之盖然性正义，陪审团过于侧重类似犯罪证据的证明价值。然而，我并不认为这是陪审团对此类证据摇摆不定倾向的恰当解释。对于过去不法行为，我也不赞同从盖然性意义的普遍认知错误的角度对这一现象进行解释。恰恰相反，它传递给公众所坚持的道德判断：有犯罪前科之人不享有无前科之人不受怀疑的便利。因此，上述是事实发现程序受道德因素左右的一个例证。对此类证据的排除，表明了法律不承认特殊性质的道德判断。

[3] 虽然报告中回避了这一问题，此处为讨论方便起见，假设尚未对其推断解释。

字如何附加于民事标准之上也将难以辨明。

个体价值之重要性在司法程序中由来已久。中世纪的审判形式与现代审判一样，都以这一理念为基础。在人们相信"神之干预"的同时，也相信真正的无罪将会盛行。在某些方面，陪审团审判依然在一定程度上提供了一种无罪的标准，但统计学意义上的审判并无法实现。1957 年，约翰·博德金·亚当斯博士（John Bodkin Adams）的审判证实了这一点。亚当斯博士是一名执业医生，他被指控谋杀了他的病人莫雷尔夫人（Mrs. Morrell）。在预审程序中，他还被指控了另外两宗谋杀罪，不过后来由控方主动撤回。此外，被告人基于个人利益谋杀了许多其他病人的谣言也不断传开。

主审法官德夫林勋爵（Lord Devlin）在他的审判回忆录里，把本案与古老的审判方式进行了类比。[1] 在决斗式审判中，王室以涉及指控莫雷尔夫人之死的名义挑选了一名角斗士。若其被击败，则意味着被告人将被无罪释放。然而，德夫林勋爵指出亚当斯医生并非完全清白，是因为他拒绝进入证人席。德夫林勋爵还把证人席比喻为神明裁判，并将被告人未能作证的效果解释如下：

> 被告人拒绝接受神明裁判。他能挑战"无形敌人"（公众谣言）的唯一路径，就是进入证人席并接受交叉询问。当然，除了莫雷尔一案之外，他无需在其他案件中接受质询。与其说检验的结果取决于他回答的内容，不如说取决于他的言行举止以及在公众面前的形象。莫雷尔一案中，他的确有必要对一些问题作出阐释，并且应具有信服力。倘若他直面惩罚作出解释又被宣告无罪，英国公众也将对其他指控一并视为无罪。正是由于拒绝接受神明裁判，留给他的是一个无从证实的判决：无限的谣言、指控以及未尽的审判。[2]

赢得陪审团的信任似乎无异于接受一种特殊的道德豁免。[3] 如同尼森教授（Professor Nesson）所指出的一样，我非常怀疑造成这种影响的原因在于陪审团（而非公众）对被告人作出决定，且后者必然接受陪审团的裁决。[4] 基于被告的可信性而作出的裁决，将达致一个真实且可评估的结论。豁免的力量构建于这一假设之上：在陪审团质询时，全面展现某人的性格、提供最充分的信息，对依照"是非曲直原则"进行裁判颇有助益。

或许有人会反驳我的论点，认为虽然这能解释司法制度为"是非曲直原则"裁判释放空间的重要性，但没有解释该原则的价值内涵应如何界定、理解与权衡。对于这一质疑我尚无法完全回应，但我已然勾勒了一项原则，即反对单纯依据关联性规则进行裁判，此外也有不少其他原则存在。为进一步鉴别影响事实发现程序的价值，有必要重新考量法律和

---

[1] P. DEVLIN, *Easing the Passing*, 197 (1985).

[2] P. DEVLIN, *Easing the Passing*, 197 (1985).

[3] 我并非主张陪审团的裁决一定会造成这种影响，只是其通常如此。

[4] Nesson, The Evidence or the Event? On Judicial Proof and the Acceptance of Verdict, *HARV. L. REV*, 1985, Vol. 98, p. 1370.

事实的界分，同时承认：发现的事实很可能取决于我们想在法律某一特定领域所追求的结果。这也许任务艰巨，因为事实发现程序的设计会掩盖事实发现者得出结论的理由。陪审团在裁决时无须说理，商议的环节也将秘密进行。信息上的缺漏并非陪审团的独特标签。甚至法官们也会用语言表达其得出事实结论的理由，这有时掩盖了许多更深层的原因，比如法官们更支持一方当事人而非对方当事人。法官相信某位证人或是案件另一方当事人总体上更有说服力，这类表述隐瞒的内容往往和透露的信息一样多。此外，上诉法院坚决排斥对事实发现者推理过程进行深入洞察。如果不首先理解何者为事实发现程序的严密解释，那些驳斥我以功能为代价而忽略实质的观点，我不能确定是否需要对此全面辩解。极有可能的情况是，目前的制度本身尚无法逻辑自洽。

边沁（Bentham）认为，如果以 0 至 100 的固定尺度来衡量证人对事实问题宣誓作证时的信服力，那么司法中的事实发现将更为精确。他指出，这有助于事实裁判者能够就任何特定问题的所有证据形成更清晰的评价。① 边沁的提议之所以被否决，并非因其不够成熟，而是因为它与司法裁判的本质大相径庭。这也正是证据概率论必须加以克服的因素。

对事实问题的裁决，应当在两种略微不一但根深蒂固的观念语境下展开，这一点在所罗门审判（Solomon's judgment）的故事中揭示得淋漓尽致。人们对极具智慧的判决结果叹为观止，却往往忽视了故事开头部分的重要性：在梦里，耶和华走向所罗门并对他说："你愿我赐你什么，你可以请求我。"② 所罗门回答道："请赐予你的仆人（我）一颗智慧的心，令我明辨善恶是非，来裁判你的城民。不然，谁能判断这众多的城民呢？"③

这反映出人类对裁判能力不足的认识始终存在。我们竭尽全力也不能确保获知事实的真相，这是无法回避的现实，但我们依然渴求。这恰是故事第二部分的重要寓意，它表达了我们对程序的热切渴望，在这种程序中，无论证据本身的复杂性与模糊性，是非曲直的价值观都能得以成功践行。我认为故事在这一部分传达的是（对程序价值）的美好希冀，而不是（制度价值）已然实现，因为国王（所罗门）在事实发现上的正确与否尚且无法检验。故事中，当事人双方的主张各不相同，一位母亲主张"活着的是我的儿子，你的儿子死"；另一位却说"不，已经死去的是你的儿子，我的儿子还活着。"④ 国王判决宁愿放弃孩子也不愿看到孩子被杀死的一方当事人胜诉，但我们又有什么理由如此确信国王的裁判必然正确呢？完全存在下述可能性：孩子已经死去的母亲不愿看到活着的孩子被杀害；而孩子依旧活着的母亲非常痛恨那个偷走她孩子的女人，她宁可孩子死也不愿让孩子离开自己。在国王下达了要将孩子劈成两半的命令后，故事继续写道，孩子依旧活着的那位母亲内心极度渴望要回她的儿子，她向国王求情："我的上帝，请把孩子判给我吧，千

---

① I J. BENTHAM, *Rationale of Judicial Evidence*, London, 58 (London 1827).
② I Kings 3: 5.
③ I Kings 3: 9.
④ I Kings 3: 22.

万不能杀了他。"①《圣经》直接推定孩子活着的母亲应当是这样一个女人：她的言行符合道德观念，母亲应时刻准备着为自己的孩子付出一切，这种推断意蕴深刻。②

  在司法程序中引入证据盖然性评价规则的论争，是对我们当下根深蒂固的观念与事实发现程序之间旧有矛盾的一种映射。一方面，我们对自身探明事实真相的能力仍持有怀疑，从长远的视角观之，主张采纳证据概率论似乎至少有益于正确判决的数量最大化。另一方面，在很大程度上，这种（由证据事实向要件事实的）"飞跃"令我们不能不放弃，追寻个案裁判中冉冉升起的正义之曙光。

（编辑：吴冬兴）

---

① I Kings 3：23.
② 格林教授（Green）和尼森教授（Nesson）认为，对于母亲身份这一事实的裁判，可能会被用作根据不同标准而做出决定的借口，比如哪一方当事人最适合照看孩子。*Teacher's Manual For Problems*，Cases，and Materials 2（E. Green & C. Nesson eds. 1983）。

原意主义者解释的三个步骤

[美] 大卫·克伦普* 著　赵子超** 译

摘　要　原意主义通常是最令人满意的解释文本的方法，但它只是众多方法中的一种，所有这些方法都必须牢记在心。有时原意主义也并不是理解文本的最佳方法。原意主义者解释有三个步骤。首先，必须是法院决定选择原意主义来解释不同于目前的文本的意思。如果届时法院不打算使用原意主义来解释，尽管曾经说过要使用，这种决定也会产生问题。有时候，法院甚至可能会在采用原意主义的这个过程中，还会决定部分使用别的方法。第二步是找到原始的含义。这里要注意的问题是，会有相当多的资料可参考来确定这个含义，从事情发生前后的资料到很长一段时间以来的资料都会有。最后，也就是第三步，就是将原始的含义与现在的各种具体情况相匹配。这一步有时候并没有得到足够的重视，也许是因为法院刚刚艰难地处理完了前两个步骤中所有的艰苦工作，暗地里觉得这样已经足够了。有时原始的含义与现实的情况差异如此之大，以至于无法妥当地使用原意含义。处理这些问题的唯一方法是由法院在整个过程中不断去尝试，同时要明了每个步骤中都会遇到困难以及这些困难累积的可能性。

关键词　原意主义　宪法解释　历史方法　原始含义

一、简介

原意主义通常是理解文本的最佳方法。① 然而，必须将这种历史方法理解为只是为实

---

* 大卫·克伦普（David Crump），哈佛大学学士，德克萨斯大学法学院法学博士，休斯顿大学法律中心法学教授。原文题目为"The Three Steps Required for Originalist Interpretation: How Distortions Appear at Each Stage"，载 Santa Clara Law Review, Vol. 61, Issue 2, 2021, pp. 353 – 366。

** 赵子超，男，山东济宁人，华东政法大学法学理论专业博士研究生，研究方向为党内法规、法律方法。

① 参见下文第二部分。

现目的的众多方法中的一种。博比特（Bobbitt）教授列出的六种宪法解读方法[1]是对不同解释方式的最权威描述之一。[2] 正如本文将论证的那样，原意主义是最经常给出令人满意的结果的方法，[3] 尽管并非总是如此。

在博比特的分类法中，宪法解释有六种模式：文本的、历史的、结构的、学说的、审慎的和道德的。[4] 文本方法侧重于语言的逻辑性，而历史方法则着眼于过去的含义：[5] 就原意主义而言，是指采用语言当时的含义。结构性方法旨在维护由争议条款所设立的制度，理论性方法从早期的决定中找到意义，审慎性方法通过考虑各种解释的影响，提供一种"政策"依据，而道德性方法则试图找到具有适当道德意义的含义。[6]

但这里的重点是，历史方法特别是原意主义方法，往往能提供令人满意的结果。[7] 尽管如此，其他方法也有自己的一席之地[8]，而且事实上没有人敢说能完美地确定应该应用哪种方法的测试是容易的。[9]

然而，问题是，原意主义的吸引力往往与困难相伴而生，这些困难使结果容易受到根本性的批评，[10] 而且难以避免。要使用原意主义解释方法，必须经历三个独立的步骤。[11] 首先，解读者必须认识到有进行超越表面和字面的意义的解读的必要，即需要原意主义的解读；[12] 第二，解读者必须弄清楚原始的含义，这常常是一个不易抉择的难题。[13] 最后，还有第三步：将原始含义与今天所声称的相似之处进行类推。[14] 在特定情况下，这三个步骤在实践中可能都具有挑战性。

本文第二部分开始考虑原意主义的意义及其潜在优势。这一部分描述了使用原意主义的不同方式，然后继续考虑应用此方法的步骤。文章第三部分中，先是探讨第一步骤：确定有解释的必要。然后进行第二步，给有争议的条款赋予准确的历史性的意义。然后下一部分，阐述了第三步中固有的困难：将历史意义与当今的具体情况相结合。

最后一节提出了作者的结论。其中包括认识到解释者倾向于在第二步中通过弄清历史

---

[1] PHILIP BOBBITT, CONSTITUTIONAL. INTERPRETATION (1991).
[2] 参见 Jack M. Balkin & Sanford Levinson, Constitutional Grammar, 72 TEX. L. REV. 1771, 1774 - 75 （1994）（将博比特的分类视为权威）。
[3] 有权威人士认为，原意主义通常是最佳的方法。参见 Wis. Cent. Ltd. v. United States, 138 S. Ct. 2067 (2018)。
[4] Balkin & Levinson, at 1775.
[5] Balkin & Levinson, at 1775.
[6] 参见 BOBBITT, at 12 - 13。
[7] 参加下文第二部分。另参见 Wis. Cent. Ltd, 138 S. Ct. at 2074（解释为什么原始主义是首选的分析方法）。
[8] 参见 BOBBITT, at 8 - 9, 119（解释所有六种方式都可以赋予合法性）。
[9] BOBBITT, at 12 - 13.
[10] 参见下文第三部分（描述原意主义所涉及的步骤以及其中固有的困难）。
[11] 参见下文第三部分。
[12] 参见下文第三部分（一）。
[13] 参见下文第三部分（二）。
[14] 参见下文第三部分（三）。

意义而产生明显合理的结果后，就会停止努力工作，然后通过将历史意义与现代条目进行简单的类比来敷衍第三步。另一组结论涉及容易混淆或阻碍每个步骤顺利完成的情况，以及避免敷衍推诿的方法。这些结论清楚地表明了文章的另一个主旨，即有时这三个步骤会使原意主义变得如此不可预测和不确定，以至于最终它可能并不总是解读文本的最佳方法。

我们相信对这三个步骤的描述是作者的原创。这里对每个步骤都进行了分析，并举例说明如果应用不当，每个步骤将如何导致不妥当的结果。

二、原意主义者的方法

简单地说，原意主义是指适用某一条款的原始含义。也就是说，它使用的是该条款所依据的概念在其被通过时的一般含义。[①] 例如，在解释宪法时，原意主义会要求适用制宪者们对他们在1789年通过条款时的理解。[②] 在解释1964年的《民权法案》时，原意主义要求关注立法者在通过法规时理解的一般含义。[③]

但这一简单的立场却引发了一系列的附带问题。其中一项涉及需集中精力寻找其意义的具体事件的调查。究竟是制宪者在费城对宪法条款的设定重要，还是批准宪法时的辩论和投票更重要？[④] 对这个问题的不同回答可能会给原意主义者解释赋予不同的意义。[⑤] 那么，在哪里可以找到建国者们共同认可的含义的权威性指示呢？也许答案在于他们的辩论，尽管这种方法会留下空白，尤其是只有明显引起的现场争议的一方吸引了大部分的评论时。[⑥]

或许答案存在于更为宽泛的资料来源之中，比如各个时代的词典。[⑦] 人们甚至可以得出这样的结论：这些不同的资料来源所引发的分析，不仅是不同的答案，而且是不同类型

[①] 参见 BOBBITT, at 12 – 13。

[②] 也就是说，在宪法通过的那一年。有关事例，参见下文第三部分（二）。

[③] 有关事例，参见下文第三部分（一）。

[④] 参见 generally Elliot's Debates About, LIBR. OF CONGRESS, https：//memory.loc.gov/ammem/amlaw/lwed.html.（最后访问时间，2021年1月4日），（收集资料来源，包括麦迪逊在制宪会议上的笔记和州立法机构关于批准的辩论）。

[⑤] 例如，关于批准的辩论包含大量解释合同条款的内容，该条款禁止各州损害合同义务。制宪会议上的辩论几乎没有解释它的内容，如果解释者只看制宪会议，该条款的经济目的就不会显现。参见 David Crump, The Economic Purpose of the Contract Clause, 66 SMU L. REV. 687（2013）.（分析宪法条款的原始含义）。

[⑥] 参见 Howard Jarvis Taxpayers Ass'n v. Padilla, 363 P.3d 628, 674 – 75（Cal. 2016）（Liu, J., concurring）［引自 4 JONATHAN ELLIOT, THE DEBATES IN THE SEVERAL STATE CONVENTIONS ON THE ADOPTION OF THE FEDERAL CONSTITUTION 176 – 77（1881）］。在《THE DEBATES IN THE SEVERAL STATE CONVENTIONS ON THE ADOPTION OF THE FEDERAL CONSTITUTION》中，乔纳森·埃利奥特（Jonathan Elliot）记录了詹姆斯·艾雷德尔（James Iredell）在南卡罗来纳州批准宪法的辩论中关于州立法机构在修正过程中的作用的无异议声明。参见 David Crump, 尽管缺乏真正的辩论，法院在 Howard Jarvis Taxpayers Ass'n 案件中使用艾雷德尔的声明来解决州立法机关的权力问题，让选民决定是否向国会发送咨询信息。David Crump.

[⑦] 参见 Ariz. State Legislature v. Ariz. Indep. Redistricting Comm'n, 135 S. Ct. 2652, 2671（2015）（参考了与宪法时间相近的几本字典）。

的原意主义。①

然后，还有一些更广泛的历史方法，即使不完全等同于原意主义，也与之有关。例如，解释者可能会试图弄明白关于某一特定条款背后的历史问题。② 这种方法有时会倾向于将非常具体的问题（这种情况可能今天并不会出现）③ 提升到高于法律规则所确立的更大原则，而这些原则在解释一部由宏大的概括性内容组成的宪法时或许更应该占上风。④

高度关注被解释条款的文字及其上下文的文本解释，与原意主义密切相关，⑤ 事实上，它有时被认为是原意主义的一种类型。⑥ 毕竟，制宪者们并没有完全就他们在辩论中使用的术语，或字典的定义，或对有分歧问题的理想解决方案达成一致。⑦ 相反，他们达成共识的是他们所通过的条款文本。有时候，专注于对规定条款的原意理解所产生的结论并不等于文本含义的结论。在这种情况下，文本方法有可能，但不一定必然优于原意主义者的方法。

三、原意主义者的解释所需要的三个步骤

（一）认识到原意主义者方法的必要性（并使用它）

能否合理解释条款，有时取决于是否认识到有使用原意主义者方法的必要。这要看法院的判断：即采用原意主义方法比采用另一种方法（比如文本主义）更能解决问题。戈萨奇（Gorsuch）法官在博斯托克诉克莱顿县（Bostock v. Clayton County）⑧ 一案中的意见就是这两种方法相互竞争的例证。这里的问题是，1964 年《民权法案》中禁止基于"性"⑨做出就业决定的条款的含义是什么？这里的"性"是基于性取向的差异，还是只涉及人的性别？⑩

戈萨奇法官本可以用他在威斯康辛中央有限公司诉美国（Wisconsin Central Ltd. v. United States）⑪ 一案中的意见开始进行分析，这些意见为原意主义者方法提供了具体的描述：

---

① 例如，在从立宪者的辩论转向词典时，法院参考的不是立宪者使用的术语，而是其他人观察到的含义。
② 参见下文第三部分（三）[处理 United States v. Jones, 565 U. S. 400 (2012) 中的决定]。
③ 参见下文第三部分（三）（在琼斯案件的讨论中，具体情况比一般原则更受重视）。
④ 参见 David Crump, How Do the Courts Really Discover Unenumerated Fundamental Rights? Cataloguing the Methods of Judicial Alchemy, 19 HARV. J. L. & PUB. POL'Y 795, 837 – 38 (1996)（解释宪法应该如此组成，因为宪法规定了基本原则）。
⑤ 这两种方式都关注有争议的条款本身，而其他方法则使用外在的考虑。参见 Ilya Somin, "Active Liberty" and Judicial Power: What Should Courts Do to Promote Democracy?, 100 NW. U. L. REV. 1827, 1851 (2006).
⑥ 参见 Ilya Somin, 第 1851 – 1852 页（指出最高法院的一名法官如何将这两种方法混为一谈）。
⑦ 参见 Ilya Somin, 第 1832 页。
⑧ Bostock v. Clayton Cty., 140 S. Ct. 1731 (2020).
⑨ Bostock v. Clayton Cty, 第 1738 页；参见 42 U. S. C. § § 2000e (k), 2000e – 2 (a) (1) (1964).
⑩ Bostock, 140 S. Ct. at 1739.
⑪ Wis. Cent. Ltd. v. United States, 138 S. Ct. 2067 (2018).

成文的法律需要让人容易理解和遵守，如果它们被不确定性的迷雾所笼罩，或者其含义可以随着司法部门一时的心血来潮而改变，那么将它们写成文字的意义就会丧失。这就是为什么"法定解释"的基本准则，一般来说，词语应当"被解释为国会制定法规时的通用的、当代的、常见的含义"。①

事实上，博斯托克（Bostock）一案的判决意见表明，这种做法是一个开端。② 这似乎可以结束调查了，因为当时并没有找到依据说"性"这个词在 1964 年包括了性取向，而且辩论双方就此观点已达成一致看法。③

但戈萨奇法官并没有听从他自己的意见。相反，他在博斯托克一案中宣称，原意主义者方法只是一个"起点"，④ 它出现了一种类似于文本主义的扭曲，而不是真正的原意主义。⑤ 它不是根据立法者在写下这一条文时"性"这个词的含义来考虑这一法规，而是根据该法规的文字措辞来考虑法规的意思。⑥ 该判决意见似乎是通过今天使用的语言的整体逻辑来解决这个问题，而不是依据 1964 年的语言的逻辑。⑦ 戈萨奇法官推断，基于性取向的差异，必然包括基于性别的差异，因为性取向的差异不可能在没有性别差异的情况下发生。⑧ 至此，戈萨奇法官得出的判定结果似乎不太可能与国会颁布该法规时的措辞含义相类似。⑨

相反，反对者认为持续依赖历史方法更为合适。⑩ 如果考虑到 1960 年代"性"一词语的公开含义，结论将是明确的⑪：它并不包括性取向。⑫ 异议者认为，这种原意主义者方法得出的结论与立法者的理解更为接近。⑬ 因此，原意主义赋予了与语言采用者认为的意思一致的意义，而戈萨奇法官采用的更倾向于文本主义方法，是对原意主义的一种偏离，这反而取决于今天应用于语言的逻辑。阿利托（Alito）法官将博斯托克一案的判决意见称为"公然滥用"和"荒谬"。⑭

---

① Wis. Cent. Ltd. v. United States, 138 S. Ct. at 2074 [quoting Perrin v. United States, 444 U. S. 37, 42 (1979)].
② Bostock, 140 S. Ct. at 1738（要求"按照其颁布时的普通公共含义"进行解释）。
③ Bostock, 140 S. Ct. at 1739.
④ Bostock, 140 S. Ct. at 1739.
⑤ 该观点关注的是今天的语言及其意义。Bostock, 140 S. Ct. at 1739.（"问题不在于'性'是什么意思，而在于第七篇是怎么说的"）。
⑥ Bostock, 140 S. Ct. at 1739.
⑦ Bostock, 140 S. Ct. at 1740.
⑧ Bostock, 140 S. Ct. at 1741（解释雇主解雇喜欢男性的男性员工，而不解雇喜欢男性的女性员工，是基于性别的歧视）。
⑨ 各方如此规定，Bostock, 140 S. Ct. at 1741。
⑩ "'性'仍然是它一直以来的含义"。Bostock, 140 S. Ct. at 1755（Alito, J., dissenting）。
⑪ Bostock, 140 S. Ct. at 1755.
⑫ Bostock, 140 S. Ct. at 1755.
⑬ Bostock, 140 S. Ct. at 1755.
⑭ Bostock, 140 S. Ct. at 1755. Justice Kavanaugh also dissented. Bostock, 140 S. Ct. at 1822（Kavanaugh, J., dissenting）.

在一些评论家看来，戈萨奇法官所采用的调虎离山之计不仅是离谱，而且是远远离谱。一个通常很谨慎的消息来源在描述这位大法官的"活宪法精神"时变得异常大胆。①《华尔街日报》这位沉稳的评论员继续推测，"尼尔·戈萨奇法官在周一撰写博斯托克诉克莱顿县一案的判决意见时，似乎有一个外星人占据了他的身体，这在大法官呼吸最高法院大楼的稀薄空气时时有发生。"②

（二）第二步：寻找原始含义

如果法院首先决定采用历史方法，如原始主义，那么接下来必须为有争议的条款赋予原意主义含义。最高法院在关于解释对质条款以及在刑事案件中排除传闻陈述中的曲折探索，就是一个很好的例子。③ 用文本的方法解决这个问题是不切实际的，因为条款中没有明确规定禁止传闻，而且语言需要大量的关联含义的判定来赋予它意义。④ 由此产生的一系列决定表明，在为很久以前的条款赋予原始含义时，表面上看是简单的工作，但却很困难。⑤

对质条款的故事始于法院在俄亥俄州诉罗伯茨（Ohio v. Roberts）⑥ 一案中的裁决。该裁决要求大法官制定一项检测标准，以确定哪些类型的传闻被该条款排除在外。⑦ 某些类型的传闻，诸如共同被告人发表的不利于团体⑧的陈述，等同于未当面质证的证人陈述，但其他类型的传闻，如商业记录⑨和激动人心的言论⑩，似乎不符合这一特征。前者有假造证据的嫌疑，而后者则没有。罗伯茨案件中法院通过一个相对明确和可行的检测来进行区分。如果传闻具有可靠性（或可信赖性）的迹象，⑪ 就可以在遵守对质条款的情况下被接受，这是确立传闻规则例外情况的历史基础。⑫

然后是克劳福德诉华盛顿（Crawford v. Washington）案。⑬ 按照遵循先例⑭的原则，

---

① The Editorial Board, Editorial, Gorsuch v. Gorsuch, WALL ST. J.（June 16, 2020, 7：38 PM），https：//www.wsj.com/articles/gorsuch－vs－gorsuch－11592350714.
② The Editorial Board, Editorial, Gorsuch v. Gorsuch, WALL ST. J.（June 16, 2020, 7：38 PM），https：//www.wsj.com/articles/gorsuch－vs－gorsuch－11592350714.
③ 参见 David Crump, Overruling Crawford v. Washington：Why and How, 88 NOTRE DAME L. REV. 115（2012）[以下简称 Crump Confrontation]（讨论对质条款的解释标准）。
④ 也就是说，解释性问题不是用条款的语言规定的。参见 Crump Confrontation，（讨论条款的正确解释）。
⑤ 参见 Crump Confrontation, 第 116－118 页（讨论对条款的不同处理）。
⑥ Ohio v. Roberts, 448 U. S. 56（1980）.
⑦ Ohio v. Roberts, at 66（认为"对质条款"不排除"具有足够'可靠迹象'"的传闻）。
⑧ FED. R. EVID. 804（b）（3）.
⑨ FED. R. EVID. 803（6）.
⑩ FED. R. EVID. 803（2）.
⑪ Roberts, 448 U. S. at 66.
⑫ 参见 FED. R. EVID. 803 advisory committee's notes to 1972 proposed rules。
⑬ Crawford v. Washington, 541 U. S. 36（2004）.
⑭ 参见 Crump Confrontation, at 120－25（讨论法院关于偏离遵循先例的决定）。

法院先前在俄亥俄州诉罗伯茨案中的裁决应当保留,① 但是斯卡利亚（Scalia）法官的意见忽略了这个问题。② 斯卡利亚法官说,主要问题是有争议的传闻陈述是否是"证词"③。他认为,这种所谓的原创者含义源自传闻规则的历史,因为这是对质条款④通过之前的观点。克劳福德案件中的观点提供了一些判决实例,在这些实例中,尽管这些实例中没有一个明确说明,斯卡利亚法官声称结果取决于有争议的证据是否为证词。⑤

斯卡利亚法官强调,以沃尔特·罗利爵士案件（Sir Walter Raleigh's Case）为例,该案件被告被指控密谋反对国王。⑥ 指控罗利的一个主要证据是一份据称是证人科巴姆勋爵（Lord Cobham）的书面陈述,他被关押在附近。⑦ 罗利提出反对,辩称王室应将科巴姆勋爵作为现场证人（出庭作证）,但法官拒绝了。⑧ 从这个先例中,斯卡利亚法官得出结论,对质条款的关注点及其原始意义是排除传闻性证词。⑨

但这一观点表明,对原始意义的确定是多么难以把握,又是多么容易被操纵。在罗利案中,还有另一个同样令人反感的证据。第二项证据不符合斯卡利亚法官的理论,他干脆忽略了它。这个证据是,另一名指证罗利的证人重复了据称是一名缺席且未透露姓名的葡萄牙绅士所作的陈述,指控罗利参与了本案中的阴谋。⑩ 罗利再次提出反对："但有什么证据能证明我有罪呢?"⑪ 因此,第二项证据引起了可信度的问题。这位不为人知的葡萄牙绅士所作的所谓的声明缺乏任何可靠的迹象,⑫ 而这正是俄亥俄州诉罗伯茨案的决定性问题。⑬ 但斯卡利亚法官如此坚决地推翻了这一决定,以至于他的历史分析歪曲了证据。

事实上,克劳福德诉华盛顿案的后果是带来了一系列不必要的、无法解决的难题。如果一个家庭暴力事件中的受害者拨打了911,那些记录的受害者陈述应当认定为给被告定罪的证词,还是认定为为了逃避眼前的困境而做出的激动言语或紧急陈述?⑭ 或者,如果

---

① Ohio v. Roberts, 448 U. S. 56 (1980). 参见 Crump Confrontation, at 124 – 27（讨论缺乏法院认可的背离遵循先例的因素）。
② 参见 Crump Confrontation, at 124 – 27。
③ Crawford, 541 U. S. at 50 – 51.
④ Crawford, at 50 – 51.
⑤ 参见 Crump Confrontation, at 127 – 30。
⑥ Crawford, 541 U. S. at 44 – 45.
⑦ The Trial of Sir Walter Raleigh, knt. at Winchester, for High Treason, in T. B. HOWELL, 2 A COMPLETE COLLECTION OF STATE TRIALS AND PROCEEDINGS FOR HIGH TREASON AND OTHER CRIMES AND MIS-DEMEANORS 15 – 16, 22 – 24 (1603); 另见 DAVID JARDINE, CRIMINAL TRIALS 435 – 520 (1832); Crump Confrontation, at 130.
⑧ 参见 Crawford, 541 U. S. at 44 – 45。
⑨ 参见 Crawford, 541 U. S. at 44 – 45。
⑩ 参见 JARDINE, at 436。
⑪ 参见 JARDINE, at 436。
⑫ 声明者是未知的, 任何可能推断出可靠性的理由也是未知的。
⑬ 参见前相关注释及随附文本。
⑭ 参见 Davis v. Washington, 547 U. S. 813, 829 – 30 (2006)。

DNA 证据①需要多达 40 个不同的人提供意见,他们的所有陈述是否都是证词,因此必须召集所有人作证?② 这些都是克劳福德案件后法院面临的问题。③

但是由克劳福德案件造成的混乱并不是紧要问题,相反,问题在于原意主义者解释的第二步,即找到争议条款的历史意义。④ 在本案中,问题涉及对质条款对限制传闻性证据的意义。⑤ "俄亥俄州诉罗伯茨"案的裁决是有理由的,因为长期以来的裁决都要求传闻证据的可靠性。⑥ 这一系列裁决包括斯卡利亚法官所引用的主要案件,只要他没有遗漏案件的关键方面。⑦ 今天,尽管法院在对质条款排除传闻性证据的理解上存在分歧,但可以说还是遵循了原意主义者方法。至少有五位大法官将排除符合该条款核心关注点的证据,即排除那些替代证词的正式的陈述证据,如由证人提供的宣誓书或书面证词。⑧ 实际上,这种方法可以说比斯卡利亚法官所建立的复杂结构更接近历史关注点。⑨

总之,应用原意主义者解释的第二步是找到争议条款的适当历史含义。做出这样的发现可能是困难的,也是有争议的。有时,它受制于以结果为导向的操纵,不幸的是,在克劳福德案中就是如此。⑩

(三)第三步,使原意与现在适应

第三步有时是最难的一步。在确定采用原意主义方法并辨别出似乎令人信服的原始含义之后,解释者现在的任务是将原始含义与当今的情况相适应。⑪ 此处的困难在于,将美国历史上比较简单的情形与相对复杂的现状进行类比。当第一修正案通过时,还没有广播和电视,但是其最初的含义包括言论自由,因此,解读者必须努力使这一基本自由适应于这些非同寻常的媒体。⑫ 这种差异是巨大的,因为频谱是有限的且非常稀缺,所以无线电频率必须由许可证分配,因此,适应于报纸的法律条款需要认真地加以调整以适应电子

---

① 参见 Melendez–Diaz v. Massachusetts, 557 U. S. 303(2009)和 Bullcoming v. New Mexico, 564 U. S. 647(2011)。
② Bullcoming, 564 U. S. at 677.
③ 参见 Crump Confrontation, at 132–43(讨论这些案件)。
④ 参见 Crump Confrontation, at 132–43(讨论这些案件)。
⑤ 参见前相关注释及随附文本。
⑥ 参见前相关注释及随附文本。
⑦ 参见前相关注释及随附文本。
⑧ 参见 Crump Confrontation, at 150–55(讨论这一结果)。
⑨ 参见 Crump Confrontation, at 150–55(讨论可能性)。
⑩ 这一结果导向的结论,源于斯卡利亚法官未能考虑背离先例是否合理,以及他对"对质条款"的历史意义的处理,其中包括忽略了对诸如罗利案这样的权威案件中的矛盾。
⑪ 参见上文第二部分(讨论如何确定原意主义的问题)。
⑫ 无线电频谱是有限的,而印刷媒体的数量则没有限制,这种差异会影响政府如何看待提供无线电使用的需求。参见 Cf. Red Lion Broad. Co. v. FCC, 395 U. S. 367, 375–76 n. 4(1969)(讨论有限频谱在创造监管需求中的作用)。虽然有线电视频道的激增改变了这种情况,但根本问题仍然存在。

媒体。①

美国诉琼斯案（United States v. Jones）② 为考虑第三步提供了一个载体。在该案中，联邦调查局（FBI）在被告的汽车底盘③上秘密安装了一个 GPS 设备。④ 这一电子设备可以让执法人员追踪被告的行踪，并提供用于证明他涉嫌毒品犯罪的证据。⑤ 但是安装该设备并不符合授权令，⑥ 因此，最高法院再次根据斯卡利亚法官的意见，将该案分析定性为一项没有授权的政府行为。⑦ 这个问题很简单：使用 GPS 监控器是否构成"搜查"？⑧

表面上看，这种情况是受到了著名案件⑨卡茨诉美国（Katz v. United States）案的指导。⑩ 根据该案判决，如果该行为侵犯了被告的"隐私的期待"，⑪ 则属于搜查。如果这是检测标准，那么这个案子可能很容易解决，因为很少有人关心我们车辆底部的隐私，⑫ 也没有人可以声称有避免我们开车时被看到的隐私权⑬

但斯卡利亚法官更像是一个历史爱好者。他的结论是，在第四修正案通过时，搜查的概念更多地依赖于财产权，而不是卡茨（Katz）案中的检测。⑭ 他认为，创建者会承认官方实施的搜查行为相当于侵犯，⑮ 即使没有伤害性，⑯ 侵入他人的财产也是非法的，因此，琼斯（Jones）案中包含了一种搜查，原因是 GPS 装置的安装属于侵犯行为。⑰

当然，持反对意见的法官提出了几个相反的论点，他们的意见实际上是对非法侵入等同于搜查的反对。例如，"入侵"是如此轻微，以至于它根本不像是入侵，因此似乎很难定性为侵犯。⑱ 该装置并没有放在被告的财产内，而是放在了财产外。⑲ 侵犯理论与现代

---

① 参见 Cf. Red Lion Broad. Co. v. FCC, at 373 – 77. （要求评论员对广播公司的人身攻击作出回应的自由播出时间）。
② United States v. Jones, 565 U. S. 400 (2012).
③ United States v. Jones, at 403.
④ 这辆车实际登记在琼斯（Jones）的妻子名下，United States v. Jones, at 402，但琼斯使用它，所以 GPS 设备被用来跟踪琼斯的行动，United States v. Jones, at 403。
⑤ United States v. Jones, at 402 – 04.
⑥ United States v. Jones, at 402 – 03.
⑦ Jones, 565 U. S. at 404.
⑧ Jones, at 402.
⑨ 卡茨（Katz）案判决的重要性在"我们后来的案例"中得到了体现。Jones, at 406。
⑩ Katz v. United States, 389 U. S. 347 (1967).
⑪ 这个检验实际上来自哈兰（Harlan）法官在卡茨案判决中的一致意见，Katz v. United States, at 360 – 61 (Harlan, J., concurring)。
⑫ 参见 Jones, 565 U. S. at 424 – 25 (Alito, J., concurring) （辩称这种侵犯"微不足道"，不应影响结果）。
⑬ 在公共场合可见的物品不会产生隐私的期待，Jones, 565 U. S. at 408 – 11。
⑭ Jones, 565 U. S. at 404 – 05.
⑮ Jones, 565 U. S. at 405.
⑯ 也就是说，即使它"没有造成任何损害"，Jones, 565 U. S. at 405。
⑰ Jones, 565 U. S. at 404.
⑱ 参见 Jones, 565 U. S. at 424 (Alito, J., concurring)。
⑲ Jones, 565 U. S. at 424 – 25.

的方法是如此的不同,以至于它似乎无法与今天的搜查法进行类比。① 事实上,卡茨案件中的方法似乎是一个更好的类比。② 阿利托法官曾提议,如果"一名警察把自己藏在一辆马车的某个地方,并留在那里……监视马车主人的行动",从某一点上来说,这将是一个更好的比较。③ 这种可能性似乎需要一个非常非常小的警员,如果他相当于 GPS 的话。

而且有一个困难是法庭的成员们没有认识到的。斯卡利亚法官的解决方案同时保留了侵犯理论和卡茨案中的检测,④ 因此,这导致创造出了一个搜查的概念,这个概念故意比通过第四修正案时的概念更加宽泛,而这种效果似乎违反了原意主义原则,该原则试图保持其最初的意义。然而,斯卡利亚法官并没有被这一结果所困扰。他认为,如果创建者通过的含义狭隘的第四修正案是可以接受的话,那么宽泛解释的第四修正案也是可以接受的。⑤ 但是,将在宪法颁布时不是搜查的活动涵盖于搜查的概念之下,就像没有涵盖到在历史时期被定义为搜查的活动一样,都是对原意主义者思想的违背。

琼斯展示了原意主义第三步的困难之处。斯卡利亚大法官关于侵犯的历史类比的逻辑确实有说服力。但是,他不承认所谓入侵的轻微性质,以及他在处理当前隐私的问题中接受了不恰当的侵犯理论,这使之与当今情况的类比更加困难。这种困难似乎可能经常困扰着原始主义的主张,因为今天的情况相比于创始者时代的情况总是有变化的,无论这种变化是微小的还是巨大的。

四、结论

本文讨论的一个结论是,原意主义者分析所需的三个步骤可能共同导致一个比其他可能的解释方法更差的结果。每个阶段都会出现一定的不恰当的应用,而这三个阶段不可避免的偏离目标特性会累积起来。而当他们这样做时,结果偏离合理解释的程度可能会很严重。但这种偏离往往无法识别,因为每一步似乎都是合乎情理的。法院应该意识到这个问题,如果原意主义的最终结果没有意义,就应该使用不同的解释方式。然而,这一决定将很难实施。

有时,最具有背离原意潜在危险的是第三步,一个原因是它是在第一和第二步明显成功的情况下进行的,那么第三步自然就显得不那么重要。另一个原因是,十八世纪与今天之间的变化是不可避免的,而且很可能是重大的。还有一个原因,原始含义是否适应于今天不同的制度、传统和习俗是无法准确衡量的,因为它往往是通过类比来实现的,正如对比宪法时代的报纸和今天的电子媒体所显示的那样。琼斯案中对早已过时的侵权理论的不

---

① Jones, 565 U. S. at 424.
② Jones, 565 U. S. at 422–24.
③ Jones, 565 U. S. at 420.
④ Jones, 565 U. S. at 420.
⑤ Jones, 565 U. S. at 406 n. 3, 420 (2012).

恰当应用也证明了这种效果。

　　第一步，需要认识到原意主义的必要性，这可以吸引解释者在没有保证的情况下或者当它可能是最好的方法却未能使用它时，使用该方法。解决这一难题的办法可能只是简单地尝试将原意主义与另一种方法（如文本主义）的结果进行比较。至于第二步，即为有争议的条款赋予原始含义，斯卡利亚大法官在克劳福德案中的失败表明了一种类似的方法：法院可能应该尝试多种方法来寻找原始含义，从先前的条文到当时的字典定义。在克劳福德案中采用这种方法，很可能会导致保留"俄亥俄州诉罗伯茨"一案中简单但准确的检验方法，即要求对有争议的传闻这类证据的可靠性加以关注。这一原则被大量的宪制前的决定所证明，包括斯卡利亚法官所忽视的罗利案中的分析。

　　最重要的是，法院可以通过保持对原意主义者分析中固有的三个不同步骤的认识，在采纳和应用原意主义方面做得更好：第一，认识到原意主义的必要性；第二，为有争议的条款赋予原始含义；第三，根据今天的情况调整这一含义。有了这种意识，法院可以考虑到每个阶段的潜在失真，以及它们相互累积从而导致真正偏离合理解释的趋势。然后，只有带着一定程度的谦卑，而这种谦卑并不总是在运用原意主义者方法的法官身上找到，法院才能对模棱两可的语言做出原意主义者或非原意主义者的最佳解释。

（编辑：侯竣泰）

论成员组成为奇数的委员会所作的法律决议

[德] 托马斯·莱赛尔* 著　朱泓睿** 译

摘　要　成员组成为奇数的法律决议的作出主体，即委员会，并不限于诉讼程序中的审判庭或者仲裁程序中的仲裁庭，也适用于行政机关，甚至也适用于私法中的决议主体。在小组或委员会作出决定时，其成员人数为奇数的意义在于避免票数相等的情形，进而形成多数决。就法律决议的内在机理，即多数决的必要性，存在于对案情的解释、对法律的适用以及决议之未来影响的不确定性三方面。认知和多数决的共同作用被看作法律形成和法律运用的标志和动因，进而得出结论即法的本质包含事实认知和意志决定而具有双重属性。

关键词　法律决议　多数决　法律考量　事实认知　意志决定　法的本质

一、问题的提出

作出法律决议的小型委员会，通常由奇数成员组成，法庭尤其如此。地方法院和地方高级法院通过法庭和判决委员会审理所有重大案件，它们由三名法官组成，可能包含一名经验丰富的职业法官和两名编外人员。联邦普通法院的判决委员会由五名法官组成。[①] 这同样适用于劳工法院体系：初级劳工法院和地方劳工法院的判决委员会各有一名职业法官作为主席，联邦劳工法院除了三名职业法官外，还包括雇主方和雇员方各自提议的一名义务法官。[②] 初级行政法院的法庭由三名职业法官和两名义务法官组成，地方高级行政法院

---

*　托马斯·莱赛尔（Prof. Dr. jur. Thomas Raiser），德国柏林洪堡大学法学院荣休教授，主要研究领域为法社会学、民商法。本文原载于德国法学教授卡斯滕·施密特（Prof. Dr. Karsten Schmidt）第二本纪念文集（2020）。
**　朱泓睿，女，四川泸州人，上海师范大学哲学与法政学院讲师，法学博士，研究方向为民商法。
①　§§29, 75, 76, 78b, 105, 122, 139 GVG. 下文中只使用男性称呼，但也包含女性。
②　§§16, 35, 53 ArbGG.

的判决委员会由三名，或者根据地方法律的不同规定，由五名法官组成，而联邦行政法院的判决委员会由五名法官组成。财税法院的判决委员会包含三名职业法官和两名义务法官，联邦财税法院的判决委员会包含三名或者五名职业法官，社会法院的法庭和地方社会法院的判决委员会各有一名主席和两名义务法官，联邦社会法院的判决委员会包含三名职业法官和两名义务法官。① 联邦宪法法院虽然整个判决委员会由八名法官组成，但每次法庭审判由三名法官作出裁决。② 仲裁庭通常至少由三人组成，包括两名争议各方任命的仲裁员，以及一名争议双方共同任命的首席仲裁员。

鉴于本文的讨论对象不仅限于法庭，让我们再看看其他例子。来自行政的经验：联邦卡特尔局的决定部门③、根据反不正当竞争法设立的裁决室④以及联邦审计院的委员会⑤，每次裁决通常由一名主席和另两名成员组成。而各种形式的考试委员会通常由奇数成员组成。我以柏林洪堡大学的博士学位授予制度和教授资格授予制度为例：博士学位授予的口试除了两名评审人外还有一名学院成员作为答辩主席参加答辩。教授资格授予委员会由五名或者七名教授组成，并附加拥有建议投票权的科研助手代表和学生代表各一名。⑥ 在私法领域：一个将登记的社团的成立通常要求至少七名成员共同签署章程。如果成员人数下降到三位以下，区法院不得不免除该社团的法定资格。⑦ 在组织法领域，德国《股份法》第95条（§ 95 AktG），《有限责任公司法》第52条（§ 52 GmbHG），《工商业合作社法》第36条（§ 36 GenG）都要求监事会至少由三名成员组成。一旦章程确定一个更高的数字，在股份公司中这个数字必须能被三整除。而最高成员数随着企业规模升至九，十五或者二十一，也就是说一个能被三整除的数字。⑧ 股份公司监事会的一项决议必须至少由三位成员共同作出。⑨ 在煤钢企业中监事会由十一名、十五名或者二十一名成员组成。这里加入了来自外部的同等数目的资方代表和劳方代表，这些来自外部的代表在劳资协议程序中由其他监事会成员确定并且在紧急情况下起关键作用。⑩

法律上的决定委员会由奇数成员组成的间接意义显而易见：通过形式上的数目规定确保形成多数决。因此审判组织（Spruchkörper）规则受限制。这不适用于律师，他们通常只代表被代理人，他们的职业性质要求他们作为建议者和利益代理人不得自己作决定。检

---

① § § 5 III, 9 III, 10 IIIVwGO, 5III, 10 FGO, 12, 33, 40 SGG.
② § 15a IBVerfGG.
③ § 52 III GWB.
④ § 157 II GWB.
⑤ § 11 BundesrechtnungshofG.
⑥ § 5 der Promotionsordnung und § 8 Habilitationsordnung der HU.
⑦ § 56, 73 BGB.
⑧ § 95 AktG. 一个例外适用于受共同决权影响的企业，它们的监事会由同等人数的股东代表和职工代表组成。这里有达成表决平局的风险时，《共同决定法》第29条，第31条第4款规定的监事会主席的二次表决权（das Zweitsimmrecht）促使达成多数决。
⑨ § 108 Absatz 2 Satz 4 AktG.
⑩ 详情见 § § 4, 8 MontanmitbestG 和 § 5 MitbestErgG。

察官允许自己决定有利于被告人的小问题,也就是说,如果缺少充分的作案嫌疑,不得定罪并且不得开始法庭程序。科学家虽然发表自己的观点,提供并阐释解决方案,为理论方案提供教义学基础,参与决定的准备、形成和评价,但他们不自己作决定。我认为,在法学方法论中决定性因素的基础地位与建议者、科学家、政治家、记者和私人相比应当加强,他们只是或多或少发表些观点,并不被召集参与决定,不过他们对法律形成的贡献不应被低估。

决定委员会在有两名成员的情况下无法按人头得出多数决。委员会有四名或者更多名偶数成员时,存在因为一票一权而无法得出肯定性决定的风险。一项没有获得多数赞成票的建议在反对意见未形成时就被否决。也存在这种可能,投票者为了形成多数决在最小人数范围内达成一致,但没有澄清或者曲解了待议问题。这种情形阻碍一项面向未来的解决方案的达成或者降低其质量和说服力,这是需要避免的,因为不实用。而且一票一权在决定前会诱发意见相左和封闭心态,结果是偶数作为投票者人数成为一票一权的长期威胁,减弱表决者的作用。从总体组织或者说从国家的角度来看,这种结果应该尽量避免,因为它降低被推选出来解决争议的公共机构的活动能力,而公共机构通过对参与者、社会和/或国家机关澄清事实,以此不仅仅起调停作用,更在于促进发展。

现实中,表决在绝大部分情况下会达成一致或者至少形成多数决。知情者都知道,真正的多数决少有发生。而达成一致存在多种可能性。人们经常害怕形成多数决要耗费大量时间和工作。多数决的重要作用在于,一位异议者看起来毫无意义,因为他反对的是控制决定委员会的其余所有成员的意志。决策过程的内在动力也包括进来。单是委员会主席和成员之间的上下级关系就能对成员施加影响,所以委员会主席的影响力常占上风,因为他拥有身份优势以获取成员的支持。此外,据现代心理学发现,人们天生喜欢随大流,形成倾向性意见,赞同多数意见。

最后少数意见也被证实无意义,因为参与者通常对外传达的是作出的一致决定,而少数意见就这样被隐藏了。在德国,反对意见无论如何也不会被专门法院记录在案,而且通常不会口头传达给公众或者案件相关人员,所以少数派意见不会被经常提起。[1] 对于目前

---

[1] 对于法庭判决,不久前沃尔夫冈·恩斯特(Wolfgang Ernst)发表的法史研究强调了机制,尽管合议原则的标准规定对达成一致施加了压力(Ernst, Rechtserkenntnis und Richtermehrheiten, 2017;对于这本书的提示感谢T. Holter 女士)。Ernst 陈述了古希腊罗马时期以来程序中的区别,合议庭据以形成判决的程序,以及学术说明。他痛诉官僚主义,裁判深受其苦,因为参加的法官必须对判决达成一致,他们中的一位或者多位可能持反对意见,他还痛斥司法中的这种官僚主义的追究(Nacheile)。优势没有如何被强调。作为合乎时机的中合作用他要求更高程度的透明,特别是通过公开少数意见的权利(vgl. 特别是第 319 页以后)。

的法庭审判，吕迪格．劳特曼（Rüdiger Lautmann）提出了权威的以经验为依据的观点。①之后将在必要信任基础上，对合议庭的秘密审议进行说理，也就是说，在保护异议者的前提下，面向公众和案件相关人员对合议庭的判决进行说理。一项对外意见统一的判决比一项掺杂异议的判决更容易被涉案人员接受和遵照，但这项规则必须放弃判决过程中产生的异议。

在我看来，其他决定者与法官没有本质区别。对于行政、考试或者各种各样的决定来说，公布评判异见都是不常见的。

虽然对外公布的是达成一致的判决，但是经验表明，关于事实或者法律问题的少数意见不管在预问中还是决定中都不能被排除。一票一权所导致的消极决定或者决定搁浅不仅在理论上可能，而且在双方意见持平时出现。不同意见是被期待的，因为意见持有者应当独立自主作出评论。因此立法者也考虑并遵守多数决原则。或许当发言者人数为偶数时，一票一权导致的消极决定和决定无能概率增大，因为决定者人数为偶数时不同意见阻碍决定的作出，由此耗费更大精力达成一致意见。通常，一个明智的立法者会被建议在阻碍产生以前通过设定决定者人数来排除这种障碍。

与之相反，在法教义学和法学文献的论证中，成员为奇数的决定委员会和以此形成的多数决尤其少有被思考和阐述。在法学方法论和教科书中通常没有这样的例子。这继续限制了论点的列出和分析，理性决定中哪些因素应该被运用。尽管约瑟夫．埃塞尔（Josef Esser）的重要作品《法的发现中的前理解和方法选择》（*Vorverständnis und Methodenwahl in der Rechtsfindung*）② 为司法列出评判多数决原则的原因，不仅对立法者，而且对传统的法教义学阐释了法院对自己裁决的自由和独自担责。但是它没有考虑到判决备选方案里不同评判的长处和危险，以及多数决规则的意义。为支持这个观察结论，我引用上文提到的沃尔夫冈．恩斯特（Wolfgang Ernst）的著作描述的事实："法学方法论是关于智力活动的自我验证——一个没有表明的前提——应当被法律运用者所实施。我们的法学方法论是单一方法。一旦法律运用的任务分派给委员会，方法任务似乎也接受一个附加的重要性：在单一方法中附加一个协调问题，一个它在小团体知识社会学中的原本地位就存在的问题。"③

事实上，法学悄然预设，每个决定作出之前进行的并且对支持或者反对决议的观点进

---

① Lautmann, Justiz, Die stille Gewalt, 1972；新版 2011. Lautmann，出生于 1935 年，获得法律和社会学双学位。1969 年 – 1970 年，他凭学位作为法庭候补文职人员在莱茵法兰克福和汉堡初级法院在正常的法官事务之外掩盖审判室成员的相互作用和意见形成以及法院判决形成的观察，形成笔记并且之后编排在引证的书中。它们分章成事实（搜集事实和排除细枝末节），规则（运用的法律规定和法官衡量）和判决选择项的确定，判决案例和介绍。结果，Lautmann 自己表达为："官方给的判决理由与实际的缘由不相符"（S. 9）。尽管有这样的结论，这本书在内容上没有遭遇来自法官的反对。在近 40 年后不寻常的毫无更改的重新出版证明，Lautmann 的结论继续符合时代潮流。

② 1970，2. Aufl. 1972.

③ Ernst aaO S. 4.

行衡量的理性讨论中,正确的观点最终被贯彻,随后形成一致决议,这让多数决决定显得多余。谁一开始倾向于少数观点,应当在讨论中被更好的论据说服或者放弃自己的少数观点。主席的地位优势也能起到这样的作用,当委员会成员服从于被期待的一致性或者至少向公众表明一致性时,如果一个成员对问题有不同评价,往往没有机会贯彻它。法学忽略数目众多的代理者、不受约束的意见,以形成对真相的认知为目标。法院判决(Gerichtsurteile)被称为"判决"("Erkenntnisse")。考试成绩,行政命令和企业决策通常享有不被质疑的内容正确担保。多数决因素决定委员会的少数派成员方面包含的少数意见,在法学方法论和教育法学中尽管有表达多种学术观点的兴趣,但没有真正的地位。

二、问题的类型

在我们继续法律思考前,有必要更准确地看看,有哪些案件以及为什么某个案件从被召集作出决定的人员方面看产生不同评价,这在一票一权情况下导致一个阻滞。[①] 为定位起见,首先提供的是来自司法的例证材料,因为它们和众所周知的程序规定相连,法院判决的出版,并且因此让所有法律人熟悉问题。在其他判决中虽然其他法律规定在起作用。尽管如此,对我来说关键性因素没有差别。

这点是容易理解的,导致可能的不同意见的因素来自过去;环境是否应当对此负责,即判决自身,或者说现在起决定作用;或者不同评价和表达归因于对判决在未来的作用和后果的不确定性,对决定因素在时间上进行分组。在第一种情况中,决定因素是关于澄清和确定以事实和法律规定为基础的判决。在第二种情况中,决定因素是判决自身,换句话说,是对被运用的原则的解释和法官裁量的实施。在第三种情况中,决定因素是在无法或者只能有限预见的未来可设想的、被期待的或者无意的判决后果。[②]

1. 对案情的解释

对于法院程序,事实解释的不完整性是根植于事实和程序法中的,并因此成为规则。它受制于可支配时间的局限性,因为每个额外的举证都会拖延程序的长度。[③] 在刑事诉讼中尽管有官方阐释案情的法定义务,它也来自被告人的沉默权,相互矛盾的证人证言,以及不确定的并且不能令人完全信服的鉴定人结论。在民事诉讼中,谈判原则导致案情阐释的不完整或者不确定,因此诉讼请求只根据举证责任来被评判,另外法院往往受限于间接举证责任,举证责任倒置和首先出现的证物。在这两个领域里,行为过程的细节常常没有被更准确地证明,判决是根据证据作出的。显而易见,证据是否足以令法官作出判决,不

[①] 下面的考虑以自己作为科研工作者、高校教员、国家考试和高校考试的考官以及超过15年作为州高等法院(法兰克福)兼职法官的经验为依据。

[②] 此处不取决于,将案件选择性良好地相互对照。

[③] 对于作出判决的时间压力的指示,我在此要特别感谢阅读了本文草稿的裁判庭主席 Prof. Dr. A Bergmann。

同意见是否会出现,都是决定性的问题。多数决规则首先服务于克服对真相了解的局限。在刑事诉讼中有四位法官时,被告人在表决持平根据"疑罪从无"("in dubio pro reo")被宣告无罪。如果三位法官中有两位持相同意见,就会达成赞成或者反对某项判决的明确多数决。持疑义的第三位法官无法贯彻他的意见;他要么赞同要么投票作废。在民事诉讼中对被告的判决也依赖于法庭的多数决。

对于多数决的以下理解是关键性的,它不仅弥补认识事实的局限,而且同时包含个体见解。这种情况并不相关,如果所有法官同时评判一个确定的案情,因为最后不是出于多数决作出判断。但是一个法官在面对案情的不同评判时是否赞同大多数,或者坚持他的少数意见并且取决于多数决,还是取决于他的意志。因此,他的表决不仅是认知表达,而是意志表达。对于程序引导方法,如果涉及舍弃举证,是容易辨识的。在决定时,一个法官面对未解决的心生好感的案情时如何行为,以使程序法最大程度公正,对于证据的取舍"根据自由的,来自具有说服力的行为的全貌"(刑事诉讼法第261条)(§ 261 StPO),或者说"根据自由心证"(民事诉讼法第286条)(§ 286 ZPO)来决定,因为自由心证不仅要求一个认知行为,更要求一个意志行为。①

当诉讼程序为了法治国的缘故容忍案情查明的局限,社会科学研究以及来自法官的不同评判的其他原因被纳入考虑。② 一个可能的原因是,参加的法官在程序中追逐自己的利益,比如希望不被看作是带有偏见的,或者晋升在法院的级别。此外,从心理学和行为学研究来看,人们不总是理性的并根据全面信息形成观点,而是受制于局限认知能力,并不少追随情感,偏见,偏爱或者感性认知。这些因素对法官来说也不能排除。它们的危险虽然能通过多数决的形成、细致的建议以及所有法院判决的书面说理最小化,但不能完全消除。有人问到法庭由奇数法官组成的原因,就会听到如下阐述:这种危险应当被排除或者至少被降低。③ 对于我们的思路,这是决定性的,表决因此不仅违背真相认知的结果,而是意味着意志表达。而且这个发现迫使区分成问题的和不成问题的,不合法的和合法的表决程序动机和说理。对事实作出不同评价的可能性是徒有虚名,因此一个多数决必然不成为问题。个人情感或者个人利益的偏好与一个独立公正法官的任务相背。在中间存在合目的性的程序转向观点,它们从程序法推导出哪些方法合法和不合法。

对于行政决定和考试判定,原则上要求在一个更加确定的事实基础上建立法治国(Rechtsstaat)。行政机关维持日常运转,在它介入前,根据公共原则完整解释案情。考试

---

① 投票在社团法上一般归类为意思表示,由§§ 104ff, 116ff BGB 规范;对比 BGHZ 14, 264, 267; K. Schmidt, Gesellschaftsrecht § 15 I 2; Wiedemann, Gesellschaftsrecht Bd. 1, § 3 II; Raiser/Veil, Recht der Kapitalgesellschaften § 16 IX 1.
② 细节由引用的 Lautmann 的观察要求。
③ 对它的理论分类,Max Weber 的模式可能有帮助,他在目的合理性行为和价值合理性行为之间区分,也因为非理性动机计划一个决定。参照前言 Raiser, Grundlagen der Rechtssoziologie S. 88 f 和他的 Max Weber und die Rationalität des Rechts, 载于 Beiträge zur Rechtssoziologie S. 80ff。

决定以应试者匿名的笔试样本为依据。企业法中的奋斗是这样的，一个越来越完整的调查，规定所有重要过程的监督和记录，以保证一个作出企业决定的尽量可靠的基础。特别是规定对财务活动的详细记录。《股份法》第 93 条第 1 款（§ 93 I AktG）要求股份公司的所有董事会成员面对违反以业务判断规则（business judgement rule）为基础的义务的指责时，他们的企业决定是"以合适的信息为依据"作出的。

2. 决定行为

对于决定，影响作出决定的法官的意见形成和意志形成的所有的观点都与之相关。适用的法律是首要的传统的和在方法论上起作用的论证模型。[①] 正如每位法律人所知，大量公认的法律解释规则导致了自由裁量空间，而自由裁量空间又如河流般流向不同观点和多数票/少数票。特别是目的性限缩，合乎法律规定立法目的的解释，正如这条河流的入侵关口。在民事法律程序中发散的评价潜力由于利益法学期望，因为一般的相对的各方利益虽然有利于达成对起因和背景更好的理解，但是无法说出哪些利益应当获得优先。一旦需要评价，经常遵循一般性的公正合理预设或者遵循政策，和参与的法官不同。不同观点可以行动起来，特别的，多高的刑罚或者起诉者多高的要求或者损害赔偿。[②] 最后在这个阶段也应该思考，在法庭的投票表决中参与法官的个人利益能起作用，而且他的投票行为会受认知能力局限、非理性驱动和价值观影响。虽然法律要求法庭决定客观公正，并且通过强制说理阻止非理性动机的入侵。法官比其他人更喜欢少受制于根据他们的思维结构和知识形成的影响。尽管如此，他们无法免于受影响。

评判分歧的可比较危险显现在其他例子中。在行政决定和考试决定中，在作准备的讨论中更好的论证被贯彻，而且可能达成一致的决定。尽管如此，因为以上列举的原因估计到不同意见，这让多数决变得必要。在企业法中，意见形成和意志形成自由发挥一个更加强大的根本性作用。现行法保证企业决策的自由，并且只通过一定的保护第三人的法律来限制它——雇员，债权人，消费者，投资者以及其他人——普罗大众。而且它常舍弃说理。它是这样考虑的，私有企业主比其他机构能作出更好决定，虽然不总是公开论证的经济利益被考虑进来，而是涉及个人利益或者情感的和直觉的动机。

3. 决定的未来影响具有不确定性

对未来有塑造作用的决定是额外的不确定，受制于希望和害怕，因为众所周知未来只能有限预知并且不能完全预计。即使有这样充足的理由，至今的经验仍然继续，所有预言有一个推测性的时刻。一定的决定规章作用的因素可能被忽略或者看错，没预料到的框架条件的变化可能阻碍想要达到的控制效果或者引起不被期望的副作用。在做决定时这种对未来影响的不确定性能够轻易导致表决程序中不同的表决，在表决平局中引起僵局和交互

[①] 法律规定的解释按照词义、历史的、体系的和目的性法律解释——还有添加进来的新的概念比如合宪性或者欧洲友好性解释，平等，合关系性以及现实性一致。

[②] 参照 § 287 ZPO。

的阻滞。

在法庭判决中，它对过去的事实作出决定。一个被告人是否做过对他指控的犯罪事实，一个合同是否有效缔结，或者一个被告是否欠下被要求偿还的欠款，必须在法庭程序中不考虑判决未来影响情况下被决定。同样，它的作用经常不限于单个纠纷的判决，而是同时塑造参与者之间未来的关系。大量例子表明：在刑事程序中，严重心理病态作为被告人无刑事责任能力的条件或者作为预防性隔离的规定；在民事诉讼中，租房合同、工作合同或者公司合同的解除，参加者之间的关系结束，此外还有关于赡养费的规定或者离婚后果的规定。此外法庭每个目的性限缩解释要求把它作为使得整个社会生活领域法律规定成为自己的规则样本。这适用于法庭的法律续造。法庭由奇数个成员组成作为合适的方法，以抵抗类似情况的阻滞。

对于考试决议，把未来的作用纳入考虑原则上看是不允许的，因为考试决议应当只反映已经取得的成绩。考试者是否因为一个更好的考试成绩得以期待一个更好的职场未来，不应在考虑范围内。同样不能被排除，考官明里或者暗里许诺这样的期许。行政决议则展示一个不同的画面。一个交通肇事者是否有义务支付罚金，不取决于他是否因此被妨碍支付另一项支出。但是最大数目的行政行为目的在于对未来的某项任务进行塑造和筹资。这不需要通过更多的例子来证明。能够确定，至今预计到评判差异，表决者由多数组成。企业决议几乎都是面向未来的。它是关于承诺企业业绩的领导，关于未来盈利的高低（或者只是避免损失），也是关于占领竞争市场。因此原则上存在标准框架条件发展和竞争者积极性的不确定性，因此企业的机遇和风险只能不完全预测到。

三、法律考量

以上研究的结果是，小的表决集体由奇数个成员组成在很大数目上由这种情形决议的，一个由于表决平局可能导致的僵局和决议无能从一开始就被阻止了。小的委员会通过多数决，多数决成为熟悉的和理所当然的。在私法领域，多数决原则在所有团体和企业的成员大会和监事委员会，以及企业委员会，在宪法中对许多国家的和政治的公共机构，比如联邦议会，当它通过一项法律时，比如政党代表大会实行。在选举中，它存在于法治国和共同体或者团体的民主宪法的标志中。在所有的例子中，它反映这样的经验，不考虑一个决议之前的建议因为不同原因使得多个备选项成为多余，导致无法达成一致的决议，个人利益和其他不合适的和不理智的动机阻止达成一致并且因此促使多数决原则。

对比得出这样的事实，在小型决议委员会中相同的结构和动机在起作用。在小型决议委员会中事实认识和合乎事实的局限显示在决议者在多个合适的和不合适的备选项中选择，并且对此作出意志决定。换句话说，一方面在于意见自由和意见多样性的冲突，另一方面在于委员会形成法律决定能力。在小型决议委员会中多数决原则发挥法律方法的作用，来克服这种对立。作为不可避免的后果，决议的有效基础不仅塑造说理的正当，而且塑造决议人意思表示的形式上的职责、权威和负责任性。这同时说明，人们表决的特征理解为意思表示在小型法律表决人在理论上不能隐没。对它们同样适用：尊重当事人意思（stat pro ratione voluntas），尽管它作为尊贵的行为没有受制于 BGB 的法律行为理论。

哲学上将会以一个补充来实施一个重要转变，因为法律决议因此不单属于以查明事实为目标的认知理论，而是同时属于好的和坏的，充满责任感的和缺少责任感的行为反映的伦理。这不禁产生，问题范围在伦理学和规范的法哲学范畴继续探究。更进一步，社会科学，也就是说游戏，决议理论，民主理论，行为研究和法律的经济分析，对主题都有贡献。毕竟，我们知道自劳特曼（Lautmann）的研究以来，法官的决议行为逐渐地实现，在一个诉讼中，有多个步骤组成，因为在对结果进行表决前，单个问题首先被解释和决定，然后，在纠纷的决议过程中，认识和意志多次交互启动或者相对交叉。不仅问题的哲学渗透而且它的社会科学分析在这点上不能施行，而是必须保持由未来研究来决定。

教义法学和法学方法论必须按照前述从这个观点出发，在决议过程中不仅一个大的集合比如一个小型决议集体混合认知行为和意志行为，并且使其相互补充。在具体的决议中一般两种标志都起作用。不仅各自现行的程序规定，而且非正式的行为标准调节它们共同发挥作用。因此法律需要一个形式上的无异议的国会多数决，在公众场合，在部门和在任职的国会委员会，专家的建议先行。类似地，认知行为和意志行为在法庭判决，行政行为，考试决议和企业规划中相互补充和交叉。不仅在案情的查明，而且在法律的解释和顾及一个决议对未来影响中，除了存在事实论证，还有合法性以及作出决议的决议集体的大多数决议者的权威。每个决议的接受和作用机会取决于两个因素。

我甚至倾向于将认知和多数决的共同作用看作法律形成和法律运用的标志和动因，以及将认知行为和意志行为的双重性质看作法律的根本。这种状况在其他社会生活中没有不同，比如选择职业或者教育小孩。因此呼吁，对于法学方法论和法教义学，在法律形成和法律运用过程中，需要比以前更强调意志因素。

这种结合的后果是重要的。一方面意志因素的强调保证决议者的自由。决议者能够依据他们的专业知识，他们的经验以及理解，也依据个人观点，他们的机构位置的合法性做决定，而不必经常自我辩解。他们能够摒除利益相关者的施压。一旦他们免于说理义务，他们既不被强迫说理也不被期待说理，在不客观和由于批评受制于他们的权威。这是自由的法治国和一个代表性的民主，信赖于决议者愿意对自己的决议负责。

另一方面一个纯粹的通过多数决获得的意志行为降低了决议的说服力。决议对涉及者来说看起来容易像专断，而且事实上意志决定打开了误解的大门。如果社会科学行为研究确定了经验，人们并不总是形成理性意志，政治家、法官、考官、行政机构官员、经济领导也受制于利己的、不理智的和违法的驱动力。不是所有的决议能够因此作为积极意义上的"负责任的"来理解和接受。也因为指望到，一个事后形成的说理比真正形成决议的更能说明其他论点。

参与者之间的理性讨论和决议前的书面说理义务对这些方面描述的危险起作用。通过阻止任性的，也就是说法律上理由不充足的决议，形成一个重要的修正。另一方面，根据经验，讨论和强行说理不能排除错误评判，而错误评判是不知情或者缺少理性思考导致的。如果没有阻止这种类型的危险，它将通过多数决原则和决议者的职权和威望来最小化。一个决议最初依靠在理性讨论中赢得的内容上的正当和说服力取代依靠表决者的合法性，与助长偏爱相对，批评决议和从批评中推导出忽视它的权利。这种矛盾是形式上的召集和被召集决议的人的个人权威的合适手段。

从这些理由可以得知，内容性的法律形成和法律运用，就像在法学方法论中寄托于两种因素的相互补充和共同作用，既取决于决议者的理性讨论，也取决于决议者负责任的意志。最后我重复一遍：对我来说，法律的本质就是，作为事实认知和意志决定的产物的双重性。

（编辑：戴津伟）

税法解释实证研究的关键问题及方法[*]

[美] 乔纳森·H. 崔[**]著　金彬彬[***]译

> **摘　要**　大量学术文献着眼于研究行政机关应如何解释法律,但少有文献关注行政机关在实践中究竟是如何解释法律的,也没有任何文献是从实证分析视角将行政机关和法院在实践中适用的法律解释方法加以比较。本文通过使用一个包含美国联邦税务局所有出版物的新建数据集和一个包含法院判决的现有数据集来进行上述比较研究,并运用自然语言处理、机器学习和回归分析来预测法律解释方法的发展趋势、检测特定公权力机构是否已形成独特的法律解释文化。
>
> **关键词**　税法　法律解释方法　自然语言处理　机器学习　回归分析

一、引言

经过数十年有关法院所作法律解释的争论,学者们近来更多地转向研究行政机关的法律解释实践问题。许多学者认为,行政机关在评估立法目的方面具有相对较强的专业能

---

[*]　本文系2021年度华东政法大学博士研究生学术研究项目(项目编号:2021-2-006)的成果。

[**]　乔纳森·H. 崔(Jonathan H. Choi),撰写原文时为美国纽约大学法学院研究员(现为美国明尼苏达大学法学院副教授)。原文标题为"An Empirical Study of Statutory Interpretation in Tax Law",载《纽约大学法律评论》(New York University Law Review)2020年第2期(总第95卷),第363-441页。本译文对应原文摘要和引言的上半部分、第一章"关键问题"、第二章"实证研究方法"及附录。

[***]　金彬彬,女,浙江温州人,华东政法大学经济法学院博士研究生,研究方向为经济法。

力,从而得出其应比法院更倾向于目的主义①的结论。② 从根本上来说,许多学者认为司法尊重制度(如"谢弗林尊重"③)赋予了行政机关可基于规范主义政策考量来制定规则(rules)的权力,而非仅仅(通过运用目的主义、文本主义或其他法律解释方法来)寻求对制定法的"最佳解读"。④

尽管大量理论文献着眼于研究行政机关应如何解释法律,但少有文献关注行政机关在

---

① 文本主义者通常会强调法律文本的字面含义,而避开立法史。目的主义者则通常会参考所有现有依据,即包括立法史。人们往往会夸大目的主义者和文本主义者在研究方法上的差异,但实际上两者通常都在试图重构立法目的,只是在重构立法目的的方式上有所不同。举例来说,尽管文本主义者常被认为是目的主义者的陪衬,但现代文本主义者通常也会在法律文本模糊时参考象征立法目的的非法律文本依据。如曼宁认为"文本主义者在解释制定法的整体表层目的时,通常不会将立法史作为一项权威来源,但其会考虑到某类立法目的的解释依据的可靠性和合法性……当因语义模糊而留有必要的解释空间时,(如有可能的话)文本主义者就会试图重构一个看似合理的目的假设……" See John F. Manning, What Divides Textualists from Purposivists?, 106 Colum. L. Rev. 70, 84–85 (2006)。

② 如埃斯克里奇认为"行政机关在解释法律时是带有目的性的,且从总体上来看,这会推动现代规制国家的良好发展。采用目的主义法律解释方法可使解释者动态化地解释法律,从而超越了国会之前审议的基础问题即立法原意。" See William N. Eskridge Jr., Expanding Chevron's Domain: A Comparative Institutional Analysis of the Relative Competence of Courts and Agencies to Interpret Statutes, 2013 Wis. L. Rev. 411, 434; 又如赫兹认为"总而言之,我得出的结论是,与法官相比,行政机关所作目的主义解释的遵从度更高且问题更少。" See Michael Herz, Purposivism and Institutional Competence in Statutory Interpretation, 2009 Mich. St. L. Rev. 89, 92; 又如马肖认为"在某些情况下,行政机关只有巧妙地运用立法史,才能在实施法律的过程中真正履行其作为忠实代理人的宪法职责。" See Jerry L. Mashaw, Norms, Practices, and the Paradox of Deference: A Preliminary Inquiry into Agency Statutory Interpretation, 57 Admin. L. Rev. 501, 511 (2005); 又如桑斯坦和沃缪勒认为"行政机关可能更有能力判断偏离法律文本的做法是否真的有意义。" See Cass R. Sunstein & Adrian Vermeule, Interpretation and Institutions, 101 Mich. L. Rev. 885, 928 (2003). 但皮尔斯认为"行政机关所使用的法律解释方法应与其预测法院在司法审查中所使用的'传统法律解释方法'保持一致。如果行政机关使用了不同的法律解释方法……则会因缺乏充分理由而大大增加被法院推翻的风险。" See Richard J. Pierce, Jr., How Agencies Should Give Meaning to the Statutes They Administer: A Response to Mashaw and Strauss, 59 Admin. L. Rev. 197, 202 (2007). 皮尔斯建议行政机关应当遵循法院的解释惯例,但这一建议仅针对"谢弗林尊重原则"第一步中进行的法律解释。而关于"谢弗林尊重原则"第二步,皮尔斯(和许多学者一样)认为,行政机关应当作出最佳政策考量,而不应依赖于任何传统的解释惯例。详见 Richard J. Pierce, Jr., How Agencies Should Give Meaning to the Statutes They Administer: A Response to Mashaw and Strauss, 59 Admin. L. Rev. 197, 200 (2007)。

③ Chevron U. S. A. Inc. v. Nat. Res. Def. Council, Inc., 467 U. S. 837 (1984).

④ 参见本文第二章第一节"法定主义判决抑或规范主义决策?";在谢弗林案中,法院认为只要行政机关对模糊不清的法律所作解释可体现出"合理的政策选择"(reasonable policy choice),此种解释就应得到尊重。See Chevron, 467 U. S. at 842, 843 & n. 9, 845; 而在 Covad 案中,法院却要求行政机关应"对其行为做出令人满意的解释,包括现有事实和所作选择之间的合理联系"(原文此处省略了该案判决书中的引注)。See Covad Commc'ns Co. v. FCC, 450 F. 3d 528, 537 (D. C. Cir. 2006);而皮尔斯认为,根据"谢弗林尊重原则",行政机关"只有通过参与政策制定过程",才能在许可范围内的法律解释中进行选择。See Richard J. Pierce, Jr., How Agencies Should Give Meaning to the Statutes They Administer: A Response to Mashaw and Strauss, 59 Admin. L. Rev. 197, 200 (2007). 但塞格认为"获得司法尊重的行政机关有义务采纳它所认为的最佳法律解释。" See Aaron Saiger, Agencies' Obligation to Interpret the Statute, 69 Vand. L. Rev. 1231, 1231 (2016). 人们可从理论角度出发为规范主义的规则制定提供论证依据,即一个理性的立法者会倾向于从规范主义角度出发以最佳政策考量为准,因此,行政机关履行立法者的"忠实代理人"职责的最佳方式就是优先考量政策因素。这可能会被认为是一种极为广义的目的主义,并让人联想到阿雷尼科夫提出的"航海"方法,该方法"将法律视为一个持续的(航行)过程,造船者和之后的航海者都在其中发挥着作用。" T. Alexander Aleinikoff, Updating Statutory Interpretation, 87 Mich. L. Rev. 20, 21 (1988). 尽管如此,学者们都普遍承认寻求法律的"最佳解释"和寻求"最佳政策考量"两者之间存在区别。参见本文第二章第一节"法定主义判决抑或规范主义决策?"。

实践中究竟是如何解释法律的。① 以往的研究集中于相对较短时期内行政机关的实践活动，② 因此无法评估行政机关的实践活动是如何随着时间推移而发生变化的（尤其是谢弗林案前后的变化）。此外，也从未有过实证研究是去对比分析行政机关和法院在解释同一法律时有何不同。

本文通过研究美国联邦税法——一个可为对比分析行政机关和法院提供大量素材的研究领域，从而致力于上述比较研究。由于美国联邦税务局（以下简称联邦税务局）是美国规模最大的行政机关之一，③ 且其一直以来（自 1919 年起④）不断（每周⑤）发布《联邦税务公告》（Internal Revenue Bulletin），故可为法律解释方法的纵向研究提供丰富资料。同样地，美国联邦税务法院（以下简称联邦税务法院）从 1942 年开始运作，⑥ 并审理了绝大多数联邦税收案件（约 97%⑦），故也可提供大量原始资料。

在此之前，要分析如此大体量的文献资料是尤为困难的，甚至是不可能的，尤其是因为这些文献资料并非学者们可以轻易获得。本文通过创建一个新的数据集来解决这一问题，该数据集包含了至今发布的所有《联邦税务公告》，同时本文也分析了"哈佛大学法

---

① 少有文献关注行政机关在实践中究竟是如何解释法律的，如斯梅特关注了美国劳动关系委员会所作裁定中的法律解释。See Amy Semet, *An Empirical Examination of Agency Statutory Interpretation*, 103 Minn. L. Rev. 2255 (2019)；又如沃克调查了行政机关工作人员对法律解释的态度。See Christopher J. Walker, *Inside Agency Statutory Interpretation*, 67 Stan. L. Rev. 999 (2015). 然而，沃克的调研并不涉及行政机关作出的真实裁定，而斯梅特的实证分析可能仅适用于美国劳动关系委员会，因为该委员会具有异常强烈的党派倾向。正如斯梅特在其文中指出，"美国劳动关系委员会的投票是高度意识形态化的……当新的多数党取得对该委员会的控制时，该委员会通常会推翻上届政府时期的许多裁定。"See Amy Semet, An Empirical Examination of Agency Statutory Interpretation, 103 *Minn. L. Rev.* 2255, 2280 (2019)；又如特纳也对此持相同观点。See Ronald Turner, *Ideological Voting on the National Labor Relations Board*, 8 U. Pa. J. Lab. & Emp. L. 707, 712 (2006). 从广义上讲，如果不将斯梅特的实证分析与相关司法实践进行对比，则很难确定她得出的实证分析结果究竟在多大程度上取决于美国劳动关系委员会的行政机关地位，以及在多大程度上取决于劳动关系法所特有的问题。

② 如沃克的文章是基于 2013 年进行的一项调查。See Christopher J. Walker, *Inside Agency Statutory Interpretation*, 67 Stan. L. Rev. 999, 1015 (2015). 斯梅特的文章则是涉及美国劳动关系委员会从 1993 年至 2017 年期间作出的裁定。See Amy Semet, An Empirical Examination of Agency Statutory Interpretation, 103 *Minn. L. Rev.* 2255, 2282 (2019). 而谢弗林案则是在 1984 年判决的。See Chevron, 467 U. S. 837.

③ 截至 2019 财年，美国联邦税务局共有 74454 名雇员，占美国财政部工作人员的绝大多数。See Internal Revenue Serv., Dep't of the Treasury, Congressional Budget Justification and Annual Performance Report and Plan：Fiscal Year 2020, at 1 (2019)；美国财政部中超 80% 的雇员在联邦税务局工作。See Renu Zaretsky, *America, We Have a Problem：The IRS Brain Drain*, Tax Pol'y Ctr.：TaxVox (Feb. 6, 2019), https：//www.taxpolicycenter.org/taxvox/america – we – have – problem – irs – brain – drain。

④ See 1 C. B. i (1919).

⑤ 如 2020 年发布的第一部《联邦税务公告》的引言部分提到，"《联邦税务公告》是联邦税务局局长发布联邦税务局官方裁定和程序的权威工具……且每周发布一次。"

⑥ 美国联邦税务法院的前身即为根据《1924 年税收法案》（Revenue Act of 1924, Pub. L. No. 68 – 176, § 900, 43 Stat. 253, 336）成立的联邦税务上诉委员会（the U. S. Board of Tax Appeals）。根据《1942 年税收法案》（Revenue Act of 1942, Pub. L. No. 77 – 753, § 504 (a), 56 Stat. 798, 957)，联邦税务上诉委员会进行了重组并更名为联邦税务法院。

⑦ Elizabeth Chao & Andrew R. Roberson, *Overview of Tax Litigation Forums*, Tax Controversy 360 (Apr. 21, 2017), https：//www.taxcontroversy360.com/2017/04/overview – of – tax – litigation – forums.

学院判例法检索系统"（Harvard Law School's Caselaw Access Project）最近发布的数据集。① 在上述两个数据集中，本文分析了《联邦税务公告》共 182535 页以及法院意见共 470099 份。②

总言之，本文提出四个关键问题。第一，法律解释方法在联邦税务法院及联邦税务局这两个机构内部分别是如何演变的。第二，上述两个机构之间有何不同，即行政机关对制定法的解释是否与法院有所不同。第三，提交裁决的争议事项范围有何不同，即联邦税务法院对制定法的解释是否与其他联邦法院（包括根据美国宪法第一条和第三条成立的法院）有所不同。第四，各法律解释主体对法律解释方法的不同选择有何含义，是因任命的政党而异还是因为特定的法律解释方法对应着特定的案件结果（即支持或反对纳税人）。

为解答上述问题，首先，本文采用"自然语言处理"（即对大体量文本的算法分析）③ 来评估联邦税务局、联邦税务法院和其他法院在其所作决策中，是如何随时间变化而使用不同法律解释工具的：即法定主义抑或规范主义，④ 文本主义抑或目的主义。由此可测算出公权力机构对上述法律解释工具的引用率（如文本主义者引用词典或目的主义者引用立法史），从而描绘出法律解释方法的发展趋势。其次，本文采用机器学习展开进一步分析，⑤ 通过训练算法从而仅基于法律解释方法就可区分不同法院意见。这使得算法能够识别出哪些特定术语（如果存在的话）与联邦税务法院及联邦地区法院的联系最为密切，从而更细微地阐释了各个法院所采用的目的主义或文本主义类型。最后，本文通过回归分析来检验是否可根据特定的案件特征如任命审判法官的政党或案件结果，来预测所采用的法律解释方法。

本文第二部分论述了本文力图解答的关键问题，第三部分介绍了所用数据和实证方法，附录部分则提供了关于本文所用方法和数据的更多细节。

---

① 详见本文附录 A。
② 详见本文附录 A。
③ See Christopher D. Manning & Hinrich Schütze, Foundations of Statistical Natural Language Processing, at xix (1999).
④ 本文所称"法定主义"（statutory）是指一项决策能反映出决策者力图履行作为立法机关"忠实代理人"的职责，发掘甄别制定法的真实含义而放弃价值判断。根据上述定义，法定主义的形式可以是任何一种法律解释方法，包括文本主义、目的主义以及实用主义。与其相反的是，本文所称"规范主义"（normative）是指决策者力图根据自己的政策偏好重新创建规则。从广义上来讲，只要法院或行政机关的决策涉及制定法，即被称为"法定主义"，但本文所称"法定主义"术语并非此意。法定主义与规范主义中的一些观点往往是相通的且会被同时采用，尤其是可通过论证对特定法律适用规范主义解释的必要性来进一步论证适用法定主义解释的合理性。如前所述，人们可从理论角度出发为规范主义的规则制定提供论证依据，即一个理性的立法者会倾向于从规范主义角度出发以最佳政策考量为准，因此，行政机关履行立法者的"忠实代理人"职责的最佳方式就是优先考量政策因素（可发现与法律解释相关的个别观点认为，法定主义和规范主义所主张的观点是相同的）。
⑤ 机器学习是指运用计算机算法，从而在没有人类指令的情况下完成特定任务。本文主要是在统计推断（statistical inference）的基础上使用机器学习。具体分析详见本文第三章第二节"机器学习"。

二、税法解释实证研究的关键问题

(一) 法定主义判决抑或规范主义决策?

谢弗林案中提出的著名观点是,只要行政机关对模糊不清的法律所作解释可体现出"合理的政策选择"(reasonable policy choice),此种解释就应得到尊重。① 许多学者由此得出结论,认为行政机关应当基于规范主义考量来制定规则,而不是仅着眼于对制定法的"最佳解读"。如唐纳德·艾略特回忆了其在美国环保局(Environmental Protection Agency,英文简称 EPA)科学政策办公室的任职经历:在谢弗林案之前,美国环保局曾将每部制定法都视为"具有单一含义的指令性文本,并可通过专业的法律训练和法律方法获知其含义";② 而在谢弗林案之后,美国环保局将制定法视为创设了"一系列获得许可的法律解释自由裁量权",在此范围内,"应由行政机关的决策者而非其律师,在几种合法合理的解释中作出选择"。③

彼得·施特劳斯则就后者进一步提出了"谢弗林空间"的观点,具有一定影响力。其认为,谢弗林案所创设的行政机关自由裁量权空间,是用于解释"获得许可"的制定法,但在适用一般的法律解释规则时是没有"必要的"。④ 当存在几种合理的解释时,行政机关可在不受司法干预的情况下,基于规范主义政策依据或法定主义依据从中作出选择。⑤ 许多学者则在上述观点的基础上进一步创建模型,强调要权衡法院所注重的法定主义依据和行政机关所注重的规范主义政策依据。⑥

但也有学者对此持反对观点。如亚伦·塞格认为行政机关"必须排除掉次优的解释,尽管遵法守德的司法审查法院会对这些解释采取默许态度"。⑦ 其还认为,对行政机关适

---

① Chevron U. S. A. Inc. v. Nat. Res. Def. Council, Inc. , 467 U. S. 837, 842, 845 (1984).
② E. Donald Elliott, Chevron Matters: How the Chevron Doctrine Redefined the Roles of Congress, Courts and Agencies in Environmental Law, 16 *Vill. Envtl. L. J.* 1, 11 (2005).
③ See E. Donald Elliott, Chevron Matters: How the Chevron Doctrine Redefined the Roles of Congress, Courts and Agencies in Environmental Law, 16 *Vill. Envtl. L. J.* 1, 12 (2005); Jerry L. Mashaw, Norms, Practices, and the Paradox of Deference: A Preliminary Inquiry into Agency Statutory Interpretation, 57 *Admin. L. Rev.* 501, 532 – 533 & nn. 71, 73 (2005)(Mashaw 文论述了美国环保局对"谢弗林尊重"原则的适用情况)。
④ Peter L. Strauss, "Deference" Is Too Confusing—Let's Call Them "Chevron Space" and "Skidmore Weight," 112 *Colum. L. Rev.* 1143, 1163 – 1164 (2012).
⑤ Peter L. Strauss, "Deference" Is Too Confusing—Let's Call Them "Chevron Space" and "Skidmore Weight," 112 *Colum. L. Rev.* 1143, 1163 – 1164 (2012).
⑥ See Yehonatan Givati, *Strategic Statutory Interpretation by Administrative Agencies*, 12 Am. L. & Econ. Rev. 95, 96 (2010)("在本文模型中,行政机关对某些目标函数求最优化,从而适用某一法律解释规则……"); Matthew C. Stephenson, The Strategic Substitution Effect: Textual Plausibility, Procedural Formality, and Judicial Review of Agency Statutory Interpretations, 120 *Harv. L. Rev.* 528, 535 – 536, 544 (2006)(该文假定行政机关在"法律解释方面是工具主义者,不会重视对于法律文本或其他类似问题",而是力图"确保所作法律解释能在最大程度上推动行政机关的实质性政策议程"); John R. Wright, *Ambiguous Statutes and Judicial Deference to Federal Agencies*, 22 J. Theoretical Pol. 217, 226 (2010)(该文构建了行政机关行为与政策目标之间的函数模型)。
⑦ See Aaron Saiger, Agencies' Obligation to Interpret the Statute, 69 *Vand. L. Rev.* 1231, 1233 (2016).

用司法尊重的前提是这些行政机关应承担起法院的职责，即"尽其所能对法律的含义作出最佳解释"。①

关于法律解释向规范主义转变是否合理，本文不予评价，只是指出"向规范主义决策转变"这一说法在更多情况下是一种假设而未被证实。所谓"向规范主义决策转变"的通说也主要是道听途说，②而这也是美国联邦最高法院现任大法官们批判谢弗林案的主要依据。③

当然，适用于传统行政规章的"谢弗林尊重"原则只是问题的一部分。④而对次级规范性指导意见（包括联邦税务局发布的税收裁定和税收程序规则⑤）则适用"斯基德

---

① *See* Aaron Saiger, Agencies' Obligation to Interpret the Statute, 69 *Vand. L. Rev.* 1231, 1234 (2016).
② 如塔特尔指出"全世界所有行政机关似乎都是先进行政策选择，然后再设法力证其合法性。"*See* David S. Tatel, *The Administrative Process and the Rule of Environmental Law*, 34 Harv. Envtl. L. Rev. 1, 2 (2010)；又如卡瓦诺指出"根据我在白宫五年多的任职经验，我可以确信地说，'谢弗林尊重原则'使得行政机关（不论执政党是何党派）都千方百计地试图将其政策目标强行解释成符合法定授权及法律限制范围。"*See* Brett M. Kavanaugh, *Fixing Statutory Interpretation*, 129 Harv. L. Rev. 2118, 2150 (2016) (book review)；又如唐纳德·艾略特回忆了其在美国环保局科学政策办公室的任职经历，在谢弗林案之前，美国环保局曾将每部制定法视为"具有单一含义的指令性文本，并可通过专业的法律训练和法律方法获知其含义"，而在谢弗林案之后，美国环保局将制定法视为创设了"一系列获得许可的法律解释自由裁量权，在此范围内，应由行政机关的决策者而非其律师，在几种合法合理的解释中作出选择"。*See* E. Donald Elliott, Chevron Matters: How the *Chevron* Doctrine Redefined the Roles of Congress, Courts and Agencies in Environmental Law, 16 *Vill. Envtl. L. J.* 1, 11–12 (2005); Jerry L. Mashaw, Norms, Practices, and the Paradox of Deference: A Preliminary Inquiry into Agency Statutory Interpretation, 57 *Admin. L. Rev.* 501, 532–533 & nn. 71, 73 (2005) (Mashaw 文论述了美国环保局对"谢弗林尊重"原则的适用情况)。
③ 例如，在密歇根州诉美国环保局一案中，联邦最高法院现任大法官托马斯虽然同意多数法官作出的判决，但对判决依据提出不同理由。托马斯批判谢弗林案是授权行政机关"基于自身而非国会的政策判断，来制定具有法律约束力的法规以填补立法空白，并非寻求法律文本的最佳含义。"*See* Michigan v. EPA, 135 S. Ct. 2699, 2713 (2015); 又如，联邦最高法院现任大法官卡诺也在其文章中指出，"谢弗林案引发了一种极其激进的行政理念即挑战法律底线……毕竟行政决策者很有可能会由此推断，'只要我们能够说服法院认定某一法律条款是模糊不清的，那么我们对该法的解释就应当被判定为合理可行的'。" *See* Brett M. Kavanaugh, Fixing Statutory Interpretation, 129 *Harv. L. Rev.* 2118, 2151 (2016) (book review)。
④ 联邦税务局相关近况如下。在联邦最高法院 2011 年对梅奥医学教育研究基金会诉美国案做出裁决之前，尚不清楚联邦税务局发布的规章是都适用"谢弗林尊重"原则，还是会有一部分适用（尊重程度较低的）"斯基德莫尊重"原则。而在梅奥案中，法院认为"我们在审查税收规章时，没有理由不像审查其他规章一样，遵循谢弗林案所确立的对行政机关专业性的尊重原则。" *See* Mayo Found. for Med. Educ. & Research v. United States, 562 U. S. 44, 56 (2011)；又如萨兹曼和布克在其合著的书中，从适用于联邦税务局规章的司法尊重原则出发，阐述了税收例外主义的兴衰，*See* Michael I. Saltzman & Leslie Book, IRS Practice and Procedure ¶ 3.02 [4] (rev. 2d ed. 2002 & Supp. 2019)；又如霍尔在其文中也表达了相同的观点，*See* Michael Hall, Note, From Muffler to Mayo: The Supreme Court's Decision to Apply Chevron to Treasury Regulations and Its Impact on Taxpayers, 65 *Tax Law*. 695 (2012)。如果在梅奥案之前，联邦税务局预测其发布的部分规章会被适用尊重程度较低的"斯基德莫尊重"原则而非尊重程度较高的"谢弗林尊重"原则，则我们可由此推测，"向规范主义决策的转变"趋势会在其他行政机关中表现得更为明显，因为法院对其他行政机关往往都会适用"谢弗林尊重"原则。
⑤ 尽管人们普遍认为，应对联邦税务局发布的次级规范性指导意见适用"斯基德莫尊重"原则，但克里斯汀·希克曼认为"由于美国财政部在对税法典中的惩罚性条款进行解释时，将其适用范围扩张至纳税人违反…联邦税务局指导意见的行为，因此这类发布指导意见的行政行为应具有法律效力"，由此可见"对于此类行政文件中提出的法律解释，法院应以'谢弗林尊重'原则作为评判标准。" Kristin E. Hickman, Unpacking the Force of Law, 66 *Vand. L. Rev.* 465, 471 (2013)。

莫①尊重"（Skidmore deference）原则，即"法院在解释行政机关执行的法律时，应考虑到行政机关对法律含义的观点。"② 关于"斯基德莫尊重"原则对法律解释产生的影响，学者们一直存在分歧。如彼得·施特劳斯曾建议，应将该原则重新命名为"斯基德莫权重"，因为其还未达到尊重的程度即并非法院在裁决中必须考虑的因素。③ 康纳·拉索和威廉·埃斯克里奇则将该原则形容成只是"温和的尊重"或只是"司法上的遵从意愿"。④ 而克里斯汀·希克曼和马修·克鲁格基于对美国巡回法院案件的实证研究，认为"出乎意料的是，总体上斯基德莫标准确实得到了尊重，因为法院适用斯基德莫标准来接受行政机关观点的比例远高于之前一些学者所预设的。"⑤ 此外，塞格还从另一个角度思考上述问题：如果斯基德莫标准是要求法院给予尊重，那么行政机关就有责任（其在实践中可能履行也可能不履行）基于制定法而非规范主义目标来制定次级规范性指导意见。⑥ 且在塞格看来，即使斯基德莫标准不要求达到尊重的程度，行政机关仍会强调重视法律解释，从而避免自己的观点被法院推翻，这也不失为一种明智之举。⑦

税法特有的另一个问题是，由于一些税收行政规章的制定依据来源于税法典对联邦税务局颁布行政规章的一般授权，⑧ 而非税法典中对制定行政规章的特别授权，⑨ 故一些法院历来认为这些税收行政规章应受到较低程度的尊重，即所谓的"国家消音器尊重"

---

① Skidmore v. Swift & Co., 323 U. S. 134, 140 (1944)（在斯基德莫案中，法院对次级规范性指导意见的观点如下，"尽管鉴于司法权威性，其不会对法院产生约束力，但其确实可形成大量经验及合理判断，从而为法院和诉讼当事人提供适当指引"）。尽管所用术语有所不同，但在斯基德莫案之前就已经出现如下观念，即行政机关作出的法律解释"有权获得极大尊重"。如 Edwards' Lessee v. Darby, 25 U. S.（12 Wheat.）206, 210 (1827)（该案中，法院认为"在对一项模糊不清的法律进行解释时，那些负有依法行事及执法职责的主体在同时期作出的法律解释有权获得极大尊重"）；又如 Fawcus Mach. Co. v. United States, 282 U. S. 375, 378 (1931)（该案中，法院也认为行政机关在同时期作出的解释"有权获得尊重"）；又如 Swendig v. Wash. Water Power Co., 265 U. S. 322, 331 (1924)（该案中，法院也持相同观点）。

② See Peter L. Strauss, "Deference" Is Too Confusing—Let's Call Them "Chevron Space" and "Skidmore Weight," 112 *Colum. L. Rev.* 1143, 1153 (2012); Michael I. Saltzman & Leslie Book, IRS Practice and Procedure ¶ 3.03 [1] [b] (rev. 2d ed. 2002 & Supp. 2019)（"在联邦最高法院作出米德案判决之前，一些法院对税收行政裁定适用'谢弗林尊重'原则，其他法院则不会对其给予任何尊重。而在米德案之后，法院普遍认为斯基德莫案中确立的标准更为合理……然而，联邦最高法院本身并未就上述问题作出明确判决……"）。

③ See Peter L. Strauss, "Deference" Is Too Confusing—Let's Call Them "Chevron Space" and "Skidmore Weight," 112 *Colum. L. Rev.* 1143, 1146 (2012).

④ Connor N. Raso & William N. Eskridge, Jr., Chevron as a Canon, Not a Precedent: An Empirical Study of What Motivates Justices in Agency Deference Cases, 110 *Colum. L. Rev.* 1727, 1737, 1744 (2010).

⑤ Kristin E. Hickman & Matthew D. Krueger, In Search of the Modern Skidmore Standard, 107 *Colum. L. Rev.* 1235, 1238 (2007).

⑥ See Aaron Saiger, Agencies' Obligation to Interpret the Statute, 69 *Vand. L. Rev.* 1231, 1281 (2016).

⑦ See Aaron Saiger, Agencies' Obligation to Interpret the Statute, 69 *Vand. L. Rev.* 1231, 1283 (2016)（"如果法院认为行政机关作出的法律解释是次优的而对其适用'斯基德莫尊重'标准，那么行政机关…就必须作出法院所认可的最佳解释。如果法院不同意行政机关作出的法律解释并不予采纳，那么对于行政机关来说…明智的做法往往是优先采用法院所期望的法律解释而非其自身所期望的法律解释……"）。

⑧ I. R. C. § 7805 (a) (2018).

⑨ 例如，税法典第 1502 节就是典型的特别授权，该节授权美国财政部部长可就企业集团合并纳税"制定他认为必要的规章"。

(National Muffler deference)①。"国家消音器尊重"是以美国联邦最高法院在1979年作出的一项判决命名的,其提出如果这些税收行政规章是"以某种合理的方式执行了国会授权事项",则应得到尊重。② 有些法院认为"国家消音器尊重"已被"谢弗林尊重"所取代,③还有些法院认为"国家消音器尊重"和"谢弗林尊重"是不可区分的。④ 但也有法院认为应继续适用"国家消音器尊重",⑤ 且该原则所代表的尊重程度实质上介于"谢弗林尊重"和"斯基德莫尊重"两者之间。⑥ 这种观点一直很普遍,直至2011年美国联邦最高法院在梅奥案的判决中拒绝适用"国家消音器尊重",并最终认定"谢弗林尊重"才是适当合理的标准。⑦

综上所述,初审法院在撰写判决时总会将基础的制定法牢记在心,最主要是因为它们知道复审法院也会这样做。人们普遍认为,与法院相比,行政机关可基于规范主义标准更灵活地颁布规章及其他指导意见,尽管这种行为的合法性存在争议,而且对特定的税收行政规章和次级规范性指导意见应给予何种确切的尊重程度向来都是不明确的。此外,如果上述理论说法是正确的话,我们可能就会在1944年斯基德莫案、1979年国家消音器案、1984年谢弗林案和2011年梅奥案之后相继看到向规范性主义决策的转变,而上述每个案件都可以说是增加了对税收行政规章的尊重程度。

(二)文本主义抑或目的主义?

一旦一个特定的公权力机构决定进行法律解释,其面临的下一个问题就是应当采取何种法律解释。对此,关键的问题在于,特定的法律解释主体是更倾向于文本主义还是目的

---

① 在国家消音器案中,法院尊重联邦税务局规章中对免征联邦所得税的"商业联盟"(business league)一词给出的定义,因为联邦税务局的上述解释"与制定法的字面含义、起源及目的相协调"。Nat'l Muffler Dealers Ass'n v. United States, 440 U. S. 472, 476 – 477 (1979)。

② 在国家消音器案中,法院援引了 United States v. Cartwright, 411 U. S. 546, 550 (1973) 一案的判决。See Nat'l Muffler Dealers Ass'n v. United States, 440 U. S. 472, 476 (1979)。

③ 例如 Hosp. Corp. of Am. & Subsidiaries v. Comm'r, 348 F. 3d 136, 140 – 141 (6th Cir. 2003)(该案中,法院适用了"谢弗林尊重"原则而非"国家消音器尊重"原则)。

④ 例如 Swallows Holding, Ltd. v. Comm'r, 126 T. C. 96, 131 (2006)(联邦税务法院对该案作出一审判决,认为依据"国家消音器尊重"原则得出的分析结果与依据"谢弗林尊重"原则得出的分析结果并无不同),但联邦第三巡回上诉法院在该案二审中撤销原判,参见 Swallows Holding, Ltd. v. Comm'r, 515 F. 3d 162, 167 – 168 (3d Cir. 2008)(联邦第三巡回上诉法院认为,联邦税务法院对"国家消音器尊重"原则的适用是错误的,因为该原则与"谢弗林尊重"原则在适用上有所不同)。

⑤ See Snowa v. Comm'r, 123 F. 3d 190, 197 – 198 (4th Cir. 1997)(该案中,法院认为"国家消音器尊重"原则的适用对象是对国会语言进行解释的行政规章,而非填补立法空白的行政规章);Schuler Indus., Inc. v. United States, 109 F. 3d 753, 754 – 755 (Fed. Cir. 1997)。

⑥ Kristin E. Hickman, *The Need for Mead*:*Rejecting Tax Exceptionalism in Judicial Deference*, 90 Minn. L. Rev. 1537, 1557 (2006)("尽管这些原则之间的实际差异并不总是显而易见的,但在某些司法管辖区内,法院对部分财政部规章仅适用'国家消音器尊重'原则而非'谢弗林尊重'原则,即法院会依据特别授权制定的规章适用'谢弗林尊重'原则以示'尊重',但对于依据税法典第7805节(a)一般授权制定的规章,法院则会适用'国家消音器尊重'原则而仅作'参考'")。

⑦ Mayo Found. for Med. Educ. & Research v. United States, 562 U. S. 44, 57 (2011) [该案中,法院认为"谢弗林案、米德案而非国家消音器案、罗文案(Rowan)所确立的司法尊重适用框架较为合理"]。

主义，以及其在实践中是如何随时间变化的。[1]

为在历史背景下研究文本主义和目的主义之间的关系，我们应关注法律解释中最著名的发展趋势，即目的主义在美国联邦最高法院的兴衰。通说认为，随着富兰克林·罗斯福总统任命主张目的主义的大法官和新司法方法论的发展，现代目的主义起源于1940年左右，由此推动行政国家（administrative state）进一步扩张。[2] 目的主义继续发展至20世纪70年代，即被称为"目的分析的全盛时期"。[3] 但在20世纪70年代的顶峰期之后，由于共和党总统任命了主张文本主义的大法官（尤其是在1986年任职的斯卡利亚大法官）[4]，目的主义在美国联邦最高法院急剧衰退。

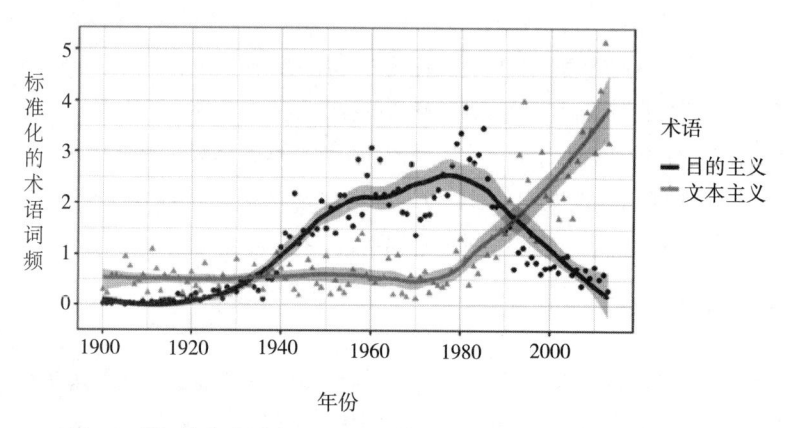

图1 联邦最高法院意见对目的主义术语、文本主义术语的引用

---

[1] 相关文献如 James J. Brudney & Corey Ditslear, The Warp and Woof of Statutory Interpretation: Comparing Supreme Court Approaches in Tax Law and Workplace Law, 58 Duke L. J. 1231 (2009)（该文评估了联邦最高法院中文本主义和目的主义的趋势）；Aaron - Andrew P. Bruhl, Statutory Interpretation and the Rest of the Iceberg: Divergences Between the Lower Federal Courts and the Supreme Court, 68 Duke L. J. 1 (2018)（该文评估了联邦最高法院、联邦上诉法院以及联邦地区法院中文本主义和目的主义的趋势）；Anita S. Krishnakumar, Statutory Interpretation in the Roberts Court's First Era: An Empirical and Doctrinal Analysis, 62 Hastings L. J. 221 (2010)（该文评估了由罗伯茨任首席大法官的联邦最高法院中文本主义和目的主义的趋势）。

[2] 支持通说观点的相关文献如 Nicholas R. Parrillo, Leviathan and Interpretive Revolution: The Administrative State, the Judiciary, and the Rise of Legislative History, 1890 - 1950, 123 Yale L. J. 266, 266 (2013)（该文指出"本文发现在1940年左右，司法机关突然开始普遍适用立法史。而推动司法机关适用立法史的关键因素就在于罗斯福新政实施后行政国家刚刚开始扩张"）；又如 John W. Johnson, The Dimensions of Non - Legal Evidence in the American Judicial Process: The Supreme Court's Use of Extra - Legal Materials in the Twentieth Century 187 (1990)；又如 Jorge L. Carro & Andrew R. Brann, Use of Legislative Histories by the United States Supreme Court: A Statistical Analysis, 9 J. Legis. 282, 285 (1982)；又如 Nancy Staudt et al., Judging Statutes: Interpretive Regimes, 38 Loy. L. A. L. Rev. 1909, 1945 (2005)。

[3] Anita S. Krishnakumar, Backdoor Purposivism, 69 Duke L. J. 1275, 1277 (2020).

[4] 如卡尔霍恩在其文中指出"联邦最高法院对词典引用率的最大涨幅始于20世纪80年代中期，即在斯卡利亚开始担任联邦最高法院大法官期间。" See John Calhoun, Note, Measuring the Fortress: Explaining Trends in Supreme Court and Circuit Court Dictionary Use, 124 Yale L. J. 484, 498 (2014)；又如克莱门特在其文中将1987年描述为"斯卡利亚大法官从这一年开始为联邦最高法院撰写意见，并强调法律文本的重要性和立法史的不可靠性，这使得一切都变得不同。" See Paul Clement, Opinion, Arguing Before Justice Scalia, N. Y. Times (Feb. 17, 2016), https://www.nytimes.com/2016/02/17/opinion/arguing-before-justice-scalia.html。

图 1 所示为通说观点，其采用的分析方法与下文在分析联邦税务局和联邦税务法院时相同。[①] 图 1 中的每一点都代表了联邦最高法院在相关年份所有案件中使用目的主义术语或文本主义术语的平均词频，[②] 并进行了标准化处理，从而避免对词频绝对值的不恰当强调。[③] 正如下文所详述的是，[④] 由于词频必然是基于对特定术语的主观选择，故词频的绝对值并不如一段时间内的相对值重要。

为了便于读者阅览，图 1 中的这些点被用来生成一条趋势线，其中阴影部分代表着 95% 的置信区间。[⑤] 这些图表所呈现的是探索式数据分析而非反映因果推断，因为法院意见的撰写年份有可能不是影响法律解释方法的主要因素，而是与更深层次的司法理念转变有关。

图 1 所示与现有文献保持一致，即同样显示了目的主义在 20 世纪 30 年代至 40 年代崛起，在 20 世纪 70 年代达到顶峰，之后伴随着文本主义的急剧兴起而衰退至今。图 1 与以往学术研究的一致性是对本文研究方法有效性的前期认可。先前的实证研究也得出结论，即联邦上诉法院和联邦地区法院遵循了与联邦最高法院大致相同的发展趋势，尽管其趋势并没有像联邦最高

[①] 参见本文第三章第一节"自然语言处理"（该节更为详细地论述了本文的实证分析方法）。

[②] 本文所有数据都是通过计算当年所有司法意见（或规范性文件）中术语词频的平均值，并根据每个文件的单词总数进行加权得出。例如，在计算每年文本主义术语的词频数值时，如果一份联邦税务法院意见的单词总数多出一倍，则其在计入上述词频数值时的相应权重也会大一倍。

[③] 参见本文第三章第一节"自然语言处理"（该节论述了对各法律解释主体使用术语的词频绝对值大小进行对比所引发的问题）。

[④] 参见本文第三章第一节"自然语言处理"。

[⑤] 趋势线是通过局部加权回归散点平滑法（英文简称 LOESS）而生成的，这是一种拟合散点数据而得到平滑曲线的非参数局部回归方法。See William S. Cleveland, the Elements of Graphing Data 168-173 (rev. ed. 1994)（该书介绍了局部加权回归散点平滑法）; Aaron-Andrew P. Bruhl, *Statutory Interpretation and the Rest of the Iceberg: Divergences Between the Lower Federal Courts and the Supreme Court*, 68 Duke L. J. 1, 57 n. 189 (2018)（该文也在类似的术语使用分析中运用了局部加权回归散点平滑法，但其采用的平滑系数是 0.33 而非 0.5，由此得出一条拟合度更好的曲线）。本文中，笔者所采用的平滑系数是 0.5。*Smoothed Conditional Means*, Ggplot2, https://ggplot2.tidyverse.org/reference/geom_smooth.html (last visited Nov. 8, 2019). 本文中所提及的自举过程相类似。自举法通过设定一个数据点样本（本文设定样本容量为 n 年，样本中的每一个数据点则代表 n 年中某一特定年份内特定法律解释方法对应的术语词频），并从这一原始样本中随机抽样（且放回抽样），由此重新创建一个容量相同的新样本。将此自举过程重复数次，本文设定重复次数为一千次，并就每次自举得出的样本重新计算生成局部加权回归散点平滑曲线（LOESS 曲线）。针对图中 x 轴上的每一个点（本文中每一个点即代表每个时间点），依次记录每次自举得出的 LOESS 曲线数值，由此计算出置信区间。置信区间是通过基本自举（也被称为"反向百分位数"、"轴对称"或"经验"自举）方程式计算所得，由此 x 轴上每一点所对应的 θ 代表原始样本的 LOESS 曲线数值，$\theta^*_{0.025}$ 则代表第 2.5 个百分位对应的自举所得数值，$\theta^*_{0.975}$ 则代表第 97.5 个百分位对应的自举所得数值，置信区间的计算公式如下所示：$(2\theta - \theta^*_{0.975}, 2\theta - \theta^*_{0.025})$。A. C. Davison & D. V. Hinkley, *Bootstrap Methods and Their Application* 194 (1997). 需要注意的是，上述图中的置信区间是 LOESS 曲线的置信区间，而非观测值的置信区间。换言之，在 x 轴上指定一点所对应的单个置信区间表示，回归曲线的真实值会有 95% 的概率落入此区间。但这并不意味着每一个观测值都会有 95% 的概率落入此区间。关于观测值的概率，则可通过计算预测区间获得，因为预测区间会同时考虑到回归曲线的不确定性以及观测值分布中的逐点方差（*pointwise variance*）。

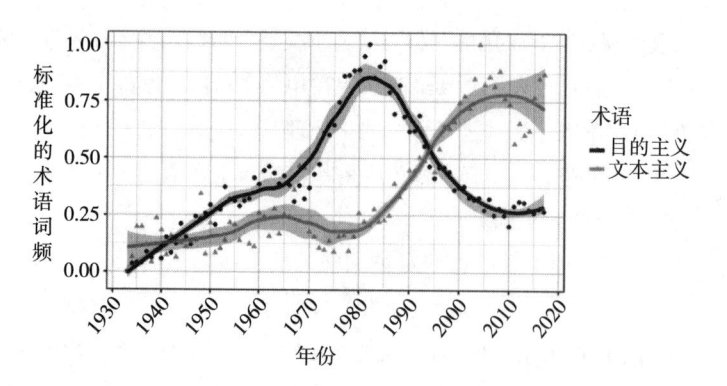

图 2 联邦地区法院意见对目的主义术语、文本主义术语的引用

法院那么显著,且略有滞后。① 如图 2 所示,本文研究方法也再次大体证实了上述结论。

在联邦地区法院,目的主义衰落和文本主义兴起的起始时间都稍晚。但在两级法院中,整体从目的主义转向文本主义的现代发展趋势都是显而易见的。

本文实证研究中的关键问题在于,行政机关是否也跟随着法院的脚步转向了文本主义。大多数学者认为行政机关应当坚持目的主义并将其作为一项规范主义标准,尽管也有学者对此持不同意见。② 而行政机关在实践中是否真的坚持了目的主义,这仍是一个悬而

---

① See Aaron - Andrew P. Bruhl, Statutory Interpretation and the Rest of the Iceberg: Divergences Between the Lower Federal Courts and the Supreme Court, 68 *Duke L. J.* 1, 1 (2018) (该文指出"近几十年来,所有联邦法院都倾向于更频繁地使用文本主义解释工具。然而,法院层级越低,这种趋势就越不明显"); Lawrence Baum & James J. Brudney, Two Roads Diverged: Statutory Interpretation by the Circuit Courts and Supreme Court in the Same Cases, 88 *Fordham L. Rev.* 823, 824 (2019) (该文则大体证实了 Bruhl 的上述结论)。但也有学者持不同观点,如 Abbe R. Gluck & Richard A. Posner, Statutory Interpretation on the Bench: A Survey of Forty - Two Judges on the Federal Courts of Appeals, 131 *Harv. L. Rev.* 1298, 1309 – 1315 (2018) (该文认为,联邦上诉法院在司法实践中适用的法律解释方法会比文本主义抑或目的主义的传统二分法复杂得多,但该文也承认,近几十年来联邦上诉法院普遍倾向于适用文本主义解释方法,尽管一些法官不愿承认自己是文本主义者,但他们客观上也存在这种趋势)。

② 许多学者认为,行政机关在评估立法目的方面具有相对较强的专业能力,从而得出其应比法院更倾向于目的主义的结论。如埃斯克里奇认为"行政机关在解释法律时是带有目的性的,且从总体上来看,这会推动现代规制国家的良好发展。采用目的主义法律解释方法可使解释者动态化地解释法律,从而超越了国会之前审议的基础问题即立法原意。" See William N. Eskridge Jr., Expanding Chevron's Domain: A Comparative Institutional Analysis of the Relative Competence of Courts and Agencies to Interpret Statutes, 2013 *Wis. L. Rev.* 411, 434; 又如赫兹认为"总而言之,我得出的结论是,与法官相比,行政机关所作目的主义解释的遵从度更高且问题更少。" See Michael Herz, Purposivism and Institutional Competence in Statutory Interpretation, 2009 *Mich. St. L. Rev.* 89, 92; 又如马肖认为"在某些情况下,行政机关只有巧妙地运用立法史,才能在实施法律的过程中真正履行其作为忠实代理人的宪法职责。" See Jerry L. Mashaw, Norms, Practices, and the Paradox of Deference: A Preliminary Inquiry into Agency Statutory Interpretation, 57 *Admin. L. Rev.* 501, 511 (2005); 又如桑斯坦和沃缪勒认为"行政机关可能更有能力判断偏离法律文本的做法是否真的有意义。" See Cass R. Sunstein & Adrian Vermeule, Interpretation and Institutions, 101 *Mich. L. Rev.* 885, 928 (2003)。但皮尔斯认为"行政机关所使用的法律解释方法应与其预测法院在司法审查中所使用的'传统法律解释方法'保持一致。如果行政机关使用了不同的法律解释方法…则会因缺乏充分理由而大大增加被法院推翻的风险。" See Richard J. Pierce, Jr., How Agencies Should Give Meaning to the Statutes They Administer: A Response to Mashaw and Strauss, 59 *Admin. L. Rev.* 197, 202 (2007)。皮尔斯建议行政机关当遵循法院的解释惯例,但这一建议仅针对"谢弗林尊重原则"第一步中进行的法律解释。而关于"谢弗林尊重原则"第二步,皮尔斯(和许多学者一样)认为,行政机关应当作出最佳政策考量,而不应依赖于任何传统的解释惯例。详见 Richard J. Pierce, Jr., How Agencies Should Give Meaning to the Statutes They Administer: A Response to Mashaw and Strauss, 59 *Admin. L. Rev.* 197, 200 (2007)。

未决的问题，且以往的研究也并未对此作出解答。① 本文将考察联邦税务局一个多世纪以来发布的指导意见，通过实证研究来解决上述问题。

(三) 法院之间的一致性抑或专家之间的一致性？

行政机关和法院向目的主义抑或文本主义的转变模式体现了与联邦税务法院相关的几种相对立的假设。如果联邦税务局和普通法院在法律解释方法上有所不同（本文得出的结论是两者确实存在差异），那么何者会对联邦税务法院产生更大的影响呢？即联邦税务法院是会与联邦税务局保持一致，还是与普通法院保持一致？

联邦税务法院审理几乎所有的联邦税务案件，② 其运作方式就像一个集权式的联邦初审法院。联邦税务法院受理的是由联邦税务局税务复议部作出行政裁定后的案件，③ 且自联邦税务法院提起的上诉案件则由对纳税人有管辖权的联邦巡回上诉法院进行二审。④ 虽然联邦税务法院是根据美国宪法第一条设立的法院，但联邦最高法院已在弗雷塔格诉联邦税务局局长一案⑤中判定，联邦税务法院"行使的是司法权而非其他任何职能……且其行使司法权的方式与联邦地区法院相同"，⑥ 并得出结论，即联邦税务法院"行使单一的司法职能，这与其他履行多种职能且并非依据美国宪法第三条设立的法院不同"。⑦

一方面，考虑到联邦税务法院的司法职能，我们有理由推测其会遵循联邦法院的总体趋势而倾向于文本主义。从更实际的角度来说，因为联邦税务法院审理的案件是由联邦巡

---

① 以往的研究尤其是斯梅特在其文中并未分析长期趋势，因为其研究的时间跨度太短仅为14年，故无法阐明法律解释方法的长期发展趋势。See Amy Semet, An Empirical Examination of Agency Statutory Interpretation, 103 Minn. L. Rev. 2255, 2282 (2019).

② 美国联邦税务法院审理了绝大多数（约97%）联邦税收案件。Elizabeth Chao & Andrew R. Roberson, O-verview of Tax Litigation Forums, Tax Controversy 360 (Apr. 21, 2017), https：//www.taxcontroversy360.com/2017/04/overview – of – tax – litigation – forums.

③ 联邦税务局税务复议部相关的程序性规定可见 26 C. F. R. § 601.106 (2019)。

④ I. R. C. § 7482 (a) (1) (2018); Andre L. Smith, *Deferential Review of the United States Tax Court*; *The Chevron Doctrine*, 37 Va. Tax Rev. 75, 78 (2017)（该文指出"当前的现实状况是，联邦巡回上诉法院会在二审中对联邦税务法院所作裁决重新进行司法审查……"）。

⑤ 501 U. S. 868 (1991).

⑥ Freytag v. Comm'r, 501 U. S. 868, 891 (1991).

⑦ Freytag v. Comm'r, 501 U. S. 868, 892 (1991) ［该案判决是在特别承审法官（special trial judges）的任命方式存在争议的情况下作出的］。然而，联邦最高法院得出的这一结论还是存在一些争议的。哥伦比亚特区联邦巡回上诉法院就库瑞斯基案（*Kuretski*）所作判决似乎得出了与之相反的结论。See Kuretski v. Comm'r, 755 F. 3d 929, 932 (D. C. Cir. 2014)（该案中，哥伦比亚特区联邦巡回上诉法院认定联邦税务法院具有行政性质）；Brant J. Hellwig, *The Constitutional Nature of the United States Tax Court*, 35 Va. Tax Rev. 269, 326 (2016)（该文认为"想要明确界定联邦税务法院属于三权分立中的哪个分支是十分困难的，有时甚至可能是徒劳"）。

回上诉法院进行二审的,① 且其"会遵循纳税人上诉所至联邦巡回上诉法院所适用的法律",② 故联邦税务法院有充分的动机使其法律解释行为与联邦巡回上诉法院保持一致。如果联邦税务法院仍然坚持目的主义,其可能会发现所作判决越来越频繁地被倾向于文本主义的联邦巡回上诉法院所推翻。

另一方面,学者们早就注意到税法的运作方式不同于其他法律。尤其是"税收例外主义者"认为,由于税法典或税收立法程序的特殊性,对联邦税收法律的解释必须要比其他联邦法律更偏向于目的主义。③ 如科里·迪茨里尔和詹姆斯·布罗德尼发现,联邦最高法院在税收方面出具的法院意见会比其他方面的法院意见更倾向于目的主义,尽管两位学者将这一现象大部分归因于布莱克门大法官的影响。④ 而史蒂夫·约翰逊曾直接推断,联邦税务法院所涉诉讼标的的专业性可能会使其像联邦税务局一样自由地适用目的主义解释方法。⑤ 因为联邦税务法院和联邦税务局都是由税务专家组成的,而这些专家以思想观念偏狭著称,由此可推测出两者在法律解释方法上趋同。⑥

---

① 自联邦税务法院提起的上诉案件则由对纳税人有管辖权的联邦巡回上诉法院进行二审。I. R. C. § 7482(a) (1) (2018); Andre L. Smith, *Deferential Review of the United States Tax Court*: *The* Chevron *Doctrine*, 37 Va. Tax Rev. 75, 78 (2017) (该文指出"当前的现实状况是,联邦巡回上诉法院会在二审中对联邦税务法院所作裁决重新进行司法审查……")。

② Amandeep S. Grewal, *The Un - Precedented Tax Court*, 101 Iowa L. Rev. 2065, 2078 (2016). 这就是所谓的"戈尔森法则"(*Golsen* rule)。See Golsen v. Comm'r, 54 T. C. 742, 757 (1970) (该案中,初审法院认为"如果上诉法院先前已就某一问题作出判决,为实现高效协调的司法管理,我们应当遵循上诉法院所作判决"),该案中,上诉审法院则以其他理由维持原判, *See* Golsen v. Comm'r, 445 F. 2d 985 (10th Cir. 1971)。

③ 主张税收例外主义的学者如 Bradford L. Ferguson, Frederic W. Hickman & Donald C. Lubick, Reexamining the Nature and Role of Tax Legislative History in Light of the Changing Realities of the Process, 67 *Taxes* 804, 806 - 807 (1989) (该文指出了税法典的复杂性、年代久远、立法史丰富、专业性以及专业化的起草程序); Mary L. Heen, Plain Meaning, the Tax Code, and Doctrinal Incoherence, 48 *Hastings L. J.* 771, 786 & n. 73, 818 - 819 (1997) (该文反对对税法进行文本主义解释); Michael Livingston, Congress, the Courts, and the Code: Legislative History and the Interpretation of Tax Statutes, 69 *Tex. L. Rev.* 819, 822 (1991) ("本文认为,税法的独特性使得在税务案件中不适合使用一般的法律解释理论"); Clinton G. Wallace, Congressional Control of Tax Rulemaking, 71 *Tax L. Rev.* 179, 183 (2017) [该文主张适用"JCT 原则",即在解释税法时要特别关注税收联合委员会(Joint Committee on Taxation,英文简称 JCT)所撰写的立法史]。但也有学者反对税收例外主义这一概念。如 Paul L. Caron, Tax Myopia, or Mamas Don't Let Your Babies Grow Up to Be Tax Lawyers, 13 *Va. Tax Rev.* 517, 518 (1994) (该文批判税务律师和税务学者存在"税收短视"问题即将税法误认为是独立的法律体系); 又如 Michael Livingston, Practical Reason, "Purposivism," and the Interpretation of Tax Statutes, 51 *Tax L. Rev.* 677, 710 (1996) (该文批判了"税收本质主义的谬论")。

④ *See* James J. Brudney & Corey Ditslear, *The Warp and Woof of Statutory Interpretation*: *Comparing Supreme Court Approaches in Tax Law and Workplace Law*, 58 Duke L. J. 1231, 1270 - 1275 (2009)。该文注意到"在布莱克门大法官退休后…联邦最高法院在大多数税务案件中援引立法史的意愿明显下降。" James J. Brudney & Corey Ditslear, The Warp and Woof of Statutory Interpretation: Comparing Supreme Court Approaches in Tax Law and Workplace Law, 58 *Duke L. J.* 1231, 1274 (2009)。

⑤ Steve R. Johnson, *The Canon that Tax Penalties Should Be Strictly Construed*, 3 Nev. L. J. 495, 518 (2003) (该文指出"很可能由于联邦税务法院拥有更多的专业知识,因此其更有信心来运用大量法律解释材料,且笔者认为这些材料应作为解释税收惩罚性法律条款的合理依据")。

⑥ *See* Paul L. Caron, Tax Myopia, or Mamas Don't Let Your Babies Grow Up to Be Tax Lawyers, 13 *Va. Tax Rev.* 517, 519 - 531 (1994)。

此外，尽管联邦最高法院认为联邦税务法院"行使专门的司法职能"，[1] 但联邦税务法院作为依据美国宪法第一条而设立的法院，其地位仍与联邦地区法院有所不同。联邦税务法院的法官均是税务专家，[2] 实行 15 年的有限任期（尽管联邦税务法院的法官经常连任），[3] 且（有正当理由时）可被总统免职，而依据美国宪法第三条任命的法官必须经弹劾才可将其免职。[4] 实际上，与普通法院所作判决相比，联邦巡回上诉法院可能更不愿意推翻专门法院作出的判决（包括倾向于目的主义的判决）。因此，联邦税务法院也可能因程序性原因而非实质性原因而不同于其他法院。

如果税收例外主义者的观点是正确的，或者依据美国宪法第一条而设立的法院往往是与众不同的，那么联邦税务法院就会像联邦税务局一样抵制文本主义倾向并坚持目的主义。然而，如果法院之间的一致性是影响更大的因素，那么联邦税务法院就会像其他联邦法院一样倾向于文本主义。

三、税法解释实证研究的方法

为了解答上述问题，笔者创建了一个新的数据集。该数据集涵盖了联邦税务局自 1919 年起发布的所有出版物，即包括所有行政规章和已公布的次级规范性指导意见，但不包括直接向特定纳税人提供的未公开的且无先例效力的指导意见。笔者先通过光学字符识别（optical character recognition，英文简称为 OCR）将上述出版物转换为纯文本，然后通过人

---

[1] Freytag v. Comm'r, 501 U. S. 868, 891 (1991).

[2] Leandra Lederman, (Un) Appealing Deference to the Tax Court, 63 *Duke L. J.* 1835, 1880 (2014)（该文指出"联邦税务法院具有专业性——其法官只审理税务案件——因此与其他法院相比，其在税务问题上拥有更多专业知识"）。

[3] 因为联邦税务法院法官的每届任期是 15 年，故其有时会在任期届满时再次连任。而予以该法官再次连任的总统与最初任命该法官的总统往往属于同一党派。例如，莫里斯·B. 佛利（Maurice B. Foley）法官最初是由克林顿总统任命的，其连任时则是由奥巴马总统任命，参见 *Chief Judge Maurice B. Foley*, U. S. Tax Ct., https：//www. ustaxcourt. gov/judges/foley. htm（last updated Apr. 23, 2019），而托马斯·B. 威尔斯（Thomas B. Wells）法官最初是由里根总统任命，其连任时则是由乔治·W. 布什总统任命，参见 *Judge Thomas B. Wells*, U. S. Tax Ct., https：//www. ustaxcourt. gov/judges/wells. htm（last updated Feb. 13, 2013）。很少有法官的最初任命和再次连任是分别由不同政党的总统作出的——这些法官既不完全是民主党任命也不完全是共和党任命，因此笔者出于本文分析目的而将其排除在外。例如，玛丽·安·科恩（Mary Ann Cohen）和乔尔·格伯（Joel Gerber）最初都是由里根总统任命的，而他们连任时则是由克林顿总统任命。参见 *Judge Joel Gerber*, U. S. Tax Ct., https：//www. ustaxcourt. gov/judges/gerber. htm（last updated Apr. 8, 2013）；*Judge Mary Ann Cohen*, U. S. Tax Ct., https：//www. ustaxcourt. gov/judges/cohen. htm（last updated Oct. 2, 2012）。联邦税务法院的一些意见（尤其是备忘录意见（memorandum opinions））是由"特别承审法官"（special trial judges）撰写的，而特别承审法官是由联邦税务法院的首席法官而非总统任命的。参见 I. R. C. § 7443A (a)（2018）；Wright v. Comm'r, 105 T. C. M. (CCH) 1440 (2013)；Madison Recycling Assocs. v. Comm'r, 81 T. C. M. (CCH) 1496 (2001)。鉴于由另一法官而非总统任命的法官会更加淡化意识形态的界限，因此特别承审法官撰写的意见也被排除在外。

[4] See Andre L. Smith, Deferential Review of the United States Tax Court: The Chevron Doctrine, 37 *Va. Tax Rev.* 75, 95 – 96 (2017).

工①和编程两种形式对其进行清理,包括检查拼写、调整空格以及删除出版物中与本文分析无关的部分。此外,笔者从"哈佛大学法学院判例法检索系统"中下载了法院数据,该系统是一个高质量的数据集,其几乎涵盖了2015年以前在美国判决的所有诉讼案件。本文所用数据的更多细节详见附录A。

(一)自然语言处理

本文分析法律解释方法的主要衡量标准是行政机关和法院对特定法律解释工具的引用频率,如立法史、词(字)典或法律解释规则。这是现有文献的主要研究方法,也与文本主义、目的主义等传统概念有着密切联系。② 例如,如果一个特定文档的8000个词中有16个词是关于立法史的,那么该文档与立法史相关的词频数值即为$\frac{16}{8000}$。

同一份文档中,有可能同时存在文本主义和目的主义相关的正向词频数值,或者同时存在法定主义和规范主义决策相关的正向词频数值。这种现象并不罕见,因为司法判决有

---

① 笔者特意通读了每份《联邦税务公告汇编》的纯文本版,以确保本文所用代码已准确删除了立法史这种并非联邦税务局撰写的原始材料。参见附录A的第一部分"联邦税务局出版物"。

② 同样采取此种研究方法的现有文献如 Aaron–Andrew P. Bruhl, Statutory Interpretation and the Rest of the Iceberg: Divergences Between the Lower Federal Courts and the Supreme Court, 68 *Duke L. J.* 1, 29 (2018)(该文指出,"相互对立的法律解释方法之间的明显差异很大程度上在于各自优先考虑和强调的法律解释工具有何不同。若一个法官广泛适用语言学解释规则和词典,但却很少引用立法史,则与表现出相反趋势的法官相比,其会倾向于文本主义");又如 Lawrence M. Solan, Private Language, Public Laws: The Central Role of Legislative Intent in Statutory Interpretation, 93 *Geo. L. J.* 427, 453–455 (2005)[该文将司法机关对立法意图的参考作为界定司法意图主义(judicial intentionalism)的主要依据]。以术语词频作为主要研究方法的现有文献还可详见 James J. Brudney & Lawrence Baum, Dictionaries 2.0: Exploring the Gap Between the Supreme Court and Courts of Appeals, 125 *Yale L. J. F.* 104 (2015)(该文通过单词检索来研究联邦最高法院和联邦上诉法院对词典的引用频率);又如 John Calhoun, Note, Measuring the Fortress: Explaining Trends in Supreme Court and Circuit Court Dictionary Use, 124 *Yale L. J.* 484 (2014)(该文也采取了这种研究方法)。术语词频并不仅限于分析法律解释方法,还可适用于其他领域,如 Keith Carlson, Michael A. Livermore & Daniel Rockmore, A Quantitative Analysis of Writing Style on the U. S. Supreme Court, 93 *Wash. U. L. Rev.* 1461, 1478–1480 (2016)(该文使用术语词频来评估司法机关的"友好程度")。术语词频的其他应用领域还可详见 Daniel Martin Katz et al., *Legal N–Grams? A Simple Approach to Track the Evolution of Legal Language*, in Legal Knowledge and Information Systems: JURIX 2011: The Twenty–Fourth Annual Conference 167 (Katie M. Atkinson ed., 2011)(该文使用n元语法模型分析法来追踪法律用语的演变情况);又如 David E. Pozen, Eric L. Talley & Julian Nyarko, *A Computational Analysis of Constitutional Polarization*, 105 Cornell L. Rev. 1 (2019)(该文运用文本分析法来分析宪法用语中的两极分化现象)。一般来说,术语词频是"词袋"模型(bag–of–words model)的基础,而该模型是自然语言处理和机器学习中最常用的分类方法之一。See Michael McTear, Zoraida Callejas & David Griol, The Conversational Interface: Talking to Smart Devices 167 (2016)。该书就使用了词袋模型这一标准方法来实施机器学习。又如 David E. Pozen, Eric L. Talley & Julian Nyarko, *A Computational Analysis of Constitutional Polarization*, 105 Cornell L. Rev. 1, 21 (2019)(该文则是对术语的使用频率进行分析,而不考虑其使用语境)。术语词频也是评估不同文件之间"相似度"的诸多指标的基础。相关文献如 Keith Carlson, Michael A. Livermore & Daniel Rockmore, *A Quantitative Analysis of Writing Style on the U. S. Supreme Court*, 93 Wash. U. L. Rev. 1461, 1483–1486 (2016)(该文就评估了司法机关在写作风格上的分歧);又如 Elliott Ash & Omri Marian, *The Making of International Tax Law: Empirical Evidence from Natural Language Processing* 16 (Univ. of Cal. Irvine Sch. of Law Legal Studies Research Paper Series, Paper No. 2019–02, 2019), https://papers.ssrn.com/sol3/papers.cfm?abstract_id=3314310。

时也会在文本主义和目的主义之间进行权衡。①

不同学者对文本主义和目的主义的具体定义有着不同的理解,而本文并不赞同仅将目的主义简单定义为引用立法史来解释制定法的行为。然而,由于文本主义者对立法史持怀疑态度,且人们普遍认为目的主义是与文本主义相对立的一种学说,这使得引用立法史可作为目的主义解释方法的标志。② 与其不同的是,支持文本主义的法官的典型特征是强调法律文本的"字面含义"(plain meaning),③ 引用词典来确定其字面含义,④ 以及强调适用法律解释规则。⑤

本文所选的具体术语及理由均已在附录 B 中加以阐述。完整的源代码即文中被用作指标的所有词语,都可以在网上公开获得。⑥ 为确保本文研究方法的有效性,笔者展开了几项鲁棒性检验,尤其是对词频结果进行了抽样检查,即随机抽取了包含本文指定的文本主义、目的主义、法定主义或规范主义术语在内的联邦税务法院意见,以确保上述术语与这些法律解释方法的传统概念相符。

本文所有分析都是基于批量下载数据和使用 Python 代码而展开的,从而达到分析文本的目的。以往的研究通常是基于对特定术语出现情况的手动制表,或是基于在 Westlaw 数据库或 Lexis 数据库中的检索情况。⑦ 编程使这些任务自动化,也使分析更加灵活,由

---

① 相关司法判决如 Whistleblower 21276 – 13W v. Comm'r, 147 T. C. 121, 124 n. 8, 128 (2016); Gardner v. Comm'r, 145 T. C. 161, 164, 176, 179 (2015)。

② See Aaron – Andrew P. Bruhl, Statutory Interpretation and the Rest of the Iceberg: Divergences Between the Lower Federal Courts and the Supreme Court, 68 *Duke L. J.* 1, 29 (2018).

③ See William N. Eskridge, Jr., The New Textualism, 37 *UCLA L. Rev.* 621, 623 – 625 (1990)(该文指出"新文本主义认为,一旦法院查明了制定法的字面含义,对立法史的考量就会变得无关紧要")。

④ See Aaron – Andrew P. Bruhl, Statutory Interpretation and the Rest of the Iceberg: Divergences Between the Lower Federal Courts and the Supreme Court, 68 *Duke L. J.* 1, 29 (2018)(该文指出"若一个法官广泛适用语言学解释规则和词典,但却很少引用立法史,则与表现出相反趋势的法官相比,其倾向于文本主义")。

⑤ 主张这一观点的文献如 Abbe R. Gluck & Richard A. Posner, Statutory Interpretation on the Bench: A Survey of Forty – Two Judges on the Federal Courts of Appeals, 131 *Harv. L. Rev.* 1298, 1304 – 1305 (2018)(该文提到"文本主义者尤其强调,与立法史等其他法律解释工具相比,适用法律解释规则来解决制定法相关争议会更加客观协调……");又如 John F. Manning, *Legal Realism & the Canons' Revival*, 5 Green Bag (2d ser.) 283, 290 (2002)(该文指出"由于文本主义者信奉加强版的立法至上主义,因此他们对立法真实意图或目的的怀疑将引发对法律解释规则的重新强调,尤其是语言学解释规则或语法解释规则")。借用艾伦·布鲁尔的说法,笔者将法律解释规则分为"实质性解释规则"、"语言学解释规则"和"整体文本解释规则"。See Aaron – Andrew P. Bruhl, Statutory Interpretation and the Rest of the Iceberg: Divergences Between the Lower Federal Courts and the Supreme Court, 68 *Duke L. J.* 1, 26, 64 (2018). 其中,语言学解释规则和整体文本解释规则与文本主义者联系最为密切。See Aaron – Andrew P. Bruhl, Statutory Interpretation and the Rest of the Iceberg: Divergences Between the Lower Federal Courts and the Supreme Court, 68 *Duke L. J.* 1, 29 (2018);参见本文附录 B 的第二部分"文本主义术语"。

⑥ See Code, Jonathan H. Choi, https://www.jonathanhchoi.com/code – empirical – study (last updated Mar. 31, 2020).

⑦ See Aaron – Andrew P. Bruhl, Statutory Interpretation and the Rest of the Iceberg: Divergences Between the Lower Federal Courts and the Supreme Court, 68 *Duke L. J.* 1, 30 (2018)(该文指出"本文分析主要是基于在 Westlaw 数据库中的电子检索来确定和计算案件数量");Lawrence M. Solan, Private Language, Public Laws: The Central Role of Legislative Intent in Statutory Interpretation, 93 *Geo. L. J.* 427, 453 – 454 nn. 118 – 119 (2005)(该文通过 Lexis 数据库检索来分析法律解释方法)。

此实现了机器学习技术的应用以及更精细的检测,并避免了假正例和假负例——例如,本文统计了"税收行政管理"(tax administration)一词的出现情况,但却将"有效税收行政管理"(effective tax administration,该词为专业术语即指一种特殊类型的联邦税务局行政和解)①一词排除在外,因为如果不完全排除任何讨论"有效税收行政管理"的文档,就无法进行典型的布尔检索(Boolean search)。②借助编程,笔者还基于任命审判法官的政党、案件结果展开进一步分析,并进行鲁棒性检验。

最重要的是,对原始数据进行编程就可分析出词频——词频的计算公式为该词在一个文档中的出现次数除以该文档的单词总数,而不是针对该词是否在文档中出现而作二分法分析,因为这在 Westlaw 数据库或 Lexis 数据库中通过单词检索就可完成。③而单词检索只能得出任何提及特定检索词的文档的原始数量,并不能对检索到的文档特征进行解释说明,这意味着单词检索忽略了检索词在文档中的出现次数及文档的篇幅长度。

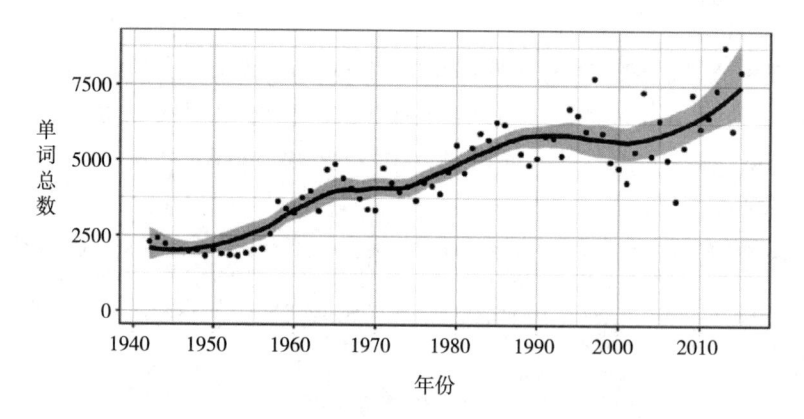

图 3　联邦税务法院意见的单词总数的平均值

由于司法判决和行政裁定的平均篇幅长度都会随着时间而不断变化,故特定术语出现次数的多少或许只能反映出相关文书细节的增减,而不能将其归因于司法机关在法律解释方法上的发展趋势。如图 3 所示,联邦税务法院意见的平均篇幅长度随着时间推移而显著

---

① See IRM 4.18.3 (Feb. 28, 2017)(《联邦税务手册》该条款对"有效税收行政管理提议"(Effective Tax Administration Offers)一词进行定义)。

② 例如,在 Westlaw 数据库中进行检索时,既可将检索词设定为"tax administration",也可设定为"tax administration % 'effective tax administration'"(在 Westlaw 数据库中,"%"代表"非"),但后者的检索结果中不会出现同时包含"tax administration"和"effective tax administration"的文件。See Thomson Reuters, Searching with Terms and Connectors 4 (2009)。

③ 在 Lexis 数据库和 Westlaw 数据库中,确实可以检索出使用特定术语一定次数以上的文件。但是用这种方法来确定术语词频数值是不切实际的也是极不方便的,因为必须要运行很多次才能确定究竟有多少文件至少使用了特定术语一次、两次、三次……以此类推。例如,单单为了确定联邦税务局使用规范主义、法定主义、文本主义和目的主义术语的词频数值,在保守假设每个术语每年会出现 30 次且"至少"(at least)这一搜索功能可用于邻近搜索(proximity searches)(但实际上不能)的情况下,就需要分别进行 339,000 次人工搜索(339,000 次 = 113 个术语 × 每个术语每年 30 次搜索 × 100 年)。

增加。如果这一现象仅仅是因为法院对判决理由的阐释越来越详尽,那么在统计提及特定法律解释工具的法院意见数量时,就会夸大法院后期对这些法律解释工具的依赖程度。①

此外,若仅对提及某一特定词语的文档数量进行统计,则无法测算出该词的使用"强度"。该词有可能只是被顺便引用了一次,也有可能作为相关裁决的核心理由而被多次引用,但在单词检索中两种情况得出的计算结果却是一样的。词频则可解决前文提及的两个问题:与在长文档中多次出现的词语相比,在同一文档中只出现过一次的词语所对应的词频数值会更低。

(二)机器学习

本文使用词频分析来阐明总体趋势,例如联邦税务法院向文本主义发展。此外,本文还采用机器学习来对特定法律解释工具展开更进一步的分析。从广义上讲,机器学习是指基于数学模型利用算法作出预测或决定,而无需人类明确指导。② 由此,可通过机器学习来揭示发展趋势并检验假设,若对此采取手动分析则会过于繁杂或者分析结果有可能并不准确。

本文通过一个二元分类模型,来检验是否能够仅基于法律解释方法来识别出撰写特定联邦税务法院意见的法院。首先,根据每种法律解释工具在每份法院意见中的出现情况,将数据集中的每份法院意见都从纯文本转换为由数字构成的"向量"。③ 然后对分类器进行训练,使其根据向量就能预测出特定意见是由哪个法院所撰写的。④ 为此,将样本数据集中80%的法院意见随机划分为一个"训练集",并将其余20%的法院意见随机划分为一个"测试集"。通过分类器成百上千次地反复对训练集中的法院意见进行分类,并在每次迭代中对分类器进行微调。对于可提高分类器性能的调整则予以保留,降低其性能的则予以排除。经过逐次调整,分类器得以迭代反复地改进(学习),直至达到最强性能。⑤

---

① 需要注意的是,测算术语词频可缓解这一问题但并不能完全解决。术语词频只是对文档的单词总数进行了线性调整,但文档对法律的解释深度和单词总数之间不可能完全呈线性关系。例如,如果单词总数少于3000的法院意见从不会涉及法律解释,而单词总数在3000到4000之间的所有法院意见都会涉及法律解释,那么在测算某一法院意见的文本主义或目的主义程度时,以单词总数减去3000(且最小值为1)作为分母将更为合适。

② 有关机器学习方法的一般性解释可详见Trevor Hastie, Robert Tibshirani & Jerome Friedman, The Elements of Statistical Learning: Data Mining, Inference, and Prediction (1st ed. 2001)。

③ 本文中所有机器学习都是通过词袋模型的方式(即只分析所使用的术语,而不考虑语法或词序)以及Scikit – Learn库中提供的Python函数(Python utility)来运行的。笔者专门使用了一个计数向量器(count vectorizer)、对术语词频进行对数变换处理的词频—逆文本频率转换器,以及逻辑回归(采用五折交叉验证、设置最大迭代次数为500次和重新拟合)。See Scikit – Learn, https://scikit – learn.org/stable (last visited Dec. 27, 2019). 关于机器学习方法的更多细节详见本文附录D。

④ 这只是一种简化的描述——实际上,向量是经过转换处理后再用于数据分类的。参见本文附录D。

⑤ 具体的算法会在如何实现一般意义上的迭代改进方面有所不同,且通常会使用数学模型。例如,参见Fabrizio Sebastiani, Machine Learning in Automated Text Categorization, 34 ACM Computing Survs. 1, 10 (2002)(该文就介绍了"分类器的归纳构造")。

在完成分类器训练之后，利用测试集对分类器的性能进行评估。然后将整个过程重复五次，以确保评估结果的鲁棒性且不依赖于所选定的训练集和测试集。[1] 将分类器对测试集作出的预测分类与实际分类进行比较，可得到有关分类器预测性能的各项指标。关于机器学习方法的其他技术细节可见附录 D。

马修斯相关系数（Matthews correlation coefficient，英文简称 MCC）是一种常用于评估预测性能的指标，[2] 其取值范围介于 −1 和 +1 之间，其中 +1 表示完全正相关（即完美预测），−1 表示完全负相关（同样也是一种完美预测），0 表示没有相关性（即最差的分数，代表预测结果还不如随机预测结果）。对马修斯相关系数数值的解读会带有很强的主观色彩，但根据一套极其粗略的经验法则：若该系数的绝对值小于 0.3，则表示弱相关或不相关；若该系数的绝对值介于 0.3 和 0.7 之间，则表示中度相关；若该系数的绝对值高于 0.7，则表示强相关。[3]

出于完整性的考虑，笔者也在文中列出每个分类器的"准确率"（也被称为"分类正确率"[4]）和"F_1 值"[5]。准确率作为衡量预测性能最直观的指标，表示正确预测的样本数占所有样本数的百分比。[6] 但是，准确率并不适合用于样本不均衡的数据集——举一个极端例子来说，当类别一中含有 99 个样本而类别二中只有 1 个样本时，若一个分类器总是将数据集中所有样本均划分为类别一，其仍会有高达 99% 的准确率。而马修斯相关系数和

---

[1] 本文中所有机器学习都是通过词袋模型的方式（即只分析所使用的术语，而不考虑语法或词序）以及 Scikit – Learn 库中提供的 Python 函数（Python utility）来运行的。笔者专门使用了一个计数向量器（count vectorizer）、对术语词频进行对数变换处理的词频—逆文本频率转换器，以及逻辑回归（采用五折交叉验证、设置最大迭代次数为 500 次和重新拟合）。See Scikit – Learn, https：//scikit – learn. org/stable（last visited Dec. 27, 2019）. 关于机器学习方法的更多细节详见本文附录 D；George Seif, Why and How to Do Cross Validation for Machine Learning, Towards Data Sci.（May 24, 2019），https：//towardsdatascience. com/why – and – how – to – do – cross – validation – for – machine – learning – d5bd7e60c189（该文介绍了机器学习中的交叉验证）.

[2] 关于马修斯相关系数，可详见 Davide Chicco, Ten Quick Tips for Machine Learning in Computational Biology, BioData Mining（Dec. 8, 2017），https：//biodatamining. biomedcentral. com/articles/10. 1186/s13040 – 017 – 0155 – 3（该文指出"对于任何二分类问题，我们强烈建议在评估每次测试中的分类器性能时，应采用马修斯相关系数（MCC）而非准确率和 F1 值作为评估指标"（但请忽略该文所强调的观点））.

[3] See E. Garcia, A Tutorial on Correlation Coefficients 8 – 9（2011）. 该文中，Garcia 还指出，如果因样本容量少而导致自由度较低，那么相关系数可能会比最初设想的还要弱。See E. Garcia, A Tutorial on Correlation Coefficients 10（2011）. 而本文所使用的样本容量较多，故在本文测试中一般不存在上述问题。

[4] 关于分类正确率（correct classification rate）的定义，可详见 David E. Pozen, Eric L. Talley & Julian Nyarko, A Computational Analysis of Constitutional Polarization, 105 Cornell L. Rev. 1, 32 – 33（2019）.

[5] See Kevin P. Murphy, Machine Learning: A Probabilistic Perspective 182 – 183（2012）[该文指出"精确率（precision）评估的是我们分类器预测的正样本中有多少是真正例，而召回率（recall）评估的是实际的正样本中有多少是被分类器预测正确的……这两个指标经常会被合并为一个单一的统计数据指标，称为 F 值或 F_1 值，即为精确率和召回率的调和平均数"（但请忽略该文所强调的观点）].

[6] See Kevin P. Murphy, Machine Learning: A Probabilistic Perspective 182（2012）.

F_1值均有利于解决上述问题,其中F_1值发挥的作用更小。[①]

本文所用的分类方法[②]是为词汇表中的每个术语分配权重,这样可以更细致地分析每个术语与每个类别之间的关联程度——比如"从宽解释规则"(rule of lenity)与联邦税务法院或联邦地区法院之间的关联程度。笔者还利用上述数据制图,以此阐释了每个法院最具特色的法律解释工具。

(三) 回归分析

尽管自然语言处理和机器学习有利于绘制法律解释的总体趋势、识别运用特定法律解释工具的法院,但不太适合用于确定法律解释方法和案件特征之间的因果关系。举例来说,对案件进行非正式调查即可发现,民主党任命的联邦税务法院法官不大可能会在其出具的法院意见中使用目的主义术语。但这种明显的关联性也有可能是其他因素引起的,比如法院意见的撰写年份、撰写法院意见的法官的任命年份。当将这些因素都控制住时,则会得出相反的结论。而回归分析则可单独考量各个因素对法律解释方法的影响。

关于回归分析方法的更多技术细节可见附录E。因为联邦税务法院案件中的词频不服从正态分布,故笔者采用的是二阶段回归(即逻辑回归模型和对数变换的广义线性模型),而非普通最小二乘回归。针对数据集的分布问题,本文在附录C至附录G中进一步展开了鲁棒性检验。

[①] See E. Garcia, A Tutorial on Correlation Coefficients 8 - 9 (2011). 用专业术语来说,在上述三个指标中,马修斯相关系数是唯一一个将"混淆矩阵"的各个象限都考虑在内的指标:即包括实际归属第一类的样本被正确预测为第一类、实际归属第二类的样本被错误预测为第一类、实际归属于第二类的样本被正确预测为第二类、实际归属于第一类的样本被错误预测为第二类。See Pierre Baldi et al. , Assessing the Accuracy of Prediction Algorithms for Classification: An Overview, 16 Bioinformatics Rev. 412, 415 (2000) (该文就指出,鉴于马修斯相关系数将"四个数据都为其所用",因此"其对分类器预测性能的评估一般会更为均衡")。笔者还对不均衡数据集进行了修正,即通过对样本数量过多的数据集进行欠采样,直至两个类别的样本数量达到均衡。具体而言,笔者采用机器学习分类器来检验能否仅基于法律解释方法识别出联邦税务法院的意见,通过分析联邦税务法院和联邦地区法院从2004年至2018年(上述法院当时处于现代文本主义时期)出具的意见,从而得出结论。由于联邦地区法院每年出具的意见总数会比联邦税务法院多得多,因此用于机器学习的样本往往会高度不均衡即偏向联邦地区法院。为了纠正这一点,笔者随机对联邦地区法院意见进行"欠采样"(undersample)即随机排除掉一部分联邦地区法院案件,直至两个类别的样本数量相同。有关"欠采样"的介绍可详见Nitesh V. Chawla, Data Mining for Imbalanced Datasets: An Overview, in Data Mining and Knowledge Discovery Handbook 875, 875 - 883 (Oded Maimon & Lior Rokach eds. , 2d ed. 2010)。

[②] 具体来说,笔者采用了逻辑回归模型并进行交叉验证。本文中所有机器学习都是通过词袋模型的方式(即只分析所使用的术语,而不考虑语法或词序)以及Scikit - Learn库中提供的Python函数(Python utility)来运行的。笔者专门使用了一个计数向量器(count vectorizer)、对术语词频进行对数变换处理的词频-逆文本频率转换器,以及逻辑回归(采用五折交叉验证、设置最大迭代次数为500次和重新拟合)。See Scikit - Learn, https: //scikit - learn. org/stable (last visited Dec. 27, 2019). 关于机器学习方法的更多细节详见本文附录D。

（四）实证研究方法的局限性

1. 将词频作为法律解释方法的分析指标

词频分析有利有弊。就其局限性而言，第一，无法通过词频分析判断法院是赞成还是反对引用某一特定法律解释工具。可能会有反对者提出猜测，认为联邦税务法院开始引用文本主义解释工具不是为了遵循司法机关的总体发展趋势，而是仅仅为了观察和批判这些趋势。然而，笔者不管是在检查原始资料以筛选本文所需分析的术语时，还是在事后检查中，都发现事实并非如此——实际上，笔者在联邦税务局或联邦税务法院的任何文件中，均未发现反对引用文本主义解释工具或立法史的观点。[1] 此外，反对引用某一特定法律解释工具也有可能意味着反对者仍认可该工具还具有其他重要作用，即使其会对该工具的有效性提出质疑。[2]

第二，词频并不总能反映出某一特定法律解释工具对法官最终裁决的重要性。例如，立法史有可能成为一项法院判决中的决定性因素，尽管其只被提到过一次；其也有可能被多次提及，但法院最终还是依据其他理由来作出判决。

为了克服上述局限性，本文专注于实现结论的相对性而非绝对性。换言之，单单利用词频来孤立地评价某一特定法院意见的文本主义程度，甚至是某一特定年份内联邦税务法院整体的文本主义程度，都是不合理的。相反的是，本文总是将整个联邦税务法院在当年所用的文本主义术语数量与上一年度进行对比，或与同年其他法院进行对比。

假设法院很少引用词典，但一旦引用就只会引用一次并使其发挥决定性作用。这意味着通过词频来对比分析词典与立法史等法律解释工具的引用情况并不可靠，故本文并未采用这种方法。相反地，本文的关注点在于公权力机构是否会随着时间推移而更频繁地引用词典。因此，持怀疑态度者需要论证的是词典的引用方式已经随着时间发生了变化。然而，笔者在逐一阅览法院判例和行政机关指导意见以验证本文所选术语时，并未发现可证明上述变化的证据。此外，令人欣慰的是，本文中多项词频指标总是呈相反方向移动。因此，任何解释联邦税务法院为何更广泛地引用文本主义术语的假说，都需要进一步论证为何在同一时期，联邦税务法院对目的主义术语的引用以及联邦税务局对文本主义术语的引用都有所减少。

从广义上讲，本文通过研究法律解释方法的长期趋势即对许多不同类型的文件求取连续多年的平均值，从而避免了单个文件和单个作者的异常特性，也减少了行政人员或法官

---

[1] 另一方面，法律解释主体有时会引用一些论据来支持某一观点，尽管其最终还是决定采用其他论据，但这种现象在法律解释过程中是十分常见的，因为论据来源的不同就有可能带来观点的分歧。

[2] See Anita S. Krishnakumar & Victoria F. Nourse, The Canon Wars, 97 Tex. L. Rev. 163, 182 (2018)（该文提到"例如，引用频率最高的法律解释规则不一定是公认度最高的。然而，司法机关的引用频率确实能反映出何为法学界中确立已久且根深蒂固的重要规则"）。

相关数据中异常值的影响。本文面临的挑战不仅在于各个法官会在不同时期改变其对特定术语的用法，也在于所有法官通常都会在不同时期出于法律解释方法发生变化以外的其他原因而改变对特定术语的用法。

2. "处理事项不同"和"处事方法不同"

联邦税务局和联邦税务法院之间的分歧可能并非源于法律解释方法上的差异，而是源于受案范围上的差异。例如，处理更复杂的问题也许本身就需要用到更多目的主义解释方法，也许联邦税务局通常处理的问题就比联邦税务法院的更复杂。因此，联邦税务局和联邦税务法院在法律解释方法上的差异可能无法反映出两者对同一法律解释问题的处理方法不同，而仅能反映出两者发挥着截然不同的职能。用艾伦·布鲁尔的话来说，联邦税务局和联邦税务法院也许各自的"处理事项不同"，且各自的"处事方法不同"。[①]

从广义上来说，联邦税务局处理的事项确实和联邦税务法院不同。联邦税务法院的公开判决关注的是新颖的实体性法律问题，而联邦税务局的许多出版物则关注程序性问题。因此，笔者在初步直观地介绍法律解释方法的发展趋势时，并没有将各公权力机构使用特定术语的词频绝对值进行比较，而是着重分析了不同公权力机构各自使用的法律解释方法随时间发生的相对变化，由此避免了因对比不同法律解释主体而引发的问题。

这种做法虽可起到缓解作用但并不能完全解决问题。尤其是在长期内，任何法律解释主体都有可能改变法律解释的对象（因为制定法本身会被修改），也有可能针对同一制定法而改变法律解释的偏好。例如，随着美国税法典内容的扩充，联邦税务局有可能不再那么专注于解释制定法，从而减少了联邦税务局所需解决的法律模糊问题（所谓"处理事项不同"）；但联邦税务局有可能依赖于司法尊重原则，从而在解读税法典时更倾向于使用规范主义解释方法（所谓"处事方法不同"）。

同样地，本文所涉机器学习分析对比了联邦税务法院在处理税务案件时所用的法律解释方法与联邦地区法院、联邦索赔法院在处理所有应审案件时所用的法律解释方法，尽管"处理事项不同"与"处事方法不同"这两者究竟有何区别仍然是模糊不清的；但分析上述两种"不同"可能有助于算法区分出不同法院所出具的意见。虽然并未对税法专业术语加以分析，但在一个由行政机关（如联邦税务局）实践主导的法律领域中往往会更频繁地援引谢弗林案，诸如此类情况不足为奇。然而，这并不意味着联邦税务法院和联邦地区法院在解释同一法律时，前者援引谢弗林案的可能性更大。

综上所述，仅对词频进行描述性统计分析是很难推理出因果关系的，而仅根据词频来试图评估不同公权力机构的"处理事项"和"处事方法"到底有何不同也是有风险的。相反地，笔者尝试通过原始的历史资料来作出因果解释。

---

① *See* Aaron‐Andrew P. Bruhl, Statutory Interpretation and the Rest of the Iceberg: Divergences Between the Lower Federal Courts and the Supreme Court, 68 *Duke L. J.* 1, 6 (2018)（该文还指出"在司法系统中，不同级别的法院也是各自的'处理事项'不同，且各自的'处事方法不同'"）。

本文旨在得出更为稳健保守的结论,反对缺乏现有实证依据的虚拟假设。本文仅讨论不同法院是否采用不同的法律解释方法,而不论何种原因。由此,本文提出不同法院在法律解释风格上确实有本质区别,并以此作为论证基础。而不同法院是否会针对同一法律而使用不同的法律解释方法,这仍是未来有待研究的一个重要问题。

附　　录

A. 本文的数据来源

本文所使用的所有 Python 代码都可从网上获取以供引用。① 除了根据笔者的研究人员许可证所附条款而被禁止分享的法院意见之外,本文所使用的所有数据都可应要求提供,如下所示。②

1. 联邦税务局出版物

本文所使用的联邦税务局出版物来源于两处。一是,笔者从美国政府出版局（U. S. Government Publishing Office）官网上,下载了联邦税务局从 1919 年至 2008 年每年出版的所有《联邦税务公告汇编》。③ 二是,笔者从美国联邦税务局官网上,下载了从 2003 年至 2019 年该网发布的所有《联邦税务公告》。④ 上述两处数据来源所提供的文档都是 pdf 格式的,笔者通过使用 Adobe 的光学字符识别软件将其转换为纯文本。笔者发现,其他光学字符识别软件的转换结果会与 Adobe 相同或稍差于 Adobe。尽管光学字符识别质量是相当高的,但为了保证词频计数的准确性,笔者另编写了一个程序来进行预处理（即删除空格、调整大小写、修复跨页连字符以及拼写检查）。⑤ 对于不能通过算法处理的文档,笔者则采取手动编辑校订（例如,删除不相关的材料如立法和立法史）。笔者删除了起始年份和结束年份即 1919 年和 2019 年的数据,因为如果联邦税务局发布的指导意见是以年度为周期发生变化的话,那么上述年份的数据可能会有所偏差。

《联邦税务公告》收录了联邦税务局每年发布的所有官方出版物,包括行政规章、税收裁定、税收程序规则以及其他各种公告。但其不包括未公开发表的且对纳税人（除申请人以外）不具有普遍适用效力的指导意见——例如,向特定纳税人签发的私人信函裁定,即依据《信息自由法（FOIA）》申请可获得诸如税务票据（Tax Notes）之类的服务。《联邦税务公告》实际上也涵盖了各年度颁布的所有税收立法的副本和相关的委员会报告。⑥

---

① 本文所用 Python 代码详见 *Code*, Jonathan H. Choi, https：//www.jonathanhchoi.com/code - empirical - study (last updated Mar. 31, 2020)。

② 参见本文附录 A 的第二部分。

③ U. S. Gov't Pub. Off. , https：//www.govinfo.gov (last visited Dec. 4, 2019)。

④ *IRS Online Bulletins*, Internal Revenue Serv. , https：//www.irs.gov/irb (last visited Dec. 4, 2019)。

⑤ 笔者在剔除本文分析的所有术语后,使用了 Python 中的 pyspellchecker 库（版本为 0.4.0 且编辑距离为 1）。*See Pyspellchecker* 0.5.3, PyPI, https：//pypi.org/project/pyspellchecker (last updated Nov. 25, 2019)。

⑥ 联邦税务局从 1939 年开始出版委员会报告。*See* 1939 - 1 C. B. pt. 2, at 1. 而联邦税务局作出出版委员会报告的决定有可能导致或反映出联邦税务局普遍将委员会报告作为立法史的标志加以重视。

但由于税收立法及立法史并非源自联邦税务局的原始材料,故出于本文写作目的,笔者将其从相关文档中删除。

本文将税收行政规章和次级规范性指导意见放在一起分析。从历史上来看,不同类型指导意见之间的界限有时是模糊的,且每种指导意见的重要性也会随时间发生变化。在1946年《联邦行政程序法》(Administrative Procedure Act,英文简称 APA)[①] 通过之前且尤其是在1935年《联邦登记法》(Federal Register Act)[②] 通过之前,税收行政规章和次级规范性指导意见之间几乎没有正式区别。即使在《联邦行政程序法》通过之后,大部分税收行政规章都被财政部认定为"解释性"规章并被认为不适用《联邦行政程序法》中的"通知和评议"(notice - and - comment)程序要求,这导致人们更难将其与次级规范性指导意见区分开来。[③] 此外,本文试图捕捉到联邦税务局监管实践中的诸多变化是内生于广义的政治运动的——例如《联邦行政程序法》就是在罗斯福新政的高潮期通过的,[④] 而罗斯福新政同时也引发了向目的主义的转变,这也是本文的主要发现之一。

鉴于区分不同类别的指导意见是很困难的或许也是没有必要的,笔者将联邦税务局发布的所有税收指导意见放在一起分析。实际上,本文得出的很多研究结果都是相互对立的,这表明把所有税收指导意见放在一起分析并不会导致研究结果产生偏差如夸大需经严格程序的事项的占比。而对已发布的税收指导意见中的具体类别(例如必须经过传统的"通知和评议"程序而制定的"立法性"规章)[⑤] 作进一步分析,将会是未来有待研究的一个有趣课题。

[①] Pub. L. No. 79 - 404, 60 Stat. 237 (1946).

[②] Pub. L. No. 74 - 220, 49 Stat. 500 (1935).

[③] 如 Hickman 在其文章中指出,"然而,财政部也认为大部分财政部规章是属于解释性质的,因此免除了《联邦行政程序法》规定的公开通知和评议要求",参见 Kristin E. Hickman, *Coloring Outside the Lines: Examining Treasury's (Lack of) Compliance with Administrative Procedure Act Rulemaking Requirements*, 82 Notre Dame L. Rev. 1727, 1729 (2007)。实际上,大部分财政部规章(包括解释性规章)最终都要经过通知和评议程序,尽管这一程序往往是在它们作为临时性规章生效之后进行的,参见 Kristin E. Hickman, *Coloring Outside the Lines: Examining Treasury's (Lack of) Compliance with Administrative Procedure Act Rulemaking Requirements*, 82 Notre Dame L. Rev. 1727, 1730 - 1731 (2007)。但诸多学者对此持批判态度,指出解释性税收规章缺乏法律效力。如 Surrey 认为,当时的《联邦税法典》(Internal Revenue Code)第62节"并没有赋予解释性规章以法律效力",参见 Stanley S. Surrey, *The Scope and Effect of Treasury Regulations Under the Income, Estate, and Gift Taxes*, 88 U. Pa. L. Rev. 556, 557 (1940);又如 Johnson 认为,"解释性规章不具有法律效力,其只是将行政机关对法律的理解告知公众",参见 Steve R. Johnson, *Intermountain and the Importance of Administrative Law in Tax Law*, Tax Notes, Aug. 23, 2010, at 837。

[④] See George B. Shepherd, *Fierce Compromise: The Administrative Procedure Act Emerges from New Deal Politics*, 90 Nw. U. L. Rev. 1557, 1560 - 1561 (1996)(该文指出《联邦行政程序法》是一项停火停战协议并以有利于罗斯福新政支持者的法律条款结束了这场围绕新政展开的政治斗争")。

[⑤] Hickman 在其文章中论证了为何大多数甚至所有财政部规章都应被认定为"立法性质"。See Kristin E. Hickman, *Coloring Outside the Lines: Examining Treasury's (Lack of) Compliance with Administrative Procedure Act Rulemaking Requirements*, 82 Notre Dame L. Rev. 1727, 1730 - 1731 (2007).

2. 法院意见

本文所分析的法院意见是从哈佛大学法学院图书馆与拉威尔法律公司（Ravel Law）的合作项目即"判例法检索系统"（Caselaw Access Project）中下载的。① 该系统是一个高质量的海量数据库，其涵盖了 1658 年至 2018 年间"美国法院判决的几乎所有案件"。② 为了完成本文写作，笔者在"判例法检索系统"上申请到了研究人员许可证，以下载联邦税务法院和其他法院的批量数据。而研究人员许可证所附条款规定禁止向其他研究人员分享批量数据，因此这是本文所使用的唯一不能应要求提供的数据集。

3. 排除非实质性意见

以往的研究通常是计算出提及某一特定法律解释工具（如词典或立法史）的司法意见在涉及法律解释的意见中所占的百分比，旨在排除偏程序性意见，从而消除司法案例内部构成的逐年变化。为此，以往论文将占比的"分母"确定为法律解释意见，并将分子确定为提及特定法律解释工具的意见数量。③

《联邦税务公告》中有一些文本并未涉及新的法律解释——尤其是联邦税务局对过去一年立法和立法史的转载。故笔者在分析时删除了这些文本，从数学的角度来讲，这种做法等同于其他论文中所用的分母法。④ 而联邦税务法院不存在程序性意见的问题，因为本文所用数据集只包括针对新的法律问题作出的联邦税务法院"分支意见"。⑤（联邦税务法院仅针对既定法律发表的意见被称为"备忘录意见"或"口头意见"，这种意见是未公开

---

① Caselaw Access Project, https：//case. law（last visited Dec. 4, 2019）. Ravel Law 公司随后被 LexisNexis 公司收购。感谢免费法律项目机构（Free Law Project）的执行主任 Mike Lissner 为笔者获取上述数据提供建议，并为笔者初步分析联邦税务法院和联邦最高法院的判决提供法院数据。See Bulk Data，CourtListener, https：//www. courtlistener. com/api/bulk – info（last visited Dec. 4, 2019）.

② Jason Tashea, *Caselaw Access Project Gives Free Access to 360 Years of American Court Cases*, A. B. A. J. (Oct. 30, 2018, 7：10 AM), http：//www. abajournal. com/news/article/caselaw_ access_ project_ gives_ free_ access_ to_ 360_ years_ of_ american_ court_ cas.

③ 相关文献参见 Aaron – Andrew P. Bruhl, Statutory Interpretation and the Rest of the Iceberg：Divergences Between the Lower Federal Courts and the Supreme Court, 68 *Duke L. J.* 1, 32 – 33（2018）；John Calhoun, Note, Measuring the Fortress：Explaining Trends in Supreme Court and Circuit Court Dictionary Use, 124 *Yale L. J.* 484, 495 – 496（2014）.

④ 举例来说，一个文件样本共有 150 份文件，其中有 50 份引用了词典且有 100 份涉及法律解释。分母法是将引用词典的 50 份除以涉及法律解释的 100 份（即分母），由此得出 50%。本文所用方法则在计算上更简单，用 50 除以（150 – 50），也是得出 50% 的结果。

⑤ See I. R. C. § § 7459 – 7460（2018）[2018 年《联邦税法典》第 7459 节至第 7460 节规定了发布分支意见（division opinions）的程序]；Harold Dubroff & Brant J. Hellwig, The United States Tax Court：an Historical Analysis 750 – 754（2d ed. 2014）（该文论述了联邦税务法院分支意见与备忘录意见之间的历史及现代差异）；Amandeep S. Grewal, The Un – Precedented Tax Court, 101 *Iowa L. Rev.* 2065, 2073 – 2079（2016）. 为使读者更好理解分支意见的定义，译者在翻译此段时参考了《联邦税法典》原文及其相关中文译著（李锐、李堃编译：《美国国内收入法典——程序和管理》，中国法制出版社 2010 年版，第 654、671、672 页），发现《联邦税法典》第 7444 节（c）明确了联邦税务法院分支的定义，即首席法官可将联邦税务法院拆分成含有一名或多名法官的分支，指派法官到分支工作，并为由多名法官组成的分支指定负责人。

发表的且理论上缺乏先例效力)①

B. 本文分析的术语

本文所用的术语源自于先前的实证研究②以及笔者自己对相关资料的阅览。由于笔者在检索时不区分大小写，因此所有术语都一律用小写字母列示。而在统计数量时会将所有术语视为词干，这意味着带有不同前缀或后缀的术语也会被计算在内。例如，下文列示的"senate report"一词也包括"senate reports"。

为保证数据的完整性，本文列出了所有相同概念的同义词（例如"implied repeal"和"implicit repeal"）。为了防止机器学习算法仅以文体风格差异作为区分依据以致高估预测性能，笔者将几个不同的术语都归到一个特定类别中，以便进行机器学习分析。例如，在统计参议院报告（Senate reports）的引用总数时，不管是被写成"S. Rep."还是"S. Rpt."或是"Senate report"都会被计算在内。但如果不进行上述归类，算法就有可能仅依据引用习惯的差异就能将不同法院完美区分开来。

机器学习的风险之一在于对整个文本语料库进行分类——其要涵盖一系列文件中的每一个词，并要测试每个词是否具有任何预测价值——从而得出的结论看似是很强的可预测关系，实则只是偶然结果。而当机器学习被用于社会科学研究时，上述这种被称为"数据疏浚"（data dredging）的做法就会构成长期存在的风险。③为了避免这种情况发生，笔者将分类器在学习过程中可能会涵盖的词汇量限制在本节所列出的法律解释术语中。重要的是，本文在挑选法律解释术语时是依据事前笔者对法律解释方法的观点，并大量借鉴了其他学者所选定的既有术语，④而不是在机器学习算法运行后依据哪些术语具有预测价值而作出的事后选择。由此，笔者减少了分类器仅凭偶然或因研究人员的选择而看似成功预测结果的风险。

---

① 实践中，备忘录意见经常会被引用和依赖，而且有些备忘录意见确实含有新的法律裁决。See Harold Dubroff & Brant J. Hellwig, The United States Tax Court: an Historical Analysis 753 (2d ed. 2014); Amandeep S. Grewal, The Un-Precedented Tax Court, 101 *Iowa L. Rev.* 2065, 2073-2079 (2016). 但重点在于，联邦税务法院的所有分支意见都会涉及新的法律解释问题，且即使非要说有什么不妥的话，就是这种分类稍显狭隘。

② 学者们先前的实证研究，如 Bruhl 在其文章中列举、描述了通过检索关键词术语的方法来评估司法机关对目的主义术语、文本主义术语和法律解释规则的适用，参见 Aaron-Andrew P. Bruhl, Statutory Interpretation and the Rest of the Iceberg: Divergences Between the Lower Federal Courts and the Supreme Court, 68 *Duke L. J.* 1, 30-31, 38-39, 41, 53 (2018); 又如 Staudt 等人在其文章中列举了与文本主义、目的主义、司法尊重以及法律解释规则相关的术语，参见 Nancy Staudt et al., Judging Statutes: Interpretive Regimes, 38 *Loy. L. A. L. Rev.* 1909, 1932-1935, 1940-1942, 1949-1951, 1955-1959 (2005); 又如 Calhoun 在其文章的附录中列举了诸多词典名称，参见 John Calhoun, Note, Measuring the Fortress: Explaining Trends in Supreme Court and Circuit Court Dictionary Use, 124 *Yale L. J.* 484, 524-525 app. I (2014). 感谢 Aaron Bruhl 与笔者分享了其就司法机关对法律的解释进行比较研究时所用的检索关键词术语。

③ See Gregg R. Murray & Anthony Scime, *Data Mining*, in Emerging Trends in the Social and Behavioral Sciences 1, 3-4 (Robert Scott & Stephen Kosslyn eds., 2015).

④ 相反地，本文所用规范主义术语是专门为本文所挑选的。

1. 目的主义术语

国会报告（Congressional Reports）

conference report	h. r. rept.
conf. rep.	h. r. rept.
conf. rpt.	h. r. rep.
conf. rept.	h. r. rpt.
conf. rep.	h. r. rept.
conf. rpt.	senate report
conf. rept.	s. rep.
house report	s. rpt.
h. rep.	s. rept.
h. rpt.	s. rep.
h. rept.	s. rpt.
h. rep.	s. rept.
h. rpt.	committee report
h. rept.	comm. rep.
h. r. rep.	comm. rpt.
h. r. rep.	comm. rept.
h. r. rpt.	comm. rep.
h. r. rpt.	comm. rpt.
comm.	rept.

国会听证会（Congressional Hearings）

congressional hearing	committee hearing
congressional record	senate hearing
cong. rec.	house hearing
cong. rec.	conference hearing
rec. doc.	

各类立法史（Miscellaneous Legislative History）

legislative history	senate committee
history of the legislation	s. comm.
conference committee	s. subcomm.
joint committee	house committee
jct	h. r. comm.
congressional budget office	h. subcomm.

cbo	*h. r. subcomm.*

2. 文本主义术语

笔者排除了"字面含义"（plain meaning）的一些同义词，因为法院并不总是将其用于文本主义解释。例如，法院经常引用制定法的"字面意思"（literal meaning）[①] 一词来批判而非支持文本主义。[②] 因此，笔者将该同义词术语排除在外，以免出现假正例。

词典（Dictionaries）[③]

dictionary[④]	*world book*
dictionarium	*funk & wagnalls*
linguae britannicae	

语言学解释规则（Linguistic Canons）[⑤]

expressio[⑥]	*ejusdem generis*[⑦]
expresio	*last antecedent*[⑧]

[①] "字面含义"（plain meaning）一词及其他同义词术语（ordinary meaning、natural meaning、literal meaning、common meaning）的具体分析参见 Stephen C. Mouritsen, The Dictionary Is Not a Fortress: Definitional Fallacies and a Corpus-Based Approach to Plain Meaning, 2010 *BYU L. Rev.* 1915, 1973 fig. 5.

[②] 相关案例如 U. S. Padding Corp. v. Comm'r, 88 T. C. 177, 184 (1987)。该案中，法院援引了 Ozawa v. United States, 260 U. S. 178, 194 (1922)，并指出"法院应进一步探究立法原因、调查立法史，并按照立法决策设计、立法目的来实施法律，必要时可牺牲字面意思以防止立法目的落空"。

[③] 词典类术语部分借鉴了 John Calhoun 在其文章附录中的列表。See John Calhoun, Note, Measuring the Fortress: Explaining Trends in Supreme Court and Circuit Court Dictionary Use, 124 *Yale L. J.* 484, 524–525 app. I (2014)。

[④] "词典法案"（dictionary act）中出现的"词典"（dictionary）一词除外。

[⑤] 语言学解释规则（linguistic canons）可分为四种常见的词汇联想规则和语法规则：同类解释规则（ejusdem generis）、同类规则即应根据上下文确定其意义（noscitur a sociis）、明示其一即排除其他（expressio unius）和最接近的前项规则（the rule of the last antecedent）。且可通过电子检索实现对上述所有语言学解释规则的精准捕捉。See Aaron-Andrew P. Bruhl, Statutory Interpretation and the Rest of the Iceberg: Divergences Between the Lower Federal Courts and the Supreme Court, 68 *Duke L. J.* 1, 56 (2018)。

[⑥] 该术语及其变体指的是一句拉丁文格言即"明示其一即排除其他"（expressio unius est exclusio alterius），意思是在法律中明确列举某些特定事项，则意味着排除任何未被提及的类似事项。在 Chevron U. S. A. Inc. v. Echazabal, 536 U. S. 73, 80 (2002) 一案中，法院援引了 United States v. Vonn, 535 U. S. 55, 65 (2002)，并指出"明确指定一个关联组别或关联系列中的一项即排除未提及的另一项"。

[⑦] "同类解释规则"（ejusdem generis canon）要求，若在列举数个特定词语之后紧接着采用了一个总括性表述的词语，则该总括性词语只能解释为包括与所列举者同类的词语。See Circuit City Stores, Inc. v. Adams, 532 U. S. 105, 114–115 (2001)（该案指出"在法定列举中，如果总括性词语紧跟在特定词语之后，则该总括性词语应被解释为只包括与之前的特定词语列举者性质相似的事物"）。例如，若一项法律允许公园里有"狗、猫和其他动物"，就有可能不允许狼蛛出现。最重要的是，法院对"收入"（income）一词的定义进行扩大解释并远远超出了税法典最初给出的示例范围。See I. R. C. § 61 (a) (2018)（该条款列举了符合收入［income］这一概念的示例）；Alice G. Abreu & Richard K. Greenstein, The Rule of Law as a Law of Standards: Interpreting the Internal Revenue Code, 64 Duke L. J. Online 53, 71 (2015)（该文指出"法院在解释收入一词的含义时，往往会忽略'同类解释规则'（*ejusdem generis*）的约束"）。

[⑧] See Jacob Scott, Codified Canons and the Common Law of Interpretation, 98 *Geo. L. J.* 341, 358 (2010)（该文指出"最接近的前项规则（the last antecedent rule）是有点令人费解且过度注重语法的，其要求限定性短语仅适用于一个句子中的最后一个词，而非将其适用范围扩展至全句"）。

*inclusio*①	*plain meaning*
*noscitur a sociis*②	

整体文本解释规则（Holistic‑Textual Canons）

whole act	*meaningful variation*
whole‑act	*consistent usage*
whole code	*surplusage*③
whole‑code	*superfluity*
*in pari materia*④	*superfluities*

3. 法定主义术语

与本文其他术语不同的是，一份文件的法定主义分值取决于其含有多少个"法定主义句子"。当一个句子至少同时包含下面左侧列中的一个词和右侧列中的一个词时，就会被认定为"法定主义句子"。

包含	+	包含
construe		*statute*
construing		*statutory*
construction		*legislation*
interpret		*congress*
reading		*code*
		section

---

① "纳入一物即排除另一物"（inclusio unius）是较为罕见的术语变体，其适用效果与"明示其一即排除其他"规则（expressio unius canon）完全相同。在法律文献中，后者出现的频率是前者的15倍。See *LawProse Lesson* #227: *Part 2*: "Including but Not Limited to," LawProse: Blog, www.lawprose.org/lawprose‑lesson‑227‑part‑2‑including‑but‑not‑limited‑to（last visited Dec. 4, 2019）。

② 该术语的含义是："应从它的同伴来理解"，即在上下文语境中理解。See Nancy Staudt et al., Judging Statutes: Interpretive Regimes, 38 *Loy. L. A. L. Rev.* 1909, 1933 (2005)。

③ 关于"冗词赘句"（surplusage），例如，在 Corley v. United States, 556 U.S. 303, 314 (2009) 一案中，法院援引了 Hibbs v. Winn, 542 U.S. 88, 101 (2004)，并指出"最基本的法律解释规则之一……是指对一部法律的解释应使其所有条款规定生效，这样就不会有任何部分是无法实施的、多余的、无效的或无关紧要的"。

④ "相同事项规则"（in pari materia canon）要求在解释税法典中的部分章节时，必须与其他涉及相同事项的材料"一并解释"。*See*, e.g., Merrill v. Fahs, 324 U.S. 308, 311, 313 (1945)。"相同事项规则"在联邦税务法院中处于重要地位并不奇怪——因为许多学者已经注意到（并支持）税收公权力机构力图在税法典解释方法上达成一致的决心。如参见 James J. Brudney & Corey Ditslear, The Warp and Woof of Statutory Interpretation: Comparing Supreme Court Approaches in Tax Law and Workplace Law, 58 *Duke L. J.* 1231, 1298–1299 (2009)（该文就介绍了一项法院的解释规则，即"当国会在《联邦税法典》某一部分中表述某一税法概念时，应当认为这种表述可证明国会在《联邦税法典》各个部分中是如何处理这一概念的"）。而且通过参考其他章节来阐明税法典中模糊的章节，也是一种常见的法律解释行为。*See*, e.g., Yates v. Hendon, 541 U.S. 1, 13–16 (2004); Drye v. United States, 528 U.S. 49, 56–57 (1999); United States v. Reorganized CF&I Fabricators of Utah, Inc., 518 U.S. 213, 222–223 (1996); United States v. Hill, 506 U.S. 546, 555–556, 556 n.7 (1993); United States v. Dalm, 494 U.S. 596, 601–602 (1990); United States v. Rodgers, 461 U.S. 677, 695–698 (1983); United States v. Consumer Life Ins. Co., 430 U.S. 725, 745–746 (1977); Laing v. United States, 423 U.S. 161, 176–177 (1976)。

此外，本文用于机器学习分析的词汇还包括下列术语。

plain language	*ambiguity*
legislative intent	*ambiguities*
statutory purpose	*ambiguous*
vagueness	*unambiguous*
vague	

4. 规范主义术语

如前所述，[1] 本文在计算规范主义术语的使用次数时排除了"有效税收行政管理"（effective tax administration）、"财政部税务管理监察长"（treasury inspector general for tax administration）、"小企业管制实施公平法"（small business regulatory enforcement fairness act）等词。此外，在同时包含目的主义术语、文本主义术语或实质性解释规则（substantive canons）的句子中出现的任何规范主义术语也被排除在外，由此避开了法律解释过程中涉及的政策判断（例如，论及公平性的立法史）。

good public policy	*regulatory burden*
public policy goal	*burdensome*
public policy grounds	*compliance cost*
tax administration	*complexity*
efficient administration	*intrusive*
efficient tax collection	*fairness*
efficient enforcement	*unfair*
compliance burden	*injustice*
financial burden	*unjust*
administrative burden	*clarity*

5. 实质性解释规则

诸如"谢弗林尊重"、"斯基德莫尊重"之类的司法尊重制度，有时被视为司法先例，而有时被视为法律解释规则。[2] 本文中，笔者将其归类为实质性解释规则，但这并不意味

---

[1] 本文统计了"税收行政管理"（tax administration）一词的出现情况，但却将"有效税收行政管理"（effective tax administration，该词为专业术语即指一种特殊类型的联邦税务局行政和解）一词排除在外。*See* IRM 4.18.3 (Feb. 28, 2017) [《联邦税务手册》该条款对"有效税收行政管理提议"（Effective Tax Administration Offers）一词进行定义］。

[2] 将司法尊重制度归为实质性解释规则的做法并非完全没有争议，但出于对本文写作目的的考虑，笔者将司法尊重制度归为实质性解释规则，但并未对上述争议发表立场。参见 Connor N. Raso & William N. Eskridge, Jr., Chevron as a Canon, Not a Precedent: An Empirical Study of What Motivates Justices in Agency Deference Cases, 110 *Colum. L. Rev.* 1727, 1727 (2010)（该文指出"从描述性视角来看，我们发现司法尊重制度更像是法律解释规则，虽然其只是被偶尔适用，但却反映出更深层次的司法承诺，而不像具有约束力的司法先例一样或是被严格遵守适用或是十分著名或是被推翻"）。如前所述，司法尊重制度至少是决定如何解读法律的重要因素。

着笔者对哪种分类更为准确发表立场。

一般实质性解释规则（General Substantive Canons）

charming betsy	*repeal by implication*
rule of lenity	*implied repeal*
absurd result	*implicit repeal*
avoidance canon	*implicitly repeal*
canon of avoidance	*presumption against preemption*
constitutional avoidance	*presumption against pre-emption*

司法尊重原则（Deference Canons）

chevron	*seminole rock*
skidmore	*auer*

C. 联邦税务法院意见中术语词频的非正态分布

在统计分析（包括机器学习分析）时尤其要注意，联邦税务法院意见中的术语词频具有一些重要的分布特征。第一，"半连续性"①：术语词频呈连续性变化（即术语词频不仅限于整数）但不会小于0（因为在一份法院意见中，任何术语的使用次数都不会小于0）。第二，"零膨胀"②：许多法院不使用任何特定种类的术语，导致在每个司法案件中，联邦税务法院意见使用目的主义术语、文本主义术语、法定主义术语和规范主义术语的词频中位数为0。第三，"对数正态分布"：即使排除了零值，术语词频的分布也呈指数式下降，且长尾向右侧延伸（即法院在大多数司法案件中使用的术语较少，但在一些司法案件中使用了大量术语），需经对数变换而将其转化为正态分布。

常规的统计分析（包括标准的普通最小二乘回归和基于原始词频的机器学习）都是基于正态分布这一传统假设，而联邦税务法院意见中术语词频的上述分布特征均与该假设不符。其中，"对数正态分布"特征也使人对本文中术语词频图表的可视化分析产生怀疑。任何基于对数正态分布的数据分析都会受到异常值的影响，从而产生鲁棒性降低的风险。因此，该数据集需要另行变换以确保本文结果的鲁棒性，而不应单单使用普通最小二乘回归或原始词频进行分析。

表1说明了数据中存在的"零膨胀"问题：

---

① 当一个变量除0之外的概率质量均呈连续性分布时，则被称为"半连续性"（semicontinuous）。See Yongyi Min & Alan Agresti, *Modeling Nonnegative Data with Clumping at Zero: A Survey*, 1 J. Iranian Stat. Soc'y 7, 7-8 (2002)。

② 在许多学科中，都会有数据取非负值却出现相当大比例零值的情况。对这种"集中于零"或"零膨胀"的数据进行建模是具有挑战性的。See Yongyi Min & Alan Agresti, *Modeling Nonnegative Data with Clumping at Zero: A Survey*, 1 J. Iranian Stat. Soc'y 7, 7 (2002)。

表 1　联邦税务法院意见中术语词频为零的百分比（1942 – 2015）

术语类型	
目的主订	69.89%
文本主义	93.46%
法定主义	70.31%
规范主义	88.27%

图 4 说明了联邦税务法院意见中术语词频的三个分布特征：半连续性、零膨胀和对数正态分布：

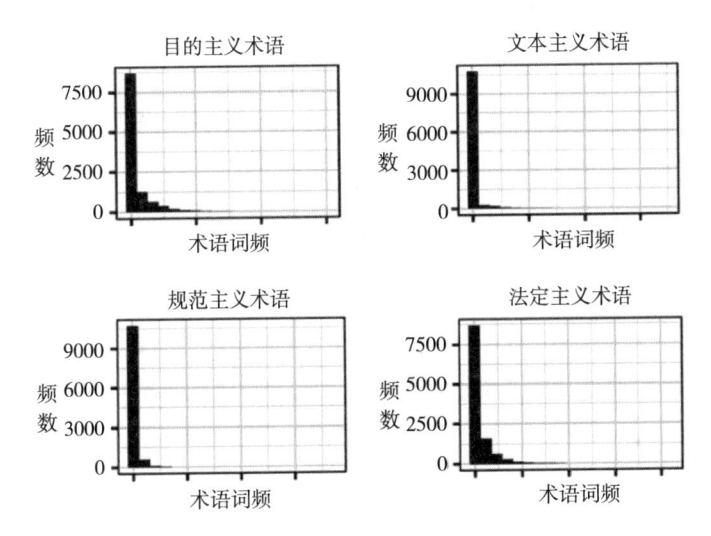

图 4　联邦税务法院意见中目的主义、文本主义、规范主义及法定主义术语的直方图（1942 – 2015）

幸运的是，通过对数据进行对数变换处理，即可解决对数正态分布问题。对数据进行对数变换的其中一种方法如下所示：

$$y = \log(y) \tag{1}$$

通过上述对数变换，数据就会呈现出正态分布的形状（在排除零值的情况下——笔者将在附录 E 的第二部分单独讨论解决零膨胀问题）。附录 F 则用经对数变换后的数据对本文各个术语词频图进行重构。图 5 说明，数据经对数变换后可呈近似正态分布。

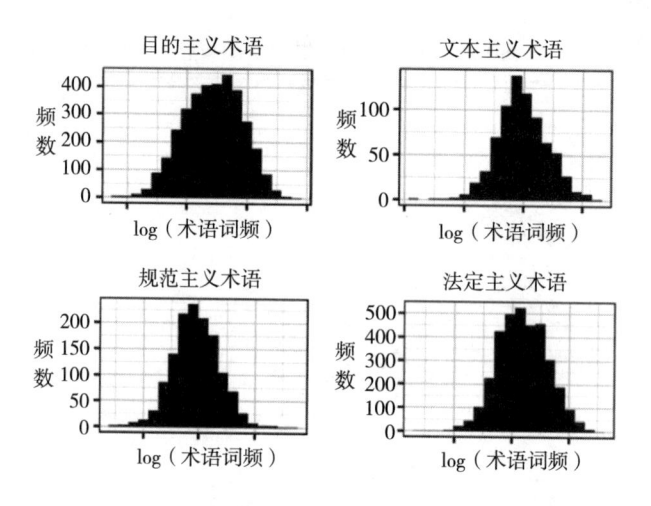

图5 联邦税务法院意见中目的主义、文本主义、规范主义及法定主义术语经对数变换后的直方图（1942－2015）

从经对数变换后的直方图中可以看出，当联邦税务法院意见所含特定种类术语个数大于零时，数据点明显呈近似于对数正态分布。由此证明其数据特征可以被描述为半连续性、零膨胀和对数正态分布。①

本文采用如下三种方法，各个方法都针对上述分布特征进行适当地解释说明。首先，为确保上述图表的有效性，笔者在附录F中列出了上述各个图表经对数变换后的版本。其次，为确保机器学习方法的有效性，笔者在附录D中阐述了机器学习分析中所用的对数变换是如何在分类器运行之前完成数据标准化的。最后，为确保回归分析的有效性，笔者在附录E的第二部分中采用了一个二阶段回归模型，专门用于解决半连续性、零膨胀和对数正态分布等一般数据集存在的常见问题。

D. 机器学习中的词频—逆文本频率（tf－idf）变换及分类

本节提供了有关本文所用机器学习分析方法的更多细节，尤其是针对上一节所论及的术语词频对数正态分布问题。本文第三章第二节"机器学习"论述了如何通过获取各个相关术语的词频来对联邦税务法院意见先进行向量化处理，最终运用算法（本文中运用的是逻辑回归）进行分类，并通过迭代训练来改进算法。

然而在向量化处理和分类步骤之间，为确保形成统计学上的有效分类，还需对术语词频进行转换，即将原始词频转换为"词频—逆文本频率"（tf－idf），并在此过程中对数据

---

① 笔者无法将联邦税务局出版物的数据集清晰地划分成各个互相独立的类别（因为在任何情况下，联邦税务局出版物种类的复杂程度都远高于法院意见；许多联邦税务局出版物只是行政性质的且只有几行长度）。因此，笔者无法对联邦税务局出版物也进行上述直方图分析。然而，由于联邦税务局出版物的数据很有可能也会面临相同的分布问题——举例来说，笔者在清理数据集时注意到了异常值，即联邦税务局在解释特别复杂疑难的指导意见时大量使用了某些法律解释工具——出于谨慎考虑，笔者在附录F中对联邦税务局出版物进行数据分析时，同样采取了分析联邦税务法院意见时所用的对数修正法。

进行标准化处理。从数学上分析,用术语词频 $tf_{t,d}$ 代表术语 t 在文本 d 中的词频,对该术语词频进行对数变换,结果如下:

$$tf_{t,d} = \log(1 + tf_{t,d}) \tag{2}$$

需要注意的是,附录 F 中也进行了上述对数变换。经对数变换后,逆文本频率的计算公式如下所示,即关于 N 和 df_t 的函数。其中,N 代表语料库中的文本总数,df_t 代表语料库中包含术语 t(即 $tf_{t,d}>0$)的文本总数:

$$tdf_t = \log(N/df_t) \tag{3}$$

最后,词频—逆文本频率(tf-idf)的计算公式如下所示,即关于对数变换后的术语词频和逆文本频率的函数:

$$tfidf_{t,d} = tf_{t,d} \cdot tdf_t \tag{4}$$

从概念上讲,本文采用词频—逆文本频率(tf-idf)而非原始词频,可防止某些术语仅因其较为生僻而对回归分析产生过大影响。而在词频—逆文本频率(tf-idf)转换过程中加入对数变换,则解决了术语词频的对数正态分布问题。

由于词频—逆文本频率(tf-idf)数据随后会被用于逻辑回归分类器中,而本文在采用词频—逆文本频率(tf-idf)而非原始词频时,只是将回归模型中的各个系数乘以一个标量,因此既不会影响诸如马修斯相关系数、准确率和 F_1 值等数据,也不会影响各项数据的统计显著性。这一点在分类器所作回归分析中也可得到印证,如下所示,$p/(1-p)$ 与分类类别(如联邦税务法院意见)有关的优势比(odds ratio),n 是指术语 t 的数量。

$$\log\left(\frac{p}{1-p}\right) = \beta_0 + \beta_1 \cdot tfidf_{1,d} + \beta_2 \cdot tfidf_{2,d} + \cdots + \beta_n \cdot tfidf_{n,d} + \epsilon_d \tag{5}$$

根据方程式 4 和方程式 5,可发现所有术语 t 都满足以下方程式:

$$\beta_t \cdot tfidf_{t,d} = \beta_t \cdot tf_{t,d} \cdot tdf_t \tag{6}$$

tdf_t 数值是因不同术语而异,而非因不同文本而异,也就是说 tdf_t 是系数 β_t 的标量乘数。换言之,这一回归模型的系数 β_t 与另一种仅分析对数变换后术语词频的回归模型的系数 $\hat{\beta}_t$ 之间存在如下关系:

$$\hat{\beta}_t = \beta_t \cdot tdf_t \tag{7}$$

E. 联邦税务法院意见的回归分析

本节采用回归分析法,对联邦税务法院意见中法律解释方法与案件结果、任命审判法官的政党之间的关系作进一步分析。

本节中,所有回归分析都在法官层面使用了聚类标准误。聚类标准误是稳健标准误的一种变体,对不同法官撰写的意见进行"聚类"而产生的异方差问题则可通过稳健标准误得到解决。且所有回归分析都将每份联邦税务法院意见作为单个观测值,将术语词频(目的主义术语抑或文本主义术语)作为因变量,并将下列因素作为自变量:(1)任命撰写意见的法官的政党;(2)案件结果;(3)撰写意见的法官的任命年份;(4)法院意见的撰写年份固定效应；(5) 撰写意见的法官固定效应。在使用法官固定效应的回归分析中，政党从属关系和法官任命年份都因与固定效应存在多重共线性而被剔除。在固定效应模型中加入年份虚拟变量或法官虚拟变量，从而控制法律解释方法随时间的变化和因不同法官产生的差别，① 由此区分开法律解释方法在特定年份内和在特定法官审理的案件列表中的差异。

联邦税务法院意见相关的汇总统计量如表 2 所示，有助于解释本节中的回归分析结果。

表 2　联邦税务法院意见相关的汇总统计量（1942 – 2015）

	样本容量	最小值	平均数	中位数	最大值	标准偏差
民主党任命②	7308	0	0.561	1	1	0.496
纳税人胜诉③	4261	0	0.224	0	1	0.417
文本主义术语词频④	11,451	0	30.0	0	3427.6	162.5
目的主义术语词频⑤	11,451	0	365.3	0	11,869.4	967.3

需要注意的是，回归模型的评估指标与分类器准确率结果是截然不同的。在本文中，分类器准确率衡量的是仅依据法律解释方法而将相关意见正确划分到两种类别之一的比例会有多高。其大体类似于一个以二分类虚拟变量（如民主党抑或共和党任命）为因变量并以各个特定法律解释术语（如"词典"）为自变量的回归模型。当然，这种说法忽略了上述两者之间存在着一些细微差别，比如上一节所论及的转换，以及现实中只有部分分类器技术类似于回归模型。⑥ 因此，分类器准确率衡量的是单凭法律解释方法来区分两个特定

---

① 有关固定效应回归模型的介绍参见 Paul D. Allison, Fixed Effects Regression Models (2009) 一书。
② 如果撰写意见的法官是由民主党任命的，则该变量为 1，否则为 0。由此行数据可见，56.1% 的法院意见是由民主党任命的法官撰写的。
③ 如果纳税人胜诉，则该变量为 1，否则为 0。由此行数据可见，纳税人胜诉的案件比例为 22.4%。
④ 每百万词中的术语数量。
⑤ 每百万词中的术语数量。
⑥ 从广义上讲，机器学习是指基于数学模型利用算法作出预测或决定，而无需人类明确指导。有关机器学习方法的一般性解释详见 Trevor Hastie, Robert Tibshirani & Jerome Friedman, The Elements of Statistical Learning: Data Mining, Inference, and Prediction (1st ed. 2001)。本文根据每种法律解释工具在每份法院意见中的出现情况，将数据集中的每份法院意见都从纯文本转换为由数字构成的"向量"。本文中所有机器学习都是通过词袋模型的方式（即只分析所使用的术语，而不考虑语法或词序）以及 Scikit – Learn 库中提供的 Python 函数（Python utility）来运行的。笔者专门使用了一个计数向量器（count vectorizer）、对术语词频进行对数变换处理的词频—逆文本频率转换器，以及逻辑回归（采用五折交叉验证、设置最大迭代次数为 500 次和重新拟合）。See Scikit – Learn, https：// scikit – learn. org/stable (last visited Dec. 27, 2019)。关于机器学习方法的更多细节详见本文附录 D。然后，对分类器进行训练，使其根据向量就能预测出特定意见是由哪个法院所撰写的。这只是一种简化的描述——实际上，向量是经过转换处理后再用于数据分类的。参见本文附录 D。为此，将样本数据集中 80% 的法院意见随机划分为一个"训练集"，并将其余 20% 的法院意见随机划分为一个"测试集"。通过分类器成百上千次地反复对训练集中的法院意见进行分类，并在每次迭代中对分类器进行微调。对于可提高分类器性能的调整则予以保留，降低其性能的则予以排除。经过逐次调整，分类器得以迭代反复地改进（学习），直至达到最强性能。具体的算法会在如何实现一般意义上的迭代改进方面有所不同，且通常会使用数学模型。例如，参见 Fabrizio Sebastiani, Machine Learning in Automated Text Categorization, 34 ACM Computing Survs. 1, 10 (2002)（该文就介绍了"分类器的归纳构造"）。在完成分类器训练之后，利用测试集对分类器的性能进行评估。然后将整个过程重复五次，以确保评估结果的鲁棒性且不依赖于所选定的训练集和测试集。See Scikit – Learn, https：// scikit – learn. org/stable (last visited Dec. 27, 2019); George Seif, Why and How to Do Cross Validation for Machine Learning, Towards Data Sci. (May 24, 2019), https：// towardsdatascience. com/why – and – how – to – do – cross – validation – for – machine – learning – d5bd7e60c189（该文介绍了机器学习中的交叉验证）。

类别的准确度。

相比之下，本节回归分析则更细致地研究了特定变量与法律解释方法之间是否存在统计学意义上的关系。本节中，回归模型并不分析由多种法律解释工具组成的向量，而只是分析汇总统计量，即每份法院意见中所有文本主义解释工具或所有目的主义解释工具的词频。最重要的是，回归分析的实验假设是完全不同的。回归分析中的统计显著性检验只研究某一特定变量是否会产生任何影响（即我们是否可以拒绝该变量不会产生影响的零假设）；而分类器准确率则是通过研究该变量对结果的决定程度来衡量其影响程度。因此，分类器准确率类似于 R^2（拟合优度），而 R^2 衡量的是所有自变量所能解释的因变量变异性的比例。且有可能存在显著性高但 R^2 低的回归分析结果。

1. 普通最小二乘回归模型

如附录 C 所述，由于术语词频不是正态分布，故在分析这些数据时并不适合使用普通最小二乘回归模型（Ordinary Least Squares Regression Model，英文简称 OLS）。尽管如此，笔者还是列出了使用普通最小二乘回归模型的结果，以便与二阶段回归模型的结果进行对比。① 下列方程式中，d 代表文本、y 代表年数和 j 代表法官人数，表3和表4中每列从左到右依次代表各个独立的回归模型：

$$tf_d = \beta_0 + \beta_1 \cdot Democrat_d + \epsilon_d \tag{8}$$

$$tf_d = \beta_0 + \beta_1 \cdot Year\ Judge\ Appointed_d + \epsilon_d \tag{9}$$

$$tf_d = \beta_0 + \beta_1 \cdot Taxpayer\ Wins_d + \epsilon_d \tag{10}$$

$$tf_d = \beta_0 + \beta_1 \cdot Democrat_d + \beta_2 \cdot Year\ Judge\ Appointed_d + \beta_3 \cdot Taxpayer\ Wins_d + \sum_{i=1}^{y} \beta_{4,i} \cdot Year_{d,i} + \epsilon_d \tag{11}$$

$$tf_d = \beta_0 + \beta_1 \cdot Taxpayer\ Wins_d + \sum_{i=1}^{y} \beta_{2,i} \cdot Year_{d,i} + \sum_{k=1}^{j} \beta_{3,k} \cdot Judge_{d,k} + \epsilon_d \tag{12}$$

表3　联邦税务法院中目的主义术语的 OLS 回归分析结果

	因变量：目的主义术语（每百万词）				
民主党任命	-44.6 (80.1)			159.7** (64.6)	
法官的任命年份		12.42*** (1.06)		2.8 (3.6)	
纳税人胜诉			81.9* (46.26)	-13.3 (50.0)	6.6 (39.8)
法院意见撰写年份的固定效应	否	否	否	是	是
法官的固定效应	否	否	否	否	是

---

① 笔者用 Stata 第16版进行普通最小二乘回归，并使用稳健方差估计。*Robust Variance Estimates*, Stata, https://www.stata.com/manuals13/p_robust.pdf (last visited Dec. 4, 2019)。

续表

R^2（拟合优度）	0.0006	0.0535	0.0012	0.1348	0.1540
N（样本容量）	7308	11,451	4261	2763	4255

注：表中每列代表一份独立的回归分析结果。每个回归模型中的因变量是目的主义术语的词频，单位为每百万词。固定效应行则代表了是否将撰写法院意见的每个年份或撰写法院意见的每个法官或两者都作为虚假变量加入。当加入法官的固定效应时，法官的特征（如任命所属政党和任命年份）会因存在多重共线性而被剔除。因为一些样本中某些变量的数值是不确定的（例如，某些案件是没有明确的胜诉方的，因为纳税人是部分胜诉、部分败诉），所以不同回归分析中的样本容量有所不同。标准误差是在法官层面聚类计算得出。*代表统计显著性 p 值 <0.1，＊＊代表 p 值 <0.05，＊＊＊代表 p 值 <0.01。

表 4　联邦税务法院中文本主义术语的 OLS 回归分析结果

	因变量：目的主义术语 （每百万词）				
民主党任命	-12.6			-7.3	
	(8.4)			(6.8)	
法官的任命年份		1.15＊＊＊		-0.20	
		(0.19)		(0.53)	
纳税人胜诉			1.2	-3.4	-3.2
			(5.9)	(6.1)	(4.7)
法院意见撰写年份的固定效应	否	否	否	是	是
法官的固定效应	否	否	否	否	是
R^2（拟合优度）	0.0013	0.0130	0.0000	0.0623	0.0994
N（样本容量）	7308	11,451	4261	2763	4255

注：表中每列代表一份独立的回归分析结果。每个回归模型中的因变量是文本主义术语的词频，单位为每百万词。固定效应行则代表了是否将撰写法院意见的每个年份或撰写法院意见的每个法官或两者都作为虚假变量加入。当加入法官的固定效应时，法官的特征（如任命所属政党和任命年份）会因存在多重共线性而被剔除。因为一些样本中某些变量的数值是不确定的（例如，某些案件是没有明确的胜诉方的，因为纳税人是部分胜诉、部分败诉），所以不同回归分析中的样本容量有所不同。标准误差是在法官层面聚类计算得出。*代表统计显著性 p 值 <0.1，＊＊代表 p 值 <0.05，＊＊＊代表 p 值 <0.01。

2. 二阶段回归模型

尽管普通最小二乘回归可能会有助于设定基准，但其并不适合用于本文联邦税务法院的数据分析。如附录 C 所述，任何回归分析方法都必须针对本文数据集中术语词频呈半连续性[1]、零膨胀[2]和对数正态分布这一现状进行特别调整。而这些特征都与普通最小二乘回归的正态分布假设不符。

然而，这些特征在一般数据集中经常出现，且计量经济学家已经开发出替代的回归分

---

[1] See Yongyi Min & Alan Agresti, *Modeling Nonnegative Data with Clumping at Zero: A Survey*, 1 J. Iranian Stat. Soc'y 7, 7-9 (2002).

[2] See Yongyi Min & Alan Agresti, *Modeling Nonnegative Data with Clumping at Zero: A Survey*, 1 J. Iranian Stat. Soc'y 7, 7-9 (2002).

析方法来解决这些问题。① 在本节中,笔者将使用由段乃华(Naihua Duan)等人首创②并为费德里科·贝洛特(Federico Belotti)等人所运用③的二阶段回归模型。从概念上讲,二阶段回归模型分为两部分,其中第一部分用来确定因变量是零还是正值,而第二部分则是在因变量为正值的前提下确定正值大小。例如,该模型模拟了这样一种情况:由法官初步决定是否使用文本主义术语,如果其使用了,则再决定使用多少文本主义术语。

从数学的角度分析(为简单起见,假设一个自变量),为适用逻辑回归模型,第一步如下所示:④

$$logit[P(Y_i = 0)] = x'_{1i} \cdot \beta_1 + \epsilon_i \tag{13}$$

第二步是在 y_i 为正值的前提下对 y_i 值进行回归分析,并假设数据呈对数正态分布:⑤

$$log[y_i | y_i > 0] = x'_{2i} \cdot \beta_2 + \epsilon_i \tag{14}$$

二阶段回归模型分别评估了第一部分和第二部分中每个自变量的边际效应。但也可将这两部分进行合并,由此评估每个自变量对因变量产生的综合边际效应。换言之,x_i 的综合边际效应既包括 x_i 对 y_i 取正值可能性的影响,也包括当 y_i 取正值时 x_i 对 y_i 的边际预测效应。从数学的角度分析如下:⑥

$$y_i = \hat{y}_i | x_i = (\hat{p}_i | x_i) \cdot (\hat{y}_i | y_i > 0, x_i) \tag{15}$$

将方程式8、11和12修正成方程式13至15。表5和表6列出了二阶段回归结果。每个表格都包含三个回归模型,每个回归模型又依次分为第一部分、第二部分和综合边际效应。需要注意的是,三列中每一列系数都代表着完全不同的回归结果,除了符号之外,不能直接进行相互比较。

即使是具有相同因变量和自变量的回归模型,其回归分析表中的样本容量仍会有所不同,因为如果依据任何自变量(包括虚拟变量)都能在"零值—正值"二分类之间进行完美预测,那么回归模型的第一部分就会剔除掉所有样本——例如,某一法官从未使用过文本主义术语,或某一特定年份的所有意见都未使用文本主义术语。

---

① 有学者使用二阶段回归模型的早期版本来估算降雨量,相关内容可参见 J. A. Cole & J. D. F. Sherriff, *Some Single - and Multi - Site Models of Rainfall Within Discrete Time Increments*, 17 J. Hydrology 97 (1972);段乃华(Naihua Duan)等人用一个二阶段回归模型来估算医疗支出,相关内容可参见 Naihua Duan et al., *Choosing Between the Sample - Selection Model and the Multi - Part Model*, 2 J. Bus. & Econ. Stat. 283 (1984)。

② See Naihua Duan et al., *Choosing Between the Sample - Selection Model and the Multi - Part Model*, 2 J. Bus. & Econ. Stat. 283 (1984).

③ See Federico Belotti et al., *Twopm: Two - Part Models*, 15 Stata J. 3 (2015).

④ See Yongyi Min & Alan Agresti, *Modeling Nonnegative Data with Clumping at Zero: A Survey*, 1 J. Iranian Stat. Soc'y 7, 11 (2002). 该文中,特定示例假设第一部分使用的是 logit 模型(即逻辑回归模型),这也是笔者在本文中所使用的模型。虽然第一部分也可使用 probit 模型,但其并不适合用于本文数据分析。

⑤ See Yongyi Min & Alan Agresti, *Modeling Nonnegative Data with Clumping at Zero: A Survey*, 1 J. Iranian Stat. Soc'y 7, 11 (2002).

⑥ See Federico Belotti et al., *Twopm: Two - Part Models*, 15 Stata J. 3, 7 (2015).

表5 联邦税务法院中目的主义术语的二阶段回归分析结果

因变量：目的主义术语（每百万词）

	逻辑回归（一阶段）	广义线性回归（二阶段）	综合边际效应	逻辑回归（一阶段）	广义线性回归（二阶段）	综合边际效应	逻辑回归（一阶段）	广义线性回归（二阶段）	综合边际效应
民主党任命	-0.408*	0.161*	-44.6	0.127	0.255***	146.3***			
	(0.212)	(0.091)	(65.8)	(0.108)	(0.099)	(56.9)			
法官的任命年份				0.0125	0.0009	2.6			
				(0.0088)	(0.0039)	(2.8)			
纳税人胜诉				0.096	-0.05	-0.3	0.153	-0.056	11.7
				(0.113)	(0.071)	(42.3)	(0.095)	(0.066)	(35.7)
法院意见撰写年份的固定效应	否	否	否	是	是	是	是	是	是
法官的固定效应	否	否	否	否	否	否	是	是	是
似然比指数	0.0072	0.0129		0.1326	0.0166		0.1444	0.0207	
N（样本容量）	7308	7308	7308	2760	2760	2760	4241	4241	4241

注：表中"逻辑回归"列和"广义线性回归"列分别反映了二阶段回归的第一部分和第二部分，"综合边际效应"列反映了将上述两列合并后得出的边际效应。固定效应行则代表了是否将每个年份或撰写法院意见的每个法官作为虚拟变量加入。当加入法官的固定效应时，法官的特征（如他命所属政党和任命年份）会因存在多重共线性而被剔除。因为一些样本中某些变量的数值是不确定的（例如，某些案件是没有明确的胜诉方的，因为纳税人是部分胜诉，部分败诉），所以不同回归分析中的样本容量有所不同。标准误差是在法官层面聚类计算得出。*代表统计显著性p值<0.1，**代表p值<0.05，***代表p值<0.01。

表6 联邦税务法院中文本主义术语的二阶段回归分析结果

因变量：文本主义术语（每百万词）

	逻辑回归（一阶段）	广义线性回归（二阶段）	综合边际效应	逻辑回归（一阶段）	广义线性回归（二阶段）	综合边际效应	逻辑回归（一阶段）	广义线性回归（二阶段）	综合边际效应
民主党任命	−0.555**	0.147	−12.4	−0.14	−0.26*	−14.4*			
	(0.224)	(0.115)	(8.2)	(0.16)	(0.15)	(7.6)			
法官的任命年份				0.0014	−0.0036	−0.09			
				(0.0074)	(0.0063)	(0.34)			
纳税人胜诉				0.20	−0.31**	−5.2	0.17	−0.33**	−6.8
				(0.18)	(0.12)	(7.5)	(0.15)	(0.140)	(6.7)
法院意见撰写年份的固定效应	否	否	否	是	是	是	是	是	是
法官的固定效应	否	否	否	否	否	否	是	是	是
似然比指数	0.0010	0.0137		0.0988	0.0391		0.1501	0.0550	
N（样本容量）	7308	7308	7308	2479	2479	2479	4041	4041	4041

注：表中"逻辑回归"列和"广义线性回归"列分别反映了二阶段回归的第一部分和第二部分，"综合边际效应"列反映了将上述两列合并后得出的边际效应。固定效应行则代表了是否将每个年份或撰写法院意见的每个法官或两者都作为虚假变量加入。当加入法官的固定效应时，法官的特征（如任命所属政党和任命年份）会因存在多重共线性而被剔除。因为一些样本中某些变量的数值是不确定的（例如，某些案件是没有明确的胜诉方的，因为纳税人是部分胜诉、部分败诉），所以不同回归分析中的样本容量在法官层面聚类计算得出。标准误差是在法官层面聚类计算得出。* 代表统计显著性 p 值 <0.1，* 代表 p 值 <0.05，** 代表 p 值 <0.01。

如前所述，二阶段回归模型中的第一部分是一个逻辑回归模型（logit 模型）。第二部分是一个广义线性模型（英文简称 GLM），它是普通最小二乘回归模型的泛化版并放宽了一些假设条件。具体来说，为了解释说明术语词频的分布情况，笔者使用了一个具有对数连接函数（log - link function）和泊松分布（Poisson distribution）的广义线性模型。① 为了在原始数据规模的基础上计算综合边际效应，笔者将第一部分和第二部分中的系数重新转换回去，因为这两个部分模型都是在非线性数据规模的基础上展开计算的。两个部分的回归结果都输出了似然比指数（McFadden's R^2）数据。似然比指数是另一种适用于逻辑回归模型和对数连接式广义线性模型的拟合优度指标。

为了确认泊松分布是与广义线性模型相适合的分布族，笔者采用了一种改进的帕克检验方法（Park test）。该方法评估了广义线性模型回归分析中残差平方（取方差值）和预测值的自然对数（取平均值）之间的关系。而普通最小二乘回归是假设上述两者之间不存在关系（即同方差性假设）。②（在完全控制的情况下）对二阶段回归模型的第二部分进行改进的帕克检验后，笔者发现目的主义术语的系数为 1.058，文本主义术语的系数为 0.968。而在做卡方检验（Chi - squared tests）时发现不能拒绝上述系数等于 1 的零假设，这意味着泊松分布在任何情况下都是合适的分布族。

笔者还发现一个有趣的现象，即在二阶段回归模型的第一部分中案件结果的相关系数为正，但在第二部分中案件结果的相关系数却为负。这表明（在设定至少含有一个术语的条件下），在纳税人胜诉的案件中，更有可能含有至少一个目的主义术语或文本主义术语，但在纳税人败诉的案件中，更有可能含有多个目的主义术语或文本主义术语。尽管这一结论不具有统计显著性，但有可能值得进一步研究。

F. 经对数变换后的图表

如附录 C 所述，在对右侧长尾非正态分布进行局部加权回归（LOESS regression）分析时，可能会在不经意间夸大异常值的重要性。为了直观地确保本文数据的鲁棒性而不仅受异常值的影响，本节使用了方程式（1）所指定的对数变换法，对各个术语词频图进行重构：③

$$\tilde{y} = \log(1 + y) \quad (16)$$

对经对数变换后的词频图进行可视化检测发现，其结果与前文所示的词频图大致相同。

---

① 二阶段回归中，此类模型的示例可参见 Federico Belotti et al. , *Twopm: Two - Part Models*, 15 Stata J. 3, 10 - 13（2015）。

② *See* Partha Deb & Edward C. Norton, *Modeling Health Care Expenditures and Use*, 39 Annu. Rev. Pub. Health 489, 497（2018）（该文指出"当期望值系数接近于 0.0 时，应在广义线性模型中使用高斯分布……当期望值系数接近于 1.0 时，则应在广义线性模型中使用泊松分布"）。

③ 需要注意的是，在任何情况下，经对数变换后的术语词频的计量单位都是每百万词，由此提高图中左侧比例尺的可读性，且不会影响曲线的形状。

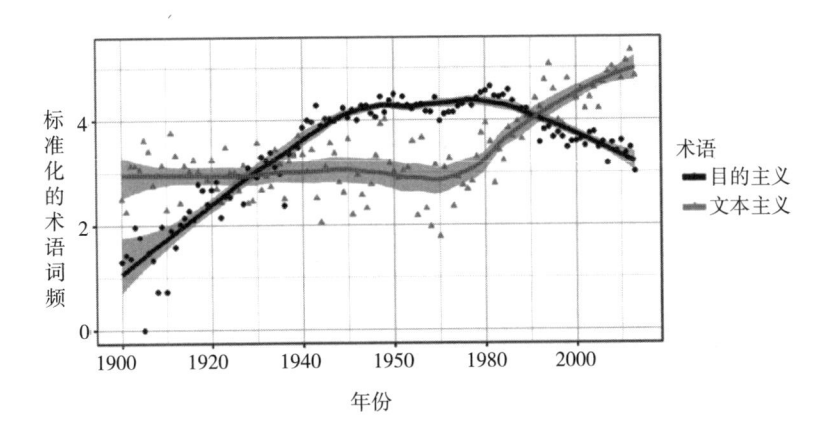

图 6　联邦最高法院意见对目的主义术语、文本主义术语的引用

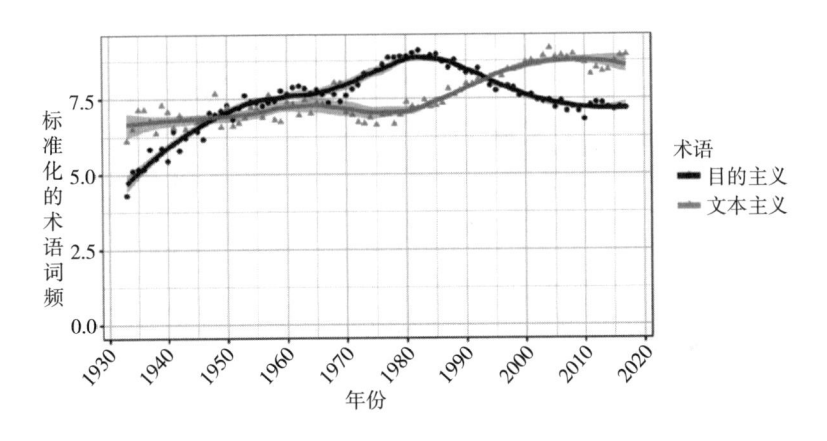

图 7　联邦地区法院意见对目的主义术语、文本主义术语的引用

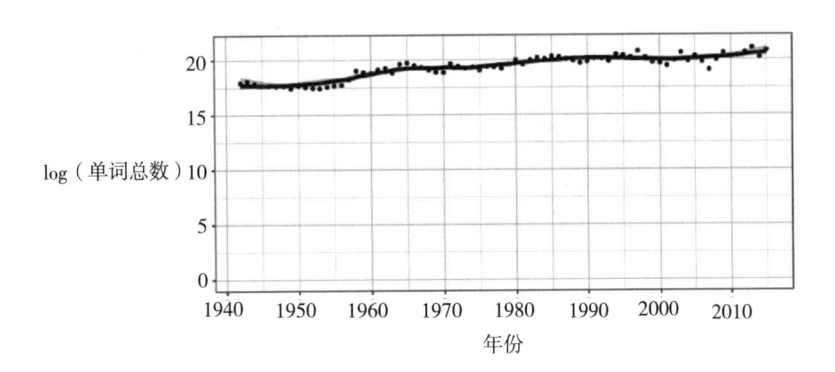

图 8　联邦税务法院意见的单词总数的平均值

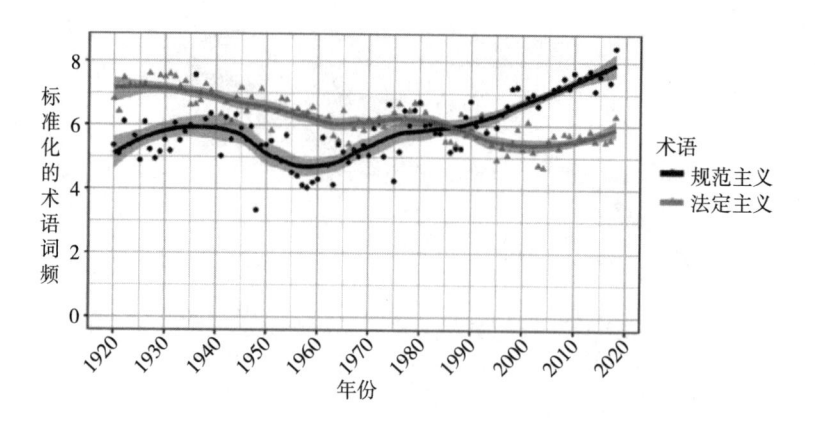

图 9　联邦税务局出版物对法定主义术语、规范主义术语的引用

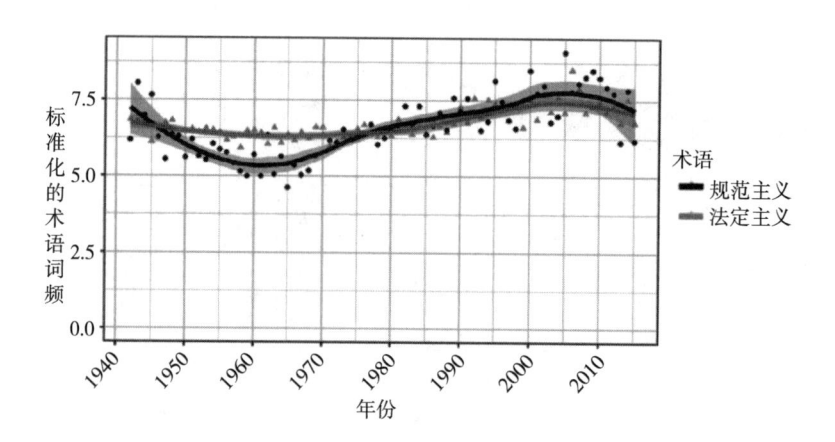

图 10　联邦税务法院意见对法定主义术语、规范主义术语的引用

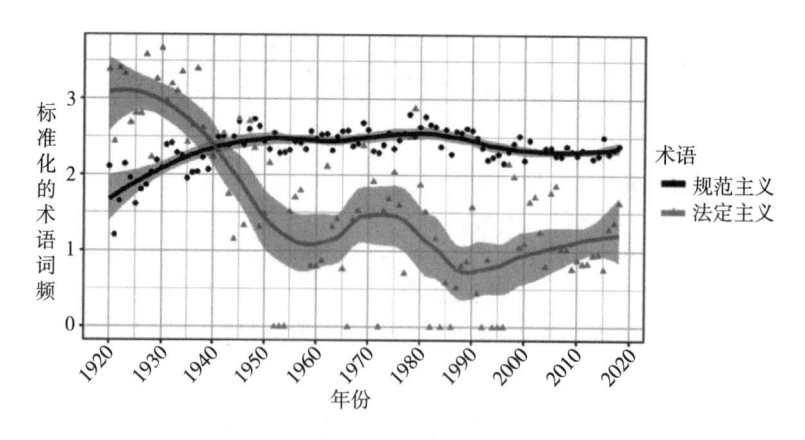

图 11　联邦税务局出版物对目的主义术语、文本主义术语的引用

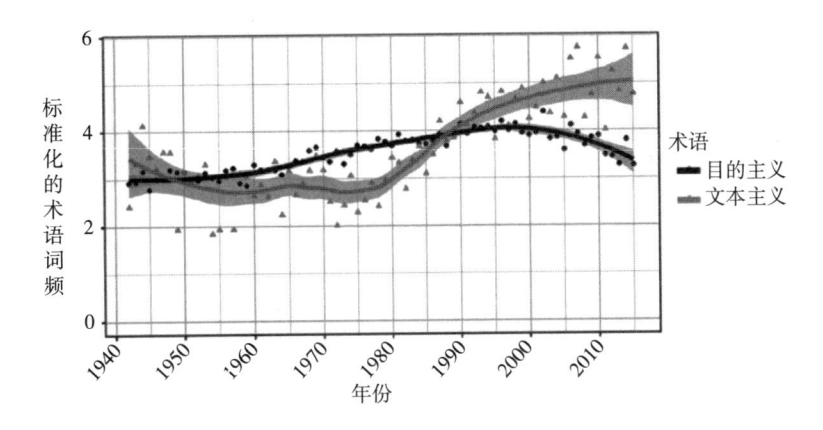

图12　联邦税务法院意见对目的主义术语、文本主义术语的引用

G. 使用自举法计算机器学习的置信区间

本文以使用自举法所计算出的置信区间作为基准，并使用了同样的自举法来计算纵向数据的置信区间。[①] 纵向数据的置信区间有时也被称作"实证性置信区间"，其可避免对函数形式的标准误差作出特定假设。因此，与常规的置信区间相比，纵向数据的置信区间更适合采用自举法作为其计算方法。本文用于自举和计算置信区间的 Python 代码都可从网上获取。[②] 笔者使用自举法进行了一千次测试。

如图 13 和图 14 所示，由自举生成的直方图可见，在自举测试中，每个性能数据（即马修斯相关系数、准确率和 F_1 值）都呈近似正态分布。

[①] 本文图 1 至图 3、图 10 至图 14 都是通过自举法（bootstrapping）计算得出的。且其自举过程与本文附录 G 中所提及的自举过程相类似。自举法通过设定一个数据点样本（本文设定样本容量为 n 年，样本中的每一个数据点则代表 n 年中某一特定年份内特定法律解释方法对应的术语词频），并从这一原始样本中随机抽样（且放回抽样），由此重新创建一个容量相同的新样本。将此自举过程重复数次，本文设定重复次数为一千次，并就每次自举得出的样本重新计算生成局部加权回归散点平滑曲线（LOESS 曲线）。针对图中 x 轴上的每一个点（本文中每一个点即代表每个时间点），依次记录每次自举得出的 LOESS 曲线数值，由此计算出置信区间。置信区间是通过基本自举（也被称为"反向百分位数"、"轴对称"或"经验"自举）方程式计算所得，由此 x 轴上每一点所对应的 θ 代表原始样本的 LOESS 曲线数值，$\theta^*_{0.025}$ 则代表第 2.5 个百分位对应的自举所得数值，$\theta^*_{0.975}$ 则代表第 97.5 个百分位对应的自举所得数值，置信区间的计算公式如下所示：$(2\theta - \theta^*_{0.975}, 2\theta - \theta^*_{0.025})$。A. C. Davison & D. V. Hinkley, Bootstrap Methods and Their Application 194 (1997). 需要注意的是，上述图中的置信区间是 LOESS 曲线的置信区间，而非观测值的置信区间。换言之，在 x 轴上指定一点所对应的单个置信区间表示，回归曲线的真实值会有 95% 的概率落入此区间。但这并不意味着每一个观测值都会有 95% 的概率落入此区间。关于观测值的概率，则可通过计算预测区间获得，因为预测区间会同时考虑到回归曲线的不确定性以及观测值分布中的逐点方差（pointwise variance）。

[②] 本文所用 Python 代码详见 Code, Jonathan H. Choi, https://www.jonathanhchoi.com/code-empirical-study (last updated Mar. 31, 2020)。

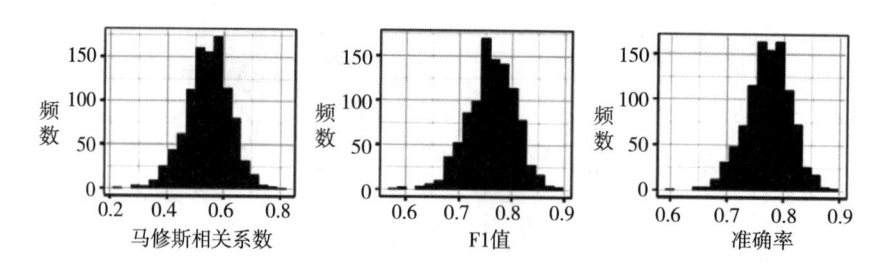

图13 区分联邦税务法院与联邦地区法院的分类器性能指标
（马修斯相关系数、F_1值和准确率）的自举测试结果直方图

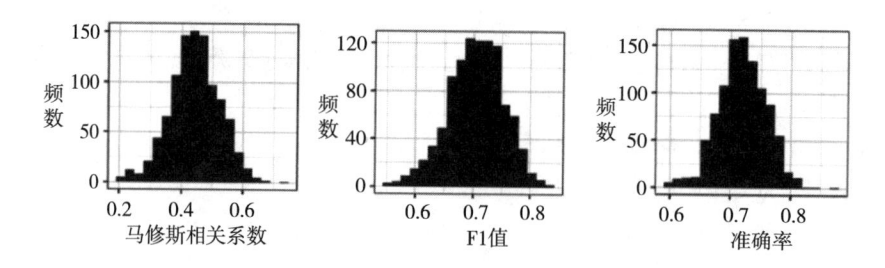

图14 区分联邦税务法院与联邦索赔法院的分类器性能指标
（马修斯相关系数、F_1值和准确率）的自举测试结果直方图

（编辑：杨知文）

法律方法基础理论

司法判断力的文化渊源探析[*]

季金华[**]

摘　要　司法判断是案件审理的前提和基础，司法判断力是司法权威的重要构成要素。司法判断力与特定的文化背景密切相关，法律知识和生活知识是司法判断力的文化基础和文化土壤，司法判断力根源于知识融合。司法判断力建立在特定的文化价值基础上，法律价值是司法判断力的正当性依归，价值选择是司法判断力的生命力所在，价值整合是司法判断力的社会根源。司法判断力离不开一定的文化理性资源，司法判断力以立法理性为基础，以认识理性为前提条件，以沟通理性为手段，以选择理性为支撑。

关键词　司法判断力　文化渊源　司法权威　法律知识　法律价值

司法判断是对案件事实进行法律评价的前提，是司法判断力建立的基础，是司法权威的结构要素。司法判断建立在法官对案件事实的认知及其法律意义的思考基础上，因此，司法判断过程必然是法官运用相关的法律规定和事实属性知识进行价值判断的心理过程。生活知识和法律知识是人们进行文化交往的工具，也是法官阐释案件法律意义，确定案件事实性质，寻找判决规则的价值评判标准。这种知识结构文化可以弥补法律世界的认知缺陷，有助于法官通过价值判断更好地解读法律规定背后的精神实质，有利于法官作出权威性的司法判断。这种文化心理机制深刻揭示了司法判断的情感影响和经验支持因素，司法权威的渊源、范围和强弱，在一定程度上受制于人类社会化过程中的心理文化倾向、心理认识结构以及经验与理性的结合能力。在一般情况下，法官通过从具体到抽象的思维过

---

[*]　本文系江苏省社会科学基金项目"社会主义核心价值观的司法维护机制研究"（项目编号：19FXA001）的阶段性研究成果。

[**]　季金华，男，江苏南通人，南京师范大学法学院教授、中国法治现代化研究院研究员，博士生导师，法学博士，研究方向为法理学、宪法学、现代司法理论。

程，运用生活知识、法律知识、社会价值观、法律价值观对案件事实的法律性质和法律意义进行初步的判断，将初步的司法判断提升至抽象层面，在此基础上寻找或建构法律规则。然后，再通过从抽象到具体的思维过程，运用生活知识、法律知识、社会价值观、法律价值观对法律规则进行具体解读，通过对法律规则或审判规则的理解对案件事实的法律性质和法律意义再次进行司法判断。这种双向思维过程不是简单的逻辑推理过程，而是法官依据社会通行的价值观对法律规定和案件事实进行文化解读的过程。从本质上讲，法律规定的普遍性和当事人诉求的特殊性的有机结合过程乃是法官进行司法判断和司法判决的文化心理过程。法官正是借助于法律规则的具体化解释和具体行为的抽象化归纳的文化整合过程，在程序机制的保障下，完成了法律事实和审判规则的建构任务，消解了规范与事实之间的紧张关系，合理分配了当事人权利义务，不断地积累起司法判断的权威。因此，探究司法判断力的形成过程，在一定程度上就是分析司法判断力的文化影响过程，要充分司法判断力形成的文化机理，就必须深刻揭示司法判断力的文化渊源。

一、司法判断力是在特定的文化知识背景中形成的

知识来源于认识和经验。知识是人们在改造自然、适应自然的社会交往过程中形成的共同认识和经验积累，是人们为了应付各种现实问题和未来挑战而生产出来的文化体系。经济交往方面的知识就是人们在追求经济利益过程中积累起来的文化知识，社会交往方面的知识是人们参与文化活动、实现文化认同过程中积累起来的文化知识，法律知识是人们在追求法律治理效益、解决各种法律问题的过程中积累起来的专业文化知识。司法判断需要文化知识的支撑，在司法程序内的各种知识的对话和融合是司法判断力形成和发展的文化基础。

（一）法律知识是司法判断力的文化基础

法律知识是在人类社会分工和知识分化基础形成的一种概念简洁、逻辑清晰的专业知识。随着社会生产力的发展，社会关系日益复杂，人们为了追求公正和效率，有必要将繁杂的生活世界压缩成清晰简洁的法律世界，而法律知识正是适应高效处理社会纠纷的一种认识、分析和判断的概念工具。于是，伴随着法官的法律生活与当事人的社会生活的分离，法律知识也相应地与社会生活知识分离。[①] 与社会生活知识相比较，法律知识是具有客观性、普遍性和确定性的系统知识形态。法律知识反映了法律职业共同体对法律事实、法律关系的认知和评判。法律概念是法律知识的最基本元素，人们通过概念之间的联系进行逻辑推理和分析判断的过程，实质上是通过法律知识之间的意义联系进行判断推理的过程。

---

① 参见左为民、谢鸿飞：《论法官的知识》，载《政治与法律》2003年第4期，第44页。

各部门法律知识一同构成了法律知识体系,解决民事纠纷、行政纠纷、刑事争议的部门法律都有自己相对应的部门法律知识基础,法院也相应地分成几个专门法庭。依据法官的职业化和专业化要求在一般法院之外还设立税务、社会保险、知识产权等专门法院,来处理涉及专业知识的案件。当然,法律知识并没有实现与生活知识的彻底分离。法律知识是由一套语言符号组成的代码系统,与生活世界和自然世界多姿多彩的事物形态和意义表现相比,人们往往会走到法律语言表达的尽头。因此,有些法律知识还是必须通过生活语言来表达。此外,同人们生活与命运直接相关的民事法律和刑事法律仍然显示出浓厚的生活品味,逐渐成为现代生活知识的组成部分。同时,那些原来本属于司法的专业性知识,随着社会的发展和转型,在多方面的共同作用下,逐渐转化为社会大众所掌握并使用的生活常识。① 由此可见,法律知识并没有实现与生活知识的彻底分离。此外,法官还必须具备一定的法学理论方面的知识,以期能够依据相关法理对法条进行解释说明,通过法律原则与社会知识的连接建构用于事实判断的审判规则。②

法律知识是法官进行专业判断的前提,是法官进行司法判断的合法性基础,法官正是通过法律知识的应用和再生产在社会生活中建立司法判断的权威。权力与知识是紧密联系在一起的,没有建构一种知识,就不可能拥有相应的权力,没有预设和建构权力关系就不会有任何知识。③ 在通常情况下,建构法律知识的过程就是建立某种权力关系的过程,运用法律知识阐释案件法律意义的过程,也就是法官认可律知识中隐含的权力关系、制度安排的过程。正是在无数次的知识传播、记忆的过程中,国家的权力结构和主流价值观在法官的认识和分析问题的思维模式中复制出来,法律知识既是法官对事实争议和法律争议作出司法判断的文化基础,也是法官抵御外来权力干涉的有效策略。④ 法律程序知识能够在一定程度上为司法判断提供合法性基础,法律程序知识能够提供冷静的思考氛围,用司法程序的理性、司法判断的说理代替当事人的激情和情绪,用法律逻辑代替生活逻辑的手段压制和排斥日常生活知识对司法判断的影响作用。⑤

法官的水平与法律知识密切关联,法官的法律知识储量在很大程度上表征着法官水平的高低,法官所拥有的法律知识很丰富程度决定了法官的判断权威强弱程度。丰富的法律知识是把握事实真相、解决社会纷争的前提条件,法官应该精通法律领域内的成文规则和判例规则、实体规定和程序规定。此外,法官也在司法实践中实现了法律知识的深化和拓展,"法官的知识建立在经验的基础之上,所以法官的知识同他的认识能力密切相连,法

---

① 参见方乐:《法官裁判的知识基础》,载《法律科学》2009 年第 1 期,第 5 页。
② 参见高军:《略论英美法官文化及其启示》,载《法治研究》2008 年第 7 期,第 30 - 31 页。
③ 参见 [法] 米歇尔·福柯:《规训与惩罚》,刘北成、杨远婴译,生活·读书·新知三联书店 2003 年版,第 29 页。
④ 参见左为民、谢鸿飞:《论法官的知识》,载《政治与法律》2003 年第 4 期,第 46 页。
⑤ 参见左为民、谢鸿飞:《论法官的知识》,载《政治与法律》2003 年第 4 期,第 46 页。

官对法律知识的不同认识形成了各种各样的法律知识观",[1] 因而也在一定程度上影响到法官运用法律知识的方式和目的。

权威建立在合法权力和威信之上,司法判断的权威同样建立在法律知识内涵的权力和法律知识的蕴含的威信之上,当事人和社会公众对法律知识的认同是司法判断权威的重要渊源,因此,司法判断的法律知识也必须具有一定的说服能力。作为某种较为稳定的秩序建构机制,法官必须运用公共的、权威性的行动理由来取代私人判断。[2] 每一个人都是有理性和自由意志的社会主体,在社会问题上形成自己的判断是每一个人的道德义务,他们应该为自己的选择负责。在某种意义上讲,承认他人的权威就是放弃自己的判断而听从他人的判断。但权威的形成是有前提的,"只有当一种行为是法律所要求、禁止或允许的这一事实本身在一个人的实践推理中具有重要性时,法律才让人们感受到了它的权威。"[3] 也就是说,司法判断要为当事人和社会公众接受,法律知识本身也要在一定程度上成为人们社会交往中的实践理性,成为人们对事实和行为进行合法性判断的基础。因此,法律知识、法律认识应该是任何个体社会化过程的内在要求。为了有效地保护自己的权利和利益,每个人都应该具有与日常生活密切相关的法律知识,知道自己应有的权利和义务。每个公民都应该熟悉有关政治权力和政治权利的基本法律知识,了解国家机关的职权和责任,理解法律的基本原则和精神,逐步养成运用法律解决社会问题的法律观念。

诚然,在人类早期的司法活动中,依据法律知识所作出的司法判断不是唯一的司法方式,法官还曾运用神话来证明自己判断的正确性。当人类进入现代社会后,法律作为主要的社会控制手段,几乎渗透和影响到了社会生活中的各个方面,人们生活在法律的调整和影响的空间里,自然地通过法律生活的亲身体验来形成相应的法律认识,获得必要的法律知识。随着法律生活化的推进,法律知识成为政治生活、公共行政管理、司法裁判的制度机制和日常生活的必备的文化要素,为社会主体的法律判断提供文化基础,为司法判断力提供观念基础。

(二) 生活知识是司法判断力的文化土壤

生活世界是丰富复杂的,永远不可能为法律规则所完全涵盖,即使开放的法律原则能够适应社会发展的需要,也需要借助于法官对法律原则的价值阐释来接纳社会知识中的价值诉求。法官要处理许多社会生活中的纠纷,需要足够的生活常识与经验来分析评估相关案件事实,准确地理解这些事实对当事人以及相关共同体所具有的法律意义。

由于人们拥有的经验、知识和道德观念的不同,不同的人对案件事实意义的理解也会

---

[1] 王申:《法官法律知识的本源与确证——以法官的实践理性为视角》,载《现代法学》2012 年第 2 期,第 23 页。
[2] 参见 [英] 莱斯特·格林:《国家的权威》,毛兴贵译,中国政法大学出版社 2013 年版,第 44 页。
[3] [英] 莱斯特·格林:《国家的权威》,毛兴贵译,中国政法大学出版社 2013 年版,第 29 页。

有所不同。法官、律师、当事人都会通过各种方式将常识带入法庭的各个阶段，从生活常识角度对案件事实进行文化解读。因此，具有丰富的社会生活知识是法官洞察事实，确认相关证据的可靠性，形成证据链条，做出事实方面判断的必要条件。[1] 众所周知，法律落后于社会发展的步伐，法律知识落后社会生活知识的增长速度，法律规则与事实之间的紧张关系是不可避免的，法官只能利用特定知识来解释现有的法律规则，建构相应的审判规则，填补规则与事实之间的缝隙，实现抽象的法律规则与具体案件事实的有机连接，进而将法律确定的权利义务关系转化为现实的法律秩序。

在长期的社会交往过程中，当事人可能形成一种超越法律的信任和依赖。规定当事人的附随义务是现代法律地对这一趋势的理性回应，法官通常借助相关的生活知识对当事人的附随义务的成立与否作出司法判断，[2] 经常以自己的生活常识对习惯是否存在、习惯的内容是否合理作出司法判断。正是基于对生活的感知，法官才能够将生活中的理性提升为法律理性，将生活知识和常识放进法律之中，法律才能够与生活同步而不至于脱离生活，法官的知识也才能够全面并且为社会所融合和吸纳。因此，现代法律的变迁基本上是在追求实质理性的过程中发展起来的。[3] 由于相关法律规定在调解中属于双方当事人可以选择的标准，因此，法官在调解中倾向于运用生活知识来解决争议。由于证据不可能全部由科技理性所证明，也需要法官根据社会生活常识对证据的效力作出判断。为了紧跟社会发展的步伐，现代法律呈现出逐渐生活化的趋势，法官也必须具备一定的生活知识、熟悉社会生活中的风俗习惯和道德要求，以便对案件事实的性质和权利义务的分配根据作出准确、合理的司法判断。

"所有的常识都是切身的体验。我们都是通过切身体验来观察这个世界。"[4] 法官可以从自己的生活经历中获得生活知识，我国基层法院的法官主要从日常生活经验中获取审判所需要的知识，这种内涵经验与智慧的知识就是法官的实践理性，这样的实践理性以丰富的社会经验和知识为基础，它为法官在纷繁复杂的案件中找到裁判答案提供了可能。法官也可以从司法实践中获得生活知识。由于基层法院的法官要处理大量的、各种各样的社会纠纷，需要了解社会交往中发生的各种事实争议和法律争议，所以，基层法院的法官可以在司法审判工作中积累大量的经验知识。因为社会生活中的常识性知识是通过阅历积累起来的，所以，西方国家一般从拥有相当长执业经历的优秀律师、检察官和法学专家中选任法官，以保证法官拥有必要的社会常识和敏锐的洞察力。

法官往往基于社会生活的常识、司法经验和司法直觉来进行司法判断，因此，法官的

---

[1] 参见［美］富勒：《法律的道德性》，郑戈译，商务印书馆2005年版，第76页。
[2] 左为民、谢鸿飞：《论法官的知识》，载《政治与法律》2003年第4期，第47页。
[3] 参见左为民、谢鸿飞：《论法官的知识》，载《政治与法律》2003年第4期，第48页。
[4] ［英］P.S.阿蒂亚：《英国法中的实用主义与理论》，刘承韪、刘毅译，清华大学出版社2008年版，第114页。

司法判断先于法律适用、法律推理活动。换言之，法官在大多数案件的审理过程中都是先有一个基本的司法判断，然后再去寻找相应的法律依据。在基层法院的案件审理中，法律适用和法律推理是一个司法判断后的活动。当然，法官在此后的法律适用和法律推理过程中，只要对庭审的证据保护足够的敏感，发现法律规则与自己的直觉判断存在，也会通过自我反思修正自己原先的司法判断。① 由于基层法院法官可以调动的人力、物力和时间资源非常有限，法官通常依据对案件的直觉，剪裁和选择案件事实要素，努力避开那些认定麻烦、耗费许多精力也未必调查清楚的事实，仅仅抓住双方以某种方式认可的事实。法官在作出初步的司法判断后，再寻找法律依据的过程中，总是通过法律解释技巧，适当地利用法律规避、法律语言的弹性来避免荒唐的判决结果，争取社会认可的司法结果。②

随着现代技术的发展，专业分工越来越精细，法官要想对各种案件事实作出正确的判断，还必须具备一定的专业知识。这些专业性的、职业性的判断不同于日常生活中的经验判断，需要法官通过一套专门化的知识体系作出权威性的司法判断。这些专业知识包含审理一般案件所需要的常规法律知识和处理一些证券、专利和医疗等案件所需的专门知识。这些专业知识在一定的历史时期内不是社会生活中的常识，但是仍然属于社会生活中的特定领域中的专门知识，一部分为法律语言所表述，一部分仍然是事实和行为方面的社会知识。法官在审理民事、行政和刑事案件过程中也应该涉猎管理学、金融学、建筑学、动植物学、环境学等方面的知识。诚然，纯粹的法律争议在司法实践中的数量比例是比较少的，许多疑难复杂案件审理的困难在于事实认定与法律适用的结合处。因此，行业惯例、商业惯例类的经验性知识在司法判断中极其重要。诚然，医疗损害诉讼、知识产权纠纷涉及一些医疗和技术方面的专业知识，在一定程度上属于法官和当事人知识范围所不能及的专业性问题，可以让具有专门知识的专家参与司法过程，对相应的专业问题发表意见，帮助法官对涉及专门技术的事实问题作出正确的判断。英美法系国家的专家证人制度、意大利的技术顾问制度和法国的咨询人制度和我国台湾的专家参与审判咨询制度都是通过专门知识辅助法官作出正确司法判断的司法机制。

（三）知识融合是司法判断力的文化根基

当事人的法律意识和文化背景影响其对纠纷的性质和实质的理解。法律意识体现人们理解法律和利用法律的方式，既可以表现为人们深思熟虑的、有目的的行动，也可以表现为行为习惯。"法律意识是一系列复杂的意义和范畴，人们根据自己的经历和法律知识对这些意义和范畴产生了不同的理解。"③ 法律意识作为文化的一个重要组成部分，蕴涵情

---

① 参见苏力：《基层法官司法知识的开示》，载《现代法学》2000年第3期，第12页。
② 参见苏力：《基层法官司法知识的开示》，载《现代法学》2000年第3期，第12页。
③ ［美］萨利·安格尔·梅丽：《诉讼的话语——生活在美国社会底层人的法律意识》，郭星华等译，北京大学出版社2007年版，第7页。

境的特性以及这个情境所被理解的全部背景。①

　　法律为人们解释世界提供了范畴和框架，而这样的范畴和框架是建立在法律的直接强制力和潜在的文化支配力之上的，法律不仅能够通过强制的规范进行惩罚，而且能够依靠其建立社会关系的权威想象力来发挥作用。正是法律潜在的文化支配力使其拥有创造构成这个社会的符号和范畴的能力，同时法律又能在这些符号和范畴背后施加强制力，使人们服从于它对事件和关系的解释。法律凭借这两项能力深刻地影响着人们的思维和意识。②法律是谈论行动和关系的话语方式，法律语言和法律实践通过文化的建构，不仅能够把法律意义传递给受过法律训练或利用这些法律意义处理日常商业交易的人，而且能把法律意义传递给普通的人。人们正是通过法律提供的文化信息建立起自己对生活意义的认识和理解。③

　　由于人们的生活方式、生活环境、知识结构、思维方式和利益立场的不同，不同阶层的人群也就具有不同的法律意识，因此，法官的法律意识与当事人的权利意识一定存在着某些差异。法院实际上处在多种知识和多元价值的包围之中，法官经常运用多种知识和多元价值的视野来看待社会纠纷，对社会冲突的法律意义进行司法判断。当一个人向法院提出诉讼请求时，就意味着他将自己的问题提交到几种话语框架中。法律的话语关涉权利和证据；道德的话语涉及关系、尊重和声誉，其主旨是应该怎样对待他人。治疗的话语旨在通过治疗和矫正，为人们确立一定环境和社会压力下的行为方式。

　　在通常情况下，当事人相信法律是解决问题的适当且有效的方法，倾向于运用法律的话语来界定自己的问题，而法院则有可能运用道德和治疗的话语重新组织当事人提交的问题，那些被当事人认为在法律上很严重的问题，却被法官解释成不具有法律意义的社会问题，试图为当事人提供他们所认可的正义，这实际上是对纠纷解决方式实施的文化控制。法院没有通过规范意义上的法律手段实质地介入这些问题，没有向当事人提供法律体系本身所承诺的保护和帮助，而是利用法院本身所具有的法律权威以非法律的语言重新建构了当事人的问题，这也是对那些将问题提交法院作为首选的人所实施的文化控制。④ 有时，道德话语和治疗性话语并不能彻底化解纠纷，当事人可能再次选择司法判决方式解决问题。重新回到法院意味着当事人为法院提供了运用法律话语建构问题、命名问题和确定问题的新机会，意味着当事人再次法律在自己生活中的权威，认可了法律的直接强制权力和

---

　　① 参见［美］萨利·安格尔·梅丽：《诉讼的话语——生活在美国社会底层人的法律意识》，郭星华等译，北京大学出版社2007年版，第7－9页。
　　② 参见［美］萨利·安格尔·梅丽：《诉讼的话语——生活在美国社会底层人的法律意识》，郭星华等译，北京大学出版社2007年版，第16页。
　　③ 参见［美］萨利·安格尔·梅丽：《诉讼的话语——生活在美国社会底层人的法律意识》，郭星华等译，北京大学出版社2007年版，第13－14页。
　　④ 参见［美］萨利·安格尔·梅丽：《诉讼的话语——生活在美国社会底层人的法律意识》，郭星华等译，北京大学出版社2007年版，第243－244页。

法律对思想的影响力量，接受了法律对其问题进行重新解释、重新定性的权力。置身于这种不同的解释之中，解释的开放性会促使他们重新形成自己的法律意识。①

毋庸讳言，知识结构在一定程度上塑造和决定人们的价值观念。在面对可信度差不多的事实时，法官的价值观念会影响证据采信的结果。拥有相似知识结构、对案件事实有着同样认识的法官，出于不同的价值观念，甚至会得出截然相反的裁决结论。因此，法官不能运用知识霸权来进行司法判断，他必须在沟通理性的制约下，通过知识的整合实现司法判断的公正性和合理性的有机结合。在实际的司法过程中，法官用于司法判断的知识渊源不仅来自自身的知识积累，而且来自司法活动所能利用的诉讼当事人及其代理人、专家证人、陪审团所提供的相关知识。因此，在司法判断过程中，法官面临着知识的选择与整合问题，要注重法律知识对社会生活知识的吸纳，要力图通过技术理性和实践理性的互动实现法律知识和社会生活知识的有机结合。② 法官必须重视纠纷化解的背景知识，努力实现习惯知识与法律知识的融合，依赖法律规则背后强大的理念和一般原则，力图运用有限的法律规定来解决无限的社会问题。③ 由此可见，司法判断权威在于法官的知识、技能的应用与诉讼当事人预期和需求相契合，与社会公众的生活知识相融合。④

随着法官队伍专业化建设的不断加强，法官的法律知识基础和法律判断能力都在逐步提高，正在进行的司法改革更加强调发挥人民陪审员在一审案件事实认定中的作用，这在一定程度上有助于法官通过法律知识和生活知识的融合确立司法判断权威，从而在法律生活和社会生活中增强司法判断力。尽管《法官法》取消了法官最低年龄任职限制，但并不意味着法官遴选不需要考虑候选人的法律专业知识和生活知识，鉴于丰富的法律实践经验和生活阅历资源是法官借助法律知识和生活知识准确认识和正确阐释案件法律意义的前提条件，法院应该将疑难复杂案件交由资深法官去审理，让他们在法律解释的过程中把握法律发展的内在规律，通过司法与立法的互动不断推动法律发展。不难发现，在婚姻家庭纠纷案件中，特别是涉及彩礼纠纷系列案件的处理，需要法官在综合法律知识和生活知识的基础上对案件事实和交往行为进行法律评价。在张某某与赵某婚约财产纠纷一案中，⑤ 原告按照当地风俗习惯给予被告彩礼，但原告与被告之后未能登记结婚，法院结合生活知识和法律知识最终认定彩礼虽具有赠与的外观，但法律后果与普通的赠与不同，原告给予被告彩礼的行为不能认定为赠与，应当予以返还。而在另一起彩礼纠纷案件中，被告黄某甲

---

① ［美］萨利·安格尔·梅丽：《诉讼的话语——生活在美国社会底层人的法律意识》，郭星华等译，北京大学出版社 2007 年版，第 17 页。
② 参见方乐：《法官判决的知识基础》，载《法律科学》2009 年第 1 期，第 14 页。
③ 参见王申：《法官法律知识的本源与确证——以法官的实践理性为视角》，载《现代法学》2012 年第 2 期，第 25 页。
④ 参见苏力：《司法制度的合成理论》，载《清华法学》2007 年第 1 期，第 9 页。
⑤ 参见最高人民法院 2015 年 11 月 20 日公布的 10 起婚姻家庭纠纷典型案例（山东）中的"张某某与赵某婚约财产纠纷案"。

接受人工流产手术花费了医疗费，同时存在一定期限内的误工费及营养费损失，法院从损失弥补的法律知识和交往互利的生活知识出发，判决被告只返还一部分彩礼，剩余彩礼用来补偿自己遭受的损失。① 在王鹏与徐丽丽彩礼返还一案中，② 法院在整合法律知识和生活知识的基础上作出生存价值优先的司法判断，判定婚前给付并导致给付人生活困难的彩礼应当予以返还。可见，在纠纷事由相同的情况下，法院作出的裁判结果并不相同，在这类案件的审理中，法官在相当程度上进行法律知识与生活知识的融会贯通，在生活知识的经验基础上阐释法律知识的含义，在法律知识的指引下解释生活知识的意蕴，由此形成了公正、权威的司法判断，最大限度地实现了裁判结果的法律效果和社会效果的有机统一。

二、司法判断力是在主流价值观的作用下形成的

"在一个多元化的社会，任何对文化价值的破坏几乎都是一种损失。"③ 文化价值一旦失去，重建是十分困难的，有些时候我们接受其他文化的一些浅层的文化内容，却失去了更深层次的文化要素。任何一部法律的制定和实施都离不开主流文化价值观的支持，任何社会冲突和纠纷的解决都必须建立在某种价值共识的基础上。

（一）法律价值是司法判断力的正当性依归

法官审理案件的过程就是适用法律规定对案件事实的意义进行司法判断的过程，法律价值法官司法判断的前提和基础，也是司法判断力的重要来源。鉴于法律价值是立法选择的过程和结果，因此，法律制定过程的民主性和合理性是影响司法判断力的形成和发展的重要因素。

法律制定活动本质上是通过政治决策作出共同价值选择的过程，是价值选择结果的制度化过程。因此，价值观念在很大程度上影响了立法过程的价值选择结果，决定了立法结果的合理性、公正性和权威性。在一般情况下，使用相同的语言、拥有相同的文化和政治历史、具有同样价值观的成员所做出的政治决策被认为是共同体较好的选择。然而，利益诉求的多元化必然导致价值观念多元化，这就需要国家通过特定的民主程序建立一定程度上的价值共识。一方面，民主意味着政治程序的框架能够保证政治决策反映相对多数人的意向，尊重大多数人对个人权利保障方式和途径的选择，遵守大多数人对于个人权利的价值判断。④ 另一方面，民主意味着所有公民应该具有平等的政治地位，每一成员都有机会在一个集体决定中发挥自己的作用，政治运作过程必须体现出平等对待所有成员利益的理

---

① 参见浙江省嘉兴市秀洲区人民法院（2014）嘉秀王民初字第173号民事判决书。
② 最高人民法院公布49起婚姻家庭纠纷典型案例之二十七：王鹏与徐丽丽彩礼返还案。
③ ［美］圭多·卡拉布雷西：《理想、信念、态度与法律：从私法角度看待一个公法问题》，胡小青译，北京大学出版社2012年版，第30-31页。
④ 参见［美］罗纳德·德沃金：《自由的法：对美国宪法的道德解读》，刘丽君译，上海人民出版社2001年版，第19页。

念,从而保证政治决策能够兼顾不同的、相互排斥的利益诉求,为法院适用法律公正解决社会纠纷提供价值基础。①

法律中的合理性概念及其标准取决于我们法律整体的价值判断,"取决于我们的法律整体对行为、活动以及信仰的价值评判"。② 在普通法系国家,行为合理是许多权利主张获得法院支持的关键因素,而行为合理的标准在很大程度上是由法律的价值取向决定的。③ 此外,不同的部门法律具有不同的价值诉求,拥有不同的价值取向,因此,在法律体系内部不可避免地存在着价值冲突。"侵权法的核心是必须应对与解决一个基本价值冲突。一方面,我们希望将生命奉得至高无上;另一方面,我们希望丰富自己的生活,因而需要从事危及并最终夺取生命的活动。"④ 所以,建构法律体系应该尽可能地避免部门法律之间的价值冲突,通过规定立法过程和立法结果应该遵循的价值选择原则,确保法律体系内部的价值和谐。⑤

立法与司法互动的历史表明,立法不可能通过价值选择原则完全解决部门法律之间的价值冲突,还需要法院借助手段在适用法律的过程中继续解决法律价值之间的冲突问题。由于法院具备理智的判断能力,能够成为一个有助于政治生活充满更大反思理性的机构,人民希望赋予法院留意、察觉、辨别我们当前的需求和愿望的权力,拥有纠正政治机构偏离宪法轨道的权威。在宪法的解释活动中,法院应该远离民众转瞬即逝的诸多需要,关注民众的重要诉求和永恒利益,⑥ 通过司法判断做出正确的价值选择。

宪法权利是人民意志的集中体现,实现核心价值的制度化安排。宪法权利是极其抽象的,应当将宪法权利的价值取向看成是一种道德原则的意义指向,权利法案只能被理解为一套道德原则。"权利法案由一些抽象的政治道德原则所组成,这些原则囊括了政治道德的所有层面,在我们的政治文化中,这种政治道德能够给个人的宪法权利提供牢固的基础。将这些抽象原则适用于特定的政治争议的关键在于:我们不是引用抽象原则而是解释抽象原则"。⑦ 德沃金强调法官对宪法进行道德解读的重要意义,主张政府必须在其职权

---

① 这种民主政治必须以道德成员资格为前提,"只有在一个符合道德成员资格的政治社会中自我管理才有可能,只有这样,才是真正地在强有力的共同兼顾意义上的而不是统计意义上的人民的自我管理。"([美]罗纳德·德沃金:《自由的法:对美国宪法的道德解读》,刘丽君译,上海人民出版社2001年版,第30页。)
② [美]圭多·卡拉布雷西:《理想、信念、态度与法律:从私法角度看待一个公法问题》,胡小青译,北京大学出版社2012年版,第69页。
③ 参见[美]圭多·卡拉布雷西:《理想、信念、态度与法律:从私法角度看待一个公法问题》,胡小青译,北京大学出版社2012年版,第42页。
④ [美]圭多·卡拉布雷西:《理想、信念、态度与法律:从私法角度看待一个公法问题》,胡小青译,北京大学出版社2012年版,第115页。
⑤ 参见[美]圭多·卡拉布雷西:《理想、信念、态度与法律:从私法角度看待一个公法问题》,胡小青译,北京大学出版社2012年版,第115页。
⑥ 参见[美]约翰·埃格里斯托:《最高法院与立宪民主》,钱锦宇译,中国政法大学出版社2012年版,第102页。
⑦ 参见[美]罗纳德·德沃金:《自由的法:对美国宪法的道德解读》,刘丽君译,上海人民出版社2001年版,第109页。

范围内给所有的宪法原则以同等的道德和政治地位，必须尊重宪法确认的个人权利，必须维护司法推定的宪法权利。法官在解释宪法时，不能按照自己的信仰进行诠释，不能从自己的意志出发对宪法的抽象道德条款作特别的道德判断。法官的道德判断必须在原则上与宪法的结构设计保持一致，不同时期的法官对宪法性道德原则的解释必须前后连贯，必须接受宪法的整体结构的约束。

有必要指出，司法裁判利用的是公共资源，法官的权力不是通过私人之间的合意界定的，而是由公法授予的，法官的任务不是保证当事人双方利益的最大化，也不仅仅是维持纠纷的和平解决，而是解释体现在宪法和法律这些权威性文件中的公共价值，并依据这些价值来处理具体的案件。① "无论法官持有什么样的公平观和合理观，他们都必须同时接受一种独立和超然的法律整体性的制约"，② 司法判决不是妥协、策略或政治融通，而是一种建立在经验基础上的理性判断，价值选择必须通过程序理性和经验理性获得正当性。一个法官在主张一种特定的自由权利为宪法权利时，必须阐释这一主张与宪法先例和宪法价值结构的一致性，他应该将同一原则适用于自己赞同或决定的相似案件中。

（二）价值选择是司法判断力的生命力所在

文化是生活于特定环境中的人群所共有的特定习俗和价值观，文化作为集体共享的产物提供了全部的行为模式和评价他人行为的标准。一方面，文化能够通过共享的符号唤起相同的反应，拥有把个人的利益和行动与较大群体的利益和行动联系起来的巨大能量；另一方面，冲突本身就是一种文化行为，"一个社会的冲突文化规定了人们重视的是什么，获得它们的适当途径是什么，对具有同样追求的他人如何反应，以及可以决定争夺有价值目标过程的制度与习俗。"③ 在不同的文化环境中，人们通常采用不同的方式解决社会冲突。文化规定了人们的价值取向，文化决定了特定物品、地位、身份和行动的意义，文化界定了冲突的社会意义，文化形成了解决冲突的制度与习俗，文化鼓励人们通过特定的方式来追求自己的利益，而禁止运用其他方式来实现自己的利益。在现有的制度内或制度外化解冲突的习俗反映了这个社会基本的文化价值观。在很大程度上，价值观和习俗上的文化差异形成了不同的冲突类型及其解决模式。文化对冲突行为产生多方面的影响，在社会层面上，不同国度存在着不同的规范、制度与习俗；在个体层面上，文化决定了冲突者在战略与战术上的选择以及对双方行动或意图所做出的预设。④

---

① 参见［美］欧文·费斯：《如法所能》，师帅译，中国政法大学出版社2008年版，第133页。
② ［美］罗纳德·德沃金：《自由的法：对美国宪法的道德解读》，刘丽君译，上海人民出版社2001年版，第116页。
③ ［美］马克·霍华德·罗斯：《冲突的文化：比较视野下的解读与利益》，刘萃侠译，社会科学文献出版社2013年版，第14页。
④ 参见［美］马克·霍华德·罗斯：《冲突的文化：比较视野下的解读与利益》，刘萃侠译，社会科学文献出版社2013年版，第20–21页。

司法判断作为解决冲突的一种司法行为，本质上是法官在一定文化环境中做出的认知与决策行为。考虑到法律规则本身存在的不确定性，加之判断者的认知心理和社会经验的作用，逻辑推理并不能准确描述司法判断和司法决策过程。法官作出司法判断的过程就是对相关的外部刺激反应的综合过程。司法判断的预感是在法典条文和判例的规定、经验成见与法官个性作用的基础上形成的，[1] 法官总是习惯于从一个粗略模糊的预感出发，然后潜意识里倾向于寻找能够使这个初步结论正当化的证据材料和法律规定。因此，法官对外部刺激的反应在相当程度上决定了司法判断的方向，判决结果在很大程度上取决于法官的脾气、个性、教育、处境和个人特点，归根到底取决于法官的态度、意识形态和价值观念。[2]

然而，法律的确定性与司法的确定性、正当性密切关联。如果法官情感冲决了司法判断与法律规则联系的紧密联系，那么司法判断权威就要受到质疑，司法判决就失去了法律上的力量和文化上的威信。在英美法系国家中，法官事实上在独立地创制法律规则、发展法律原则，有些时候成文法则退化为一种"法律的来源"。[3] 我国基层法院、中院的每一个判决，既是处理、解决个案纠纷的活动，也是确定法律规定的文化意义、建构具体的判决规则的活动。法律条文的具体的含义最终是由法院通过司法解释来决定的，对于社会大众而言，法院的司法解释就是真正的法律规定，法院裁决时适用的具体规则就是真正的法律，法院通过司法裁判确定的权利义务关系才是真正的法律关系和实在的法律秩序。我国最高人民法院制定的司法解释条文，在很多情况下并非是对某个法律条文的细化，而是另行做出了一系列的法律规定。因此，我国司法实践中实际适用的是最高人民法院的司法解释或实施细则，对于社会大众和律师来说，具有实际效力的法律不是抽象的规范条文而是法官在现实情景中做出的司法判决。

由此可见，法律的科学性不在于条文内部之间的逻辑关系，而是法律条文背后的价值联系和文化逻辑。法律本身就是一种价值判断。在一定的前提条件下，法律规则的行为模式规定着法律主体可以做什么、必须做什么、不得做什么的价值认识、价值判断和价值选择。不同的个体因为价值观念的差异，对某一社会行为常常有着不同的甚至截然相反的认识和评价。因此，案件事实陈述的过程，就是某种价值观的展示过程。争议双方围绕着有关法律规定、权利义务的论辩，实质上是文化观念和价值取向方面的争执。在一般情况

---

[1] 乔纳森·卡斯帕等指出："陪审员（及法官）的裁决是一整套复杂因素的产物，这些因素至少包括：陪审员（及法官）的个人历史、性格及社会背景；态度、意识形态和价值观；个人认知过程的局限性和癖性；审判所列举证据的性质；以及那些应当规范理解、权衡和应用证据于裁决的法律规则。我们首先假定，目前没有任何一种科学手段能够独立完成哪怕是最平常的陪审员（及法官）裁决现象的描述。"[美] 里德·黑蒂斯：《陪审员的内心世界——陪审员裁决过程的心理分析》，刘威、李恒译，北京大学出版社2006年版，第68页。

[2] [法] 达维德：《当代主要法律体系》，漆竹生译，上海译文出版社1984年版，第125页。

[3] 参见[美] 罗伯特·萨摩斯：《美国实用工具主义法学》，柯华庆译，中国法制出版社2010年版，第186页

下，社会公众对于个案的裁判没有直接的利益，只是从朴素的价值观、情感出发对案件事实争议和法律争议作出相应的判断和评价，而法官也许内心的初步判断倾向于一方当事人，但由于缺少相应的证据或是担心被上诉法院改判，依然有可能作出有利于另一方的判决，所以法官的内心确信有时并不完全等同于外在的意思表示。

司法判断活动在某种意义上就是法律的解释活动，是法官理解法律文本的含义和价值的过程。由于法律文本具有多种含义和多种价值取向，因而法律解释本质上是一种价值选择过程。① 司法裁决就是法官依据运用解释后的法律规则对诉讼当事人的权利义务作出的具有强制效力的意思表示。因此，法官在判断案件事实的法律意义的过程中，不可能完全区分事实要素和规范要素。在价值联系方面，法律规则在某种意义上也是一种较为抽象的典型化事实，司法过程就是法官通过输入书面和视听的信息、与典型化的事实对照作出裁判结论的过程。在具体案件的审理过程中，尽管社会公众、律师、当事人的价值判断确实在一定程度上影响法官的司法判断，但法官对于法律的价值内容和价值取向是什么享有最终的决定权。此外，法官从宪法条文列举得更为抽象的权利中推导出特定的具体权利的过程，实质上是一种价值演绎和价值选择活动。当然，这种价值选择活动能否具有法律权威则有待于社会公众对司法判断的文化认同。

(三) 价值整合是司法判断力的社会根源

从理论上看，既然利益分歧是产生纠纷的直接原因，司法判断和裁决就应该主要考虑法律因素和经济因素，但实际上文化因素也是影响司法判断及其结果的重要因素。在现实的社会生活中，不是法律规则在规范着人们的行为，而是法律背后的价值观念在影响和支配着人们的行为选择。法律确实是一种权威形式，但并不是唯一的权威形式，仍然存在着其他权威的模式与方式，这些模式与方式深刻影响着法律权威的形成。② 简言之，人们对法律和法律过程的想法、态度、期待产生的力量等，构成了法律制度的文化环境，进而塑造了法律制度。③ 这些影响法律适用的文化因素在不同程度上体现了社会的价值取向和正义观念的要求，对法官的司法判断具有一定的启迪和借鉴作用，可以作为法官在个案中进行价值判断和价值选择的评价标准。④

社会主流价值观念反映了社会整体对事物、行为的评价标准、态度和倾向，人类社会

---

① 参见［美］欧文·费斯：《如法所能》，师帅译，中国政法大学出版社2008年版，第194-196页。
② 参见［美］弗里德曼：《选择的共和国：法律、权威与文化》，高鸿钧等译，清华大学出版社2005年版，第4页。
③ 参见［美］弗里德曼：《选择的共和国：法律、权威与文化》，高鸿钧等译，清华大学出版社2005年版，第5页。
④ ［美］圭多·卡拉布雷西：《理想、信念、态度与法律：从私法角度看待一个公法问题》，胡小青译，北京大学出版社2012年版，第84页。

的各种规范实质上都是特定价值观或价值标准的具体体现。① 个体价值观是随着知识的增长和生活阅历的沉淀逐渐形成的,是个体在社会生活中通过法律规则、习惯规则和道德规则的不断内化逐步建构起来的情感态度和价值取向。价值观念的形成过程缓慢,改变的过程同样缓慢。在通常情况下,共同的群体持有相同的价值观念,不同的群体持有不同的价值观念。处在相同的生活环境之中,有着相似的知识结构和生活经历的人群很容易产生共同的价值观念。因此,在具体案件的审理过程中,法官常常需要在相互竞争的价值观念之中作出选择,司法理性要求法官为自己的价值判断和价值选择提供正当性论证。

司法判断的价值取向深受社会主流价值观念的影响。法官并不生活在与世隔离的真空里,作为社会成员的法官也是道德意义上的人,他与其他社会成员一起建构法律的意义。在作出判决前,法官通常会根据自己的良知对法律的具体规定做出道德评价,通过自身情感的体验和自我良心的过滤将普遍的法律规则转化为适用具体案件的判断规则,从而将法律规则的普遍正义转化为个案裁决的个别正义。在这一过程中,法官深刻地意识到自己肩负着服务于法律的社会使命,总是试图把自身的经历和司法之外的知识转化为普遍文化的一部分,努力让经验和理性在司法裁判中发挥同样重要的作用。② 在自由资本主义阶段,反对政府的干预和控制,强调保障自由市场和个人自由选择的权利是这个时期的主流价值观念。美国联邦最高法院的大法官们在这一价值观念的引导下,频繁引用正当程序的宪法原则撤销一些干预经济的立法。当然,随着社会经济文化的发展,美国人民逐渐意识到自由是建立在平等基础上,保持平等的自由是社会正义的内在要求,因此,价值观念不能脱离具体的案件情景来影响司法判断,人们也无法仅凭法官的保守主义或自由主义的价值取向对司法判断作出预测,而是要从当时社会主流价值观念出发形成合理的期待。

在不能运用纯粹的法律推理推导出宪法条文的具体含义的情形下,法官必然会选择对宪法进行道德解读和文化解释。道德解读鼓励法官根据社会主流价值观念和社会正义理念来解释抽象的宪法条文,要求法官们在符合历史背景和文化传统的基础上对宪法的道德原则作出最恰当的定义,提倡法官根据政治道德要求作出宪法解释和宪法判决,并公开地、清晰地阐明自己坚持的原则,以便公众能够知晓法官的思维逻辑和方法,进而参与讨论。③ 法院是否具有权威将宪法未列举的权利作为真正的宪法权利加以保护,取决于这种权利是否具有社会共同价值的基础。因此,法官运用社会主流价值观念对宪法规定做出的道德解决在本质上是一种文化解读。

司法判断无法通过实验来证明对错,而且在一定程度上是由裁判者的主观意志决定

---

① 《中国大百科全书》第四卷,中国大百科全书出版社2009年版,第2572页。
② 参见[意]皮罗·克拉玛德雷:《程序与民主》,翟小波、刘刚译,高等教育出版社2005年版,第28页。
③ 参见[美]罗纳德·德沃金:《自由的法:对美国宪法的道德解读》,刘丽君译,上海人民出版社2001年版,第48页。

的。生效的司法判断和裁决如无再审等特别事由,一般就进入强制执行阶段,司法判断通过司法执行力确立法律的至上权威。在价值判断层面上并不存在客观的公理体系,价值评价标准是个人在社会生活中通过价值认知逐步建立起来,价值推理和演绎构成了我们法律生活的重要组成部分,法官的中立性不是绝对的道德要求,只能是相对的法律要求,法官只能在社会主流价值观的范围内居中而断,只能在法律价值与社会价值有机结合的基础上作出公正的司法判断。总而言之,诉讼当事人之间的实体利益博弈是在司法程序理性的制约下进行的,法官在处理具体的利益冲突过程中,必须考虑纠纷发生地的社会文化环境、社区的集体行为取向、当事人处境和利益诉求,从自身已经形成的法律意识出发,形成对案件性质和法律适用问题的初步判断。然后寻找支持案件预判意见的事实根据,在权衡各种可能影响最终裁决结果的法律因素和文化因素、考量判决的法律效果和社会效果的基础上不断修正自己已经作出的判断,力图在司法判断和司法裁决中实现社会文化情境与法律价值取向的有机融合。①

司法判断力建立在一定的价值基础上,法官对案件事实性质的认定和相关行为的法律评价实质上是一个价值认识、价值评价和价值选择的活动,司法判断的能量和权威需要通过彰显的法律价值、合理的价值选择、能动的价值整合建立起来。在指导案例99号葛长生、宋福保诉洪振快侵害名誉案中,② 洪振快的表达自由与烈士的名誉、荣誉都是制度化的核心价值,是宪法、法律确认和保护的重要权益。然而,权利是相互承认、共存的自由和利益,权利是有边界的,当一种权利或自由超越了界限就会侵犯其他的权利或自由,这时的权益冲突就是法律价值之间的冲突。法院认为洪振快的表达自由是司法应该保护的法律价值,但是表达自由应以尊重烈士的名誉和荣誉为前提,作为中华民族共同历史记忆的英雄烈士事迹和精神,世代传承社会主义核心价值观,维护烈士的名誉和荣誉就是维护的公共利益和社会价值。被告以细节考据、观点争鸣等名义污蔑和贬损英雄烈士的名誉和荣誉,属于歪曲、丑化、亵渎、否定英雄烈士事迹和精神的侵害行为,不仅侵害了烈士生前的人格利益、伤害了近亲属的个人感情,也在一定范围和程度上伤害了社会公众的历史情感、损害了社会公共利益。因此,在表达自由的法律价值与烈士名誉的法律价值发生冲突的时候,法院应该尊重主流价值观和社会的一般认知标准,依据法律做出理性的价值选择,形成优先保护公共价值的司法判断,用司法判决确定表达自由的法律边界,努力实现法律价值的有机整合。

三、司法判断力是在价值理性的支持下形成的

司法判断具有至上的权威,因为司法判断既是一种经验判断,又是一种理性判断,法

---

① 参见方乐:《超越"东西方"法律文化的司法》,载《政法论坛》2007年第3期,第29-40页。
② 参见北京市西城区人民法院(2015)西民初字第27841号民事判决书。

官对事实和法律的判断都是建立在理性和经验的基础之上。换言之，司法判断的权威来自司法过程中的理性力量，这种理性力量就是司法理性，是法官运用程序的技术，对案件的事实进行法律推理和判断，寻求合适的法律规范加以适用，从而保障裁判结论正当性的整个过程所体现出来的睿智和能力。[1] 理性包括规律性、逻辑性等基本要素，司法理性就是一种逻辑理性、经验理性和实践理性的总和。因此，从这种意义上讲，司法的理性就是法律的理性，是法官通过司法实践所形成和积累起来的法律理性。[2] 鉴于司法判断是对案件性质和当事人行为的评价，直接关系当事人之间权利义务的认定结果，直接影响到当事人的利益保护问题，因此，法官应该通过与立法意图、现时民意和当事人的沟通形成司法的认识理性、沟通理性、选择理性进行价值判断和作出价值选择，在阐释法律理性的过程中将利益诉求转变成司法判决上的权利。因此，司法判断以法律理性为正当性基础，以认识理性为前提，以判断理性为基石，以选择理性为支撑，是法官在程序理性的保障下通过司法理性阐释法律理性的价值选择活动。

（一）司法判断力以立法理性为基础

既然司法判断和司法裁决是建立在公共理性之上的，当事人的利益诉求和权利主张也只上升到公共理性的高度才能成为法律保障的利益和司法保护的权利。立法是公共理性的表达过程和凝集结果，法官解释法律活动就是阐释法律公共理性的活动。依据德国古典自由意志理论，只有普遍性是理性，而道德权利是由理性行为构成的，为了实现道德上的自由，个人必须基于理性来决定自己的行为。人们必须在其个人特殊意志内发现普遍意志，在自身的理性中发现普遍理性。[3] 在现实的社会交往活动中，人们对利益的法律解读往往内涵自己的价值判断和价值取向，因此，这种利益诉求实质上是一种权利推定意识，具有不确定的经验色彩，是一个特殊理性的表现形式，需要通过立法理性将这种社会经验理性转化为公共理性。只要交往经验理性获得法律的认可，权利要求也就转变成了公共理性，利益诉求也就取得了普遍理性的形式。此外，权利要求也可以通过司法理性转变成普遍理性，诉讼当事人可以通过司法程序证成自己的特殊意志内涵普遍意志，而法官也可以从诉讼当事人的特殊理性中发现普遍理性并给予司法确认。

在自然法学的视野中，法律是自然规律、人性规律和社会规律的理性载体，[4] 法律在一定程度上是社会交往理性的表达。社会交往关系实质上是权利义务关系，人们总是通过一定的社会行为结成某种社会关系来满足自己的需要，实现自己的利益，因此，权利和义

---

[1] 参见蒋秋明：《司法理性论略》，载《学海》2002年第5期，第27页。
[2] 参见蒋秋明：《司法理性论略》，载《学海》2002年第5期，第27页。
[3] 参见[美]迈克尔·布林特：《政治文化的谱系》，卢春云、袁倩译，社会科学文献出版社2013年版，第95页。
[4] 参见[古罗马]西塞罗：《论共和国、论法律》，王焕生译，中国政法大学出版社1997年版，第196页。

务的合理性安排是社会交往理性化的组织手段。在民主法治国家中,人们通过宪法确定了立法的基本原则和立法的程序架构,通过价值演绎和价值选择进行权利义务的合理配置。从形式上看,立法过程是依据宪法条文进行的逻辑推理过程,是将宪法理性转化为法律理性的过程。从实质上看,立法过程是一个价值推演和权利推定的过程,是一个价值认识、价值评价和价值选择的过程。立法理性是立法机关运用认识理性表达社会交往理性,通过公共理性的建构确定价值选择原则的法律控制手段。理性主义者相信凭借理性可以预见所有可能发生的偶然事件,可以用理性来设计、监视和控制社会生活的一切方面,并依据逻辑的力量将一切行为纳入法律规则调整的体系之中。[①]

在19世纪的法律形式主义者看来,法律规则能够做到像数学一样地精确,司法判断和司法裁决的过程就像自动售货机那样,法官只要输入案件的事实及法律条文,就能自动得出案件的定性与处理结论。在他们看来,所有的争议焦点都可以通过逻辑、文本和程序来解决,法官能像自然科学家那样不带感情色彩和价值取向作出中立超然的司法判断。司法推理不需要考虑道德、政治和经济的因素,司法判断活动是内部自足的推理活动,不存在真正的法律漏洞和疑难案件。在这种认识前提下,法律乃是价值选择理性化的产物,立法理性作为社会生活理性化的实现机制,被人们视为法律理性的基本形式。但是,立法乃是人们根据以前和当下的社会关系对未来的社会交往行为所做的权利义务安排,因此不可能覆盖未来社会发展的权利要求,法院在个案审理中通过司法判断确认新的权利就成为权利膨胀时代必不可少的法律机制,通过司法的价值判断和价值选择来发展法律理性。英美法系国家更加重视司法判例在司法判断力形成方面的作用,希望通过司法理性为司法判断提供权威基础。

理性是建立在人性的基础上的,在社会交往中实现自身利益的最大化乃是普通人的共同理性,这样就不可避免会导致权利冲突和利益纠纷。因此,法官必须以立法确定的公共理性作为化解权利冲突、解决利益纠纷的价值基础。法律是由概念、规则和原则组成的规范体系,立法理性是系统性和整体性的理性,法律理性保证了法律效力的统一性和确定性。法官在处理疑难案件的过程中,法律规则和法律原则都是法官阐释和确认法律的公共理性的权威性依据。[②] 立法理性在一定程度上反映了社会主体在社会交往中的利益诉求和法权要求,为纠纷的解决、权利的救济和法律的发展提供了形式合理性的基础和前提。司法的理性建立在法官能够对社会关系调整作出符合法律价值标准的自由选择,司法判断应该以权利的理性立法为基础,法官要努力发现和确认体现社会主体权利诉求的立法意志,通过司法判断和裁决化解权利冲突、解决利益纠纷。

---

① 参见[英]迈克尔·欧克肖特:《政治中的理性主义》,张汝伦译,上海译文出版社2003年版,第6页。
② 德沃金提出了法律的整体性,从而与习惯相区别。他认为法律是规则和原则的统一,这一观点体现在他对"埃尔默案"等案件的分析和阐释中。参见[美]罗纳德·德沃金:《法律帝国》,李常青译,中国大百科全书出版社1996年版,第14页。

立法理性在某种程度上具有实践理性和经验理性的特质。立法经验体现立法者进行普遍价值制度化安排方面的认识和智慧，而法官为了解决特定利益纠纷所进行的价值选择，需要通过同类案件的多次适用才能为社会公众普遍接受，才有可能发展成为具有普遍意义的法律权利。法官通过司法判断作出的价值选择必须建立在立法经验理性的基础上，必须接受立法过程中的价值选择经验的指导。在立法过程中，立法机关对哪些利益必须上升到法律权利层次、哪些价值属于法律价值范畴的判断，对法官进行的价值判断和利益衡量活动具有一定的启迪意义。在司法实践中，法官在解释法律、确认案件事实和法律适用规则的过程中，在很多情况下进行的司法判断乃是在立法经验的基础上对个案的利益纷争继续进行价值评判和选择的司法决策活动。另一方面，权利冲突也是发现新权利、保护新的利益关系的重要契机。不断发现和确认新的利益诉求，不断地将应然权利转变为现实权利就是立法理性和司法理性在社会生活中的主要体现。

（二）司法判断力以认识理性为前提条件

在现实的法律生活中，立法理性具有一定的历史局限性，立法者不可能预见一切情况，为司法者提供完美的判断标准。实际案件的审理不是一件轻松的事情，尤其是疑难案件的审理需要法官对法律规定作出创造性的阐释，在事实认定和法律适用方面作出一定的价值判断和利益衡量。现实世界中的许多经济、社会和政治方面的问题也需要借助于法官的认识理性转化法律问题，以便通过司法理性获得公正的解决。因此，司法理性是法律理性的实现和延伸，它不仅是解决纠纷的基础，也是推动法律发展的动力源泉。

法官运用法律思维对当事人之间的利益冲突形成一定的法律认识属于司法认识理性的范畴。司法的认识理性是法官在司法实践中逐渐习得、逐步积累起来的判断和选择的能力，是司法理性的重要构成要素。认识理性以司法程序技术为依托，将法律规定和文化经验作为逻辑推理和判断推理的前提，充分体现了司法职业理性的特质和司法专业化水平。具有认识理性的法官既从法律理性的角度解读当事人的利益诉求，又从文化经验的角度界定纠纷的性质。这种认识理性综合了法律内容逻辑、经验内容逻辑和法理内容逻辑，从而使司法判断建立在深思熟虑的基础之上。法官群体基于共同的职业素养和专业技艺形成了司法职业特有的审慎态度、思维方式和价值理念，能够最大限度地抵御情感、喜好和偏见对司法判断的影响，从而在证据的效力、纠纷的性质和法律适用问题方面形成正确的认识。

法官是在一定的知识、经验和价值取向背景下认识案件事实的。法官推理的过程涉及案件事实的分析、同类案件的比较、适用法律的选择和解释、各种相关因素的综合考虑，旨在在合理性与合法性之间寻求解决问题的最佳方案，因而是一个创造性的思维活动过程。[1] 法官对案件事实进行法律解释需要依据法律来思考，正确认识和理解立法者的意

---

[1] 参见蒋秋明：《司法理性论略》，载《学海》2002年第5期，第28页。

图，把握法律规则和法律原则的精神实质，同时也需要对法律进行批评反思，准确把握法律赖以存在的社会文化取向和价值观念基础。① 由于同样性质的社会关系随着人们的利益需要会发生相应的变化，所以法律的解释要随着时代的变化而发生相应的变化，法官对立法意图的理解也要结合当下的社会价值取向作出相应的调整。显然，立法者、司法者和社会公众共同的理解创造了现实法律的意义，公共理性促成了法律规定与案件事实的有效对接。法律规定内涵了公共理性，司法实践和社会生活经验同样体现公共理性，法官只有通过生活经验参照才能认识和评价案件事实的法律意义，只有通过法律理性与生活经验的结合才能确保价值选择的正当性。

司法先例是法律解释和法律适用的经验凝结，是司法实践理性的典型表现形式。遵循先例是法律理性的实现和延伸机制，这意味着法院的司法经验理性对后期裁判具有约束力量和指导价值。司法认识理性是法官在处理案件过程中表现出来的实践智慧，是一种由特殊到普遍的归纳演绎逻辑，是一种求同与辨异相结合的特殊推理方式。这种司法认识理性从关注特殊性和差异性为起点，通过把握具体案件的特殊因素，借助识别、类推等程序技术，发现社会生活的内在准则，使之与先例中的一般因素联系起来，渐次迈向普遍主义。② 先例内涵的司法经验顺应了社会价值取向，符合社会发展的方向，能够为法官审理类似案件提供理性的司法意见，满足了法官对法律理性确定性的期待。同时，遵循先例的司法理性在一定程度上约束了法官个人成见因素对司法判断方面的影响，能够有效地防止法官滥用司法自由裁量权。因此，在遵循先例基础上形成的司法判断具有强大的说服权威，能够获得当事人和社会公众的认同。在全球化时代，司法先例确立的价值选择原则、承载的经验理性已经被两大法系国家的法官普遍认可和接受，已经成为司法理性的重要组成部分。我国的案件指导制度也是建立司法理性的重要措施，典型裁判案例确定的法律适用理由是我国法官司法经验的重要载体，同样能够给法官审理相关案件提供价值判断和价值选择的经验参考。

此外，立法理性不可能与社会理性同步，立法总是落后于社会发展的需求。权利作为社会主体交往的利益表达载体也有其现实性，这就决定了权利主张不可能仅仅局限于法律文本的规定。从某种意义上讲，法律是社会交往的经验凝结，是社会交往经验的规范化表达，而交往经验的发展性、延续性和复杂性，决定了社会的变化总是超乎立法者的预期，个体的权利要求会逐渐演变成普遍性的社会需求，因而更需要法院借助司法认识理性来保持法律与社会的良性互动，需要法院通过司法认识理性寻找和建构裁判规则，在缓解规范与事实的紧张关系的同时，确证当事人利益诉求的合法性基础，给争议案件做出权威裁决。所以，司法判断和司法裁决不仅需要司法认识理性的支持，而且需要司法经验理性的借鉴。

---

① 参见［德］阿图尔·考夫曼、温弗里德·哈斯默尔主编：《当代法哲学和法律理论导论》，郑永流译，法律出版社2002年版，第51页。

② 参见蒋秋明：《司法理性论略》，载《学海》2002年第5期，第31页。

（三）司法判断力以沟通理性为手段

日常生活中的判断离不开推理和经验，司法判断同样建立在逻辑推理和经验预测有机结合的基础上。鉴于逻辑推理的规则前提有时缺少确定性，法官的经验通常也是有限的，法官的认识理性也是有限的，因此，司法判断需要在程序理性的保障下从司法内部和外部获取必要的文化理性资源的支持。

司法判断的过程是法律规则的普遍性要求与案件当事人的特殊性诉求有机衔接的过程，而这种结合过程和结果的权威性源自法官和当事人在法律规则的意义建构方面形成的理性共识。众所周知，具有一定抽象性的法律规则是反复适用的制度规范，而它每次面对的案件都是具体的争议问题，在某种意义上都是在解决新的问题。因此，司法判断活动是法官与当事人对法律规则的意义不断进行阐释、选择和建构的活动。每个人由于身处的环境不同，生活经历不同，都会根据自己的经验和理性去解读法律，在社会的交往过程中通过不断地沟通达成共识，形成新的法律认识。[1] 于是，制定出来的法律规则经过法官的解释和当事人的解读，其原有的意蕴必然会发生微妙的变化。显然，法律规则经历的建设性调整过程，也是法律规则在沟通理性的支持下获取反思能力和适应社会发展能力的过程。[2]

沟通理性是司法判断理性的前提，程序参与者之间的理性沟通是法官理性判断形成的基础。在沟通理性的视野中，司法论坛是重要的公共领域，法庭是法官阐释法律公共理性的讲坛，是当事人沟通、辩论、说理的平台，是程序参与者达成一定程度的重叠共识的机制。通常情况下，争议的双方当事人基于不同的立场，可能对案件事实的法律判断形成不一样的观点，这就需要通过陈述、辩论和质证程序来交涉和表达各自的理由和观点，因此，司法判断是交涉性判断与自主性判断相结合的活动，陈述、辩论、质证程序不仅是法官对案件事实进行法律评价的理性机制而且是当事人对话沟通的说理机制。基于不同的利益诉求，当事人力图通过司法理性将自己主张的特殊理性转化为法律的普遍理性，因此，法官必须平等地听取双方当事人的意见，在程序中进行理性的思考和判断，在对话和论辩的基础上形成司法结论。

司法判断之所以具有理性的力量，很大程度上来源于司法程序设置的对话机制，通过程序对话，程序主体能够超越个体的特殊视角，使司法结论建立在参与各方都能够认可和接受的论据之上。[3] 因此，司法沟通理性的作用就在于结合普遍性的规范要素与具体案件的特殊性因素，形成一个既能体现法律的规范性要求，又能包容案件特殊性诉求的司法结

---

[1] 参见蒋秋明：《司法理性论略》，载《学海》2002年第5期，第31页。
[2] 参见蒋秋明：《司法理性论略》，载《学海》2002年第5期，第30页。
[3] 参见蒋秋明：《司法理性论略》，载《学海》2002年第5期，第30页。

果。① 司法判断的过程是论证的过程，是通过法官与当事人共同对理由和依据进行合法性和合理性论证的过程，是司法程序中法官理性与当事人理性互补的过程，也是在法律事实和法律适用之间取得合意、建立共识的过程。② 换言之，司法判断的理性源自法官与当事人之间关于案件事实的法律判断的交流以及当事人之间有关诉求与观点的交涉为司法判断提供了理性基础，从而为解决利益冲突、丰富权利内容、推动法律规则发展创造了有利的法律条件。

法官之间的理性沟通也是司法理性形成的重要因素。在司法实践中，司法沟通不仅发生在合议庭成员之间，也体现在法官专业会议之中，他们可以充分交流对案件事实和法律适用问题的看法。当然，这种观点交流不是为了影响法官的独立判断，而是为了法官能够寻找更充分的判断依据和更合理判断理由提供借鉴资料。司法经验既是法官之间理性沟通的产物，也是法官之间理性沟通的载体和依据。法官群体在长期的法律实践中积累和发展起来的司法经验，在反映法官个体思维特性的基础上体现了法官群体共同的法律思维方式和价值判断方面的经验理性，在一定程度上超越了任何个体所能拥有的丰富经验和价值理性。这种司法职业经验是历代法官在继承和发扬司法文化传统的基础上，通过典型案件法律事实的意义阐释和判决规则的具体建构而形成的司法判断理性和价值判断智慧，法官审理案件、进行司法判断的不可或缺的理性资源。

法官的认识理性也存在着局限性，需要从社会理性的补充。当事人之间的纠纷是在日常生活中发生的，法官不能仅仅从法律世界内部认识事实争议问题和法律争议问题，不能彻底脱离生活经验和社会理性对这些争议问题作出判断，需要参照外在理性，并从其中获得有益的启发，司法判断必须引入日常生活视引入日常生活视野，通过沟通理性来确保司法判断的正确性；鉴于法官运用法律的公共理性解决事实认定和法律适用问题，而公共理性是共享平等公民身份的社会主体的理性，因此，法官在司法判断过程中应该关注社会公众的理性，确保程序参与者在各种观点和理由中运用公共理性来相互辩论和沟通，尽可能地通过理性对话达成司法判断方面的共识。③ 公众的参与可以为个案的处置提供理性认知的补充，④ 陪审机制作为法官专业理性与社会理性沟通的桥梁，不仅能够通过陪审员所具有社会知识和社会经验视野为司法判断提供经验借鉴和理性参照，而且能够陪审员的示范效应培养社会公众的社会责任感和法律意识，为司法理性形成和发展提供丰富的文化理性资源。

---

① 参见蒋秋明：《司法理性论略》，载《学海》2002年第5期，第28页。
② 参见蒋秋明：《司法理性论略》，载《学海》2002年第5期，第30页。
③ 参见齐伟：《司法公共理性：司法公正的内在生成机制》，载《河北法学》2014年第7期，第154页。
④ 参见陈发桂：《司法理性及其生成——以公众司法参与为视角》，载《广西社会科学》2010年第6期，第72页。

（四）司法判断力以选择理性为支撑

司法判断是伴随着某种形式的司法选择的程序行为，司法判断的权威建立在选择理性的基础上，司法判断力源自法官的最佳司法选择。在审理案件的过程中，法官面对相互排斥的论据和理由，借助于法律推理进行论证说理，通过权衡和取舍作出最佳的选择，充分彰显司法选择理性。① 形式理性追求稳定性、可预见性和持续性，实质理性追求价值诉求的平衡性，选择理性通过一整套形式化的司法程序将实质理性与形式理性协调起来，从而有效地缓解法律形式理性与法律实质理性之间的紧张关系。②

在很多情况下，法律规则虽然规定了法律主体之间的权利义务关系，提供了初步的行为评价标准，但是并没有明确规定具体的行为评价标准，比如合理的注意义务标准、履行合同适当方式标准，而这些详尽的行为评价标准通常是在法律实施和法律适用的实践中，由执法者、当事人、法官共同建立起来的。其中，法官通过法律解释确定的行为评价标准和司法判断标准具有终局性和权威性特征，社会生活中自发形成行为评价标准只有被法院适用才能取得法律效力和法律效果。鉴于行为评价标准既具有普遍性特征，又具有个案特有的特殊性考量，法官在建构行为的法律评价标准方面享有一定的自由裁量权。司法自由裁量过程在本质上是一种微观立法过程，因而司法裁量过程也是一种价值认识、价值评价和价值选择过程，法官必然更加关注法律的实质理性，更多地考虑法律要实现的特定政治目标、社会利益和共同的道德要求，③ 将法律目标作为价值选择的基础，建构相应的行为评价标准。④ 在英美法系国家，法官借助案例识别作出合理的自由裁量决策。在大陆法系国家，法官利用选择适用法律的权力来进行司法自由裁量。无论两大法系国家适用何种司法自由裁量机制，它们都要求司法的价值选择必须与选择理性相一致，必须符合社会期望结构的需求，回应同案同判的价值诉求。⑤

司法选择理性在司法审查过程起着十分重要的作用，法官在处理权力与权利之间冲突过程中必须坚持权利本位的价值选择理念。在议会制定的法律、行政机关制定的行政法规与宪法规定存在冲突的情形下，法官需要运用宪法解释手段作出法律、法规是否违宪的司法判断。无论是何种宪法解释体系，立法者、执法者和司法者解释宪法的活动都是一种极其重要的政治决策活动，每个国家最高层级的法院都具有一定程度的政治功能。在宪法解释活动中，法官的价值评价和价值选择在很大程度上决定了宪法裁判的结果。置身于自由主义文化意识浓厚的氛围，法官往往倾向于利用宪法解释限制国家权力的范围，试图借助

---

① 参见韩登池：《司法理性与理性司法——以法律推理为视角》，载《法学杂志》2011年第2期，第71页。
② 参见蒋秋明：《司法理性论略》，载《学海》2002年第5期，第28页。
③ 参见［英］罗杰·科特威尔：《法律社会学导论》，潘大松等译，华夏出版社1989年版，第190页。
④ 参见［美］本杰明·卡多佐：《司法过程的性质》，苏力译，商务印书馆1998年版，第63页。
⑤ 参见蒋秋明：《司法理性论略》，载《学海》2002年第5期，第28页。

违宪审查机制防止议会和行政机关通过法律、法规过度限制公民的自由,力图通过价值选择路径创设权利规则、填补法律漏洞、推动法律发展。

法官在处理权利之间的冲突过程中也应该坚持价值选择理性,将保护同等的自由权利作为价值选择的准则。权利是制度化价值的表现形式,权利之间冲突的实质是价值之间的冲突,只有进行价值的整合才能实现权利的协调,因此,通过价值选择理性合理划分权利的界限就是法院的应有职能和司法使命。在解决不同位阶价值造成的权利冲突和利益纠纷的过程中,法官应当尊重社会主流价值观,坚持社会正义原则,作出优先保护个人的生存权、人格尊严权和人身自由权的价值选择,作出优先保护弱势群体的生存权和发展权的司法决策。在处理同等价值位阶的权利冲突和利益纠纷的过程中,应该遵守共同抑制原则,最大限度地实现各种利益的整体平衡。

法官的理性选择建立在其与社会公众的理性沟通基础上。[1] 法院应该将审判过程置于社会公众监督之下,将审判结果和裁判理由定期向社会公开,同时应当保障公民自由旁听和媒体合理报道的权利,以期保证法官能够尽可能地作出谨慎、理性的司法判断。众所周知,法院在向社会传达司法信息的同时也在接受社会传来的司法意见,司法公共领域也就在这种沟通活动中逐渐形成了。法官和社会公众在司法公共领域里的沟通不仅为疑难案件的法律评价和法律适用提供了社会理性基础,而且为司法确认和保护新的利益诉求提供了正当性资源。毋庸置疑,疑难复杂案件审理往往面对找不到相应的法律规则或缺少明确法律规定的情形,法官应该将社会主流文化观念作为价值选择的标准和司法理性的渊源,确保法律事实的确认和审判规则的建构基于深刻的社会理性基础上。

社会理性凝聚了人类长期的生活经验和交往智慧,能够成为司法选择理性的文化渊源。其中,在一定交往方式上形成的惯例,凝结了行为规范和利益调整方面的经验和智慧,有着深厚的社会文化根基,是社会理性的载体,也是司法判断的理性源泉。惯例承载着社会情感、社会预期和价值取向,对案件的审理和裁决有着极其重要的意义,是法官进行价值选择和司法判断的标准。如果某种惯例是社会生活中权利义务安排方面的渊源,那么该惯例就可能成为法院认可当事人权利主张的有力依据。[2] 在法律实践中,职业惯例、商业惯例和生活惯例不仅在非诉讼程序中成为人们解决纠纷的行为评价标准,而且在诉讼活动中发挥着建构审判规则、阐释事实的法律意义、增强司法判断理性的功能。在现实生活中,不可能所有的习惯权利都能获得法律的认可,人们在一定时空按照惯例的要求行使权利、履行义务。何时需要将某些习惯权利确立为法律上的权利,通常是法官在审理与习

---

[1] 参见韩登池:《司法理性与理性司法——以法律推理为视角》,载《法学杂志》2011年第2期,第72 - 73页。
[2] 参见[美] E. 博登海默:《法理学:法律哲学与法律方法》,邓正来译,中国政法大学出版社1999年版,第471页。

惯权利有关的利益纠纷时做出价值判断和司法选择。①

著名的泸州遗产继承案的审理充分体现了立法理性、认识理性、沟通理性和选择理性在司法判断力形成中的重要作用。② 本案中，遗赠人立下书面遗嘱将财产赠予非法同居方的行为系本人真实意思表示且形式上合法，符合《继承法》中关于遗嘱继承的规定。一方面，遗赠人用遗嘱的形式处分死后留下的财产是《继承法》保护的自由权利，遗嘱继承应该优先于法定继承，该遗嘱应当是合法有效的。另一方面，依据《民法通则》的公序良俗原则，该遗赠行为违背了公共秩序和社会道德，属于无效法律行为，由此导致了《继承法》与《民法通则》适用的冲突、特殊法的价值理性与一般法的价值理性的冲突。而法院突破了特殊法优于一般法的基本规则，适用了《民法通则》第7条"民事活动应当尊重社会公德，不得损害社会公共利益"的原则，认定本案中的遗赠行为属于无效民事行为。《继承法》关于遗嘱继承优先于法定继承的规定鲜明地体现着立法理性，是立法系统对于人的意志自由、财产处分权及主体人格的尊重。《民法通则》关于"公序良俗"的确认也丰富地体现着立法理性，体现着法律系统对社会道德系统的尊重。法院在审判案件的过程中，能够认识到《继承法》和《民法通则》相关规定中体现着的丰富的立法理性，透过形式化的法律条文追索到背后涵纳的法律价值，明确法律对个体意志自由、财产处分权和人格的尊重以及对社会秩序和善良风俗的维护，是法官认识理性的良好表征。但本案中《继承法》和《民法通则》之规定显然存在着某种价值冲突，即适用《继承法》中遗嘱继承优先于法定继承的规则，则无法维护《民法通则》第七条之"公序良俗"的规定，因此法官需要作出理性的司法选择。而这种抉择性的司法判断不仅需要以立法理性为基础，以认识理性为前提条件，而且需要以沟通理性为手段，以选择理性为支撑，法官只有充分利用辩论机制和司法公共领域使司法判断披上沟通理性的外衣，通过向当事人和社会公众的阐释司法裁判的合法性及合理性，才能不断增强司法过程和司法结果的可接受度。

（编辑：吕玉赞）

---

① ［俄］耶维茨：《法的一般理论——哲学和社会问题》，朱景文译，辽宁人民出版社1986年版，第64页。
② 参见四川省泸州市中级人民法院（2001）泸民一终字第621号民事判决书。

法律名称的要素、功能与确定方法[*]
——基于全国人大及其常委会的立法实践

刘怡达[**]

摘　要：法律名称是法律文本的重要组成部分，法律命名则是立法活动的重要内容。在一个完整的法律名称中，既有适用范围、制定主体、表现形式和效力位阶等形式要素，亦有调整事项和规范领域等实质要素。这种构成要素的复合性，使法律名称具有识别、区分和系统集成的重要功能。在全国人大及其常委会的立法实践中，法律名称的确定方法可归纳为五个方面，分别是名称与法律内容相一致、名称与法律类型相适应、名称应避免出现歧义、名称应保持相对稳定、名称应符合语法规则。法律命名本质上是一个立法技术问题，须有一套相对成熟的技术规范，以便为法律命名活动提供指引。法律命名活动中有诸多法律语言学问题，拟定的名称需要接受语言学的检视。法律命名活动还应吸收人民群众参与，以使法律名称贴近民众生活，进而有利于法律的遵守和执行。

关键词　法律名称　要素　功能　确定方法　全国人大及其常委会

成文法通常会有一个名称，立法机关在制定某部法律时，除了考虑法律的内容是否科学合理，还会认真商酌法律的命名问题。一方面，法律命名绝非简单轻巧之事，正所谓制名以指实，这要求以精简准确的词语概括出法律的内容，因而对立法技术水平有着较高要求。另一方面，法律命名亦非无足轻重之事，因为法律名称具有区分、识别和系统集成等重要功能。其中，区分功能是指人们可以根据法律的名称，较为简易地区分此法与彼法、

---

[*] 本文系 2021 年度国家社科基金青年项目"中国特色社会主义法律体系中的监察法规研究"（项目批准号：21CFX061）的阶段性研究成果。

[**] 刘怡达，男，湖南洞口人，湖南大学法学院副教授，法学博士，研究法学为中国宪法学。

上位法与下位法、特别法与一般法，避免在选择法律时产生混淆；识别功能则缘于法律名称透露了诸多信息，人们可从中知晓法律的制定主体、调整范围、效力位阶等，便于有针对性地选择法律；庞大的法律体系还有赖法律名称发挥集成功能，以便保持和谐有序的内部结构，而不至于显得杂乱和零散。我国是典型的成文法国家，行使国家立法权的全国人大及其常委会制定了数百件法律，在此过程中，如何给法律命名是其必须解决的问题。特别是具体立法往往是在规划指引下进行的，早在立法工作启动之初，立法规划和立法工作计划中便有了拟定的法律名称，在这个意义上来说，法律命名亦可认为是立法工作首先面临的技术性问题。

大致而言，有关法律命名问题的研究可分为两类：一是整体研究，因为法律命名属于立法技术问题，所以立法学研究会从整体上探讨法律命名的问题。比如，有论者认为，法律名称应当反映出法的调整对象、适用范围和效力等级。① 还有论者对法律名称的规范化设置提出建议，认为需要在《中华人民共和国立法法》中对我国法的名称规范化作出全面规定。② 二是个案研究，由于法律名称是立法工作中经常发生争议的问题，因而在具体的立法活动中，也会对法律命名问题展开探讨。例如，在起草《中华人民共和国涉外民事关系法律适用法》的过程中，便对该部法律的名称问题有过不少争论。③ 亦有论者认为，《中华人民共和国商标法》的名称不足以涵盖其保护内容，故建议更名为"商标和其他标志法"。④

总的来说，整体研究更多的是法律命名问题的静态阐述，对立法过程中法律命名的动态过程略有疏忽；而个案研究缺乏整体视野，难以提炼出法律命名问题的规律性认识。有鉴于此，本文尝试整合两类不同的研究范式，以全国人大及其常委会的立法实践为素材，主要运用《中华人民共和国全国人民代表大会常务委员会公报》刊载的立法背景资料，观察全国人大及其常委会是如何给法律命名的，以期对法律命名的实践进行经验总结和反思。

一、法律名称的基本要素

法律名称由哪些要素构成？对于该问题，理论上和实务中的认识大体一致，通常认为包括三方面的要素。例如，有论者认为，法律名称应包括地域范围、内容范围和效力等级。⑤ 亦有论者认为，法律名称由三个要件组成，即法律的适用范围、调整对象和效力等

---

① 参见杨临宏：《立法学：原理、程序、制度与技术》，中国社会科学出版社2020年版，第387–388页。
② 参见汪全胜、张鹏：《论我国法的名称设置的规范化》，载《广西大学学报（哲学社会科学版）》2012年第2期，第37–44页。
③ 参见齐湘泉：《〈涉外民事关系法律适用法〉起草过程中的若干争议及解决》，载《法学杂志》2010年第2期，第7–8页；黄金鑫：《"涉外民事关系法律适用法"命名之不当——以冲突规范的调整对象为视角》，载陈金钊、谢晖主编：《法律方法》（第14卷），山东人民出版社2013年版，第337–345页等。
④ 王莲峰：《我国〈商标法〉名称的修改与选择》，载《政治与法律》2010年第1期，第9页。
⑤ 参见李龙主编：《良法论》，武汉大学出版社2005年版，第299页。

级。① 通常而言，完整的法律名称兼有形式和实质两类构成要素，其中，形式要素包括适用范围、制定主体、表现形式和效力位阶，实质要素主要是指法律的调整事项和规范领域。一般来说，法律名称中的形式要素具有共通性，所以在法律命名时鲜有争议；实质要素则因调整事项的不同而有所差异，因而在立法实践中较难确定。

（一）法律名称的形式要素

适用范围、制定主体、表现形式和效力位阶等形式要素，虽然不直接表明法律的规范内容和调整对象，但也是一个完整的法律名称必须具备的。特别是"宪法和法律确立了具有中国特色的统一而又多层次的立法体制，这就决定了中国特色社会主义法律体系内在统一而又多层次的结构特征"，② 诸如法律、行政法规、地方性法规、部门规章和地方政府规章等不同层次的法律类型，正是借助名称中的形式要素，才能够进行有效的区分和识别。

第一，适用范围和制定主体。大多数观点认为，适用范围是法律名称的基本要素之一，③ 比如，《中华人民共和国公司法》中的"中华人民共和国"，表明该部法律在中华人民共和国的地域范围内适用；《北京市种子条例》中的"北京市"，表明该部地方性法规的适用范围是北京市的行政区域。除此之外，制定主体同样属于法律名称的基本要素，只是法律名称表明的制定主体往往比较笼统，比如"中华人民共和国"意指法律由中国的立法机关制定。当然，在某些特例中，法律名称载明的制定主体会比较具体，例如《全国人民代表大会常务委员会关于惩治骗购外汇、逃汇和非法买卖外汇犯罪的决定》，这部由全国人大常委会通过并以国家主席令公布的法律，在名称中指明其制定主体是全国人大常委会。不过，在全国人大及其常委会制定的法律中，有几部并无适用范围或制定主体的要素，最为典型的便是《反分裂国家法》。在这部法律制定过程中，对于法律草案名称未冠以"中华人民共和国"字样，曾有全国人大代表提出质疑。对此，全国人大法律委员会从正反两面予以回应：一是考虑到本法作为对台特别立法，法律名称不冠国名，有利于争取广大台湾同胞的理解和支持；二是这部法律是中华人民共和国全国人民代表大会通过的，并以中华人民共和国主席签署命令公布，不冠国名并不会影响法律的地位、性质和实质内容。④

第二，表现形式和效力位阶。法律以何种形式表现于外，是法律命名时需要考虑的重要问题。在全国人大及其常委会制定的法律当中，以"法"这一表现形式居多，此外，还

---

① 参见张春生主编：《立法实务操作问答》，中国法制出版社2016年版，第236页。
② 中华人民共和国国务院新闻办公室：《中国特色社会主义法律体系》，人民出版社2011年版，第38页。
③ 参见李培传：《论立法》，中国法制出版社2013年版，第422页；张春生主编：《立法实务操作问答》，中国法制出版社2016年版，第236页；周旺生：《立法学》，法律出版社2009年版，第465页等。
④ 参见本书编写组编著：《岁月留痕：吴邦国工作纪事》，人民出版社2017年版，第325-326页。

有"法典""基本法""条例""规则""总则"和"通则"等表现形式。对一个庞大的法律体系而言,名称中的表现形式可以用来确定法律的效力位阶,例如,在《中华人民共和国教育法》的法律名称中,"法"的字样表明其属于效力位阶较高的法律。根据法律的表现形式判断其效力位阶,要求表现形式具有专属性,正是缘于此,《行政法规制定程序条例》要求部门规章和地方政府规章不得称"条例",由此便可根据名称区分何者是效力较高的行政法规,何者是效力较低的规章。不过,就全国人大及其常委会制定的法律来说,除了"法"的表现形式是其专属的以外,"条例"等其他表现形式在行政法规和地方性法规中使用更多,这似乎不利于从名称中区分效力位阶不同的法律和法规,因此为不少论者所长期诟病。[1] 究其缘由,一方面是早年间的立法技术尚不成熟,可以发现以"条例"命名的法律制定时间大多比较久远,以至于在法律修改时进行了更名,比如以《中华人民共和国学位法》取代《中华人民共和国学位条例》。[2] 另一方面,在法律名称中使用"条例",还缘于此类法律规定的内容较为特殊,例如规定衔级制度的法律倾向于以"条例"命名;[3] 规范全国人大及其常委会议事程序的法律,亦不采用"法"的表述,而是以"规则"的形式出现。

(二)法律名称的实质要素

法律是调整社会关系的行为规范,但具体调整哪些事项、规范哪些领域内的行为,不同法律之间存在较大差异。此时,单纯的形式要素无法体现这种差异,对于一个完整的法律名称,还应对法律的调整范围和规范领域加以概括表达,这便是法律名称中的实质要素。在全国人大及其常委会制定的法律当中,名称的实质要素主要来自三个方面:

一是对法律内容的概括凝练,这是立法实践中实质要素最常见的来源。此时,法律名称既需要对法律内容进行全面概括。例如,《中华人民共和国家庭就业促进法》起草时的名称一度为《中华人民共和国家庭教育法》,多方面的意见认为"家庭教育立法主要是为了促进家庭教育",[4] 为此最终对法律名称进行修改,以便更好地与法律内容保持一致。同时,在法律制定过程中,法律内容可能发生或大或小的调整,法律名称也须进行相应的

---

[1] 参见杨临宏:《立法学:原理、程序、制度与技术》,中国社会科学出版社2020年版,第387-388页;朱力宇、叶传星主编:《立法学》,中国人民大学出版社2015年版,第262-263页;周旺生:《立法学》,法律出版社2009年版,第461-462页等。

[2] 不少观点认为,《中华人民共和国学位条例》名称中的"条例"一词,与其法律的身份不符合。参见周佑勇:《法治视野下学位授予权的性质界定及其制度完善——兼述〈学位条例〉修订》,载《学位与研究生教育》2018年第11期,第8页;湛中乐、李烁:《论〈学位条例〉修订中的关键问题》,载《中国高等教育》2020年第6期,第32页等。

[3] 为了建立和完善消防救援授衔制度,全国人大常委会2018年10月制定了《中华人民共和国消防救援授衔条例》,该条例并未在名称中使用"法",而是沿袭了《中国人民解放军军官军衔条例》《中华人民共和国人民警察警衔条例》和《中华人民共和国海关关衔条例》名称中的"条例"。

[4] 参见徐辉:《全国人民代表大会宪法和法律委员会关于〈中华人民共和国家庭教育法(草案)〉修改情况的汇报》,载《中华人民共和国全国人民代表大会常务委员会公报》2021年第7期,第1282页。

变化。比如，在《中华人民共和国各级人民代表大会常务委员会监督法》制定过程中，起初预设的调整范围是"全国人大及其常委会的监督工作，不涉及地方人大的监督工作"，故使用了"全国人民代表大会及其常务委员会监督法"的名称；而后"扩大了调整范围"，法律名称随之变更为"全国人民代表大会和地方各级人民代表大会监督法"；最终"将调整范围确定为规范各级人大常委会的监督工作"，[1] 方才有了现行法律中的名称。

二是对既往法律名称的传承，以及对国际法和国外法的借鉴。古代中国有着相当悠久的法制传统，不少有益因素为今日的法治建设所承接，其中就包括法律的命名方式。比如以"刑"命名法律的做法由来已久，当然，如今刑法中的"刑"专指犯罪与刑罚，这与历史上的"诸法合体"有本质差异。[2] 待到清末法制变革，清廷主持制定和草拟了一系列法律文件，其名称中的实质要素延续至今，《大清民事诉讼律草案》中的"民事诉讼"便是一例。与此同时，国际法和国外法也为法律名称提供了不少实质要素，比如在《中华人民共和国水法》起草过程中，曾有人建议更名为"水资源法"，但考虑到"目前世界各国趋于统称水法，英国1963年制定水资源法，1973年修订后改为水法。经我们再次研究，仍定名为《水法》"。[3]

三是由上位法指明或借鉴于下位法。法律在对宪法等上位法进行具体化时，也常用上位法载明的概念作为法律名称。例如，1982年12月颁行的《中华人民共和国宪法》规定，"自治机关依照民族区域自治法行使自治权"，1984年5月制定的《中华人民共和国民族区域自治法》的名称即源于此。[4] 又如，《中华人民共和国监察法》规定的"对违法的公职人员依法作为政务处分决定"，这构成《中华人民共和国公职人员政务处分法》命名的素材。再者，在我国法制建设过程中，如果全国人大及其常委会的立法条件尚不成熟，通常会由国务院和地方人大"先行先试"，待到条件成熟时再上升为法律，此时也会借鉴行政法规或地方性法规的名称，比如《中华人民共和国进出口商品检验法》的名称，便与国务院1984年1月制定的《中华人民共和国进出口商品检验条例》有关。[5]

二、法律名称的主要功能

在很大程度上而言，法律的名称与人的姓名具有共通性，法律名称的形式要素恰如

---

[1] 参见全国人大常委会法工委组织编写：《监督法辅导讲座》，中国民主法制出版社2006年版，第23-28页。

[2] 参见蔡枢衡：《刑法名称的由来》，载《北京政法学院学报》1981年第3期，第7-14页。

[3] 钱正英：《关于〈中华人民共和国水法（草案）〉的说明》，载《中国水利》1988年第3期，第34页。

[4] 当然，《中华人民共和国民族区域自治法》的起草始于1980年，名称在当时既已确定。但在规范意义上来说，《中华人民共和国宪法》构成《中华人民共和国民族区域自治法》的上位法依据，亦为"民族区域自治法"的命名提供了遵循。参见阿沛·阿旺晋美：《关于〈中华人民共和国民族区域自治法（草案）〉的说明》，载全国人民代表大会常务委员会办公厅编：《中华人民共和国第六届全国人民代表大会第二次会议文件汇编》，人民出版社1984年版，第97-99页。

[5] 参见李鹏：《国务院关于提请审议〈中华人民共和国进出口商品检验法（草案）〉的议案》，载《中华人民共和国国务院公报》1989年第3期，第72页。

"姓",实质要素则像是"名"。在社会学研究看来,姓名对内可以起到整合群体的作用,对外可以用来区分血缘和身份。① 同时,对于社群组织的成员而言,姓名还能当作一个非常重要的识别符号,是社会和家族给个人设定的编码。② 正是因为此,法律命名可以比喻为立法机关给法律起名,由此而来的法律名称同样有着识别、区分和集成的重要功能。

（一）法律名称的识别功能

名称作为客观事物的符号,具有概括和指代的作用。在语言学研究中,标题是对篇章的浓缩,要求以尽量简短的词语概括篇章的内容,③ 因此被形容为"居文之首,勾文之要",即篇章的主要内容可在标题中获得呈现。与此类似,法律名称包含着形式和实质的诸多要素,由此,人们根据名称即可识别出法律的主要内容、效力等级和适用范围等信息。如此一来,立法机关在给法律命名时,一方面需要比较完整地概括出法律的内容,但过于冗长的名称也会减损识别的便利性。例如,在《中华人民共和国防震减灾法》制定过程中,草案使用的名称是《中华人民共和国防御与减轻地震灾害法》,其中的"防御与减轻地震灾害"作为法律名称的实质要素,虽然概括了法律的主要内容,但因不够简练而被修改。④ 另一方面应尽可能使用通俗的词汇,因为晦涩难懂的用语必然会加大识别的难度。当然,如果不可避免出现某些专业术语,也应当在法律条文中予以释明,比如,《中华人民共和国领海和毗连区法》第2条和第4条分别阐释了"领海"和"毗连区"这两个概念。

法律名称的识别功能在法律实务工作中有诸多体现。最典型的便是,那些精准、全面概括了法律内容的法律名称,能够给法律适用者的"找法"作业提供极大便利。例如,法官在查明案件事实之后,便会面临"找法"的问题,即从现行法中找到适当的法律条文,用来裁判当前的案件。⑤ 此时,法律名称可以为"找法"工作提供指引,正如"见字如面"那般,法律名称能够让法官快速知晓法律的内容。特别是当法官经过长期实操,以至于形成了良好的"法感",可以将常用法律的名称与内容准确对应。除此之外,法律名称的识别功能还可服务于法律解释,当法律适用者进行目的解释时,首先应当考察法律的目的为何,而法律条文未对立法目的作出明确规定,还"可直接从法律名称中,觅其目的者"。⑥ 比如在《中华人民共和国治安管理处罚法》制定过程中,曾有人建议将法律名称修改为"治安管理法",理由是"社会治安管理不能仅靠处罚,更要靠加强教育、管理"。

---

① 参见纳日碧力戈:《姓名论》,社会科学文献出版社2015年版,第143–167页。
② 李浩:《流声:中国姓名文化》,生活·读书·新知三联书店2017年版,第3页。
③ 尹世超:《标题语法》,商务印书馆2001年版,第58页。
④ 参见蔡诚:《全国人大法律委员会关于〈中华人民共和国防御与减轻地震灾害法（草案）〉审议结果的报告》,载《中华人民共和国全国人民代表大会常务委员会公报》1997年第7期,第821页。
⑤ 参见梁慧星:《裁判的方法》,法律出版社2017年版,第54页。
⑥ 杨仁寿:《法学方法论》,中国政法大学出版社2012年版,第172页。

不过立法机关认为,"本法主要是同刑法相衔接,对尚不构成犯罪的违反治安管理行为作出处罚规定,以维护社会秩序"。① 于是,法律名称中的"治安管理处罚"便表明了该部法律的主要目的,即对违反治安管理秩序的行为进行惩戒。

(二) 法律名称的区分功能

名称可以说是社会性的,它们将对象区分开来,以便容易指称。② 在只有单独一个个体的情况下,名称是没有现实意义的,但当两个及以上的个体组成群体时,就有必要借由名称或编号来区分不同的个体。法律名称的区分功能既有对内面向,即区分的是同层次法规范的不同法律文本。截至目前,全国人大及其常委会制定的现行有效法律有近三百件,数量如此之众的法律,如果不通过法律名称加以区分,必然会产生诸多混淆。特别是在法律的具体适用过程中,人们需要"要在浩如烟海的法律条文中,去发现、寻找所要解决案件的相关法条"。③ 此时,不同的名称有助于法律适用者更快捷和准确地寻找法律。例如,《中华人民共和国合同法》与《中华人民共和国劳动合同法》在名称上的细微差别,其实对这两部法律的调整范围进行了有效区分,假若诉争案件是由用人单位与劳动者订立的合同引发,便可径直适用《中华人民共和国劳动合同法》的有关规定。

除此之外,法律名称的区分功能还有对外面向,因为一个国家的法规范通常具有多元性,不同层次的法规范组成一个法律体系,比如中国特色社会主义法律体系便是以宪法为统率,由法律、行政法规、地方性法规、部门规章和地方政府规章等构成的。在层次井然的法律体系当中,不同法规范的制定主体、效力等级和调整范围有所差异,此种差异可以在名称中予以表现。特别是法律适用遵循"上位法优于下位法"等规则,此时只要法律命名得当,法律适用者即便不去查阅法律制定主体,亦可有效判断何为上位法、何为下位法。比如,《工伤保险条例》和《吉林省实施〈工伤保险条例〉办法》的名称,清楚地表明前者是上位法、后者是下位法。为了使法律名称的区分功能得到有效实现,既要求同一层次的法规范在名称上具有一致性,更重要的是不同层次法规范的名称应有必要的差异。在现有的实践中,法律和行政法规均可在名称中使用"中华人民共和国"和"条例"的字样,那么很难根据名称来区分这两类不同的法规范。

(三) 法律名称的集成功能

中国特色社会主义法律体系的内部构成可谓是相当多元,为了使庞大的法律体系保持和谐有序的内部结构,而不至于显得杂乱和零散,有必要对其加以系统集成。最典型的便

---

① 参见周坤仁:《全国人大法律委员会关于〈中华人民共和国治安管理处罚法(草案)〉审议结果的报告》,载《中华人民共和国全国人民代表大会常务委员会公报》2005年第6期,第462页。
② [美] 约翰·杜威:《艺术即经验》,高建平译,商务印书馆2017年版,第130页。
③ 陈金钊:《司法过程中的法律发现》,载《中国法学》2002年第1期,第53页。

是"根据不同法律规范的调整对象和调整方法的不同,划分为若干法律门类"。[1] 事实上,法律名称亦具有集成功能,恰如姓氏可以用来统合同一氏族。例如,我国目前有十余部以"税法"命名的现行有效法律,包括《中华人民共和国个人所得税法》《中华人民共和国契税法》《中华人民共和国烟叶税法》等,由此集成为税法这一"法律子体系"。很大程度上而言,发挥法律名称的集成功能是立法机关有意为之的,比如全国人大常委会2021年8月把《中华人民共和国执业医师法》更名为《中华人民共和国医师法》,背后的考虑是"我国涉及职业类别的相关法律法规,如教师法、法官法、律师法、护士条例等,都有严格的资格认证和执业注册等管理制度,但在法律法规名称上都没有'执业'二字的限定,更名有利于保持法律体系的协调统一"。[2] 与此类似,全国人大常委会2021年12月修改《中华人民共和国环境噪音污染防治法》,法律名称变更为《中华人民共和国噪音污染防治法》,当时之所以删去"环境"一词,是为了"与水、大气、土壤等污染防治法律名称中突出要素管理的表述保持体例上的一致"。[3]

  法律名称的集成功能,并不只是追求外在形式上的整齐划一,还可应用于立法和法律适用活动。比如有论者认为,《中华人民共和国水污染防治法》《中华人民共和国大气污染防治法》和《中华人民共和国土壤污染防治法》等集成的污染防治"法律子体系",可以作为环境法典"污染防治"编的编纂基础。[4] 再如,为了提高立法效率,立法机关会对数部法律进行一次性的"打包"修改,这被称作"包裹立法"。[5] 那么哪些法律可以纳入同一"包裹"中,有一个标准便是集成而来的"法律子体系",全国人大常委会2016年9月对"外资三法"的"打包"修改即为一例。在法律适用过程中,法律名称的集成功能有更多体现。因为"找法"是法律适用的前提,而"找法"作业通常有一个循序渐进的过程,有论者将其描述为由"部门法"到"亚部门法"再到"子部门法",直至最终寻得具体的法律文本。[6] 此外,体系解释等法律解释方法,以及"特别法优于一般法"的法律适用规则,与法律名称的集成功能也有诸多关联,比如在以"教育法"命名的各类法律中,通过名称便可判断《中华人民共和国教育法》是一般法,《中华人民共和国义务教育法》《中华人民共和国高等教育法》和《中华人民共和国职业教育法》等则属特别法。

---

[1] 李飞:《中国特色社会主义法律体系辅导读本》,中国民主法制出版社2011年版,第123页。

[2] 刘谦:《关于修订〈中华人民共和国执业医师法〉的说明》,载《中华人民共和国全国人民代表大会常务委员会公报》2021年第6期,第1174页。

[3] 高虎城:《关于修订〈中华人民共和国环境噪音污染防治法〉的说明》,载《中华人民共和国全国人民代表大会常务委员会公报》2022年第1期,第71页。

[4] 参见吕忠梅:《中国环境法典的编纂条件及基本定位》,载《当代法学》2021年第6期,第16页。

[5] 参见刘风景:《包裹立法的中国实践》,载《法学》2014年第6期,第110–119页。

[6] 参见赵玉增、王海霞:《法律发现:法官"找法"的路径分析》,载陈金钊、谢晖主编:《法律方法(第18卷)》,山东人民出版社2015年版,第81–82页。

三、法律名称的确定方法

为了使法律文本得到打磨和完善，立法活动通常会经历一个比较长的周期，在此过程中，立法机关不仅会修改法律的条文，亦会对法律的名称进行反复斟酌。在现实的立法工作中，诸如领导批示、民众建议、国家政策和域外先例等因素，均会对法律的条文和名称产生一定影响。例如，在长江流域立法过程中，法律名称由综合管理式的"长江法"，调整为流域保护型的《中华人民共和国长江保护法》，很大程度上缘于习近平总书记作出的"抓紧制定一部长江保护法"的重要指示。[①] 再如，"基本医疗卫生法"更名为"基本医疗卫生与健康促进法"，以及由此而来的法律调整范围的扩大，主要是为了贯彻党的十九大提出的健康中国战略。[②] 自最初的立法动议到草案审议，再到法律的表决通过和公布，法律名称的变化可谓是颇为普遍。通过对这一过程进行观察，可以发现全国人大及其常委会在给法律命名时，主要考虑以下五方面的因素，这构成法律名称确定的基本方法。

（一）名称与法律内容相一致

压缩往往导致命名，[③] 名称可以说是对内容的高度压缩，内容则是名称的展开和解压。相应地，法律名称是对法律主要内容的概括表达，特别是名称中的实质要素，更是与法律的内容密切相关。如此一来，立法机关在给法律命名时，必须要做到名实相符，即法律名称应当与法律的内容相一致。

表 1　修改名称以做到名实相符

原名称	修改后名称	修改理由
国有资产法	企业国有资产法	本法的适用范围仅限于经营性国有资产，即国家对企业的出资所形成的权益。建议对本法的名称再作研究，使本法名称与其适用范围相适应[④]
农民专业合作经济组织法	农民专业合作社法	为了使本法的名称与其调整范围相一致，建议对本法的名称再作研究。法律委员会建议将本法的名称修改为"农民专业合作社法"[⑤]

---

① 参见栗战书：《在长江保护法实施座谈会上的讲话》，载《中国人大》2021年第3期，第8页。
② 参见柳斌杰：《关于〈中华人民共和国基本医疗卫生与健康促进法（草案）〉的说明》，载《中华人民共和国全国人民代表大会常务委员会公报》2020年第1期，第61页。
③ ［法］A.J.格雷马斯：《结构语义学》，蒋梓骅译，百花文艺出版社2001年版，第107页。
④ 洪虎：《全国人民代表大会法律委员会关于〈中华人民共和国国有资产法（草案）〉修改情况的汇报》，载《中华人民共和国全国人民代表大会常务委员会公报》2008年第7期，第648页。
⑤ 李重庵：《全国人大法律委员会关于〈中华人民共和国农民专业合作经济组织法（草案）〉修改情况的汇报》，载《中华人民共和国全国全国人民代表大会常务委员会公报》2006年第8期，第675页。

续表

原名称	修改后名称	修改理由
国家安全法	反间谍法	以现行国家安全法的内容为基础,突出反间谍工作特点。将"国家安全法"的名称修改为"反间谍法"①
独资企业法	个人独资企业法	本法调整的是个人独资企业,并不包括国有独资、集体独资和外商独资企业,现在的法律名称与实际的调整范围不一致②
境外非政府组织管理法	境外非政府组织境内活动管理法	本法旨在调整境外非政府组织在中国境内开展的活动,建议将本法名称修改为"境外非政府组织境内活动管理法"③
房地产法	城市房地产管理法	这样改动,名实比较相符。因为本法没有、也不必对作为一项重要物权的房地产权作出具体规定,而着重规定的是对城市房地产的管理,其属性基本上是行政法④
野生动物法	野生动物保护法	本法规定的主要内容是保护,为体现本法的主要目的是保护、拯救珍贵、濒危野生动物,保护、发展和合理开发利用需要保护的野生动物,主张将本法的名称修改为"野生动物保护法"⑤

表 1 呈现的是"修改名称以做到名实相符"的典型例证。从中可以发现,全国人大及其常委会在制定或修改法律的过程中,为了使名称与内容相一致,会对法律名称进行相应的调整,主要包括以下两种情形:一是在制定某部法律时,草案使用的名称与内容不相符,故修改名称以便与内容保持一致。例如,在制定《中华人民共和国境外非政府组织境内活动管理法》时,草案使用的名称是"境外非政府组织管理法"。根据草案名称,这部法律的调整范围似乎包括境外非政府组织的所有管理事项,包括设立、运作、活动、权利义务等。全国人大常委会在审议过程中,有常委会组成人员认为,这部法律调整的事项限于"境外非政府组织在中国境内开展的活动",因此建议将法律名称修改为"境外非政府组织境内活动管理法",全国人大法律委员会采纳了这一意见。二是在修改某部法律时,由于内容的新增或删减,使得原来的名称无法与现有的内容相一致,因而需要修改法律名称。比如全国人大常委会 2014 年 11 月通过了《中华人民共和国反间谍法》,这部法律由

---

① 参见耿惠昌:《关于修订〈中华人民共和国国家安全法〉的说明》,载《中华人民共和国全国全国人民代表大会常务委员会公报》2014 年第 6 期,第 705 页。
② 张绪武:《全国人大法律委员会关于〈中华人民共和国独资企业法(草案)〉修改情况的汇报》,载《中华人民共和国全国全国人民代表大会常务委员会公报》1999 年第 5 期,第 424 页。
③ 徐显明:《全国人民代表大会法律委员会关于〈中华人民共和国境外非政府组织管理法(草案)〉审议结果的报告》,载《中华人民共和国全国全国人民代表大会常务委员会公报》2016 年第 3 期,第 527 页。
④ 叶如棠:《关于〈中华人民共和国城市房地产管理法(草案)〉的说明》,载《中华人民共和国全国全国人民代表大会常务委员会公报》1994 年第 5 期,第 46 页。
⑤ 林润青:《全国人大法律委员会对〈野生动物法(草案)〉审议结果的报告》,载《中华人民共和国全国全国人民代表大会常务委员会公报》1988 年第 7 期,第 18 页。

1993年2月制定的《中华人民共和国国家安全法》修订而来。之所以将法律名称修改为"反间谍法",是为了"突出反间谍工作特点",① 在修订时大幅删减了与国家安全相关的内容。

此外,对于立法过程中各方面提出的修改法律名称的建议,立法机关为了保持名实相符也会予以拒绝。比如在制定《中华人民共和国电子签名法》时,曾有人建议改名为"商务电子签名法",理由是"电子签名主要是在电子商务活动中使用的"。但全国人大法律委员会认为,本法主要适用于商务活动,但又不限于商务活动,政务活动和其他社会活动亦存在电子签名问题。② 当然,名实相符绝非法律命名时必须遵循的"铁律",在某些特殊情况下,立法机关并不会为了做到名实相符,而生硬地修改法律名称。例如,全国人大2005年3月制定了《反分裂国家法》,这部法律针对的是"台独"分裂势力,因此在立法过程中,有人建议将其命名为"反'台独'法"。但在立法机关看来,名为"反分裂国家法",而调整的范围又仅限于反"台独",这并不违背法律体例和立法惯例。对此,时任全国人大常委会委员长的吴邦国举例道,"制定的野生动物保护法也只是保护珍稀动物,不是所有的野生动物都在保护之列,更没人会理解为连苍蝇、蚊子也要保护"。③ 再如,全国人大常委会2016年2月通过了《中华人民共和国深海海底区域资源勘探开发法》,当时,有人提出以"国际海底区域"替代"深海海底区域",理由是这部法律指向的海底区域乃是不由任何国家管辖的海床、洋底及其底土,因此,"国际海底区域"的表述比"深海海底区域"更为严谨。但是,考虑到"深海海底区域"的表述已被域外绝大多数立法使用,为此并没有修改法律名称,只是在法律第2条对"深海海底区域"的概念进行了界定。④

(二) 名称与法律类型相适应

通常而言,全国人大及其常委会制定的法规范被统称为法律,但是,法律内部尚有"基本法律"与"非基本法律"等区别,⑤ 以及正式立法之外的"试行法"和"暂行

---

① 孙宝树:《全国人民代表大会法律委员会关于〈中华人民共和国反间谍法(草案)〉审议结果的报告》,载《中华人民共和国全国全国人民代表大会常务委员会公报》2014年第6期,第707页。
② 参见王以铭:《全国人大法律委员会关于〈中华人民共和国电子签名法(草案)〉修改情况的汇报》,载《中华人民共和国全国全国人民代表大会常务委员会公报》2004年第6期,第456页。
③ 吴邦国:《关于对台特别立法》,载吴邦国:《吴邦国论人大工作(上)》,人民出版社2017年版,第240页。
④ 参见孙宝树:《全国人民代表大会法律委员会关于〈中华人民共和国深海海底区域资源勘探开发法(草案)〉审议结果的报告》,载《中华人民共和国全国全国人民代表大会常务委员会公报》2016年第2期,第490-491页。
⑤ 参见韩大元、刘松山:《宪法文本中"基本法律"的实证分析》,载《法学》2003年第4期,第3-15页。

法"。① 这样的类型划分并不只是具有形式意义，还有相当的实质性差异，比如，基本法律的制定主体限于全国人大，试行法是立法条件不成熟的产物。而区分不同类型的法规范是法律名称的重要功能，于是，立法机关在给法律命名时自然需要审慎选择，以便与法律的类型相适应。

表 2 修改名称以便与类型相适应

原名称	修改后名称	修改理由
农业基本法	农业法	如果本法仍称作"农业基本法"，按照宪法规定，制定和修改基本法律属于全国人大的职权，这部法律的审议就要等到明年春天召开的全国人大。考虑到本法最好尽早制定，建议将"农业基本法"改为"农业法"，由全国人大常委会审议②
民法总则	民法通则	很多问题比传统的民法总则要宽得多，只有一个民法总则恐怕难以概括。把这个法的名称叫"民法通则"可能更合适③
国营企业破产法	企业破产法（试行）	现在通过破产法，条件还不够具备，时机还不够成熟。因此，根据有些委员的意见，建议将本法改为《国营企业破产法（试行）》或者《国营企业破产暂行条例》④
村民委员会组织条例	村民委员会组织法	"村民委员会组织条例"是个重要的基本法律，建议将本法的名称改为"村民委员会组织法"⑤
中国人民解放军现役军官服役条例	现役军官法	鉴于条例是全国人大常委会制定的法律，为了使其与其他法律在称谓上一致，根据立法法的有关规定，草案将条例的名称修改为"现役军官法"⑥

如表 2 所示，全国人大及其常委会在制定法律的过程中，往往会对法律类型有个大致的预判，继而据此使用相应的名称，主要有以下三种情形：第一，基本法律与非基本法律在名称上的差异，比如在制定《中华人民共和国村民委员会组织法》时，草案的名称是"村民委员会组织条例"，但考虑到这是一部基本法律，因而以"法"取代了"条例"。与此相对应，全国人大常委会1993年7月通过了《中华人民共和国农业法》，这部法律草案

---

① 参见杨登峰：《我国试验立法的本位回归——以试行法和暂行法为考察对象》，载《法商研究》2017年第6期，第31–41页。
② 项淳一：《全国人大法律委员会关于〈中华人民共和国农业基本法（草案）〉审议结果的报告》，载《中华人民共和国全国全国人民代表大会常务委员会公报》1993年第4期，第245页。
③ 参见《彭真传》编写组编：《彭真传（第四卷）》，中央文献出版社2012年版，第1547页。
④ 宋汝棼：《关于〈中华人民共和国国营企业破产法（草案）〉（修改稿）几点修改意见的说明》，载《中华人民共和国全国全国人民代表大会常务委员会公报》1986年第7期，第261页。
⑤ 彭冲：《关于〈中华人民共和国村民委员会组织法（草案）〉的决定（草案）的说明》，载全国人民代表大会常务委员会办公厅：《中华人民共和国第六届全国人民代表大会第五次会议文件汇编》，人民出版社1987年版，第191页。
⑥ 于永波：《关于〈中国人民解放军现役军官服役条例修正案（草案）〉的说明》，载《中华人民共和国全国全国人民代表大会常务委员会公报》2001年第1期，第34页。

中的名称却是"农业基本法",全国人大法律委员会审议时认为,以"基本法"命名的法律必须由全国人大制定,这有碍于法律尽早出台,于是删去了"基本"二字,改由全国人大常委会制定即可。第二,正式立法与试行立法在名称上的差异。自改革开放以来,全国人大常委会制定了一系列试行性法律,其在名称上与正式立法有所不同,例如,全国人大常委会曾在1986年尝试制定"国营企业破产法",但鉴于那时出台正式立法的条件不具备,故将法律名称改为《中华人民共和国企业破产法(试行)》。第三,粗略立法与详细立法在名称上的差异。"宜粗不宜细"是我国立法的传统,乃至出现了与粗略立法相适应的法律名称,比如《中华人民共和国民法通则》名称中的"通则"。此种命名方式由来已久,在共和国成立之初,中央人民政府委员会制定了省、市、县各界人民代表会议组织通则,对于名称中使用的"通则"一词,谢觉哉认为"现是通则,将来会详细些"。①

(三) 名称应避免出现歧义

明确性可谓是立法语言最基本的要求,② 有歧义的法律规定会给法律适用带来诸多不便,这要求立法机关尽量不要使用模糊的语句。法律名称具有识别法律内容的重要功能,亦应精准概括法律内容、避免出现歧义或者引起误解。

表3 修改名称以避免出现歧义

原名称	修改后名称	修改理由
预防少年违法行为法	预防未成年人犯罪法	考虑到少年年龄界定为十四周岁至不满十八周岁,同习惯上的少年概念不太一致,改为未成年人较为合适③
外国投资法	外商投资法	在汉语的词义上,"外国投资"指外国国家的投资,"外商投资"是外国商人的投资。在实践中,这部法律调整的均为外商投资而非外国投资④
公民身份证法	居民身份证法	港澳同胞也是中国公民,但本法关于公民身份证的规定不适用于港澳地区居民。为了避免对本法调整范围产生不同理解,法律委员会经认真研究,建议将本法的名称改为"居民身份证法"⑤

---

① 谢觉哉:《政权建设工作中的若干具体问题》,载谢觉哉:《谢觉哉文集》,人民出版社1989年版,第727页。
② 参见张建军:《立法语言的明确性》,载严中卿主编:《人大立法制度研究》,中国民主法制出版社2017年版,第412-415页。
③ 周克玉:《全国人大法律委员会关于〈中华人民共和国预防少年违法行为法(草案)〉修改情况的汇报》,载《中华人民共和国全国人民代表大会常务委员会公报》1999年第4期,第290页。
④ 参见孔庆江、丁向群:《关于〈中华人民共和国外商投资法〉立法过程及其若干重大问题的初步解读》,载《国际贸易问题》2019年第3期,第5页。
⑤ 参见杨景宇:《全国人大法律委员会关于〈中华人民共和国公民身份证法(草案)〉修改情况的汇报》,载《中华人民共和国全国人民代表大会常务委员会公报》2003年第4期,第361页。

如表3所示,全国人大及其常委会在立法时,也曾遇有法律草案的名称可能引发误解的情况,为了消除不必要的歧义,最终对法律名称进行了修改。例如,在《中华人民共和国预防未成年人犯罪法》制定过程中,起草之初拟定的名称是"预防青少年犯罪法",考虑到青年的行为能力和责任能力有别于少年,法律草案的名称被修改为"预防少年违法行为法",同时把少年的年龄段界定为14周岁至18周岁。① 但全国人大常委会在审议时仍然认为,如此年龄界定与习惯上的少年概念不一致,建议将"少年"改为"未成年人",法律名称也随之发生变化。再如,全国人大常委会2003年6月通过了《中华人民共和国居民身份证法》,这部法律草案的名称却是"公民身份证法",有别于全国人大常委会1985年9月制定的《中华人民共和国居民身份证条例》。在审议过程中,有人指出本法不在特别行政区实施,但港澳同胞亦属中国公民,名称中的"公民"一词会引发法律适用范围的误解,为此法律名称被修改为"居民身份证法"。② 当然,为了顾及法律适用的灵活性和立法理性的有限性,法律名称使用相对模糊的词语有时是在所难免的,此时,需要在法律条文中或是授权其他主体对模糊语句加以阐明,比如《中华人民共和国中小企业促进法》名称中的"中小企业",在立法时存在不同认识,最终决定交由国务院来确定。③

与此同时,对于立法过程中要求修改法律名称的建议,全国人大常委会为了避免出现歧义,有些时候也会不予采纳。例如,全国人大常委会2016年12月通过了《中华人民共和国中医药法》,在审议过程中,有不少人建议将法律名称修改为"传统医药法",理由是《中华人民共和国宪法》第21条使用了"发展现代医药和我国传统医药"的表述。④ 但是立法机关认为,"中医药既是传统的,也是现代的。如果法律名称叫'传统医药法',则难以体现中医药运用现代科学技术不断发展创新的要求",⑤ 所以维持了原有的法律名称。不过,有些建议本来可以使法律名称的表述更加精准,然而也没有被立法机关采纳,比如在制定《中华人民共和国保险法》时,考虑到这部法律规定的是有别于社会保险的商业保险,因此有人建议改名为"商业保险法",但是,立法机关认为"保险"一词的"本来含义就是商业保险",因而维持了原有名称。⑥ 这不免让人误以为《中华人民共和国保险法》与《中华人民共和国社会保险法》是一般法与特殊法的关系,但二者其实分属民

---

① 参见侯宗宾:《关于〈中华人民共和国预防少年违法行为法(草案)〉的说明》,载《中华人民共和国全国全国人民代表大会常务委员会公报》1999年第4期,第288—289页。
② 参见徐运平、张涛:《关注公民身份证法起草》,载《人民日报》2003年5月7日,第13版。
③ 参见曾宪林:《关于〈中华人民共和国中小企业促进法(草案)〉的说明》,载《中华人民共和国全国人民代表大会常务委员会公报》2002年第4期,第255页。
④ 参见丛斌:《全国人民代表大会法律委员会关于〈中华人民共和国中医药法(草案)〉修改情况的汇报》,载《中华人民共和国全国全国人民代表大会常务委员会公报》2017年第1期,第15页。
⑤ 宋大涵、王国强、袁曙宏、许安标主编:《中华人民共和国中医药法释义》,中国民主法制出版社2017年版,第57—58页。
⑥ 参见薛驹:《关于担保法(草案修改稿)、保险法(草案修改稿)和惩治破坏金融秩序犯罪的决定(草案修改稿)修改意见的汇报》,载《中华人民共和国全国全国人民代表大会常务委员会公报》1995年第5期,第27页。

商法与社会法的不同法律部门。

(四) 名称应保持相对稳定

法律必须是稳定的,虽然这句著名论述主要是就法律内容而言的,但法律名称亦应保持相对的稳定性,甚至在立法实践中,法律的内容可因法律修改而发生数次变化,而名称很少会随之改变。因为假若法律名称时常变更,无疑有碍于人们根据名称寻找相应的法律,例如,某部法律引用了其他法律的名称,当被引用的法律发生名称变化时,便会出现不对应的问题,此般情况在实践中并不鲜见。① 如果说为了使法律内容保持稳定,立法实践中形成了"可改可不改的不改"的信条;那与此类似的是,对于法律名称的修改,立法机关同样秉持极为谨慎的态度。

表4 名称宜保持相对的稳定性

现有名称	建议名称	未采纳理由
婚姻法	婚姻家庭法	新中国制定的第一部法律就叫婚姻法。婚姻法内容不光是纯粹的婚姻关系,它很自然地会规范以婚姻为基础的家庭关系,所以几十年来一直叫婚姻法②
残疾人保障法	残疾人权益保障法	残疾人保障法实施17年来,本法的名称已经得到普遍认同,这次是对残疾人保障法的修订,建议对法的名称不作修改③
居民身份证法	公民身份证法	将法律名称修改为公民身份证法,涉及港澳台同胞,具有很强的政策性、复杂性、敏感性④
著作权法	版权法	鉴于民法通则已规定为著作权(版权),本法的名称仍用著作权法⑤
农村土地承包法	农村土地使用权法	多年来,我国农村土地一直实行承包经营制度和承包土地的合同管理,农村土地承包的提法已为广大干部和农民群众接受,如采用使用权的概念容易引起农民的误解⑥

---

① 参见李适时:《关于〈全国人民代表大会常务委员会关于废止部分法律的决定(草案)〉和〈全国人民代表大会常务委员会关于修改部分法律的决定(草案)〉的说明》,载《中华人民共和国全国全国人民代表大会常务委员会公报》2009年第6期,第563页。

② 参见傅旭、胡健:《关于新婚姻法——全国人大常委会法工委举行记者招待会》,载《人民日报》2001年5月16日,第10版。

③ 《全国人大法律委员会关于〈中华人民共和国残疾人保障法(修订草案)〉审议结果的报告》,载《中华人民共和国全国全国人民代表大会常务委员会公报》2008年第4期,第470页。

④ 参见《全国人民代表大会监察和司法委员会关于第十三届全国人民代表大会第三次会议主席团交付审议的代表提出的议案审议结果的报告》,载《中华人民共和国全国全国人民代表大会常务委员会公报》2020年第5期,第910页。

⑤ 宋汝棼:《全国人大法律委员会对〈中华人民共和国著作权法(草案)〉审议结果的报告》,载《中华人民共和国全国全国人民代表大会常务委员会公报》1990年第4期,第203-204页。

⑥ 柳随年:《关于〈中华人民共和国农村土地承包法(草案)〉的说明》,载《中华人民共和国全国全国人民代表大会常务委员会公报》2002年第5期,第354页。

在法律颁行一段时间后，随着人们对法律名称的认识更趋于全面，或是法律的内容发生调整，以至于会有人提出修改法律名称的建议。但立法机关认为名称宜保持相对的稳定性，故而未对法律名称进行修改。例如，自全国人大常委会1980年9月制定《中华人民共和国婚姻法》以来，有相当多的观点认为"婚姻法"的名称与法律内容不相符，因为这部法律不仅调整婚姻关系，亦规定了家庭制度。于是，待到2001年修改婚姻法时，便有不少人建议将法律名称更改为"婚姻家庭法"。[1] 不过在立法机关看来，"婚姻法"的表述始于1950年5月颁行的《中华人民共和国婚姻法》，该名称使用了数十年，为此选择不作修改。再如，在《中华人民共和国残疾人保障法》颁行17年后，全国人大常委会于2008年4月对其进行修订。在此过程中，有不少人建议将"残疾人保障法"的名称修改为"残疾人权益保障法"，即增加"权益"二字，以此与老年人权益保障法和妇女权益保障法等立法的名称保持一致。[2] 但全国人大法律委员会审议后认为，现有的名称使用了十余年，已经获得普遍认同，因而以不修改为宜。

因为很多法律的名称来源于上位法和社会实践，所以立法机关在给法律命名时，也倾向于使用上位法指明的名称或者实践中常用的称谓，这可以说是法律名称保持稳定性的另一种体现。比如在制定《中华人民共和国著作权》时，曾有意见认为应使用"版权法"的名称。但是，考虑到《中华人民共和国民法通则》更倾向于使用"著作权"的一词，即第94条规定的"公民、法人享有著作权（版权）"，为此选择沿用"著作权"的表述。当然在有些时候，立法机关为了追求表述的准确性，也不会一概沿用习惯用语，比如全国人大常委会1984年9月通过了《中华人民共和国药品管理法》，但在起草和审议过程中，为了迁就实践中的习惯提法，这部法律的名称一度是"中华人民共和国药政法"。[3] 直至在全国人大常委会联组会议上有人提出，"药政法的名称不够确切，建议改为药品管理法"，[4] 最终才采用了与常用称谓不符但更加准确的名称。

（五）名称应符合语法规则

法律语言不是一种独立的语言，它只是民族共同语的一个分支。[5] 刊载在《中华人民共和国全国人民代表大会常务委员会公报》上的法律标准文本是用汉字写成的，因此，包括法律名称在内的法律语言应当符合现代汉语的语法规则。但这并不是绝对的，法律语言

---

[1] 参见马忆南：《中国婚姻家庭法的传统与现代化——写在婚姻法修改之际》，载《北京大学学报（哲学社会科学版）》2001年第1期，第66页。

[2] 参见申知非主编：《〈中华人民共和国残疾人保障法〉释义》，中国民主法制出版社2008年版，第234页。

[3] 参见《人大常委会委员讨论药政法草案发言（摘要）》，载《药学情报通讯》1984年第4期，第6页。

[4] 沈鸿：《关于〈中华人民共和国药政法（草案）〉（修改稿）两点修改意见的说明》，载《中华人民共和国全国人民代表大会常务委员会公报》1984年第4期，第355页。

[5] 孙懿华、周广然编著：《法律语言学》，中国政法大学出版社1997年版，第69页。

的语法与日常语言的语法仍会稍有不同。① 甚至在长期的立法实践中，法律语言能够生成自身的语法规则，人们常说的"法言法语"便是一种形象描述。由此观之，立法机关在给法律命名时，不仅应当遵循日常语言的语法规则，还需使法律名称与法律语言的语法规则相符。

一方面，法律名称应当符合现代汉语的语法规则，这在全国人大及其常委会的立法中有很多体现。例如，标题以简短为美、宜短不宜长，法律名称同样应该力避冗长，需以尽可能短且少的词语概括出法律的内容。在立法实践中，将"全国人民代表大会常务委员会和县级以上地方各级人民代表大会常务委员会监督法"修改为"各级人民代表大会常务委员会监督法"，就是缘于有人提出"名称太长，建议缩短，尽量简明"。② 再如，标点符号在标题中是可以缺少的，甚至是不该使用的，③ 法律名称亦是如此。恰如有论者指出的，"除实施办法需要出现书名号外，名称中最好不要出现标点符号"。④ 这在立法实践中同样有诸多体现，比较典型的是在进行归侨侨眷权益保障立法时，法律草案的名称是"保护归侨、侨眷权益法"，但最终删去了名称中的顿号，命名为"归侨侨眷权益保护法"。不过在这部法律的条文当中，依然用顿号把"归侨"和"侨眷"隔开，⑤ 这在很大程度上表明，即便同属法律语言，但法律名称的语法仍然有别于法律条文的语法。

另一方面，对于长期立法实践中累积而成的语法规则，在法律命名时亦应遵循。例如，全国人大及其常委会制定了一系列促进、保障和保护型立法，此类法律的名称包含大量宾动词组，比如《中华人民共和国乡村振兴促进法》中的"乡村振兴促进"，《中华人民共和国退役军人保障法》中的"退役军人保障"，以及《中华人民共和国文物保护法》中的"文物保护"。值得注意的是，宾动词组虽然多见于彝语等少数民族语言或地区方言，但并不符合现代汉语的语法规则，因为现代汉语使用较多的是动词在前、宾语在后的动宾词组。此时，在法律名称中使用宾动词组，可谓是一种法律语言的语法规则，其虽有别于现代汉语的语法规则，但却是在长期立法实践中生成的，并能对后续的法律命名活动产生一定的约束作用。比如全国人大常委会2007年8月制定了《中华人民共和国就业促进法》，这部法律在全国人大常委会2006年立法计划中的名称是"促进就业法"，⑥ 但审议时被修改为"就业促进法"，乃至在向社会公开征求意见时，有人认为"就业促进"的搭

---

① 参见[美]约翰·吉本斯:《法律语言学导论》，程朝阳、毛凤凡、秦明译，法律出版社2007年版，第65页。
② 乔晓阳:《全国人大法律委员会关于〈中华人民共和国全国人民代表大会常务委员会和县级以上地方各级人民代表大会常务委员会监督法（草案）〉审议结果的报告》，载《中华人民共和国全国人民代表大会常务委员会公报》2006年第7期，第555-556页。
③ 参见尹世超:《标题语法》，商务印书馆2001年版，第166页。
④ 杨临宏:《立法学：原理、程序、制度与技术》，中国社会科学出版社2020年版，第388页。
⑤ 例如《中华人民共和国归侨侨眷权益保护法》第1条便规定："为了保护归侨、侨眷的合法的权利和利益，根据宪法，制定本法。"
⑥ 参见《全国人大常委会2006年立法规划》，载《中国人大》2006年第2期，第9页。

配在语句上不通，建议修改为"促进就业法"。① 不过，最终通过的法律名称依然使用宾动词组的"就业促进"，这便是在遵循法律语言自身的语法规则。当然，法律条文使用的皆是"促进就业"的动宾词组，由此观之，这种独具特色的语法规则主要出现在法律名称中，法律条文依然遵循日常语言的语法规则。

四、结语

法律名称是法律文本的重要组成部分，但相较于具体的条文而言，名称的关注度要低得多。人们在谈论某部法律时，更多的是围绕法律条文来展开，鲜有针对法律名称的探讨。正如有论者指出的那般，"迄今尚无关于法的名称的系统学问，人们还没有认识到法的名称问题的重要程度"。② 不过在有些时候，法律名称问题的确让立法机关颇费心思，比如2001年修改《中华人民共和国婚姻法》时，有不少人建议把法律更名为"婚姻家庭法"，但这并未被立法机关采纳。除了考虑到法律名称应具稳定性之外，还有便是全国人大常委会能否修改基本法律的名称尚无明确结论。③ 这在很大程度上表明，无论是法律名称的理论，还是法律命名的实践，均存在相当多的未知领域和问题有待探索。正是缘于大量未知的存在，以至于法律命名缺少一套完备的准则，法律名称的凌乱与不规范由此产生。但值得肯定的是，从上文的梳理情况来看，全国人大及其常委会正在努力改变法律名称不规范的问题，并形成了若干与法律命名相关的规律性认识，比如以《中华人民共和国学位法》替代《中华人民共和国学位条例》，借此解决"法律名称不够规范"的问题。④

法律命名本质上是一个立法技术问题，立法技术愈加简陋，法律名称存在纰漏的可能性愈大；随着立法技术的日渐完善，法律命名的规范化程度自然会得到提升。以行政立法的命名为例，在很长一段时期内，由于缺乏最基本的立法技术规范，行政法规、部门规章和地方政府规章皆可称"条例"，直至2001年11月制定的《行政法规制定程序条例》初步建立起行政立法的技术规范，包括明确规定"国务院各部门和地方人民政府制定的规章不得称'条例'"，才使得上述混乱现象得以改观。于此层面而言，全国人大及其常委会给法律命名的活动，也需要有一套相对成熟的技术规范。事实上，全国人大常委会早已提

---

① 参见《各地人民群众对就业促进法（草案）的意见汇总》，载中国人大网：http://www.npc.gov.cn/npc/c199/200704/8ab4cbf3474245b3be5cc6712797b480.shtml，2022年4月14日访问。

② 周旺生：《立法学》，法律出版社2009年版，第461页。

③ 时任全国人大常委会法制工作委员会副主任的胡康生在答记者问时指出，"全国人大常委会能不能更改全国人大定下来的法律名称？对此，法律委员会对此十分慎重。"参见阎军、吴坤：《修改婚姻法焦点问题诠释——全国人大常委会法工委副主任胡康生等答记者问》，载《吉林人大》2001年第7期，第38页。

④ 参见《全国人民代表大会教育科学文化卫生委员会关于第十三届全国人民代表大会第三次会议主席团交付审议的代表提出的议案审议结果的报告》，载《中华人民共和国全国人民代表大会常务委员会公报》2021年第2期，第326页。

出"加强立法技术规范研究和应用工作",① 全国人大常委会法制工作委员会亦曾发布《立法技术规范（试行）（一）》和《立法技术规范（试行）（二）》，在总结相关立法经验的基础上提出了"法律结构规范""法律条文表述规范"和"法律常用词语规范"等内容。② 相应地，对于法律命名过程中形成的经验，亦应加以总结和提炼，作为"法律命名规范"纳入到"立法技术规范"当中。

法律命名还是一个法律语言学的问题，因为语言文字是法律的载体，高度凝练的法律名称更是离不开语言文字的精准运用。早在"五四宪法"制定时，宪法起草委员会聘请语言学家吕叔湘担任语文顾问，以便把好宪法文本的语言质量关。为了提高立法语言的质量，全国人大常委会法制工作委员会于 2007 年 7 月成立了立法用语规范化专家咨询委员会，该委员会由十余位国家通用语言文字方面的专家组成，负责审校法律中文本的语言文字是否规范。③ 在给法律命名的过程中，拟定的法律名称亦应接受语言学的检视。不过在实践中，语言学专家们的建议采纳率并不高，这在很大程度上缘于法律语言有其特殊性。④ 恰如前文所述，促进、保障和保护型立法的名称使用宾动词组，而非现代汉语中常见的动宾词组，这彰显了法律语言之语法规则的独特性。如此一来，法律命名既需遵循语言学的一般规律，更应结合法律制定和适用的实践，由此形成一套适用于立法、执法和司法的法律语言学。

法律命名应当广泛吸收人民群众参与，既缘于民主立法是我国立法工作的一项基本原则，保障人民群众参与立法活动，自然包括在给法律命名时听取人民群众的意见。事实上，在全国人大及其常委会给法律命名的实例中，人民群众提出的意见确实有助于法律名称的完善。更为关键的是，人民群众根据法律名称识别法律的内容，进而选择其所需要的法律。于是，法律名称须以人民群众熟知的语言文字加以表达，耶林说的"立法者应该像哲学家一样思考，但像农人般的说话"意即在此。⑤ 毛泽东修改审定的《宪法草案初稿说明》亦曾指出，"宪法是必须在全国人民中间普遍宣传和遵守的，因此条文要尽量简单，文字要尽量通俗"。⑥ 此时，吸收人民群众参与包括法律命名在内的立法活动，这可以促使法律的名称和内容更加贴近民众的生活，进而有利于法律的遵守和执行。当然，亦不可把语言文字的通俗作为唯一目标，乃至不顾法律命名的其他要求，比如在制定《中华人民共和国物权法》时，有人认为"财产权"比"物权"更易懂，可是财产权的范围远大于

---

① 参见《全国人大常委会 2010 年立法工作计划》，载《中华人民共和国全国人民代表大会常务委员会公报》2010 年第 3 期，第 360 页。
② 参见王云奇主编：《人大常委会组成人员读本》，中国民主法制出版社 2017 年版，第 392 - 415 页。
③ 参见许安标：《法律语言要深耕》，载《中国人大》2009 年第 1 期，第 53 页。
④ 中国政法大学人文学院邹玉华教授受聘担任立法用语规范化专家咨询委员会委员，其曾撰文指出，"语言学家感到困惑的是，让我们审读法律草案，可是我们的建议采纳率不高"。参见邹玉华：《立法语言规范化的语言哲学思考》，载《中国政法大学学报》2012 年第 1 期，第 67 页。
⑤ [德]考夫曼：《法律哲学》，刘幸义等译，法律出版社 2004 年版，第 168 页。
⑥ 中共中央文献研究室编：《毛泽东传（第三册）》，中央文献出版社 2011 年版，第 1288 - 1289 页。

物权，所以立法机关在给法律命名时仍然使用"物权"一词。① 由此观之，法律命名活动还涉及立法科学与立法民主的平衡问题。

（编辑：吕玉赞）

---

① 参见杨景宇：《法治实践中的思考》，中国法制出版社2008年版，第424–425页。

一个非单调性的制定法论辩系统

陈 坤[*]

摘 要 法律推理是一种典型的可废止推理。对于可废止推理,有两种不同的刻画方案,基于扩张的非单调逻辑与基于论证的论辩逻辑。前者将可废止性限制在单个的论证内部,后者则将可废止性刻画为不同论证之间的冲突、击败以及恢复关系。为了自然地准确地刻画法律例外、规则冲突,需要将非这两种思路结合起来。为了准确地刻画各种关于规则的推理,需要借鉴理由逻辑将制定法规则视为个体的思想。通过将缺省逻辑、理由逻辑与论辩逻辑结合起来,可以构造出一个新的刻画制定法推理的逻辑系统。

关键词 可废止推理 法律推理 法律论辩 非单调制定法论辩系统

在法律领域,人们经常需要从不充分的前提集出发,得出一个暂时的结论,并在遇到相反信息时撤回;[①] 或从不一致的前提集中得出一个合理的结论[②]。在制定法国家,人们不仅需要基于制定法规则进行推理(基于规则的推理),而且经常需要对这些制定法规则本身进行推理(关于规则的推理)。这都使得如何妥当地刻画法律推理成为难题。20世纪中后期以来,随着形式逻辑、知识论、人工智能、论证理论等诸多领域的研究进展,各种处理可废止推理的新逻辑工具层出不穷。[③] 在这些新逻辑工具的启发下,关心法律问题的学者们也提出了一些新的刻画法律推理的思路与方法。相较于经典逻辑,这些新的逻辑工

---

[*] 陈坤,男,江苏徐州人,南京大学法学院副教授,法学博士,研究方向为法理学、法律方法论、法律逻辑学。

[①] 参见陈坤:《可废止法律推理与法治》,载《法制与社会发展》2019年第6期,第171页。

[②] See Giovanni Sartor, A Simple Computational Model For Nonmonotonic And Adversarial Legal Reasoning, in Proceedings of the 4th International Conference on Artificial Intelligence and Law (1993), pp. 192–201.

[③] See e. g., R. Reiter, *A Logic for Default Reasoning*, 13 Artificial Intelligence (1980), pp. 81–132; Alejandro J. Garcia, Guillermo R. Simari, *Defeasible Logic Programming: An Argumentative Approach*, 4 Theory and Practice of Logic Programming (2004), pp. 95–138.

具能够更好地刻画法律推理。但总的来说，它们仍存在一些不足。例如，不能很好地刻画例外的例外或关于规则的推理，或者不符合法律推理的自然进程。基于此，本文试图提出一个能够更加准确地刻画制定法推理的逻辑系统：非单调制定法论辩系统（Nonmonotonic Statutory Argumentation System，NSAS）。

一、非单调制定法论辩系统的总体构造思路

总的来说，可废止推理有两种不同的刻画方案：基于扩张的非单调逻辑（nonmonotonic logics）与基于论证的论辩逻辑（argumentation logics）。前者的出发点是刻画基于不充分信息的推理，在信息不充分时，人们进行合理的猜测，遇到反例时再撤回它。后者的出发点是刻画基于不一致信息的推理，在具有不同来源的信息相互冲突时，人们通过比较、评估支持或反对它们的不同论证，确定一个主张的可靠性。换句话说，非单调逻辑将可废止性完全局限在单个的论证内部，论辩逻辑则将可废止性刻画为不同论证之间的冲突、击败以及恢复关系。由于法律推理既有根源于规则冲突的不一致信息推理，也有根源于规则具有例外的不充分信息推理，对它的刻画最好将非单调逻辑与论辩逻辑结合起来。虽然一般地说，非单调逻辑也可以处理不一致信息推理，论辩逻辑也可以处理不充分信息推理，但这需要对推理的前提与过程做相应的调整。这种调整会使对法律推理的刻画偏离真实的思维过程。更自然的做法是，通过某种非单调逻辑将法律例外刻画为某一主张在动态的信息集合中是否得到支持，而将规则冲突刻画为不同论证之间的冲突。

（一）缺省逻辑与作为缺省的方法论规则

在各种非单调逻辑中，Reiter 发展的缺省逻辑[①]最自然地刻画了基于日常规则的推理会面临例外的特征。缺省逻辑的核心概念是"缺省规则"（default rules）。

一个缺省规则 μ 具有如下形式：

$$\frac{\alpha : \beta_1 \cdots \beta_n}{\gamma} (n \geq 1)$$

α、β_1，…，β_n 与 γ 都是一阶语言中的闭公式（不带自由变元）。其中，α 为缺省规则 μ 的前提（prerequisite），可以表示为 $\text{pre}(\mu)$；β_1，…，β_n 是缺省规则 μ 的证立（justifications），可以表示为 $\text{just}(\mu)$；γ 为 δ 的结论（consequent），可以表示为 $\text{con}(\mu)$。

一个缺省规则模式（a default rule schema）是带有变元的如上形式。例如 D1：

$$\frac{\text{鸟}(x) : \neg\text{企鹅}(x)}{\text{会飞}(x)}$$

一个缺省规则模式可以视为所有可以通过将该模式中的变元替换为常元而得到的缺省规则的集合。例如，给定事实"鸟(a)"与"鸟(b)"，D1 实际上是 D1.1 与 D1.2 构成的

[①] R. Reiter, *A Logic for Default Reasoning*, 13 Artificial Intelligence (1980), pp. 81–132.

集合：

$$D1.1: \frac{鸟(a): \neg 企鹅(a)}{会飞(a)}$$

$$D1.2: \frac{鸟(b): \neg 企鹅(b)}{会飞(b)}$$

在缺省逻辑中，人们通过将缺省规则适用到已知的事实上，扩展知识的范围。一个缺省理论 T 由表达已知事实的一阶逻辑公式集 W 与一组缺省规则集 D 构成：$\langle W, D \rangle$。对于任一在 W 中的缺省规则 μ 来说（μ ∈ W），如果已知 pre(μ)，并且可以一致地假定 just(μ)，那么推出 cons(μ)。通过这样一种方式，W 得到了扩展。

例如，根据 D1.1，如果人们已知 a 是鸟，在不知道 a 是否企鹅的情况下，可以得出 a 会飞的结论。但在知道 a 是企鹅的情况下，由于不能一致地假定 a 不是企鹅，不能适用该规则推出 a 会飞的结论。推理的可废止性得以实现。

缺省逻辑可以通过一般子句与具体子句两种不同的形式表达法律例外。例如，在我国民法中，成年人一般具有民事行为能力，但不能辨认自己行为的成年人是例外。可以通过 R1 与 D2 表达这一例外。

R1：成年人(x) ∧ 不能辨认自己行为(x) → 不具有行为能力(x)

$$D2: \frac{成年人(x): 能够辨认自己行为(x)}{具有行为能力(x)}$$

对于缺省理论 $T_1 = \langle W, D \rangle$，其中 W = {成年人(a), R1}，D = {D2}，由于 D2 前提已知，并且能够一致地假定"能够辨认自己行为(a)"，T_1 的唯一扩展是 E = Th({成年人(a), R1, 具有行为能力(a)})。在将"不能辨认自己行为(a)"加入之后，$T_2 = \langle W', D \rangle$，其中 W' = {成年人(a), 不能辨认自己行为(a), R1}，D 保持不变。此时 D2 不能适用，T_2 唯一扩展 E = Th({成年人(a), 不能辨认自己行为(a), R1})，这一演绎闭包中包含"不具有行为能力(a)"。

可以用正规缺省 D3 实现同样的目标。

$$D3: \frac{成年人(x): 具有行为能力(x)}{具有行为能力(x)}$$

可以看出，缺省理论 $T_3 = \langle W, D' \rangle$（其中 W = {成年人(a), R1}，D' = {D3}）与 T_1 具有相同的扩展，$T_4 = \langle W', D' \rangle$（其中 W' = {成年人(a), 不能辨认自己行为(a), R1}，D' = {D3}）则与 T_1 具有相同的扩展。

由于 D2 中具体地表示了规则的例外，D3 并没有将例外具体地表达出来，它们可以分别称为具体子句缺省与一般子句缺省。在该例中，一般子句与具体子句缺省看上去并没有太大区别。但当规则的例外较多时，它们就有区别了。以规则"禁止汽车进入公园"为例，它的例外有警车、救护车、消防车等。如果只考虑这三种例外，采取具体子句缺省的方式，这一规则可以表示为一个缺省子规则：

$$\text{D4：} \frac{汽车(x)：\neg\ 警车(x),\ \neg\ 救护车(x),\ \neg\ 消防车(x)}{禁止进入公园(x)}$$

与下面三个子规则的组合：

R2.1：∀(x)(警车(x)→¬ 禁止进入公园(x))
R2.2：∀(x)(救护车(x)→¬ 禁止进入公园(x))
R2.3：∀(x)(消防车(x)→¬ 禁止进入公园(x))

若采取一般子句缺省的方式，则可以表示为缺省子规则 D5 与上述三个子规则的组合。

$$\text{D5：} \frac{汽车(x)：禁止进入公园(x)}{禁止进入公园(x)}$$

由于在法律文件中，规则与例外总是分别表述，一般子句缺省比具体子句缺省更好地保持了规则与规则渊源之间的结构相似性(structural similarity)。

此外，采用一般子句缺省的好处还在于，方便人们随时加入新的例外。例如，在需要加入"维修车"这一例外时，只需要加入子规则：

R2.4：∀(x)(维修车(x)→¬ 禁止进入公园(x))

就可以了，并不需要对缺省子规则进行修改。反过来，如果采取具体子句缺省，则需要进行修改。就此而论，一般子句缺省具有更强的模块性(modularity)。

然而，采用一般子句的这些好处在面临更加复杂的情况时未必能够保持。我们必须考虑到，不仅规则可能有例外，而且例外本身可能有例外。例如，警车、救护车等之所以成为"禁止汽车进入公园"这一规则的例外，是因为它们通常是在执行公务，以促进更为重要的价值或目标的实现。如果它们不是在执行公务，应当将它们和其它汽车一样一视同仁，即禁止它们进入公园。这样看来，R2.1 等同样是有例外的。按照一般子句缺省的方法，R2.1 应被表示为：

$$\text{D6：} \frac{警车(x)：\neg\ 禁止进入公园(x)}{\neg\ 禁止进入公园(x)}$$

与子规则

R2.7：∀(x)(警车(x)∧¬ 执行公务(x)→禁止进入公园(x))

的组合。只考虑缺省 D6 似乎是没有什么问题的。缺省理论 $T_5 = \langle W, D\rangle$（其中 W = {警车(a)，汽车(a)，R2.7}，D = {D6}）的唯一扩展是 E = Th({警车(a)，汽车(a)，R2.7，¬ 禁止进入公园(a)})。缺省理论 $T_6 = \langle W', D\rangle$（其中 W' = {警车(a)，汽车(a)，R2.7，¬ 执行公务(a)}，D = {D6}）的唯一扩展是 E = Th({警车(a)，汽车(a)，R2.7，¬ 执行公务(a)})，由于 R2.7 的存在，该演绎闭包中包含"禁止进入公园(a)"。

但如果将缺省 D5 也考虑进来的话，就会产生违反直觉的结果。$T_7 = \langle W, D'\rangle$（其中 W = {警车(a)，汽车(a)，R2.7}，D = {D5, D6}）有两个扩展，E_1 = Th({警车(a)，汽车(a)，R2.7，禁止进入公园(a)})，E_2 = Th({警车(a)，汽车(a)，R2.7，¬ 禁止进入公园(a)})。但在直觉上，只有 E_2 是合理的。

为了解决这一问题，Brewka 发展了可以表达规则的优先性信息并处理关于优先性的推理的优先缺省逻辑。① 但它很难处理底切例外。Prakken 提供了另一种解决方案，即在缺省规则的证立中加入特殊谓词"可应用 n(x_1, …, x_m)"（其中 n 是某一缺省规则的名称索引），并给出关于某个规则不可应用的规则。② 但当例外较多时，相互索引的方式显得极为凌乱。

在法律推理中应用缺省逻辑的另外一个问题是，缺省逻辑很难用来刻画基于关于规则的推理，例如规则是否有效或在某一个案中是否可适用的推理。

一般来说，技术难题总是源于对事物性质的误解。缺省逻辑所面临的困境在很大程度上是因为误解了制定法规则的性质。在缺省逻辑中，缺省规则是推论规则，告诉人们从现有的前提中可以推出什么样的结论。但制定法规则不是推论规则。一方面，在推理的过程中，它是作为前提出现的，而不是作为图尔敏意义上的"保证"而出现的。另一方面，它来源于立法行为，换句话说，它不是被发现的，而是被制定的。这使得它在内容上是任意的，在数量上是巨量的，在相互关系上是复杂的，因此将它们处理为推论规则会带来很难克服的技术难题。

当然，这并不是意味着缺省逻辑不能应用到法律领域，而是意味着，应当被处理为缺省规则的不是制定法规则，而非方法论规则（methodological rules）。首先，这些方法论规则实际上可以视为法律领域中的特殊推论规则，因为它们的作用是指导人们合理地进行法律思考。其次，相较于制定法规则，这些规则的数量与例外的数量都比较有限，经过深思熟虑的构造，也可能不会出现例外的例外。再次，方法论规则是关于制定法规则的规则，将它们作为推论规则可以很好地刻画关于规则的各种推理。最后，通过将类推论证、反向论证转化为方法论规则，它可以刻画这些特殊类型的法律推理。

（二）理由逻辑与作为个体的制定法规则

为了更好地刻画关于规则的推理，Hage 发展了理由逻辑。③ 由于本文构造的非单调制定法论辩系统在底层逻辑中较多地借鉴了理由逻辑的语言，下面仅简要介绍理由逻辑的总体思路。理由逻辑有两个突出的特点。一是将制定法规则视为具有内部结构的个体，二是通过支持与反对理由之间的权衡得出结论。通过将制定法规则表示成个体，制定法的有效

---

① See Gerhard Brewka, *Adding Priorities and Specificity to Default Logic*, in JELIA 1994: Logics in Artificial Intelligence, pp. 247-260; Gerhard Brewka, *Reasoning about Priorities in Default Logic*, in Proceedings of the 12th National Conference on Artificial Intelligence (vol. 2), pp. 940-945.

② See Henry Prakken, *Logical Tools for Modelling Legal Argument*, Berlin: Springer, 1997, pp. 106-112.

③ Hage 在不同文献中发展的理由逻辑在技术细节和侧重点上有所不同，但总体思路是一致的。See Jaap Hage, *A Theory of Legal Reasoning and a Logic to Match*, 4 Artificial Intelligence and Law (1996), pp. 199-273; Jaap Hage, *Reasoning with Rules*, Dordrecht: Kluwer Academic Publishers, 1997; Jaap Hage, *Studies in Legal Logic*, Dordrecht: Springer, 2005.

性、可适用性、被排除等各种性质可以得到刻画。在 Hage 看来，如果一个规则是有效的，并且它的前件在某个案例中被满足，并且没有证明它被排除了，那么这个规则就可适用于该案例。如果一个规则是可适用的，那么就有一个适用它的理由。但是，一个规则在某个案件中可适用并不意味着它被适用。因为可能存在反对它适用的理由。同样的，如果一个规则被适用到某个案例中，那么它的前件被满足就成为后件被满足的一个理由；但并不意味着，它的后件被满足。它的后件是否被满足，和规则是否被适用一样，都取决于支持与反对理由之间的权衡。这种权衡信息一般由领域知识提供，除非出现空理由集。理由逻辑可以内在包含定理：一个非空理由集总是胜过一个空理由集。这些思想都可以通过在一阶谓词逻辑系统内引入特定的谓词、定理与推论规则而得到实现。

总的来说，理由逻辑将制定法规则处理为个体的做法是正确的，它的语言表达方式和提出的推论规则是值得借鉴的。但它也存在一些不足。首先，理由逻辑对常规案件的处理过于复杂。在常规案件中，人们直接从规则前件满足推出规则后件的实例。但在理由逻辑中，常规适用需要五个步骤：首先从规则的前件满足得出规则的可适用性，其次从规则的可适用性得出规则适用的支持理由，再从规则适用的支持理由与反对理由的权衡中得出规则适用，然后从规则适用中得出规则后件实例的支持理由，再次基于理由权衡推出规则后件实例的结论。这不太符合人们在规则常规适用中的真实推理过程。Hage 说，规则的常规适用并不像看上去那样简单，即便一个规则的前件是满足的，但可能并不适用，即便规则适用了，但可能后件的实例并不能实现；因此处理规则常规适用的逻辑应当能够给这种例外的可能性提供空间。这是对的。但这种空间的提供最好不要以违反真实思维过程的方式进行。如果例外在规则适用的非形式推理中是隐含的，换句话说，人们是直接得出结论的，那么相应的形式推理最好也能够直接得出结论，并同时保留撤回或修改这个结论的可能性。在这一点上，缺省逻辑是优于理由逻辑的。其次，理由逻辑对于法律推理的刻画过于细节化了，使得它不像是逻辑，倒像是法律适用过程的一个详细展开，失去了一个好的逻辑应当具有的简洁性与明晰性的特征。理想的做法并不是在一个逻辑内部费尽心思地设计法律推理的每一个环节所需要的推论规则，而是在区分推论规则与领域规则的基础上，提供一套简洁、规整的推论规则体系，使得基于与关于这些领域规则的推理可以根据这些推论规则进行。缺省逻辑虽然把所有的制定法规则都算作推论规则，但它们具有相同的结构，它们的逻辑性质与运作方式也是完全相同的，从而一个法律缺省理论中有哪些缺省规则完全可以交给法律领域专家去负责。而理由逻辑的这种做法使得它变得难以维护与检验，因为它的推论规则对于法律工作者来说过于技术化，而对于逻辑工作者来说又过于领域化。最后，理由逻辑过分地依赖于理由集的权衡，而这种权衡又是一种实质判断，这使得它得出明确结论的能力大大减弱。实际上，有些论证之间的冲突不处理为理由之间的权衡，能够更好地得到解决。例如，不同的规则本身可能具有不同的优先性，不同的论证形式之间也可能具有不同的优先性。从而基于不同规则的、通过不同形式的推理所得出的结论未必需要那些关于理由分量的信息，也能够得出最终的结论。通过论证比较而非理由权衡给出最终的结论，更加符合法律推理与论证的真实实践。为了克服这些问题，需要将它与缺省逻辑、论辩逻辑结合起来，将一部分理由权衡通过缺省规则来加以刻画，另一部分理由权衡转化为论证的比较。

二、非单调制定法论辩系统的逻辑层

（一）本体论和语言

在语言方面，非单调法律论辩逻辑（NSAS）是对谓词逻辑的扩充，并较多地借鉴了理由逻辑的表达方式。和理由逻辑一样，NSAS 有一个丰富的本体论。除了通常的各种对象之外，还有三类特殊的个体。第一类是"事态"（a state of affairs）。第二类是实质规则（material rules）。第三类是目标（goal）。

1. 事态及相关表达

事态有两类。一类是事实（facts），即真实存在的事态；另一类是非事实（non-facts），即不存在的事态。我们知道，在一阶逻辑中，事态不作为个体而存在，它没有名称，也不用个体词来指称，而是用公式来表示的。例如，张三是学生可以被表示为 S(a)。当且仅当一个事态是存在的，表达它的公式是真的。在 NSAS 中，事态与公式之间的关系同样如此。不过在 NSAS 中，不仅可以用公式来表达（represent）事态，而且可以用个体词（作为事态的名称）来指称（denote）它。就像"张三"这个名称指称张三这一对象一样，也可以用一个名称来指称张三是学生这个事态。事态的名称可以是一个字母、一个简写，也可以就是"张三是学生"，这时我们将引号中的符号串视为一个名称，而不是一个句子。由于引号具有歧义性，下面采用双斜线的形式来表达。即，对于任何事态 s，我们可以用句子或公式"s"来表达它，也可以用 \s\ 这样的个体词来指称。例如：句子"张三是学生"表达了张三是学生这个事态，个体词 \张三是学生\ 则指称了张三是学生这个事态。

事态可以是复合的，对于任何一个事态 \p\ 来说，\¬p\ 指称了"¬p"所表达的事态；对于任何两个事态 \p\ 与 \q\ 来说，\p∧q\ 指称了公式"p∧q"所表达的事态，\p∨q\ 指称了公式"p∨q"所表达的事态，\p→q\ 指称了公式"p→q"所表达的事态，\p↔q\ 指称了公式"p↔q"所表达的事态。事态与普通个体的一个不同是，事态可以是结构化的，而普通个体是没有结构的。例如 \S(a)∧M(a)\ 就指称一个结构化的事态。另一个不同是，普通个体的性质是多种多样的，例如，可应用于张三的谓词可以是"……是学生"、"……是党员"、"……是高的"等等。但事态个体的性质就没有那么多。实际上，在 NSAS 中，适用于具体事态的谓词只有一个，即"……存在"，和理由逻辑一样，用一元谓词符号"Obtain"来表示。由于一个事态存在，当且仅当表达它的公式是真的，我们可以定义该谓词如下：

特殊谓词 Obtain 的定义（公理 A1）：Obtain(\ ω \ ) =$_{def}$ ω

ω 是一阶逻辑中的任一公式，\ ω \ 是 ω 所表达的事态的名称。Obtain 这个谓词在使用上与其他谓词没有什么不同，从而可能产生迭代。例如，Obtain(\ Obtain(\ S(a) \ ) \ )。这使得表达可能产生无谓的啰唆，我们约定，在 NSAS 中，总是使用最简单的、复合语法的表达形式。例如，如果没有特别情况，Obtain(\ Obtain(\ S(a) \ ) \ )就用 S(a)来表达。

事态可以是具体的，也可以是抽象的。例如，张三给了李四一本书这个事态是具体的，可以用"给(张三，李四，一本书)"来表达或\ 给(张三，李四，一本书)\ 来指称。"张三给了李四某个东西"这个事态是抽象的，可以表达为"给(张三，李四，x)"，或\ 给(张三，李四，x)\ 来指称。一个抽象事态可以被一个具体事态所例示（instantiation）。例示就是将某个抽象事态中的所有变元替换为同一个常元。例如，抽象事态\ 小偷(x)\ 可以被"小偷(张三)"所例示，\ 学生(x)∧党员(x)\ 可以被"学生(张三)∧党员(张三)"所例示，但"学生(张三)∧党员(李四)"不是\ 学生(x)∧党员(x)\ 的一个例示。我们可以使用一个特殊的函数符号"ins"来表示例示关系。例如，ins(\ 小偷(x) \ , i$_{(张三/x)}$)表示用"张三"来替代抽象事态\ 小偷(x)\ 中的所有变元。

2. 实质规则及相关表达

实质规则包括制定法规则与日常规则。NSAS 区别实质规则和推论规则。前者在推理与论证的过程中是作为前提而使用的，它们在知识库中；推论规则则是 NSAS 的推理机制的一部分。

在 NSAS 中，实质规则被视为结构化的个体。一个规则有三个部分构成：名称（r_{id}）、前件（ant）与后件（con），通过函数符号"rule"结合在一起。规则的名称即 r_{id} 可以任意给出，但不同的实质规则不能具有相同的名称。由于实质规则都是一般性的，它的前件与后件都是抽象事态。例如，规则"禁止汽车进入公园"可以表达为：

rule(p_1 , \ 汽车(x) \ , \ 禁止进入公园(x) \ )

由于实质规则的名称是唯一的，该规则可以用 rule(p_1)来指称。

再如，"天然孳息应由原物所有权人取得"这一规则可以表达为：

rule(z_1 , \ 天然孳息(x)∧原物所有权人(y, x) \ , \ 取得(x, y) \ )

对于任一规则 rule(r_{id})来说，前件与后件可以分别表示为\ ant(rule(r_{id})) \ 与\ con(rule(r_{id})) \ 。它们都是抽象事态，可以被具体事态所例示。例如，\ 汽车(x) \ 可以被\ 汽车(a) \ 所例示，\ 天然孳息(x)∧原物所有权人(y, x) \ 可以被\ 天然孳息(b)∧原物所有权人(张三, b) \ 例示。

一个规则的前件在某个案例中被满足，实际上也就是作为规则前件的抽象事态在该案例中的例示是存在的，即：Obtain(\ ins(\ ant(rule(r_{id})) \ , i) \ )。由于表达作为规则前件的抽象事态的是一个开公式，经过相应的 i 替换就是一个闭公式，我们可以用 ant(rule

$(r_{id}))/i$ 表示经过 i 替换之后的闭公式。那些对于任一规则，有公理 A2：

$$\text{Obtain}(\backslash \text{ins}(\backslash \text{ant}(\text{rule}(r_{id}))\backslash, i)\backslash) \equiv \text{ant}(\text{rule}(r_{id}))/i$$

其中，i 替换是指用案例中的个体常元替换规则中的个体变元。例如，对于规则 rule$(p_1, \backslash 汽车(x)\backslash, \backslash 禁止进入公园(x)\backslash)$ 来说，有：

$$\text{Obtain}(\backslash \text{ins}(\backslash 汽车(x))\backslash, i)\backslash) \equiv 汽车(a)$$

作为个体，实质规则没有真值。但它可能是有效的或无效的。NSAS 提供了一个特殊谓词"Valid"来表达实质规则的有效性。一个规则是有效的，可以表达为：

$$\text{Valid}(\text{rule}(r_{id}), \backslash \text{ant}(\text{rule}(r_{id}))\backslash, \backslash \text{con}(\text{rule}(r_{id}))\backslash)$$

或者简单地表达为：

$$\text{Valid}(\text{rule}(r_{id}))$$

如果一个规则是有效的，而它的前件在某个案例中又被满足，那么在通常情况下，能够推出它的后件在某个案例中被满足。具体的推论规则将在下文给出。这里只讨论如何表示后件满足。和前件满足一样，后件满足有两种表示方式，一种是作为后件的抽象事态在该案例中的例示是存在的，即 $\text{Obtain}(\backslash \text{ins}(\backslash \text{con}(\text{rule}(r_{id}))\backslash, i)\backslash)$，另一种是替换之后的闭公式为真，可以表示为：$\text{con}(\text{rule}(r_{id}))/i$。这两种表示方式是等值的，即在 NSAS 中有公理 A3：

$$\text{Obtain}(\backslash \text{ins}(\backslash \text{con}(\text{rule}(r_{id}))\backslash, i)\backslash) \equiv \text{con}(\text{rule}(r_{id}))/i$$

有的规则虽然是有效的，它的前件在某个案例中也满足，但却因为某种原因被排除在这一个案中的适用。NSAS 提供了一个特殊的谓词"Exc"来表示规则被排除适用。这个谓词是一个二元谓词，表示某个规则在某个案例中被排除适用，也可以说是对于某个 i 替换来说被排除适用，可以表示为：

$$\text{Exc}(\text{rule}(r_{id}), i)$$

例如，规则 rule$(p_1, \backslash 汽车(x)\backslash, \backslash 禁止进入公园(x)\backslash)$ 在警车 a 个案中被排除适用，即对于 i 替换 $i_{(a/x)}$ 排除适用，可以表达为：

$$\text{Exc}(\text{rule}(p_1), i_{(a/x)})$$

$i_{(a/x)}$ 中的变元 x 是相应规则 p_1 中的 x，由于某个替换总是跟随着特定的规则，这点不用特别指明。

在 NSAS 中，还有一个特别的函数 best – int，best – int$(\text{rule}(r_{id1}))$ 表示 r_{id1} 的最佳解释。假设 r_{id1} 的最佳解释为 r_{id2}，它们之间的这种关系可以表示为：

$$\text{best – int}(\text{rule}(r_{id1})) = \text{rule}(r_{id2})$$

利用这一函数，可以构造合适的推论规则，以产生新的实质规则。

3. 目标及相关表达

每一个制定法规则都有旨在促进的目标，在规则正常适用的情况下，人们不运用这些目标进行推理。但在一些特殊的情况下，这些目标就显得尤为重要。例如，人们有时会进行这样的论证：虽然在某一案例中，某个制定法规则的前件没有满足，但如果不适用规则，则不利于达成甚至有碍于达成规则目标的达成，因此应当适用规则；或者反过来，虽然规则的前件满足了，但适用规则并不利于甚至有碍于目标的达成，因此应当排除它的适用。此外，在法律解释中，制定法规则的目标也发挥了重要的作用。

NSAS 采用函数符号"goal"来表示目标。一个目标由两个部分构成，一个部分是目标的名称 g_{id}，名称可以是任意的，但不同的目标应有不同的名称。另一部分是旨在促进的作为目标的事态。例如，"促进信息公开"这一目标可以表示为：goal(g_1, \ 信息公开 \ )。由于名称是唯一的，也可以简单地表示为：goal(g_1)。此外，一个制定法规则 rule(r_{id})的目标可以直接用函数 goal(rule(r_{id}))来表示。那么制定法规则 r_1 的目标是事态 μ，这一命题就可以表示为：

$$\text{goal}(\text{rule}(r_1)) = \text{goal}(g_{id}, \backslash \mu \backslash)$$

只有真实起作用的目标才能够在法律推理中发挥作用。NSAS 提供了一个特殊的谓词"Act"来刻画这一点，在直觉上，Act(goal(g_{id}))表示目标 g_{id} 是真实起作用的。

一个目标事态可能被另外一个事态所促进、阻碍或无关（既不促进，也不阻碍），NSAS 分别用三个二元谓词来表示：Fur(\ ν \ , goal(g_{id}))表示事态 ν 促进目标 g_{id}，Imp(\ ν \ , goal(g_{id}))表示事态 ν 促进目标 g_{id}，Unc(\ ν \ , goal(g_{id}))表示事态 ν 既不促进也不阻碍目标 g_{id}。

在法律领域，除了目标之外，经常被提及的还有原则（principle）。NSAS 没有提供专门的函数与谓词来表达原则，这是因为原则的作用在很大程度上可以通过基于目标或规则的推理而实现。例如，"民事行为应当有利于保护环境"的绿色原则可以理解为，如果一个民事行为阻碍了"保护环境"这一目标的达成，那么这一民事行为是无效的或可撤销的等。

（二）底层逻辑

非单调法律论辩系统采用缺省逻辑作为底层逻辑，但并不是像缺省逻辑那样，将所有的规则都处理为缺省，而只是将关于规则、目标推理的一些方法论规则处理为缺省，这大大减少了缺省的数量，使得它们之间的相互调适变得容易。

有三点需要说明。一是表述上的，为了表述方面，下文将以 $\alpha : \beta_1, \cdots, \beta_n // \gamma$ 的形式来书写缺省。其中，α 为前提，$\beta_1, \cdots, \beta_n$ 为证立，γ 为结论；在不会引起混淆的情况下，一些函数符号被省去，例如 rule(r_{id})将直接写为 r_{id}，goal(g_{id})直接写为 g_{id}。二是，NSAS 中的所有缺省实际上都是缺省型式，而不是具体的缺省规则，它们在运用时需要先被实例化。三是，在缺省中，α 与 $\beta_1, \cdots, \beta_n$ 可以不出现。如果不出现 α，视为 T：β_1，$\cdots, \beta_n // \gamma$；不出现 $\beta_1, \cdots, \beta_n$，则是正规缺省。

1. 作为缺省（推论规则）的方法论规则

一般来说，如果一个规则是有效的，并且它的前件在某一案例中被满足，那么它的后件在该案例中被满足，除非它被排除。这一直觉可以刻画为下面的半正规缺省：

d_1 : Valid(r_{id}) ∧ Obtain(\ ins(\ ant(r_{id}) \ , i) \ ) : Obtain((\ ins(\ con(r_{id}) \ , i) \ ) ∧ ¬ Exc(r_{id}, i) // Obtain(\ ins(\ con(r_{id}) \ , i) \ )

例如，在给定实质规则"rule(p_1, \ 汽车(x) \ , \ 禁止进入公园(x) \ )"与事实"汽车(a)"的情况下，有：

Valid(p_1)

Obtain(\ ins(\ ant(p_1) \ , i) \ )（根据公理 A2）

由于没有规则 p_1 被排除的信息，可以一致地假定 ¬ Exc(p_1, i)，从而根据 d_1，可以得出：

Obtain(\ ins(\ con(p_1) \ , i) \ )

根据公理 A3，即：

禁止进入公园(a)

当然，如果有规则 p_1 被排除的信息，就不能一致地假定 ¬ Exc(p_1, i)，也就无法得出这一结论。这一信息可以明示地给出，也可能是推理的结论。假设现增加实质规则"rule(p_2, \ 警车(x) \ , \ Exc(p_1) \ )"与事实"警车(a)"，有：

Valid(p_2)

Obtain(\ ins(\ ant(p_2) \ , i) \ )（根据公理 A2）

由于没有规则 p_2 被排除的信息，可以一致地假定 ¬ Exc(p_2, i)，同样，根据 d_1 与公理 A3 可以得出 Exc(p_1)。可以看出，在 NSAS 中，规则的例外被表达成以 \ Exc(r_{id}, i) \ 作为后件的规则。

规则的有效性不仅可能作为推理的前提，而且可能作为推理的结论。一般来说，如果规则 r_{id1} 的最佳解释是 r_{id2}，并且规则 r_{id1} 是有效的，那么规则 r_{id2} 同样是有效的；当然，如果规则 r_{id1} 在某个案件中被排除适用了，那么 r_{id2} 同样被排除。下面两个正规缺省对此进行了表达：

d_2 : Valid(r_{id1}) ∧ best − int(r_{id1}) = rule(r_{id2}) // Valid(r_{id2})

d_3 : Exc(r_{id1}, i) ∧ best − int(r_{id1}) = rule(r_{id2}) // Exc(r_{id2}, i)

例如，在给定规则"rule(p_1, \ 汽车(x) \ , \ 禁止进入公园(x) \ )"与事实"电动三轮车(b)"的情况下，是没有办法得出是否要禁止 a 进入公园的结论的。但如果有如下信息：

best − int(r_{id1}) = rule(p_3, \ 最高时速可达 60km.h 的交通工具(x) \ , \ 禁止进入公园(x) \ );

∀(x)(电动三轮车(x)→最高时速可达 60km.h 的交通工具(x))

根据 d_2 以及相关的演绎规则，就可以产生新的有效规则与事实：

Valid(p_3)

最高时速可达60km.h的交通工具(b)

再根据d_1与相关公理，可以得出结论：

禁止进入公园(b)

在法律实践中，人们不仅基于实质规则进行推理，而且基于目标进行推理。例如，人们不仅可能基于"禁止汽车进入公园"这一规则禁止汽车a进入公园，还可能基于保护行人安全的目标禁止汽车a进入公园。一般地，如果一个目标g_{id}是真实起作用的，并且一个事态ν能够促进作为目标g_{id}的事态μ，那么事态存在ν。据此有正规缺省

d_4：$Act(g_{id}) \wedge Fur(\backslash \nu \backslash, g_{id})//Obtain(\backslash \nu \backslash)$

在上例中，有：

$Act(goal(g_1, \backslash 行人安全\backslash))$

$Fur(\backslash 禁止进入公园(a)\backslash, g_1)$

根据d_4，可以得出结论：

$Obtain(\backslash 禁止进入公园(a)\backslash)$

相应地，如果g_{id}是真实起作用的，并且事态ν阻碍它的实现，那么ν不存在，即有：

d_5：$Act(g_{id}) \wedge Imp(\backslash \nu \backslash, g_{id})//\neg Obtain(\backslash \nu \backslash)$

上面说过，在法律实践中，除了已经存在的例外之外，经常出现需要创设个案例外的情况。一个非常典型的情况是，虽然某个规则的前件在某个案例中满足，但是如果适用这个规则会无助于实现规则的目标，甚至阻碍规则目标的实现。阻碍规则目标的实现和无助于规则目标的实现，是两种不同的情况。虽然尚有一定争议，但多数学者认为，当规则适用阻碍目标实现时，应当排除规则的适用。我们也持这种看法，据此，有正规缺省：

d_6：$(goal(r_{id}) = goal(g_{id})) \wedge Imp(\backslash ins(\backslash con(r_{id})\backslash, i)\backslash, g_{id})//Exc(r_{id}, i)$

在直觉上，d_6的意思是说，如果规则r_{id}的目标是g_{id}，并且在个案中实现规则r_{id}的后件会阻碍g_{id}，那么就排除r_{id}在该个案中的适用。

例如，"禁止汽车进入公园"的目标是保护行人安全，而如果不让救护车c进入公园的话，会使得公园内受伤的行人得不到及时的救治，从而阻碍这一目标的实现，因此要排除这一规则对于救护车c的适用。现有信息：

$goal(rule(r_1, \backslash 汽车(x)\backslash, \backslash 禁止进入公园(x)\backslash)) = goal(g_1, \backslash 行人安全\backslash)$

汽车(c)

$Imp(\backslash 禁止进入公园(c)\backslash, g_1)$

根据d_6，可得出结论：$Exc(r_1, i_{(c/x)})$。这使得d_1的证立部分不满足，从而相关的实质规则无法得以适用。

如果适用规则并不阻碍目标的实现，只是无助于规则目标的实现。人们一般认为，这会使得基于相关规则的论证变弱，并不意味着一定要排除规则的适用。关于规则与论证的强度问题，将在NSAS的论辩层处理。

在法律实践中，经常出现的另外一种情况是，虽然某个规则的前件在某个案例中没有满足，但适用该规则能够促进规则目标的实现，人们也适用规则得出相应的结论。这一推理过程可以通过下面的缺省来刻画：

$d_7: (goal(r_{id}) = goal(g_{id})) \wedge Fur(\backslash ins(\backslash con(r_{id}) \backslash, i) \backslash, g_{id}) // Obtain(\backslash ins(\backslash con(r_{id}) \backslash, i) \backslash)$

在这 7 条缺省中，除了 d_1 是半正规缺省外，其他都是正规缺省。

2. 推理机制

缺省运用的方式和瑞特的缺省逻辑大致相同，是将缺省推论规则运用到用一阶公式所表达的信息集合上去，包括那些用 Obtain、Valid 等特殊谓词所表达的一阶公式。这里采用 Antoniou 的操作定义①来处理 NSAS 中的推理。但有两点值得注意。首先，在 NSAS 中存在公理集，那么任何一个理论的扩展的演绎闭包中都应当包含这些公理。令 A_n 为公理集，即，如果 E 是一个缺省理论 T 的扩展，那么 E 的演绎闭包 Th(E) = Th(E∪A_n)。

其次，在瑞特缺省逻辑中，是逐条地将缺省推论规则运用到已知信息上，直到产生不一致为止。但在 NSAS 中，看起来，将一条缺省运用到已知信息上，就可能产生不一致的信息。例如，假设已知信息中有：

Valid(rule(r_1, \ 汽车(x)\, \ 禁止进入公园(x)\))

Valid(rule(r_2, \ 警车(x)\, \ ¬ 禁止进入公园(x)\))

汽车(a)

警车(a)

将缺省 d_1 运用到这些信息上，就会产生不一致的公式集{Valid(r_1), Valid(r_2), 汽车(a), 警车(a), 禁止进入公园(a), ¬ 禁止进入公园(a)}。

有时候并不直接产生不一致的集合，但是隐含着某种不一致。例如，假设已知信息中有：

Valid(rule(r_1, \ 汽车(x)\, \ 禁止进入公园(x)\))

Valid(rule(r_3, \ 警车(x)\, \ Exc(r_1, i)\))

汽车(a)

警车(a)

将缺省 d_1 运用到这些信息上，产生公式集{Valid(r_1), Valid(r_3), 汽车(a), 警车(a), 禁止进入公园(a), Exc(r_1, $i_{(a/x)}$)}。这个公式集隐含不一致，因为"禁止进入公园(a)"的得出是实质规则 r_1 根据 d_1 得到了运用，而 Exc(r_1, $i_{(a/x)}$) 又表明该实质规则的 d_1 部分并没有被满足。

问题出在什么地方呢？我们必须得注意到，d_1 并不是一个缺省规则，而是一个缺省规

---

① G. Antoniou, A Tutorial on Default Logics, 31 *ACM Computing Surveys* (1999), pp. 342–343.

则型式，我们不能将 d_1 直接运用到这些信息上，而是先要根据这些信息将 d_1 等缺省规则具体化。先来看第一个例子。在这个例子中，缺省规则是 d_1 的两个实例：

(d_{1-1}) Valid$(r_1) \wedge$ Obtain$(\backslash $ ins$(\backslash $ ant$(r_1) \backslash , $ i$) \backslash)$: Obtain$(\backslash $ ins$(\backslash $ con$(r_1) \backslash , $ i$) \backslash) \wedge \neg$ Exc$(r_1, $ i$)$ // Obtain$(\backslash $ ins$(\backslash $ con$(r_1) \backslash , $ i$) \backslash)$

与

(d_{1-2}) Valid$(r_2) \wedge$ Obtain$(\backslash $ ins$(\backslash $ ant$(r_2) \backslash , $ i$) \backslash)$: Obtain$(\backslash $ ins$(\backslash $ con$(r_2) \backslash , $ i$) \backslash) \wedge \neg$ Exc$(r_2, $ i$)$ // Obtain$(\backslash $ ins$(\backslash $ con$(r_2) \backslash , $ i$) \backslash)$

如果首先将 d_{1-1} 应用到信息集中，得出 $\{$Valid(r_1), Valid(r_2), 汽车(a), 警车(a), 禁止进入公园$(a)\}$，此时 d_{1-2} 的证立不满足，因此不能应用；如果首先将 d_{1-2} 应用到信息集中，得出公式集 $\{$Valid(r_1), Valid(r_2), 汽车(a), 警车(a), $\neg$ 禁止进入公园$(a)\}$，那么同样，d_{1-1} 被阻却应用。因此它有两个扩展：

E1 = Th($\{$ Valid(r_1), Valid(r_2), 汽车(a), 警车(a), 禁止进入公园$(a)\} \cup A_n$

E2 = Th($\{$ Valid(r_1), Valid(r_2), 汽车(a), 警车(a), $\neg$ 禁止进入公园$(a)\} \cup A_n$

现在来看第二个例子。在第二个例子中，缺省规则是：

(d_{1-1}) Valid$(r_1) \wedge$ Obtain$(\backslash $ ins$(\backslash $ ant$(r_1) \backslash , $ i$) \backslash)$: Obtain$(\backslash $ ins$(\backslash $ con$(r_1) \backslash , $ i$) \backslash) \wedge \neg$ Exc$(r_1, $ i$)$ // Obtain$(\backslash $ ins$(\backslash $ con$(r_1) \backslash , $ i$) \backslash)$

与

(d_{1-3}) Valid$(r_3) \wedge$ Obtain$(\backslash $ ins$(\backslash $ ant$(r_3) \backslash , $ i$) \backslash)$: Obtain$(\backslash $ ins$(\backslash $ con$(r_3) \backslash , $ i$) \backslash) \wedge \neg$ Exc$(r_3, $ i$)$ // Obtain$(\backslash $ ins$(\backslash $ con$(r_3) \backslash , $ i$) \backslash)$

首先将 d_{1-1} 应用到该例的信息集中，得出 $\{$Valid(r_1), Valid(r_3), 汽车(a), 警车(a), 禁止进入公园$(a)\}$，此时没有理由不应用 d_{1-3}，但应用 d_{1-3} 会导致进程的失败。先应用 d_{1-3}，得出 $\{$ Valid(r_1), Valid(r_3), 汽车(a), 警车(a), Exc$(r_1, i_{(a/x)})\}$，此时 d_{1-1} 被阻止应用。只有这一个进程是成功且封闭的。因此只有一个扩展：

E = Th($\{$Valid(r_1), Valid(r_2), 汽车(a), 警车(a), Exc$(r_1, i_{(a/x)})\} \cup A_n$)

一个理论 T = $\langle$W, D$\rangle$ 的扩展还可以采用如下半归纳的方式来定义，即：令 Th(T) 为 T 的演绎闭包，公式集 E 是 T 的一个扩展，如果它能够通过如下方式获得：

1. E_0 = Th(T) $\cup A_n$
2. E_{i+1} = Th(E_i) $\cup \{\gamma \mid \alpha : \beta // \gamma \in D, \alpha \in E_i, \neg \beta \notin E\}$
3. E = $\cup_i S_i$

这个定义是半归纳的，因为在第 2 步，需要猜测最终的扩展 E。

NSAS 采用轻信的(credulous)推论关系，即：对于任何一个公式 φ 来说，如果它存在于 T 的一个扩展 E 中（而非所有扩展中），那么我们就说 T 推出 φ，可写为：T $\mid \sim $ φ。由于存在相互冲突的实质规则或目标，T 可能存在多个扩展。这时需要比较不同的实质规则或目标的强度。这一问题将放在下面的论辩层处理。

三、非单调制定法论辩系统的论辩层

NSAS 的论辩层较多地借鉴了 Dung(1995)[①]和 Prakken 等的 ASPIC⁺论辩系统[②]。论辩层由如下三部分构成：(1)论证的定义与强度，(2)论证之间的攻击与击败关系，(3)论辩语义，即论证状态的评估以及结论的获取。

（一）论证的定义与强度

NSAS 的知识库 KB 是一个有序对(K, $<$)，$K = K_n \cup K_o \cup K_a$，且 $K_n \cap K_o \cap K_a = \emptyset$，≤是 $K \setminus K_n$ 上的严格偏序。在 K 的三个子集中，K_n 是指公理的集合，即不会出错的信息的集合，K_o 是通常情况下正确的信息的集合，K_a 是不太确定的信息的集合。

在 NSAS 中，有两个固定的集合，分别为公理集 A_n 与缺省集 D。我们将 D 分为两个子集，分别为 $D_a = \{d_1, d_2, d_3, d_5\}$，$D_b = \{d_4, d_5, d_7\}$。

基于知识库的论证的定义：基于一个知识库⟨K, ≤'⟩的一个论证 AR 是一个满足如下条件的三元组⟨Φ, ᵢD, φ⟩：

1. $\Phi \neq \emptyset$；
2. $\varphi \notin \Phi$；
3. $\Phi \subseteq K$，ᵢD 是 D 中的缺省基于 Φ 的演绎闭包的实例集合；
4. φ 在缺省理论⟨K, D⟩的一个扩展中；
5. 不存在 $\Phi' \subset \Phi$ 或 ᵢD' $\subset$ ᵢD，使得 φ 在⟨Φ', ᵢD⟩、⟨Φ, ᵢD'⟩或⟨Φ', ᵢD'⟩的一个扩展中。

在直觉上，条件 1 禁止了无前提的论证，即一个孤立的公式不是论证，这与一些学者对于论证的定义不同，但更符合论证的自然含义(参见)。条件 2 禁止结论出现在前提集中，这包括结论出现在前提集中的一种特殊情况：$\{\varphi\} = \Phi$，即结论与前提完全相同。条件 3 要求论证是基于知识库⟨K, <⟩的。条件 4 要求由 K 和 D 构成的缺省理论能够推出 φ。条件 5 要求排除无助于支持 φ 的不必要信息，同时也使一个论证的中间结论不在它的前提集中。

例如，令知识库 $KB_1 = (K, <)$，其中 K = {救护车(a)，∀(x)(救护车(x)→汽车(x))，Valid(rule(r_1，\ 汽车(x) \，\ 禁止进入公园(x) \ ))，Act(goal(g_1，\ 行人安全 \ ))，Imp(\ 禁止进入公园(a) \，goal(g_1))}；< = ∅。基于 KB_1，可以构造论证：

[①] Phan Minh Dung, *On the Acceptability of Arguments and Its Fundamental Role in Nonmonotonic Reasoning, Logic Programming and N – person Games*, 77 Artificial Intelligence (1995), p. 323.

[②] See Henry Prakken, *An Abstract Framework for Argumentation with Structured Arguments*, 1 Argument and Computation (2010), pp. 93 – 124; Sanjay Modgil & Henry Prakken, *Abstract Rule – based Argumentation*, 4 IfCoLog Journal of Logics and their Applications (2017), pp. 2319 – 2406.

AR₁ = ⟨{救护车(a), ∀(x)(救护车(x)→汽车(x))},

Ø,

汽车(a)⟩;

AR₂ = ⟨{救护车(a), ∀(x)(救护车(x)→汽车(x)), Valid(rule(r₁, \ 汽车(x) \,

\ 禁止进入公园(x) \ ))},

{Valid(r₁) ∧ Obtain(\ ins(\ ant(r₁) \ , i_{(a/x)})): Obtain(\ ins(\ con(r₁) \ , i_{(a/x)})

\ ) ∧ ¬ Exc(r₁, i_{(a/x)})// Obtain(\ ins(\ con(r₁) \ , i_{(a/x)}) \ )},

禁止进入公园(a)⟩

AR₃ = ⟨{Act(goal(g₁, \ 行人安全 \ )), Imp(\ 禁止进入公园(a) \ , goal(g₁))},

{Act(g₁) ∧ Imp(\ 禁止进入公园(a) \ , g₁)//¬ Obtain(\ 禁止进入公园(a) \ )},

¬ 禁止进入公园(a)⟩

值得注意的是，⟨{救护车(a), ∀(x)(救护车(x)→汽车(x)), Valid(rule(r₁, \ 汽车(x) \ , \ 禁止进入公园(x) \ ))}, Ø, 救护车(a)⟩并不是一个论证，因为其中的"Valid(rule(r₁, \ 汽车(x) \ , \ 禁止进入公园(x) \ ))"，不满足要求3。

子论证：令 $\Phi(AR)$、$_iD(AR)$ 分别为 AR 中的相关集合，AR_i 是 AR_j 的子论证当且仅当 $\Phi(AR_i) \subseteq \Phi(AR_j)$，且 $_iD(AR_i) \subseteq {_iD(AR_j)}$。

在上例中，AR_1 是 AR_2 的子论证。任何一个论证都是它自身的子论证。基于子论证的而定义，可以定义真子论证。

真子论证的定义：AR_i 为 AR_j 的真子论证当且仅当 AR_i 是 AR_j 的子论证，而 AR_j 不是 AR_i 的子论证。

NSAS 中的不同论证存在强度的差别。论证的强度一方面取决于论证所应用的缺省即推论规则，另一方面也取决于论证的前提。取决于缺省规则的强度可以称为推断强度，取决于前提的强度可以称为前提强度。论证的强度是这两者的综合。

我们先来看推断强度。令 $_iD(AR)$ 为论证 AR 中所适用的缺省规则的集合，相应地，D(AR) 就是这些缺省规则所来源的缺省型式的集合。据此，可以定义推断强度如下：

论证的推断强度定义：一个论证 AR 是

(1)(推断)可靠的(sound)，当且仅当 $D(AR) = \emptyset$；

(2)(推断)似真的(plausible)，当且仅当 $D(AR) \subseteq D_a$；

(3)(推断)可能的(probable)，当且仅当 $D_b \subseteq D(AR)$；

在上面的例子中，AR_1 仅使用了演绎有效的推论规则，没有应用任何缺省，即 $D(AR_1) = \emptyset$，因此 AR_1 是推断可靠的论证。AR_2 仅使用了缺省 d_1 的实例，$d_1 \in D_a$，因此 AR_2 是推断似真的论证。AR_3 使用了缺省 d_5 的实例，$d_5 \in D_b$，因此 AR_3 是推断可能的论证。仅从推断强度上说，AR_1 强于 AR_2，AR_2 强于 AR_3。

现在来看论证的前提强度。上面说过，在 NSAS 的知识库中，除了优先性信息集合 ≤

之外，还有三个不同的知识集合：K_n、K_o 与 K_a。K_n 中的信息是不可能出错的，这样的信息是较少的，典型的例子是像"∀(x)(鸟(x)→动物(x))"这样的语义规则。K_o 中的信息是目前我们较有把握相信的知识，它们可能是经过经验证实的，也可能是人们较为牢固的共识等。其中包含那些用特殊谓词 Valid、Act 所表达的有效的规则或真实起作用的目标的信息。K_a 中的信息是一些推定或假定；例如，在缺乏相关证据时的一些推定、多数人的意见、某种主流的道德观念、对于未来的某种后果的预测，等。根据构造论证的前提的信息类型，可以定义论证的前提强度如下：

论证的前提强度定义：令 $\Phi(AR)$ 为论证 AR 所使用前提的集合，$K_n(AR)$、$K_o(AR)$ 与 $K_a(AR)$ 分别是 AR 所在的知识库中 KB 中的相关知识集合，论证 AR 是：

(1) 前提可靠的，当且仅当 $\Phi(AR) \subseteq K_n(AR)$；

(2) 前提似真的，当且仅当 $\Phi(AR) \cap K_a(AR) = \emptyset$，$\Phi(AR) \cap K_o(AR) \neq \emptyset$；

(3) 前提可能的，当且仅当 $\Phi(AR) \cap K_a(AR) \neq \emptyset$。

在上例中，K = {救护车(a)，∀(x)(救护车(x)→汽车(x))，Valid(rule(r_1, \ 汽车(x) \, \ 禁止进入公园(x) \))，Act(goal(g_1, \ 行人安全 \))，Imp(\ 禁止进入公园(a) \, goal(g_1))}，根据我们对于这些知识的理解，可以认为，其中：K_n = {∀(x)(救护车(x)→汽车(x))}，K_o = {救护车(a)，Valid(rule (r_1, \ 汽车(x) \, \ 禁止进入公园(x) \))，Act(goal(g_1, \ 行人安全 \))}，K_a = {Imp(\ 禁止进入公园(a) \, goal(g_1))}。AR_1 中有两个前提，前提 1"救护车(a)"与前提 2"∀(x)(救护车(x)→汽车(x))"，前提 1 在 K_o 中，前提 2 在 K_n 中，没有前提在 K_a 中，符合第 2 项，因此 AR_1 是前提似真的。AR_2 同样是前提似真的。AR_3 则因为有前提在 K_a 中，所以是前提可能的。

可以看出，无论是论证的推断强度，还是论证的前提强度，都遵循"最弱结点原则"(the weakest node principle)，即取决于最弱的推论规则或前提。论证的整体强度同样遵循这个原则。可以定义论证的强度如下：

论证强度的定义：论证 AR 是：

(1) 可靠的，当且仅当 AR 推断可靠，且前提可靠；

(2) 似真的，当且仅当 AR，或者推断可靠、前提似真，或者推断似真、前提可靠；或者推断似真、前提似真；

(3) 可能的，当且仅当 AR，或者推断可能，或者前提可能。

在上面的例子中，AR_1 是推断可靠的，但是前提似真的，整体强度是似真的；AR_2 是推断似真的、前提似真的，整体强度仍然是似真的；AR_3 是推断可能的、前提可能的，整体强度是可能的。

知识库中的另一集合 <，由于涉及两个论证的比较而放在下一部分讨论。这一部分所讨论的是单个论证的强度，这一讨论使得 NSAS 克服了传统的论辩逻辑只关心论证之间的攻击与击败关系，而忽视不同的论证就其本身而言强度可能不同这一缺陷。

（二）论证之间的攻击与击败

1. 攻击（attack）

在 NSAS 中，推论规则本身是不会被攻击的，无论是演绎推论规则，还是作为缺省的方法论规则。由于实质规则在 NSAS 中是推理的前提，它们之间的冲突被处理为前提的冲突。因此，总的来说，在 NSAS 的论辩层中，论证之间的冲突能够被归结为命题之间的分歧。命题之间的分歧可以理解为经典逻辑中的不一致概念。

命题分歧的定义：命题 φ 与 φ' 分歧（disagree），当且仅当 $\{\varphi, \varphi'\}$ 是不一致的。

显然，命题分歧是对称的，如果 φ 与 φ' 分歧，那么 φ' 与 φ 分歧。两个论证冲突最简单的形式是它们分别支持两个相互分歧的命题。我们可以将这一种冲突称为反驳攻击或简称为反驳（rebut）。由于推论规则与冲突无关，论证 $\langle \Phi, iD, \varphi \rangle$ 可以简单地写为 $\langle \Phi, \varphi \rangle$。据此，反驳可以定义如下：

反驳的定义：论证 $\langle \Phi, \varphi \rangle$ 反驳论证 $\langle \Phi', \varphi' \rangle$ 当且仅当 φ 与 φ' 分歧。

例如，论证 $AR_1 = \langle \{汽车(a), Valid(rule(r_1, \backslash 汽车(x) \backslash, \backslash 禁止进入公园(x) \backslash))\}, 禁止进入公园(a) \rangle$ 与反驳论证 $AR_2 = \langle \{警车(a), Valid(rule(r_2, \backslash 警车(x) \backslash, \backslash \neg 禁止进入公园(x) \backslash)), \neg 禁止进入公园(a) \rangle$。反驳关系是对称的，如果 AR_i 反驳 AR_j，那么 AR_j 反驳 AR_i。在该例中，AR_2 同样反驳 AR_1。

另外一种常见的冲突是一个论证攻击另外一个论证的前提，而非它的结论。我们将这种冲突称为削弱攻击，或简称为削弱（undermine）。削弱可以定义如下：

削弱的定义：论证 $\langle \Phi', \varphi' \rangle$ 削弱论证 $\langle \Phi, \varphi \rangle$ 当且仅当 $\varphi' \in \Phi$。

例如，论证 $AR_3 = \langle \{汽车(a), 未悬挂警用标志(a), Valid(rule(r_3, \backslash 汽车(x) \wedge 未悬挂警用标志(x) \backslash, \backslash \neg 警车(x) \backslash)), \neg 警车(a) \rangle$ 削弱论证 $AR_2 = \langle \{警车(a), Valid(rule(r_2, \backslash 警车(x) \backslash, \backslash \neg 禁止进入公园(x) \backslash)), \neg 禁止进入公园(a) \rangle$。削弱关系不是对称的。在该例中，$AR_3$ 削弱 AR_2，但 AR_2 并不削弱 AR_3。

由于削弱只针对一个论证的前提，而我们在论证的前提中排除了中间结论（论证定义的要求5），而反驳只针对一个论证的最终结论。因此，还有一种冲突方式没有考虑到，即一个论证攻击另外一个论证的中间结论。这种冲突称为中断攻击，或简称为中断（interrupt）。正义定义如下：

中断的定义：论证 $\langle \Phi', \varphi' \rangle$ 中断论证 $\langle \Phi, \varphi \rangle$ 当且仅当论证 $\langle \Phi, \varphi \rangle$ 存在真子论证 $\langle \Phi_s, \varphi_s \rangle$，$\langle \Phi', \varphi' \rangle$ 反驳 $\langle \Phi_s, \varphi_s \rangle$ 且 $\langle \Phi', \varphi' \rangle$ 既不反驳、也不削弱 $\langle \Phi, \varphi \rangle$，此时我们说论证 $\langle \Phi', \varphi' \rangle$ 中断论证 $\langle \Phi, \varphi \rangle$ 于 φ_s。

例如，AR_3 中断论证 $AR_4 = \langle \{外观像警车(a), Valid(rule(r_4, \backslash 外观像警车(x) \backslash, \backslash 警车(x) \backslash))\}, Valid(r_2)\}, \neg 禁止进入公园(a) \rangle$，因为 AR_4 有真子论证 $AR_5 = \langle \{外观像警车(a), Valid(r_4)\}, 警车(a) \rangle$，$AR_3$ 反驳 AR_5。值得注意的是，由于"警车(a)"并未

出现在 AR_4 的前提中，因此 AR_3 不削弱 AR_4，但 AR_3 的确削弱了以"警车(a)"为前提之一的论证 AR_2。根据我们的定义，AR_2 不是 AR_4 的子论证，因为 AR_2 中有 AR_4 没有的前提。但 AR_2 的确和 AR_4 有着密切的联系。甚至在直观的意义上，我们可以说，AR_4 是由 AR_2 与 AR_5 两个部分构成的。此时我们可以说，AR_2 是 AR_4 的准子论证。准子论证可以严格定义如下：

准子论证的定义：论证 $\langle \Phi_q, \varphi_q \rangle$ 是论证 $\langle \Phi, \varphi \rangle$ 的准子论证，当且仅当 $\langle \Phi, \varphi \rangle$ 有真子论证 $\langle \Phi_s, \varphi_s \rangle$，且满足：

(1) $\varphi_q = \varphi$

(2) $\varphi_s \in \Phi_q$

(3) $\{\Phi_q - \varphi_s\} = \{\Phi - \Phi_s\}$

第一个要求是说，一个论证的准子论证与该论证的结论是相同的，例如 AR_2 与 AR_4 的结论是相同的。第二个要求是说，在一个论证的准子论证的前提集中，有一个前提是该论证的真子论证的结论，例如，AR_2 的前提之一为"警车(a)"，"警车(a)"是 AR_4 的真子论证 AR_5 的结论。第三个要求是说，一个论证的准子论证的前提集中去掉作为前提之一的该论证的真子论证的结论，与该论证的前提集及其真子论证的前提集的差集是相同的。例如，

对于一个论证来说，它的每一个真子论证都对应着一个准子论证，不同的真子论证对应着不同的准子论证。有了准子论证的定义之后，可以更为方便地考察中断与反驳、削弱之间的关系。即：一个论证 AR_i 中断论证 AR_j，当且仅当 AR_j 存在一个真子论证 AR_{j-s} 与一个准子论证 AR_{j-q}，使得 AR_i 反驳 AR_{j-q}，且 AR_i 削弱 AR_{j-s}。

最后我们来总结一下攻击的概念。

攻击的定义：$\langle \Phi, \varphi \rangle$ 攻击 $\langle \Phi', \varphi' \rangle$，当且仅当，或者 $\langle \Phi, \varphi \rangle$ 反驳 $\langle \Phi', \varphi' \rangle$，或者 $\langle \Phi, \varphi \rangle$ 削弱 $\langle \Phi', \varphi' \rangle$，或者 $\langle \Phi, \varphi \rangle$ 中断 $\langle \Phi', \varphi' \rangle$。

2. 论证强弱的比较

上面定义了攻击关系，要判断一个论证是否击败另外一个，多数时候需要比较两个论证的强度。我们引入符号">"来表示两个论证之间的强度关系，$AR_1 > AR_2$ 表示 AR_1 的强度大于 AR_2（二元关系">"是反自反的、非对称的、传递的严格偏序）。

上面说过，对于单个的论证来说，它的强度有三种状态，分别为可靠的、似真的与可能的。这种分类对于两个论证的比较来说，能够提供某种参考，但并不具有决定性。两个论证之间的比较还要结合 NSAS 知识库中的"＜"信息进行。"＜"表达了两个前提之间的强弱关系。对于两个命题 p_1、p_2 来说，$p_1 < p_2$ 是说 p_1 的强度小于 p_2。

在 NSAS 中，命题之间的强弱有且只有如下三种不同的来源。第一种来源：很显然，如果 p_1 在 K_n 中，而 p_2 在 K_o 或 K_a 中，那么 $p_2 < p_1$；同样，如果 p_1 在 K_o 中，p_2 在 K_a 中，那么 $p_2 < p_1$。如果 p_1、p_2 都在 K_n 中，那么 $p_1 \not< p_2$ 且 $p_2 \not< p_1$。即在 NSAS 中，有关于优先性的

公理 A4、A5、A6。

A4：$\forall (p_i, p_j)(p_i \in K_n \wedge (p_j \in K_o \vee P_j \in K_a) \rightarrow p_j < p_i)$

A5：$\forall (p_i, p_j)(p_i \in K_o \wedge P_j \in K_a) \rightarrow p_j < p_i)$

A6：$\forall (p_i, p_j)(p_i \in K_n \wedge P_j \in K_n) \rightarrow p_i \not< p_j \wedge p_j \not< p_i)$

第二种来源：如果两个命题都在 Ko 或都在 Ka 中，那么它们的强度信息可以明示地给出。例如，命题 p_1 "Valid(r_1, \ 警车(x) \, \ ¬ 禁止进入公园(x) \ )" 与 p_2 "Valid(r_2, \ 汽车(x) \, \ 禁止进入公园(x) \ )" 都在 K_o 中，可以明示给出它们的强度信息 $p_2 < p_1$。

第三种来源：在 NSAS 中，命题的强度信息不仅可以明示地给出，而且可以作为推理的结论而被增添进入。例如，在 NSAS 的知识库中，如果存在有效的实质规则：

Valid(rule(r_{m-spec}, \ 更特别(r_i, r_j) \, \ Valid(r_j) < Valid(r_i) \ ))

并有：

更特别(r_1, r_2)

那么通过应用缺省 d_1 的实例规则，可以得出

Valid(r_2) < Valid(r_1)①

如果两个命题之间的强弱关系不能通过上面任何一种方式加以确定，那么它们是无法比较的。值得注意的是，即便两个命题之间的强弱关系是可以比较的，并不意味着两个论证的前提集之间的强弱关系是可以比较的。因为论证的前提集是一个命题的集合。基于命题的强弱关系，可以定义命题集合的强弱关系如下：

命题集的强弱关系：命题集 P < 命题集 P'，当且仅当：

(1) 如果存在 $p_i \in P$、$p_i' \in P'$ 使得 $p_i' < p_i$，那么一定存在 $p_j' \in P'$ 使得 $p_i < p_j'$；

(2) 至少存在一个 $p_k' \in P'$，有 $p_k \in p$ 使得 $p_k < p_k'$ 且没有 $p_h \in p$ 使得 $p_k' < p_h$。

两个论证的强弱比较涉及两个方面的因素。一是它们的推断强度，二是它们的前提集的强弱。至于论证的前提强度，则已经体现在前提集的强弱之中了，不能重复计算。对于任何两个论证 AR_i 与 AR_j 来说，就推断强度而言，有且只有三种情况：(1) AR_i 与 AR_j 的推断强度相同，(2) AR_i 的推断强度弱于 AR_j，(3) AR_i 的推断强度强于 AR_j。

第一种情况很简单，当两个论证的推断强度相同时，它们的强度关系完全取决于它们的前提集的强度关系。第二种情况为 AR_i 的推断强度弱于 AR_j。此时，如果 AR_i 的前提集的强度弱于 AR_j，或者它们的前提集的强度无法比较，那么 AR_i 弱于 AR_j；如果 AR_i 的前提集的强度强于 AR_j，那么它们的强弱关系无法比较。第三种情况为 AR_i 的推断强度强于 AR_j。此时，如果 AR_i 的前提集的强度强于 AR_j，或者它们的前提集的强度无法比较，那么 AR_i 强于 AR_j；如果 AR_i 的前提集弱于 AR_j，那么它们的强弱关系无法比较。

---

① 注意，这里的谓词 Valid 是不可省略的。在 NLAS 中，并不像在其他逻辑系统中，命题之间也可以存在强弱关系，而此处所要表达的正是 Valid(r_2) 与 Valid(r_1) 这两个命题之间的强弱关系。

可以看出，两个论证 AR_i、AR_j 之间的强弱关系有三种，分别为 $AR_i > AR_j$、$AR_j > AR_i$ 与无法比较。令 $\Phi(AR)$ 为论证 AR 的前提集，$>^1$、$=^1$ 表示两个论证之间的推断强度，则有

论证的强弱关系：对于两个论证 ARi 与 ARj 来说：

(1) $AR_i > AR_j$，当且仅当：$AR_i >^1 AR_j$ 且 $\Phi(AR_i) \not\subset \Phi(AR_j)$，或者 $AR_i =^1 AR_j$ 且 $\Phi(AR_j) < \Phi(AR_i)$；

(2) $AR_j > AR_i$，当且仅当：$AR_j >^1 AR_i$ 且 $\Phi(AR_j) \not\subset \Phi(AR_i)$，或者 $AR_i =^1 AR_j$ 且 $\Phi(AR_i) < \Phi(AR_j)$；

(3) 无法比较，当且仅当 $AR_i \not> AR_j$ 且 $AR_j \not> AR_i$。

当两个论证的强度无法比较时，可以视为它们的强度相同。

3. 击败（defeat）

对于一个论证来说，受到攻击只意味着存在反对它的论证，并不意味着它被击败了。在直觉上，一个论证被击败了，意味着反对它的论证比它本身更强。如果一个论证虽然受到了攻击，但攻击它的论证强度不够，那么它可能并不被击败。从这些以及相关的直觉出发，下面我们来考察击败关系。攻击类型不同，击败的要求也不同，我们先从最简单的攻击即反驳攻击开始。

反驳攻击是对称的。两个结论分歧的论证相互反驳。对于相互反驳的两个论证来说，在直觉上说，更强的那个论证自然击败更弱的那个论证，但强度相同的两个论证呢？假设只有一个以 φ 为结论的论证 AR_1，那么 φ 是得到证立的（被证立的强度随着论证的强度不同而不同），但如果又有一个以 $\neg \varphi$ 为结论的论证 AR_2 呢？如果 AR_2 的强度弱于 AR_1，AR_1 不受影响，如果 AR_2 的强度与 AR_1 的强度相同，那么在直觉上，虽然 AR_2 并不强于 AR_1，但此时继续相信 φ 显然并不比相信转而相信 $\neg \varphi$ 更理性，所以仍然可以说，AR_2 击败了 AR_1。但此时的击败和 AR_2 强于 AR_1 时的击败应是不同的，因为在强度相同时，AR_2 击败 AR_1，但 AR_1 同时也击败 AR_2，而在 AR_2 强于 AR_1 时，仅有 AR_2 击败 AR_1，AR_1 并不击败 AR_2。我们可以通过击败与严格击败来区分。严格击败的定义将在考察完所有的击败关系后给出，这里我们先定义基于反驳攻击的反驳击败。

反驳击败的定义：论证 AR_i 反驳击败论证 AR_j，当且仅当 AR_i 反驳 AR_j，且 $AR_j \not> AR_i$。

现在来看针对前提的削弱攻击。仍然从我们的直觉出发。假设一个人 A 以权威气象台的相关天气预报作为理由论证第二天的天气情况，而该气象台的天气预报向来是比较准确的，那么这个论证是比较有说服力的。但如果另一个人 B 指出，天气预报并没有进行这样的播报，A 听错了。那么即便 B 的论证较弱，只要它还有一定的说服力，就没有理由继续相信 A 关于第二天的天气情况的断言。那么除非 A 能提供另外的论证支持天气预报的确进行播报了。换句话说，如果论证 AR_1 削弱论证 AR_2，那么即便 AR_1 弱于 AR_2，也击败

AR_2。据此我们可以定义削弱击败：

削弱击败的定义：论证 AR_i 削弱击败论证 AR_j，当且仅当 AR_i 削弱 AR_j。

在 NSAS 中，还有一种攻击为中断攻击。中断攻击既可以理解为对相关真子论证的反驳攻击，也可以理解为对相关准子论证的削弱攻击。由于对于中断攻击的那个论证来说，其子论证实际上是对被中断的那个命题的支持。因此同样需要比较论证的强度。但比较的并不是攻击论证与被攻击论证的强度，而是攻击论证与被攻击论证的真子论证的强度。中断击败可以定义如下：

中断击败的定义：论证 $AR_i = \langle \Phi', \varphi' \rangle$ 中断击败论证 $AR_j = \langle \Phi, \varphi \rangle$，当且仅当 AR_i 中断 AR_j 于 φ_s，且 AR_j 的真子论证 $\langle \Phi_s, \varphi_s \rangle \not\geq AR_i$。

很显然，如果 AR_j 被中断击败了，那么 φ 不能获得证立。

根据上面三种类型的击败，可以总结击败定义如下：

击败的定义：论证 AR_i 击败论证 AR_j，当且仅当，或者 AR_i 反驳击败 AR_j，或者 AR_i 削弱击败 AR_j，或者 AR_i 中断击败 AR_j。

如果论证 AR_i 击败论证 AR_j，那么称 AR_i 为 AR_j 的击败者(defeater)。

在击败的基础可以定义严格击败如下：

严格击败的定义：论证 AR_i 严格击败论证 AR_j，当且仅当，AR_i 击败 AR_j，且并非 AR_j 击败 AR_i。

同样，当 AR_i 严格击败 AR_j 时，也可以称 AR_i 为 AR_j 的严格击败者。

(三) 论辩语义和结论获取

一个被击败的论证可能会被其它论证复原，因此要确定一个论证的状态，只考虑直接与其冲突的那个论证是不够的，还要考虑所有可能的相关论证，即对论证所在的整个网络进行分析。Dung 的外延论辩语义[1]与 Baroni 等的加标论辩语义[2]都可以用以评估 NSAS 中的论证状态。

为了更为直观地确定结论的状态，我们这里借鉴 DeLP 确定论证状态的方式，即通过二值加标的论辩树。[3] 首先定义 NSAS 中的论辩链(argumentation line)。

论辩链的定义：基于知识库 $\langle K, < \rangle$ 的论证链是由一系列论证 $\Lambda = [AR_1, \cdots, AR_n]$ 所构成的队列，其中任何每一个论证 AR_i，击败之前的论证 AR_{i-1}。

在一个论证链中，$\Lambda_s = [AR_1, AR_3, \cdots]$ 是由支持性论证构成的论证序列，$\Lambda_c = $

---

[1] See Phan Minh Dung, On the Acceptability of Arguments and Its Fundamental Role in Nonmonotonic Reasoning, Logic Programming and N-person Games, 77 *Artificial Intelligence* (1995), pp. 321-357.

[2] See Pietro Baroni, Martin Caminada & Massimiliano Giacomin, An Introduction to Argumentation Semantics, 26 *Knowledge Engineering Review* (2011), pp. 365-410.

[3] See Alejandro J. Garcia and Guillermo R. Simari, Defeasible Logic Programming: An Argumentative Approach, 4 *Theory and Practice of Logic Programming* (2004), pp. 95-138.

[AR_2，AR_4，…]是反对性论证构成的论证序列。一个论证链 Λ 是可接受的，如果：

（1）Λ 是一个有限的序列。

（2）支持性论证的集合 $Λ_s$ 是一致的，反对性论证的集合 $Λ_c$ 是一致的。

（3）没有任何一个论证 AR_k 与之前的论证 AR_h 相同或是 AR_h 的子论证。

（4）对于所有的 i，如果 AR_i 非严格击败 AR_{i-1}，并且存在 AR_{i+1}，那么 AR_{i+1} 严格击败 AR_i。

因为可能存在多个论证击败一个论证，而它们又可能被其它若干个论证击败，由此论证链构成一种树状结构，称为论辩树。

论辩树的定义：一个以 AR_1 为根节点的论辩树 $T(AR_1)$ 满足条件：对于任意的非根节点 $N = AR_n$，从根节点到该节点的论证链为 Λ = [AR_1，…，AR_n]，令所有击败 N 的论证为 dN_1、……dN_k。对于每一个击败 N 的 dN_i（$1 \leq i \leq k$），如果根节点到它的论证链 Λ' = [AR_1，…，AR_n，dN_i] 是可接受的，那么 N 就还有一个子节点 N' = dN_i。如果没有击败 N 的论证，或者从根节点到击败 N 的论证 dN_i 的论证链 Λ' 不是可接受的，那么 N 是叶节点。

通俗地说，论辩树实际上就是一个在特定知识库中，从作为根节点的论证出发，不断寻找击败者、击败者的击败者……，在没有进一步的合适的击败者时停止，从而形成的一种树状结构。

在论辩树构造出来之后，可以通过加标来确定树中每一个论证的状态。NSAS 同样是二值加标。标记"D"表示一个论证被击败了，"U"表示未被击败。对于一个论辩树来说，首先，所有的叶节点当然都是没有被击败的。其次，任何一个节点都击败它的父节点，因此如果一个节点未被击败，那么它的父节点被击败。换句话说，对于一个论证来说，只要尚有一个击败它的论证没有被任何论证所击败，那么它就被击败了；当然，如果它的所有击败者都被其它论证击败了，那么它本身就是未被击败的。基于这些直觉，可以给出论辩树的加标原则。

论辩树的加标原则：对于论辩树 T(AR)，对应的加标论辩树 T∗(AR) 可以通过对 T(AR) 的每一个节点进行如下加标而获得：

（1）所有的叶节点加标 U；

（2）一个非叶节点加标为 U 当且仅当它的所有子节点加标为 D。

（3）一个节点加标为 D 当且仅当至少有一个子节点加标为 U。

简单地说，加标就是一个先把每一个叶节点都确定为未被击败的，然后再向根节点的方向行进的过程。这个过程可以同时实现两个目标。一是，对于任何一个论证来说，可以评估它的状态。二是，对于任何一个主张来说，可以确定它是否获得了证立。很显然，如果存在一个论辩树，在该论辩树中，以 φ 为结论的一个论证作为根节点被加标为 U，那么我们就可以说 φ 获得了证立；否则我们说 φ 未获得证立。φ 的证立程度取决于该论证的强度。

四、非单调制定法论辩系统的应用、优势与扩展

下面通过四个假想的案例阐明 NSAS 在常规适用、法律例外、规则冲突以及关于规则的法律推理中是如何工作的,在此基础上揭示 NSAS 和其他法律推理模型相较所具有的优势。

(一)非单调制定法论辩系统的应用

1. 案例1:制定法规则的常规适用

有效的制定法规则:(1)禁止汽车进入公园。

事实:a 是汽车。

NSAS 的知识库 KB = (K, <),其中 K = ｛汽车(a), Valid(rule(r_1))｝; < = ∅。

基于 KB,可以构造论证 AR_1 = 〈｛汽车(a), Valid(rule(r_1))｝,｛Valid(r_1) ∧ Obtain(\ ins(\ ant(r_1) \, i(a/x)):Obtain(\ ins(\ con(r_1) \, i(a/x)) \ ) ∧ ¬ Exc(r_1, i(a/x))// Obtain(\ ins(\ con(r_1) \, i(a/x)) \ )｝,禁止汽车进入公园(a)〉

AR_1 是基于该知识库可以构造出的唯一论证。由于不存在击败者,AR_1 会被加标 U,其结论"禁止汽车进入公园(a)"获得证立。

2. 案例2:法律例外

有效的制定法规则:(1)禁止汽车进入公园,但救护车除外。

事实:(1)a 是救护车;(2)救护车是汽车。

在 NSAS 中,规则(1)可以被理解为被表示为两个规则:rule(r_1, \ 汽车(x) \, \ 禁止进入公园(x) \ )和 rule(r_2, \ 救护车(x) \, \ Exc(r_1, i(a/x)) \ )。因此有 KB = (K, <),其中 K = ｛救护车(a), ∀(x)(救护车(x)→汽车(x)), Valid(rule(r_1)), Valid(rule(r_2))｝, < = ∅。

可以构造论证 AR_1 = 〈｛救护车(a), ∀(x)(救护车(x)→汽车(x)), Valid(rule(r_2))｝,｛Valid(r_2) ∧ Obtain(\ ins(\ ant(r_2) \, $i_{(a/x)}$)):Obtain(\ ins(\ con(r_2) \, i(a/x)) \ ) ∧ ¬ Exc(r_2, $i_{(a/x)}$)// Obtain(\ ins(\ con(r_2) \, $i_{(a/x)}$) \ )｝, Exc(r_1, $i_{(a/x)}$)〉。值得注意的是,由于"禁止汽车进入公园(a)"不在由 K 和 D 所构成缺省理论的扩展中,基于上述论证定义中条件 4 的限制,无法构造论证〈｛救护车(a), ∀(x)(救护车(x)→汽车(x)), Valid(rule(r_1))｝,｛Valid(r_1) ∧ Obtain(\ ins(\ ant(r_1) \, $i_{(a/x)}$)):Obtain(\ ins(\ con(r_1) \, $i_{(a/x)}$) \ ) ∧ ¬ Exc(r_1, $i_{(a/x)}$)// Obtain(\ ins(\ con(r_1) \, $i_{(a/x)}$) \ )｝,禁止汽车进入公园(a)〉。AR_1 不存在击败者,结论"规则1在该案例中被排除适用"获得证立。

在该例中,之所以没有得出"¬禁止进入公园(a)"的结论,是因为法律中的但书既可

理解为底切例外，也可理解为反证例外，① 而上面选择将但书"救护车除外"理解为底切例外。如果将它理解为反证例外的话，那么将 Valid(rule(r_3, \ 救护车(x) \ , \ ¬ 禁止进入公园(x) \ ))加入知识库就可以构造出支持"¬ 禁止进入公园(a)"的结论了。

3. 案例3：规则冲突

有效的制定法规则：(1)禁止汽车进入公园；(2)不禁止警车进入公园。

事实：(1)a 是警车；(2)警车是汽车。

基于如上信息，有知识库 KB = ⟨K, <⟩，其中 K = {警车(a)，∀(x)警车(x)→汽车(x))，Valid(rule(r_1, \ 汽车(x) \ , \ 禁止进入公园(x) \ ))，Valid(rule(r_2, \ 警车(x) \ , \ ¬ 禁止进入公园(x) \ ))}，< = ∅。可以构造论证 AR_1 = ⟨{警车(a)，∀(x)(警车(x)→车辆(x))}，∅，汽车(a)⟩；AR_2 = ⟨{警车(a)，∀(x)(警车(x)→汽车(x))，Valid(rule(r_1, \ 汽车(x) \ , \ 禁止进入公园(x) \ ))，{Valid(r_1)∧Obtain(\ ins(\ ant(r_1) \ , $i_{(a/x)}$)): Obtain(\ ins(\ con(r_1) \ , $i_{(a/x)}$) \ ) ∧¬ Exc(r_1, $i_{(a/x)}$)// Obtain(\ ins(\ con(r_1) \ , $i_{(a/x)}$) \ )}，禁止进入公园(a)⟩；AR3 = ⟨{警车(a)，Valid(rule(r_2, \ 警车(x) \ , \ ¬ 禁止进入公园(x) \ ))，{Valid(r_2)∧Obtain(\ ins(\ ant(r_2) \ , $i_{(a/x)}$)): Obtain(\ ins(\ con(r_2) \ , $i_{(a/x)}$) \ ) ∧¬ Exc(r_2, $i_{(a/x)}$)// Obtain(\ ins(\ con(r_2) \ , $i_{(a/x)}$) \ )}，¬ 禁止进入公园(a)⟩。AR_2 与 AR_3 相互击败，根据上面论证链可接受的条件4，不存在可接受的论证链，它们的结论都没有获得证立。

在该例中，无法获得关于是否禁止 a 进入公园的结论，是因为不存在关于规则优先性的信息，AR_2 与 AR_3 具有相同的前提强度；它们均使用了 d_1，具有相同的推断强度，从而总体强度无法比较。如果已知规则2优于规则1，那么可以在知识库中加入相关信息使得 < = {Valid(rule(r_1)) < Valid(rule(r_2))}。由于 AR_2 与 AR_3 推断强度相同，AR_2 的前提集强度小于 AR_3，有 AR_3 > AR_2；因此，AR_3 反驳击败 AR_2，但并非 AR_2 反驳击败 AR_3，AR_3 严格击败 AR_2。AR_3 没有其他击败者，AR_3 的结论"¬ 禁止进入公园(a)"获得证立。关于规则优先性的信息不仅可以直接给出，而且可以作为推理的结论被增添进来。这涉及关于规则的推理，见案例4。

4. 案例4：关于规则的推理

有效的制定法规则：(1)禁止汽车进入公园；(2)不禁止警车进入公园；(3)更特别的规则具有优先性。

事实：(1)a 是警车；(2)警车是汽车；(3)规则2比规则1更特别。

基于如上信息，有知识库 KB = ⟨K, <⟩，其中 K = {警车(a)，∀(x)警车(x)→汽车(x))，更特别(rule(r_2)，rule(r_1))，Valid(rule(r_1, \ 汽车(x) \ , \ 禁止进入公园

---

① Giovanni Sartor, *The Structure of Norm Conditions and Nonmonotonic Reasoning in Law*, Proceedings of the 3rd International Conference on Artificial Intelligence and Law (1991), pp. 155 – 164.

(x)\）），Valid(rule(r_2，\ 警车(x)\，\¬ 禁止进入公园(x)\）），Valid(rule(r_3，\ 更特别(r_i，r_j)\，\ r_j<r_i\））}，< =∅。可以构造论证 AR_1=⟨{警车(a)，∀(x)(警车(x)→车辆(x))}，∅，汽车(a)⟩；AR_2=⟨{警车(a)，∀(x)(警车(x)→汽车(x))，Valid(rule(r_1，\ 汽车(x)\，\ 禁止进入公园(x)\））}，{Valid(r_1)∧Obtain(\ ins(\ ant(r_1)\，$i_{(a/x)}$)）：Obtain(\ ins(\ con(r_1)\，$i_{(a/x)}$)\）∧¬ Exc(r_1，$i_{(a/x)}$)// Obtain(\ ins(\ con(r_1)\，$i_{(a/x)}$)\）}，禁止进入公园(a)⟩；AR3=⟨{警车(a)，Valid(rule(r_2，\ 警车(x)\，\¬ 禁止进入公园(x)\））}，{Valid(r_2)∧Obtain(\ ins(\ ant(r_2)\，$i_{(a/x)}$)）：Obtain(\ ins(\ con(r_2)\，$i_{(a/x)}$)\）∧¬ Exc(r_2，$i_{(a/x)}$)// Obtain(\ ins(\ con(r_1)\，$i_{(a/x)}$)\）}，¬ 禁止进入公园(a)⟩；AR_4=⟨{更特别(r_2，r_1)，Valid(rule(r_3))}，{Valid(r3)∧Obtain(\ ins(\ ant(r_2)\））：Obtain(\ ins(\ con(r_2)\））}，{r_1<r_2}⟩。AR_4实际上是将关于优先性的元规则适用到事实(3)上的推理，基于该推理，r_1<r_2的信息被增添进知识库中。基于这一信息，可得出 AR_3>AR_2，AR_3的结论"¬ 禁止进入公园(a)"获得证立。

（二）非单调制定法论辩系统的优势

1. 与缺省逻辑相比

缺省逻辑将所有类型的可废止性都放在同一个论证内部进行处理，不符合法律推理的真实情形。在法律实践中，人们经常在比较相互竞争的结论的强度的基础上得出结论，缺省逻辑无法刻画这种思维进程。对于一个法律规则来说，它的例外规则总是强过它，而与它冲突的规则却未必；另一方面，与它冲突的规则一般可以用来得出相反的结论，但它的例外并未如此。NSAS 在逻辑层处理例外，在论辩层处理规则之间的冲突，使得这些有关规则的正确理解都能够得到妥当地刻画。

缺省逻辑借助"可应用"谓词可以刻画例外的例外，但当例外较多时，需要较多的相互索引，使其失去结构相似性、模块性。而在 NSAS 中，例外与例外的例外被处理为以"Exc(rule(r_{id}))"为后件的实质规则，从而可以单个、独立地添加。此外，由于例外是作为有效的制定法规则而出现的，而不是作为缺省规则的证立而出现的，不需要复杂的相互索引，从而不会遇到缺省逻辑所遇到的那些麻烦。

缺省逻辑将制定法规则处理为缺省规则，既偏离了对制定法规则的正确理解，也无法刻画关于规则的推理。NSAS 将制定法规则处理为个体，能够方便地处理各种关于规则的推理，例如关于法律规则是否有效的推理，关于法律规则是否被排除适用的推理。对制定法规则与方法论规则的区分，不仅更符合法律实践的实际，而且能够显著减少缺省规则的数量。此外，在 NSAS 中，每一个缺省规则都是深思熟虑的，反映了人们在法律方法论领域所取得的一些共识。

2. 与理由逻辑相比

理由逻辑过于重视理由与理由的权衡，这不仅使得它对常规适用的刻画过于烦琐，而且导致它的推理能力下降。因此，NSAS虽然借鉴了理由逻辑的表达以及它将制定法规则处理为个体的思想，但并没有借鉴它关于"理由"的一些思想和技术。理由逻辑所强调的理由权衡，有一部分是没有必要的或可以直接处理为法律例外，另外一部分可以处理为论证之间的冲突。由于在简单案件中并不需要权衡各种不同的理由，NSAS能够比理由逻辑更简洁、自然地刻画制定法规则的常规适用。此外，有些论证之间的冲突是通过强弱比较来确定谁胜出的，但并非所有论证之间的冲突都是如此；论证的复原也不同于论证在冲突关系中胜出。将所有类型的论证冲突都通过理由权衡的方式来加以刻画，忽略了论证冲突的多样性。

3. 与其他论辩系统相比

NSAS与演绎论辩系统[1]、DeLP[2]、ASPIC⁺等论辩系统相比有如下三点不同。首先，NSAS将源于法律例外的可废止性放在单个论证的内部处理，而不是将所有的可废止性都处理论证之间的冲突。由于在NSAS中，无论是演绎推论规则还是作为缺省的方法论规则，本身都不会受到质疑，所以并没有考虑其他论辩逻辑所会考虑的底切攻击。那些在其他论辩逻辑中由底切攻击所处理的问题，在NSAS中被处理为制定法规则的排除适用。如果一个制定法被排除适用，那么是无法构造出以该规则的后件的实例命题作为结论的论证的。因此，在单个论证内部处理法律例外更符合对法律推理的正确理解。

其次，在其他论辩系统中，制定法规则被表达成公式，这使其很难表达制定法规则的有效性、可适用性或排除适用等各种性质，从而不好处理关于规则的推理。虽然ASPIC⁺框架借助一些特殊谓词能够刻画关于规则强度的推理，但无法为所有关于规则的推理提供一个统一的方案。NSAS则将制定法规则处理结构化的个体，能够方便地刻画规则的各种性质，从而能够统一地处理各种不同的关于规则的推理。

最后，在NSAS中，知识库的前提与作为缺省的推论规则都进行了类型化的处理，对于每一个论证，都可以确定它的前提强度与推断强度，并在此基础上确定它的总体强度。由于每个论证都有自己的强度，不仅能够确定一个主张是否得到了证立，还可以确定它被证立的程度。在法律实践中，即便一个论证未遇到任何攻击，人们也可以评价它的结论是否获得了足够程度的证立；即便两个论证不相互冲突，人们也可以评价它们哪一个更可信。NSAS赋予每个论证以独立的强度使得这些评价成为可能。

（三）非单调制定法论辩系统的扩展

上面给出的NSAS可以视为一个最基础的版本，可以进行各种扩展。

---

[1] Philippe Besnard and Anthony Hunter, *Elements of Argumentation*, MA: MIT Press, 2008, pp. 37 – 68.

[2] Alejandro J. Garcia and Guillermo R. Simari, *Defeasible Logic Programming: An Argumentative Approach*, 4 Theory and Practice of Logic Programming (2004), pp. 95 – 138.

1. 道义逻辑

NSAS 的底层逻辑中，为了保持逻辑的简洁性，未使用任何道义概念。如果从表达更自然的角度出发，可以在 NSAS 的逻辑语言中加入各种道义概念。例如，可以加入表示"应当"的初始逻辑符号 Obl，定义：For A =$_{def}$ Obl ¬ A、Perm A =$_{def}$ ¬ Obl A（For、Perm 分别表示"禁止"、"允许"），并根据需要，增添相应的公理或演绎推论规则。

道义概念以及相关定义、公理或推论规则的加入，可以使得 NSAS 具有更强的表达能力。例如，"Obl Obtain(\ s \ )"表达"事态 s 应当存在"、"Obl Valid(r)"表达"实质规则 r 应当有效"、"Obl A"。在表示主体与行为的词汇的帮助下，通过 M * ([actor]，[action]) 还可以表示某人做某种行为是应当、禁止或允许的，其中 M * 是某种道义概念，[actor] 是某个人，[action] 是某个行为。例如，For([张三]，[进入公园]) 表示"禁止张三进入公园"。

将 NSAS 扩展为一种道义逻辑，能够增强它的推理能力，在多大程度上增强取决于增添多少公理以及推论规则。例如，公理"Obl p → Perm p"的加入使得我们能够从某个行为是应当的，推出它是被允许的。我们也可以通过加入一些带有道义概念的缺省，使得 NSAS 更容易处理一些有关规范的推理。我们之所以没有这么多，一是道义概念的加入容易带来一些反直觉的或悖论性的结果，二是相关的研究尚未取得足够的进展，从而不太容易构造出一些具有共识的方法论规则。例如，"一个规则是有效的"与"一个规则应当是有效的"究竟应该是一种什么样的关系？倾向于法律实证主义的学者可能会认为它们之间没有关系，而倾向于自然法理论的学者则可能会将它们等同起来。因此，虽然道义概念以及相关的公理与推论规则的加入会使 NSAS 的表达能力更强，也使得相关的表达更自然，但基于简洁性、必要性等方面的考虑，基础版本的 NSAS 并没有使用任何道义符号。很可能是出于同样考虑，Hage 在理由逻辑的某个旧的版本中使用了道义逻辑符号，但又在一个较新的版本中撤回了。① 无独有偶，Walton 等人在不同版本的法律解释论证的逻辑分析中也是先使用了道义逻辑符号，后来又撤回了。②

虽然 NSAS 未使用任何道义符号，这并不意味着 NSAS 中的公式不能表达那些道义性的命题，而只是说，NSAS 通过将其中出现的道义概念处理为谓词而非逻辑符号来表达这些命题。总的来说，向道义逻辑的扩展需要两个方面的研究进展，一是道义逻辑本身的研究，二是有关规则有效性问题的法理学研究。

---

① See Jaap Hage, *Studies in Legal Logic*, Dordrecht: Springer, 2005, p. 99.
② Giovanni Sartor, et. all, *Argumentation Schemes for Statutory Interpretation: A Logical Analysis*, in R. Hoekstra, (eds.), Legal Knowledge and Information Systems (JURIX 2014), Amsterdam: IOS Press, 2014, pp. 11 – 20; Douglas Walton, Giovanni Sartor & Fabrizio Macagno, *An Argumentation Framework for Contested Cases of Statutory Interpretation*, 24 Artificial Intelligence and Law (2016), pp. 51 – 91.

2. 解释方法论

在上面提出的 NSAS 的基础版本中,关于法律解释,只有一个函数符号"best - in",这一函数将一个规则 r_i 的最佳解释映射到另一个规则 r_j 上,使得我们能够通过一些缺省从 r_i 具有某种性质推出 r_j 具有某种性质;例如,d_2、d_3。

对于法律解释,一些学者总结了常见的解释标准。例如,麦考密克等学者总结了11种常见的解释标准。[1] Walton 等学者试图在论辩逻辑中将从这些标准出发的论证形式化。[2] 例如,所有运用支持某一解释结论的解释标准的模式可以总结为:

C:表达 E 出现在文本 D 中,对 E 的解释 M 满足解释规范 C 的条件 $\Rightarrow$ BestInt(E, D) = M

其中,"$\Rightarrow$"是构造可废止规则的符号。

例如,日常语言(ordinary language)标准要求:

OL:表达 E 出现在文本 D 中,对 E 的解释 M 满足日常语言 $\Rightarrow$ BestInt(E, D) ≡ M

类似地,所有反对支持某一解释结论的解释标准可以总结为:

NR:表达 E 出现在文本 D 中,对 E 的解释 M 满足解释规范 NR 的条件 $\Rightarrow$ BestInt(E, D) ≠ M

Walton 等学者试图以可废止逻辑为底层逻辑在 ASPIC$^+$ 框架中处理法律解释论证。这是可行的,但在可废止逻辑中,实质规则与方法论规则混同在一起,而且论证的强度完全取决于可废止规则的强度,这些都不符合法律实践的真实情况。

通过增添一些特殊的谓词与函数符号,以及若干合适的缺省,NSAS 同样可以刻画这些解释标准。例如,以谓词 Inter(r_j, r_k) 表示 r_k 是 r_j 的一个解释、Best - in(r_j, r_k) 表示 r_k 是 r_j 的最佳解释。那么缺省

d_9:Inter(r_j, r_k) $\wedge$ Fur(\ ins(\ con(r_k) \ , i) \ , goal(r_j)) // Best - in(r_j, r_k)

刻画了这样一个解释标准,即促进规则目标达成的那个解释是最佳解释。其他的解释标准也可以通过类似的方式表达成缺省,增添到系统中。究竟要增添那些缺省,以及这些缺省规则的强度,需要解释方法论领域的进一步研究。NSAS 提供了一个刻画这些解释方法论研究的成果的框架。

3. 证明责任

对于基础版本的 NSAS 来说,另一个可能的扩展方向是加入证明责任。证明责任可以通过多种不同的方式实现。首先,由于在 NSAS 中,每个论证都有各自的强度,不管它是

---

[1] Neil MacCormick and Robert Summers, *Interpreting Statutes: A Comparative Study*, Dartmouth: Aldershot, 1991, p. 464.

[2] Giovanni Sartor, et. all, *Argumentation Schemes for Statutory Interpretation: A Logical Analysis*, in R. Hoekstra, (eds.), Legal Knowledge and Information Systems (JURIX 2014), Amsterdam: IOS Press, 2014, pp. 11 - 20.

否与其他论证相冲突,因此对于主张 φ,可以直接设定不同的证明标准,并据其判断 φ 能否获得证立。

例如下列从弱到强的证明标准:

(1) 微弱证明标准:至少存在一个支持 φ 的论证;

(2) 较弱证明标准:至少存在一个支持 φ 的论证,且该论证未被严格击败;

(3) 中度证明标准:至少存在一个未被击败的支持 φ 的论证;

(4) 较强证明标准:至少存在一个未被击败的且似真的支持 φ 的论证;

(5) 最强证明标准:至少存在一个未被击败的且可靠的支持 φ 的论证。

其次,由于每个论证不仅有不同的强度,而且有不同的推断强度和前提强度。证明标准不仅可以针对论证的总体强度来设定,而且可以针对不同的推断强度或前提强度来设定,甚至结合不同的推断强度与前提强度。例如,在某个领域中,可以要求只有在至少存在一个未被击败、前提似真或可靠且推断可靠的论证支持 φ,φ 才算得到了证立。

此外,证明责任还可以在击败关系或论辩语义中加入。例如,在一个对于可靠性的要求较低的领域或事项上,可以要求,对于具有某种性质的 φ 来说,所有攻击以 φ 为结论的论证 AR_i 的论证 AR_j 只有在强度为可靠或似真的情况下才能够击败 AR_i。再如,在一个可靠性要求较高的领域或事项上,可以要求,对于具有某种性质的主张 φ 来说,只有在所有攻击以 φ 为结论的 AR_i 的论证 AR_j 都被严格击败了,φ 才算获得了证立。

这些不同层面上的证明责任可以协调起来,综合地起作用。由于在日常生活与法律实践中,在不同事项上,人们对于可靠性的要求是不同的。例如,张三从事了行为 A 可能既是他需要承担民事责任的前提,也是他应受刑罚制裁的前提,但在这两种情形下,人们对"张三从事了行为 A"这一主张的可靠性的要求是不同的。总之,证明责任能够以不同的方式增添到 NSAS 的框架中,但如何将法律领域中不同的证明要求契合进去以构造一个妥当的 NSAS 的扩展版本,则需要证据法、法理学以及对法律论辩的进一步研究。

五、结语

本文旨在结合非单调逻辑与论辩逻辑提出一个新的刻画制定法推理的逻辑系统,即非单调制定法论辩系统(NSAS)。NSAS 有两个层次:逻辑层与论辩层。在逻辑层,它以缺省逻辑作为底层逻辑,但在如下两个重要方面借鉴了理由逻辑。一是,将制定法规则等实质规则处理为个体,使得各种关于规则的推理变得容易处理。二是借鉴了理由逻辑的一些表达。它与理由逻辑的一个最大不同是,在理由逻辑中,理由与理由集之间的权衡是至关重要的,但在 NSAS 中,并没有理由的位置。在论辩层,NSAS 借鉴了若干论辩逻辑系统。一个论证对应于逻辑层的一个有效推论,虽然有效推论并不都是论证。由于在 NSAS 中,知识库的前提与作为缺省的推论规则都进行了类型化的处理,对于每一个论证,都可以确定它的前提强度与推断强度,并在此基础上确定它的总体强度。NSAS 对攻击与击败的处理也不同于一般的论辩逻辑。由于在 NSAS 中，无论是演绎推论规则还是作为缺省的方法论规则，本身都不会受到质疑，所以并没有考虑其他论辩逻辑所会考虑的底切攻击。那些在其他论辩逻辑中由底切攻击所处理的问题，在 NSAS 中被处理为制定法规则的排除适用。在攻击方式上，NSAS 提出了中断攻击这样一种新的攻击类型。NSAS 具有很强的可扩展性。一方面，几乎所有我们想要的推理类型都可以通过在知识库中增添相关实质规则以及强度信息、增添作为缺省的方法论规则或相关的公理来实现。另一方面，通过扩充语言，NSAS 可以处理道义推理、法律解释推理以及证明责任。

（编辑：杨知文）

为不可放弃的权利辩护*

苏汉廷**

摘　要　存在不可放弃的权利吗？霍菲尔德的法律关系矩阵在设定上就不兼容这一政治法律实践中重要的权利现象，因此仅以这一理论否定不可放弃的权利是不足够的，必须深入权利的本质属性加以讨论。有的理论认为出于个人选择的自由或者利益算计可以放弃一切权利。然而，意志论保障的个人选择自由要受到他人自由和共同体要求的限制，从而不能必然证否不可放弃的权利；利益论认为权利的本质可以用利益加以解释，但是有的权利并不全部关乎利益，有的利益也不能任意放弃，因而权利同样不都是必然可以放弃的。从共同体本位出发，加入共同体的权利事关共同体的存续，是共同体生活必不可少的，也是共同体中生活的人之所以为人的先验要素，因此是不可放弃的。

关键词　不可放弃的权利　利益论　意志论　共同体　人格

引　言

存在不可放弃的权利吗？如果我们将权利定义为"受保护的行动选择"，[①] 并且把不

---

* 本研究受中国政法大学硕士研究生创新实践项目资助。
** 苏汉廷，男，广东番禺人，中国政法大学法学院法学理论专业硕士研究生。感谢雷磊教授在论文写作过程中给予的建设性指导和帮助！
[①] Frances Kamm, "Rights", in Jules Coleman & Scott Shapiro eds., *Oxford Handbook of Jurisprudence and Philosophy of Law*, Oxford: Oxford University Press, 2012, p. 476.

可放弃解释成仅不能由权利人主动让渡或者抛弃,① 那么这个问题的答案似乎很明显：既然实施什么行动是我的选择，那么我天然就有选择抛弃这项权利的自由，而且我往往也能举出理由。例如我和一家企业因产品使用问题起了纠纷，想走司法程序，结果发现根据产品使用协议的规定，我需要去一个千里之外的城市维权，适用千里之外的法律。在这种情况下，我完全可以放弃我诉诸法律解决纠纷的权利，因为履行的成本可能太高了。很多时候，我们也会出于其他原因放弃一些自己的权利，例如为了让医生检查身体，我们会向医生让渡一部分隐私权，好为自己获得更大的健康利益。在某些情况下，我们放弃权利也不需要什么理由，例如我们可以免除朋友们对自己的债务，而法律并不要求我们向朋友们说明原因，也不会让我们因此受到什么制裁或者承担什么进一步的责任。

不过所有的权利都是可以放弃的吗？如果考察中国现有的权利类型，除了上述权利，我们还可以发现一些既是权利也是义务的行为。《中华人民共和国宪法》第 42 条第 1 款就规定："中华人民共和国公民有劳动的权利和义务"。然而宪法第 42 条的规定可以解读为将"劳动"的行为规定成了一种义务，所以"劳动"的权利连带着不可放弃了，此时它就变成了一个义务问题。这种既是义务又是权利的构造并不在我们的讨论范围之内。

那么对于那些法律没有明文规定为一种义务的权利，是不是仍然都可以一弃了之呢？例如我们的生命、自由乃至尊严，如果法律并没有规定把它们规定成一种义务，我们可以放弃吗？

这也是我接下来将重点处理的问题，目的则在于证立权利中的不可放弃性。需要说明的是，我所探讨的主要是权利具有不可放弃属性的一般理由，而不会花过多篇幅讨论某些特定的所谓不可放弃的权利，因为不同学说、文化和法律共同体提出的不可放弃的权利往往五花八门，对于何为不可放弃的权利的认知往往也是不一致的。② 因此，我的目标仅在于提供一种足够抽象且"稀薄"的证成有的权利不可放弃的理由。

如果我们只通过权利自身来考察权利可否放弃的问题，那就相当于问权利在概念上是不是都可以放弃的；如果我们还要将目光投向支持权利的外部理由，就要从权利的本质出发考察放弃之后的问题。因此，我们首先会回顾一些认为权利在概念以及本质上就可以放

---

① Arthur Kuflik, "The Utilitarian Logic of Inalienable Rights", *Ethics*, vol. 97, 1986, p. 75. 首先，放弃权利不可以和不行使权利混淆在一起。一个人完全可以在不放弃某项权利的时候暂时不行使，例如不在诉讼时效届满之前起诉，或者进入教室上课而暂时离开，但是这些人可以随时恢复行使自己相应的权利。此外，不可放弃的权利并不是不能遭到侵害或者限制的，因为从实证角度来看，对权利实然上的侵害并不影响权利在应然中的有效性，参见 Frank Leavitt, "Inalienable Rights", *Philosophy*, vol. 76, 1993, p. 117；从规范的角度出发，对权利的限制来源于外部，与权利人自己的主观意图无关，因此也不属于"放弃"。有人提出不可放弃的权利在语义上同样意味着原则上不可剥夺（forfeiture），但是出于更重要的考量除外，参见 James Nickle, "Are Human Rights Utopian?", *Philosophy and Public Affairs*, vol. 11, 1982, p. 251. 陈景辉则认为，道德实践允许基于道德错误剥夺一些所谓不可放弃的权利，参见陈景辉：《不可放弃的权利：它能成立吗?》，载《清华法学》2020 年第 2 期，第 5 页。

② 例如基督教文化一般认为人没有自杀的权利，但是中国文化中对于自杀的态度则莫衷一是了。例如《论语·季氏》就认为"伯夷、叔齐饿于首阳之下，民到于今称之"，称颂为了忠君自杀是道德上可嘉的，但是《孝经·开宗明义》则称"身体发肤，受之父母，不敢毁伤，孝之始也"。

弃的学说，分析他们对权利本质的界定思路以及其中存在的谬误，指出不能只从个体利益出发建构和审视权利，而最好从共同体的角度出发加以理解——为了维护共同体的权威和持续，天然存在一部分不可放弃的权利，而这种不可放弃的属性并不影响它们作为权利的性质。为了说明我的主张，我会首先从逻辑的角度入手，证明一切权利都可以放弃的主张在逻辑上并不能成立，而后从共同体的立场出发，说明不可放弃的权利对于共同体的存续和其中人格的发展有重要的实践意义。或许这也应了一个批评：不可放弃的权利往往依赖于外部的权威，而非权利自身的建构。[1] 不过要注意的是，离开了这类权威，我们或许就没有权利可言了。

一、不可放弃的权利：仅仅是一个分析法学问题吗？

如果我们认为权利首先是一个概念问题，那么最经济的论证思路就是首先从概念的分析出发，试图在权利概念的逻辑框架之内解决权利可放弃的问题。学界认为，霍菲尔德的权利理论提供了权利理论基础概念框架，[2] 因此我们也不妨从这一理论入手，分析权利是否具有可放弃的属性。不过在我看来，在我们探究权利的本质之前，纯粹概念分析的路径不足以回答不可放弃的权利问题。这一部分也将着力展现这种困境。

（一）霍菲尔德的视角

我们首先用霍菲尔德自己给出的关系矩阵展示他的权利理论：[3]

表1：霍菲尔德法律概念和关系矩阵

对应关系	权利	特权	权力	豁免
	义务	无权利	责任	无能力
相反关系	权利	特权	权力	豁免
	无权利	义务	无能力	责任

我们可以发现，霍菲尔德的权利理论借助对应关系阐释权利等法律概念，本质上是一种对于权利的类型化分析。鉴于我们讨论的是权利问题，接下来只考察与权利相关的部分。霍菲尔德认为，在对应关系中，A有权请求B做某事就等价于B有配合A做这件事

---

[1] John Nelson, "Are There Inalienable Rights?", *Philosophy*, vol. 64, 1989, p. 522.
[2] 对于霍菲尔德权利理论地位的上述看法，参见 Frances Kamm, "Rights", in Jules Coleman & Scott Shapiro eds., *Oxford Handbook of Jurisprudence and Philosophy of Law*, Oxford: Oxford University Press, 2012, p. 476；陈景辉：《不可放弃的权利：它能成立吗？》，载《清华法学》2020年第2期，第13-14页；等等。需要注意的是，霍菲尔德的理论做的仅仅是有关权利的类型化分析。
[3] Wesley Hohfeld, "Some Fundamental Legal Conceptions as Applied in Judicial Reasoning", *Yale Law Journal*, vol. 23, 1913, p. 30.

的义务。① 斯坦纳认为，如果我们说 A 可以放弃这项权利，就意味着 A 要有免除 B 义务的权力。② 这也就是说，"某项权利对于 A 来说是不可放弃的"命题的在霍菲尔德对权利的类型分析中，就相当于说 A 陷入了免除 B 义务的无能力。

在汤姆森看来，这种无能力有三种可能的情形，第一是他人无能力影响的，第二是本人无能力放弃或者让渡，第三则是前两种的合并，即本人无能力放弃，他人也无能力剥夺。③ 由此可见，这种无能力既可能存在于 A 自身，也有可能存在于其他人。就前一种情况而言，A 同时拥有一项权利与一种无能力，那么根据霍菲尔德的理论，就一定会有另一个人因此对 A 的无能力享有豁免。此时可能会出现一个重复追溯的问题。B 有没有放弃这项豁免的权力？如果 B 有权放弃这项豁免，那么他既可以因此抛弃自己的豁免，也可以借此解除 A 放弃权利的无能力状态，从而二者的权利都不再是不可放弃的了。因此，如果我们还想在霍菲尔德的框架下构造出不可放弃的权利，就只能让 B 拥有无能力，再去制造第三个拥有豁免和无能力的人。在斯坦纳看来，那么为了维持不可放弃的权利，我们就不得不一直设定拥有豁免和无能力的第三人，从而陷入一种无穷回溯的困境——除非我们认同其中某个人有抛弃豁免的权力，这也就否定了权利的不可放弃性。④

不过单纯基于霍菲尔德理论的论证并不能令人满意。在霍菲尔德的体系当中，如果我们不愿意接受无穷回溯困境，就必须承认并不存在不可放弃的权利。但是正如比阿塞提所言，所有的权利在霍菲尔德的理论中都是预设可放弃的。⑤ 换言之，这只是霍菲尔德理论体系自身的问题，与权利自身能不能放弃的属性无关。

为什么霍菲尔德的体系会出现这样的问题？我们需要注意，霍菲尔德的理论是一种类型化分析，目的在于分析权利等法律概念之间的相互关系，而并没有给出一个有关权利的法哲学概念。在并没有定义权利的本质之前就预设了它是可以放弃的，必然导致权利的概念边界不清晰，从而无法兼容不可放弃的权利这一政治和法律实践中的重要现象。从概念边界的问题出发，我们试举两个例子。第一，我们经常把权利和自由相提并论，那么在霍菲尔德那里，自由算不算一种权利？它是不是可以放弃的？第二，我们在谈及不可放弃的

---

① Wesley Hohfeld, "Some Fundamental Legal Conceptions as Applied in Judicial Reasoning", *Yale Law Journal*, vol. 23, 1913, p. 30. 在霍菲尔德看来，请求是最严格的权利，而豁免属于一种广义上的权利，见 Wesley Hohfeld, "Some Fundamental Legal Conceptions as Applied in Judicial Reasoning", *Yale Law Journal*, vol. 23, 1913, p. 30。

② Hillel Steiner, "Directed Duties and Inalienable Rights", *Ethics*, vol. 123, 2013, p. 231. 根据斯坦纳的理论，放弃请求权、特权、豁免和权力等任何一种广义权利，都意味着存在一个放弃的无能力。

③ Judith Thomson, *Realm of Rights*, Cambridge, MA: Harvard University Press, 1990, pp. 283–284. 为了本文讨论的方便，行文时将汤姆森的第一种和第二种不可放弃的情形调换了次序。汤姆森本人则否认存在不可放弃的权利，不过是因为我们一般认知中不可放弃的权利往往都太重要了，理性人不会放弃它们，因此如果真的出现了转让或者抛弃这些权利的情形，那也是强迫或者失智的结果，说不上是一种放弃。

④ Hillel Steiner, "Directed Duties and Inalienable Rights", *Ethics*, vol. 123, 2013, pp. 237–238.

⑤ Pierfrancesco Biasetti, "Infinite Regress and Hohfeld", *Ethics*, vol. 126, 2015, p. 147. 比阿塞提还论证说，除非修改对应关系的框架，否则霍菲尔德的理论不能解释不可放弃的权利的问题，参见 Pierfrancesco Biasetti, "Infinite Regress and Hohfeld", *Ethics*, vol. 126, 2015, pp. 149–152。

权利时,总是会与尊严联系在一起。尊严是不是一种权利?尊严的放弃问题,与权利的放弃问题之间有什么关系?

(二) 权利与自由

我认为,我们并不存在不可放弃的自由,不过这一点并不影响我们证成不可放弃的权利。不妨继续借鉴霍菲尔德的概念框架展开讨论。"自由"在霍菲尔德那里属于广义的"权利",实质上与"特权"等价,对应的是他人的无权利,从而不能因此说第三人就负有不干涉特权人自由的义务。① 如果我们要在霍菲尔德的意义上构造一个不可放弃的自由,那么同样需要给特权人施加一个无能力,继而引发一连串的豁免人和无能力人,从而再度陷入斯坦纳的无穷回溯。如前所述,这是霍菲尔德对一切权利的设定问题,因此我们还是遵循之前的思路,抛开这个设定,从政治实践的角度继续讨论。

不过如果我享有自由的特权,那么他人对我没有权利,因此我对他人也不负什么义务,所以自由可以理解为对他人不负义务的状态。如果我们认为存在不可放弃的自由,也就相当于是认为我们在特定的情况下无论如何都不能对他人负义务。至少在目前人类的政治实践中,只有奥斯丁式的主权者才看上去满足这种要求:习惯性地不服从于任何人。② 那么问题来了,不可放弃是一个外在的禁令,换言之如果主权者有不可放弃的自由,那么他就要服从一个设定了这种禁止的权威,也就不是主权者了。因此,如果我们采用霍菲尔德的框架,不可放弃的自由概念难以成立。

那么我们的诸如人身自由等公民自由是不是因此可以放弃了呢?需要注意的是,当我们谈到"不可放弃的自由"的时候,很多时候指的其实不是霍菲尔德这种豁免式的自由,而是一种他人负有义务不得干预的"权利"。此时这类以自由为名的权利仍然需要回到"权利"的语境中去讨论。

(三) 权利与尊严

我们继续处理尊严问题。我们讨论的不少不可放弃的权利似乎都与人的尊严相关。德国《基本法》第一条也开宗明义地宣称:"人的尊严不可侵犯……因此,德意志人民承认不可侵犯与不可让与之人权,为一切人类社会以及世界和平与正义之基础。"这里试图说明一点:尊严能否放弃与权利能否放弃并不相关。

首先明确尊严的概念。尊严可以是一种与地位相关的荣誉。③ 这种荣誉依赖于特定的

---

① Wesley Hohfeld, "Some Fundamental Legal Conceptions as Applied in Judicial Reasoning", *Yale Law Journal*, vol. 23, 1913, pp. 36 – 37.

② John Austin, *The Province of Jurisprudence Determined*, Wilfrid Rumble, ed., Cambridge: Cambridge University Press, 2001, p. 170.

③ Meir Dan‐Cohen, "Dignity and Self‐Creation", in his *Normative Subject: Self and Collectivity in Morality and Law*, Oxford: Oxford University Press, 2016, p. 151.

群体资格,"从封建国王的尊严开始,把一切人划分等级,直到没有任何人的尊严,而只剩下一个赤裸裸的人为止",[1] 因而很难为不可放弃的权利提供普遍的辩护。此外,我们也有一种康德式的尊严,在语义学上与价值紧密相连。[2] 具体而言,康德认为尊严超越一切价值,只有"构成事物作为自在目的的条件而存在的东西"才有尊严,此时尊严是一种内在的价值。[3] 在康德看来,自律性是任何理性造物尊严的依据,这种自律性决定了理性主体可以为自己立法,立法自身才具有尊严,换言之就是无条件和不可比拟的价值。[4] 康德进一步指出,在有道德感的人当中,尊严是永恒的,也是不可放弃的。[5] 下文将重点围绕康德对尊严的解读展开。

在康德那里,尊严与权利之间的关系是什么样的?我们首先来看康德对权利的定义:"可以理解权利为全部条件,根据这些条件,任何人有意识的行为,按照一条普遍的自由法则,确实能够和其他人的有意识的行为相协调";[6] 进一步地,因为一般的权利"涉及的都是外在的对象",完全与伦理无关,因而没有道义的面向,"既不可能也不应该成为行为的动机,并通过这个动机决定意志的自由行动","和强制的权限是一回事"。[7] 由此我们可以发现,在康德那里,尊严是享受权利的必要条件,是人有德性的必要条件,因而尊严和权利是不能混于一谈的。在这个意义上,存在不可放弃的尊严不等价于存在不可放弃的权利。

有人可能认为,根据康德的理论,既然权利来源于尊严,是尊严的体现和要求,因此如果尊严是不可放弃的,那么任何权利都是不能放弃的。这种批评并不能成立。康德指出,权利的普遍法则在于"根据一条普遍法则,使我的自由能够与任何人的自由并存",这条法则无疑为权利主体施加了一种责任,但是"仅就这种责任而言,它根本不能期待甚至命令我利用这些条件限制我的自由",因此"权利的法则不可以也不应该解释为行为的动机原则"。[8] 这也就是说,在康德看来,权利的法则并不必然要求人们按照权利的方式去行为,或者仅仅因为某件事情是权利,就得以据此行为。从这点来看,我们不能说因为权利出于尊严,就认为权利必然如尊严一般拘束我们的个体。

康德也并没有因此走向另一个极端,承认所有的权利都是可以放弃的。在论证人与共同体的关系时,康德就认为在共同体内凭借才能、勤恳和运气提升到适当地位的权利是不

---

[1] [德]康德:《实用人类学》,邓晓芒译,上海人民出版社2005年版,第131页。
[2] Michael Rosen, *Dignity: Its History and Meaning*, Cambridge, MA: Harvard University Press, 2012, p.19.
[3] [德]康德:《道德形而上学原理》,苗力田译,上海人民出版社1988年版,第434–435页。
[4] [德]康德:《道德形而上学原理》,苗力田译,上海人民出版社1988年版,第436页。
[5] [德]康德:《道德形而上学》,张荣、李秋零译,中国人民大学2013年版,第436页。
[6] [德]康德:《法的形而上学原理》,沈叔平译,商务印书馆1991年版,第40页。
[7] [德]康德:《法的形而上学原理》,沈叔平译,商务印书馆1991年版,第42–43页。
[8] [德]康德:《法的形而上学原理》,沈叔平译,商务印书馆1991年版,第40页。

可放弃的。① 不过这个时候康德的论证语境就切换到了共同体当中。既然权利是一种对外的强制权限，那么康德的权利普遍法则也改写成了如下形式："根据普遍法则，使他人的自由得以与我的自由共存"，而"共同体中的每个人都生活在彼此意志根据普遍法则的限制之下"，因此人人"都有权强制他人以与自己自由相协调的方式行使其自由"；如果有谁试图限制这种权利，那就相当于对他人享有特权，而这是不能允许的。② 这种强制的本质在于"人对自己的所有权"，相当于一种人的自治，因此除了犯罪，共同体无权剥夺这种权利，个人也无权放弃或者让渡这种升级的权利。③ 按照康德的逻辑，一旦有人放弃了在共同体里进步的权利，那就相当于否定了自己与他人的平等和尊严，也否定了人的自治，从而也就失去为人的资格了。

分析学家们从霍菲尔德的权利理论出发，争论霍菲尔德的分析理论能否兼容不可放弃的权利，从而触及了霍菲尔德权利理论的有效性问题。我们能不能为了不可放弃的权利来在某种程度上否定，至少是修正霍菲尔德的理论？不可放弃的权利已然成为一种重要的权利现象。霍菲尔德的权利理论之所以不兼容不可放弃的权利，只是因为它定义如此，因此仅从霍菲尔德的权利类型和结构理论出发并不足以讨论不可放弃的权利问题，我们仍然需要追问权利的本质构造。另外，我们虽然从逻辑上证成了一定存在不可放弃的权利，但仍然还停留在理论上的争论。不可放弃的权利在实践中存在吗？它有什么实践意义？行文至此，不可放弃的问题已然超越了单纯的分析问题，而是一个深刻的法哲学甚至道德哲学与政治哲学的问题。接下来我们也会由此出发，通过考察意志论和利益论两种主流的权利理论，继续回答上述问题。

二、权利：仅仅是一个个人本位的问题吗？

如前所述，对于不可放弃的权利这一问题的探讨，需要回归意志论和利益论等两种有关权利本质的学说。我们接下来将会分别考察这两种学说中反对不可放弃的权利的主张，并且以此说明：如果只采取个人本位的立场，无论哪种理论都不能证否不可放弃的权利，也不能帮助我们理解不可放弃的权利的本质。

（一）意志论：权利只是个人的选择问题吗？

哈特的意志理论指出，权利本质上在于权利人通过自己的意志，创设或者免除他人对

---

① Immanuel Kant, *On the Old Saw: That Might Be Right in Theory but It Won't Work in Practice*, E. B. Ashton trans., Philadelphia: University of Pennsylvania Press, 1974, p. 44.
② Immanuel Kant, *On the Old Saw: That Might Be Right in Theory but It Won't Work in Practice*, E. B. Ashton trans., Philadelphia: University of Pennsylvania Press, 1974, p. 44.
③ Immanuel Kant, *On the Old Saw: That Might Be Right in Theory but It Won't Work in Practice*, E. B. Ashton trans., Philadelphia: University of Pennsylvania Press, 1974, p. 50.

其所负的相关义务。① 斯坦纳进一步认为,权利的意志理论就在于保护权利人自由选择的意志。② 在陈景辉看来,一旦我们承认存在一件人对之既没有权力也没有无能力的事情,那么它只能是与人的意志无关的纯自然事实或者事件,而支持不可放弃的权利的人不会接受这种主张。③

1. 权利只是一个意志问题吗?

事实上,权利真的只与个人意志有关吗?如果我们还是按照"受保护的选择"来理解权利的话,支持不可放弃的权利的理论不一定都对这个命题表示认同。首先,古典的西方哲学理论更有可能认为至少有一部分权利属于陈景辉所称的自然的事情或者事件,换言之就是与个人意志无关的东西,生命就是一个很典型的例子,毕竟我们出不出生也不是我们说了算的。阿奎那在神学大全中就指出人没有自杀的权利,并且给出了三个理由:第一,人的生命是上帝赋予的,因此自杀就相当于侵害了上帝的权柄;其次,如果不考虑上帝的问题,人的生命不完全属于自己,而属于其所处的共同体,因而自杀就相当于对共同体利益的侵害;此时用个人意志来调节自杀问题明显是一种越权;最后,即便只考虑个人利益的问题,自杀也是没有尽到自我照护的义务的体现。④ 斯宾诺莎也指出,人的自然权利是由自然调节的,无论是理性人还是愚人,其神智状况都是自然法决定的因此这些人无论选择怎么生活和行使自然权利都是自然掌控的,和一只猫按照自然法则生活没什么区别。⑤ 无论是阿奎那还是斯宾诺莎,显然都认为至少有一部分权利属于人对其既无权力也无能力的事实或者事件。

这两类观点正是陈景辉和斯坦纳批评的靶子,也能够契合我们在上一节对于第二种无能力情形的讨论,亦即他人拥有无能力。首先,阿奎那认为生命权之不可放弃是对于上帝和共同体而言的。陈景辉则指出,他人的无能力意味着权利的不可放弃是相对于他人而言的,因此这就会导致权利人拥有一个相对于他人无能力的豁免,从而这里的不可放弃就转化成了一个不可剥夺的问题,那么不可放弃的属性也就不再是"相对于他人而言的不可放弃",而只能是专属于权利人自身的了。⑥ 不过这个论证并没有进一步区分"对于他人而

---

① H. L. A. Hart, "Legal Rights", in his *Essays on Bentham: Jurisprudence and Political Theory*, Oxford: Clarendon House, 1982, pp. 183 – 184. 哈特还在分析边沁的权利义务理论时指出,国家可以纯粹为了维护公民的个人利益,对其施加不准自杀、乱伦或者当中赤身裸体等自我照看的义务,此时公民没有放弃这种义务的权利,也就相当于公民没有抛弃相关义务所涉权利的能力。此时,哈特所说的就相当于一种不可放弃的权利。参见 H. L. A. Hart, "Legal Rights", in his *Essays on Bentham: Jurisprudence and Political Theory*, Oxford: Clarendon House, 1982, p. 168. 意志论也叫选择论。

② Hillel Steiner, "Directed Duties and Inalienable Rights", *Ethics*, vol. 123, 2013, p. 132.

③ 陈景辉:《不可放弃的权利:它能成立吗?》,载《清华法学》2020 年第 2 期,第 14 页。

④ Thomas Aquinas, *Summa Theologiae*, Fathers of the English Dominican Province trans., Cincinnati: Benziger Brothers, 1981, pp. 1958 – 1959 (2a2ae, Q. 64, A. 5).

⑤ Baruch Spinoza, *A Theological – Political Treatise*, Part IV, R. H. M. Elwes trans., University Park, PA: Pennsylvania State University Press, 2000, pp. 3 – 4.

⑥ 陈景辉:《不可放弃的权利:它能成立吗?》,载《清华法学》2020 年第 2 期,第 8 页。

言不能放弃"和"因他人的存在不能放弃"这两种情形。我们固然不会因为他人无能力干涉我们的权利就说我们的权利是不可放弃的,也不会把不可放弃和不可剥夺混淆在一起,但我们的权利仍然有可能因为一个外在的权威或者理由变得不可放弃。因此陈景辉进一步提出了两个更重要但也更偏向价值层面的反对理由:第一,如果我们承认权利有相对于他人的属性,那么这就"不再是一个权利问题,而是一个政治问题",进而把政治等外在的权威问题排除到讨论之外;第二,即便我们引入了道德等等外在的禁止性因素,那么这样会把权利变成工具,贬损了权利自身固有的价值,从而导致权利的冗余。①

2. 选择只是一个个人问题吗?

那么在有关权利的讨论中,政治等外在的权威真的可以排除吗?或者说,我们应该如何理解选择的自由在意志理论中的独立价值?如果我们认为存在一个支持权利的道德价值或者原则,那么权利就不是自给自足的。此时,权利的存在就要以实现这些道德价值或者原则为目标,这种情况下权利彰显的就是一种工具价值。② 从这条进路出发,如果我们要证成不可放弃的权利,就需要诉诸权利之外的权威,而不能仅仅依靠权利自身的独立价值。斯坦纳提出了道德优先命题,认为道德权利优先于一切权利,而这种优先地位首先保障的就是人们选择的自由,因此如果以不可放弃的权利为由限制人们选择的自由,就相当于把权利工具化了,从而与道德优先命题发生了冲突。③

这个反驳看似突出了权利背后选择的独立性,把选择的自由当成了一个需要与权利背后的目的、利益和意志等区别开来并且独立保障的价值。不过斯坦纳并没有把选择的自由本身当成一项独立的价值——是道德要求我们必须保障权利背后选择的自由,此时这种自由仍然依赖特定的道德理由才能成立。不过如果有人滥用了选择的自由,产生了不可欲的道德后果,这种自由还是需要保障的吗?斯坦纳举了一个例子:一个工厂里的工人们本来每天只用工作9小时,后来有一个工人决定每天加班一小时。斯坦纳认为这个工人有选择加班的自由,且因为每个权利义务关系都指向特定的他者,而这个人工作10小时并没有妨碍到特定他人工作9小时的权利,因此我们不能以保障工业集体行动为由禁止这个人主动加班。④ 斯坦纳的权利理论是完全原子化的,它把集体行动中的个体和集体割裂开了。殊不知,"资本的经常趋向是要极力把工作日延长到体力可能达到的极限",而"如果没有工人阶级的集体行动,这种对工作时间的限制就永远无法实现"。⑤ 因此,一旦有工贼

---

① 陈景辉:《不可放弃的权利:它能成立吗?》,载《清华法学》2020年第2期,第8、11-12页。

② Hillel Steiner, "Directed Duties and Inalienable Rights", Ethics, vol. 123, 2013, pp. 240 - 241. 举例而言,我们可以说我们需要权利,是为了实现某种权利之外的价值(自由、民主)或者维护权利之外的某些东西(共同体的稳定等等)。我们也可以说,之所以我们认为权利是正当的,是因为我们认为支持权利的权威或者理由是正当的,那么这个时候权利就相当于是这些理由或者权威的体现。

③ Hillel Steiner, "Directed Duties and Inalienable Rights", Ethics, vol. 123, 2013, pp. 233 - 234, 242 - 243.

④ Hillel Steiner, "Directed Duties and Inalienable Rights", Ethics, vol. 123, 2013, p. 242.

⑤ [德]马克思:《工资、价格和利润》,载《马克思恩格斯选集》(第二卷),中共中央编译局译,人民出版社2012年版,第66页。

背离了工人共同体的集体行动，迟早会损害其他人的权利。此外，在道德实践中，共同体的利益单独也可以成为侵害的对象。正是出于上述原因，有观点认为背叛工人集体行动的工贼行为在道德上就是可谴责的，因而这种所谓的选择自由也应当加以抵制。① 至于这种特别的选择本身是否符合道德，并不在我们当前的讨论范围之内。只需要了解一点：选择的自由本身虽然能够成立，但是受到共同体及其道德的限制，不然它就无法在共同体的层面上获得证成，因为我们不能想象一个共同体会允许背叛自身的力量。在这个意义上，权利就不再是一个单纯的个人选择问题，它需要受到道德等外在规范的控制。如果选择的自由违犯了这些规范，那么这种选择就需要加以禁止，其中就包含了放弃权利的选择。

3. 选择的自由可以是一项独立价值吗？

我们业已证明，在斯坦纳的框架下，选择的自由不能丧失共同体道德的基础。那么选择的自由本身有没有可能成为独立于道德的价值？如果我们承认这个命题，就意味着可以单纯基于选择的自由创造权利，而无需在乎其道德正当性，那么一旦我们创制了违背道德的权利，道德共同体也将因此崩溃，这个结果是不可接受的。所以我们至多只能说，选择的自由在道德上固然是重要的，也可以充当权利放弃问题中一个有独立价值的判准，但依旧不能欠缺道德层面的支持。一旦维护权利背后选择自由会出现比放弃更差的道德后果，那我们就要基于一个独立于权利的道德理由，禁止这种选择的自由。在这个意义上，权利的工具性是不可避免的，因为它在概念上就一定要符合特定的道德目标或者彰显特定的道德基础。如果我们行使这种权利时违犯了特定的道德禁令，则会遭到道德的禁止。如果我们暂时把法律实证主义和非实证主义的争议搁置在一边，那么法律规范也可以对权利起到同样的拘束效果，例如我们可以立法禁止特定的人自伤，哪怕这个人有处分自己身体的选择的自由。② 总之，共同体对个人意志的拘束，足以驳斥一切权利皆可放弃这一观点。

(二) 利益论：权利只是个人利益吗？

上文我们谈到，意志论保障的选择自由并不必然意味着"权利都可以放弃"，因为个

---

① 例如郑超麟：《帝国主义的工具之一——工贼》，载中华全国总工会中国职工运动史研究室、中国科学院近代史研究所工运史组编：《中国工运史料》，工人出版社1980年版，第132-135页等。

② 例如，很多国家的刑法都认为战时为逃避军事义务自伤身体是一种犯罪，因此负有军事义务的人在战时不能选择放弃自己的生命健康权而自伤。倘若我们坚持选择的自由是一项独立的价值，不能受其他的禁令限制，因而有可以放弃的权利，那么就不能解释刑法上的这一现象。当然，反对者也可以说在规范上就不应当存在不可放弃的权利，不过至少在禁止战时自伤的问题上，如果他们既要承认军人战时自伤的自由，同时也要承认军人遵守这条法律的义务，那就也必须承认参军的人有抛弃自己免于受军法管辖的自由的权力，换言之就是承认军人有抛弃自己自伤自由的权力。在这种情况下，要不然抛弃自伤自由的权利是不可放弃的，要么生命健康权不是绝对可放弃的，因而权利不可放弃的情形一定存在。唯一的反驳在于不承认遵守这条法律的义务，要么从根本上否定守法义务，要么否定禁止战时自伤法律的正当性基础，那么这也就转化为一个涉及军人义务、战时法和国家对个体控制正当性与程度的复杂的政治哲学问题了，而我们仍需讨论权利与义务背后的正当性基础。不过无论讨论的结果如何，这个例子在于说明一点：坚持绝对的选择的自由就要坚持放弃选择自由的自由，从而为"一切权利皆可放弃"的命题带来同样的无穷回溯问题。因此我们不可能不对选择的自由加以限制，而这种限制就体现为外部的选择理由。

人的选择还要受共同体的制约。那么如果我们不以选择的自由建构权利，转移到对立的利益论视角，权利仍然都是可以放弃的吗？

根据拉兹对权利的定义，权利的基础在于利益，权利人的利益是可以使义务人负有义务的充分条件，而权利人享受权利的条件则在于其本人的利益具有终极价值，或者是一个拟制的权利主体（例如法人）。① 在拉兹看来，必须假定权利人能够享受到一定的利益，这种利益才能作为权利的基础，不过利益也只是权利的一部分正当性理由。② 不过拉兹也注意到了一部分看上去并不符合个人利益的权利，例如有的人在外面得罪了黑社会，虽然有自由权，不过还不如进监狱躲起来安全。拉兹认为，之所以我们仍然认为权利可以在与个人利益相冲突的地方存在，是因为这些权利背后本身就是具有一般特征的利益，例如共同体的成员身份或者受他人许诺等等——这类权利正是为了这些利益服务的。③

拉兹并没有在此处理权利是不是都可以放弃的问题，不过既然在利益论看来，权利基于利益，那我们能不能出于利益的考量或者动机，决定是否放弃自己的任意权利？纳尔逊认为，既然权利是一种利益，而我们可以任意放弃自己的利益，那么权利就是可以放弃的。④ 不过费因伯格则认为，父母自杀会导致自己抚养的儿童生活无着，此时我们就可以基于父母对儿童的抚养义务创设一种"义务性的权利"，禁止这些父母放弃生命的权利，这种权利的核心则在于对他人所负的义务。⑤ 即便不考虑他人的情况，费因伯格也认为，生命权之所以不可放弃，一个理由就在于生命是人类一切行动和幸福的基础，换言之只要活着就是一件好事，因此生命的利益不得放弃。⑥

我们仍然需要追问两个问题。第一，权利只是一个利益问题吗？第二，权利背后的利益都是可以放弃的吗？

1. 权利只是一个利益问题吗？

我们已经借生命权背后的利益相关讨论说明，某些权利（当然不一定是生命权）背后的利益是不能放弃的，因为这部分利益不是与他人和社会的利益相关，从而超出了个人处分的权能，就是自身的利益太大，导致放弃之后也不可能使权利人享受到特定的利益。不过假设这个世界上存在抛弃之后不影响任何人的利益（死刑犯或者绝症病人自杀看上去就是如此），此时不可放弃的权利还能成立么？换言之，纵使我们承认利益是权利的一个理由，权利就只与利益有关么？

---

① Joseph Raz, "On the Nature of Rights", *Mind*, vol. 93, 1984, p. 195.
② Joseph Raz, "On the Nature of Rights", *Mind*, vol. 93, 1984, pp. 208 – 209.
③ Joseph Raz, "On the Nature of Rights", *Mind*, vol. 93, 1984, p. 208. 拉兹举了两个例子，第一是财产权与不良资产的冲突，第二是自由权与进监狱保平安的冲突。
④ John Nelson, "Are There Inalienable Rights?", *Philosophy*, vol. 64, 1989, pp. 522 – 523.
⑤ Joel Feinberg, "Euthanasia and Inalienable Rights", *Philosophy and Public Affairs*, vol. 7, 1978, p. 119.
⑥ Joel Feinberg, "Euthanasia and Inalienable Rights", *Philosophy and Public Affairs*, vol. 7, 1978, pp. 120 – 121.

我们以信仰自由为例展开分析。洛克在论证宗教信仰自由时认为，如果认为人人都有信仰上帝的义务，那社会就要容许宗教信仰的自由，因为信仰系出于自身的信念，不能受任何外力的强迫。① 洛克构造宗教信仰自由的方式就是首先指出存在一种信仰上帝的义务，而后认为为了实现这种信仰上的义务，必须保障个人内心真信的自由，宗教信仰自由也因此不可或缺了。李维特在洛克的理论基础上，为不可放弃的权利提供了一个基于义务的论证：权利并不仅仅基于自身的利益，也是实现义务的工具——如果我们认为某个人要履行某种义务，就要配套赋予这个人履行义务的权利，此时这些权利是履行义务的手段，那么除非义务消灭了，否则这些权利就是不可放弃的。② 李维特还指出，即便信仰自由背后存在一种利益，那么它所指向的利益更多是一种自由，而这种自由反而会让人在做宗教决策的时候倍感艰难，换句话来说这种利益反而是当事人思想上的负担。③

回到洛克的语境：如果有人放弃了宗教信仰的自由而选择盲信，那么这就不叫真正的信仰，也就相当于没能履行信仰的义务——这种自由因为义务而不可放弃了。我们假设其中由 A 向 B 承担义务 Db，那么为了满足对 B 的义务，A 就配套享有相关的权利 Rb，而 A 的权利意味着我们还要构造一个义务人 C，对 A 承担满足其权利的义务 Da。这种构造并不会造成义务和权利的混同，也不会产生无穷回溯的困境。如果 Db 不消灭，则 Rb 也不消灭。这种时候，一项权利之所以是不可放弃的，是因为它所服务的义务是不可放弃的。这种构造至多只会把权利义务的主体拓展到多数人身上，不过与其说它把权利义务的问题复杂化了，不如说它摆脱了一种原子化的权利义务叙事，回归了社会关系本来的复杂面目。

2. 利益都是可以放弃的吗？

即便我们承认利益问题是权利问题的核心，利益就能决定权利的本质，那么所有的利益都是可以放弃的吗？现在我们借助拉兹提出的"具有一般特征的利益"这一命题，考察这个问题。首先，从家长主义的角度出发，这部分利益往往是共同体赋予其成员的，目的在于保护共同体成员的切身和根本的利益，因此为了避免共同体成员的利益受损，我们必须禁止其放弃承载了这种利益的特定权利。费因伯格已经就利益与他人相关的情况给出了

---

① John Locke, "A Letter Concerning Tolerance", in his *Two Treatises on Government and a Letter Concerning Tolerance*, New Haven: Yale University Press, 1963, pp. 218 - 219. 马丁·路德为信仰只能出于自身信念的命题做了辩护。路德认为，思想是自由的，因此人们无权限制他人的信仰；在实际生活当中，上天堂还是下地狱都是个人造化，因此信仰与否也是个人问题。参见 Martin Luther, "Concerning Secular Authority". in his *Readings in Political Philosophy*, F. W. Coker ed., New York: Macmillan, 1942, p. 316。

② Frank Leavitt, "Inalienable Rights", *Philosophy*, vol. 76, 1993, p. 115.

③ Frank Leavitt, "Inalienable Rights", *Philosophy*, vol. 76, 1993, pp. 116 - 117. 李维特举了一个对比的例子：在一个没有宗教自由的社群当中，个人对自己的宗教信仰没有选择权，反而不需要纠结信仰的问题，也无需承受有关的思想负担。康德也有类似的论述："……处于不成熟状态是那么安逸。如果我有一部书能替我有理解，有一位牧师能替我有良心，有一位医生能替我规定食谱，等等；那么我自己就用不着操心了。只要能对我合算，我就无需去思想：自有别人会替我去做这类伤脑筋的事"，参见［德］康德：《答复这个问题：什么是'启蒙运动'?》，载《历史批判文集》，何兆武译，商务印书馆 1996 年版，第 22 - 23 页。

讨论。那么如果这种利益只与我们自己有关呢？反对家长主义的观点会认为，我们不能就只涉及个人利益的事项对个人进行干预，密尔关于社会管辖权限的观点就是一个很经典的例子：如果一个人的所作所为并不妨碍到其他人的利益，那么社会对此就没有管辖权。① 从这个观点出发，如果一个人放弃自己的权利不会影响他人，那似乎就不该对其施加任何外在的干预了，因此所有的权利也就都是可以放弃的了。不过我们如何判定"影响其他人的利益"？诚如马克思所言，"人的本质不是单个人所固有的抽象物，在其现实性上，人的本质是一切社会关系的总和"。② 现代社会中每个个体都与他人和社会紧密联系，哪怕是一个形单影只的人悄无声息地自杀，也意味着一种抽象意义上的对社会的损害。③ 即使我们不同意上述的论断，至少也能说明个人利益与其他人的利益之间的界限其实相当模糊，难以作为讨论不可放弃的权利这种社会属性极强的话题时的判准。

退一万步来讲，即便我们彻底进入一个原子化的世界，只从个人利益的角度出发考虑权利可放弃的问题，某些重大的利益也不见得就应当是可以放弃的。对此密尔还提出，个人的利益是其他人不能完全共情的，社会也只对个人有部分且非直接的利益，因此一个成年人是最了解自己利益的人，为了实现自己的利益，无论以自己的生命做什么事情，他人都无权干预。④ 不过，一个人最了解自己的利益这一命题即便成立，也不能推导出一个人了解自己利益的程度就到了足以使其做出正确决断的水平，更不必然意味着个人就垄断了对自己一切利益的最佳判断。事实上，个人完全有可能因为理性上的有限陷入错误的认识，从而放弃自己的权利，危害自己的利益，禁止其因此放弃自己的权利并不因个人判断的权威性失却正当性。举个生活中常见的例子，很多人得病之后是不知道该如何治疗自己或者讳疾忌医的。无论是医生下处方要求患者遵医嘱，还是国家针对某些疾病要求强制医疗，我们都不会认为这些行为在道德上是不正当的。正相反，出于对他人利益的关心，我们也会积极采取行动加以维护。当我们干预某人放弃自己利益的行动时，一定是反对这种放弃的行为的，那么如果我们认为这种反对是正当的，又怎能认为一个人可以正当地放弃这项利益呢？

其次，某些利益如果放弃了，往往会引起非常不可欲的后果。上文我们从费因伯格的理性计算角度出发，讨论了"有的权利背后的利益过大，因而不可放弃"的论点。不过这种角度并不能很好地回应纳尔逊关于"一切利益都可以任意放弃"的论断，因为一旦提出

---

① John Stuart Mill, *On Liberty*, Auckland: The Floating Press, 2006, p. 127. 在这个命题的反面，密尔也同时提出，如果一个人的所作所为侵害到了他人的利益，那么社会就可以介入。

② [德] 马克思：《关于费尔巴哈的提纲》，载《马克思恩格斯选集》（第一卷），中共中央编译局译，人民出版社 2012 年版，第 135 页。

③ 参见前文阿奎那的论述。权利的利益论成立的基础在于承认每个人的利益都是具有终极价值的，那么对于社会而言，任何一位其成员的离去都是不可挽回的损失。正是出于这种承认，社会才有必要禁止个体自杀，以免使个人或者社会蒙受这样的损失。

④ John Stuart Mill, *On Liberty*, Auckland: The Floating Press, 2006, p. 129.

了放弃的任意性,本身就否定了权利人必然理性行为的前提。即便通过利益的算计,得出生命自身的利益即便大于放弃的利益,对当事人而言也只能产生一种"最好不要这么做"的说服力,而不必然创设一种"不准这么做"的拘束力,从而不能在应然层面上否定权利都可以放弃的主张。那么我们能不能为支持一切权利皆可放弃的人适当修正"可放弃"的内涵,像拉兹一样加上"能够使权利人享受到一定利益"一类的限定条件?这样说来,似乎只要放弃权利符合一个人的利益,那么权利就是可以放弃的,但是它限制了选择的自由,因为它禁止了一个人在不符合自己利益的情况下放弃权利,从而使得某些放弃之后并不符个人利益的权利成了不可放弃的权利。

从共同体利益出发的证成,更值得我们认真对待。费因伯格提供了第二种论证思路——虽然死的权利也是生的权利的一部分,但是为了防止自杀冲击人口结构以及滥用自由意志对不利群体造成的影响,国家有权禁止自杀,从而创设一种不可放弃的生命权。[①]麦康纳则运用伤害原则,给出了一个后果论论证:即便我们允许人们自由放弃自己的生命,也难以检验这类放弃的真实性和自愿性,那么最终这种放弃的自由就将遭到滥用,人们可以以被害人放弃了生命为由杀人,从而危害并不愿意放弃生命权的人的生命,社会对生命权也将越来越不重视,这对于一个重视生命价值的法律体系来说就是不可接受的。[②]或许支持权利可以放弃的人会反驳说,可以通过建立严密、完善的法律程序来确保放弃权利的人的意愿真实有效。[③]那么这套程序究竟是权利人的义务,还是保障权利人的权利?如果认为这是权利人的义务,那么对应的权利人又是谁?显然,其他的私人不是立法者,因此这个权利人要么是国家,要么是义务人本人。如果我们认为这个权利人是国家,那么国家既然要建立严密、完善的法律程序,似乎就又不能放弃这项权利了,反而反证了不可放弃的权利;如果这是权利人的权利,那么权利人可不可以放弃严格程序背后的利益,从而让严格的审查程序落空,导致人们放弃权利的意愿无从验真?由此观之,主张一切权利都可放弃的人,在生命权等重大权利的问题上,只能回归完全自由的选择论来证成自己的主张,并且还需要证明即便可能影响他人和共同体的利益,权利人也可以随意放弃自己的权利。如果这些观点认为每个人的自由选择都是值得尊重的,那么除非退回到战争的自然状态,否则他们在放弃权利导致他人利益受损的情况下,只能选择限制一部分权利的放弃,从而证成了不可放弃的权利。

---

① Joel Feinberg, "Euthanasia and Inalienable Rights", *Philosophy and Public Affairs*, vol. 7, 1978, p. 121.

② Terrance McConnell, "The Nature and Basis of Inalienable Rights", *Law and Philosophy*, vol. 3, 1984, pp. 53–54.

③ 刘慈欣在《三体Ⅲ·死神永生》中讲了一个有趣的故事。安乐死合法化后,绝症病人老李为了不给儿女添负担,在连着按下5次不同的同意按钮之后接受了机器的注射安乐死,行星防御理事会战略情报局的官员程心则要求云天明主动安乐死,好切除他的大脑,发射到外太空,潜入三体世界。彼时的中国社会讳言安乐死,称之为"安乐",还会把安乐死执行室装饰成新房的样子,从而"在死的恐怖中又增加了怪异"。参见刘慈欣:《三体Ⅲ·死神永生》,重庆出版社2010年版,第20页。

综上，我们在利益论的框架下，考察了"一切权利都可以放弃"的命题。利益论认为权利的本质与相对于权利人而言的利益有关，而利益并不是权利的唯一理由，有的时候权利所服务的义务也要求我们不能放弃相关的权利。即便只从利益的视角出发，有的权利背后的利益过大而不能放弃，有的权利背后的利益是归属他人或者共同体的，因而个人也没有放弃权利的能力。

三、不可放弃的权利何以可能——从"共同体中的人"出发

行文至此，我们从反思霍菲尔德权利理论在不可放弃的权利问题上的有效性出发，梳理了意志论和利益论有关权利能否放弃的辩论。我们已经发现，这两种学说并不因保障个人选择的自由，或者是赞成个人对利益的追求，就都支持一切权利皆可放弃的主张。如果我们仍然从个人本位出发看待权利与义务，把权利视作纯粹个人的东西，而非一个社会人与他人交往的造物，那么在我们的权利与共同体和人格的要求时发生冲突时，自然是无能为力的，也就难以全面考察不可放弃的权利这一问题。在我看来，只有从共同体的本位出发理解权利，将权利人视为共同体中的人，才能更好地回答为什么我们需要不可放弃的权利这一问题，从而全面理解权利这一社会现象。

诚然，我在前文中关于各种不可放弃的权利的论证进路高度依赖权利人与共同体、他人和自我人格的关系。在我看来，正是这些联系才决定了一部分权利是不可放弃的。那么为什么共同体的进路是解决权利不可放弃问题的更优的选择？德沃金在处理自由权问题的时候说，"当我询问我们是否享有自由权时……我把平等和自由之间假定的冲突牢记在心"，那么"当我们面对我们所承认的其他人平等分享尊重和资源的权利时，我们就没有权利紧紧缠住这些自由"。[①] 换言之，如果我们承认人人平等，那么我们在主张权利的时候，总是要以他人和社会的权利为边界。当我们从个人视角出发讨论权利时，我们仿佛把权利当成了纯粹个人的造物，只要符合个人的利益或者意志就可以为个人完全掌控。不过，我们都生活在共同体当中，从生到死，我们的命运都与他人和社会紧密相连，那么我们在行使与放弃自己的权利时，总是会影响到共同体，也要受到我们与他人之间关系的制约。正如我们之前所揭示的那样，权利并不只是一个个人的意志问题，它也不只是一个个人的利益问题，相关的争论很大程度上只是笔墨官司，因而只从个人主义的立场出发处理权利是无解的。权利是共同体赋予个人的东西，任何对待权利的方式都要受到共同体的制约，因而我们最好回归共同体的视角，考察权利可放弃的问题。

当然，这些不可放弃的权利与法律和道德一样，都是地方性的。它们可能会在时代、文化和国家背景等各方面有所差异，但它们都体现着各自共同体的愿景，是各自秩序的一

[①] Ronald Dworkin, *Taking Rights Seriously*, New York: Bloomsbury, 2013, p. 322.

部分。① 因此接下来我也会从共同体本位出发，试图为"我们为什么在共同体生活当中需要权利"的问题提供一个总论证，从而说明一点：有的权利之所以不可放弃，是因为它是共同体存续所必需的，更是我们作为人所不可或缺的。

（一）基于共同体的证成

共同体在权利的构造当中究竟起了什么作用？接下来我将从一个政治哲学的视角出发，讨论共同体对权利的保障，证成共同体本位的视角，进而更深刻地理解不可放弃的权利问题。

1. 共同体外无权利

如果没有共同体，一切权利都将失去保障，因而脱离共同体思考权利的本质和构造问题是没有意义的。阿伦特认为，脱离了共同体的人丧失了法律地位，没有任何权利可言，也没有任何法律与政府的保护，即便是其他理论家认为不可放弃的人权也将变得无法执行，最终这些人的生命权也将遭到威胁。② 在这种情况下，如果一个人连参加共同体的权利都可以放弃，那么也就无异于放弃了自己为人的权利，从而在根本上否定了自我作为人的属性和地位。

那么自然权利呢？有些支持自然权利的理论家会认为，有的权利在人们加入共同体之前就已经存在了，它们并不是共同体赋予的，其中有的权利也是不可放弃的，例如洛克主张的自我保全的权利。③ 这种理论预设了一个人们享有权利的自然状态，并且认为现代的共同体是人们自然权利的产物。换言之，存在优先于共同体的权利，因此即便人们脱离了共同体，权利也是有保障的。不过这种所谓的自然状态真的存在么？至少在现代国家中，我们再也看不到自然状态的影子了。

为什么权利离不开共同体的保障？在生命政治理论的观点当中，个人的生命存在前共同体的自然生命与共同体中的政治生命两种形态，而政治生命就是人在共同体中权利和保护的基础。一旦丧失了共同体中的政治生命，人也就失去了共同体的保护，暴露在主权者的生杀大权面前。④

---

① Clifford Geertz, "Local Knowledge: Fact and Law in Comparative Perspective", in his *Local Knowledge: Further Essays in Interpretive Anthropology*, New York: Basic Books, 1983, p. 218.

② Hannah Arendt, *The Origins of Totalitarianism*, Orlando: Harcourt Brace & Company, 1973, pp. 267, 295 – 296.

③ John Locke, "The Second Treatise", in his *Two Treatises on Government and a Letter Concerning Tolerance*, New Haven: Yale University Press, 1963, p. 102. 洛克认为根据自然律，人人都会自我保全，因此生命权是不可放弃的。这个论证和斯宾诺莎的观点比较接近。

④ Giorgio Agamben, *Homo Sacer: Sovereign Power and Bare Life*, Daniel Heller – Roazen trans., Stanford: Stanford University Press, 1998, pp. 83, 87. 罗马法上有一种罪犯叫神圣人，人人皆得而诛之，免受罗马法律追究。根据罗马公元前492年第二部神圣法，保民官神圣不可侵犯，若在不提供担保的情况下打断保民官讲话，则判为神圣人。阿甘本认为，神圣人的生命是赤裸的，他的政治生命被彻底剥夺，成了主权秩序的例外，不再受共同体的庇护，因此生死全系于主权者，毫无权利可言。

阿甘本提出，人的自然生命与作为共同体公民的政治生命之间没有区隔；只有在人同时也是共同体中公民的时候，才有权利可言。① 在阿甘本看来，法国的1789年《人权宣言》能为我们提供一个清晰的范例：第一条规定了"人生来就是而且始终是自由的，在权利方面一律平等"，接下来宣布一切政治社会的目的就在于保存这些权利，以及主权全部来源于国民。这种关系决定了人生来就是政治共同体的成员，主权之下的赤裸生命，因此一旦离开了共同体，个人其实就丧失了法律上的地位，处于任何权力之外，那么也就相当于丧失了一切权利。② 在这个意义上，纵使存在什么自然权利，只要一个人离开了共同体，那么这些权利也不会被共同体所承认。③ 正是出于这个逻辑，惩罚反对共同体的人才有了正当性——当一个人为非作恶，就不再是国家的成员了，而是国家的敌人；不再是一个道德的人，而是一个自然的人，加入共同体之前的人，所以共同体可以放逐他，甚至杀死他。④

2. 共同体可以创设不可放弃的权利

在这个维度上，共同体是权利的来源。因此，为了维护自身的存续，共同体完全有权创设和废除权利，也得以宣布特定的权利为不可放弃的。一旦有人违抗了共同体的规范，要求放弃自己在共同体中的自由，那么共同体有权禁止这种放弃。

如果我们认为共同体是一切权利的来源，是共同体把权利变得不可放弃，这是不是就意味着把我们选择的自由彻底委身于共同体？这个时候的共同体看起来颇有些家长主义的风范。如果我们承认天赋人权，而且仅仅讨论政治共同体，那么如果一个政治共同体是为了保全这些天赋权利而成立的，那么它当然也能通过规定不可放弃的权利来保全这类权利。⑤ 如果我们把天赋人权的前提放在一边，那么这个回答就会变得更加清晰：一切权利都需要共同体的保障，无论是政治的还是社会的。如果每个人都生活得像一座孤岛，那就没有权利义务可言了；只有我们认识到自己处在与他人的联合当中时，这个时候政治的共同体才告诞生，我们彼此之间才会产生社会关系，也才能产生权利义务。

在倒向市民社会的人看来，"彼此平等的人们无非就是单子"，"任何一种所谓的人权

---

① Giorgio Agamben, *Homo Sacer: Sovereign Power and Bare Life*, Daniel Heller - Roazen trans., Stanford: Stanford University Press, 1998, p. 128.

② 福柯给出了一个对个人本位统治观的概述：如果我们认为个人拥有天赋权利，那么这种统治观的目的就在于寻找最理想的政体，最终就会把一切权力归结于法律。参见 Michel Foucault, "Course Summary", in his *Society Must Be Defended: Lecture at the Collège de France*, 1975 - 76, Mauro Bertani & Alessandro Fontana eds., David Macey trans., New York: Picardo, 2003, p. 265.

③ 因此我们才能理解卢梭在《社会契约论》中关于生死权的论断："公民的生命不再单纯地只是一项自然的恩赐，而是国家的一种有条件的赠礼"，这项条件就是"君主让公民赴死时，公民就应当赴死"。参见［法］卢梭:《社会契约论》，何兆武译，商务印书馆1991年版，第42页。

④ ［法］卢梭:《社会契约论》，何兆武译，商务印书馆1991年版，第43页。

⑤ 参见洛克关于不可放弃的权利和政治社会目的的论述，John Locke, "The Second Treatise", in his *Two Treatises on Government and a Letter Concerning Tolerance*, New Haven: Yale University Press, 1963, pp. 102, 156 - 157.

都没有超出利己的人,没有超出作为市民社会成员的人,即没有超出封闭于自身、封闭于自己的私人利益和自己的私人任意行为、脱离共同体的个体"。① 但是马克思也指出,"政治解放一方面把人归结为市民社会的成员,归结为利己的、独立的个体,另一方面把人归结为公民,归结为法人";"只有当现实的个人把抽象的公民复归于自身,并且作为个人,在自己的经验生活、个体劳动和个体关系中间,成为类存在物的时候,只有当人……不再把社会力量以政治力量的形式同自身分离的时候……人的解放才能完成"。② 我们并不能想象一种脱离了政治共同体保障的利己的、孤岛式的权利能如何促进人类的幸福。诚如涂尔干所言,"人们也常常愿意在规范权威和个人自由之间设定一条鸿沟,简直荒谬至极!","一种合理的自由,应当得到社会尊重的自由,是一系列规范的产物"。③ 在这种情况下,脱离了共同体的构造空谈个人权利,无疑是罔顾事实的。而正如我们在之前所说,为了共同体的保全,也是为了其中个人的解放,有一部分权利是绝对不可放弃的。

3. 参加共同体:一项不可放弃的权利

共同体中的政治权威规定不可放弃的权利,已然成了一项普遍的政治实践。④ 有的权利对于共同体的生存至关重要。如果个体没有这样的权利,或者个体可以任意放弃这种权利,共同体就面临崩溃。在这个意义上,这部分权利就会成为共同体中不可放弃的权利。

卢梭在建构社会契约论时提出:"为了使社会公约不至于成为一纸空文,任何人拒不服从公意,全体就要迫使其服从公意。这也恰好就是说,要迫使人自由";在卢梭看来,这就是"使每一个公民都拥有祖国,从而保证其免于一切人身依附的条件",也是"造成政治机器灵活运转的条件","没有了这一条件,社会规约便会是荒谬、暴政的,并且遭到最严重的滥用"。⑤ 虽然卢梭说自己"无意探讨自由的哲学内涵",不过这里的自由既可以解读为对法律的服从,因为"服从人们为自己制定的法律,才是自由";也可以进一步认为是加入共同体的自由,因为法律也是共同体的产物,而在卢梭眼中,只有加入了共同体才能获得"道德的自由"。⑥ 无论是说人民不能放弃加入共同体获得自由的权利,还是按

---

① [德] 马克思:《论犹太人问题》,载《马克思恩格斯全集》,中共中央编译局译,人民出版社1963年版,第439页。
② [德] 马克思:《论犹太人问题》,载《马克思恩格斯全集》,中共中央编译局译,人民出版社1963年版,第443页。
③ [法] 涂尔干:《对职业群体的几点评论》,载《社会分工论》,渠东译,生活·读书·新知三联书店2000年版,第15页。需要注意的是,在涂尔干看来,个人与社会的脱节导致了道德的世风日下,这是一种经济生活中的失范状态,需要基于职业分工重建职业法团,并且重新引入一系列规范才能解决,而政治社会承担不起这样的责任。参见[法] 涂尔干:《对职业群体的几点评论》,载《社会分工论》,渠东译,生活·读书·新知三联书店2000年版,第17-18页。承袭涂尔干的思路,我们在这篇文章中讨论的共同体也泛指一切凌驾于个人之上的人的集合。
④ 例如前文提到的德国基本法,以及我们之前讨论的法国《人权宣言》。
⑤ [法] 卢梭:《社会契约论》,何兆武译,商务印书馆1991年版,第24-25页。
⑥ [法] 卢梭:《社会契约论》,何兆武译,商务印书馆1991年版,第26页。

照字面意思来理解，说人民不能放弃自由，卢梭在这里都意图说明一点：为了政治共同体的存续，必须确保每个人的自由。即便有人主动拒绝这种自由，共同体也可以强迫这个人自由，换言之就是禁止人们放弃自己的自由。

虽然这种自由有强迫的性质，看上去似乎并不符合现代人对自由的认知，但是在卢梭那里，人类在进入政治社会之前没有自我意识，也没有形成社会，拥有的不过是一种自然状态下的自由，只有加入了共同体才能获得社会中的自由。① 这种自由也是人类在政治社会当中生活以及保有私有财产的基础——正是在原始人类有了欲望，开始积累私有财产之后，人们才要求向一位至高无上的主权者集中权力，依法治理，社会与法律也因此诞生。② 开篇的命题也得到了进一步的证成：共同体中的自由相当于一个政治共同体中成员不可放弃的权利。

让我们进一步设想这种情形：一群人聚集在一起，组建了一个共同体，但是这个共同体允许他们放弃在共同体当中的自由，以某种形式推翻共同体。这种共同体最终除了分崩离析，还有什么出路？

（二）基于共同体中人格的证成

我们可以发现，对于人类共同体而言，设置不可放弃的权利往往是为了保全共同体的存续，贯彻共同体的目标，也是为了保障共同体内成员存在以及为人的基础。在这个意义上，当我们讨论共同体的存续问题时，面对的其实是"人的共同体"，那么也就必须讨论共同体中的人格问题。不可放弃的权利对于维护人格有着至关重大的作用，而人格绝非原子式的独立的造物。只有在共同体当中，个体的人格才能具有道德属性，也才能获得意义。

1. 人格只有在共同体中才有意义

"人格"作为人之为人的道德主体属性，并非是孤立的原子式个人的属性，而只有在共同体中才能获得其意义。自由主义者可能会认为，如果共同体以超越个人的标准（例如善）设置了不可放弃的权利，则可能过分限制共同体成员的人格，或者自决的能力。在这种情况下，谈何在共同体中保全人的人格呢？

这种质疑直指通过不可放弃的权利维持人们人格的正当性问题，也就是共同体对个体限制的正当性问题。诺齐克就认为，除非一个人对第三人负有义务，否则有权对自己做任何事情。③ 根据这种自由主义，个人自由是一种绝对的价值观，自身就是一种善。罗尔斯

---

① ［法］卢梭：《社会契约论》，何兆武译，商务印书馆1991年版，第26页。
② ［法］卢梭：《论人类不平等的起源和基础》，高煜译，广西师范大学出版社2009年版，第120－121页。
③ Robert Nozick, *Anarchy, State and Utopia*, Oxford: Blackwell Publishers, 2001, pp. 58－59. 诺齐克从损害—赔偿的角度出发，给出了一些基于功利主义和利益论的论证，参见上书，pp. 60－61。

据此提出，出于正义作为公平的原则，"权利优先于善"。① 这里的善指向的是"在给定的合理的有利情况下最理性的生活计划"。② 在罗尔斯这位新康德主义者看来，自我在罗尔斯那里是一种目的，而非手段，而前述作为公平的正义是社会的基础，基于这种正义，即便是社会的利益也不能僭越自我。③

罗尔斯还设想了一种原初状态下的自我，这些人彼此之间并不受任何利益的羁绊，因此不会侵犯彼此的利益。④ 一个优于共同体的自我概念诞生了——这个自我是先验的，所做的事情不会侵害他人，基于平等的原则不受任何外在之物的羁绊，更不能成为他者的手段，因此一定要确保这种个体的权利优先于一切善。不过个体或者个体的自由自身真的能成为一种独立的良善价值吗？根据罗尔斯的定义，善是给定情况下的最优解，善的目的自身意味着一种质料，因此如果个体要么想要永远优于任何给定了的质料，自己就必须是无质料的。不过如果这种个体是无质料而纯粹形而上的，那么它就不能给出任何有关自身的目的，从而彻底流为抽象。⑤ 为此我们只能为个体赋予经验的面向，那么个体的权利也就不能普遍地优于善了。⑥

权利背后是一种价值，而我的价值与我的人格并不总是对应起来的。那么在价值的讨论之外，我们能不能创造一个完全自主的自我，可以自由地做出一切选择，只凭借自己的自由为自己寻找义务，从而脱离共同体的限定，成为自在自为的道德主体？桑德尔将这种自我形象定义为不受羁绊的自我——这种自我对于任何目的而言都是先验的，它的身份在任何时候都与任何利益和目标无关，只有这样其选择才能是完全自由的。⑦ 不过这也就意味着这种自我不可能存在于任何以先验的道德标准为纽带的共同体当中，也不能存在于任何与利益有关的共同体当中。桑德尔进一步指出，为了实现正义的优先，我们必须与人类的共同体保持一定的距离，但是这也就意味着我们所负的一些自然义务和道德义务无法实现，只会诞生"没有性格和道德深度"的个体。⑧

2. 不可放弃的权利是人格不可或缺的要素

在道德意义上，不可放弃的权利是人之所以为人所不可或缺的一部分。黑格尔在论及

---

① John Rawls, *A Theory of Justice*, Cambridge, MA: The Belknap Press of Harvard University Press, 1999, p. 28.
② John Rawls, *A Theory of Justice*, Cambridge, MA: The Belknap Press of Harvard University Press, 1999, p. 347.
③ John Rawls, *A Theory of Justice*, Cambridge, MA: The Belknap Press of Harvard University Press, 1999, p. 3.
④ John Rawls, *A Theory of Justice*, Cambridge, MA: The Belknap Press of Harvard University Press, 1999, p. 12.
⑤ Michael Sandel, *Liberalism and the Limit of Justice*, Cambridge: Cambridge University Press, 1998, p. 21.
⑥ [德] 康德:《实践理性批判》, 韩水法译, 商务印书馆2000年版, 第35-36页。
⑦ Michael Sandel, "The Procedural Republic and the Unencumbered Self", *Political Theory*, vol. 12, 1984, p. 86.
⑧ Michael Sandel, "The Procedural Republic and the Unencumbered Self", *Political Theory*, vol. 12, 1984, p. 90.

财产权与不可放弃的权利时从人格出发，提出了一个论证："我能转让我的财产，因为财产是我的，而财产之所以是我的，是因为其中体现了我的意志"，而构成了"人格的最隐秘的财富和自我意识的普遍本质福利"的"整个人格、普遍的意志自由、伦理和宗教"是不可转让的，对这些东西的权利也永远不会失效。① 在黑格尔看来，正是"我借以占有我的人格和实体性的本质使我自己成为一个具有权利能力和责任能力的人、成为一个有道德原则和宗教信仰的人的那种行为"消灭了"我"的外在性，使"我""作为理念，作为具有权利和道德原则的人而实存"。② 奴隶、迷信等则分别是割让了人格和自我意识的后果，③ 此时人成了他人意志之下的外在物。而"对于人而言，只有通过自我意识完全地了解自己是自由的，他才占有自己，并成为他本身的所有，以对抗他人。"④

黑格尔构造了一种人的基础，亦即"整个人格、普遍的意志自由、伦理和宗教"。在他看来，对于这些东西的权利永远不会丧失，这些东西也不得转让，因为正是这些规定才让人成为自在自为的人，而不至于沦为他人占有的对象。一个人不能彻底让渡人身自由时就是一个很典型的例子——如果一个人自愿卖身为奴，那么他就永久抛弃了自己的自由地位。⑤

那么人格问题为什么重要？进一步而言，我们之所以认为有的权利是不可放弃的，或者是因为对于共同体中的个人而言，这部分权利是其人格中固有的。对于生命、自由等在很多人类共同体中都有非常重要的实际效果的权利而言，⑥ 如果成员将其放弃，要么会威胁共同体的存续，要么会从根本上减损成员自身的福利，进而影响共同体的福祉。

3. 以不可放弃的权利维护人格与共同体

在这个意义上，共同体有权为了维护成员的人格，禁止其放弃特定的权利，而此时共同体的存续与个人的人格是一体两面的。

需要注意的是，禁止放弃权利并不意味着禁止放弃所有的权利，因为有的权利放弃之后并不会产生从根本上否定人格以及共同体的后果，至少不会造成那么大的威胁。举例而言，虽然法律授予了个人就私人合同案件提起诉讼的权利，不过个人也可以不诉讼，即便

---

① ［德］黑格尔：《法哲学原理》，范扬、张启泰译，商务印书馆1961年版，第73-74页。
② ［德］黑格尔：《法哲学原理》，范扬、张启泰译，商务印书馆1961年版，第74页。
③ ［德］黑格尔：《法哲学原理》，范扬、张启泰译，商务印书馆1961年版，第74页。
④ ［德］黑格尔：《法哲学原理》，范扬、张启泰译，商务印书馆1961年版，第64页。
⑤ 黑格尔可能不会认同这个说法。在他看来，即便是一个奴隶，只要他不愿意被卖，那么收买他的契约立即归于无效。参见［德］黑格尔：《法哲学原理》，范扬、张启泰译，商务印书馆1961年版，第75页。由此看来，奴隶也保有一种人身自由。因此黑格尔的意思更多在于，人身自由的让渡在规范上应当评价为无效，奴隶的人格因此不受影响。黑格尔对不可放弃的权利的构造并不仅仅是"禁止放弃"，而且是"使放弃的后果在规范上归于无效"。虽然我们可以在规范上将其评价为非法，从而据此采取一系列补救措施，但是至少在卖身为奴之后，这个人的自由实际上就丧失了，他就成了别人的对象和占有物，受他人的支配，我们也难以期待他在这段时间能真正有能力做出什么符合人的地位和尊严的事情。如果缺乏一个承认不可放弃的权利的政治权力，那么这种放弃也是得不到救济的。
⑥ 如前所述，这不意味着在所有的共同体当中，这些权利都是不可放弃的。

如此我们也难以想象这种情况在多大程度上减损了自己的人格，或者威胁了共同体的存续，可能只是一个小案子而已嘛！但是对于某些特定的承担了公共利益或者职能的人而言，必须禁止他们放弃一部分（广义上的）权利，例如我们不能允许官员擅离职守，随意抛弃自己手中的政治与行政权力，因为一旦如此，我们可能就会面临没人从事政府工作、提供公共服务的困境，共同体的服务功能就要陷于瘫痪。[1] 对于生命和自由等涉及人的基本权利和尊严的问题，我们前面也谈到，一个共同体也可以基于保障人口结构等理由禁止或者限制自杀，理由就是在于一个共同体有存续的需求。而从维护人格的角度看，之所以我们禁止人们放弃自己的生命、自由或者健康（例如禁止卖淫和器官买卖），正是因为要保障其人格不受侵犯或者堕落，避免他们沦为他人的工具和手段，从而损害一个人类共同体的道德基础。

那么如果共同体禁止人们放弃自己的某些权利，是否就相当于把这些权利都转化成了外在的义务，从而损害了人的独立人格？有的分析学者认为这会造成权利在概念上的冗余，似乎权利只能是纯粹的个人的自由选择，一旦施加了一种义务，权利的概念就变得没有必要了。我们在前文已经从选择的局限性上说明过为什么这种观点不尽合理，不过可以再提供一种解释的思路。当共同体确定某些权利不可放弃时，并没有要求人们一定去做这些权利背后所指向的事情，人们可以暂时搁置，这也是不可放弃的权利和义务在逻辑上的界限。人身自由就是一个例子——人们可以自愿去上班上学，在规定时间到规定地点做规定的事情，从而暂时搁置了自己的人身自由。但是我们搁置人身自由时并不是将其放弃了，因为我们之后仍然可以重新获得自由，可以在下班后离开工作场地、在放学之后走出教室。[2] 放弃则意味着从根本上抛弃现在及以后的权利，而共同体施加的不可放弃的义务仅限于此。当然，有的权利是不能搁置的，例如生命权，因为没人可以死而复生。如果我们把这类权利规定为不可放弃的权利，那么它既能表达一种强允许，即国家通过规范允许人们活着，[3] 此时它仍然是一种独立的权利。[4] 至于禁止放弃的义务则是相对于自杀而言的，而自杀是对生命的积极干预，换言之对生命权的放弃禁止其实相当于对自杀的禁止，因此仍不干扰独立的生命权。

---

[1] 举个现实中的例子：20世纪80-90年代的瑙鲁因为国家过于富裕，曾经允许公务人员不来按时上下班，导致公共服务长期跟不上。

[2] 费因伯格举了一个类似的不过更极端的例子，就是请人把自己关起来，但是约定定时释放。参见 Joel Feinberg, "Euthanasia and Inalienable Rights", *Philosophy and Public Affairs*, vol. 7, 1978, p. 116。

[3] 参见 G. H. Wright, *Norm and Action*, London: Routledge & Kegan Paul, 1963, p. 86. 怀特对强允许的定义是：权威通过考量，以规范的方式允许某行为。很多国家的法律都会明确规定保障生命权。当然，有观点可能会认为生命权并不是法律赋予的，而是公民与生俱来的。这种构造不一定成立，因为我们在加入政治共同体之后，一般承认主权者有生杀予夺的大权，此时生命无疑是一项需要权威者以规范明确的权利。当然，也可以说存在某种高于主权者规范的上位规范，不过从上文的分析来看，离开了政治社会，这种规范很难说是有意义的。

[4] 参见雷磊：《权利的地位：一个规范—逻辑的分析》，载《浙江社会科学》2016年第10期，第55页。如果我们认为自由是强允许创设的，那么就可以脱离义务，以个别规范维持权利的独立地位。

一旦我们放弃了自己共同体之间的联系，那么我们谈何认识自我呢？这种彻底原子化的自我形象真的是可欲的吗？齐美尔的批判可以作为一个参考：在康德的哲学根基、日耳曼式的个人主义那里，"个人存在的意义和价值最终都产生于其固有的根基"，不过"只有到了拒绝一切可能由外部接近这种个性的社会道德的准则时，才能逼近这种个人主义"；虽然这种个人主义间或也要求和普遍的价值相协调，但是它最终只能依赖"孤零零地在自己身上打转转的自我意识和感觉"，最终"长久地成为德意志精神的灾难，属于德意志精神的令人惊叹的命运"。①

片面强调原子化的个体，最终只能产生一个漂泊无依、单薄孤独的自我，而这种自由到极致的自我对于任何人而言都无疑是一种不可承受的负担。接受共同体的命运，拥抱共同体中的自由，是个体最好的出路，这也是不可放弃的权利背后共同体强制的基础。那么这种强制，或者说人格背后与共同体的必然的联系，是否就能证成不可放弃的权利？至少它仍然可以回扣我们在上文提供的最低限度的证成：为了保存在共同体当中的幸福，人们不能放弃加入共同体的权利。

四、结论

我们如今可以回答一开始提出的问题了：存在不可放弃的权利，因为这是共同体存续以及维持个人人格的要求。这一回答不能单纯通过对权利及相关概念的分析来获得，而只能进行法哲学层面的思考。但既有的两种关于权利本质研究的法哲学进路均因受制于方法论上的个人主义而有所不足：在这种要求下，意志论并不必然为权利都可以放弃的命题提供辩护，因为受制于共同体的道德要求，有的选择是无法做出的。同样地，单纯的利益论也难以证否不可放弃的权利，因为有的权利并非全是利益，即便其中存在利益的成分，那将其放弃也不一定是符合权利人利益的；出于共同体与人格的要求，这些利益更不是可以随意放弃的。

但是对于不可放弃的权利而言，更合适的视角是一种共同体的视角。在这种视角看来，共同体和个人之间不是楚河汉界的关系。个人的选择在规范上都要受到共同体的制约，而共同体也是人得以实现作为人的价值的良善之物。权利作为共同体的造物，恰恰就承担了这样的使命。我们之所以发明并且赋予权利，正是因为希望人们能够凭借权利在共同体中过上更有德性的生活，从而实现"人文化成"。

碍于篇幅和学力，笔者无法就共同体与个人的关系问题作进一步的展开。它隐藏在权利问题的背后，需要我们花费更多的笔墨去处理。从根本上说，它涉及自由主义与共和主义的争论，涉及共同体与个人的关系，是人如何在现代社会当中安放自我的问题。但笔者

---

① [德]齐美尔：《社会是如何可能的：齐美尔社会学文选》，林荣远译，广西师范大学出版社2002年版，第355、357－358页。

仍然希望能通过上述有关权利的简单讨论,给出自己的回答。倘若这篇文章能起到抛砖引玉之效,开启大家对于相关的宏大主题的进一步讨论,那就已经圆满完成任务了。如果试着用一句话总结本文,那就是"认真对待共同体中的人"。

(编辑:吴冬兴)

法律解释与语言哲学

[美] 布莱恩·比克斯[*] 著　戴龙杰[**] 译

摘　要　法律是通过语言来发挥其指引功能的,不管这种语言是法律条文、司法判决、宪法规定、合同还是遗嘱。因此,律师、法官和法律评论家从包括文学理论、语言学和符号学在内的其他领域寻求所能找到的各种帮助,以此来理解词语的意义和解释,也就不足为奇了。同时,他们也能够在事实、意义和参考方面从语言哲学和各种哲学作家处获得帮助。然而,最终人们尚不清楚这些研究对法律职业提供了什么有用的新知识或新方法。本文提供了一个尝试使用语言哲学改变或解决法律解释问题的理论概述。本文将首先讨论法律的确定性和不确定性,然后着眼于哈特关于观点和语言的"开放性结构"理论。本文还讨论了意向说,原旨主义、校勘学和关于美国宪法解释的一般意义,并通过概述政治、法律、哲学之间的联系而得出相应的结论。

关键词　法律解释　语言哲学　开放性结构　法律的确定性和不确定性　原旨主义

一、简介

法律是通过语言来发挥其指引功能的,不管这种语言是法律条文、司法判决、宪法规定、合同或者是遗嘱。因此,律师、法官和法律评论家从包括文学理论、语言学和符号学在内的其他领域寻求他们所能找到的各种帮助,以此来理解词语的意义和解释,也就不足为奇了。同时,他们也能够在事实、意义和参考方面从语言哲学和各种哲学作家处获得帮助。然而,最终人们尚不清楚这些研究对法律职业提供了什么有用的新知识或新方法。

---

[*] 布莱恩·比克斯（Brian Bix）,美国明尼苏达大学法学院教授。原文载《剑桥语言与法律手册》（The Oxford Handbook of Language and Law）,牛津大学出版社 2012 年版,第 145 – 155 页。

[**] 戴龙杰,男,江苏无锡人,华东政法大学法律学院博士研究生,研究方向为宪法学。

在本文中，①我将提供一个尝试使用语言哲学改变或解决法律解释问题的理论概述。②法律理论家们早已懂得一个古老的哲学事实：那就是哲学理论很少为我们解决更迫切的问题提供新的答案，甚至通常只是告诉一些我们（在某种意义上）已经知道的事情，但这种理论可以在其他方面为我们提供帮助，例如通过厘清我们的基础性问题，或者帮助我们以更好、更连贯的方式表达我们的想法。

二、确定性与不确定性

法律的确定性和不确定性关乎这样一个命题：法律问题是否总是、通常、有时、或从来都没有没有（唯一的）正解？③在这方面，经过最佳糅合的众多哲学理论、思想已经进入法学界。

大多数律师、法律学者的传统观点认为，在进入法庭之前，大多数法律案件都存在唯一正解，但在最疑难的案件中，法律规定并不清楚或规定得不完善，甚至没有规定，此时法官必须创造新的法律。针对这种传统观点，很多学者持两种对立观点：一些人认为法律通常、几乎或者总是不确定的，然而另一些人则认为法律是（或几乎）总是确定的。我会反复权衡这两个取向，关注学者们在每个案件中努力用哲学语言来支持自身立场的方式。

1. 不确定性论者

关于法律明显或"根本上"不确定的争论，源于二十世纪前几十年的美国法律现实主义，④以及接下来几十年的批判法律研究（CLS）运动，其中，CLS版本比法律现实主义版本更系统、更复杂。至少在更复杂版本的主张中，4争论点不在于法院的决策混乱或不可预测，或者法律决定没有法律基础，而在于法官在政治和其他方面的偏见。他们认为，法庭辩护中，同一法律条文可以平等地被当事双方用于证明两个截然对立的结果。（例如：*Kelman*, 1987: 242 - 68; *Kennedy*, 1997)。

通常来说，不确定论者特别是其中坚持CLS传统的学者，都指望从语言哲学家那里寻求他们想要的帮助，他们当中的许多人都着眼于类哲学或者类语言学的解构主义和后现代主义思想。其他学者则瞄准了一个更加哲学化的路径，他们转而就路德维希·维特根斯坦式严守规则的考察提出了一种著名但富有争议的解读。（Wittgenstein 1968: §§138 - 242）这类解读方式由Saul Kripke（1982: 2n. 2）所倡导，它基于或至少松散地建立在维特根斯坦思想之上，著名且存疑。

在Kripke对维特根斯坦式考察富有争议的解读之下，意义是不确定的，只能以社会协

---

① 由于本文在著作中为一章的内容，原文表述为"在这一章中"——译者注。
② 在本文中，尽管有些参考文献指向其他法系的理论家，但是我将集中在一般意义上的英语法学理论，尤其是美国法学理论。
③ 本节部分可参见 Bix（1993 *and* 2010）.
④ 同时期在法国和德国也有关于"自由法律"的类似观点（美国的现实主义者很可能从这里引用了一些观点）（Herget and Wallace 1987）。

议来维持稳定。根据这一观点，有关"正确"或"错误"的判断，甚至使用简单颜色标签（例如"红色"），或一个简单数列的延续（"+2"：2、4、6…。），都是基于（也只能基于）社会共识：事实上，其他人也会使用术语或以同样的方式延续数列（*Kripke* 1982：90-8，110-12）。通过这一工作，法律评论家为"语义总是不确定"这一命题找到了论证基础，除此之外只有精英群体的共识是确定的（也可能是大规模的宣传欺骗了他们）（Yablon 1987））。

如果把法律不确定论建立在 Kripke 对维特根斯坦（即维特根斯坦的相关观点）解读的基础上，有时会出现一个问题——Kripke 是错的。当然，对准确度的反对可被搁置一边，因为它与展示目的没有关联。一个论证是有效的还是无效的，有用或无用的，它的状态并不取决于它是否真正地呈现一些著名哲学家的观点。它所关注的是对意义和真理的恰当的理解，以及它们对法律的影响；至于思想史的问题则宜留待他者讨论。

然而，姑且不论 Krikpe 的观点正确与否（以及它是否可以在相当大程度上归咎于维特根斯坦），就法律内部或者法律本身那些令我们深感困惑的地方，Kripke 的观点适用与否仍是个问题。维特根斯坦曾明确表示，他自己的工作是对有关共识（在基本问题上）的疑惑作出的一个回应，而不在于解决困难问题上的分歧。它所涉及的是那些我们以相同方式"继续下去"的领域，是那些让数学家们"不至于互相攻讦"的简单算术问题（Wittgenstein 1968：§240）。

从简单案件（在语言和数理方面）的解释转移到对复杂案件（关于法律、道德和政治争议）中争议化解的证明，需要大量的论证，而这似乎是受维特根斯坦启发的法律确定论者从来都不愿或无力解决的事。① 不论语言和意义是否必须总是建立在社会共识基础之上，都并不必然意味着"自古华山一条路"，或是说目前很多、大多数甚至所有法律争论都在上诉庭审之前就有一个合法的或"最佳"答案。

2. 确定性论者

正如很多学者所主张的那样，法律要比大多数人想象的更不确定，所以同样有很多人（可能是他们中的少数）主张法律要比人们想象的更具有确定性。Brian Langille（1988）便是其中之一，具有讽刺意味的是，他还研究了后期维特根斯坦及其严守规则的思想来为其立场奠定基础。② 他聚焦于维特根斯坦有关语言的"语法"建立在人性和人类实践（"生命形式"）基础上的观点。Langille 进一步认为，普通法律和宪法都可以类似地说，有一个根植于我们的实践"语法"，它要求我们不宜持怀疑态度去理解法律。此处的反对意见非常类似于上文所述的与严守规则相反的提法（在10.2.1部分）：法律并不是维特根

---

① 我在 Bix（1993：36—53）和 Bix（2005）中对这个论点进行过更长篇幅的论述。

② Philip Bobbitt（1991）（被认为是宪法解释）和 Dennis Patterson（1996）（被认为是一般法律解释）做了和维特根斯坦相似的论述，尽管看起来没有一个做出过人们在 Langille's（1988）的著作中看到的关于法律确定性的主张。

斯坦关注的那样——是一个很好的简单的词引用的类比或者是基本数学系列（"增加在第2部分"）。他试图诠释人们已经达成的共识，而不是化解彼此之间所存在的分歧。相比之下，法律解释的问题正处于这些"争论发生的"和"互相攻讦的"（至少是一种比喻）充满争论和理论交锋的地带［Wittgenstein 1968：§ 240（重点补充）］。和之前一样，还是需要做很多工作来证明，为什么对于简单词语和数列来说是正确的东西，对于困难的道德、政治、和法律争议来说也必须是同样正确的，或者说一个领域的事实是如何为其他领域的争论提供论证的，而这项"桥梁工程"中任何有意义的部分似乎都未完成。

Michael Moore（1982a，1982b，1985，1987，1989，1992a，1992b），Nicos Stavropoulos（1996），和 David Brink（1988，1989a，1989b，2001）曾诉诸一些形而上学的现实主义，以及有关语义和参照的自然类理论，并在此基础上构建他们更为宏大的法律确定论。"形而上学的现实主义"是一个对与真实世界实体相对应的问题做一般性阐述的一个领域（而不仅仅是信仰的集合或社会习俗）。"自然类"的分析（参见 Putnam 1975；Kripke 1972；Burge 1979）则是一个同意义和参照之联系相关、但又截然不同的理论。"自然类"的意思是，用术语命名条款的种类或类别的"真实自然"。要确定一种自然类术语的意义和参照，你不能只关注人们对于这个术语名字的传统信仰，而是要根据我们目前这个事物或者事物种类方面的最好（科学）的理论。诸如 Moore 和 Stavropoulos 等学者认为，法律制定者们所运用的术语很多都是或者都像自然类术语，因此他们应该根据当前有关这些术语"真实自然"的最好理解来阐释，这也是法律制定者所乐于看到的。法律文本的意义取决于这个世界是什么样的。

这些学者认为，在不同术语中法律条文（还有宪法条款）术语的解释应当基于"词义"，而不是"解释者的意思"。[①] 本文将更为清晰地说明，在"词义"和"解释者的意思"之间进行选择的必要性，是法律解释领域一个永恒的讨论主题。有人对这些试图运用某些版本的自然类理论或者形而上学现实主义的法律理论家提出了反对意见：他们的观点建立在毫无根据地忽视和贬低"解释者的意思"的努力之上。

一方面，立法关涉的是一种选择，包括有的时候明示或隐含的一种偏离自然类型的或者其他种类的"真正延伸"（在法官或其他旁观者视角）的选择。另一方面，尽管立法者的主观意思有可能各不相同，但是"法治"价值倾向于"客观"或公开的、可理解的法律条文的词义。其中，有些理由同时倾向于法律解释过程中解释者的意思和法律条文的字面意思，它们对法律体系及其运作非常重要。这两种主张都在法律体系中得到呈现，都通过法庭在法律条文解释和宪法条款解释过程中得到了扩大的或者限缩的内涵，而且没有任何一方可以通过仅仅参考一种语言、意义或者参照的理论而归于湮灭。

---

① 当我们使用不同的词语的时候，我们有的时候也会发现同一个相似之处：例如"话语的含义""表达的含义""句子的含义"。

3. H. L. A 哈特与语言的"开放性结构"

在英国法律理论家 H·L·A·哈特一些阐述其法律实证主义理论的早期作品中,曾回应过美国法律现实主义者关于法律不确定性的主张(详见上文 10.2.1)。他认为当美国现实主义者讨论法官裁判案件过程中自由裁量权的使用时,通常夸大了一个合理之处(哈特 1958:606 - 15)。哈特认为:传统的观点是(而且一直是),当法官在决定疑难案件的时候,法官会创造新的法律。但是在决定"非疑难案件"的时候,法官通常不会创造新的法律。哈特研究进路的创新处在于他借用了语言哲学的观点来支持他的立场。①

哈特特别指出,语言在法律规则中有一个"开放结构"(哈特 1994:127 - 8)。有时,哈特提出这个论点是基于语言的普通性视角;在其他时候,哈特的观点似乎更多地基于规则的本质,或出于一种对立法意图的关注。在制定法律条文时,立法者大脑中会出现一些场景,某些危害是他们意图防止或鼓励的。然而,当一个事实境遇摆在法院面前,而立法者没有预见到时,哈特认为,法官必须做出一个新的选择(这个选择不是由立法者决定的,但是做出决定应该符合与之相关的一般精神和先在权威)。(哈特 1994:124 - 36)此外,哈特认为,在任何情况下,一种识别"开放结构"方式和反对更多形式主义选择的有限司法自由裁量权将会有更好的制度效果。(哈特 1994:128 - 31)。

哈特从他牛津大学的同事弗里德里希 Waismann 那里借用了"开放性结构"的术语(哈特 1994:249),但值得注意的是这个词在借用过程中又如何发生了词义的变化。Waismann"开放性结构"的概念②是稍晚出现在维特根斯坦著作《哲学研究》中的某些观点的一个具体应用。《哲学研究》的第 80 部分写道:

我说这里有一把椅子。'如果我走向它并试图搬走它,但是它却突然消失不见,这意味着什么?——所以它不是一把椅子,而是某种错觉。'——但几分钟后我们再次看到它,而且我们能够触及它等等。——所以椅子最终还是在那里而且它的消失是一种错觉。"——但假设,过了一段时间后它又消失了——或者似乎消失了,我们现在又该说什么呢?(维特根斯坦 1968 年:§1968)

在后面的论述中,维特根斯坦补充道:"只有在一般的情况下,一个词的用法才是明确的;我们才知道在这个或那个情况下,我们毋庸置疑地应该说些什么。异常情况越多,我们应该说什么就变得越是难以确定"(1968 年维特根斯坦:§1968)。

在上文对后期维特根斯坦学说的引证中,问题在于语义和异常情况之间的联系。这提出了一个可能被语义学理论和语言哲学理论视为相当传统的问题:在何种程度上,传统的解释含义能够呈现一般的情境,而且在何种程度上,含义和理解会变得飘忽不定。然而,非常有必要指出,在 Waismann 的文章中(和在维特根斯坦中期的相应著作中(Wais-

---

① 有关对哈特的开放性结构理论更为详细的批判,可参见 Postema (2010)。
② "Porisität der Begriffe" 源自早期德语。((Waismann 1945, 121)。

mann1979；1979）——这些著作在时间上先于 Investigations）——"开放性结构"的观点是一个与实证主义相关的、更加狭隘的调查的分支。实证主义把一个命题的含义等同于为了验证这个命题我们所要做的工作。① Waismann 曾经思考过这样一个问题，就是如何把对于实物的陈述转化成直观的数据。当我们试图验证这样一个论断，"隔壁有一只猫"，它是足以看到那只猫，还是触碰到它，抑或是听到它的咕噜声？（Waismann 1945 b：1945）然而：

  那么当这一生物后来长到巨大的尺寸时我又该说些什么呢？或者如果它表现出一些在其他猫那里通常看不到的古怪行为时？再次，假如我说"那边是我的朋友"。如果试图走近一些去跟他握手，会发生什么呢？他突然消失了？"因此，他不是我的朋友，而是某种错觉或者其他东西"。但是假设几秒钟过后我再次看到了他，可以抓住他的手，以及其他一些事情，然后又会发生什么事情呢？我们的规则已经预设好了所有我们可以想象到的可能性吗？（Waismann 1945 b：1945 - 2）

  "开放性结构"，在这个狭窄的、哲学的意义上（后文将考虑这个词在法律作品中更广泛和更宽松的意义）与来自二十世纪中叶一系列特定哲学观点有一个特定的连接点。特别是，维特根斯坦和 Waismann 都是在同一时刻在对客观事物的称述或多或少变得可能的情况下，开辟了一条通往语言和意义的道路，然而却从来没有被我们凭借经验或者感觉而彻底证明或者推翻。在有两个作者的情况下，上述工作在他们一生都未发表的文章中有所讨论（在维特根斯坦的那种情况中，很明显，他已经拒绝了对 Investigations 的语言和含义有不同理解的这种方式和途径）。②

  在 Waismann 的著作中（以及作为这些著作基础的维特根斯坦著作），"开放性结构"似乎并不是那么含糊，③ 正如我们通常所理解的那样，它唯一可能的含糊之处在于：不确定性指的是一种含义在逻辑上可能、而在事实上却极不可能事件。这种事件是如此不可能，以至于任何一位有能力的语言掌握者都曾思考过，如果这种事件发生的话，如何在语言学方面予以回应。对于 Waismann 来说，"开放性结构"是有关实证术语一个非常重要的事实反映，而且我们没有能力使它们的含义变得完全准确或者具有终局的可审查性。

  正如前面已经提到的那样，当哈特借用 Waismann 术语的时候，为了树立一个语言和（正如前面所看到的）某些（法律）规则具有部分确定性的观点，他自己在使用"开放性结构"这个术语的时候，所指代的意义比 Waismann 所指代的意义更为广泛和宽松。哈特用一个假定的法令作为例子："公园内禁止一切机动车"（哈特 1958：607 - 11；哈特

---

  ① 有争议的是，验证理论同样主张不能被证明也不能被推翻的（比如大部分的关于宗教和形而上学的假说）假说是没有意义的（例如：Ayer（1936）；Waismann 1979）。
  ② 对于维特根斯坦的观点，可参见 Waismann（1979：99 - 101，158 - 62，210 - 11）；Wittgenstein（1975：200 - 1，282 - 97）；对于 Waismann 的观点，我们可参见看 Waismann（1979：38 - 59，1945b）。参见 Bix（1993：14 - 17）；Baker（1997）。
  ③ 模糊不清是种类和含义的界限不确定分的问题。"秃头"和"高个子"都是词义变化模糊不清的名词，模糊不清是否代表着，认识论和本体论的一个方面在哲学家的语言中存在较大的争议。

1994：128-9）。他认为，"车"的"核心"含义意味着法律毫无疑问地适用于一切穿行于公园的标准的汽车。然而，当问题涉及有人在公园里用溜冰鞋，"溜冰鞋"是"模糊"的"车"，因此，这里有"同时支持和反对使用一般性术语的理由："要求决定在这种情况下该法规的应用问题，"在开放性的选项之间的选择在本质上做出选择者应当是"法官"（哈特 1994：126-7）。

一个法律规则中，许多术语的不确定运用都将有一些临界情况，因此，哈特认为，也应该把规则视为一个整体加以运用。一方面，普通法的司法将通过新的决定来澄清一些边缘案例，① 一旦一项法官决定认为，按照法律的目的溜冰鞋是机动车，接下来，其他法院可能会坚定地遵循这种解释；但从另一方面来说，新的实践和技术的发展将抛出新的临界案例（哈特 1994：126）。所以总是会有一系列的法律案件，其中法律规则的运用是不确定的（至少在一个法院的决定解决这个问题之前）。

在哈特看来，法律规则的指引作用与权威案例的指导作用并非那么不同（后者发生在普通法系的推理当中，在普通法系中，法院基于一系列特定事实做出的支持一方或者另一方的决定是与后来法院的裁判相绑定的，但主导法院决定的指导原则和理由不是）（哈特 1994：124-8）。在每一个案例中，有一些用法明确的范例，但同时也有一些边缘性案例需要法官在用法之间作出一些选择（或者其他决策者）。在这些讨论中，哈特肯定了法官在疑难案件中有自由裁量权这种传统观点（根据哈特的分析，这是因为在规则中使用的术语的核心含义或规则的核心意义本身已经耗尽了）。

我们可以从 Waismann 和维特根斯坦的作品的原始版本中看出，"开放性结构"是如何指向一种理论取向，而不仅仅局限于实践应用。开放性结构是针对非常奇特的案件（房间那么大的猫）来说的，而不仅仅是针对不寻常的案件。而哈特所指向的是一些更平凡的事物，也即普通律师在识别哈特所描述的司法困难时都会发生的语义适用上的不确定性。

有时，哈特似乎将他的注意力从特定术语的清晰定义（在某些情况下）和（在其他情况下）不清晰用法上，转移到整个法律规则的清晰和不清晰的含义和用法上。因此，人们可以同时找到"开放性结构的术语"和"开放性结构的规则"的提法。（哈特 1994：123-8）可以肯定的是，不确定性的术语可以导致规范整体的不确定性，但这并不是必然或者普遍的。一个特定术语的不确定性含义也可根据规则的其他术语，根据规则的目的或者相关的其他规范得以克服。

哈特同时也把注意力从术语本身转移到探究立法者不确定或者不完整的意图。有时，他将不确定性规则归因于一些法律规则的某些运用无法被制定它的立法者所预测到，或者是彻底的不可预测性这样一个事实（哈特 1994：128-9）。然而，这就假设我们应该

---

① 哈特同时也提到，解释的范围可以限缩，但是不能消除，解释中的不确定性（因为在某种程度上，解释的范围本省也是需要解释的）（Hart 1994：126）。

（仅）根据立法者的意图来解释和运用法规。这样一个有目的或有企图的法律解释途径是否必须或者最优，是而且一直是一个极富争议的话题。

三、解释

法律争议关注的经常是法律文本的合理解释：确定宪法规定、法规、合同、遗嘱和契约的含义、内容和运用。适当的法律解释方法，对决策者的必要约束已成为贯穿法律发展史的两个争论焦点。

在解释遗嘱、契约、合同以及类似的法律文件的时候，大多数法系都认为，法院的工作是确定起草者的意图是什么，和（除了一些例外，有时涉及强烈相关强力推行的公共政策）实现这些意图。当我们转移到宪法条文和法规的解释时，然而，又增加了更高难度的复杂性。首要的是，对于大多数这样的法律文本来说，由大型团体起草、通过或者批准都是很复杂的。在这些团体之中，各方在相关文本所涉及的知识储备、对于条文目的的理解等方面都可能存在非常大的差异。不过，不同的个人意图仍有可能被"总结"成法律文本的一个集体意志，尽管具体如何做仍不得而知。

其次，当一个人谈及与立法和宪法条文有关的意图时，他需要讨论不同级别和类型的意图。例如，那些起草或批准了美国宪法第八修正案（禁止施加"残酷和不寻常的惩罚"）的人都希望使这些话成为宪法的一部分。他们将会有禁止施加"残酷和不寻常的惩罚"的总体意图。而且他们将会有更多列入哪些惩罚的具体意图（吊剖分尸刑？被关起来？用烙铁刺配？相较于十八世纪，今天更多的人会认为死刑本身是"残忍的"）。他们可能也有针对法官应该如何解释修正案的方法论意图（根据起草者的一般或特定的意图？根据一般社会公众对批准者的理解？根据裁定时对道德种类的最佳理解？）。哪一种类型或级别的意图（如果有的话）应该成为解释者的参照呢？

再次，复杂之处在于这些文本在最初制定的时候通常旨在很好地应用于未来，应用于那些并未预见或不可能预见的情境和问题。① 这涉及早期的两种系列性观点（集体意图，和不同类型和层次的意图），指引我们避免用相对简单的意图运用模式来指导我们在正常对话和对遗嘱、信托、合同的法律解释中发现的理解和应用。

所有上述并发症使得我们很难确定（如果有的话）原意如何才可以或应当用于解释法律和宪法的规定。另外，正如前面所讨论的那样（在10.2.2节），通常在法律解释中存在完全对立的两极：权威的价值（让位于立法者在偏好和意图方面的优先选择）与法治价值（让位于"字面意义"、"普通含义"或当前最好的理论的概念和类别）。

许多著名法律理论家已经讨论过与司法解释的法律文本有关的意图问题（例如拉兹

---

① 在合同中同样可能会出现类似的问题，尤其是这些想要构建长期的关系，而且，很少地，对于遗嘱和信托同样如此，尤其是这些有意在长期良好适用的慈善条款。

2009：223 – 370；德沃金 370 b：146 – 77），它似乎是这样的一处领域：虽然一直在哲学语言中寻求帮助（例如塞尔 1997；巴恩斯 1988），① 但种种迹象却表明，哲学无法再深入解决相关问题。无论在哲学还是文学维度取得的任何解决方案，都不足以使他们应对法律文本所遭遇到的所有困扰。

四、美国宪法解释：意向说、原旨主义、校勘学和字面意义

在美国，法院有时通过解释联邦宪法使违背宪法条文的某些法律条款失效，例如堕胎、死刑、平权行动（积极歧视）、同性婚姻、政治竞选经费的监管、医助自杀等等在内的几乎所有严重政策分歧出现后的某一时间，涉诉的美国法院就开始宣称美国宪法规定或禁止了特定政策的后果。

在这种背景下，合理的宪法解释方法仍是美国法律争议的焦点，也就不足为奇了。一个著名的宪法解释方法（主要、但不完全是保守政治观点）被称为"原旨主义"。在其早期的方案中，这个标签与法官应该按照法律起草者的意图表达何种意思的主张相关（例如 Bork 1971；Berger 1971）。有时，这种宪法解释方法的支持者试图从文学理论家（例如 Hirsch1973）和哲学家对"意向主义者"理论的解读中寻求支持。

新近版本的"原旨主义"关注宪法条款规定被批准之时的"普通含义"。一些支持这类"新原旨主义"的人的观点都发端于 H. P. Grice 的哲学著作，尤其是他关于演讲者意图和观众理论（Solum2008；Grice1996；1989）。"新原旨主义"，像是旧版的"原旨主义"，仍然侧重于通过引用一个稳定和独特的"意义"的宪法文本来制约司法解释，尽管"新原旨主义"也认识到一个文本的含义可能仅仅是解释过程的第一步，只有通过这一步文本含义才可能修改或次级决定在一个案件发挥决定作用（Solum2008）。

在美国就法律解释展开的"原旨主义"基本问题的争论已然提到：人们是否应该关注表述者的意思或词义？如果人们关注起草人或成员的意图，何种程度的意图才是相关的？人们是否应该优先选择法律的制定者或者对法律的合理理解？

五、政治、法律和哲学

此处似乎有相反的两种诱惑。其的一边（通常与政治相关时则被搁置），就其本身而言，或小或无，是来自坚守法律的诱惑。这与主张激进的法律不确定性（10.2.1 节讨论）相关，而且通常也与重要法律研究的口号——"法律是（只是）政治"这种说法相关。这种主张通常联结着另一个主张，即认为当法律在解决核心问题的时候，法律只是，也仅仅是富有权力的骗人的把戏，以此来诱导那些没有权力的人来个别化地认识法律体系，同时一般化

---

① 罗纳德·德沃金的法律解释理论同样需要一些语言哲学家来支持，尤其是汉斯·伽达默尔。（Dworkin 1986：55，62）。

地认识社会，此时法律才是公正的（Tushnet 1991；也可以参见凯尔曼 1987；肯尼迪 1997）。

另外一方面的诱惑，则是坚信对于所有的法律纠纷都有唯一正确答案，因此，没有必要去弥补司法抉择和立法之间的隔阂。在前述极端法律确定论者（在 10.2.2 节）之外，还有其他的一些理论，最著名的是罗纳德·德沃金（1977，1985，1985，1977），他主张所有有可能出现在法庭上的法律问题都有唯一正确答案。

这是一个与法官应该如何解释法律有所不同但密切相关的问题。这里我们有一个法律文本，这个法律文本通常是由立法机构成员的多数票通过。通常有一些迹象表明该法律意图解决什么问题，这项立法解决问题的方式，以及某个可能包括一段详细的立法历史的印证。不同的法律体系，同一法律体系的不同法官（而且有时随着时间的推移，甚至是面对不同的案件的相同法官），对这些问题都作出了不同的回应：立法者原意的证据相关性和优先性，法律文本的字面意思，立法目的的探寻证据证据，立法的历史，以及针对一个授权申请在其他情况下可能沦为荒谬或不公正的断言（例如：Eskridge et al. 2006 年）。

即使借助某个关于语言，词义，目的，或者引用的更优理论，我们仍不得不作出一个富有道德性和政治性的选择。我们应当用来解释法律（抑或是法规或者宪法性文本）的一般规则不能受制于这些理论学说，这些理论也不能告诉我们：当结果会严重背离法律明显的目的，违背道德，或者违背了一般常识时，我们绝不能（或者总是）偏离我们所秉持的一般的法律方法。

有人（cf. Solum 2008）可能会说，法律文本的含义是这样的一种事物：其应用以及上述情况都表明，在解决某些特定的纠纷之时，可能存在从法律含义转向法律、道德或政治理由的情形。然而，尽管有时区分法律和法律的实际运用是有用的，但在当前的上下文中讨论它，可能只会更多地混淆基本观点而不能努力澄清其中的理论争议。

六、总结

总的来说，法律解释和语言哲学的故事是有限度的。这样的讨论有各种益处，譬如说，如果法学理论自身提供的是差强人意的思考方式，那么在语义、参照、意图等方面参考哲学方法，也许可以为我们阐释法学理论中的意图提供更加清晰的分析结构。因此，有关思想内涵与扩展的观点交锋，文本含义和参考之间的往来互动，论述者的意思和字面含义之间的博弈，不同层次或类型的意图，集体意愿的问题，社会和制度事实，等等，所有这些争论都既增加了现代法律解释论著的复杂性又提升了它们的清晰度。

有鉴于在哲学语言以及相关领域中诸多尝试的无功而返，我们有理由相信，法律解释同某种传统认识大相径庭：按照这种认识，法律要么更加确定，要么更加不确定，或者彻底与艰难的政治抉择相分离。在这种认识下做出的所有尝试都缺乏说服力。

（编辑：戴津伟）

非规则型法视角：清代法的法律方法诠释[*]

董安静[**]

摘 要 "近代西方法"是寺田浩明提出的清代法为"非规则型法"的理论参照对象，其认为无论立法理性的欧陆法还是司法理性的英国判例法都符合"规则型法"理论，区别仅在于规则呈现的方法和表现形式。与此相反，我国清代民事纠纷的处理不具有概念、规范的外在体系与价值引导的内在体系的西方"规则型法"之特征，民事审判由官员依据情理进行个案裁量，其民事法与审判呈现为"非规则型"。刑事法虽存在律典，但"律典"包括"例"在内是一种粗放型的规则，并非是形式理性构建的具有系统化和逻辑性的规则体系。天理和人情没有内化于规则体系之内成为融合一体的规则，而且会随时突破作为量刑参照的"律例"规则体系。基于非规则型法视角，探讨清代为追求个案公正所运用的法律方法的独特性，为解决我国当代司法严格依据制定法和追求个案公正之间的冲突提供借鉴。

关键词 规则型法 非规则型法 清代法 法律方法

引 言

传统中国法和审判模式在学界引发广泛争论，[①] 日本京都大学法学部教授寺田浩明以

---

[*] 本文为国家社科基金重大项目"中华法系与中华法律文化问题研究"（项目编号：20@CH038）的阶段性研究成果。

[**] 董安静，男，河南信阳人，华东政法大学法律学院法律史专业2020级博士研究生，研究方向为司法制度史、法律文化。

[①] 这场争论可以追溯到马克斯·韦伯（Max Weber）关于传统中国"卡迪司法"的论断，滋贺秀三与寺田浩明延续了韦伯所强调的传统中国司法的不确定性，黄宗智、张伟仁则肯定传统中国司法的确定性，林端提出"多值逻辑"模式，是上述两种模式的综合和拓展。参见徐忠明：《清代中国司法类型的再思与重构——以韦伯"卡迪司法"为进路》，载《政法论坛》2019年第2期，第48页。

中国清代法为考察对象对传统中国法的体系化思考具有重要意义。寺田浩明以清代法为素材，就清代法与审判形态、判决正当化的机制做了一系列论述。在确立近代西方法和审判符合"规则型"的前提下，提出清代法为"非规则型法"的理论。"非规则型法"理论对我们研究传统中国法提供有益借鉴，同西方的"规则型"法相对比，清代法具有"非规则型"特点。为此，他进一步提出了清代审判符合"非规则型审判"模式。寺田浩明的这一思想或者这一研究方法同其长期致力的研究方向有关，[1] 他希望沿着其师滋贺秀三的研究进路向前推进研究，[2] 对清代法和审判的体系化作出深入的思考。

寺田浩明提出的"非规则型法"理论为学界理解清代法提供了新的视角，近年来学界开始对他的这一理论观点作出回应，[3] 一方面赞扬了其"非规则型法"理论的贡献，但也提出了质疑；另一方面是寺田浩明作为清代法参照系的西方法，即其所指的西方法指什么时期的西方法，西方法是否是"规则型"，即欧陆法与英国判例法是否均呈现为"规则型"？另一方面是清代法是否呈现"非规则型"，其中包括民事法与刑事法是否均呈现为"非规则型"？通过对西方"规则型"的法与审判以及清代"非规则型"的法与审判的理论进行检视，即：首先检视西方"规则型"法和审判理论的样式；其次检视建立在与"规则型"理论比较基础之上的清代"非规则型"法和审判的理论解释力。借助寺田浩明对清代法和审判的体系化视角，探讨清代为追求个案公正所运用的法律方法的独特性，为解决我国当代司法严格依据制定法和追求个案公正之间的冲突提供借鉴，为当代中国法治建设挖掘优秀中华法文化资源提供妥当的方法与理论思考。

一、近代西方法与审判的"规则型"形态

寺田浩明提出清代法和审判的"非规则型"理论，是以肯定近代西方法和审判"规则型"这一理论为前提的。他指出："近代西方法是以一般的客观规则性（Rule）（这种规则性的正当性以一定的形式被认定）的存在为前提，将审判设定为在各案件中'适用'

---

[1] 寺田浩明教授对于清代的民事法秩序和民事审判以及清代的刑事法和刑事审判等领域进行一系列的研究，为其最终提出中国清代法的"非规则"形态奠定了扎实的基础。参见［日］寺田浩明：《权利与冤抑：寺田浩明中国法史论集》，王亚新等译，清华大学出版社 2012 年版。

[2] 滋贺秀三认为民事案件可以通过"教谕式调停"解决，很少引照实定性法律规范；而刑事审转案件，则必须"依法裁判"才能了解。参见［日］滋贺秀三：《中国法文化的考察——以诉讼的形态为素材》，载《明清时期的民事审判与民间契约》，王亚新等译，法律出版社 1998 年版，第 13 页。依据滋贺秀三的研究成果，传统中国法在民事诉讼和刑事诉讼中适用的规范就出现了不同，能否统一不同的诉讼模式下适用的传统中国法是寺田浩明持续关注的问题。

[3] 寺田浩明教授于 2007 年提出该理论后，一直未引起中国国内学者充分关注，王志强教授在《"非规则型法"：贡献、反思与追问》一文中对该理论的贡献、不足以及需要进一步研究的地方作出一系列的评论，参见王志强：《"非规则型法"：贡献、反思与追问》，载《华东政法大学学报》2018 年第 2 期，第 61－68 页。徐忠明教授在《清代中国司法类型的再思与重构——以韦伯"卡迪司法"为进路》一文中，对清代中国法的"非规则型法"理论的不足之处进行驳斥，并进一步提出了清代中国法与司法的"情法两尽"形态。参见徐忠明：《清代中国司法类型的再思与重构——以韦伯"卡迪司法"为进路》，载《政法论坛》2019 年第 2 期，第 47－69 页。

这些规则性的作业,并将审判人员定位为承担这种逻辑性运作的透明主体。"① 而寺田浩明所论述的具有"规则性"的西方法既包括以成文法典为表现形式的欧陆法,也包括以判例法为主要表现形式的英国法。但寺田浩明对于作为其立论前提的西方"规则型"的法和审判却未展开论证。但学界对于这一"不证自明"的前提提出了质疑。②

(一) 欧陆法与审判的"规则型"形态

寺田浩明认为包括欧陆法在内的西方法是一种中间构成物,具体表现为:它比起个别事例来说当然地抽象,比起情理这种原理来说即是拥有更多的具体内容的特别存在。西方"规则型"法呈现出的是一种原因与结果、要件与效果对应的,即规定一定范围的行为类型和与这个范围内的个别行为相对应的效果这样一种"规则"的形式。而这个规则被置于中间,其一边是按照这个规则运行的社会,而另一边是这个规则的维护者的权力,审判被理解为实现这个规则的场所。③ 以法典法为主要表现形式的欧陆法,是寺田浩明论述的"规则型法"的典型。在考察"规则型"的欧陆法之前,首先需要对此处谈到的欧陆法适用的时空进行界定,以回应学者对于欧陆法的"规则型"形态的质疑。④ 寺田浩明所谈论的"规则型"的欧陆法,是指吸收了罗马法传统的大陆法系,特别是以德国的"概念法学"作判准。⑤ 也即是韦伯所论述的法律史上第四个阶段的法律类型。⑥ 在对寺田浩明所谈到的欧陆法的时空进行清晰界定后,通过韦伯理想类型的建构模式,我们能够更好地理解欧陆法和审判的形态。

---

① [日] 寺田浩明:《审判制度中的"依据"和"案例参考"——以传统中国法为线索》,载《法律史译评》(2013 年卷),周东平、朱腾主编,朱腾等译,中国政法大学出版社 2014 年版,第 138 页。寺田浩明教授在其有关传统中国法的论文中设定西方法和审判符合"规则型"模式,但并没有对欧陆法和英美判例法的"规则性"展开论证。

② 质疑首先出现在关于欧陆法和审判的"规则型"形态上,有学者质疑欧陆法并不是自始呈现为"规则型"形态;其次,对英国判例法而言,有学者认为英国判例法与形式理性的欧陆法不同,具有实质非理性的特征。参见王志强:《"非规则型法":贡献、反思与追问》,载《华东政法大学学报》2018 年第 2 期,第 65 页。

③ 参见 [日] 寺田浩明:《权利与冤抑:寺田浩明中国法史论集》,王亚新等译,清华大学出版社 2012 年版,第 370-371 页。

④ 王志强教授认为欧陆法的"规则性"特征并非自始存在,完整意义上的规则型法的模式更多体现了现代德国法的理念与实践。参见王志强:《"非规则型法":贡献、反思与追问》,载《华东政法大学学报》2018 年第 2 期,第 65 页。

⑤ 参见林端:《韦伯论中国传统法律——韦伯比较社会学的批判》,三民书局 2003 年版,第 10 页。

⑥ 韦伯认为:从理论角度看,法律和程序的总体发展可以说经历了以下若干阶段:最早是"先知法律"的超凡魅力法律启示;其次是法律显贵依据经验创制和发展法律,即通过决疑术法理学和遵循先例而创制法律,第三,由世俗权力或神权统治权力强加的法律;第四,由接受过学术与形式逻辑训练的人们对法律和专业化司法行政作出的系统阐述。参见 [德] 马克斯·韦伯:《经济与社会》(第二卷),阎克文译,上海世纪出版集团 2010 年版,第 1019 页。

韦伯认为"理想类型"①的建构不是对于经验事实的描述，也不是从实在中提取"本质"特征所得，而是研究者根据自己所要研究的对象的需要，任意选择某些特定要素，将其进行提升和抽象，即可建构相应的"理想类型"概念，据以"测量"研究对象。这种"理想类型"概念主要是作为一种手段发挥认知功能，使得人们在面对杂乱无章的事实的时候能够作出逻辑一贯的解释。②就欧陆法和审判形式而言，正是由于接受过系统法律教育的法学家阶层对欧陆法进行符合系统化和逻辑性的建构，才使得欧陆法与审判具有形式理性的特征。

形式理性的欧陆法具有极为鲜明的建构性、命题化、逻辑性与系统性特征。建构性特征表现为欧陆法学家阶层通过"理想类型"的建构模式，将法律从社会规范和道德规范中分离出来，通过国家制定法律的形式形成一个没有漏洞的规则体系。③命题性特征表现为通过抽象思维的运作把决定具体个案时的各种理由，化约成为一个或数个"原则"，即"通则化"使其成为"法律命题"；逻辑性特征是指经由仔细辨析和严格界定法律的概念，以及概念之间的逻辑关联，使其涵盖相应的社会事实；系统性特征是指通过命题和概念的凝练，并将它们整合起来，使之成为逻辑清晰的、没有矛盾的规则体系。④而"理性"特征使得欧陆法外部体系的构造清晰明了，进而形成了排列有序的规则系统，其存在公法与私法、实体法和程序法的划分，在法典内部仍要进行总分则的划分，通过逐步精细化的划分构造一个树状的概念系统和规则系统，这种规则系统之中还存在上位法优于下位法、特别法优于普通法等位阶差异。⑤

通过法学家阶层在建构欧陆法时所赋予的上述特征，欧陆法秩序被思考成一个整体、一个价值判断尽可能一致的体系和"意义构造"，法律适用者在解释其单个组成部分时，不会孤立、无视其规范性的语境。通过这种方式，最终避免了那些有评价矛盾和目的性方面不一致的解释，进而避免有损整个法秩序说服力和接受度的解释，使得适用单个法条，

---

① 韦伯理想类型建构是指：人们是透过某一个或者某一些观点的片面的提升，以及透过将一大堆混乱而分离的、这里多一些那里少一些、有些地方甚至根本不存在的合乎那些以片面的方式挑出来的观点的个别现象，整合成一个本身具有一致性的思想图像，而获得思想典型。就其概念上的纯度而言，这个思想的图像是无法在实在的任何地方发现的。参见［德］马克斯·韦伯：《社会科学的社会政策的知识的"客观性"》，载张旺山译注：《韦伯方法论文集》，联经出版事业股份有限公司2013年版，第217页。
② 参见徐忠明：《清代中国司法类型的再思与重构——以韦伯"卡迪司法"为进路》，载《政法论坛》2019年第2期，第52－53页。
③ See Anthony T. Kronman, Max Weber, Stanford University Press, 1983, p. 185. 哈特同样认为法律是一个社会规则体系，由指导和评价行为的初级规则，与确定、执行、变更初级规则的次级规则组成。但是哈特并不认为法律是一个由规则组成的封闭逻辑体系。参见［英］哈特：《法律的概念》，许家馨、李冠宜译，法律出版社2018年版，第2页。
④ 参见［德］马克斯·韦伯：《经济与社会》第一卷，阎克文译，上海世纪出版集团2010年版，第798－799页。
⑤ 参见徐忠明：《清代中国司法类型的再思与重构——以韦伯"卡迪司法"为进路》，载《政法论坛》2019年第2期，第57页。

最终是适用整个法律制度。① 通过对形式理性的欧陆法的特征的表述，可以看出其规则体系中内在体系和外在体系的区分，并通过价值引导的内在体系使得欧陆法成为形式理性的法律。② 欧陆法既有严格的外在体系也有价值引导的内在体系，这两个体系概念相互依赖，其内在价值融入规则体系之中。而欧陆法符合寺田浩明提出的"规则型法"理论。就欧陆国家司法审判而言，官员在具体的案件裁决的过程中，强调通过三段论的法律推理，把具体的案件涵摄于相关的抽象的法律规则之中，这一涵摄的过程就涉及借助法律逻辑、根据抽象的法律命题推导出裁决结果，这一审判模式符合寺田浩明提出的"规则型审判"类型。

当阐释欧陆法和审判具有"规则型"特征的同时，需要关注在欧陆"规则型"法和审判中发挥关键作用的理性化的科层官僚体系。科层官僚体系主导着欧陆国家的法与审判，为法律的理性化和统一化奠定了基础。官僚组织不仅是由一个受过专门训练的群体构成，而且官僚体系在组织结构、权限、常规运作，升迁诸方面皆有相应的规则与章程。③ 接受过系统法律教育的专业化官僚群体对于形式理性的欧陆法的发展起到关键作用。韦伯指出："职业性法律训练以及由此形成的特殊法律思维模式，可能会有两条不同的发展路线，一是将法律作为一种记忆的经验式训练，这是在现实的法律实践过程中多少像是师徒授受的学习方式。第二种可能性则是在专门的学校中教授法律，那里的重点是法学理论和法律'科学'，是对法律现象进行理性的系统探讨。"④ 韦伯谈到的第二种可能性就是欧陆模式，具有韦伯特别推崇的理论形式或抽象思维的特质，通过制定系统性的各种法典，完成了全方位的法律理性化操作。⑤

（三）英国判例法与审判的"规则型"形态

寺田浩明认为英国判例法同样属于"规则型法"，其所进行的审判也是"规则型审判"。他强调将法作为"规则"的构思法并非只是近代国家或者各种法典法自身的创造。在判例法国家中通过探究判例所确立的法理最初也是表现为这种"规则"的形式。⑥ 而对

---

① 参见［奥］恩斯特·A. 克莱默：《法律方法论》，周万里译，法律出版社 2019 年版，第 55 - 56 页。
② "外在"和"内在"体系的区分，源自菲力普·黑克的学说，主要由拉伦茨和卡纳里斯引入新方法论中是他们进行优化而建构的概念。参见［奥］恩斯特·A. 克莱默：《法律方法论》，周万里译，法律出版社 2019 年版，第 59 页。
③ 参见［德］马克斯·韦伯：《韦伯作品集·V·中国的宗教 宗教的世界》，康乐、简惠美译，广西师范大学出版社 2004 年版，第 217 页。
④ ［德］马克斯·韦伯：《经济与社会》第一卷，阎克文译，上海世纪出版集团 2010 年版，第 920 页。
⑤ 参见［德］马克斯·韦伯：《经济与社会》第一卷，阎克文译，上海世纪出版集团 2010 年版，第 920 - 939 页。
⑥ 参见［日］寺田浩明：《权利与冤抑：寺田浩明中国法史论集》，王亚新等译，清华大学出版社 2012 年版，第 371 页。

于英国判例法的"规则型"特征,学界存在不同的观点。① 韦伯认为英国没有形式理性的法律与司法。英国现代资本主义的发展不存在理性化的法律体系的助力。此外,有学者将不同于欧陆法的英国法作为"规则型法"中的"非规则型"成分。认为奠定英国法基本制度的判例法,不满足严格意义上的罪刑法定和法不溯及既往的要求,"法官造法"和规则型法所强调的"依法而治"之间存在不小的区别。

对英国判例法符合"规则型法"类型的质疑需要予以回应,如果作为西方法重要组成部分的判例法不具有"规则型"的特征,那至少证明西方法为"规则型法"的理论命题是不能成立的,那么建立在与西方法对比基础之上中国清代法的"非规则型"特征也是存疑的。从外在视角观察,与欧陆法的形式理性的法律相比,英国判例法是极不相同的。判例法并非是通过法典的方式进行的法律体系的理性建构。英国判例法中包含实质理性的特征,如治安法官的司法实践带有强烈的"卡迪裁判"的性格,陪审团和衡平法院也为实质理性类型。英国法并没有实现"逻辑升华"意义上的理性化,仍沿用一种罗列式的关联方式和类推的判例原则,这些根本不足以产生法律的普遍确定性,也就不可能使法律"理性化"。

为了回应对判例法的形式理性的质疑,需要从内部视角对判例法进行分析。判例法是英国法的重要组成部分,也是英美法系的重要特征。② 它以判例而非成文的制定法、法典等为法律体现形式或渊源的法律体系。因此从形式上说,判例区别于制定法、法典法等所谓的成文法体系。从制定或发布的主体来看,判例法实际上是由法官在其判决中对相关法律规则的表述,因此是司法过程的产物,而且判例法中的规则并不总是清晰可见的,很多时候需要读者通过对整个判决的阅读来归纳和总结。③

遵循先例的基本原则对于理解判例法至关重要,正是在这一原则下发展出具有形式理性的法律,在先例的判决理由之中存在着对于法律规则的总结。在英美法律界,针对何为判决理由以及如何寻找判决理由可以总结如下:判决理由具有不确定性,总体上我们可以将判决理由视为一种包含了相关事实和规范性内容的法律命题。是对于判决所依据的法律原则和规则的阐明,"并将这些从先例之中提炼出来的法律规则适用于新的情况之中"。④"判决理由实际上就是一个相当具体的法律规则。判决理由与案件的具体事实密切相关,在一定意义上判决理由只是基于对这些事实的一定程度的抽象而形成的法律规则。"⑤ 判

---

① 韦伯认为,虽然英国是新教国家,而且也是最早产生现代资本主义的国家之一,但是这一切并不归功于其法律体系,因为其认为英国的法律体系与欧陆成文法系国家不同,并非是理性化的法律体系,英国的立法和司法明显带有"卡迪"性质。参见[德]马克斯·韦伯:《韦伯作品集·IX·法律社会学》,康乐、简惠美译,广西师范大学出版社2005年版,第332—336页。

② 尽管欧陆法国家也在某些场合或一定的程度上认定判例具有一定的法律效力(如法国行政法),但最典型的判例法还是在英美法系。

③ 参见高鸿钧、李红海主编:《新编外国法制史》下册,清华大学出版社2015年版,第207页。

④ [英]克罗斯、哈里斯:《英国法中的先例》,苗文龙译,北京大学出版社2011年版,第31页。

⑤ 高鸿钧、李红海主编:《新编外国法制史》下册,清华大学出版社2015年版,第221页。

决理由是法官基于关键事实、顺着他所采纳的推理路径得出其结论时,所明确或默示表述的、对其最终决定具有决定意义的法律命题。某个案件的判决理由对于本案来说只是其最终判决的依据和基础,是当值法官为其最终的判决找到的法律依据,在这个意义上甚至可以说它只是具体的而不具有任何"普遍"意义,是针对具体法律争点而产生的规则,而非通常意义上的法律规则;但"依据"本身就包含了一定程度的普适性,这是一案之判决理由可以适用于后来类似案件的理论基础。①

判例法同样具有概念、规范的外在体系与价值引导的内在体系的"规则型法"特征。就英国判例法而言,其在法律形式上的构造同样是较为清晰的,布莱克斯通即对英国判例法进行了理性的外在体系的建构。他效法盖尤斯和盖尤斯的《法学阶梯》,将整个英国法的客体进行了体系化的划分。② 布莱克斯通认为,英国法的每一个案例、惯例、习惯、制定法或者条例,都可以归入其体系化分类中。因此,归入任何一个部分的"法律"都可加以分类,并均衡地被编入合乎逻辑的子类中;而且所有部分中作为所有法律基础的"一般原则",都可能加以推演——这就使得英国法有了一种在当时没有被认识到的、自然也非显而易见的合理依据。实际上,英国判例法同样符合"规则型"类型。

接受系统法律教育的官僚群体推动了形式理性的欧陆法与审判的出现,与之相比,英国判例法的形成与发展同样是由很早就形成的法律职业共同体来实现的。英国的普通法律师和法官们构成了强大的力量,从某种角度看,正是这个职业团体不断推动法律的发展。出于实践的考虑,英国的律师在传统上是通过学徒式的实习形式获得法律教育的。律师公会培养律师,同时也承担管理的工作。四大律师公会基本上垄断了普通法律师的培养,一般聘请资深律师和法官作为律师公会讲师;学生除了听讲以外,还接受模拟法庭、阅读、辩论等形式的教育、另外还包括以聚餐为形式的讨论会,未经律师公会培养认可、并经律所实习的人,无法在普通法法院担任代理人,不能出庭辩护。③ 正是通过这种师徒授受的学习培训方式,使得法律职业共同体人员具有共同的法律思维,从而达到一种实践理性或者技艺理性。19世纪后半期之后,英国大学的法律教育也开始为英国法律职业共同体培养与输入法律人才。而法律教育也会塑造法律迈向形式理性。因此,我们可以论证英国判例法同样是"规则型法",与欧陆法典化的成文法一起构成了"规则型"的西方法。

二、清代法与审判的"非规则型"形态

通过对立法理性的欧陆法和司法理性的英国判例法的分析,我们可以确定寺田浩明提

---

① 参见高鸿钧、李红海主编:《新编外国法制史》下册,清华大学出版社2015年版,第222页。
② 布莱克斯通划分的四个部分分别为:1. 个人的权利,以及获得和丧失此类权利的条件及方式。2. 物的权利,以及获得或失去此类权利的方式。3. 侵害个人的不法行为,亦即民事损害,以及依法对其进行救济的方法。4. 公共不法行为,亦即重罪和轻罪,以及预防和处罚此类行为的方法。参见[英]布莱克斯通:《英格兰法释义》(第一卷)、游云庭、缪苗译,上海人民出版社2006年版,第9页。
③ 参见[英]布莱克斯通:《英格兰法释义》(第一卷)、游云庭、缪苗译,上海人民出版社2006年版,第7页。

出的西方法和审判的"规则型"理论的内涵与外延。遵循这一思路，我们需要分析寺田浩明关于清代法和审判的"非规则型"理论的合理性。寺田浩明对中国清代法与审判特征的分析从民事法与审判和刑事法与审判两个方面展开，清代法与审判的"非规则型"特征必然包含了其民事法与审判的"非规则型"以及刑事法与审判的"非规则型"。

（一）清代民事法与审判的"非规则型"形态

寺田浩明在论证清代民事法的"非规则型"形态时，首先强调清代不存在民事制定法，也不存在具有普遍效力的习惯法。在与"户婚田土"有关的州县自理的案件中因民事利益而发生争执进而开展的裁决中并不引用任何制定法，并且也不引用任何判例，而是直接依据"情理之平"的理念作出裁决。但问题随之而来，如果清代不存在民事制定法，人们在日常生活中如何安排生产生活，在面对民事纠纷时如何处理？清代社会中仍然存在拥有明确权利意识的人们通过契约形成各种社会关系，而且在面对民事纠纷的处理时，司法实践中也存在清代地方官依据情理而说服教谕当事人的方式来进行裁判。① 具体而言，州县官受理民众的诉讼，并不是按照某种客观的规范来对案件进行裁量，而是通过提示一定的解决方案来平息争执，进而谋求双方的互让以及和平相处。② "州县官作为该地的国家、皇帝的唯一代理人，将一种个别性的解决方案，以天下任何普通人都会对该案件作出如此思考（公正的、公共的"天下之公论"）的这种形式告知当事人，相关人员全体如果由此接受该结论为"天下之公论"，则该审判圆满结束，其程序性的象征则是由所有出庭人员提交的'遵依甘结状'。"③ 如果案件各方当事人不接受州县官的裁决，则随时可以向其上司提出"上控"，以确定其是否为天下之公论，是否是为整个皇帝官僚制的真正意思，而"上控"的终点是直达皇帝本人，有关"户婚田土"民事案件的审理只有一个审判机关，即由天下唯一的皇帝主宰。所以寺田浩明认为清代民事法不同于西方"规则型法"，其并不存在通过接受系统法律教育的官僚群体建构的形式理性的规则体系，因而呈现为"非规则型"，清代民事审判并非依法裁判，而是遵从"情理之平"的理念，对个案进行裁量，不同于西方"规则型审判"，所以称为"非规则型审判"。

关于清代民事法的形态，在至今仍被奉为中国法制史精华的成文法典"律"和以皇帝的个别处断为素材制定的副次法典"条例"中，虽然存在少量的与户婚田土有关的民事法律内容，但是由于数量太少，实在难以勾勒出清代民事法的完整图景。比如，其中虽然有规定："立嫡子违法，杖八十"，但是律典中并未指明这里所违反的"法"究竟是什么。

---

① 参见［日］寺田浩明：《权利与冤抑：寺田浩明中国法史论集》，王亚新等译，清华大学出版社 2012 年版，第 308 页。

② 参见［日］寺田浩明：《权利与冤抑：寺田浩明中国法史论集》，王亚新等译，清华大学出版社 2012 年版，第 210 页。

③ ［日］寺田浩明：《审判制度中的"依据"和"案例参考"——以传统中国法为线索》，载《法律史译评》（2013 年卷），周东平、朱腾主编，朱腾等译（本篇魏敏译），中国政法大学出版社 2014 年版，第 140 页。

有关清代民事审判是否依法裁判,也有两种不同的主张。黄宗智通过对州县衙门所藏有的大量文书档案进行分析,得出清代民事审判大多作出宣告正当权利者一方胜诉的裁决,而非一般认为的民事案件的裁决多以妥协为结果,同时他强调完全可以从律典条文后面找出以保护权利为核心的各种民事法原则,遵循这一认知他推出清代民事审判的类型是法官遵循法的规范来保护人民权利。① 而滋贺秀三则主张在清代并不存在依法断案,这其中就包括,既不依据民事制定法也不依据民事习惯法断案,② 清代的民事裁判是基于"情理之平"的个别判断。正是沿着滋贺秀三的观点向前推进,寺田浩明提出了清代民事法与审判具有"非规则型"特征。

由于清代民事法不存在以法律概念为基石的外在体系的构造,所以西方"规则型法"所具有的清晰明了的外在体系和内在体系的构造在清代民事法中并不存在。同样如果认为"习惯法"指的是虽不成文但是是客观存在于社会中的"活的"规范而言,则清代社会也没有这种形式的规范存在。而作为社会准则的判断标准始终存在于每个人心中,在清代缺乏任何制度性的安排和程序把这种主观的规范从制度上还原为客观的、外在的或者具有可视性的法,而且中国文明本身对这样的制度性的努力就不提供价值支持。③ 与西方法所表现出来的"规则型"形态不同,清代民事法是"非规则型法"。清代官吏在民事审判中并没有具有普遍性的规则作为裁决的指引,在追求个案正义的基础上以"情理之平"的理念进行裁决。清代官吏在民事裁判过程中并没有作为依据的普遍性框架,其审判模式自然不同于将案件事实涵摄于具有普遍性和抽象性的法律规范中进而得出裁决结果的"规则型审判"。

(二)清代刑事法与审判的"非规则型"形态

传统中国一直存在刑事制定法,在清代法典形式为"律",而且历代同样存在以皇帝的个别处断为内容的作为法典"律"的补充的制定法,在清代此种补充法典被称为"条例",其与清代法典"律"合称为"律典",而且"律典"在清代刑事审判中适用十分广泛,清代有关"命盗重案"的刑事审判中要求严格适用律典。④ 问题的关键是清代刑事制

---

① 参见[日]寺田浩明著:《权利与冤抑:寺田浩明中国法史论集》,王亚新等译,清华大学出版社 2012 年版,第 212 页。针对自理词讼,滋贺秀三通过功能主义的梳理,将情理都视为"法源"。[日]滋贺秀三:《明清时期的民事审判与民间契约》,王亚新等译,法律出版社 1998 年版,第 19 – 53 页。黄宗智则认为"成文律例与县官判决之间具有显著的一致性",因而主张州县官是依法裁决。参见黄宗智:《清代的法律、社会与文化:民法的表达与实践》,上海书店 2001 年版,第 104 – 105 页。

② 滋贺秀三认为清代不存在民事习惯法,清代不存在收录民事习惯的书籍,裁决中也很少引用习惯和法谚,寺田浩明支持这一观点。梁治平教授对这一观点提出质疑,他指出清代的民事惯例具有"法"特别是习惯法的性质,寻求"情理之平"的民事裁决同样意味着考虑和尊重民事惯例。参见梁治平:《清代习惯法》,广西师范大学出版社 2015 年版,第 199 页。

③ 参见梁治平:《清代习惯法》,广西师范大学出版社 2015 年版,第 190 页。

④ 参见[日]寺田浩明:《审判制度中的"依据"和"案例参考"——以传统中国法为线索》,载《法律史译评》(2013 年卷),周东平、朱腾主编,朱腾等译),中国政法大学出版社 2014 年版,第 139 页。

定法"律典"与西方"规则型法"中的刑事法典性质是否相同，清代"命盗重案"援引"律典"条文进行审判是否说明清代的刑事案件与西方刑事案件的审理具有相同的属性的"依法裁判"，这也是寺田浩明提出的清代法为"非规则型法"理论能否成立的关键。

寺田浩明强调，在清代虽然也存在刑事制定法，但是其与由抽象的构成要件和一定幅度的量刑裁量余地构成的西方刑法典和刑事判例制度是不同的，为了论述清代成文法的制度性地位和特征，将清代的律典与西方刑法典之间做比较是根本错误的。① 在寺田浩明的论述中，首先需要理清清代刑事制定法"律典"的属性，律典确实是由条文组成的制定法，由于受到西方刑法典的影响，人们一看到写满条文的制定法就联想起了西方"规则型法"，进而将清代刑事审判中援引律典与西方刑事审判中的规则型依据作类比，进而将两者混同，认为清代刑事法"律典"与西方刑法典属性相同，都是具有系统化和逻辑性的规则体系。寺田浩明指出清代刑事法"律典"虽然同样也是"规则"的一种，但是其是一种粗放的规则，并不能作为刑事审判的定罪依据，刑事制定法"律典"仅在刑事审判中决定量刑程序时出现，作为官僚机构内部在审议待决案件时提供交流讨论的大致标准，这与规则型的西方刑事法区别明显。②

寺田浩明认为清代并不存在具有客观规则性的在刑事审判中适用的规则，与清代民事法与审判一样，刑事法与审判也都符合"非规则型"类型。清代强调案件的个别一致性。就刑事审判而言，将刑事审判构想为针对无限的不同案件，有资格能力的审判人员就当时情形考量并提出最为合适的解决方案。这些个别性的解决方案的总体就是这里的法，也可以说是在审判时进行各个案件的专用的立法。③ 这种个别性的解决方案的总体的特殊形式被称为"非规则型法"。他认为清代刑事审判为"非规则型审判"，具体表现为由于每个案件案情各不相同，为了追求个案正义，每个案件都由官员根据具体案情进行个案裁量，实现"情法之平"，即犯罪案件不同的罪情和施加的刑罚之间正确的平衡。案件裁量的主体同样只有最高统治者一人，只是由于案件数目过多，最高统治者不可能亲自审理所有案件，所以不得不将案件交给州县官作初步的裁决，被称为拟罪，经由最高统治者同意后才能最终生效，刑事审判是通过审转程序实现最高统治者对于全国刑事案件的掌控。④

在刑事审判中，由于地方官员的品行和能力各异，由其直接依据"情法之平"进行个

---

① 参见［日］寺田浩明：《审判制度中的"依据"和"案例参考"——以传统中国法为线索》，载《法律史译评》（2013 年卷），周东平、朱腾主编，朱腾等译），中国政法大学出版社 2014 年版，第 139 页，第 150 页。

② 参见徐忠明：《清代中国司法类型的再思与重构——以韦伯"卡迪司法"为进路》，载《政法论坛》2019 年第 2 期，第 60 页。

③ 参见［日］寺田浩明：《审判制度中的"依据"和"案例参考"——以传统中国法为线索》，载《法律史译评》（2013 年卷），周东平、朱腾主编，朱腾等译），中国政法大学出版社 2014 年版，第 138 – 139 页。

④ 由于案件数目过于庞大，最高统治者皇帝不可能对每一刑事案件均进行裁决，就清代而言，必须经由皇帝裁决才能生效执行的是判处死刑的案件，判处笞、杖的案件州县官可以自行裁决，徒刑案件由督抚裁决，流刑案件由督抚与刑部共同裁决。但是处以徒刑、流刑的案件要定期向皇帝报告，如果其认为裁决有问题可以进行事后更正。

案裁决并不能令皇帝放心。① 首先，地方官员针对个案进行的个别裁决并不一定能使案件相关人员全体接受，即不符合"天下公论"。其次针对同样类型的案件各地所裁决的刑罚轻重不统一，而司法裁判的不公会造成严重的结果。② 综合考量各种情况，皇帝认为最有效的解决办法就是为州县官员拟罪提供量刑参照，从而为个案裁决提供量刑参考，进而减少全国范围内的量刑不统一。为此，皇帝一方面事先将案情细致地进行类型化，制定出与五刑二十等相对应的繁多的条文发给官僚要求他们在拟罪时必须援引，③ 这就是我们看到的律例。因此清代刑事审判也如西方规则型审判中一样接受制定法的引导，而有学者认为清代刑事审判依法裁断的原因即在于此。

寺田浩明进一步指出，虽然清代存在刑事法"律典"，而且在刑事审判中律例被广泛地援引断案，但是清代的刑事审判不同于以规则为依据的西方"规则型审判"，他称之为"非规则型审判"。在寺田浩明对清代法和审判的"非规则型"进行了系统的论述之后，寺田浩明显然认识到了其论证的不周全之处，因为就算援引律例进行的审判不是"规则型审判"，但是也并不表明这样的审判一定是"非规则型审判"。④ 因此寺田浩明再次撰文研究并阐释了对律典在审判制度中的定位，进一步指出与制定法在清代主要是用来解决量刑统一问题不同。在现代国家日本量刑统一问题并不是由刑法典来解决，刑法典主要是作为审判的基准，有定罪和确立量刑幅度的功能，由审判人员采取在审判之际参照先例的做法，为一种量刑惯例。作为一种比律例更缺乏抽象性甚至可以说是没有经过任何加工的案件信息本身，而且由此得出的各个审判结果又在没有经过任何程序的情况下成为今后审判的参照对象。⑤ 在美国，从1984年起通过颁布一系列法规确立了联邦最高裁量刑指南，使得美国量刑基准最终被实定法化，这改变了之前联邦事实审审判机关的审判人员可以在刑法典规定的最高刑之下任意量刑，使得刑罚的轻重陷入不可预测的状态所造成的一系列不

---

① 根据对清代刑事审判中冤假错案的研究，由于司法责任制度的存在使得基层官员倾向于维护自己的错误，上层官员为了规避责任很少亲提亲审而是不断指令再审。审转制度实际上存在各级官员的共谋，通过各种信息沟通机制，基层官员在作出拟罪之前就会征询上司意见，逐层转审流于形式。参见邱捷：《晚清官场镜像：杜凤治日记研究》，社会科学文献出版社2021年版，第233页；史志强：《冤案何以产生：清代的司法档案和司法制度》，载《清史研究》2021年第1期，第52-65页。

② 裁决是否实现情法之平根据的是社会秩序的安定与不安定（最终以革命的形式）和是否出现因老百姓的不满而引发天谴（以天灾的形式）。

③ 《大清律例·刑律·断狱》"断罪引律令"条："凡断罪皆须具引律例，违者笞三十。"

④ 事实上国内学者也对其这一论证的不足之处提出质疑，王志强教授认为寺田浩明的非规则型理论容易使人陷入非此即彼的二元论之中，其理论论证不够严谨。王志强：《"非规则型法"：贡献、反思与追问》，载《华东政法大学学报》2018年第2期，第61-68页。王志强在提出质疑时应该并没有关注寺田浩明对于律例在审判制度中定位的进一步回应，因而包括徐忠明教授在内的国内学者提出的质疑缺乏说服力。寺田浩明在进一步的论证中对律例进行积极定位，说明了传统中国律例和成案的运用方法及其在审判制度中的地位和意义。参见［日］寺田浩明：《审判制度中的"依据"和"案例参考"——以传统中国法为线索》，载《法律史译评》（2013年卷），周东平、朱腾主编，朱腾等译，中国政法大学出版社2014年版，第138-161页。

⑤ 参见［日］寺田浩明：《审判制度中的"依据"和"案例参考"——以传统中国法为线索》，载《法律史译评》（2013年卷），周东平、朱腾主编，朱腾等译，中国政法大学出版社2014年版，第146页。

利后果。① 量刑指南在制度上的定位仅是审判机关内部资料,这一点与清代法有相似之处,不同的是在美国量刑指南仅是建议性的,审判人员可以脱离其框架,且实定法化的主体不是立法者而是审判人员。

通过与日本和美国等现代国家的量刑统一问题做比较发现,律典与日本的量刑惯例和美国联邦最高审判机关的量刑指南之间具有类似性,律典是作为所有大规模审判制度中普遍可见的案例参照构造的特殊形态而存在,没有必要拘泥于律典与西方规则型法中的裁量依据相关诸现象的部分相似性,而将律典看作清代刑事审判的依据方式,进而混淆了清代刑事审判的法源和西方规则型的法源的差别。

虽然律典是由一系列条文构成,我们同样可以称之为由一系列规则构成,但是律典的规则体系与西方"规则型法"中的规则体系存在明显区别。对照清代刑事制定法"律典",天理与人情并没有内化于律典的外在体系之中,使得律典无法做到"规则型法"的体系化的思考。作为一种粗放型的规则体系,律典没有体现出规则型法所强调的建构性、命题化、逻辑性与系统性,并非是在内在价值体系指引下的形成的概念系统和规则系统,律典的外在体系缺乏系统化和逻辑性,这种粗放型的规则体系与规则型法的体系化思考之间存在巨大的落差。

清代刑事法"律典"并没有形成经由选择和抽象而被建构出来的类型概念,这与统治者追求实质正义而非形式理性有关,统治者追求的是在"情理之平"原则的指导之下作出符合天下公论的个案裁决,同时也与清代并不存在接受过系统法律教育的官僚群体以及法学家群体有关。清代通过科举考试选拔的官员从事行政与司法活动,但是其接受的教育却并不重视对于法律与司法的学习,具体的法律的制定和解释、行政与司法都交给了幕友阶层。② 在西方"规则型法"的建构过程中接受过系统法律教育的法学家阶层起到了决定性的作用,而中国清代则迥然不同,正如韦伯所说:传统中国"没有负责解答法律问题的专家阶层";政治团体的家产制性格,对于形式法律的发展毫无兴趣,并且"似乎根本没有任何特殊的法律教育可言。"③ 所有我们可以想见清代既不可能发展出符合立法理性的法典法体系,也不可能发展出符合司法理性的判例法体系。

寺田浩明强调的清代刑事法具体表现为刑事审判中个别性的解决方案,是一种"非规则型法",刑事审判中依据天理、人情并结合最高统治者颁布的量刑参照律典作出符合天下公论的个案裁决,这种审判被称为"非规则型审判"。同样重要的是,寺田浩明对于清代刑事法"律典"的定位进行了补充,通过与日本和美国等现代国家的量刑统一问题做对

---

① 参见〔日〕寺田浩明:《审判制度中的"依据"和"案例参考"——以传统中国法为线索》,载《法律史译评》(2013年卷),周东平、朱腾主编,朱腾等译,中国政法大学出版社2014年版,第147—148页。
② 参见〔德〕马克斯·韦伯:《韦伯作品集·Ⅴ·中国的宗教 宗教的世界》,康乐、简惠美译,广西师范大学出版社2004年版,第158页。
③ 〔德〕马克斯·韦伯:《韦伯作品集·Ⅸ·法律社会学》,康乐、简惠美译,广西师范大学出版社2005年版,第232页。

比，清楚的论证了律典绝非是与作为刑事审判依据的西方刑事制定法相类似的法典，而是与现代国家日本的量刑惯例和美国联邦最高审判机关的量刑指南极具相似性，它们都是为了解决刑事审判中量刑统一问题而出现，发挥了一种在量刑程序中作为案例参考的作用。

对于清代民事法与审判而言，清代并没有民事制定法也没有民事习惯法存在，州县官员对于"户婚田土"等自理词讼案件依据"情理之平"作出符合天下公论的裁决，如果相关各方对于案件裁决不服可以向更高级别的官员直至最高统治者皇帝寻求符合天下公论的裁决，那么对清代的刑事法与审判而言，清代并不存在作为刑事审判依据的刑事制定法，刑事审判同样不以规则性为媒介，依据天理、人情与作为量刑程序中出现的案例参考"律典"（即国法）作出符合"情法之平"的天下公论，通过州县官员对于刑事案件的拟罪以及复审程序，对案件裁决结果不服的当事人同样可以向更高级别的官员直至最高统治者皇帝作出符合"情法之平"的天下公论。所以与"规则型"的西方法与审判相对比，清代法与审判呈现为"非规则型"。

（三）清代法与审判的否思

关于清代法与审判的探讨并没有因其"非规则"形态的论证而结束，韦伯有关清代司法审判属于"卡迪司法"的观点在学界仍无定论。当提出清代审判的"非规则型"类型的观点时，问题随之而来，即"非规则型"清代司法与"卡迪司法"是否属于相同性质的审判类型？学界认为因韦伯为了揭示近代欧陆法与审判的独特性及其形成原因，才以现代欧陆司法为参照构建出伊斯兰教国家的"卡迪司法"类型，清代审判与伊斯兰教国家的"卡迪司法"是否属于同一审判类型呢？

在韦伯对伊斯兰教法的阐述中，他强调伊斯兰教国家普遍存在司法审判二元主义，即世俗审判和宗教审判。在宗教审判中，韦伯建构了"卡迪司法"（Kadijustiz）的模式。他强调卡迪（Qadi）是伊斯兰教国家的法官，特别负责有关宗教案件的审判。韦伯将重视实质的公道、平等和某些功利主义的目的，而无视于法律与行政的形式合理性的审判称为"卡迪司法"。[1] 遵循韦伯的研究路径，我们可以勾勒出伊斯兰教国家的法与审判的概况。

对于宗教审判中适用的法律而言，韦伯强调其具有神圣法或宗教法的性质。他阐明法官所利用的直接法源是作为法学派思维活动产物的"菲格海"（fiqh），其中包含伦理命令和法律命令，是对哈迪斯即先知的模范举止与言论的整理汇编。它不是按照形式的、法学的概念来将法律合逻辑地体系化，不存在系统编纂的法典，仅仅是一种法学派法规的集

---

[1] 参见［德］马克斯·韦伯：《法律社会学·非正当性支配》，康乐、简惠美译，广西师范大学出版社2010年版，第203页。

成。① 韦伯强调作为卡迪审判依据的法学家的解答"异常随机而定，因人而异，而且就像神判一样，没有附带任何理性的理由"②。对于伊斯兰教法形成的教育组织而言，伊斯兰教法学家从事法顾问的活动与学生的教育，同时法学家也进行法律体系的建构③。

伊斯兰教法欠缺法律思维的形式理性，也使得为达法律之内在外在统一性所必须的系统性法创制无法实现。韦伯认为传统中国同伊斯兰教国家一样，都是神圣法与不可变传统的妥当性长远受到重视的地方，都显现出阻碍法律之内外统一性的现象④，因此清代司法同样符合"卡迪司法"模式。然而清代司法与伊斯兰教国家司法都不同于近代西方司法模式，且清代司法与伊斯兰教国家"卡迪司法"模式同样具有"实质非理性"特质，这却并不意味着"非规则型"的清代司法必然符合"卡迪司法"类型。

依据韦伯对于传统中国法的研究，首先，他强调传统中国不存在理性的立法。就清代而言，法律中不存在关于私法的规定，不存在有保障的"自由权利"，行政法典中的内容是一种伦理规范而非法律规范。随着律学的发展，清代刑事法律中具有一定的学理性、体系化思考，但是在系统化、概念化和抽象化方面与欧陆法差异较大。其次，他强调传统中国不存在理性的司法，传统中国追求的不是形式的法律，而是实质的公正⑤。在司法审判中没有辩护，西方式的律师并不存在，只有当事人的书面呈文和口头传讯，中国的法官完全是家长式样的判案⑥。再次，通过科举考试选拔的官员们并不熟稔专业法律知识，他们本质上是受过礼仪训练的文人，具有卡里斯马的品质⑦。官员在裁决案件时，缺乏形式上的法律逻辑，缺乏自然科学的思维，因而也不具有任何特别现代化的理性主义因素。⑧ 韦伯对传统中国法作出总结：传统中国审判的非理性是家产制的结果，没有负责解答法律问题的专家阶层，不重视形式法律的发展，不存在专业的法律教育。⑨ 这些因素共同导致了传统中国法与审判具有实质非理性的特征。

韦伯提出传统中国司法属于"卡迪司法"的观点需要我们认真对待。但应当说明的是，韦伯强调神权政治的裁判、家产君主制的裁判、近代的陪审裁判、英国治安长官的裁

---

① 参见［德］马克斯·韦伯：《法律社会学·非正当性支配》，康乐、简惠美译，广西师范大学出版社2010年版，第240页。虽然伊斯兰教法官的直接法源是"菲格海"，但"菲格海"是法学派对《可兰经》和逊奈的解读的产物。

② ［德］马克斯·韦伯：《法律社会学·非正当性支配》，康乐、简惠美译，广西师范大学出版社2010年版，第239页。

③ 参见［德］马克斯·韦伯：《法律社会学·非正当性支配》，康乐、简惠美译，广西师范大学出版社2010年版，第238页。

④ 参见［德］马克斯·韦伯：《法律社会学·非正当性支配》，康乐、简惠美译，广西师范大学出版社2010年版，第240页。

⑤ 参见［德］马克斯·韦伯：《儒教与道教》，王容芬译，中央编译出版社2018年版，第181－182页。

⑥ 参见［德］马克斯·韦伯：《儒教与道教》，王容芬译，中央编译出版社2018年版，第222页。

⑦ 参见［德］马克斯·韦伯：《儒教与道教》，王容芬译，中央编译出版社2018年版，第203页。

⑧ 参见［德］马克斯·韦伯：《儒教与道教》，王容芬译，中央编译出版社2018年版，第220－224页。

⑨ 参见［德］马克斯·韦伯：《法律社会学·非正当性支配》，康乐、简惠美译，广西师范大学出版社2010年版，第233页。

判等都是实质非理性的"卡迪司法"类型,主要是为了突出近代欧陆国家形式理性的审判模式的独特性,进而证明形式理性的法与审判有助于现代资本主义的兴起。基于这一目标,韦伯更重视传统中国审判与神权政治审判具有的"卡迪司法"类型的共性,而忽略了两者之间的差异性。

"卡迪司法"类型中适用的法律是伊斯兰教里的神圣法,这种法律既无法被废除又无法在实务中严格贯彻实施。而传统中国法并不具有神圣性,是一种没有受到神圣规范要求影响的世俗法律,可以修改和废除,不存在伊斯兰教国家神圣法与世俗法之间的紧张关系;传统中国法包含大量的行政法和刑事法规范,在审判中并没有民事制定法的存在,而在伊斯兰教国家中神圣法内容主要包含监护、婚姻、继承、离婚、某些情况下的基金财产及随之而来的土地所有等①。相对而言,伊斯兰教国家的刑法许多都是无法执行的"来世刑罚",没有系统的分类②。所以将"非规则型"的清代审判与不包含世俗审判的"卡迪司法"视为同一类型的审判模式具有不妥当性;在教育组织方面,伊斯兰教国家的法学家进行法顾问活动与学生的教育,卡迪在审判中利用的直接法源也是法学家思维活动的产物,卡迪在审判中向官方认可的法学家寻求权威性解答,这一过程因为其随机性及不附带任何理由而强化了伊斯兰教国家法与审判的非理性。

与伊斯兰教国家的法律教育相比,传统中国法律教育早在两汉时期就已经开始。两汉时期的郭弘、郭躬等,陈咸、陈躬等都是家族世代以法律为业。③ 杜周、杜延年、于公、于定国等都是父子相继、或家族世代以法律为专业。从魏时期开始在官府设立"律学博士"专门传授律学。隋、唐、宋三朝通过科举考试的方式推动并完善了官方律学教育。从元代开始政府取消了法学教育的机构④。在明清时期,学律之人大多入幕府跟随刑名师爷学习,幕友的教育并无正式的机构和制度,全凭师徒相授。⑤ 学幕之人通过研读律例和"秘本"等有关幕务的书籍。法律教育先后经历了家传、官方主导、师徒传承三种模式。在清代,通过师徒传授方式进行的私人主导的法律教育不利于法律向形式理性方向发展。

韦伯虽然了解刑名幕友参与司法审判,但是刑名幕友在审判中发挥何种作用韦伯并没有清晰的认知,韦伯只是强调没有接受过理性训练的官员主导的司法审判强化了法律的非理性。虽然我们认同"非规则型"清代司法的同样具有实质非理性的特征,但是理清幕友

---

① 参见[德]马克斯·韦伯:《法律社会学·非正当性支配》,康乐、简惠美译,广西师范大学出版社2010年版,第240页。
② 参见高鸿钧、李红海主编:《新编外国法制史》下册,清华大学出版社2015年版,第384页。
③ 参见《后汉书卷四十六·郭陈列传》,中华书局1965年版,第六册,第1543—1547页。史家还记载说:"郭氏自弘后,数世皆传法律,子孙至公者一人,廷尉七人……"同上书第1546页。
④ 《元史》卷八十一"选举一"称:"隋、唐有秀才、明经、进士、明法、明算等科,或兼用诗赋,士始有弃本而逐末者。宋大兴文治,专尚科目,虽当时得人为盛,而其弊遂至文体卑弱,士习萎靡,识者病焉"([明]宋濂等撰:《元史》卷八十一"选举一",中华书局1976年版,第一册,第2015页)。根据这一认识,元遂废除了唐、宋的明法科目、官方的律学教育,对整个科举制度的重视程度也逐步下降。
⑤ 参见郭润涛:《官府、幕友与书生——"绍兴师爷"研究》,中国社会科学出版社1996年版,第127页。

在清代审判中发挥何种作用具有十分重要的意义,有助于我们更好的区分"非规则型"的清代司法与伊斯兰教国家的"卡迪司法"。

就清代审判的具体运作而言,需要清楚的是清代取消了科举考试中的明法科,因而官方的法律教育不复存在。通过科举方式选拔的官员独崇经学、不重视法律知识的学习,造成清代官员法律素质低下、无力从事司法裁判事务的局面。通过雇佣幕友,日益繁重的司法审判事务得以顺利开展①。同时能够更好地对抗胥吏、差役和人民②。实际上,清代的司法审判事务由刑名幕友负责运行。刑名幕友具备较高文化水平拥有法律专长③,通过师徒传承的方式受到专业的法律训练。刑名幕友处理司法事务具有以下特点:第一,他们重视证据不盲目相信口供,强调口供必须与证据相结合,强调对证据进行鉴别,去伪存真;但又提倡剪裁证据,即依据自己想要达成的办案结果,根据法律的规定,对案件的情节、供词、人证、物证等进行剪裁。④ 第二,刑名幕友在处理案件时也要以法律和典章制度为核心,准确掌握律例和成案,在司法审判实践中强调参照成案,办案过程具有程式化的特点;但当法律不足为据的时候,幕友们通过引经用典的方式进行裁断。⑤ 第三,刑名幕友出于对报应的畏惧而从宽治狱,以追求福报;但为了"积德积善"往往会掩盖事实真相、规避法律,难以实现法律的公平正义。⑥ 第四,幕友在审案时富于谋略,运用智谋处理疑难案件;但是也将自己的谋略用于寻找法律的缺陷,进而规避法律、枉法裁判。由于清代的司法审判不存在法庭辩论,也没有证据查证核实程序,幕友对案情和证据的微小改动都会影响案件的最终判决。⑦ 在清代的司法体制下,刑名幕友们矛盾的多重性格无助于形式理性的法律与司法的出现。

总之,刑名幕友在司法审判中可以"自由裁量",但是这种裁量与异常随机、因人而异的"卡迪司法"具有较大的区别,"非规则型"的清代司法需要兼顾天理、国法与人情,裁判结果需要实现情理之平。

三、清代司法运作中的"法律方法"

通过上述分析,我们以"规则型"的近代西方法为参照,对寺田浩明提出的"清代

---

① 清代社会经济繁荣、人口大量增加,民事经济纠纷案件的难度增加同时数量增多,而国家的民事经济立法不发达。参见高浣月:《清代刑名幕友研究》,中国政法大学出版社 2000 年版,第 20 页。

② 与科举出身的地方官员不同,胥吏长期盘踞一个衙门,凭借他们精通和熟练地方事务来左右长官,逐渐把持衙门,暗操权柄。通过延请幕友可以约束胥吏,减少胥吏擅权。参见高浣月:《清代刑名幕友研究》,中国政法大学出版社 2000 年版,第 25 页。

③ 幕友的存在与科举制度有着极其密切的联系,多数幕友原来都是生员。生员之中大多数人无法达到举人、进士及第,加上仅依靠作私塾教师收入难免过于贫寒,他们是在做文章方面拥有出色技能的幕友预备队,为了应对科举考试而拥有的超群的文笔用在幕友的工作中是十分容易的。参见[日]夫马进:《明清时期的讼师与诉讼制度》,载王亚新、梁治平编:《明清时期的民事审判与民间契约》,法律出版社 1998 年版,第 414 页。

④ 参见高浣月:《清代刑名幕友研究》,中国政法大学出版社 2000 年版,第 73 - 81 页。

⑤ 参见高浣月:《清代刑名幕友研究》,中国政法大学出版社 2000 年版,第 82 - 100 页。

⑥ 参见高浣月:《清代刑名幕友研究》,中国政法大学出版社 2000 年版,第 101 - 112 页。

⑦ 参见高浣月:《清代刑名幕友研究》,中国政法大学出版社 2000 年版,第 112 - 118 页。

法是非规则型法"的观点进行了论证,通过非规则型法这一视角,我们了解到在清代,虽然司法官员积极处理各类纠纷,但是其处理纠纷的方法与当代法庭上发生的审判大相径庭,李栋将其论述为超越"依法裁判"的"权宜裁判"类型①。在非规则型法的视角下,为了更好地理解清代司法的具体运作,有必要把对清代法的认识从静态的体系推向动态的方法层面。

就司法裁判中所使用的法律方法而言,在规则型法的视角下,司法裁判就是解释适用法律规范命题,即将抽象的法律规范适用到具体案件当中。由于规则型法自身的局限性,为了实现这一裁判过程,必须要运用到包括法律解释、漏洞补充、法官造法等一系列法律方法。而强调清代法同属于规则型法的学者认为,清代的司法与规则型法的司法一致,其核心同样是法律适用问题,审判的主要目的是实现由要件和效果构成的规则,这一目的的实现同样需要法律发现的方法。但是从非规则型法的视角,我们可以看出清代法与规则型法之间存在的明显区别。基于法存在形态的区别,清代运用何种法律方法助力司法裁判值得我们深入探讨。

(一)非规则型法视角下的"法源论"

规则型法审判强调"依法裁判",其所依据的"法"是指按照一定位阶排列并构成等级的不同规则。而所谓的"法源论",按照寺田浩明的观点,是指"裁判能够依据哪个层面的规则,在什么情况下才有可能诉诸根本价值理念的问题"②。在规则型法中,具体案件裁决是通过援引不同的规则来确定的,因而"法源论"在规则型审判中具有重要地位。非规则型裁判中是否存在按照一定位阶排列并构成等级的不同规则,以及其裁判的作出是援引不同等级的规则还是直接来源于根本价值理念,是我们从非规则型法的视角审视清代法的法律方法之前,首先要厘清的问题。

就清代的州县自理案件也即一般意义上的民事案件而言,从形式上来看,似乎州县官员是案件的司法官,其可以直接作出案件的生效裁决,与其在刑事案件中只能拟定判决草案区别明显。但对州县官员审理完结的民事案件,仍然需要作出判词以备上司核查,而且双方当事人如果对裁判不满仍然可以向上级控诉,理论上他们可以一直将案件上控到皇帝。而且在实务中,对于行刑事附带民事的案件,皇帝在复审刑事案件时,也会连带对于民事部分进行裁决。所以民事案件的真正的"司法官"是皇帝,仅仅是民事案件作为"细故"并不重大,不会危及统治秩序,一般情况下由州县官员直接处理。皇帝也没有单

---

① 李栋虽然提出了清代司法属于"权宜裁判"类型,但是其论证依旧是在寺田浩明所提出的清代"非规则型法和裁判"模式的基础上进行的,"权宜裁判"模式与"非规则型裁判"模式并没有太大的区别。参见李栋:《超越"依法裁判"的清代司法》,载《中国法学》2021年第4期,第288–304页。

② [日]寺田浩明:《权利与冤抑:寺田浩明中国法史论集》,王亚新等译,清华大学出版社2012年版,第448页。

独制定成文法指导州县官员裁决民事案件。在民事案件裁决中，虽然存在"习惯""习俗""乡约""私约"等各种规则，但是这些规则并非是民事案件裁判所要遵循的依据，它们不具有法源地位，仅仅是州县官员作出裁决需要考量的因素之一。[1] 民事审判具体判决的作出没有可供援引的不同等级的规则，只能直接依据"情理"这种根本价值理念，作出符合具体案件"情法之平"的裁决。基于非规则型法的视角，清代民事审判中不存在按照一定位阶编排并构成等级的不同规则即法源，也没有出现与西方法学"法源论"相对应的观念。由于刑事审判中需要援引律例或者引用成案，以"命盗重案"为代表的刑事审判中是否存在法源成为争论的焦点。基于非规则型法视角，制定法律例以及成案并非清代刑事审判的依据，律例并非按照一定位阶编排构成等级的规则，因而清代刑事审判中不存在作为审判依据的法源，也没有出现与西方法学"法源论"相对应的观念。由于清代司法中不存在规则型法意义上的法源，因而规则型法中所运用的法律方法在清代司法中是否存在需要进一步研究。

（二）非规则型法视角下的"法律方法"

在非规则型法的视角下，清代司法强调案件的特殊性，依据个案的情理作出符合情理之平的裁决，因而清代的司法并非"依法裁判"，其不存在先于个案的明文的规则作为裁判的依据。强调依据个案特殊性进行裁决的清代司法也根本不追求制定能够作为案件裁决依据的明确规则，毕竟现实中发生的每个案件都是不一样的，基于这一认知，立法者根本无法制定出能够作为所有案件裁量依据的规则。清代司法本质上是遵循"情理"这一抽象的根本价值理念作出。

从理论上讲，清代司法中唯一的法官是最高统治者皇帝本人。虽然民事案件名义上是州县自理，但是州县官员需要将审结的案件报备上司核查，案件的双方当事人也可以提出上控。[2] 只要皇帝愿意，他随时可以对州县官员审结的民事案件进行改判，因而民事案件的唯一司法官是皇帝；对于刑事案件而言，州县官员只有拟定裁决草案的权力，无论州县官员是援引律例，还是其认为律例没有明文规定的情况下比附律例，或者比照成案拟定裁决草案，案件最终都通过复审程序最终由皇帝作出生效裁决。虽然有时皇帝的意见遭到刑部反对后会赞同刑部的意见，但这一般与皇帝个人性格是否强硬有关，只要皇帝反对刑部提出的反对意见，最终案件裁决权仍然在皇帝。[3] 所以，清代司法的唯一司法官是皇帝，清代的官僚体制中的各级官员只是协助皇帝处理司法案件，他们与规则型法中处理司法事务的法官的地位本质上不同。而且非规则型法把清代的"法"视为由一个个案件的裁决组

---

[1] 参见［日］寺田浩明：《权利与冤抑：寺田浩明中国法史论集》，王亚新等译，清华大学出版社2012年版，第394-408页。
[2] 参见李栋：《超越"依法裁判"的清代司法》，载《中国法学》2021年第4期，第295页。
[3] 参见［美］卜德、莫里斯：《中华帝国的法律》，朱勇译，中信出版社2016年版，第197页。

成，由于所有案件的裁决本质上都是由皇帝作出，所以在清代，皇帝是唯一的司法者也是唯一的立法者。本质上讲，是皇帝依据根据每个案件的"情"和"理"作出符合"情理之平"裁决。由于"情理"是抽象的价值与规则型法中的作为规范命题的具体规则不同，所以在规则型法中出现的基于规范命题而开展的一系列法律方法，皇帝在作出司法裁决时是无需运用的。

但是在有关"命盗重案"的刑事审判中，拟定裁决草案的官员需要援引律例，或者比附律例或者比照成案，而具体的官员为了拟定符合情法之平的草案而使用的方法与规则型法中法官所进行的部分法律方法有相似之处。而这些方法本身对裁决的作出起到了关键作用，值得我们进行探讨。

清律规定，审理案件的官员拟定草案需要援引律例，否则要承担责罚。[①] 正是基于这一原因，很多学者认为制定法律例就是裁判依据，援引律例作出裁决相当于规则型法中的"涵摄"过程。由于非规则型法论证了律例并非裁判依据而是量刑参照，所以援引律例的过程与规则型的依法裁判中三段论的"涵摄"并不相同。仅仅是由于非规则型的清代司法及其最终量刑妥当，因而采取了列举的方式，将清代刑事审判中可能遇到的案情及其妥当的量刑一一罗列，以供拟定案件草案的官员当遇到其处理的具体案件与律例中规定的案情相同时，直接依据律例中量刑规定处理。但是"列举主义"不同于"概括主义"，无法囊括现实中发生的所有事件。也即是"律例有限，情伪无穷"。

当出现律例无法涵盖的新案件时，为了防止具体官员因为无律例可供援引而无法拟定草案或者随意拟定草案而导致案件无法作出裁决，就产生了比附的必然性。清律明文规定了比附原则："凡律令该载，不尽事理，若断罪无正条者，（援）引（他）律比附，应加应减，定拟罪名，（申该上司），议定奏闻，若辄断罪，致罪有出入，以故失论。"[②] 而这一原则与作为规则型法中漏洞填补方法之一类推具有类似性，因而一些学者据此认为清代司法中同样采用了类推的方法。但是，根据中村茂夫的研究：规则型法中适用的类推方法，其关键是案件的性质是否具有本质的相似性。清代司法中的比附与类推具有不同的性质，两者的功能不同，比附针对的是犯罪科出何种程度的惩罚的问题，比附关注的核心是获得最妥当的量刑；类推关注的是对有罪决定应依照什么规定处罚的问题。[③] 比附对于填补律例的不足起到重要作用，如果比附的结果得到了皇帝的批准，而且该类案件具有一定的普遍性，则可以依照一定的程序将其上升为条例，从而完善作为量刑参照的律例。通过这一辨析可以看出，比附是不同于类推的一种独特法律方法，它对于清代非规则型法的形成和发展起到了重要作用。

---

① 参见田涛、郑秦点校：《大清律例》，法律出版社1998年版，第595页。
② 田涛、郑秦点校：《大清律例》，法律出版社1998年版，第127页。
③ 参见杨一凡、［日］寺田浩明主编：《日本学者中国法制史论著选》（明清卷），中华书局2016年版，第236页。

对于许多依据比附作出的成案，它们没有依照一定的程序制定成条例，而仅仅是一次性的裁决。对于这些成案，清律规定："除正律正例而外，凡属成案未经通行著为定例，一概严禁，毋得混行牵引，致罪有出入。"① 这一条例事实上规定了成案不得作为量刑参照。但是刑部复审案件时往往要求拟定判决草案的官员说明该案与皇帝先前"特旨断罪"的相似案件之间的关系。比如在审理儿童致毙人命案中，对于审判官员援引律例呈报的量刑草案，刑部往往要求地方督抚说明其所呈报的案件与皇帝亲自裁决的丁乙三仔案是否情罪相符。② 实际的裁决中存在大量的援引成案裁决的案例。所以清律的规定与裁判实际操作之间不符。小口彦太的研究表明：成案在清代司法中可以被援引作为量刑参照。③ 由此可以看出，在清代司法中，作为判例的成案和制定法律例一样，也可以作为量刑参照。具体的审判官员拟定草案时，究竟是选择直接援引律例，还是比附律例，或者引用成案，考量的关键是如何选择才能作出妥当公正的量刑，它们之间没有按照一定位阶编排，也不构成等级，并非是一般与个别或者上位与下位之类的主次关系，它们属于皇帝作出的符合其有关"情理之平"判断，是一种并列的关系。

从非规则型法视角考察清代法的法律方法时，还需要关注具体的审判官员拟定判决草案过程中所运用到的"法律解释"。清代的刑事审判中是否存在法律解释存在不同观点。这主要取决于如何看待清代刑事审判中以律例形式存在的制定法的性质。部分学者主张清代刑事审判中适用的制定法同当代司法判中适用的成文法一样，都是由要件与效果构成的规则，审判就是这一规则实现的过程。此种规则限制了审判人员的自由裁量权，也赋予每一个司法判决以正当性。区别仅仅在于规则的具体程度以及审判人员自由裁量权限。④ 基于此种观点，可以认为清代刑事审判中同样存在对制定法进行法律解释的必要。而从非规则型法视角出发，就会发现清代司法中不存在规则型法中同类性质的法律解释。但是在清代司法中，具体官员在拟定裁决草案时，由于需要援引律例，律例条文本身虽然不是抽象的，但是每一种具体的罪行也是由详细区分的构成要件构成的。官员在决定援引还是比附律例的时候，同样要运用到类似于规则型法中所运用的文义解释、当然解释、目的解释等法律解释方法。

清代司法中具体的审判官员同样面临着对于法条的理解，需要思考具体法条措辞或者文字组合在一般的语言用法中应该具有的意义，清晰的辨明相似的法条之间的区别；也需要准确理解皇帝制定作为量刑参照的律例的真实意图。特别是需要辨明作为量刑参照的律

---

① 田涛、郑秦点校：《大清律例》，法律出版社1998年版，第595页。

② 参见景风华：《"矜弱"的逻辑：清代儿童致毙人命案的法律谱系》，载《法学家》2017年第6期，第75页。

③ 参见杨一凡、[日]寺田浩明主编：《日本学者中国法制史论著选（明清卷）》，中华书局2016年版，第237－255页。

④ 参见徐忠明：《清代中国司法类型的再思与重构——以韦伯"卡迪司法"为进路》，载《政法论坛》2019年第2期，第47－69页。

例条文的构成要件,只有清楚理解立法者制定的律条的准确含义,官员才能找准特定案件的量刑参照,进而作出量刑适当达致情法之平的裁决草案。

当官员审理案件无法直接援引律例条文时,往往依据比附原则在律例中寻找量刑参照。但律例的规定非常细致,官员在决定比附何种法条拟定裁决时,可能会发现多条规定皆可作为其处理的个案的比附对象,这时不仅需要官员对其处理的个案的"情"有准确的把握,更需要其对于涉及的法条进行"解释",在准确理解各相关法条构成要件的基础上,选择最能达致该案情理之平的法条比附,从而拟定裁决草案,通过复审程序交由皇帝作出最终裁决。比如在需要比附律例进行裁决的部分人命案件中,涉及《大清律例》卷二十六条"弓箭伤人"条与"戏杀误杀过失杀伤人"条中规定的"过失杀伤人"条的选择适用。以《刑案汇览》中记载的平三案为例:"平三因牛只践食高粱,与宋始一同赶牛。平三撩掷木棍打牛,以致误伤宋始之身死。"① 该案件没有适用"过失杀"条,而比照"弓箭伤人"条,判处平三流刑。该判决的作出就需要官员分析相关法条的构成要件,大体是因为对于"过失杀"条而言,即便是毫无害人之心的掷物误伤致死案件,也只限制在其投掷行为具有正当的理由,而且是在一般无人的地方进行的情况下。平三案的具体情形不符合过失杀的相关要件,因而比附同样没有杀意的"弓箭伤人"条。② 除了援引律例或者比附律例处理案件之外,如果要考量是否引用成案,也需要对相关成案进行解释,分析手头需要拟定裁决的案件与成案之间的相似性。

从上述分析可以看出在清代的刑事审判中,虽然裁决案件时需要援引律例,但律例条文只是具体审判官员拟定裁决草案时的量刑参照。案件裁决的主要考量是量刑是否适当,是否实现了情理之平这一根本秩序价值理念,唯一的立法者也是唯一的司法者的皇帝,其裁决案件依据的是其对具体案件情理之平的理解,他不需要通过对制定法进行解释的方式裁决案件,现实中也不存在能够作为裁量依据的此种制定法。辅助皇帝审理案件的官员拟定特定案件草案的过程中,由于需要参照过去的审判经验,因而存在类似于"法律解释"和"类推"的过程。但是审判官员所运用的法律方法根本考量是如何达致情理之平,作出最符合该案的量刑草案;与之不同,当代法官则是依据作为整体法秩序组成部分的制定法来裁判,裁判只能通过对制定法条文的解释适用展开,法官不能依据其正义观念作出违反制定法的裁判。③ 因而,清代司法中官员在拟定裁决草案过程中同样运用了法律方法,虽然与规则型法中法官为了裁决案件而运用的法律解释和类推等方法有极大的相似性,但两者本质上是不同的。从非规则型法的视角可以发现,清代司法将追求公正的个案裁判的理想发挥到了极致,而根本不寻求制定作为裁判依据的规则,这与我国当代所建立的规则型

---

① [清] 祝庆祺:《刑案汇览(卷三十二)》,北京古籍出版社 2004 年版,第 1177–1178 页。
② 参见杨一凡、[日] 寺田浩明主编:《日本学者中国法制史论著选(明清卷)》,中华书局 2016 年版,第 222 页。
③ 参见 [德] 卡尔·拉伦茨:《法学方法论》,黄家镇译,商务印书馆 2020 年版,第 439 页。

法和审判区别明显。然而在我国当代司法中年，法官有必须忠诚于制定法的义务，无法脱离制定法而直接依据其对"情理之平"的理解进行裁决，这一过程中就可能存在遵循制定法就会不利于个案公正的情况，如何处理这一矛盾，非规则型法视角下的清代司法中所运用的法律方法值得我们深入研究。

四、结论

近代西方法是寺田浩明提出的"非规则型"清代法的参照对象，其中无论立法理性的欧陆法还是司法理性的英国判例法都属于"规则型法"类型，区别仅在于规则呈现的方法和表现形式的不同。对清代法而言，民事法不存在制定法，显然不具有西方"规则型法"既有严格的外在体系也有价值引导的内在体系的特征，民事审判由官员依据"情理之平"作出符合天下公论的个案裁决，如果相关各方对于案件裁决不服可以向更高级别的官员直至最高统治者皇帝寻求符合天下公论的裁决，所以清代民事法与审判呈现为"非规则型"。清代刑事法虽有制定法，但"律典"是一种粗放型的规则，并非是理性构建的具有系统化和逻辑性的规则体系，天理和人情没有内化于规则体系之内成为融合一体的规则内在价值，而且会随时突破作为量刑程序中出现的案例参照的"律典"规则体系，这与西方由外在体系和内在体系构成的"规则型"法律体系区别明显。清代的刑事审判与民事审判同样不存在规则性的依据，其依据天理、人情与作为量刑程序中出现的案例参考律典（即国法）作出符合"情法之平"的天下公论，通过州县官员对于刑事案件的拟罪以及复审程序，对案件裁决结果不服的当事人同样可以向更高级别的官员直至最高统治者皇帝寻求符合"情法之平"的天下公论。通过非规则型法视角，深入研究清代司法为了追求个案公正所运用的法律方法，对我国当代司法解决严格依据制定法裁判和追求个案公正之间的冲突提供借鉴。这有助于更好的理解传统中国法与审判文化，为当代中国法治建设寻找优秀中华法律文化可靠的理据。

（编辑：戴津伟）

司法方法论

涉破产虚假诉讼罪"捏造"行为实质解释研究[*]

赵运锋[**]

摘　要　根据两高关于虚假诉讼罪的司法解释，在破产案件审理过程中申报捏造债权的，构成虚假诉讼罪。与普通的虚假诉讼行为不同，行为人在企业破产程序中是否如实申报债权，对企业破产债权认定、破产程序开展，以及别除权认定等具有重要影响。根据企业破产程序的特征，司法解释中的捏造债权不但包括全部捏造，还应包括部分捏造。捏造的方式既包括积极的无中生有式的虚构，也包括消极的隐瞒已经偿还的事实，以及全部隐瞒和部分隐瞒两种情况。债权人为了在破产程序中优先受偿，而虚构债权优先级别并向破产法院申报的，也应该纳入捏造的内涵范畴。

关键词　破产　虚假诉讼　捏造　规范目的　实质解释

2018年最高人民法院、最高人民检察院《关于办理虚假诉讼刑事案件适用法律若干问题的解释》（以下简称《虚假诉讼罪司法解释》）第一条第五款规定："在破产案件审理过程中申报捏造的债权的，应认定为刑法第三百零七条之一第一款规定的'以捏造的事实提起民事诉讼'，构成虚假诉讼罪。"分析该司法解释规定的内涵和解释目的，基于对破产债权和司法秩序的保护，解释主体对虚假诉讼行为进行目的性扩张解释，即通过对虚假诉讼罪的构成行为给予实质解释，从而将虚假诉讼罪的行为范畴扩展至破产案件审理过程中申报捏造债权的领域。当然，从刑法理论与司法实践看，实质解释在虚假诉讼案件中的影响广泛存在，比如，在债权捏造的内容、行为方式，以及虚假诉讼的适用范围等问题上，

---

[*] 本文系司法部法治建设与法学理论研究科研项目"犯罪构造中程序性要素立法问题研究"（项目编号：20SFB4027）的阶段性成果。
[**] 赵运锋，男，河南省杞县人，上海政法学院教授、博士生导师，研究方向为刑法学。

实质解释都在发挥着积极的政策调整和目的指导作用,合理且有效的调控着虚假诉讼罪的规制范围,并对破产案件债权与诉讼秩序起着重要的保护作用。需要关注的是,关于涉破产虚假诉讼罪中债权捏造内容的范围、债权捏造的方式,以及虚假诉讼中捏造债权优先受偿顺序的法律属性等问题,应该根据刑法教义学理论并结合实质解释进行合理分析,并给出有效的回应和关注。

一、部分捏造债权的法律属性分析

关于虚假诉讼罪中捏造行为内涵,也就是,捏造的事实范围应该如何界定在刑法理论上一直存在分歧。2018年两高的《虚假诉讼罪司法解释》也未对捏造行为的含义做出明确阐释。因此,在破产案件中,部分捏造债权的行为是否属于虚假诉讼罪中的捏造行为,在刑法理论和司法实践上主要存在肯定说和否定说两种观点。

肯定说认为,不应当将捏造的事实限定为故意编造事实、虚构民事法律关系等情形。换言之,不管是全部捏造的虚假诉讼,还是部分篡改的虚假诉讼,都可能成立虚假诉讼罪。[1] 根据肯定说,关于虚假诉讼罪的构成要件行为,即捏造事实不但包括全部捏造,还包括部分捏造。肯定说基于实质解释的方法,对捏造的内涵做出超出词语通常文义的理解和诠释。肯定说主张对捏造的内涵从实质角度进行解读,也即,凭空捏造和部分捏造都应该归入捏造的语义范畴。相反,部分事实捏造否定说则认为,捏造是指行为人凭空编造不存在的事实,如根本不存在的债权债务关系,从未发生过的商标侵权行为等,如果民事纠纷客观存在,行为人对具体数额期限等事实作夸大、隐瞒或虚假陈述的不属于这里的捏造。[2] "捏造事实必须是无中生有地捏造全部事实,捏造部分事实的,前已述及,只是诉权的不当行使,而非滥用诉权的虚假诉讼。"[3] 由此,否定说基于对捏造通常文义的理解,主张捏造部分事实不属于捏造,即捏造就是凭空编造事实,不包括在既有事实基础上的夸张和过度解读。从实质意义考察,之所以存在这两种相反的观点,且在内容上存在本质区别,根本原因在于学者在刑法解释理念上存在不同。具言之,部分事实捏造否定论者基于文义解释的方式阐释捏造的内涵,部分事实捏造肯定论则坚持实质解释的方式揭示捏造的文义。

在司法实践上,司法主体对部分捏造事实是否构成虚假诉讼罪也持肯定的观点。也即,对于破产案件审理中,捏造部分事实并向法院申报债权的行为。比如,2013年12月,湖北格林赛威公司因经营资金短缺,在襄阳铭丰典当有限公司(以下简称"铭丰公司")借款290万元,截至2015年7月,本息合计为630万元,铭丰公司与格林赛威公司重新签订630万元的借款合同。2016年7月,因有公司起诉格林赛威公司,钟学龙为规避其一宗

---

[1] 张明楷:《虚假诉讼罪的基本问题》,载《法学》2017年第1期,第159页。
[2] 郎胜主编:《中华人民共和国刑法释义》,法律出版社2015年版,第542页。
[3] 田宏杰:《虚假诉讼罪的认定:罪质、罪状与罪量》,载《人民法院报》2021年6月24日。

土地被法院扣押，遂与铭丰公司合谋将该宗土地办理虚假的他项权证给铭丰公司，将该地产名义上抵押给铭丰公司，双方签订一份虚假的 400 万元的借款合同。杨某在张某的安排下，分别从铭丰公司转到格林赛威公司账户 630 万元和 400 万元资金，当日转回铭丰公司。2017 年 8 月，聂鑫受委派到铭丰公司处理停业善后事宜，张某和孙某将格林赛威公司与铭丰公司的借款合同等资料移交给聂鑫，告诉聂鑫 290 万元和 400 万元的债务已不存在。同年 9 月 26 日，聂鑫作为铭丰公司的委托代理人，明知格林赛威公司只有借款 630 余万元，却以格林赛威公司欠铭丰公司借款本金及利息，在襄阳市樊城区人民法院提起民事诉讼。钟学龙明知本公司只有 630 余万元债务而认可诉讼金额。法院要求格林赛威公司付清拖欠铭丰公司的借款本金 1321 万元，利息 711.3 万元，共计 2032.3 万元。2017 年 11 月，格林赛威公司破产重组，聂鑫以虚假金额 2032.3 万元向格林赛威公司管理人申报债权。法院审理认为，铭丰公司、被告人聂鑫与格林赛威电子实业有限公司、被告人钟学龙恶意串通，以捏造的事实提起民事诉讼，妨害司法秩序，严重侵害了他人的合法权益，其行为均已构成虚假诉讼罪。① 根据该案例事实，行为人实施捏造部分债权并向破产审理法院进行申报的行为，法院最终认定行为人构成虚假诉讼罪。质言之，司法主体从实践层面表达了对肯定论的支持态度。

　　从实质的角度分析，部分捏造事实是否属于虚假诉讼中的捏造事实行为，还需要根据刑民关系、词语逻辑、破产程序，以及体系解释等方面对部分捏造事实行为进行综合判断和考察，并做出科学合理的解释。就肯定论而言，其虽然基于实质解释而赞同部分捏造说，但遗憾的是，肯定论者并未给出有说服力的理由。也即，行为人如果部分捏造事实并提起民事诉讼的，对部分捏造该如何理解和适用？为何部分捏造也是捏造？对此，肯定论者虽然在立场上是明确的，但并未给出有针对性且合理的法理诠释，从而不能对否定论形成合理有效的回应。同时，还有学者指出，通过伪造证据、虚假陈述等手段篡改部分案件事实的情况在司法实践中比较复杂，可能是由于行为人缺乏法律常识、事实认识偏差、诉讼策略考虑等多因素造成的，若将部分捏造事实的行为一律认定为虚假诉讼罪，可能会侵害人民的诉权，不当扩大刑事打击面。② 根据前述论断，论者实质上持折中论的观点，主张对部分捏造事实的法律属性进行理性分析，并给出合理结论。也就是说，如何认识部分捏造行为的法律属性需要给予合理关注。关于如何区分民事违法的部分捏造和刑事违法的部分捏造，在实践当中并没有明确的界分标准，这也是否定论不能回避的问题。除了需要从理论上对捏造内容进行法律论证之外，还需要对部分捏造事实的具体认定给出切实可行的判断理由，这就需要从刑法方法等角度进行考虑和分析。

　　类比推理是一种司法思维逻辑，也是一种常用的司法方式，是司法实践中基本且常见

---

① 聂鑫、钟学龙虚假诉讼罪案（2019）鄂 0683 刑初 362 号。
② 参见周峰、李家玺：《虚假诉讼罪具体适用中的两个问题》，载《人民法院报》2019 年 9 月 12 日，第 6 版。

的法律适用方法。类比推理亦称"类推",推理的一种形式。也即,根据两个对象在某些属性上相同或相似,通过比较而推断出它们在其他属性上也相同的推理过程。在刑法理论上,经常有学者在问题论证中将类比推理和类推解释相混淆,其实,两者在内涵和外延上都有本质的不同。① 对此,德国学者考夫曼教授就曾指出,类比推理不仅仅是司法造法的一部分,而且是所有法律适用的基础。② 由此,不能将类比推理误认为类推解释,类比推理是一种法律推理方法,是混合了归纳推理和演绎推理的推论方式,法律规范与生活事实之间的链接方式,还是探讨事物本质的方式。与其不同,类推解释则是在类比推理指导下的法律适用方式,是对相近似的法律规范进行解释的方式,也是在法律规范文义之外进行的解释。从司法适用的角度看,应该摒弃类比推理的造法功能,而选择其法律推理功能。质言之,应该从事物的本质属性出发,寻找不同概念之间的相似性,并最终做出合理解读和选择。拉德布鲁赫曾言:事物本质是事物关系的意义,此种意义是,在存在中现实化的当为,在现实中显示的价值,事物本质是存在确定与价值判断之联系。③ 据此,在考察刑法规范与生活事实之间的关系时,事物本质是沟通两者的桥梁和渠道。在刑法解释论上,事物本质是实质解释论者理解和诠释刑法规范的价值基础和逻辑起点。比如,实质解释论通常认为,在对刑法规范进行文义进行诠释时,需要从危害结果、价值判断、利益衡量,以及立法精神等纬度进行综合性考量,根据刑事处罚的必要性与合理性考察法律事实的本质,并对刑法规范做出准确的理解和诠释。"解释的实质的容许范围,与实质的正当性(处罚的必要性)成正比,与法文通常语义成反比。"④ 由此,肯定论关于虚假诉讼罪捏造的理解,实质就是基于多元化的立场对其本质属性和案件事实进行对接和解释,并对捏造的概念进行对比分析,选择捏造和部分捏造之间的相似点,并最终得出合理的结论。"刑法规范与案件事实的比较者就是事物的本质、规范的目的,正是在这一点上,形成构成要件与案例事实的彼此对应。"⑤ 具体可以从以下几个方面进行对比分析:

第一,从刑法体系解释看,捏造应该包含部分捏造的内容。在刑法分则条文中,与捏造有关的个罪罪名还有诽谤罪、诬告陷害罪、诈骗罪等,分析前述罪名的客观行为可知,立法上并没有将部分捏造排除到捏造的文义范畴之外。不过,理论上也有不同的观点。刑法第二百四十三条关于诬告陷害罪的规定、第二百四十六条关于诽谤罪的规定等多个条文均使用了"捏造"一词,理论和实践中均认为,上述刑法条文中的"捏造"均是指无中

---

① 赵运锋:《刑法类推解释禁止之思考》,载《当代法学》2014年第5期,第62页。
② Matthias Klatt, Making the law explicit: The Normativity of legal argumentation, Hart publishing, 2008, p.42.
③ [德]考夫曼:《类推与事物本质——兼论类型理论》,颜厥安译,学林文化事业有限公司1999年版,第38页。
④ [日]前天雅英:《刑法总论讲义》,东京大学出版会2006年版,第78–79页。
⑤ 张明楷:《实质解释论的再提倡》,载《中国法学》2010年第4期。第68页。

生有、凭空虚构特定事实。① "只有当行为人针对公众人物陈述的虚假事实没有任何根据，全部内容均为捏造，而且陈述虚假事实的唯一目的是损毁公众人物的名誉，没有任何其他正当目的时，才能认定为诽谤罪。"② 笔者认为，前述论者对捏造内涵的认识不乏偏颇，原因在于对实践当中的事实复杂性未能做充分考量，因此，得出的结论有待商榷。在实质意义上，诽谤罪中的捏造事实，既包括全部捏造也包括部分捏造，也即行为人在真实内容基础上捏造事实，以达到败坏他人名誉的目的，也可以构成捏造行为。例1，甲患有轻度的抑郁症，但行为人乙对外宣称甲有严重的精神病，从而达到诽谤乙的目的；诬告陷害罪捏造事实，作虚假告发，意图陷害他人，使他人受刑事追究的行为。该罪中的捏造行为，既包括无中生有的捏造，也包括部分事实捏造。"诬告陷害罪构成要件中的捏造事实不仅包括无中生有，任意虚构编造整个犯罪事实，而且包括虚构编造部分虚假事实的情形。"③ 例2，甲对乙实施了故意轻微伤害行为，但乙却向司法机关告发甲有故意伤害罪。因为故意伤害行为包括轻微伤害，捏造故意伤害罪的行为属于部分捏造事实。2006年10月7日，被告人崔文琴与被害人葛庆芳发生争执，葛庆芳将崔文琴推倒在地，致使崔文琴右手手腕受伤。后崔文琴向扬州市公安局广陵分局报案。2006年10月9日，崔文琴在苏北医院利用一名右手骨折的女病人，代替自己拍摄了右手骨折的X光片。扬州市公安局根据该X光片出具了法医鉴定书：崔文琴的右手舟状骨骨折，属轻伤。扬州市公安局广陵分局遂对葛庆芳涉嫌故意伤害案进行立案侦查。2006年11月27日，广陵区人民检察院以葛庆芳犯故意伤害罪向广陵区人民法院提起公诉。在法院审理过程中，被告人崔文琴主动向广陵区人民法院交代了自己请他人代为拍片、诬告陷害葛庆芳的犯罪事实。法院经审理后认为，被告人崔文琴捏造事实，诬告陷害他人，意图使他人受到刑事追究，并已造成严重后果，其行为构成诬告陷害罪，依法应当追究刑事责任。④ 至于诈骗罪，在司法实践和刑法理论上，也没有明确要求虚构事实需要完全排斥事实真相部分。即使虚构的事实是以一定真相为基础，也符合诈骗罪虚构行为的内涵，属于部分捏造事实。例3，甲因伤住院治疗，需医疗费1000元，行为人乙却早知甲的家属需要医疗费10000元。显然，乙是捏造部分事实，但乙的行为也符合诈骗罪的构成要件。根据刑法体系解释，在与捏造有关的刑法条文中，一般都包括部分捏造事实的情形，因此，虚假诉讼罪中的捏造事实也应该包含部分捏造事实。

第二，从词语逻辑结构看，捏造的含义应该包括部分捏造的内容。从词语结构的逻辑学角度看，种属关系是重要的上下义词语关系。上下义关系是词语之间语义上的包含与被

---

① 参见周峰、李家玺：《虚假诉讼罪具体适用中的两个问题》，载《人民法院报》2019年9月12日，第6版。
② 张明楷：《刑法学》（第5版），法律出版社2016年版，第920页。
③ 王璞：《崔文琴诬告陷害案——从个案看诬告陷害罪的认定与处理》，载《人民司法》2007年第24期，第45页。
④ 崔文琴诬告陷害案（2007）杨广刑初字第145号。

包含的关系,凡是一个词语的全部语义(概念意义)包括在另一个词语的语义之中,这两个词语就构成上下义关系。上下义关系就是逻辑学上的属种关系,具有属种关系的一组词就是上下义词,其中表示属概念的词是上义词,表示种概念的词是下义词,如"笔－钢笔""人－男人""听－偷听""销售－批发""红－粉红""白－雪白"等等。其中,"笔"是"钢笔"的上义词,"钢笔"是"笔"的下义词。① 上下义词都有属种关系,换言之,具有种属关系的词语都可以归结到上下义词的词语结构类型当中。基于上下义词的逻辑关系考察部分捏造的法律含义,在本质属性上,部分捏造事实应属于捏造的逻辑内涵。根据词语逻辑结构中的种属关系,捏造属于属概念,全部捏造和部分捏造则属于捏造的种概念。换言之,捏造是全部捏造和部分捏造的上义词概念,全部捏造和部分捏造是捏造的下义词概念,共同构成上义词捏造的内容。因此,全部捏造和部分捏造都可以归属于捏造的词语逻辑范畴。根据词语的逻辑结构分析,在虚假诉讼罪构成行为捏造的内涵中,不但包括无中生有的事实捏造,也包括部分捏造事实行为。也就是说,不管是全部捏造还是部分捏造,都是虚假诉讼罪捏造的固有文义。

第三,从破产审理程序看,也应该将部分捏造纳入捏造的含义之内。在行为方式上,部分捏造也成部分篡改相同。与普通的虚假诉讼行为不同,在破产案件审理过程中,行为人捏造债权并向法院申报的,不论是全部捏造还是部分捏造,对破产案件审理的影响都是明显的,甚至会对企业破产程序的发展产生关键作用。从实践上看,破产债权的认定会直接影响债权人表决权,捏造虚假债权或者虚增债权数额的行为均会影响债务人营业、确定债务人财产管理方案、确定破产财产分配方案等重要破产事宜。质言之,在企业破产案件审理过程中,如果行为人捏造部分债权并向破产法院申报的,其导致的社会危害性,往往较普通的捏造行为对诉讼程序的影响更为严重,因此,更需要对捏造债权的行为进行刑法规制和惩罚。比如,甲对乙实际享有5万元的债权,后甲起诉乙欠其100万元,虚增了95万元的金额,属于债权的"部分篡改"。丙对丁不享有债权,但丙捏造了丁欠其20万元的虚假事实,然后起诉,这属于债权的"完全捏造"。在不考虑其他条件的情况,单凭虚构的数额来看,"部分篡改"完全有可能比"完全捏造"侵犯的法益更严重。正如有的学者所言,捏造部分事实例如虚增债权数额、改变债权债务性质等同样是侵害了司法过程中的纯洁性、妨害了司法秩序,且就对他人合法权益的侵害甚至可能比完全捏造有过之而无不及,故同样应当认定为虚假诉讼罪中的"捏造的事实"。② 论者的观点颇有道理,在破产案件审理过程中,行为人虚增债权数额的行为,对司法秩序的侵害甚至更为严重,对合法权益人的侵害也更为明显。因此,将虚增债权数额认定为捏造事实符合立法精神和法益保护目的。基于破产案件中虚假申报行为所造成的更为严重特殊的社会危害性,破产语境下

---

① 刘英凯:《英汉词汇上下义关系异同的多维度分析》,载《深圳大学学报》2003年第6期,第104页。
② 陈洪兵:《准确解读虚假诉讼罪的构成要件》,载《法治研究》2020年第4期,第155页。

虚假诉讼罪的"捏造"也应当包括"从无到有"式捏造与"半真半假"式捏造。这一观点的依据在于，破产案件中捏造债权行为的危害性，除了一般诉讼中对司法秩序以及他人合法权益的侵害之外，还会对破产程序中的其他事项产生关联性的负面影响。

第四，从具体适用角度看，也应该将部分捏造事实纳入捏造的范畴。从民事关系看，全部捏造事实固然会影响破产企业和当事人的合法权益，部分捏造也会对企业和当事人有一定消极影响。与捏造行为相比，部分捏造行为甚至能产生出更大或更实质性的影响。一定程度上而言，部分捏造债权的事实行为比捏造行为造成的危害性更为严重。另外，实践还表明，在破产案件审理过程中，行为人捏造部分债权并向法院申报的，更容易实现获取债权支付的非法目的。从诉讼程序上看，由于部分捏造债权的行为更加具有隐蔽性，企业、当事人或司法主体更不容易发现该捏造行为，因此，对破产企业或者当事人利益损害会更为严重，也更容易破坏司法秩序的稳定性。尤其是行为人以捏造部分债权向法院提起诉讼，并经法院司法认定并做出判决的，行为人如果持法院判决书向破产法院申报债权，对破产企业、合法债权人和司法程序的危害更是显而易见，行为人也更容易获取非法利益。正如有学者所指出的："虚假民间借贷诉讼案件程序的启动，多发生在以虚假诉讼一方当事人为被告的另案已经进入诉讼程序或者执行程序、但是财产尚未处置完毕前。当然，实践中也有部分虚假诉讼案件早于他案进入诉讼程序或执行程序，这种虚假诉讼就更加具有隐蔽性，更不易鉴别。"①

总的来看，理论上关于部分捏造属于捏造的观点，就是对捏造本质属性进行分析的基础上，得出部分捏造属于捏造的结论，这其实就是法律类比推理的结果。正如有的学者指出的："这种类推推理的前提是首先在案例中寻找到比较点，然后再从比较多中寻找相似性。如果具有相似性，那么就可以将先例的规则适用于待决的案件事实。"② 刑法实质主义观通常主张采取类比方式，对规范文意之外的价值、政策及利益等因素持开放性态度，主张寻找不同概念的相似性和比较点，并在刑法规范内涵解释中将非法因素作为重要的参考标准，通过比较点的选择和链接，完成行为事实的刑法属性认定的。显然，肯定论从类比推理的基础上解读捏造行为的内涵，更符合实质刑法观的理论逻辑和发生机理。更重要的是，将"捏造的事实"定义为捏造的部分虚假事实没有超过语义范围，没有超过国民可预测范围。因此，关于部分捏造的肯定论是类比推理的结果，是在实质刑法观念指导下得出的理论观点。

二、部分隐瞒债权的规范目的考察

在刑法理论上，关于虚假诉讼罪的捏造方式存在不同看法。有的学者认为，捏造既包

---

① 景来：《最高法：民间借贷中10种涉嫌虚假诉讼的认定》，载《金陵法商法苑》2019年6月11日。
② 王华伟：《类比推理辩证考：原理、难题和语境》，载《北京化工大学学报（社会科学版）》2013年第4期，第14页。

括积极的捏造事实和不作为的隐瞒事实。有的学者则认为，捏造不包括不作为的隐瞒事实。有的学者认为，应该对隐瞒事实进行类型化考察，对隐瞒重要事实的应该认定为捏造行为。为了便于表述，后文将主张包括隐瞒事实的观点称为肯定论，将否定包含隐瞒事实的观点称为否定论，将对隐瞒事实分类考察的观点成为折中论。

否定论指出，问题的关键不在于如何区分隐瞒事实与捏造事实，而在于什么样的事实属于"捏造的事实"。例如，债权人A在债务人B已经清偿债务后，隐瞒B已经清偿债务的事实向法院提起民事诉讼，要求B清偿债务。这种情形实际上是以捏造的事实（B没有清偿债务）向法院提起民事诉讼司法解释规定包括全部隐瞒，但对部分隐瞒并未规定。[①]因此，从这个意义上看，隐瞒事实其实等同于捏造事实，符合虚假诉讼罪捏造的行为内涵。肯定论则认为，捏造行为不包括隐瞒行为，即消极的隐瞒事实行为不属于捏造事实。支持该观点的学者认为，本罪的完整行为构造为"捏造事实+提起民事诉讼"，故虚假诉讼罪的客观成立必须是积极的作为，只有通过积极的作为，才有可能完成对事实的虚构。[②]分析上述观点可知，肯定论是从规范文义的角度对捏造行为方式的界定，否定论则是从规范目的的角度对捏造行为的概括，以判断其是否符合刑法规范保护目的。

所谓规范目的，一般是指在解释刑法时应当聚焦于规范保护目的，否则就会背离刑法目的。而所谓刑法目的，即国家制定刑法想要追求的结果——保护法益，亦可称为刑法的规范保护目的。[③]考察行刑法规范的目的和刑法的规制范围，是刑法解释的重要指引和路径。换言之，在讨论刑法规范的法益保护类型和内容，以及刑法规范需要规制的范围时，需要基于刑法目的解释，并结合个案进行深度分析。正如有学者所指出的，犯罪化的根本不是如何限制国家权力，而是如何建构国家和公民之间的关系，以及如何在这种关系中适当地建构刑法。……犯罪化与否不能仅仅考虑旨在保护的法益，也要考虑保护的目的或目标，即通过法律保护达成一定的秩序。[④]该论断准确指出了刑法目的解释和犯罪化之间的内在联系，即犯罪化的过程就是根据刑法规范目的对刑法条文进行解释的过程。司法主体在解释刑法条文时经常需要关注的，是刑法条文背后刑法规范所保护的法律法益，之所以如此，源于该法律利益与刑法规范目的往往具有内在的密切联系。也即，基于刑法条文的法益保护类型进行刑法解释与刑法目的解释具有密切联系。换言之，在这种理解中，围绕法益所展开的规范保护目的解释被悄然转换为目的论解释，法益由此具有了判断某一具体行为是否为刑法规范的保护目的所涵摄的功能。[⑤]因此，分析刑法规范目的，虚假诉讼罪侵害的法益是司法秩序和他人的合法权益，质言之，捏造事实向法院提起诉讼会侵害虚假

---

① 张明楷：《虚假诉讼罪的基本问题》，载《法学》2017年第1期，第160页。
② 俞小海：《虚假诉讼罪的司法适用要点》，载《人民司法》2017年第16期，第53页。
③ 张苏：《以法益保护为目的的刑法解释论》，载《政治与法律》2011年第4期，第99页。
④ 李波：《规范保护目的：概念结构与具体适用》，载《法学》2018年第2期，第25页。
⑤ 马寅翔：《规范保护目的与构成要件解释》，载《中外法学》2021年第2期，第427页。

诉讼罪保护的法益。从规范保护目的出发，行为人隐瞒事实，尤其是隐瞒重要事实并向法院提起民事诉讼的，也会侵害虚假诉讼罪的保护法益。

在有些情况下，尤其法院是在审理破产案件的过程中，行为人隐瞒事实导致的法益侵害程度，一定程度上，甚至会超过其捏造事实的行为。比如，由于行为人隐瞒事实，导致企业破产程序启动、破产债权申报不当、破产清偿顺序有误等问题，这些都会对破产案件审理带来较大危害。从目的解释角度考察，与捏造事实的积极作为方式相同，隐瞒事实的不作为行为也会损害虚假诉讼罪的规范保护目的，因此，应该与捏造事实共同构成虚假诉讼罪的客观行为方式。在刑法理论和司法实践上，应该将隐瞒事实与捏造事实作为虚假诉讼罪的构成行为方式，这符合刑法规范保护目的，也满足刑法实质解释理论的精神。坚持捏造事实和隐瞒事实的肯定论观点符合法益保护目的，是实质解释理念在虚假诉讼罪客观构成要素诠释中的体现。不过，需要指出的是，肯定论将隐瞒事实作为捏造事实的行为方式，却同时否定了隐瞒事实的不作为属性，还否定了隐瞒事实行为的独立性，这不利于合理认识隐瞒事实的构成要件属性和法律特征，因此，理论上应该对肯定论观点继续反思。

从虚假诉讼罪的立法精神看，是为了规制实践当中发生的伪造民事关系并向法院提起民事诉讼的行为。在实践当中，行为人通过构建虚假的民事关系，并通过法院确认赋予虚构民事关系的合法性，进而侵害他人的合法权利，对此类提起虚假诉讼的行为，需要适用虚假诉讼罪进行规范和处理。从侵犯他人财产法益的角度看。在一定程度上，虚假诉讼罪与德日国家刑法中的三角诈骗有某种相似性，两者都是通过在获得第三方同意的基础上，达到侵害被害人财产法益的目的。在三角诈骗关系中，行为人通过欺骗行为使得被骗人处分了被害人的财产的，行为人仍然可能成立诈骗罪。比如，行为人欺骗停车场看管车辆备用钥匙的管理员说车主将私家车借给自己兜风，从而骗取钥匙将车开走的，虽然直接处分被害人财产的管理员本身并没有损失，但是联邦最高法院仍然认定行为人构成诈骗罪。[①] 在我国刑法理论与司法实践上，虚假诉讼罪与诈骗罪之间具有密切关系，两者在侵害财产法益方面具有一致性，只是虚假诉讼罪为行为人侵犯他人合法权益提供了司法文书支持。如果从财产法益角度看，可以参考诈骗罪的客观行为理解和诠释虚假诉讼罪的行为方式。根据诈骗罪的行为构造，其行为方式包括了虚构事实和隐瞒真相。也即，欺骗行为可以是明示的也可以是默示的，可以是作为也可以是不作为，这基本上符合我国理论界的主流观点。因此，从实质解释理念出发，在虚假诉讼罪中的行为构造中没有理由排除隐瞒真相的不作为行为方式。再则，在破产案件审理程序中，行为人隐瞒债权清偿的事实向审理法院申报债权，不但体现了行为人侵害财产的主观恶性，而且会对破产程序启动、破产财产顺序及破产企业权利等造成严重损害。从这个角度看，隐瞒事实对刑法保护法益的损害并不

---

① 王钢：《德国刑法诈骗罪的客观构成要件——以德国司法判例为中心》，载《政治与法律》2014年第10期，第41页。

低于捏造事实可能带来的危害,值得通过刑法规范对类似危害行为进行规范和治理。

根据刑法目的解释的内涵,隐瞒事实应该作为虚假诉讼罪的行为方式,并且根据两高的司法解释《关于办理虚假诉讼刑事案件适用法律若干问题的解释》第一条第二款规定:隐瞒债务已经全部清偿的事实,向人民法院提起民事诉讼,要求他人履行债务的,以捏造事实提起民事诉讼论。据此,在破产案件审理程序中,如果行为人隐瞒债务已经全部清偿的事实,并向人民法院提起民事诉讼的,构成诉讼罪捏造行为的构成要素。需要指出的是,司法解释基于实质解释立场,将隐瞒债务全部清偿的事实纳入到捏造事实的内涵构造当中,符合破产案件审理程序中虚假诉讼罪的适用诉求和政策需要。但实践上需要关注的是,如果行为人并未隐瞒全部债务清偿的事实,而是隐瞒部分债务清偿的事实,并向人民法院提起民事诉讼的,则是否能够认定为捏造事实,两高的司法解释并未给出明确的解读和诠释,这需要根据刑法解释理论进行理解和回应。有学者较为理性,在合理分析行为事实和犯罪构成的基础上指出,需要对部分隐瞒事实行为进行分类考察,以确定其是否损害刑法的规范保护目的。"隐瞒的事实如果并非关键事实,对案件审理影响不大,则不宜纳入刑法规制范围,但如果隐瞒关键事实,损害后果与捏造事实相同甚至更为严重,则应当纳入刑法规制范围。"[①] 我们认为,论者的观点有一定道理,并较为客观准确地阐释了部分隐瞒事实的认定路径和法律属性。从司法解释的规定看,司法主体将隐瞒全部清偿事实作为捏造行为,表明解释主体认识到隐瞒债务和捏造事实在危害性上的一致性,需要纳入刑法的规制范畴。不过,从司法实践情况来看,有的时候,部分隐瞒债务行为的危害性比全部隐瞒行为更大。尤其是在破产案件审理程序中,行为人部分隐瞒债务清偿事实对破产案件的消极影响更为突出。比如,因为行为人隐瞒部分债务可能会导致企业破产、严重损害其他债权人的合法利益,或者严重侵害司法秩序等种种负面效果。

对于部分隐瞒债权清偿的事实并向法院申报债权的行为,司法实践上的具体处理也有不同。比如,实践上就有法院认为,行为人隐瞒部分债权并向破产审理法院申报的行为,属于捏造事实并向提起民事诉讼的行为,符合虚假诉讼罪的构成要件,应该按照虚假诉讼罪定罪量刑。比如,2014年4月,被告人王志明向陈春借款100万元并签订借款协议。次月,被告人王志明归还陈春本金50万元。2014年8月,被告人王志明又向放高利贷的张蔚借款50万元。被告人王志明由于无力支付陈春、张蔚高利贷利息,经与张蔚商议,按其要求出具了3张借条给张蔚。2017年4月,在浙江省长兴县长运船务有限公司即将进入破产清算之际,被告人王志明与陈春、张蔚预谋由陈春持原100万元的借据、由张蔚持原50万元的借据,以及之前出具的3张共计28万元的借据,到长兴县人民法院起诉王志明及其公司。法院审理认为,被告人王志明配合他人以捏造的事实提起民事诉讼,妨害司法

[①] 孙永上:《虚假诉讼罪中"捏造事实"待规范》,载《检察日报》2019年12月24日,第3版。

秩序且严重侵害他人合法权益，构成虚假诉讼罪。① 根据该案件事实，被告人王志明已经归还债权人部分借款，却配合两位债权人隐瞒归还借款的事实出具借条，并有债权人向法院起诉。法院的判决结果表明，对行为人隐瞒部分债权已归还的事实，且向法院提起诉讼的，法院认为应该构成虚假诉讼罪。

对部分隐瞒债务的行为，实践上还有不同做法，有的法院对类似案件曾做出不同判决。2014年11月27日，被害人陈某作为借款人，向被告人闫某借款6万元；2015年2月24日被害人陈某偿还被告人闫某某本金4万元；同年3月9日被害人陈某偿还闫某本金2万元。被害人陈某尚欠被告人闫某利息3600元。2018年11月21日，被告人闫某向兰西县人民法院以被害人陈某、徐某为被告起诉，要求归还欠款6万元，利息31200元。法院审理认为，虽被告人闫某已归还本金6万元，尚欠利息3600元的情况下，向人民法院起诉要求二被害人偿还借款本金6万元、利息31200元，但双方尚有民事法律关系和民事纠纷，不属于隐瞒债务已全部清偿的事实，向人民法院起诉要求他人履行债务的，以"捏造事实提起民事诉讼"论的情形。被告人闫某某提起民事诉讼的行为不符合虚假诉讼罪中利用捏造的事实提起民事诉讼的构成要件。② 根据法院的判决结果，法院认为被告人不存在隐瞒债务全部清偿的事实，因此，不能构成虚假诉讼罪。我们认为，行为人隐瞒部分债务已经清偿的事实，并向法院申报全部债权的行为，对破产案件的公正审理和债权人权益保护非常不利，实践上对此类案件应该给予重要关注，并需要积极适用虚假诉讼罪条款进行规制和处理。换言之，从结果无价值的角度出发或者基于刑法实质解释的立场，司法主体在审理虚假诉讼案件过程中，鉴于隐瞒已经归还部分债务的行为具有严重的社会危害性，并会对司法秩序和债权人的合法法益造成严重侵害，所以需要根据虚假诉讼罪进行规范。在司法实践上，应该将类似行为纳入到捏造事实的范畴，并适用刑法条文进行规制。

三、虚构债权优先顺序的危害程度判断

虚构优先顺序是指，在企业破产程序中，行为人将本是后位清偿顺序的债权捏造变更为具有优先清偿顺序的债权。比如，将一般的借款债权捏造变更为职工薪资债权等③。根据破产法规定，根据债权的性质和类型，在破产程序中获得清偿的顺序具有先后性，如果行为人将普通债权申报为具有担保权的债权，或者改变普通债权的既定顺序，而意图获得

---

① 王志明虚假诉讼罪案（2019）浙0824刑初197号。
② 闫某某虚假诉讼无罪案（2020）黑1222刑初84号。
③ 马某国原是南通某机械公司的法定代表人，后因资不抵债，公司被宣告破产。为了让其结欠的工程款一般债权在破产清算时能够优先受偿，马某国与马某飞共同合议，谎称马某均、朱某等人为该公司的员工，并且伪造了公司欠朱某等11名工人工资的欠条。此后，马某飞授意该11名工人持伪造的工资欠条向通州法院提起民事诉讼。2013年11月，法院根据工人提交的工资欠条及马某国等人的证言，作出11份民事调解书。马某国继续如法炮制，又先后伪造了黄某新及褚某的工资欠条，打起"假官司"。在此期间，马某国参与伪造欠条13份，金额83.37万元；被告人马某飞、黄某新分别参与伪造欠条11份及1份。通州法院经审理，以虚假诉讼罪判处被告人马某国等3名被告人两年至九个月不等的有期徒刑，并处罚金。

优先受偿的，则属于虚构债权优先级。对此，应如何界定其法律属性，以及能否适用刑法规范进行规制需要认真思考。

行为人虚构债权的优先受偿顺序，以非法获取破产企业清偿债权，在司法实践上，有法院支持对该种行为以虚假诉讼罪进行认定。比如，2013年3月，福岭水泥厂进入停产阶段，发包方为避免出现停产清算时欠村民委员会的"以工补农款""管理费"应付款归零的情形，被告人陈铭华提议，全体村委会干部及村民小组长会议同意，决定将发包方"以工补农款""管理费"共人民币370多万元，以人民币15万元转让给承包人严振干。被告人严振干在福岭水泥厂破产清算过程中，为了实现发包方转让的债权，申报优先受偿债权，提供伪造的文件，出具虚假的审计报告，确认严振干个人代付电费、税费、集资款、工程款、材料款等款项共计人民币383万元的债权。严振干指使被告人陈纪我伪造文件，要求被告人陈铭华在伪造的文件上盖福岭村民委员会印章，并将虚假材料私自提供给破产清算的审计人员，要求添加其捏造的债权及出具虚假的审计报告，造成在审理福岭水泥厂破产案件中，管理人向被告人严振干支付了人民币383万元。法院审理认为，被告人严振干在破产案件审理过程中申报捏造的债权，妨害司法秩序，严重侵害他人合法权益，情节严重，其行为已构成虚假诉讼罪。① 在该案例中，行为人虚构债权的优先受偿顺序，希望最大程度获得债权的清偿，但鉴于该债权虚构行为破坏论司法秩序，且有损其他债权人的合法权益，因此，法院认为应该处以虚假诉讼罪。

企业破产法对破产当中的破产费用、别除权、清偿顺序等内容做出了明确规定，债权人需要根据破产法规定进行债权申报和受偿，不能通过虚构担保权或虚构优先权，而获得不当的债务清偿。比如，破产法第四十一条规定了破产费用②，第四十二条是关于共益债务③的规定，第一百零九条是关于债权别除权④的规定。根据上述规定，破产企业的财产首先需有偿还担保债权，然后再清偿破产费用和共益债务，剩余的财产才能支付企业的其他破产债权。当然，其他的破产债权也会应为债权性质不同，从而在破产案件中具有不同的清偿顺序，对此，企业破产法有明确规定。破产法第一百一十三条就是关于破产财产清偿顺序的规定：破产财产在优先清偿破产费用和共益债务后，依照下列顺序清偿：

---

① 陈铭华、严振干、陈纪我虚假诉讼罪案（2020）粤1427刑初92号。
② 破产法第四十一条规定：人民法院受理破产申请后发生的下列费用，为破产费用：（一）破产案件的诉讼费用；（二）管理、变价和分配债务人财产的费用；（三）管理人执行职务的费用、报酬和聘用工作人员的费用。
③ 破产法第四十二条规定：人民法院受理破产申请后发生的下列债务，为共益债务：（一）因管理人或者债务人请求对方当事人履行双方均未履行完毕的合同所产生的债务；（二）债务人财产受无因管理所产生的债务；（三）因债务人不当得利所产生的债务；（四）为债务人继续营业而应支付的劳动报酬和社会保险费用以及由此产生的其他债务；（五）管理人或者相关人员执行职务致人损害所产生的债务；（六）债务人财产致人损害所产生的债务。
④ 破产法第一百零九条规定：对破产人的特定财产享有担保权的权利人，对该特定财产享有优先受偿的权利。

(一) 破产人所欠职工的工资和医疗、伤残补助、抚恤费用，所欠的应当划入职工个人账户的基本养老保险、基本医疗保险费用，以及法律、行政法规规定应当支付给职工的补偿金；(二) 破产人欠缴的除前项规定以外的社会保险费用和破产人所欠税款；(三) 普通破产债权。根据该条款规定，关于破产财产的清偿顺序就较为清晰，如果行为人故意改变自己的债权清偿顺序，并意图获取非法利益的，就属于捏造债权优先级的行为。

在司法实践当中，债权人应该根据自己的债权类型和债权额度，向破产审理法院进行合法申报，以获取自己合法的债权清偿。但是，有些债权人会为了获得较大的债权清偿保障，以获取非法财产利益，会故意虚构自己的债权优先清偿顺序，具体可分为以下几种情况：第一，虚构债权的担保权。债权本来没有担保权，行为人则虚构为具有担保权的债权进行申报；第二，虚构优先权。虚构优先权又可以分为两种具体情况：首先，本来属于普通债权①，即行为人将第一百一十三条第三项的普通债权，虚构为第一百一十三条第一项和第二项的养老保险、社会保险费用、税款、抚恤费用等具有优先清偿性的债权；其次，本来属于第一百一十三条第二项的债权，行为人却虚构为第一百一十三条第一项的债权。那么，需要给予考虑的是，行为人在破产程序中虚构债权优先权或虚构债权担保权的，并以此试图优先获得破产财产优先清偿的，其是否属于破产程序中捏造债权的行为，是否符合虚假诉讼罪的犯罪构成，需要认真探究。

根据两高的司法解释，在破产案件中申报捏造债权的，构成虚假诉讼罪。一般意义上，对于捏造债权的理解应该是，将本不存在的债权编造为客观存在的债权，也即，对编造的理解应该是从无到有。在刑法分则的罪名中，诸如伪造货币罪、诬告陷害罪、诈骗罪等，在行为方式上都具有从无到有的特征，与捏造在本质属性上具有类似性。质言之，从词语的文义角度理解，捏造债权应该是捏造不存在的债权，而不包括对债权优先顺序的捏造。不过，从实践上看，捏造债权优先顺序的行为，对企业或其他债权人的危害甚至超过捏造债权的行为。因此，不应该仅仅从词语的文义角度解读捏造的内涵，还应该从实质层面对该词语的文义进行揭示和理解。换言之，从危害性和实质意义上分析，尤其是结合企业破产程序，虚构优先级别债权是否属于捏造行为，还应该结合捏造优先级的危害性和刑事政策进行具体分析。详言之，捏造债权和捏造优先级的行为存在相似性，一定程度上，都会影响破产企业对债权人的债务清偿，并对破产程序和司法秩序造成一定影响。"将普

---

① 2009年至2013年间，崔某甲为了发展公司业务多次向刘某乙、杨某丙、杜某丁三人借高利贷。没料到，房地产公司从2013年开始衰败，面临随时破产的境地。为了在破产债权分配中主张高利贷利息，刘某乙、杨某丙、杜某丁和崔某甲想出"妙招"，通过伪造借条和银行转账记录，虚构了14名亲友与房地产公司存在债权债务关系的"事实"。随后他们三人以14名亲友的名义向法院提起民间借贷诉讼并与崔某甲配合当庭达成调解协议，致使法院作出14份民事调解书对虚构的债权全部予以确认，总金额高达1.1亿元。2014年7月14日，崔某甲的房地产公司正式申请破产，刘某乙、杨某丙、杜某丁让14名亲友分别拿着民事调解书到破产清算小组申报债权，引起了企业其余债权人的怀疑。今年3月24日，启东市检察院就其中13个在启东法院调解的案件发出再审检察建议书，并将另一个在南通中院调解的案件线索移送至南通市检察院。目前，两级法院经再审后判决撤销了原14份民事调解书，并驳回所有原告的诉讼请求。

通债权捏造为优先权,将直接影响不同利益主体对财产的分配顺位和多寡,对部分债权人带来实质不利后果,系从根本上改变了该债权债务关系的性质,妨害司法秩序或者严重侵害他人合法权益,根据实质性判断的要求,应当认定为'无中生有',捏造事实。"[1] 不过,需要指出的是,捏造债权优先级与捏造债权毕竟在文义上存在一定区别,需要两者的危害性程度上进行比较。也即,实践上只需将那些具有严重危害性的捏造债权优先级行为认定为捏造债权的范畴,才既能满足虚假诉讼罪的内涵,又能符合刑事政策对罪名调整范围的诉求。

从司法实践上看,捏造债权优先顺序的行为并非一定造成社会危害,需要纳入刑法考量的只是那些具有严重危害性的捏造债权优先顺序行为。对于捏造债权优先顺序行为的社会危害性,需要从刑法实质解释的纬度进行理解和诠释,也就是应该基于刑法实质正义的侧面,考察捏造债权优先顺序的社会危害性,这是源于社会危害性和实质刑法观的内在关联,也是刑事政策在刑法规范解读和适用中的体现。正如有学者指出的:"学界比较普遍地认为,社会危害性理论本身或者其创造性转换之后的法益理论同实质刑法观确实具有某种天然的联系甚至某种必然的对应关系,并且社会危害性理论与法益理论可以成为实质刑法观的理论基础。"[2] 详言之,关于捏造债权优先级行为的法律属性,具体可以从以下三个维度进行考察:

第一,行为人虚构债权担保权或债权优先级是否影响到其债权清偿。如果行为人虚构了债权担保权或者债权的优先顺序,但债权人并未因其捏造行为而获得更多的债权清偿。换言之,即使行为人虚构了债权顺序或担保权,但并未实质影响到对其破产债权数额的清偿,那么,该虚构债权优先顺序的行为不应该归入捏造债权事实的范畴。反之,如果行为人通过虚构债权的优先顺序,而实际获得非法的债务清偿,且达到一定数额的,就应该将虚构债权优先顺序的行为视为捏造债权行为。

第二,行为人虚构优先顺序是否影响到其他债权人的合法权益。如果因为行为人虚构债权优先顺序,且严重影响到其他债权人合法权益,并导致其他债权人遭受严重的财产损失,则行为人虚构债权优先顺序的行为,就应归入捏造债权事实的范畴。反之,如果行为人的捏造债权优先属性的行为,并未严重影响到其他债权人的合法利益,且未导致其他债权人的合法权益遭受严重损害,则不应该认定为捏造债权事实的行为。

第三,行为人虚构债权优先顺序是否影响到企业破产程序的正常开展。如果行为人虚构优先顺序的债权,并且实质性的造成企业破产程序的发生,或加快了企业破产程序的进程,从而导致企业重大损失的,则应将虚构优先顺序的行为认定为捏造债权行为。反之,

---

[1] 浙江省高级人民法院:《将普通债权捏造为优先于抵押权的租赁权并提出执行异议构成虚假诉讼罪——被告人张某龙虚假诉讼案》,2021 年 10 月 29 日。

[2] 魏东:《论社会危害性理论与实质刑法观的关联关系与风险防范》,载《现代法学》2010 年第 6 期,第 107 页。

如果行为人的虚构债权顺序行为并未对企业破产进程造成实质性影响,则不应认定为捏造债权行为。

四、结语

在涉破产程序的虚假诉讼案件当中,行为人捏造债权并向破产案件受理法院申报的,符合虚假诉讼罪的犯罪构成。对于捏造行为的理解,在刑法理论上存在不同的看法,尤其是在破产案件审理当中,应该如何理解行为人捏造债权的行为,需要根据刑法实质解释理论,并结合破产案件审理的特点进行法理分析。之所以采取实质解释立场,根本原因在于,如果从形式意义上理解捏造行为,不但不符合刑法理论上对捏造行为的通常理解,也不利于有效保护破产案件审理的司法秩序和债权人的合法权益。基于此,论文主张基于实质解释立场对捏造的各种行为方式进行理解和诠释,以适应虚假诉讼罪在具体司法适用中的政策诉求,并最大程度推动虚假诉讼罪对涉破产案件捏造债权行为的合理规制,以及对破产案件中债权人的合法权益给予充分保护。

(编辑:吕玉赞)

类案检索的司法适用及其完善[*]

孙 跃[**]

> **摘　要**　基于对典型裁判文书的分析，类案检索普遍存在适用积极性有限、类案的引述方式不够规范、类案适用的法律方法过于单调、拒绝适用类案检索的说理不充分等问题。以上问题的成因主要来自类案法源地位缺乏制度支持、类案数量与分类严重不足、类案检索适用规则不明确等三个方面。同时，以上三方面的因素相互作用，共同削弱了类案检索的实践效果。为完善类案检索的司法适用，需要为类案的法源地位提供制度性保障、提升类案供给的数量与分量并加强类案检索适用规则的构建。通过法律渊源、案例供给和法律方法多重完善措施之间的良性互动，类案检索的司法适用效果有望得到明显改善。
>
> **关键词**　类案检索　指导性案例　法律渊源　案例供给　法律方法

最高人民法院分别于 2020 年和 2021 年发布了《关于统一法律适用加强类案检索的指导意见（试行）》（简称《类案检索指导意见》）以及《统一法律适用工作实施办法》。从制度功能和基本逻辑来看，类案检索制度在某种程度上可以被视为最高人民法院案例指导制度的延续与扩展，两者都承担了解释补充制定法、统一法律适用的重要使命。尽管案例指导制度已经运行了十多年，但其实践效果却比较有限，作为案例指导制度延伸和扩展的类案检索制度，其实践运行情况与前景难免令人心生忧虑。本文将以涉及类案检索适用的

---

[*] 本文系山东省社科规划研究项目"民法典时代民事类案裁判方法研究"（项目编号：21DFXJ06）、山东省高等学校"青创科技支持计划"项目"司法工作全面贯彻习近平法治思想研究"（项目编号：2021RW001）、山东工商学院博士启动基金项目"数字科技时代法学理论的变革与应用研究"（项目编号：BS202114）的研究成果。

[**] 孙跃，男，山东济宁人，山东工商学院法学院讲师，法学博士，研究方向为司法理论。本文在创作与修改过程中，得到山东省法学会法律方法研究会年会、山东工商学院法学院"午间博士学术沙龙"等活动的支持，特此致谢，文责自负。

典型裁判文书为分析素材，揭示类案检索制度运行中存在的主要问题，并从法律渊源、案例供给以及法律方法多重因素互动的角度出发，分析类案检索制度相关问题的成因，并针对这些问题提出现实对策。

一、类案检索司法适用存在的问题

麦考密克、萨默尔斯等人在对比研究欧洲各国判例制度时，认为考察一国的判例实践，可以从"判例在司法系统中的位置""不同判例的性质与地位""判例的区分与适用""判例的背离"等角度展开分析。[①] 这种分析视角和框架能够较为全面地揭示一国的判例制度。受到上述分析视角和框架的启发，本文运用中国裁判文书网的高级检索功能，以"类案""类案检索"等为关键词，运用全文检索和分段检索功能截至 2021 年 10 月 1 日的裁判文书进行检索，并分别从类案检索适用的主动性与规范性、不同性质案例的司法地位、类案检索的法律推理模式、否定类案检索的主要理由等角度出发来分析类案检索在司法适用中存在的主要问题，相关统计数据均精确到百分比小数点后一位（四舍五入）。

（一）适用类案检索的积极性有限

通过中国裁判文书网的检索，涉及类案检索适用的裁判文书共有 3766 篇。运用高级检索和结果中检索功能对裁判文书的"事实""诉讼记录""理由"等部分进行检索，通过分析可以得出以下情况：（1）当事人或律师未提出适用类案但法院主动检索并在裁判理由中说明，此类裁判文书共有 233 份，占总数的 6.2%；（2）当事人或律师提出适用类案且法院在裁判理由中回应，此类裁判文书共有 211 份，占总数的 5.8%；（3）当事人或律师提出适用类案但法院未在裁判理由中回应的，此类裁判文书共有 3322 份，占总数的 88%。

可见，目前法院在适用类案检索的主动性和积极性方面还比较有限，法院主动进行类案检索或对当事人相关请求进行回应的案件总数占比只有 12% 左右。在大多数案件中，当事人提出适用类案检索，法院并没有在裁判理由中进行明确回应说明。当然，根据先前指导性案例司法实践中存在的"隐性适用"现象，也不排除在类案检索实践中也存在类似的做法。[②] 根据《类案检索指导意见》第 2 条和第 10 条的规定，法院有主动进行类案检索并在裁判理由中说明或回应类案适用情况的义务。因此，无论是显性的"不主动进行类案检索""不回应类案检索诉求"或潜在的"隐性适用"等做法，均存在违反《类案检索指导意见》相关规定之嫌。

---

① D. Neil MacCormick, *Robert S. Summers and Arthur L. Goodhart*: Interpreting Precedents, Published 2016 by Routledge, p. 551.

② 所谓"隐性适用"，即法院虽然实质上参照适用了某些案例进行裁判，但未在裁判文书中说明。参见孙海波:《指导性案例的隐性适用及其矫正》，载《环球法律评论》2018 年第 2 期，第 144－162 页。相比于指导性案例的隐性适用，类案检索的隐性适用更加隐蔽，且分析难度极大，故本文未将其纳入统计范围内。

（二）引述类案的方式不够规范

根据最高人民法院《关于案例指导工作的规定实施细则》第 11 条的规定，裁判理由引述指导性案例的，应当注明案例编号和裁判要点。尽管《类案检索》指导意见并没有直接对裁判文书引述类案的方式进行规定，但参照《关于案例指导工作的规定实施细则》第 11 条之规定，引述类案信息规范方式至少应当包括"类案基本信息（如案例编号或裁判文书编号等）"和"类案裁判要点（类案体现的司法观点和裁判要点）"两部分。

按照上述标准，裁判文书引述类案的方式存在以下五种情形：（1）裁判理由仅仅表述为"根据类案检索的结果""根据相关类案"等，但并没有说明类案的案号、名称、裁判观点。[①] （2）裁判文书仅提及对《类案检索指导意见》或其相关规定的适用，没有提及任何与类案相关的具体信息。例如，在某些案件裁判理由的末尾，法院仅仅表述为"参照《类案检索指导意见》（或其具体规定）+依据的法律法规和司法解释……判决如下"。[②]（3）裁判文书仅仅说明了作出类案的法院，但并未明确类案的具体案号等信息。[③]（4）裁判文书不仅明确了类案的案号和出处，而且还详细引述了类案裁判理由。[④]（5）裁判文书不仅明确类案的案号、出处和适用类案的理由，还说明了类案检索的方式和过程。[⑤]根据现有规定，以上五种情形中符合类案引述要求的，只有第（4）和第（5）情形。综上，实践中司法机关对类案的引述尚存诸多不规范之处。

（三）类案适用的法律方法过于单调

基于对裁判文书理由的分析，可以发现大多数适用了类案检索的案件在法律方法的运用上较为单调。具体而言，法官更加倾向于运用制定法适用的演绎推理（司法三段论）来决定待决案件是否参照适用类案。在进行演绎推理之前，法官通常需要构建推理的大前提。因此，类案检索与适用的思维模式总体上是一种"归纳—演绎"模式：从在先判决中归纳出若干裁判要点或司法观点，将其作为待决案件某一争议焦点问题的大前提（裁判规范），并通过演绎推理模式得出参照适用的结论。从比较法的角度来看，这种思维模式与

[①] 参见（2020）湘 04 刑再 12 号刑事判决书。

[②] 参见（2021）冀 0624 刑初 12 号刑事判决书、（2020）皖 1302 刑初 30 号刑事判决书。

[③] 例如，在（2020）黔 2726 民初 370 号民事判决书中，裁判理由仅表示"经本院进行类案检索，该鉴定意见确定的假肢费用及更换维修费用与贵州省黔南布依族苗族自治州中级人民法院作出的类似案件生效判决中确定的假肢费用及更换维修费用一致"。

[④] 例如，在（2020）鲁 0203 行初 213 号行政判决书中，裁判理由就引述了最高人民法院（2017）最高法行申 5759 号案件的裁判理由和观点，并决定参照适用该类案。

[⑤] 例如，在（2020）鲁 1623 行初 26 号行政判决书中，裁判理由认为：根据自 2020 年 7 月 31 日起施行《最高人民法院关于统一法律适用加强类案检索的指导意见（试行）》的规定，以"不具有派遣资质的派遣人员的工伤认定"为关键词，经类案检索，延边朝鲜族自治州中级人民法院在（2019）吉 24 行终 15 号行政判决、湖北省宜昌市中级人民法院在（2019）鄂 05 民终 2753 号民事判决的裁判理由观点和裁判结果。

德国等大陆法系国家的做法比较接近。① 同时，实践中有不少裁判文书直接引述类案裁判要点作为待决案件裁判的大前提。② 还有一些裁判文书在裁判理由中回应当事人提交的类案检索报告时表示"据被告提交类案检索报告所载类案，与本案裁判要点具有一致性，本院予以采纳"。③

实践中亦有一些裁判理由运用了类比模式来进行类案适用。这种适用模式类似于英美普通法中遵循先例的模式，即通过分析案件之间在关键事实（重要事实）方面的相似性来证立它们是否属于类案，这一技术又被称为判例的"区分（distinguishing）"。④ 例如，在某买卖合同纠纷一审民事判决书中，法院引述了多起在先判决并表示这些判决"案情与本案相似，作为类案可以参照处理"。⑤ 在某销售合同纠纷再审审查与审判监督民事裁定书中，法院表示本案与检索到的案例"所涉法律关系及基本事实均相同"。⑥ 不过，实践中基于案情相似性判断的类案裁判理由普遍较为简略，大多没有对检索到的案例和待决案件的相似性进行细致比对。

（四）拒绝适用类案检索的说理不充分

根据《类案检索指导意见》第2条的规定，当案件符合"拟提交专业（主审）法官会议或者审判委员会讨论的""缺乏明确裁判要点或者尚未形成统一裁判要点的""院长、庭长根据审判监督管理权限要求进行类案检索的""其他需要进行类案检索的"等四种情形之一的，应当进行类案检索。2021年实施的《统一法律适用工作实施办法》虽然在前述规定的基础上进一步拓宽了类案检索的启用条件，但仍然将类案检索作为一种"决疑性"而非"常规性"的司法手段。在实践中，有不少法院以"审理案件无需进行类案检索"为由，拒绝检索并适用类案。遗憾的是，大多数裁判文书仅仅采用"援引《类案检索指导意见》第2条规定＋得出不符合类案检索启用条件"的方式进行表述，并没有说明本案究竟不符合《类案检索指导意见》第2条规定的具体哪种情形。

"类案同判"的基本要求就是"同样的案件同样对待"。根据《类案检索指导意见》第1条的规定，类案应当与待决案件在基本事实、争议焦点、法律适用等方面具有相似性。基于对上述原理和规定的反向理解，如果案件相似性不成立，则不能参照适用在先判决。因此，"提交的案件与本案不具有相似性"是实践中法官否定适用类案的另一主要的理由。不过，正如本文上一节所论述的那样，司法机关不仅在认定类案相似性成立时普遍说理不足，在否定案件相似性时，给出的理由也大多比较简略。

---

① 参见孙跃：《指导性案例与抽象司法解释的互动及其完善》，载《法学家》2020年第2期，第117页。
② 参见（2020）浙0105民初3226号民事判决书、参见（2020）冀01民终8232号民事判决书。
③ 参见（2020）川0704民初440号民事判决书。
④ 参见潘维大、刘文琦：《英美法导论》，法律出版社2002年版，第58页。
⑤ 参见（2020）冀0183民初2697号民事判决书。
⑥ 参见（2021）辽03民申24号民事裁定书。

二、类案检索司法适用问题的成因

古今中外判例制度的实践规律表明,一国的判例制度在运行与发展过程中往往会受到法源观念、司法制度、法律方法等多方因素的影响。① 因此,分析类案检索司法适用问题的成因,需要从法律渊源、案例供给以及法律方法等多重因素及其互动的角度出发。在法律渊源层面,类案检索的司法效力羸弱;在案例供给层面,现有类案的数量与分量严重不足;在法律方法层面,类案检索适用规则不明确。不仅如此,以上三个层面的因素之间还存在着复杂的互动关系,基于此产生的效应进一步削弱了类案检索的实践效果。

(一)法律渊源层面:类案法源地位缺乏制度支持

在司法视角下,法律渊源主要回答的问题在于:法官应当去哪里寻找裁判的规范命题。② 从法律拟制的角度来看,将某种规范作为法律渊源,就意味着可以附条件的将那些在形式上不属于法律(制定法)的规范类型附条件视为法律,从而为法官的"依法裁判"提供理由或依据。③ 因此,如果将类案视为一种司法意义上的法律渊源,就意味着法官在符合特定条件的情况下,具有从类案中寻找裁判理由或依据的司法义务,即类案可以附条件地拘束法官的裁判行为。在《类案检索指导意见》中存在约10处以"应当"为表述方式的强制性规定,但并没有明确违反这些规定承担的不利后果。由此导致的后果是,类案检索制度表面上是一种强制性机制,但由于责任性规范配置的缺省,导致类案检索制度在事实层面上很难对办案人员产生实质拘束力。当办案人员违反《类案检索指导意见》规定而又不会承担实质性的不利后果时,难免就会产生适用类案的规避心理,使得类案检索适用的主动性与规范性大打折扣。

尽管《类案检索指导意见》明确强调了法官的回应说理义务(特别是指导性案例的适用),但并没有对类案检索报告的公开方式进行规定。法院不明示类案检索的具体信息,可能会导致当事人或律师因无法查询到具体案件而难以验证其类案裁判活动的正确性,从而不利于当事人诉讼权利保障和对类案裁判活动的监督,也不利于对社会公众的类型行为提供稳定的规范指引。在案例来源方面,有些类案来自法院内部系统。④ 此种情况下,如果当事人或其诉讼代理人无法充分了解这些类案的全部信息,那么他们就很难基于类案进

---

① 参见孙跃:《案例指导制度的改革目标及路径——基于权威与共识的分析》,载《法制与社会发展》2020年第6期,第84页。
② 参见雷磊:《重构"法的渊源"范畴》,载《中国社会科学》2021年第6期,第151页。
③ 参见陈金钊:《法源的拟制性及其功能——以法之名的统合及整饬》,载《清华法学》2021年第1期,第47-58页。
④ 参见(2020)豫0502民初5527号民事判决书。该判决书的裁判理由载明:"本庭经内网类案检索查询,涉及申永胜民间借贷案件共计37件,其中7件与本案原告申永胜无关,另30件均为上述本院受理的民间借贷案件相关案件。"

行论辩,相对于在实质上剥夺了其部分诉讼权利。事实上,关于"未公开的判例是否有拘束力"这一问题在英美普通法国家素有争议,学界也不乏以违背司法公开和损害当事人可预期性为由拒绝承认未公开判例拘束力的观点。① 不仅如此,在类案检索的科技支持方面,《类案检索指导意见》在其12条规定了各级法院应当建立案例数据库的要求,但并没有明确这些数据究竟是向社会公众或至少其他法律职业(尤其是律师)公开,还是仅仅面向特定的司法机关(即所谓"内网")。类似的,《类案检索指导意见》第13条对类案检索情况的公开,也局限于"本院或者辖区法院"而非社会公众,也并没有规定当事人或律师是否有权申请查阅、复制。以上制度缺陷导致类案检索的运用缺乏充分的外部监督和制约,也不利于保障诉讼当事人和律师的权利。

(二) 案例供给层面:类案数量与分量严重不足

基于实证分析的结论,有不少法院在否定参照适用当事人提交的案例的理由是"提交案例不属于指导性案例"。这一现象意味着,司法机关有意识地将指导性案例与非指导性案例区分对待,反映出其对指导性案例特殊权威地位的认可。但指导性案例数量不足这一长期存在的问题始终没得到有效缓解,"无权威案例可参照"这一供需失衡问题依然突出。截至2022年6月1日,最高人民法院只发布了178个指导性案例,远不能涵盖实践中各种类型的案件。同时,从案例内容角度来看,还有不少指导性案例的裁判要点规则与法律法规或司法解释重复。指导性案例的主要功能定位于解释制定法规则和填补法律漏洞,质量不佳容易导致这一功能失灵。以上两方面的问题,使得法官在进行类案检索时,往往找不到可用的指导性案例。此种情形下,部分法官可能会选择检索其他类型的案例;还有不少法官可能会放弃类案检索,采用其他方式进行裁判。

如果说指导性案例的裁判供给能力不足主要体现在数量规模方面,那么非指导性案例的裁判资源供给不足则体现为其在"分量"方面的尴尬。实践中有不少法官以当事人或律师提交的案例不属于指导性案例为由拒绝适用,由此反映出非指导性案例存在认可度角度和效力薄弱的问题。根据《类案检索指导意见》第9条的规定,非指导性案例的司法效力是"可以参考"。从文义来看,"可以"的强制力明显弱于"应当","参考"的强制力也弱于"参照"。尽管近年来理论界有研究者对非指导性案例的司法性质和适用方法进行了探讨,指出非指导性案例也具有事实上的"指导性"或"示范性"和"参考性"。② 2021出台的《统一法律适用工作实施办法》更是将类案检索的范围限缩至"最高人民法院发

---

① 在普通法国家,判例的"公开"也被称为"报告(reported)","未公开的判例"即那些没有被载入公开出版的判例报告的判例。参见[英]迈克尔·赞德:《英国法:议会立法、法条解释、先例原则及法律改革》,江辉译,中国法制出版社2014年版,第530—540页。

② 参见杨知文:《非指导性案例的"指导性"与案例指导制度的发展》,载《清华法学》2021年第4期,第40—56页;顾培东:《我国成文法体制下不同属性判例的功能定位》,载《中国法学》2021年第4期,第5—24页。

布的指导性案例和最高人民法院的生效裁判",使得除最高人民法院生效判决之外的非指导性案例的效力更加羸弱。在不确定适用非指导性案例产生的后果是否符合类案检索制度预期目标的情况下,部分办案人员出于规避司法风险、减轻裁判论证负担等考虑,很可能克减对非指导性案例的检索与适用。非指导性案例的数量大、生成速率高,其本来可以作为对数量相对有限的指导性案例的补充资源。然而,受限于分量不足的缺陷,非指导性案例的裁判供给补充功能很难正常发挥。

(三)法律方法层面:类案检索适用规则不明确

根据《类案检索指导意见》第10条的规定,裁判文书对于提交指导性案例作为理由的,应当"回应是否参照并说明理由";对于提交非指导性案例作为理由的,可以"通过释明等方式予以回应"。可见,类案检索制度为法官裁判说理(回应)设定了一定的司法义务。在实践中,大多数裁判文书关于类案适用的说理或回应都过于简略,这一现象主要归因于类案检索法律方法的不成熟。

由于我国主要的法源形式是制定法(即《立法法》中规定的各种法律形式)以及类似于制定法的抽象司法解释,因而法官对制定法适用的法律方法具有较强的路径依赖,对于适用类案进行裁判的方式方法,尚缺乏系统性的研究与应用。实践中,大多数裁判理由在适用类案时采用了"类案裁判要点+本案事实=裁判结论"的三段论思维和说理模式。这一模式并非完整的类案推理思维。因为类案裁判的底层逻辑是"类案同判",类案裁判要点的适用需要以证立案件相似性为前提。在没有充分论证类案相似性理由的情况下,就直接运用涵摄思维适用类案裁判要点,实质上等于简单或机械套用制定法适用思维来处理类案同判的问题。尽管裁判要点是类案中主要具有拘束力的组成部分,但类案规则的适用如果与类案相似性判断完全分离,类案就会异化为与司法解释相同的抽象规则解释模式,这就等于在实质上架空了类案检索制度运行的底层逻辑。此外,裁判文书在论述类案检索与适用的理由时,缺乏与具体案件事实以及相关法律适用问题的分析进行结合,并没有将民商法、刑法、行政法、诉讼法等不同部门法的知识和方法入类案裁判的一般性论证之中,导致类案裁判说理精细化程度较低、针对性较为有限。

(四)多重成因的互动关系及其效应

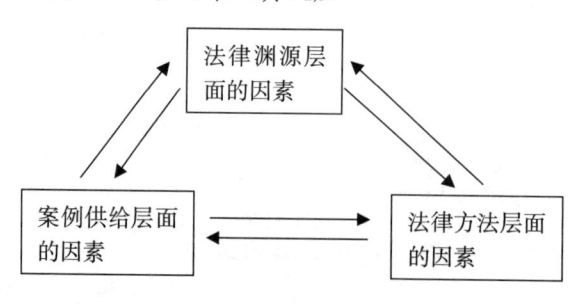

类案检索的司法适用之所以存在诸多问题，不仅有来自法律渊源、案例供给以及法律方法等多重因素的影响，而且还体现在这些因素之间的复杂互动关系及产生的效应方面。法律渊源因素与案例供给因素之间的关系体现为：由于类案的法源地位缺乏制度层面的效力保障，导致实践中司法机关和法官对类案检索的重视程度不足，进而削弱了类案对裁判资源的供给意愿和能力；案例数量与分量供给不足，导致了类案难以在事实层面上产生拘束力以巩固其法源地位。法律渊源因素与法律方法因素之间的关系体现为：由于类案的法源地位不明确，导致法官研习和运用类案检索法律方法的动力不足；由于类案检索适用的法律方法缺乏规则约束，导致类案被"附条件视为法律"中的"条件"缺乏判断标准，进一步动摇了其本就不稳固的法源地位。案例供给因素与法律方法因素之间的关系体系为：类案数量与分量供给不足，导致类案检索方法的适用缺乏素材；类案检索适用方法及其规则不明确，使得案例无法在被反复适用中得到改进与更新，从而阻碍了类案质量的提升。

三、类案检索司法适用的完善路径

类案检索司法适用问题的成因来自多个方面，若要对其进行完善，就需要从法律法源、案例供给以及法律方法等多个层面出发，分别设计具有针对性的对策和方案。在法律渊源层面，需要为类案法源地位提供更加充分的制度性保障；在案例供给层面，需要提升指导性案例的数量与非指导性案例的分量；在法律方法层面，需要加强类案检索适用规则体系的构建。以上三个方面的措施之间还会产生良性互动，并最终在整体上提升类案检索司法适用的效果。

（一）法律渊源层面：为类案的法源地位提供制度保障

1. 提升类案检索制度的司法拘束力

类案检索制度的运行具有"对内"和"对外"两个主要面向。所谓"对内"，是指类案检索制度是一种嵌入到司法系统内部的特殊机制，其需要与审判管理和司法责任制进行深度融合，才能借助后者产生显著的制度拘束力。所谓"对外"。是指类案检索同时也是一种面向案件当事人（甚至社会公众）的裁判机制，需要通过赋予特定当事人有效的救济手段，强化类案裁判的外部监督机制，最终借助外部理论维持其强制力。

就"对内"而言，应当进一步加强类案检索制度与司法责任制的联动效应，根据司法机关背离类案检索制度产生的后果分别设定对应的法律后果和需要承担的法律责任。类案检索本质上是一种嵌入到审判程序系统的司法机制，其推行需要与现有的审级制度互相契合。根据最高人民法院《关于完善四级法院审级职能定位改革试点的实施办法》《关于加强和完善法官考核工作的指导意见》的主要精神，最高人民法院和高级人民法院承担统一法律适用和裁判尺度的审判职责，因而应当加强类案生成在其审判工作的地位、强化落实相关司法责任。对于中级人民法院和基层人民法院，则应突出其检索与适用类案的司法责任。同时，也要本着"奖惩结合"的原则细化相关考核指标，使类案的生成、检索、适用不能流于形式，避免因强制推行引发办案人员的抵触和逆反心理。

就"对外"而言，需要建立与类案检索制度配套的司法救济与监督机制，调动诉讼各方以及社会公众的力量来督促和规范类案检索制度的运行。一方面，要赋予类案（特别是指导性案例）明确审级地位。在西方大陆法系国家，通过立法确立某类判例司法地位的做法并不鲜见。瑞士《民法典》第1条将司法惯例作为补充性法律渊源之一；德国《基本法》第31条规定各级法院裁判不得与联邦宪法法院判例相抵触；日本《民事诉讼法》318条、《刑事诉讼法》405条将最高法院的判例作为当事人上告（上诉）的事由之一。考虑到我国国情和政法体制，通过立法直接确立指导性案例的法律地位难度较大，故可以通过修改三大诉讼法司法解释等方式，将"无正当理由背离类案"作为二审或再审中依法改判的事由之一。在司法科技方面，需要进一步加大裁判文书上网公开的力度，尽快建立全国统一且面向社会公众开放的案例数据库。对于那些受到技术条件限制或保密规定限制（如国家机密、商业秘密、当事人敏感信息或个人隐私等）而不便公开的案例，最起码也要允许当事人及诉讼代理人在签订保密协议的前提下查阅复制；或者也可将类案数据经脱敏处理后予以公开。

2. 拓宽并规范应当进行类案检索的情形

类案检索不仅肩负统一法律适用的使命，而且也具有解决疑难案件的功能定位。实践中之所以出现类案检索适用主动性较低或司法机关经常以"无需进行类案检索"为由拒绝进行类案检索的情形，主要原因是《类案检索指导意见》第2条规定的"应当进行类案检索"的情形过窄。《类案检索指导意见》第2条规定的情形，不足以涵盖实践中广义上的各种疑难案件。2021年12月实施的《最高人民法院统一法律适用工作实施办法》，将应当进行类案检索的情形进行了拓宽。根据上述规定，除《类案检索指导意见》第2条的规定的情形外，《最高人民法院关于完善人民法院司法责任制的若干意见》和《最高人民法院关于进一步完善"四类案件"监督管理工作机制的指导意见》规定的"四类案件"，最高人民检察院抗诉的案件，以及审理过程中公诉机关、当事人及其辩护人、诉讼代理人提交指导性案例或者最高人民法院生效类案裁判支持其主张的案件，也应当进行类案检索。

上述规定的总体思路值得肯定，但其具体内容有必要进行进一步的规范和整合，以使得应当进行类案检索的情形更加明晰。应当进行类案检索的情形经拓宽后，至少包括以下方面：（一）案件本身具有疑难色彩的，主要包括"四类案件"中的"重大、疑难、复杂、敏感"案件、"涉及群体性纠纷或者引发社会广泛关注，可能影响社会稳定的"案件、《类案检索指导意见》第2条中规定的"缺乏明确裁判要点或者尚未形成统一裁判要点的"案件；（二）各方诉讼主体提出适用类案（指导性案例与最高人民法院生效裁判案例）请求的；（三）与本院或者上级人民法院的类案（特别是近三年内）裁判可能发生冲突的；（四）根据审判管理或审判监督程序应当进行类案检索的，主要包括《类案检索指导意见》第2条第（一）和（三）项规定的案件类型以及"四类案件"中的"有关单位或者个人反映法官有违法审判行为的"案件。

（二）案例供给层面：提升指导性案例的数量与非指导性案例的分量

1. 建立最高人民法院裁判转化为指导性案例机制

为了提升指导性案例的数量，需要根据最高人民法院《关于完善统一法律适用标准工作机制的意见》《关于完善四级法院审级职能定位改革试点的实施办法》体现的精神，对现有的案例生成机制进行改革，探索建立完善最高人民法院裁判转化为指导性案例的机制。权力与权威是判例（类案）制度运行的必要保障，通常来说，形成判例的法院审级越高，判例的权威性就越强，其制度地位与形式上的拘束力也就越强。在现有的类案检索制度所确定的类案体系中，最高人民法院的指导性案例高于最高人民法院作出的生效裁判。两者虽然在产生方式和形式上不同，但实质上都是最高法对某一法律问题见解的具体体现，在类案检索制度语境下已无太大必要进行区分。应当考虑通过相较于其他级别人民法院更加精简的程序将最高人民法院生效裁判转化为指导性案例。如此一来，指导性案例的生成量就会从每年几十个激增至数千上万个，这将大大丰富指导性案例的数量和类型。同时，这一机制的建立也可以督促最高人民法院提升自身的审判质量、突出其裁判的指导意义，并且也能实现最高法指导性案例、典型案例或公报案例、自身生效裁判三种不同类型案例的一体化构建。

当然，上述机制的建立完善并不意味着简单地将所有最高人民法院的裁判都直接转化为指导性案例。首先，对于最高人民法院的裁判，要进行去除冗余处理，对于那些裁判理由和裁判观点高度相近的案例，要进行精简归并，选出最有代表性的裁判作为指导性案例，其他代表性较弱的类案则可以作为该指导性案例的"附件"。其次，要优先转化那些通过个案裁判创造性地解释法律规则、填补法律漏洞的裁判文书，以突出指导性案例的释法功能，防止新增指导性案例与既有裁判或司法解释高度雷同。最后，在将最高人民法院裁判文书编辑为指导性案例时，要强化其裁判理由的论述，突出裁判思路和法律方法的运用，以增强这些案例的"指导性"，便于类案检索中被引述和适用。

2. 提升非指导性案例的分量

在建立最高人民法院裁判转化为指导性案例机制之前，类案检索的主要资源依然来自各种类型的非指导性案例。为了提升非指导性案例的司法地位及分量，需要采取多方面的改进措施。首先，配合类案检索制度改革，赋予非指导性案例（特别是最高人民法院生效判决）强制检索与适用效力，同时明确其检索适用的顺位和效力低于指导性案例。这样既可以防止非指导性案例对指导性案例的"僭越"，也可以避免司法裁判随意背离类案。其次,需要进一步加强裁判文书说理。非指导性案例大部分来自各级法院的原始裁判文书,裁判文书说理越充分,类案说服力就越强,法官参照或参考类案进行裁判的意愿要就越明显。再次,要加强案例汇编与法律汇编的有机结合,将非指导性案例以"注释"或"注解"的形式嵌入"法律法规+司法解释+指导性案例+类案+其他审判规范文件"形成的裁判要点体系之中,使类案的裁判观点能够融入法律法规和司法解释等权威性较强的法律渊源体系之中。[1] 最后,需要推广人工智能、大数据等智慧科技手段的在类案收集、遴选、适用以及评估中的运用,加快优质的非指导性案例向指导性案例的转化及其司法应用的效率。

(三) 法律方法层面:加强类案检索适用规则的构建

1. 注重多元法律方法在类案检索中的融贯运用

在英国等普通法系国家,判例适用通常需要运用归纳、演绎、类比等不同的思维模式:(1)归纳,即法官从若干先例中析取出一项规则来裁判待决案件;(2)演绎,即运用三段论推理来赋予某一类事实统一的法律后果;(3)类推,即运用类比思维判定先例与待决案件的相似性。[2] 在德国等大陆法系国家,判例的适用往往也需要三种不同的思维模式的运用:(1)归纳,即从先例中抽取具有拘束力的裁判要点;(2)类比,即判断先例与待决案件相似性;(3)演绎,即运用先例裁判要点涵摄待决案件的关键事实,得出裁判结论。[3] 可见,判例的适用并不能依靠单一的思维模式实现,其需要多元法律思维的融贯运用。

首先,我国类案制度是对西方判例制度的选择性借鉴,其运作的底层逻辑是"类似的案件类似(相同)对待"即"类案同判"。因此,类案适用离不开案件相似性的区分。因此,在适用类案或回应当事人提出适用类案的请求时,裁判理由应当对检索的案件和待决案件的关键事实、争议焦点、法律规范,然后逐一对比并最终确定类案与待决案件的相似性程度。当检索到多个裁判观点不一致的类案时,要分析不同类案与待决案件在相似性程度上的差异。在形式判断出现困难时,还应当引入基于法律原则和规范目的的实质权衡确定最终适用的类案。[4]

其次,我国毕竟是一个以制定法为主要法律渊源的国家,类案的效力依附于制定法体系而存在。因此,法官参照适用类案作出裁判,其实不是参照类案本身,而是参照类案中

---

[1] 参见孙光宁:《社会主义核心价值观的法源地位及其作用提升》,载《中国法学》2022年第2期,第222页。
[2] 参见[英]鲁伯特·克里斯、J.W.哈里斯:《英国法中的先例(第四版)》,苗文龙译,北京大学出版社2011年版,第204-214页。
[3] 参见高尚:《德国判例使用方法研究》,法律出版社2019年版,第68-85、185页。
[4] 参见孙海波:《重新发现"同案":构建案件相似性的判断标准》,载《中国法学》2020年第6期,第242页。

关于法律适用的观点和理由。因类案适用不仅需要运用类比思维，还需要借助归纳推理与演绎推理的综合运用实现。在确定类案与待决案件相似性成立后，需要从多数先例中归纳出裁判要点规则作为裁判的大前提。① 然后，将裁判要点规则作为大前提，将待决案件的关键事实作为小前提，通过涵摄（subsumption）得出裁判结论并说明论证理由。同时，由于裁判要点是从类案中提炼出来的，其相对于类案承载的原始信息必然更加抽象。因此，在进行涵摄之前，有必要对相对抽象与模糊的类案裁判要点中的规则进行解释，这就需要融贯性地运用文义解释、体系解释、目的解释、历史解释、社会学解释等法律解释方法。

再次，裁判说理中的法律论证是一种"可辩驳性（defeasible）"论证，裁判说理不是法官的独白，而是要对当事人或律师提出的观点进行回应，在总结各方提出的论辩理由基础之上作出判断和说服。法官需要围绕争议焦点，对各方当事人提出的类案的请求进行全面分析和回应，明确表示哪一方的观点应当采纳（或均不支持但表明自身观点）。② 例如，在某不当得利纠纷一审民事判决书中，法院表示涉案法律问题缺乏明确法律规定，并通过类案检索归纳出实践中两者不同的司法观点，然后结合本案案情决定参照适用第二种司法观点。③ 在某建设工程施工合同纠纷二审民事判决书中，裁判理由在针对本案的第三个争议焦点进行分析时表示"通过类案检索，最高人民法院及各地法院在相关案例中，根据个案的具体情况，有不同的处理方式"。④ 在此基础之上，该案总结出了较为主流的司法观点，并参照适用于本案的裁判。

最后，在否定类案检索适用时，裁判论证需要进行充分论证。在普通法系国家，"遵循先例"是一般原则而非绝对原则，法官在特殊情形下可以背离先例，但必须进行充分说理，否则将承担不利后果。法官否定类案适用，至少需要充分论证以下几方面的理由之一：（1）不构成类案，如在先案件与待决案件在关键事实上不相似⑤，或者案件在争议焦点、法律适用方面不相似⑥；（2）案件相似性表面上成立，但类案裁判要点与更高效力的法源（法律、行政法规、司法解释、更高层级的案例）存在实质性冲突，例如已经失去指导作用的指导案例9号和20号就无法再作为相似待决案件的参照对象；（3）适用类案已经不能满足当前社会发展需求，或强行参照类案会导致"机械司法"等消极后果等。⑦

---

① 例如，（2021）黔民终194号民事判决书、（2020）云06刑终566号刑事判决书、（2021）鲁1623行初26号行政判决书中均采用了这种方法。
② 参见［瑞典］亚历山大·佩策尼克：《论法律与理性》，陈曦译，中国政法大学出版社2015年版，第315－316页。
③ 参见（2020）甘0502民初2913号民事判决书。
④ 参见（2019）湘10民终4023号民事判决书。
⑤ 参见（2020）鲁1524民初2110号民事判决书。
⑥ 参见（2020）新2701民初1145号民事判决书。
⑦ 参见（2020）川0192民初2424号民事判决书、（2021）云06民终124号民事判决书、（2021）冀02刑终95号刑事判决书。

2. 加强类案检索适用方法与部门法适用方法的融合

为了提升类案适用说理的精细化程度，要根据案件类型及其涉及的主要法律关系，将不同部门法的知识和方法融入类案区分与适用说理之中。民商事类案的分析方法主要包括请求权基础分析法和法律关系分析法。① 民商事类案法律适用方面的相似性说理，可以围绕与案件争议焦点密切相关的请求权基础规范或法律关系展开论述。考虑到请求权分析法和法律关系分析法侧重各有不同，两者可以在民商事案件的分析中互补使用，以发挥最佳效果。例如，指导案例25号就同时运用了民事请求权分析法和法律关系分析法，在参照适用该案时，就可以同时运用请求权分析法和法律关系法来证立其与待决案件的相似性。刑事类案的主要功能在于解决定罪与量刑不统一的问题，因而其相似性判断需要围绕犯罪构成以及定罪量刑展开。例如，指导案例93号就同时涉及定罪（正当防卫与防卫过当的界限）和量刑问题。在参照该案例时，需要先逐一比对被告人行为的构成要件与类案裁判观点的相似性，判断被告人行为的性质与刑事责任能力状况，以确定被告人是否构成犯罪并应当承担刑事责任；然后对比与量刑相关的案件事实，最终确定定罪量刑的裁判结果。行政类案的适用围绕具体行政行为的可诉性与合法性。例如，指导案例38号就同时涉及行政诉讼受案范围（行政行为可诉性）与行政行为合法性审查。因而在对行政类案进行区分时，可以通过对比类案与待决案件在行政行为可诉性方面的相似性；再围绕具体行政行为的合法性审查进行类案区分与适用说理。

（四）多重完善路径的互动关系及其效应

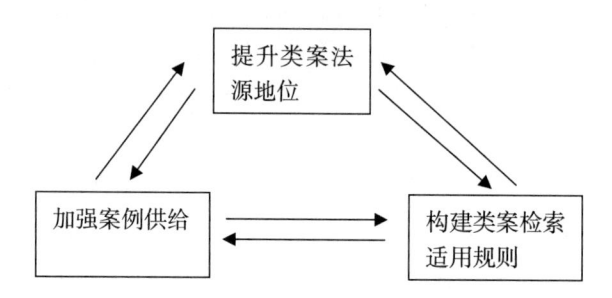

类案检索实践的改进完善是一项系统性工程，通过法律渊源、案例供给以及法律方法层面的多方举措，有助于形成良性互动的格局，并最终提升类案检索适用的实践效果。首先，就法律渊源与案例供给的相互关系而言，通过制度改革提升类案的法源地位可以提高法官对类案的重视程度，激励司法裁判催生出更多更优质的类案；类案数量和分量的提升，可以在事实上进一步提升其影响力，从而使得类案的法源地位更加稳固。其次，就法律渊源与法律方法的互动关系而言，提升类案的法源地位有助于激发法官研习和适用类案检索方法的积极性，从而有助于构建更加完备的类案检索适用规则体系；类案适用方法的

---

① 参见吴香香：《请求权基础：方法、体系与实例》，北京大学出版社2021年版，第44-48页。

成熟意味着类案作为法源的条件判断标准越发明晰，有助于类案在司法实践中被规范的适用，从而产生约束自由裁量权与统一法律适用的积极作用。最后，就案例供给与法律方法之间的关系而言，加强案例供给可以为类案适用方法的研究与应用提供更加丰富的素材；类案检索适用方法的成熟，有助于在实践中对案例进行动态调整和更新，使之能够满足新的裁判需求，提升类案资源供给的整体质量。

四、结语

无论是普通法传统中判例制度的形成与发展，还是大陆法系国家通过判例辅助制定法的适用，都经历了长达数百年甚至近千年的历史过程。尽管我国自古就有悠久的判例制度与传统，但基于种种历史原因，我国现代法治意义上的判例制度起步较晚，在发展过程中也充满了曲折和坎坷。古今中外的司法实践经验表明，判例的运用不仅是一项具有极强实践性与经验性的活动，而且也是一项浩大的系统性工程，对其进行理论研究和实践应用，需要从法律渊源、案例供给、法律方法等多重角度及其互动关系进行考察。随着类案裁判理论研究和实践应用相互配合与共同推进，类案检索将在推动司法公正、促进类案同判的法治建设中将发挥愈发积极有效的作用。

（编辑：宋保振）

决疑法及其在司法裁判的应用[*]

金彦宇[**]

摘　要　决疑法是一种基于案例的推理方法。它先后历经萌芽、兴盛和衰落的发展阶段，并于当代呈现复兴的势头。根据决疑法的方法论旨趣，范例和类比是决疑的程序、情境是决疑的关键、规则是决疑的约束、明智是决疑的前提。决疑法在司法裁判场域的运用表现为三个部分：形态学、分类表、动力学。形态学意在通过预判规则分解出的专有论题塑造待决案件的法律形态；分类表主张经由案件情境的复杂程度构建对错假定的范例谱系；动力学重在利用最为相关的案件权衡出指向案件本质的裁判结论。当然，每一种法律方法都有相对的有效性和不足，运用决疑法裁判需要充分的说理论证。

关键词　决疑法　司法裁判　基于案例的推理　类比　法律方法

引　言

当代生物伦理学家琼森教授与英国哲学家图尔敏在合著的《决疑法的滥用：道德推理的历史》一书中写道：在20世纪七八十年代的美国生物医学研究中，利用胎儿、儿童、罪犯、精神缺陷者等特殊人群作为人类受试者是否合法，备受争议。为此，于1974年设立的国家保护生物医学和行为研究人体受试者委员会，在1979年出具了一份旨在为解决此类生物伦理难题提供可行性建议的《贝尔蒙报告》。在身为委员会成员的琼森教授看来，在报告的形成过程中，尽管委员们的个人身份信息和论证建议的理由多有差异，但它们却就具体的实际建议达成了惊人一致，而这关键在于委员们基于决疑法（casuistry）而非规

---

[*] 本文为国家社会科学基金重大专项项目"核心价值观融入法治建设研究：以公正司法为中心的考察"（17VHJ007）、国家社会科学基金重大项目"全面推进依法治国重大现实问题研究"（2015MZD042）的研究成果。

[**] 金彦宇，男，河南新蔡人，吉林大学理论法学研究中心/国家"2011计划"司法文明协同创新中心法学理论博士生，主要研究方向为司法裁判与法律方法论。

则的推理才有如此成效。① 这表明，决疑法②在疑难问题裁判上是一种科学且行之有效的方法。然而，概观我国司法案件的裁判实践，颇为吊诡的是，一方面，学术市场为其贡献了过溢的法律方法论资源；另一方面，许多疑难案件在裁判技术上仍存在不足。③ 在此意义上，与其说我国法律人不谙法律方法论，毋宁说法律人长期惯习的"司法三段论+法律解释（+法律续造）"的裁判模式绝非完美的方法论选择。因此，在法律和道德推理的历史上就一直专注于疑难案件裁判的决疑法，理应得到该有的学理重视和实践应用。基于此，本文首先梳理决疑法的知识谱系，其次分析决疑法的裁判要旨及方法要素，然后具体展开决疑法在司法裁判的应用，最后提出运用决疑法裁判时应注意的一些事项。

一、决疑法的知识谱系梳理

从发生学的角度讲，决疑法如修辞学、论辩术和论题学一样，都是从西方"舶来"的方法智识。据词源学考察，决疑法对应的英文词汇"casuistry"是由拉丁语"casus"（其动词为"cadere"）一词演变而来，它的表面意思是"事件"（event）或"发生的事情"（happening），现在简单地将其翻译为案件（case）。④ 决疑法由此成了一种基于案例推理的论证技术。它通常用于法律和伦理学的疑难讨论之中，作为基于规则推理方法的对立面而出现。⑤ 通过考察目前的方法论知识不难发现，决疑法并不是一种主流的方法论，并且这门古老的学问在 17 世纪中叶逐渐淡出学界，这使得我国学人对其较为陌生，因此梳理它的知识谱系就显得尤为必要。

（一）决疑法的萌芽

一般认为，决疑法扎根于三种文化：古希腊的哲学思想、古罗马的司法实践以及犹太教的拉比论辩传统，它们合力促就了决疑法在 11 世纪之后的蓬勃发展。对于公元前 5－4 世纪的古希腊哲学来说，起初并不存在人们视为行为圭臬的哲学思想，由此当面对文化、

---

① See Albert R. Jonsen and Stephen Toulmin, *The Abuse of Casuistry: A History of Moral Reasoning*, Berkeley: University of California Press, 1988, pp. 17-19.

② 关于"casuistry"这一术语的翻译，并不统一。舒国滢教授将这一术语翻译为决疑术，陈西军副教授和黄佳博士生将其译为决疑论，吕玉赞副研究员将其译为决疑法。分别参见舒国滢：《决疑术：方法、渊源与盛衰》，载《中国政法大学学报》2012 年第 2 期；陈西军：《决疑论及其对早期现代英国文学的影响》，载《湖北大学学报（哲学社会科学版）》2018 年第 3 期；黄佳：《决疑论和经权说比较研究》，载《基督教思想评论》（第十辑），上海人民出版社 2009 年版；吕玉赞：《法律修辞开题程序之探究》，载《法律科学（西北政法大学学报）》2021 年第 6 期。因为"casuistry"的主要意思是决疑法、决疑论，又因为它表示的是一种方法，故本文偏向采用决疑法这一称谓。

③ 参见陈金钊：《解决"疑难"案件的法律修辞方法——以交通肇事连环案为研究对象的诠释》，载《现代法学》2013 年第 5 期，第 3-4 页。

④ Albert R Jonsen, "Casuistry as methodology in clinical ethics", *Theoretical Medicine and Bioethics*, Vol. 12, No. 4 (Dec. 1991). p. 298.

⑤ 黄佳：《决疑论和经权说比较研究》，载《基督教思想评论》（第十辑），上海人民出版社 2009 年版，第 244 页。

语言和思想多样性的冲击时，雅典民众时常在伦理问题上感到困惑。在此情境下，哲学家们创造性地提出了本体论上的"一"和"多"等基础范畴作为伦理学的哲学根基，并运用普遍性原则加以理性阐释。这其中，柏拉图无疑是典型的理论代表。他从天文学家利用几何理论描述星体移动这一知识现象得出，道德和法律可以自然为榜样，也从形式几何中发现统一性理论，比如"理念说"，然后从中演绎出对人类行为普遍有效的规范，而任何实践争议都可以据此获取正当的规范性结论。① 然而，这一基于规则推理的问题解决方式，遭到了亚里士多德的强烈质疑。在他看来，人们对正确的行为原则的理解，会受到各自社会经历的桎梏；此外，规范实践事务的规则或原则无法像几何学那样精确，因此，人们不应将自然科学的严格性复制到伦理推理上；更重要的是，正确行为的关键在于实践智慧②的指导，而这种能力只能通过长期对实践经验的批判性反思才能养成。③ 基于实践智慧解决伦理难题的哲学思想，在方法论上大致表现为：具体问题具体分析，不盲信规则的权威性。事实上，这正是决疑法的理论基底所在。

如果说古希腊的哲学思想是决疑法的理论之源，那么古罗马的司法裁判则是它的实践之泉。在古罗马早期，罗马人依据关于公平、正义、财产和礼节的习惯性观念裁决简易的司法争议，而那些法律地位模糊不清的疑难争议则由主教做出正式的裁决。根据主教裁判时的决疑思维，他要通盘考量各种细节性事实，尤其重视决定争议本质的事实情节，并权衡不对称的案涉原则，最后决定正义的天平应倾向何方。然而，随着罗马帝国建成的规模不断扩大，司法案件也成倍增加，使得这种严重依赖个人明智的裁判机制难以为继，最终导致整个司法裁判程序发生根本性变革。这具体表现于两个方面：第一，普通案件根据成文的规则或原则裁决，而疑难案件根据不成文的公平理念裁决；第二，裁决者的自由裁量权被限缩，运用公平理念裁决的权力收归皇帝所有。④ 但疑难案件的决疑法裁判基因被保留了下来，并与犹太教的拉比论辩所内含的决疑法交相辉映。据经典读物《塔木德》记载，拉比论辩时，个人声誉会作用于论点或论据的权威性，声誉越高，权威性越强；他们通过识别相似案件之间的异同，并比附援引最相关的范例，来确定可信的结论。⑤ 关于拉比论辩的决疑过程纷繁复杂，以上是其大致的方法论要义，限于篇幅，不再详述。

---

① See Albert R. Jonsen and Stephen Toulmin, *The Abuse of Casuistry*: *A History of Moral Reasoning*, Berkeley: University of California Press, 1988, pp. 50 – 51.

② 也有学者将实践智慧称为明智，二者都是指亚里士多德所言的"phronesis"，关于亚里士多德对实践智慧的具体阐释，详见［古希腊］亚里士多德:《尼各马可伦理学》，廖申白译，商务印书馆2003年版，第188 – 206页。

③ See Hugo Adam Bedau: *Making Moral Choices*: *Three Exercises in Moral Casuistry*, New York: Oxford University Press, 1997, p. 102.

④ See Albert R. Jonsen and Stephen Toulmin, *The Abuse of Casuistry*: *A History of Moral Reasoning*, Berkeley: University of California Press, 1988, pp. 54 – 55.

⑤ Hugo Adam Bedau: *Making Moral Choices*: *Three Exercises in Moral Casuistry*, New York: Oxford University Press, 1997, p. 103.

（二）决疑法的繁荣

在决疑法的知识谱系上，基督教决疑法与犹太教的拉比论辩传统并行发展，但在内容和风格上，前者影响最大，并随1556年西班牙神学家马丁·德·阿兹彼尔库埃塔的《悔过者与悔过者手册》一书的出版，进入其长达一百年的成熟时期。[①] 而这期间，又数耶稣会会士的决疑法思想最为璀璨。在众多耶稣会会士中，西班牙哲学家、道德神学家胡安·阿佐尔是第一位真正意义上的耶稣会决疑家。他在这本耗时十年之久的《道德指南》巨著中，详细阐释了如何通过合理的思维程序解决良心案例。阿佐尔认为，情境生成案例，情境不同，人类行为和案例的性质就会不同，解决案例的方案也会随之而变，因此，情境在良心案例的解决以及理解人类行为性质方面有其极端的重要性。[②] 而对情境的不过分强调，决定了他的《道德指南》每一章的论述模式为：先阐释一般原则，后分析一般原则能否适用于特定情境中生成的案例。如果进一步展开分析的话，即为当原则的适用外延从典型情境向特殊情境滑动时，原则适用的不确定性在不断增加；如果不确定，要在排列、分析和对比多种或然意见后再权衡原则的可适用性，最后确定这一特殊情境的判断标准。事实上，根据对判断标准所持的不同立场，进而采取不同的处理疑难个案之方式，决疑法可被分为散漫主义（laxism）、或然论（probabilism）、同等可能论（probabiliorism）、较大可能论（probabiliorim）和严格主义（rigorism），而耶稣会决疑法则归属或然论之列。[③] 如何理解或然论？萨拉曼卡大学的著名神学教授巴尔托洛梅·德·麦迪纳认为，如果一个观点是可能的，将它作为行动理由就是合法的，即使对立观点有更大的可能性。[④] 事实上，或然论学说为决疑法的衰落埋下了伏笔。

（三）决疑法的衰落

决疑法对或然论的吸收，甚至偏执，是其从辉煌走向衰落的决定性理由。在决疑法的全盛时期，或然论甚至成了其代名词，如影随形，这造成的严重后果是，将决疑法作为原则的耶稣会道德观发生了重大变化，甚至对一些严肃的道德神学问题抱持骑墙态度。例如，法官可以在不确定的案件中接受贿赂；脱掉宗教服饰的和尚可以去妓院；复仇的人即

[①] 事实上，基督教信仰是在拉比犹太教（即犹太教）的怀抱中成长的。从4-5世纪的教父神学开始，决疑法逐渐被运用到基督教的道德价值判断中，这从那些指导僧侣和信徒如何践行苦修的书籍可以得到确证；随后，"1215年召开的拉特朗第四届大公会议颁布的教令"和"经院哲学家圣·托马斯·阿奎那著作的《神法大全》"，因其内容需要大量地注释、分析和评论，因此，决疑法在基督教得到了进一步的运用和发展。参见舒国滢：《决疑术：方法、渊源与盛衰》，载《中国政法大学学报》2012年第2期，第16-17页。

[②] 参见舒国滢：《决疑术：方法、渊源与盛衰》，载《中国政法大学学报》2012年第2期，第18页。

[③] 黄佳：《决疑论和经权说比较研究》，载《基督教思想评论》（第十辑），上海人民出版社2009年版，第249页。

[④] G. A. Starr: "From Casuistry to Fiction: The Importance of the Athenian Mercury", *Journal of the History of Ideas*, Vol. 28, No. 1, (Apr. 1967), p. 19.

使烧毁了仇人的粮仓也不用赔偿,等等。① 这种或然论导致的不负责任的道德观在宗教界内掀起了巨大波澜,以致引发了耶稣会与詹森派之间的教义论战。在这场论战中,作为詹森派成员的法国数学家、哲学家帕斯卡尔,通过发表引人共鸣的系列性信札(即《致外省人信札》),将决疑法从宗教道德观的神坛狠狠拽下。在帕斯卡尔看来,这些道德观不严谨的决疑论者颁布如此矛盾百出的基本原则,都是或然论作怪使然,也许耶稣会根本就没有什么原则,每一个人都想到什么就随口说出什么,而他们之所以用如此随意的手段降低天主教的道德和信仰的标准,目的在于笼络尽可能多的信徒归自己一边。② 或许帕斯卡尔也未预料到,他的犀利言辞改变了人们对决疑法乃至耶稣会的根本性态度,人们开始厌恶决疑法的摇摆不定和良莠不分,甚至将其与搬弄是非的诡辩术相等同。自此以后,决疑法在伦理学和法律中的回声几近消匿。事实上,根据美国神学家罗尔斯罗列的决疑法的八大缺陷③,决疑法的衰落是必然而不可挽回的。不过,所幸的是,直至20世纪七八十年代,决疑法开始以新的知识面貌呈现复兴的势头,因其在法律、生物伦理和商业道德领域的成功应用,新决疑法很快建立了良好声誉。④

二、决疑法的裁判要旨及方法要素

与旧决疑法不同的是,新决疑法不再偏颇于走向极端的或然论,而是重新定位于以案例为本的论证之路。而这要归功于强森和图尔敏对决疑法的回归性研究。他们认为,基于规则的推理方法在解决疑难问题上面临无法克服的困境,即导致问题陷入僵持不下的局面以致无法达成一致的结论,究其原因,这是由这种推理方法的特性导致的。第一,它经常忽略案件的重要特征而去关注其不重要特征;第二,它有意避开复杂的或模糊的案件事实;第三,它不关心生成案件的历史背景和社会环境;第四,它为道德或法律判断提供的解释通常是不切实际的。⑤ 因此,他们将寻找合适的伦理/法律推理方法的目光投向了几乎被世人遗忘的决疑法,进而促进了决疑法在当代的复兴。下面从具体考察决疑法的裁判要旨及方法要素说起。

---

① See Albert R. Jonsen and Stephen Toulmin, *The Abuse of Casuistry: A History of Moral Reasoning*, Berkeley: University of California Press, 1988, p. 237.

② 参见[法]布莱斯·帕斯卡尔:《致外省人信札》,晏可佳、姚蓓琴译,商务印书馆2012年版,第53 - 57页。

③ 罗尔斯概括的决疑法的八大缺陷为:道德行为的单子化、终极因、道德倾向的消失、人类自主的严格性、外在的法律和自由观、决疑至上原则、个人主义、最少主义。参见 Romanus Cessario O. P. *Introduction to Moral Theology*, Washington: the catholic University of America Press, 2001, pp. 237 - 240。

④ 黄佳:《〈致外省人信札〉与中国礼仪之争——从决疑论角度试析帕斯卡尔对耶稣会士在华传教策略的解读》,载《现代哲学》2009年第1期,第102页。

⑤ Van Willigenburg, Theo: "New casuistry: what's new?", *Philosophical Explorations*, Vol. 1, No. 2, (May. 1998), p. 154.

（一）决疑法的裁判要旨

通过上文梳理决疑法的知识谱系可以看出，决疑法之所以作为一种基于案例的推理方法，可溯因及亚里士多德对知识的二分化解读。按照亚里士多德的说法，从整体上可将知识类型化区分为科学和明智。具体而言，表现为几何学、数学和天文学等这类学问的理论性知识，具有理想性、先验性、必然性的知识属性，属于科学范畴；而表现为法律、伦理学和修辞学等这类学问的实践性知识，具有情境性、经验性、推定性的知识属性，则属于明智范畴。① 在亚里士多德之后的西方哲学史上，中世纪的唯实论与唯名论之争，以及近代的唯理论与经验论之争，乃至现代的理论哲学和实践哲学的分野，皆可看作是对亚里士多德知识二元论的相承与延续。那么，知识的二元结构如何作用于解决问题的方法论？诚如亚里士多德所言，"只要求一个数学家提出一个大致的说法，与要求一位修辞学家做出严格的证明同样地不合理"②。因此，对应于不同知识范畴的问题要求不同的方法加以解决，只有问题与方法的适配，才能为问题的正确解决创造可能。所以，作为实践知识的法学和伦理学，不能用纯粹的理论进路去解决社会实践之难题，而应拥有像明智这样的德性来处理。因为无论是法律家还是伦理学家，所面对的是大量千差万别的案件，它们的案情、性质、关系、以及争点等各不相同，这就决定了对于每一个案件的裁决，都需要以个案为出发点，依据一种来自明智的个案式知识，去考虑这些"个别化的事物"，而不是以规则主义为出发点，按照所谓的基于规则的推理方法来解决。③ 按照决疑者的话来说，这种运用明智考察个案的推理方法就是决疑法。

当然，如果仅以"从个案出发"来阐释决疑法的话，它依然只是一种朦胧的推理方法，不但缺乏实际的可操作性，还难以与同样取向于个案思维的论题学相区分。实际上，随着决疑法在当代的复兴，以及极端或然论被剔除，这种"自下而上"式的推理方法已经以新的姿态在伦理议题的讨论中得到广泛应用，并被称为新决疑法。何谓新决疑法？根据强森和图尔敏的定义，可以大致这样描述：

> 分析疑难议题，要使用基于"范例"（paradigms）或"类比"（analogy）的推理程序，并且这种推理程序能够形成"产生严格的特殊道德义务"的专家意见，然后据此制定出一般化但非抽象化的解决方案，因为解决方案只在特定的情境下才有实质有效性。④

---

① See Albert R. Jonsen and Stephen Toulmin, *The Abuse of Casuistry: A History of Moral Reasoning*, Berkeley: University of California Press, 1988, pp. 26 – 28.
② ［古希腊］亚里士多德：《尼各马可伦理学》，廖申白译，商务印书馆2003年版，第5页。
③ 参见舒国滢：《法学是一门什么样的学问？——从古罗马时期的 Jurisprudentia 谈起》，载《清华法学》2013年第1期，第99页。
④ See Albert R. Jonsen and Stephen Toulmin, *The Abuse of Casuistry: A History of Moral Reasoning*, Berkeley: University of California Press, 1988, p. 265.

这个定义其实是以侧重新决疑法的推理程序来表达的,就"范例"和"类比"的运用来说,可进一步阐释为,搜索尽可能多的类案,通过类比技术,在案例目录中锁定问题案件与类案之间的相同与分殊,进而在明智的反思平衡中形成个案推论。事实上,范例之所以成为范例,都是由某个特定的规则所决定的,范例的法律或伦理性质由它们所赋予;并且同一规则包含一个或多个范例,将它们编排在一起就形成了案例目录。[1] 因此,决疑法虽与基于规则的推理方法相对立,但并不排斥规则的赋"性"功能和编排作用。此外,新决疑法在充分吸收旧决疑法对案件情境的尊重后,还表现出对案件情境的足够敏感度,尤其是问题案件的具体、奇特且经常模糊的特殊情节。而这使得新决疑法凸显出两个特征。第一,新决疑法不但认真对待凌乱的事件或行为,而且还主张,案件的法律或伦理属性不是由既定的规则、原则或抽象理论所决定,而是由案件的特定情境来决定;第二,新决疑法认为,对案件的道德或法律属性作出的努力判断是否可靠,同样不取决于一般原则和抽象理论,依然取决于情境的具体性和特殊性程度,即程度越高,越可靠。[2] 然而,对特定情境的个人主义判断,很容易使最后的法律或伦理判断沦为主观恣意的产物。因此,决疑者需要充分类比相似范例来保障判断在案例体系中的形式一致性,以及充分运用明智德性来保障判断在特定情境下的实质正确性,进而实现判断的形式正义与实质正义的相统一。事实上,案件情境的特殊性就是通过案件之间的类比予以发现并确定的。论述至此,关于决疑法的裁判旨趣已经成型,可以大致描述为:决疑法的运用以决疑者拥有明智为前提,它以个案为出发点,搜索尽可能多的类案,通过充分类比案例目录中的范例培养对特定情境足够的敏感度,然后在明智加持下确定体现案件本质的特殊情节,进而推导出(或类推出)指向某项规则的个案判断。

(二)决疑法的方法要素

决疑法的裁判旨趣表明,范例与类比、问题案件的情境以及决疑者的明智是决疑者如何决疑的关键的方法要素。此外,不可忽视的是,规则在案例性质的判定及案例目录的编排方面扮演着不可替代的角色。[3] 下文对它们展开进一步阐释。

1. 决疑的程序:范例与类比

范例作为决疑法的核心方法要素,正如丹尼教授所言,虽然它不能强迫我们对目前的

---

[1] See Albert R Jonsen, "Casuistry as methodology in clinical ethics", *Theoretical Medicine and Bioethics*, Vol. 12, No. 4 (Dec. 1991). pp. 301–302.
[2] Van Willigenburg, Theo: "New casuistry: what's new?", *Philosophical Explorations*, Vol. 1, No. 2, (May. 1998), p. 155.
[3] 琼森和图尔敏认为,决疑法的方法要素包括:范例和类比、规则、情境、可能性、累积论证、结论。本文不采用琼森和图尔敏的观点,理由为:可能性是决疑法的一个特征;类比本身就是一个论证,再使用累积论证,又重复之嫌;结论只是运用决疑法推理自然产生的结果。另外,基于明智的重要性,故本文增加之。See Albert R. Jonsen and Stephen Toulmin, *The Abuse of Casuistry: A History of Moral Reasoning*, Berkeley: University of California Press, 1988, pp. 251–257.

问题形成一个特定的看法,但是通过问题案件与范例之间的比较,我们的判断能够受到启发。[1] 根据决疑法的裁判程序,范例发挥启发作用的第一步在于建立一个有序的案例目录,而案例目录形成的标准程序是借助案件之间的动态比较完成的。在规范化的比较过程中,先从简单、清晰的案件开始,逐步向复杂、模糊的案例过渡,然后就能形成一个"从简单案例到疑难案例"的案例目录。在决疑者看来,疑难案例是简单案例附加复杂情境构造的,情境越复杂,案件越疑难,反之亦然。然而,如果问题案件的法律(或伦理)性质争议较大,可能不止指向一个规则属下的案例,那么又该如何有序地编排案例目录?根据规则的类型化理念,一个规则包含一类案例目录,循序渐进,即可完成 n 个规则包含的案例目录的编排,形成分类别的案例目录。将它们综合在一起,就构成了一个对错假定的范例谱系。随后,决疑者开展的决疑推理工作是,运用类比技术在范例与问题案件之间顾盼,在明智的审查下固定案件中的相同与差异之处,进而确定最相似的范例,然而将问题案件放置其中,由此获取它的法律性质。而这是一般问题案件通过范例和类比的运用获取结论的决疑程序。此外,当问题案件的情境过于新颖以致案例目录提供的类比信息不充分时,决疑者则要在充分掌握案件情境的基础上,通过明智的审慎判断来确定这种情境能否排除类似范例的结论的适用,最终确定指向情境本质的裁判结论。[2] 一般而言,案件越疑难,需要类比的范例就越多,明智所权衡的因素也就越复杂。

2. 决疑的限制:规则

然而,在运用范例和类比的决疑过程中,如何锁定问题案件所属的案例目录、以及如何确定它在案例目录中的应处场所?[3] 比如,对于一起自动驾驶汽车致人损害案件,是按照产品责任类案件处理,还是当作过错责任原则类案件解决?如果是后者,是由其使用者、还是生产者、抑或设计者承担责任?很显然,作为推理程序的它们只是一种技术性指导,无力回应这些涉规的实质性内容,而规则能够应对。因为案件应被何种规则赋予性质,案件情境应包含哪些情节,以及哪些情节可能比较重要等事项,均蕴藏在规则的规范性内容之中,需要决疑者从事合规性审查。[4] 进言之,规则描绘了案件的大致画像,问题案件如若关联规则,也应和范例一样成为这般模样,由此才能确定它所属的案例目录;画像的不同区域映射不同的论题,而问题案件的不同内容应被归属在相应的论题下,由此才能与具有家族相似性的范例进行类比,进而确定它在案例目录中的应处场所。否则,缺乏规则的指引,决疑法无法在案例的汪洋大海里建立范例目录并在一定框架内开展基于案例

---

[1] Jonathan Dancy, *Moral Reasons*. Oxford: Blackwell, 1993, p. 65.
[2] See Jonsen, Albert R.: "Casuistry: An Alternative or Complement to Principles?", *Kennedy Institute of Ethics Journal*, Vol. 3, No. 5, (1998), p. 245.
[3] See Van Willigenburg, Theo: "New casuistry: what's new?", *Philosophical Explorations*, Vol. 1, No. 2, (May. 1998), p. 156.
[4] See Tallmon, J. M.: "How Jonsen Really Views Casuistry: A Note on the Abuse of Father Wildes", *Journal of Medicine and Philosophy*, Vol. 19, No. 1, (Feb.. 1994), p. 105.

的决疑推理工作。一般而言,决疑者通过对问题案件的大致掌握预判其对应的规则,而利用决疑法推出的案件结论能够验证预判规则是正确的还是错误的,并且这种验证附带了一种令人信服的证成性力量。此外,规则描绘案例也是经由范例的诠释才能成像,不过,它依然无法像类案比较那样敏锐,能够捕捉到特定的情境要素。

3. 决疑的关键:情境

如果说规则赋予案例以性质,那么情境则塑造案例以外观。决疑法自诞生以来,始终围绕着"情境生成案例"(即 circumstances make the case)这一核心命题构造决疑法的理论模型及应用策略,以至于在琼森看来,决疑法的价值就在于,它努力去更充分地理解情境在道德判断中发挥的内在作用,并试图透过情境的复杂性引导决疑者作出可能优良的判断。① 一般认为,情境包括"谁""什么""在哪里""什么时候""为什么""怎么样"和"通过什么方式"这七个情节,② 它们彼此勾连,从而形成案件从简易到疑难的特定情境。当问题案件分别类比目录范例时,也是按照情境的复杂程度确立类比秩序的,即先简单,后复杂。而这便于逐一发现案件之间的相同和差异之处,进而在差异比较中放大问题案件的特殊情节。例如,在正当防卫案件中,通过系统性比较防卫程度不同的范例,能更易确定行为人在特定情境下实施的防卫行为是否超过明显的必要限度。这种秩序化、密集型的案例材料比较,提供了一种旨在训练法律判断的强化方案。因为它在特定情境背景下,提高了决疑者对案件情境中的哪些情节可能与法律相关、为什么相关以及应承受多大权衡的敏感性。而正是这种最终结晶为明智的敏感性能够捕捉到案件情境的特殊情节,从而准确锁定问题案件在范例目录中的位置以及它所指向的规则。

4. 决疑的前提:明智

毋庸置疑,问题案件与范例目录的逐案比较有利于识别出案件情境中的特殊情节,然而,识别出的特殊情节是否具有规则上的关联性?事实上,这除了受制于与规则相关的专有论题外,还严重依赖于决疑者的明智能否作出符合个案实际的客观判断。而且,对案件情境的整体审查、对关联规则的预先感知、对范例目录的充分构建以及对案件结论的审慎推导等构成评议之精神活动的行为,都要求个人明智的深度参与和正确运用。因此,明智在决疑法的适用过程中发挥着重大的实质性功用。但明智并不具有普遍的适用性,它更多的是一种主体习得的经验性知识,印有明显的个人信念之烙印,并且需要具有足够的灵活性才能适应于复杂多变的案件情境。比如,在临床医疗中,经验的医学观察能够有力表明,面对同一病人的疑难症状,专业经验程度不同的医生会制定不同的治疗方案,并且经

---

① See Jonsen, Albert R.: "Casuistry: An Alternative or Complement to Principles?", *Kennedy Institute of Ethics Journal*, Vol. 3, No. 5, (1998), p. 249.

② See Van Willigenburg, Theo: "New casuistry: what's new?", *Philosophical Explorations*, Vol. 1, No. 2, (May. 1998), p. 155.

验更为老到的医生还会根据病情的变化及时作出调整，直至病人的病情得到彻底好转。① 正是在这种意义上，我们说，明智的人不一定非是法学家或伦理学家之名流，也有可能只是相当普通的从业者，但却经验丰富，并不因循守旧而敢于适时而变，从而使其作出朝向事物本质的判断。② 此外，有学者主张，个案中的明智需要一种"厚"的案件信息观，即只有在全方位考量案件及其周遭各种要素的前提下形成的明智判断，才值得信赖。③ 实际上，全面考察案件情境原则早已在上文被论及，只不过这里强调了明智与它的依赖性关系。

三、决疑法在司法裁判的应用

从以上的论述可以看出，决疑法发展至今，已经形成了较为完善和成熟的裁判理论，在方法论上它坚持以个案主义为出发点，呼吁在实践智慧的全程指导下，通过范例与问题案件之间的类比来裁决案件，进而获取能够体现情境本质的案件结论。④ 然而，决疑法在生物医学伦理学领域的回归并没有在法律领域如期而至，目前关于它在司法裁判的应用性研究更是乏善可陈。⑤ 不过，这并不意味着，决疑法已无法满足我国司法裁判实践的方法论需求并被弃而不用。事实上，无论从决疑法基于个案推理的理论定位，还是从司法裁判在方法论上仍有提升空间的实践现状看，两者都应走联袂而非彼此疏远之路，决疑法都应得到司法裁判的足够重视和深入应用。

（一）用决疑法裁判的正当理据

根据我国的制定法传统，司法裁判必须严格遵守"以法律为准绳，以事实为依据"这一公理性原则，如果进一步阐释的话，即为在司法三段论的演绎框架内，根据法律规范前提和案件事实前提之间的逻辑关系，推导具体案件的司法结论。然而，这一裁判模式仍面临着无法摆脱的理论争议。在大多数学者看来，即使按照德国法学家恩吉施所说，让裁判者的目光往返于事实与规范之间，也无法搭起一个合理的归属论证。⑥ 对此，德国法学家考夫曼认为，只有意义空洞的法律概念才是明确的，才能适用强调形式有效性的涵摄模

---

① See Albert R. Jonsen and Stephen Toulmin, *The Abuse of Casuistry: A History of Moral Reasoning*, Berkeley: University of California Press, 1988, pp. 36–42.
② 参见舒国滢：《决疑术：方法、渊源与盛衰》，载《中国政法大学学报》2012年第2期，第9页。
③ See Paul R Tremblay: "The New Casuistry", Georgetown Journal of Legal Ethics, Vol. 12, No. 3, (1999), p. 521.
④ 参见吕玉赞：《法律修辞开题程序之探究》，载《法律科学》2021年第6期，第81页。
⑤ 目前在国内，以"决疑法"、或"决疑术"、或"决疑论"为主题在中国知网上检索，仅有两篇系统性研究决疑法的论文，即舒国滢教授的《决疑术：方法、渊源与盛衰》和吕玉赞副研究员的《法律修辞开题程序之探究》一文。但舒国滢教授仅在学理上介绍了决疑法，并未探讨决疑法在司法裁判上的应用进路。而吕玉赞副研究员也只是宏观地将决疑法作为一种与论题学联袂的开题方法，对它的应有性研究仍有很大不足。
⑥ 参见黄泽敏：《案件事实的归属论证》，载《法学研究》2017年第5期，第78页。

式，但这些概念通常并不是单义的并且具有多种类似的意义，因此，司法裁判的核心方法论应是直指事物本质的类推。① 如果用决疑法的术语表示，就是司法裁判的核心方法论不应是基于规则的推理而应是基于案例的推理。无疑，考夫曼的观点在很大程度上是合理的。因为严格来说，除表示数字的法律概念外，其余的法律概念均具有语言所固有的多义性和模糊性等天然特性；并且语言游戏之间拥有内在的亲缘性，这使得我们使用的法律语言是一张由彼此交叠和交叉的相似性钩织的复杂的网络。② 而即使不考虑以上所述的，法律人在获取法律规则的意义内容时，也是经由典型案例的阐释来确定它的"中点"，然后与未决的案件事实相观照，在此意义上，法律规范在包摄案件事实的过程中蕴含着一种基于案件比较的类比思维。事实上，就类比推理和演绎推理之间的关系而言，正如逻辑学家John F. Sowa等人认为的，它们之间存在这样的逻辑关系：给出一个主张 p 和一个公理"p→q"，然后能推导出 q。而在绝大多数个例应用中，具体的主张 p 和公理中的 p 并不完全对应。因此，在应用规则之前，结构映射对于统一这两个 p 是必要的。③ 这表明，规则 p 与事实 p 要通过类比的映射关系产生法律上的关系。当然，这并不是说司法案件的裁判不受"依法裁判原则"的硬性约束，而是说司法裁判的方法在外观上是涵摄的，但在实质上是类推的。只不过在决疑者看来，需要在规则框定的范例目录中展开类比的推理工作。

在案件之间的比较过程中，正如周少华教授主张的，并不存在两个绝对相同的案件，所谓案件之间的相同，也只是一种类型化的相同。④ 因为每一个案件都是由属于自己的特定情境塑造的，即决疑法的情境生成案例。事实上，即使类比的案件是处于同一规则统辖下的类型化案件，它们分解出的大量案件情节也会于细微处存在或多或少的情境差异，而这必然作用于裁判结论对案件当事人之间的权利、义务和责任的分配，使得案件的"质"等同、案件的"量"也有可能不同。因此，每一个裁判结论的具体内容都是由每一个案件的独特情境所决定，都有一定的特殊性。此外，案件类比并不仅仅是一种简单的逻辑操作，其间穿插着极为复杂的认识和评价过程，尤其是利益衡量之类的价值判断。比如，当特殊情节可能涉及互不兼容的规则时，究竟哪条规则持有的个案正义"分量"更重，需要裁判者根据在正反理由平衡中胜出的理由加以判断。换用决疑法的话来说，即为权衡推理，通过把一定的"考量"加于推理的天平之上，特殊情节指向的规则就有可能发生实质性的变化，并指向最能体现当下案件本质的规则。⑤ 而分析和评价的过程是否如人所意，

---

① ［德］阿图尔·考夫曼：《类型与事物本质——兼论类型理论》，吴从周译，学林文化事业有限公司1999年版，第13页。

② 参见［英］维特根斯坦：《哲学研究》，商务印书馆2019年版，第59-60页。

③ John F. Sowa and Arun K. Majumdar Vivo Mind LLC, "Analogical Reasoning", in Ganter, Bernhard, de Moor, Aldo, Lex, Wilfried ed, *Conceptual Structures for Knowledge Creation and Communication*, Berlin: Springer-Verlag, 2003, pp. 20-21.

④ 参见周少华：《同案同判：一个虚构的法治神话》，载《法学》2015年第11期，第133页。

⑤ 参见舒国滢：《决疑术：方法、渊源与盛衰》，载《中国政法大学学报》2012年第2期，第9页。

在很大程度上取决于裁判者的明智能否做出恰到好处的个案判断。至此，通过以上的论述可以推出，司法裁判在核心方法论上具有明显的决疑法倾向。

（二）用决疑法裁判的论证思路

决疑法作为一种在具体情境的判断方式，最终取向于司法实践的个案裁判。在应用过程中，在决疑者看来，将宏观的裁判要旨和零散的裁判方法融贯在一起，就会形成一种程序化、系统化的裁判进路。这种进路可以分为三个前后衔接的部分，它们依次被形象地称为形态学、分类学和动力学。形态学作为生物学的术语，用来刻画未决案件的事实再现；分类学作为古希腊士兵的编排方法，用来解释范例目录的构建；而动力学作为物理学的术语，用来说明裁判结论的赋予过程。①

1. 形态学：案件情境的再现

根据决疑法的情境思想，任何案件都是由人、事、物、地、时等基本情节所构成的特定情境。② 司法案件则是在此基础上，有选择地组织客观发生的案件情节，从而使人为复现的案件情境负有法律形态。正如上文所述的，裁判者之所以如此选择，是因为他凭借感知经验预判了相关的法律规则，所有关联甚至争议的案件情节都能在与规则相关的不同的法律专有论题提示下凸显出来。这些专有论题或是约定俗成的，抑或是制度规定的，指引着裁判者循着正确的法律方向归类案件情节。以刑事司法场域为例，判断一个犯罪行为是否涉嫌犯罪，总会按照先客观、后主观的犯罪构成四要件论题分析案件情节，并察看是否存在隶属于违法阻却事由论题下的案件情节。此外，即使案件十分疑难或新颖，也能暂时勾勒出相应的案件形态，因为它总会在法理、事理、情理或逻辑上与某一规则或原则发生关联，否则司法权对它的判断无从谈起。然而，这并不意味着规则招致情境的投放，事实上仍是情境招致规则的投放，因为在逻辑上问题先于规则出现，情境只是在（暂时）适应规则从而使之具有法律相关性。③ 在此意义上，决疑法以个案为出发点的工作方式得以彰显。

在塑造案件法律形态的过程中，还表现出某种相对固定的逻辑结构，并且这种结构不只是包含了情境和规则，还是一种适合于当下案件的论证结构。④ 通常，人们将之称为图

---

① See Albert R Jonsen, "Casuistry as methodology in clinical ethics", *Theoretical Medicine and Bioethics*, Vol. 12, No. 4 (Dec. 1991). p. 298.

② 林连泽：《决疑论与实践讨论—以对话伦理学作为医学伦理教学之基础的试探》，载《哲学与文化》2005年第8期，第60页。

③ 参见［德］特奥多尔·菲韦格：《论题学与法学—论法学的基础》，舒国滢译，法律出版社2012年版，第29页。

④ See Albert R Jonsen, "Casuistry as methodology in clinical ethics", *Theoretical Medicine and Bioethics*, Vol. 12, No. 4 (Dec. 1991). p. 295.

尔敏模型①。为了对此说明，琼森曾举了一个关于执行安乐死的争议性案例②，即黛比案。根据琼森的描述，黛比案的基本案件情节包括：（1）住院医生；（2）处于卵巢癌末期的黛比；（3）病人癌症的晚期性质；（4）黛比的精神和身体上的痛苦；（5）黛比之要求的重要性；（6）医生施打了 10 克吗啡；（7）一个小时的间隔等。从法律上看，情节（6）可能涉嫌故意杀人罪（C_1）；但是，如果从黛比享有宪法上的自由权（B），以及医生负有帮助他人减轻痛苦的义务（W_1）的角度考虑，那么住院医生就应该帮助黛比结束她的生命（C_2）。下面我们用图尔敏模型分析在塑造黛比案之法律形态的过程中所表现出的论证结构。

我们推测，基于案件情节（6）的合理支持，主张 C_1 是正确的。而它们之间类似因果的规范性关系，是由潜在的"施打过高剂量的吗啡致人死亡是违法的"这一规范性保证（W_2）赋予的。假如人们对 W_2 的合法正当性产生质疑，那么就需要原则性规范"法律禁止故意杀人"提供最终的支撑力量。当然，主张 C_2 的正确性可能被正当的法律事由（R）所削弱，甚至无情地推翻。例如，案件情节（4）和（5）都是强有力的反驳事由。所以，需要在主张 C_2 之前加上表示一定概率的模态词（Q）予以限制。以上的推理过程用图尔敏模型表示为：

事实上，无论案件形态如何复杂多变，它在被塑造的过程中所表现出的逻辑结构都可以用图尔敏模型加以表示。模型结构的每一部分内容都是场域依赖的，都由不同的法律专有论题所供给。③ 比如，在黛比案中，R 要考虑案件情节（4），以及法律禁止故意杀人能够作为支持 B 等。在法律专有论题的指引下，不同的案件情节被放置在模型结构的不同部位，这使得它们逻辑清晰地呈现出一种和规则相关的有序形态。

D：医生施打了10克吗啡 ——————————— C：医生的行为涉嫌故意杀人

W：施打过高剂量的吗啡致
人死亡是违法的

R：黛比的精神和身体上的
痛苦或黛比之要求的重要性

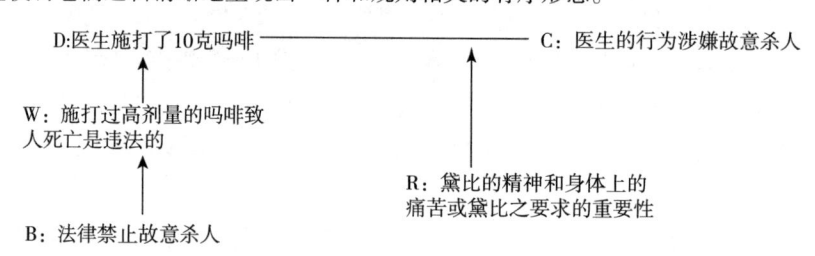

B：法律禁止故意杀人

图式 1：塑造黛比案法律形态所表现出的图尔敏模型

---

① 图尔敏模型由六个元素构成，它们是主张（claim）、数据（data）、保证（warrant）、支持（backing）、限定词（qualifier）和反驳（rebuttal）。在运用黛比案说明的过程中，会对不同的事实要素用对应的图尔敏模型要素进行标注。参见［英］斯蒂芬·图尔敏《论证的使用》，谢小庆、王丽译，北京语言大学出版社 2016 年版，第 108–110 页。

② 黛比案的基本案情为：某院妇产科有一位住院女病人，叫作黛比，正处于卵巢癌末期。有一天夜晚，一位住院医生被通知去看她。这位医生在去之前，查看了她的病历，了解到她现在的病情十分糟糕。他一进门，就注意到她非常衰弱的状态与极大的痛苦。她请求说："让这一切快点结束吧！"于是，这位医生为她施打了高达 10 克的吗啡，在一个小时后，黛比死于吗啡所导致的呼吸衰竭。

③ 参见［英］斯蒂芬·图尔敏《论证的使用》，谢小庆、王丽译，北京语言大学出版社 2016 年版，第 183–184 页。

2. 分类表：范例目录的构建

情境与规则的双向互动将问题案件推向了特定的法律场域，不言而喻，大量的类似案例聚集于此，随后，裁判者需在琳琅满目的案例中，建立一个呈差序格局的范例目录。在分类表这一术语产生的古希腊军事情境中，将军们总是将最强壮、最有攻击力的士兵编排在战线的前沿地带，紧接着是那些仅次于其的士兵；而在建立范例目录时也是遵循同样的排列逻辑。[1] 先从情境清晰的简易案件开始，然后在此基础上逐渐增加情境的复杂程度；当情境移动到规则所辖外延的边缘地带时，则有可能导致范例的法律性质发生变化，如有必要，则需要转向与另一规则或原则有关的范例目录下继续构建，直至待决案件被完全涵盖为止。可见，范例目录的构建在根本上不是根据规则，而是视情境而定。[2]

具体到黛比案的范例目录的构建。对于以上描述的案件情境，人们通常最直观的感受是，医生没有权利或义务帮助黛比结束她的生命，甚至黛比也没有权利要求医生这样做，因此，医生施打 10 克吗啡的行为极有可能涉嫌故意杀人罪。这使得关涉故意杀人罪的案例目录是构建者的优先选择。[3] 在目录中，最简易的范例（A_0）或只有类似案件情节（6）这样的案件情境，如果黛比案与之最为相似，那么医生犯故意杀人罪则是确定无疑的。但与黛比案直接展开比较的应是一个这样的范例（记为 A_n）：类似黛比的病人神志清醒，明确要求医生结束她的生命，并且医生应请求实施了相应的安乐死行为。然而，在黛比案中，我们能从"让这一切快点结束吧"引申出言外之意——"结束我的生命"吗？更甚者，黛比在做出请求时的精神正常吗？如果无法予以确证，根据当然解释原理，黛比案应与范例 A_1 所处目录位置之上的范例最相类似。事实上，还有大量有待审查判断的案件情节，可能使黛比案类似于范例 A_0 与范例 A_n 之间的某一范例。当然，以上案件情节的变化并不会改变黛比案的法律性质，只会引起量刑上的或轻或重的变化。然而，正如上文所述及的，案件情节中的（4）和（5），以及黛比在宪法上享有的自由权等除外事由，能否在法律上具备足够的反驳力量，使得黛比案构成关于故意杀人罪的范例目录的例外情形？此外，如果医生仅是想帮助黛比减轻身体和精神上的痛苦，那么，医生的行为明显地不涉嫌故意杀人罪；又或者，在吗啡产生药效之前，卵巢癌导致黛比自然地死亡，那么，黛比案可能只是一起临床医疗上的意外事件。事实上，以上批判性问题在不断加剧案件情境的复杂程度，与此相应，范例目录的长度和深度也在不断扩展，并有可能导致第二个范例目录的产生，最终形成一个这样的范例谱系：类比于第一个范例，医生的行为是明显错误的；

---

[1] 参见舒国滢：《决疑术：方法、渊源与盛衰》，载《中国政法大学学报》2012 年第 2 期，第 8 页。
[2] 林连泽：《决疑论与实践讨论——以对话伦理学作为医学伦理教学之基础的试探》，载《哲学与文化》2005 年第 8 期，第 60 页。
[3] See Albert R Jonsen, "Casuistry as methodology in clinical ethics", *Theoretical Medicine and Bioethics*, Vol. 12, No. 4 (Dec. 1991). p. 295.

类比于最后一个范例，医生的行为是明显正确的。[①] 在这里，谱系中的范例越多则疑义越少，越能为问题案件的解决提供一种更明朗的启发。[②] 下面通过表1[③]展示黛比案的范例目录的构建过程。

表1：构建黛比案的范例目录

问题案例 \ 范例	范例目录1（医生的行为涉嫌故意杀人）	范例目录2（医生的行为不涉嫌故意杀人）
黛比案	A_0	
	$A_1 = A_0 + S$ 神志清醒	
	$A_2 = A_1 +$ 具有明确的安乐死请求	
	A_3 ⋮ A_{n-1}	
	A_n	
	$A_{n+1} = A_n + S$ 遭受身体和精神上的巨大痛苦	
	$A_{n+2} = A_{n+1} + S$ 享有宪法上的自由权	
		$A_{n+3} = A_{n+2} + T$ 没有实施安乐死的意图
		$A_{n+4} = A_{n+3} +$ 疾病导致 S 的死亡

基于"身体和精神上的巨大痛苦"和"宪法上的自由权"可以作为反驳事由的考量，本文假设范例 A_{n+1} 和 A_{n+2} 的法律性质因案而异，所以在表1中，它们所处的位置横跨范例目录1和范例目录2。事实上，如果从图尔敏模型理解的话，范例目录2就是依据反驳医生故意杀人的事由构建的，它们既可以被看作是故意杀人罪的例外规定，也可以被视为被另一规范或原则所管辖的已决案件。由此，用决疑法裁判的推理工作进入了通过案件之间的比较获取裁判结论的最后阶段。

3. 动力学：裁判结论的获取

一般而言，类比推理即是在通过比较，找出两个事物或对象哪些属性相同或相似，然后进一步考虑或推测它们的另一个属性相同或相似。[④] 而在琼森看来，在决疑法的问题案件与范例之间的类推环节，推测犹如一个移动的台球传递它所击中的静止的台球运动一

[①] 林连泽：《决疑论与实践讨论—以对话伦理学作为医学伦理教学之基础的试探》，载《哲学与文化》2005年第8期，第61页。

[②] 参见季卫东：《案例与法典之间的睿智——〈法学的知识谱系〉为线索的议论》，载《中国法律评论》2021年第2期，第132页。

[③] 为了表述方便，图式2将范例中类似黛比的主体用 S 表示，用 T 表示类似医生的主体。

[④] 参见雍琦：《法律逻辑学》，法律出版社2004年版，第285–286页。

样，将范例的法律性质赋予问题案件。① 因此，他将这一推测过程形象地比喻为物理学中的动力学现象。但与物理学不同的是，决疑法的"动力学"不是机械的，而是审慎的；不是从现有规则演绎推导裁判结论，而是从相关类案的启示做出符合案件情境本质的个案判断。

在案件类比的具体操作中，哪些情节相同或相似，哪些情节不同或不相似，以及情节上的相同点或不同点在这种情境下谁更重要等，都需要裁判者的个人明智参与分析和评价，在此权衡其中的轻与重。② 这表明，权衡在决疑法的动力学阶段扮演着重要的角色。通常情况下，决疑者使用"weighty"或"balancing considerations"表示推理中的权衡，并运用如"一比钱财的多与少""一个行为的残暴与温柔""承诺及其之事的重要与轻微"等例子说明权衡的适当事景。③ 事实上，权衡考虑情境之"量"上的轻微或明显变化，恰恰是决疑法判断范例的情节之间是否相似或不同的逻辑起点，同时构成了决疑法敏感于情境之独特的正当切入点。在戴比案中，黛比之要求的清晰程度，精神和身体上的痛苦程度，住院医生对她的病情的熟悉程度等，都需要裁判者在明智的深思熟虑下认真权衡，由此决定它们是否与范例中的某一情节确实相似或不同，并判断是否会对案件的性质造成以及能造成多大分量的影响。此外，如果说权衡的初阶是情节"量"的变化，那么权衡的高阶则是两者之间"质"的对立。在黛比案中，当范例之间发生冲突、特定情境下相似点或不同点孰轻孰重以及"禁止杀人"与"宪法自由权"发生碰撞时，很显然需要裁判者的权衡协调矛盾，发挥实质性的决定作用。当然，在权衡轻重时，明智绝不是根据规则主义所主张的那样，以一套客观不变的标准体系作出判断；④ 而是根据累积的司法经验和细心的观察，并善于调动情感、直觉等其他非主流认知要素，在案件比较中发现并认真关注影响权衡的各种因素，然后在整体考量下权衡出朝向案件本质的判断。而那些影响权衡的要素既可以是微观的情节要素，也可以是宏观的案涉背景，它需要裁判者在具体权衡中具体选择。特别值得注意的是，在具体案件中哪个或哪些因素将起支配作用，这在很大程度上必定取决于将因此得以推进或损害的诸多社会利益的相对重要性或相对价值，而这些利益则又反作用于我们对体现案件独特或本质之情节的认知和判断。客观地说，我们常常因不可能超越本我的限制而看清任何事物的本来面目，但这是一个在裁判者的明智范围内应当努力争取的理想。⑤ 退一步讲，即使裁判者的明智无法洞悉案件的本质，但这些判决也可

---

① See Albert R Jonsen, "Casuistry as methodology in clinical ethics", *Theoretical Medicine and Bioethics*, Vol. 12, No. 4（Dec. 1991）. p. 303.
② 参见［美］史蒂文·J. 伯顿：《法律和法律推理导论》，张志铭、谢兴权译，中国政法大学出版社1998年版，第31－33页。
③ 参见舒国滢：《决疑术：方法、渊源与盛衰》，载《中国政法大学学报》2012年第2期，第9页。
④ 林连泽：《决疑论与实践讨论——以对话伦理学作为医学伦理教学之基础的试探》，载《哲学与文化》2005年第8期，第62页。
⑤ 参见［美］本杰明·卡多佐：《司法过程的性质》，苏力译，商务印书馆版1997年版，第59－62页。

以视为在法律上是正确的,只要判决是根据范例的启示并在明智所表征的合理的限度内做出的。①

能够确定与问题案件最为相似的范例是一种理想情形,在其启示下即可大致锁定问题案件在范例谱系中的位置,进而根据类推原理获取它的法律判断;然而,即使经过一番努力后确定的最优范例仍与问题案件不对应,也可以根据范例在范例目录上的位置,以及两者的事实差异,做出与此相应的独特判断,当然,它的好与坏在很大程度上依赖于裁判者能否准确权衡"两者的情境差异制造出的法律性质差异"。事实上,无论案件如何疑难或新颖,它都在范例谱系的对错假定之中,而裁判者要做的决疑工作,就是如何根据范例和明智的综合作用来精准定位它在范例谱系的合适位置,进而推出与法律规范相关的个案结论。就黛比案而言,若与荷兰立法规制的安乐死案例相类比,可以得出一个这样的结论:住院医生的行为涉嫌故意杀人罪。因为类似案例表明,只有病人的主治医生才有资质对其实施安乐死行为,很明显住院医生不被允许这样做。对于以上论述的决疑法的动力学,在舒国滢教授看来,范例传递的较为清晰的"裁判动力",使法律决定的作出更加公开化,并且使我们相信,利用这一方法的人必然会采纳某些行动,舍弃另一些行动。②除此之外,这种基于范例的裁判方式蕴含的"类似案件类似处理"之原理,十分契合植根于人们内心深处的形式正义理念,无疑这会使得据此做出的裁判更具信服力。

(三)用决疑法裁判的注意事项

经过上文的论述不难发现,用决疑法裁判自成一体,论证缜密,的确能对司法裁判产生极其有用的方法论指导。然而,正如有光的地方就有阴影,对决疑法的操作不当将会使其由"良币"驱为"劣币"。因此,用决疑法裁判需要格为关注以下三个方面。

一是用决疑法裁判须严守依法裁判原则。依法裁判是司法的生命线,决疑法在司法场域的自发运用必须严格遵循这一规范性约束。对于决疑法来说,有学者担忧,决疑法中的明智及权衡,皆是十分抽象且过于模糊的实践性范畴,这使其不但为法官预留了无限的自由裁量空间,还充盈了各种法律解释的可能性,似乎将它评价为一种任意的裁判理论也不言过其实。③虽然如此隐忧有杞人忧天之嫌,但也较为准确地托出了决疑法的"阿克琉斯之踵"。事实上,在上文所述的决疑法之方法应用中,根据预判规则构建范例目录,尽可能多地在目录中引入合法的关联案例,将共享的范例作为推理依据等,皆可看作决疑法正在展开依法裁判工作的努力表现。此外,在笔者看来,裁判者在运用明智进行推理判断尤其是权衡疑难之事时,应给出明智直觉出和审慎出的论证理由。然而,正如英国法学家麦

---

① 杜宴林、胡烯:《现代法律德性转向及其中国启示》,载《法学》2018年第10期,第77页。
② 参见舒国滢:《决疑术:方法、渊源与盛衰》,载《中国政法大学学报》2012年第2期,第9页。
③ See Peter A. Ubel: "Assisted Suicide and the Case of Dr. Quill and Diane" *Law and Medicine*, Vol. 8, Nov 4 (1993), p. 495.

克密考所言，特定的法律制度内容为论证理由的选择施加了明显的限制，这些选择只能在一个有效的法律制度所许可的范围内做出，不得逾越它。① 对此，裁判者应根据法律规定、司法解释、司法政策等制度事实的规范性内容，对相应的理由进行合法合理性筛查，以此形成彼此支持、逻辑一致、充分翔实的理由体系，进而表明裁判者的明智和权衡是合法的，免于主观的，不与依法裁判原则相抵触。

二是用决疑法裁判须强调法官明智培养。早在两千多年前的古希腊时期，亚里士多德就认为，法律是普遍的，但如果裁判者缺乏发现司法案件本质的明智，那么得出的裁判结论则可能不是普遍正确的。② 或许正基于此，以德日、美英为代表的两大法系国家通过选任、履职的"精英化"，实现法官的"精英化"，进而确保法官的个人职业素养能够完全胜任高度专业化的裁判工作。③ 而在运用决疑法裁判的论证过程中，明智的前提地位和保障作用得到了进一步凸显，如果缺乏明智的深度运用，那么就根本无法贯通形态学、分类表和动力学的具体操作。然而，正如上文反复所述及的，明智绝不是法律逻辑思维的培养和训练，毋宁是霍姆斯法官笔下能给予法律之生命的实践智慧。它要求法官像立法者那样，从经验、研究和反思中获取它的知识，并能顺应社会的需求及感知社会的公共理性。④ 从而养成了明智的法官拥有这样的能力：具备较强的情境洞察力与视野，以通过比较识别问题案件的独特之处，并根据具体情境的变化作出直抵问题本质的权衡，进而推知与法律规范相关的案件结论。此外，明智的法官也不是犹如赫拉克勒斯那般毫无瑕疵的圣人，他如常人一样，也有说不清道不明的仁爱之心，以及敏于人伦世故的自然情感，只不过他能将制度的纪律严格施加于己，并服从法治国家对秩序的基本要求。

三是用决疑法裁判须重视裁判结论效果。任何法律方法无论如何精致与科学，如果运用它推出的裁判结论不能实现法律效果和社会效果的相统一，那么它终将被扔进方法论中的垃圾箱。因此，用决疑法裁判要注重裁判结论的可接受性，充分阐释它的形成过程和正当性理由，说出与司法文件要求相对应的法理、事理、情理和文理⑤；简言之，即是要对其进行说理、推理和论证。⑥ 对此，上文已经详细论述了用决疑法裁判的论证思路和具体内容。然而，如何判断由此得到的个案结论是否符合可接受性原则？在比利时法学家佩雷尔曼看来，裁判论证总是说给一定的（真实的或想象的）听众听的，如果论证获得了听众

---

① ［英］尼尔·麦考密克：《法律推理与法律理论》，姜峰译，法律出版社2018年版，第154页。
② See Peter A. Ubel: "Assisted Suicide and the Case of Dr. Quill and Diane" Law and Medicine, Vol.8, Nov 4 (1993), p.496.
③ 王坤：《司法改革语境下卓越法律人才培养路径新探——以实习法官助理的培养为视角》，载《法学教育研究》（第32卷），法律出版社2021年版，第330页。
④ 参见［美］本杰明·卡多佐：《司法过程的性质》，苏力译，商务印书馆版1997年版，第63页。
⑤ 具体参见最高人民法院于2018年6月下发的《关于加强和规范裁判文书释法说理的指导意见》中的相关规定。
⑥ 雷磊：《从"看得见的正义"到"说得出的正义"——基于最高人民法院〈关于加强和规范裁判文书释法说理的指导意见〉的解读与反思》，载《法学》2019年第1期，第174页。

的认可，那么结论就具有理性可接受性。① 在此基础上，根据论证面向的对象不同，佩雷尔曼把听众大致分为争议的双方、法律工作者和大众舆论，由此将裁判的可接受性与不同听众的价值贯通了起来。② 进言之，如果用决疑法裁判获取的案件结论是可接受的，那么对于争议的双方来说，就不会走上诉审、再审、累诉甚至信访等维权之路，而是认同、接受和执行它的具体内容；对于法律工作者来说，会以专业、理性和客观的态度给出肯定性评价，甚至将其作为经典案例在法学课堂和专业写作中予以展现；对于大众舆论而说，能够牵引他们内在的同理心，并于心田生成信仰法治的"内在观点"③。可以肯定地说，经得起以上听众检验和再检验的决疑结论，完全能取得实质性的裁判效果。

四、结语

作为一种基于案例的推理方法，决疑法近年来在生物伦理学领域的成功应用有力表明，它在发现问题案件的独特性、进而推出趋向案件本质的个案结论方面，往往较基于规则的推理方法更胜一筹。根据决疑法的方法论旨趣，这既源于决疑者的深思熟虑，更重要的在于决疑者在案件之间进行精细化的类比工作。经过分析不难发现，新决疑法能自成一体地在司法裁判场域展开充分的运用，并前后融贯地表现为三个部分：形态学、分类表、动力学。形态学意在通过预判规则分解出的专有论题塑造待决案件的法律形态；分类表主张经由案件情境的复杂程度构建对错假定的范例谱系；动力学重在利用最为相关的案件权衡出值得信服的裁判结论。当然，并不是每一个案件都要启动颇为"烧脑"的决疑程序，通常那些游离于法律概念边缘地带的疑难案件最需如此。然而，每一种方法都有相对的有效性和不足④，这对于决疑法来说也不例外。如果决疑只是直觉主义自编自导的一场"哑剧"，那么就无法在裁判文书或法庭论辩上说出它的过程之美，甚至可能因此引致对裁判结论合法性的信任危机。因此，决疑需要充分的说理、推理和论证。此外，值得一提的是，从我国正在大力推行案例指导制度、同案同判制度和类案检索制度这一司法语境考量，决疑法在司法裁判中的运用正当其时，因为它能有效激活案例的指导作用。事实上，截至目前，还没有发现哪种司法制度去否定而不去利用案例的作用和影响力。⑤

（编辑：杨知文）

---

① 参见［荷］伊芙琳·T. 菲特丽丝：《法律论辩理论——司法裁决辩论理论之概览》，武宏志、武晓蓓译，中国政法大学出版社2018年版，第88页。
② ［荷］伊芙琳·T. 菲特丽丝：《法律论辩理论——司法裁决辩论理论之概览》，武宏志、武晓蓓译，中国政法大学出版社2018年版，第92页。
③ 参见［英］哈特：《法律的概念》，许家馨、李冠宜译，法律出版社2018年版，第161页。
④ 参见雷磊：《司法裁判中的价值判断与后果考量》，载《浙江社会科学》2021年第2期，第51页。
⑤ 张志铭：《司法判例制度构建的法理基础》，载《清华法学》2013年第6期，第101页。

论认罪认罚从宽案件的司法审查及其方法[*]

许克军[**]

摘　要　源自哈贝马斯真理共识论的诉讼合意理论在诉讼法理上并不能成立，因其存在虚假合意风险和强制共识悖论之固有缺陷；认罪认罚从宽制度的正当性基础应在于诉讼经济原则和司法效率价值。程序的效率化所带来的公正价值与效率价值的矛盾与冲突，正是法院需要对认罪认罚案件进行司法审查的根本动因。为了防范共谋或强迫认罪，法官保留原则仍应被充分强调，法官在认罪认罚案件中应担纲"中立的司法审查者"之角色，其不能介入协商谈判，以防破坏公正审判的基本结构。为提高事实认定的准确性和人权司法保障水平，以最大程度避免司法误判，法官应对认罪认罚的自愿性、真实性、合法性和量刑建议的精准性、适当性进行实质性司法审查，以控制结构性风险。

关键词　认罪认罚从宽　诉讼合意　程序效率化　客观中立　实质性司法审查

一、问题的提出

认罪认罚从宽制度从改革试点开始就一直备受争议，随着 2018 年修法获得通过，学术争鸣的热度反增不减。与此同时，检察机关大力推动认罪认罚从宽制度的有效实施，全面主导认罪认罚案件的诉讼进程，着重强调审前诉讼行为对于审判结果的预决意义，审判似乎不再是中心，反而成了对检察机关定罪量刑意见的简单确认。有论者甚至将这种"检察主导"的程序新模式描述为"以起诉为中心"，而其要旨即实现"检察官法官化"的权

---

[*] 本文系国家社科基金青年项目"刑民交叉案件中证据交互使用问题研究"（20CFX034）、江苏高校优势学科建设工程资助项目（PAPD）的阶段性成果。

[**] 许克军，男，江苏高邮人，南京师范大学法学院诉讼法学专业博士研究生，研究方向为刑事诉讼法学、刑事证据法学。

力转移。① 可见，我国刑事诉讼的整体模式正在经历深刻的变革。

这主要表现为新《刑事诉讼法》第 201 条"一般应当采纳"条款和检察机关主导确立的"一般应当提出确定刑量刑建议"之司法解释性规定。有学者一针见血地指出，目前的立法格局和司法实践颇有点"检察官司法"的意味，而这种"检察官司法"必然会与"以审判为中心"的刑事诉讼制度改革产生龃龉。② 随着认罪认罚从宽制度的深入推进，检察官与法官在具体的程序适用中就逐渐产生了某种角色张力，先前受到热议的"余金平交通肇事案"即为矛盾凸显的最好注脚。

那么，由此产生的疑问是：当检察机关强调其对认罪认罚案件的主导地位、主导作用和主导责任之时，法院应该如何具体应对，法官又应在其中承担何种角色、发挥何种功能？如何从人权保障的视角去防范"检察官司法"沦为"检察官专政"③，以免制造新时期的冤假错案？有鉴于此，本文拟从司法审查的角度对上述疑问进行探讨，以期廓清理论迷雾，引发更多思考与争鸣。

二、司法审查的根本动因：程序效率化

虽然自认罪认罚从宽被首次提出到改革试点再到正式入法，理论界和实务界的热议就未曾间断，但有一个更根本的问题却一直受到忽视，至少在认识上仍含混不清，即：究竟什么才是认罪认罚从宽制度的正当性基础？只有首先对这一根本性问题进行深刻的检讨，方知对认罪认罚案件进行司法审查的根本动因。

（一）诉讼合意理论的不可证立性

众所周知，认罪认罚从宽制度是我国宽严相济刑事政策的具体化，它是一项集实体规范和程序规范于一体的综合性法律制度。申言之，在已有的自首、坦白等量刑规范之基础上，我国又创设了"认罪认罚"这一新的量刑规范，即将认罪认罚作为一个独立的法定从宽量刑情节，这里的从宽既包括实体从宽（量刑减让），又包括程序从宽（强制措施宽缓化）和程序从简（可适用简式程序，包括速裁程序和简易程序）。那么，一个核心问题便是，在《刑法》没有对"认罪认罚"这一新的量刑情节予以规定的情况下，仅凭《刑事诉讼法》和相关司法解释就对认罪认罚的被告人予以实体从宽是否有违罪刑法定和罪刑相

---

① 参见闫召华：《检察主导：认罪认罚从宽程序模式的构建》，载《现代法学》2020 年第 4 期，第 37–41 页。

② 参见孙长永：《认罪认罚从宽制度实施中的五个矛盾及其化解》，载《政治与法律》2021 年第 1 期，第 6–8 页。

③ 这是兰博约教授对辩诉交易制度的评价，笔者在此借用其说法。"就像欧洲大陆的刑讯法一样，现代美国的辩诉交易已经改变了刑事司法的权力平衡，它将司法制度转变成了几乎不受制约的控方专政。"John H. Langbein, *Torture and the Law of Proof: Europe and England in the Ancien Régime*, Chicago: University of Chicago Press, 2006, preface to the paperback edition, p. xii.

适应原则?① 即便未来通过修改《刑法》对"认罪认罚"予以正式确认,但与自首、坦白相比,其之所以可以程序从宽和程序从简(意味着不自证己罪权和完整审判权的彻底放弃)的正当性基础又何在?

放眼域外,协商司法的正当性在职权主义的代表性国家——德国,也一直是个备受争议的话题。德国刑事诉讼法学界基本分为两派,一派是以魏根特、许乃曼等为代表的消极派,主张协商程序有可能摧毁传统的刑事诉讼构造,因其违背了实体真实、罪责原则、无罪推定等职权主义诉讼的基本原则。② 一些具体的反对意见包括:定罪与量刑欠缺可靠的事实基础;有罪答辩或供述与量刑折扣之间的关联具有争议性;典型的协商对价中暗含着内在强迫性;受不同辩护律师的素质、技能和魄力影响而导致的不平等状态等。③ 一派则是以赫尔曼、罗塞纳等为代表的积极派,主张协商程序的出现是现实案件压力的结果,与诉讼模式无关,辩诉交易也不是当事人主义的固有制度;被告人不再是国家的统治客体,其作为诉讼主体具有一定的处分权,可以建设性地参与罪责和刑罚的确定,基于协作与合意确立的真实(所谓的"合意真实"或"共识")是对传统实体真实原则的修正。④

随着认罪认罚从宽制度的深入推进,我国学界也面临着同样的解释难题。近期以来,学者们提出了各种方案,其中影响最大者,当首推诉讼合意理论。"所谓的认罪认罚从宽协商,就本质而言属于控辩合意,其直接目的是在控辩之间达成有关认罪和量刑的一致意见。"⑤ "认罪认罚案件的诉讼程序属于合作模式,而合作的核心正是诉讼合意的存在……被追诉人与国家之间诉讼合意的达成是认罪认罚案件诉讼程序简化的正当性基础。"⑥ "被告人与国家通过一系列交互行为达成合意,国家基于这一交互关系的理性而兑现被告人所应获得的利益。"⑦ 不仅如此,还有学者对该理论进行了体系化论证。⑧

但需要严肃追问的是:诉讼合意理论真的能够证立吗?这一问题的答案至关重要,它

---

① 对该问题的探讨,参见左卫民:《认罪认罚何以从宽:误区与正解》,载《法学研究》2017 年第 3 期,第 170 – 173 页;周光权:《论刑法与认罪认罚从宽制度的衔接》,载《清华法学》2019 年第 3 期,第 28 – 41 页。
② 参见[德]托马斯·魏根特:《德国刑事协商制度新论》,琚明亮译,载《研究生法学》2016 年第 4 期,第 136 – 137 页。Claus Roxin/Bernd Schünemann, *Strafverfahrensrecht*, 29. Aufl., Verlag C. H. Beck, München 2017, § 17 Rn. 8b *passim*. 转引自[德]博内尔:《辩护方角度审视公正审判原则:以认罪协商为考察重点》,黄河译,载陈光中主编:《公正审判与认罪协商》,法律出版社 2018 年版,第 142 页。
③ Thomas Weigend, *Why Have A Trial When You Can Have A Bargain*?, in Antony Duff et al. eds., The Trial on Trial (Volume 2): Judgement And Calling to Account, Hart Publishing, 2006, p. 213.
④ 参见[德]约阿希姆·赫尔曼:《德国刑事诉讼程序中的协商》,王世洲译,载《环球法律评论》2001 年第 4 期,第 421 页。Hening Rosenau, *Die Absprachen im deutschen Strafverfahren*, in: Henning Rosenau/Sangyun Kim (Hrsg.), Straftheorie und Strafgerechtigkeit: Deutsch – Japanischer Strafrechtsdialog, Peter Lang, 2010, S. 45 – 74. 转引自[日]田口守一:《刑事诉讼的目的》,张凌、于秀峰译,中国政法大学出版社 2011 年版,第 265 – 272 页。
⑤ 陈卫东:《认罪认罚从宽的理论问题再探讨》,载《环球法律评论》2020 年第 2 期,第 28 页。
⑥ 贾志强:《论"认罪认罚案件"中的有效辩护——以诉讼合意为视角》,载《政法论坛》2018 年第 2 期,第 175 页。
⑦ 吴思远:《我国重罪协商的障碍、困境及重构》,载《法学》2019 年第 11 期,第 60 页。
⑧ 参见王新清:《合意式刑事诉讼论》,载《法学研究》2020 年第 6 期,第 149 – 166 页。

既涉及认罪认罚具结书的效力问题,又决定了《刑事诉讼法》第 201 条之规定和检察机关推行确定刑量刑建议是否符合诉讼法理的问题。如果诉讼合意理论能够证立,那就意味着法官要受到控辩合意的严格约束;反之,则相关法律条文和实践举措就缺乏应有的法理依据。

要想回答这个问题,需要追根溯源。合意抑或共识源自哈贝马斯的交往行为理论和商谈理论,其在批判传统的真理符合论之基础上提出了一种新的认识论真理观,即真理的共识理论。该理论的核心观点是:真理是主体间通过言语交往行为(沟通)或商谈(确切地说是论辩)的方式达成的共识,共识的基础则为主体间的承认和相互信服,即对"有效性要求"的批判、检验与认可。而所谓的"有效性要求"则包括:命题的真实性、规范的正确性和符号表达的真诚性、可理解性。① 与此同时,他还强调,商谈是在一种免除了压制和不平等的环境下完成的,即其所谓的"理想的交往共同体"或"理想的言语情境"。②

自从哈贝马斯提出上述理论开始,德国法学界就一直有一种声音,即将"共识原则"引入刑事诉讼法并作为其理论基础。这些观点包括:鉴于协商实践,继续坚持"法院依职权查明真相原则"是不现实的,协商判决的正当性应建立在当事人的共识之上;共识原则可能会代替纠问司法中的强制原则。而早在 21 世纪初,德国在讨论协商程序立法时,就已经在相关立法草案中提及了刑事诉讼模式的转型问题,即"引入共识式的诉讼构造及处理之可能"。③ 也正因如此,才有部分德国学者将协商程序概括为一种新的刑事诉讼类型,并称其为"合意式程序"。④ 显然,这些观点被我国的不少学者所接受并继承。

然而,哈贝马斯的共识真理观在哲学认识论和对话伦理学领域或许是一项贡献,但将其运用到刑事司法领域是否可行,学界的主流意见大多是否定的。例如,考夫曼教授即指出:商谈模式是沟通式的,于此,规则系在一个拟制的状态下获得,这里的共识也只是一个假想的共识。该理论的主要弱点在于假定,发现真实变成了一个纯粹的自我行为,使得形式上正确而取得共识的谎言(所有陈述均一致)也会被当做真实,而呈现出合法的外貌。另外,一方就特定陈述为错误判断而达成共识,也是很有可能的。⑤ 这里,考夫曼教授指出了共识或合意真实的一个致命弱点,即存在虚假性风险,而这种虚假性既可能是故

---

① 参见[德]哈贝马斯:《交往行为理论》(第一卷),曹卫东译,上海人民出版社 2018 年版,第 173 – 175 页。
② 参见[德]哈贝马斯:《在事实与规范之间》,童世骏译,生活·读书·新知三联书店 2003 年版,第 280 – 282 页。
③ 参见[德]马蒂亚斯·雅恩:《回到未来——新共识刑事诉讼程序的范式:法的商谈理论》,宗玉琨译,载赵秉志等主编:《当代德国刑事法研究》第 3 卷,法律出版社 2019 年版,第 214 – 217 页。
④ 参见[德]汉斯-于尔根·柯尔纳:《德国刑事追诉与制裁》,许泽天、薛智仁译,元照有限公司 2008 年版,第 179 页。
⑤ 参见[德]阿图尔·考夫曼:《法律哲学》(第 2 版),刘幸义等译,法律出版社 2011 年版,第 221、295 页。

意的（共谋的合意），也可能是无意的（认识错误的合意）。

其实，共识理论还有另一个致命弱点，即强制共识悖论。共识之达成原本应基于普遍的平等和充分的沟通，避免强迫与压制；但在刑事诉讼中为了强调协商效果，有可能存在强制的问题，即如果被告人不同意协商或协商谈判破裂，就存在被控方过度指控甚至被科处较重刑罚的潜在危险，这就是所谓的强制共识悖论。因为与民事诉讼不同，刑事诉讼特有的结构性不平等也决定了控辩双方之间、诉讼参与人与法官之间的交流不可能是理性的商谈。达马斯卡教授也曾尖锐地指出，将事实认定的理论基础建立在交互、对话、商谈、合意等理论之上，不利于准确地认定事实，因为这些理论建立在理想的环境之中，从而脱离了诉讼活动的现实，也模糊了"对真相的追求"和"对知识的确证"这两者之间的界限。①

如此看来，所谓的诉讼合意或合意真实在诉讼法理上是不能成立的。以自白换轻刑，并非完全基于合意真实或真诚悔罪，如果按照哈贝马斯对社会行为的分类，其本质仅是一种目的取向的"策略行为"，而非沟通取向的"交往行为"，②这种策略行为的选择，要么基于理性计算、要么基于被动接受，而非所谓的共识。我国的"听取意见式"量刑协商模式③也从侧面印证了这一点。故而，对认罪认罚行为予以实体从宽和程序从简在本质上是有违罪责原则和实体真实原则的，并不能从诉讼合意的角度去论证其正当性。④ 也正因如此，许乃曼教授才将协商双方形象地比喻成"猫和老鼠"，并指出刑事协商并非合意而是屈服，把刑事协商建立在合意原则基础上的尝试也必然是错误的。⑤

（二）诉讼经济原则与司法效率价值的可证立性

除了诉讼合意理论之外，我国学界还有一种较流行的理论，认为认罪认罚从宽制度的正当性在于："从宽"是被告人的"权利放弃对价"。⑥ 这一观点同样似是而非，无法解释"从宽"与罪责原则、实体真实原则之间的内在矛盾，也没有看清所谓"对价"的本质。

---

① 参见[美]达马斯卡：《司法裁判中的真实》，载《比较法视野中的证据制度》，吴宏耀等译，中国人民公安大学出版社2006年版，第52-55页。

② 哈贝马斯认为，交往行为以沟通为取向，与他人分享对共同处境的理解，来协调自己和他人可能不同的计划，最终通过讨论达成共识；而策略行为则以目的为取向，是符合目的理性的功利主义行为方式，为了达到目的，可能使用金钱收买、权力压服等手段。参见[德]哈贝马斯：《交往行为理论》（第一卷），曹卫东译，上海人民出版社2018年版，第360-361页。

③ 认罪认罚从宽在具体的量刑讨论上是一种不完全对等的"听取意见"，而非平等的"讨价还价（bargain）"；其更多地在强调一种配合义务，而非赋予被追诉人一项诉讼权利。参见《刑事诉讼法》第173条和"两高三部"《指导意见》第27条之规定。

④ 参见孙长永：《认罪认罚从宽制度实施中的五个矛盾及其化解》，载《政治与法律》2021年第1期，第3-6页。

⑤ 参见[德]贝恩德·许乃曼：《公正程序（公正审判）与刑事诉讼中的协商（辩诉交易）》，刘昶译，载陈光中主编：《公正审判与认罪协商》，法律出版社2018年版，第33-34页。

⑥ 参见赵恒：《论从宽的正当性基础》，载《政治与法律》2017年第11期，第129-132页。

而对价的本质其实正是：被告人因为认罪认罚而作出自白，减轻了控方的证明难度，降低了指控的经济成本，节约了国家的司法资源，从而在实质上提高了打击犯罪的效率。换言之，国家基于特定刑事政策的考量，有限牺牲了罪责原则和实体真实原则，用"量刑折扣"换取了"治罪效率"，其核心正是"经济与效率"。"实际上这根本就不关乎罪责、醒悟、后悔或者在特殊预防方面好转了的预测结果，也更不涉及促进法院查明案件，而就是关于犒劳被告人对缩短程序的贡献。"①

由此，本文更倾向于这样一种解释方案，即认罪认罚从宽制度真正的正当性基础应在于诉讼经济原则和司法效率价值。"认罪认罚从宽本质上是权力主导下的程序加速机制……提高效率是认罪认罚从宽制度的核心追求。"② 这也可以从立法释义中得到印证，即认罪认罚从宽制度的立法目的在于："提高诉讼效率，合理配置资源""鼓励犯罪嫌疑人自愿如实供述罪行""简化司法程序，提高司法效率"。③ 因此，几乎可以说，在这场协商性司法的全球浪潮中，传统的价值秩序和法律原则正在慢慢陨落，以至于无法抵挡结果主义、功利主义和效率导向的猛攻，我国也不例外。"从经济与效率的角度来看，公开审判的象征性仪式是昂贵的、耗时的，在许多方面就只是浪费资源。审判的式微可以说是现代社会普遍追求降低成本，提升系统效能趋势下的众多具体事项之一。"④

然而这里需要强调的是，经济与效率同样是司法所追求的主要目标。近年来，在我国刑事立法活动愈趋活跃、犯罪圈不断扩大，同时犯罪活动又呈现复杂多发和轻刑化趋势的背景下，刑事司法系统不堪重负，案多人少矛盾愈发突出，在此背景下提高案件处理的效率仍是必要且可行的。只有将大部分的轻微刑事案件以便捷的方式快速审理，有限的司法资源才能得到合理分配，那些少部分的重大、复杂、疑难案件才能得到精细化和实质化的审理。因此，从这个意义上说，诉讼经济与司法效率同样是公正的题中应有之义。正如有学者所言，刑事诉讼制度应对诉讼程序的"公正性"与"经济性"加以衡量，并运用"诉讼经济原则"进行"成本效益分析"，使有限的司法资源（成本）得到最合理的分配和最有效的发挥（效益），以提高司法的整体功能、增进司法的整体效率。⑤ 但同样不可否认，程序的效率化必然要与公正这一司法的首要价值产生一定程度的矛盾与冲突，关键是如何在两者之间寻找恰当的平衡。⑥

---

① ［德］托马斯·魏根特：《刑事诉讼法中的协商——迈向一个新的程序模式？》，宗玉琨译，载赵秉志等主编：《当代德国刑事法研究》第3卷，法律出版社2019年版，第199页。

② 秦宗文：《认罪认罚从宽制度的效率实质及其实现机制》，载《华东政法大学学报》2017年第4期，第32-33页。

③ 王爱立主编：《中华人民共和国刑事诉讼法释义》，法律出版社2018年版，第31、429-430页。

④ Thomas Weigend, *Why Have A Trial When You Can Have A Bargain*?, in Antony Duff et al. eds., The Trial on Trial（Volume 2）: Judgement And Calling to Account, Hart Publishing, 2006, p.214.

⑤ 参见林俊益：《程序正义与诉讼经济》，元照出版公司2000年版，第87-90页。

⑥ 参见李建明、许克军：《"以审判为中心"与"认罪认罚从宽"的冲突与协调》，载《江苏社会科学》2021年第1期，第125-126页。

(三) 程序效率化的弊端与克服

既然"从宽"的正当性基础并不在于诉讼合意而在于诉讼经济和司法效率，那么所谓认罪认罚具结书体现了控辩双方的诉讼合意，是一种司法契约或司法承诺，法院"一般应当采纳"的说法就不攻自破了。而考察立法机关的权威解释可以发现，之所以规定"一般应当采纳"条款，是因为 2016 年的《试点办法》如此规定，该规定在试点过程中取得了良好效果，因此立法延续了《试点办法》的规定；而且，此举可以"提升人民检察院量刑建议的法律效果，使得量刑建议更具分量，也能更好促使犯罪嫌疑人认罪服判"。[①] 但是，这种纯粹效率至上的立法观是需要反思的，因为赋予量刑建议以"半强制义务"，扰乱了求刑权与量刑权的关系，违背了诉讼法理和司法的一般规律。因此，新《刑事诉讼法》第 201 条的"一般应当采纳"条款和检察机关"一般应当提出确定刑量刑建议"之规定，在某种程度上不得不说是对"以审判为中心"改革目标的消解和对"公正优先、兼顾效率"原则的违误，该"一般应当采纳"条款被学者批评为立法的严重失误也就不足为奇了。[②]

从诉讼法理观之，无论检察官提出确定刑量刑建议还是幅度刑量刑建议，都不应当对法官产生强制约束力，在认罪认罚案件中亦然。因为量刑请求权即求刑权，是公诉权的下位权能，与定罪请求权、程序适用请求权共同构成公诉权之实体；量刑建议则是求刑权的具体表现形式，是公诉人代表国家行使追诉权时发表的法律适用意见，目的在于贯彻国家刑事政策、监督量刑裁判、促使量刑公正和量刑均衡，但归根结底其性质仅为"意见、建议"，即使检察官有履行求刑的法定职责和义务，但求刑权不能约束量刑权。申言之，法院并没有必须采纳量刑建议的义务。"量刑建议作为一种'建议'，对法院的量刑并无约束力，法院没有义务按检察院的建议量刑。"[③] 当然，这里还需要区分应然与实然两个不同层面，即在应然意义上，法官并不存在此义务；而从实然意义上讲，环顾全球，在绝大多数认罪协商案件中法官基本都采纳了检察官的量刑建议，但这种采纳并不是基于法定的强制或半强制义务，而是基于司法审查基础上对控辩双方意见的尊重和接纳。

反之，如果检察官求刑具有强制约束力或者法官对所谓的控辩合意全盘接纳（上文已说明，合意有可能虚假或存在强制），则法官的公正性、独立性就会受到质疑，不利于准确查明案件事实，也不利于保障被告人的权利，同时也违反了法官保留原则和司法权作为最终判断权的本质。而按照司法的一般规律，正确的理解应为：求刑是检察官的权利与职责，检察官公诉时应积极正确行使；法院应予充分尊重并高度重视，但量刑不受求刑之拘

---

① 参见王爱立主编：《中华人民共和国刑事诉讼法释义》，法律出版社 2018 年版，第 429–430 页。
② 参见孙远：《"一般应当采纳"条款的立法失误及解释论应对》，载《法学杂志》2020 年第 6 期，第 112 页。
③ 朱孝清：《论量刑建议》，载《中国法学》2010 年第 3 期，第 6 页。

束,因为量刑裁判权是法院的专属职权。因此,应深刻认识求刑权与量刑权之间的本质关系:从整体上说,求刑对量刑是一种潜在的、长期的、事实上的影响力,法官量刑必然会受检察官求刑之影响;① 但在具体个案(包括认罪认罚案件)中,所求之刑仅供法院裁判时审酌参考,最终如何量刑应由法院依法独立作出决定。

更为重要的是,这应该引起我们对程序效率化改革的深刻反思。协商司法大流行虽然符合现代刑事司法的整体趋势,但其带来的恶果便是——刑事诉讼的行政化倾向、结果主义倾向愈趋浓重。"关键的不再是引人注目的践行公正之仪式,而是高效、迅速、低廉地'处理'刑事案件。重要的是结果,不是过程。"② 正是由于认罪认罚从宽制度是以司法的效率价值为根本导向的,这就意味着其在运行过程中存在结构性风险,因为控辩失衡在我国目前的司法环境下是一个不争的事实,③ 且检察官基于追诉义务和考评压力又有着强烈的效率冲动,这进一步提高了制度运行的风险等级。因此,在既要追求诉讼效率、又要强调正确裁判的大前提下,对认罪认罚案件进行必要的司法审查就显得尤为重要。故而各方仍应遵循"公正优先、兼顾效率"原则,法官应当在审慎参酌检察官所提量刑建议之基础上作出正确裁判,审判在认罪认罚案件中仍然居于"中心"地位。

综上,程序的效率化所带来的公正价值与效率价值的矛盾与冲突,是法庭需要对认罪认罚从宽案件进行司法审查的根本动因。

三、司法审查的主体与职责:法官及其客观中立义务

(一)作为司法审查者的法官

虽然整个认罪认罚从宽进程的主导者和促成者是检察官,检察官在审查起诉阶段需要做较多的工作,包括讯问犯罪嫌疑人以核实证据与事实并听取其意见、确定指控罪名、听取被害人及其诉讼代理人的意见、与辩方展开量刑协商、在辩护人或值班律师的见证下签署认罪认罚具结书等,但作为控方的检察官毕竟只是诉讼当事人之一,其天然的追诉倾向很大可能会使程序产生异化,各种权力寻租、司法腐败等违法乱象就会产生。故而,"司法审查者"的角色只能由处于三角结构顶端的、相对被动的法官来担纲,并由其对认罪认罚的合法性、有效性进行最终把关,这也更加符合司法的一般规律。

正如戈尔茨坦教授所警示的那样,"迈向认罪答辩的世界性运动需要我们及时塑造一种司法审查程序,在该程序中需要考虑审判和定罪的公共机能。与此同时,还要抵制与答

---

① 参见林俊益:《论检察官之求刑》,载《东吴法律学报》第7卷第1期(1991年),第147、153-159页。
② [德]托马斯·魏根特:《刑事诉讼法中的协商——迈向一个新的程序模式?》,宗玉琨译,载赵秉志等主编:《当代德国刑事法研究》第3卷,法律出版社2019年版,第204页。
③ 参见龙宗智:《完善认罪认罚从宽制度的关键是控辩平衡》,载《环球法律评论》2020年第2期,第9-13页。

辩交易相关联的强制和共谋氛围。"① 质言之，在认罪认罚案件中，各方仍应遵守"法官保留原则"，法官应当对认罪认罚具结书的具体内容及其签署过程进行司法审查。而判断"法官保留原则"是否被侵犯的标准即在于，审判的三大职责是否仍保留在法官的权限范围内并具有"唯一性"和"决定性"，这三大职责分别是：①研判犯罪个案有关之各项犯罪事实及行为情状，去伪存真；②正确地适用犯罪事实该当之不法构成要件，据以定罪；③依法定刑作成适当且公正之刑罚裁量。② 可见，在认罪认罚案件中，法官仍然享有对证据、事实与罪名的最终判断权和对检察官所提量刑建议的最终裁决权。

因为一般来说，大陆法系国家的刑事诉讼结构偏向职权主义，法官在庭审中具有职权调查义务和真实发现义务。在协商司法中，这样的义务并没有因为诉讼效率提高和程序简化而消除。例如，在法国的庭前认罪答辩程序中，法官应着重审查如下三个基本要点：其一，犯罪事实的真实性；其二，检察官所建议之量刑的适当性，即所建议之量刑是否与犯罪情节及被告的罪责相匹配；其三，庭前认罪程序的运作是否合乎公正程序的要求，例如，律师是否在整个程序的运作过程中都在场、被告是否享有10天的思考期限、检察官是否履行了告知义务以及被告是否自主、明确承认了有罪而非受到外来的压力等。③

我国的刑事诉讼结构在整体上仍偏向职权主义，课予法官真实发现义务，提高事实认定的准确性也是其题中应有之义，无论审理何种案件、适用何种程序均应如此。因此，在处理认罪认罚案件时，法官仍需重点审查：①案件事实基础是否真实，是否存在虚构案件、冒名顶罪等情形；②侦控人员有没有进行明确的权利告知和充分释明，被追诉人的认罪认罚是否在自愿、明知且明智的前提下作出，是否得到辩护人或值班律师的充分帮助与解答，有无滥用起诉裁量权和"量刑建议剪刀差"变相压迫被追诉人认罪之情形；③检察官指控的罪名是否准确，是否存在钱权交易，有无过度指控或以轻罪代替重罪而为起诉；④检察官所提量刑建议是否精准适当，有无以钱买刑、求刑畸轻的问题等等。

而之所以将"案件事实基础"放在第一位，是因为刑事诉讼的首要目的仍然在于最大程度的发现真实。虽然适用认罪认罚的大部分被告人均构成犯罪，但过于相信被告人的自由意志也会损害对事实真相的发现，从而造成司法误判。质言之，在认罪认罚案件中，真实发现比诉讼效率和被告人的自主决定权更重要。田口守一教授就曾指出，认罪答辩的有效要件不是任意性要件，而是基于真实的事实基础，因为如果过度强调被告人的自主决定权，就会在很大程度上偏离真实，所以法院在认罪答辩制度中负有重要的责任。④

---

① Abraham S. Goldstein, "Converging Criminal Justice Systems: Guilty Pleas and the Public Interest", *SMU Law Review*, vol. 49, 1996, p. 577.
② 参见杨云骅:《协商程序与法官保留原则》，载《月旦法学杂志》第119期（2005年），第30－31页。
③ 参见施鹏鹏:《法律改革，走向新的程序平衡》，中国政法大学出版社2013年版，第157页。
④ 参见［日］田口守一:《刑事诉讼的目的》，张凌、于秀峰译，中国政法大学出版社2011年版，第142－143页。

(二) 法官的客观中立义务

随着认罪认罚实践的深入开展，还要谨防法官自身也参与到"交易"中去。理论上，广泛推行协商实践对法官也是有利的，法官也有进行主动"交易"的诱因，当案件数量过多、审判压力过大时，有的法官也会主动参与到协商实践中来，而这应被严格禁止。强调法官的客观中立义务，是要维持公正审判的基本结构，以严格遵守控审分离原则，避免法官沦为"第二公诉人"。

以美国为例，其历史已充分表明，法官既是辩诉交易的受益者，同时也可能是辩诉交易的积极推动者。根据费希尔教授的考察，美国联邦最高法院或许正是在其刑事上诉案件以势不可挡之势增长的时候确认了辩诉交易的合宪性。[1] 在美国，虽然各方已达成一致共识——禁止法官参与认罪答辩，《联邦刑事诉讼规则》第 11（c）（1）条也有明确的禁止性规定，但即便如此，"行动中的法"仍然战胜了"纸面上的法"，实践中还是产生了法官参与的协商类型。

辩诉交易权威学者阿尔舒勒教授曾将美国的认罪答辩实践概括为 4 种类型，即：①控方交易体系；②暗示交易体系；③直接的法官交易体系；④通过暗示、间接和诱骗的法官交易体系。在前两种类型中，法官拒绝与律师谈判，没有参与协商，但在后两种类型中法官通过各种方式参与了协商实践。[2] 他同时明确指出，法官参与认罪答辩存在诸多危险，这包括：第一，法官有可能将自己塑造成一个强制被告人答辩的角色；第二，当协商谈判破裂时，不能期待承审法官还能主持一场公正的审判；第三，无法公正的评判法官诱导下的认罪答辩自愿性；第四，会造成答辩交易与量刑前调查报告有效使用的紧张关系。[3]

因此，法官参与协商是不得体的。"审判法官，而不是检察官，应该在认罪协商程序中担任支配性地位；但是，法官不能发起协商程序或者对被告人采取一种对抗性姿态。"[4] 这里的支配性地位，实际上就是指法官在协商程序中应该担当一个中立的司法审查者之角色，只有法官对控辩协商的内容及过程是否符合实体真实原则、自白任意性原则等进行中立审查，整个协商程序的公正性才能得以维持。

值得玩味的是，针对此一问题，学界也有不同的看法。例如美国学者特纳教授就对法官主动参与协商程序表示支持和赞赏，她通过比较考察德国（法官作为直接参与方和监督

---

[1] 参见［美］乔治·费希尔：《辩诉交易的胜利——美国辩诉交易史》，郭志媛译，中国政法大学出版社 2012 年版，第 175 – 176 页。

[2] See Albert W. Alschuler, "The Trial Judge's Role in Plea Bargaining, Part I", *Columbia Law Review*, vol. 76, 1976, p. 1061 – 1099.

[3] See Albert W. Alschuler, "The Trial Judge's Role in Plea Bargaining, Part I", *Columbia Law Review*, vol. 76, 1976, p. 1103 – 1119.

[4] Albert W. Alschuler, "The Trial Judge's Role in Plea Bargaining, Part I", *Columbia Law Review*, vol. 76, 1976, p. 1123.

者)、美国佛罗里达州(法官作为信息来源)和康涅狄格州(法官作为主持者)这三种"法官参与认罪协商模式"后得出结论:虽然法官参与认罪协商有诸多弊端,但如果构建合理,法官对认罪协商的早期介入也会带来三项重要的益处:①提高答辩交易的可预测性;②增强答辩的精准性和公正性;③向答辩过程引入了更多的开放性和透明度。因为在由法官主持或参与的答辩程序中,被告人获得了更多有利的信息,从而提高了答辩的真实性和透明度,减少了检察官主导的强迫认罪,并且维持了认罪答辩的高效性。[1]

不得不承认,上述观点看似具有某种合理性,甚至在时下的我国也不乏其支持者。"既然认罪认罚从宽制度把定罪量刑前置到审前阶段让检察官开展,那么,法官就应当调整思维,提前介入到审前程序中发挥把关、制约作用。"[2]确实,如果法官提前介入到认罪认罚的谈判过程,既能为检察官初步的定罪量刑提供规范指引,又能为被追诉人有效行使辩护权提供司法保障、防止强迫认罪的发生,还能提高案件的处理效率和公正水平,可谓"美美与共"。

但这一观点是值得商榷的,因为法官提前介入认罪认罚谈判的所有益处都无法抵消其潜在的危害:控辩审三角结构有可能被打破,法官很有可能成为"强迫认罪"的帮凶或直接推手,因为其享有定罪量刑的终局裁判权,在"胡萝卜+大棒"的驱使下,被追诉人认罪认罚的自愿性、真实性无法得到有效保障,其抗辩权和救济权也会受到很大影响;完整的诉讼程序也会被颠覆,认罪认罚案件的庭审将被完全虚置化,庭审变得可有可无;当控辩审三方意见都不一致时,被告人、被害人可能变成边缘人,其诉讼权利无法得到充分保障,法官也可能早已形成预断,违背无罪推定原则,从而破坏诉讼的形式公正和实质公正。正因如此,才有不少学者对法官参与认罪量刑协商持鲜明的反对态度。[3]事实上,德国的刑事协商就是在法官的主导下进行,而这也正是其遭受批评最多的地方。

总之,在认罪认罚从宽案件中,法官既是司法审查者,同时也是中立裁判者,其不能以任何形式参与或提前介入协商,因为法官的客观中立是公正审判权的核心内容,也是诉讼构造理论的关键意涵,其对认罪认罚从宽制度行稳致远具有决定性意义。

四、司法审查的基本方法:实质审查

根据审查的强度,可以将司法审查分为形式审查与实质审查。那么,对于认罪认罚案件到底应进行形式审查还是实质审查,这在理论和实务上均存在一定的争议,正反两方都有支持者。本文认为,对于认罪认罚案件的审查,仍应以实质审查为要,不能因为对诉讼经济原则和司法效率价值的适当追求而放弃对司法公正的维护。

---

[1] See Jenia I. Turner, "Judicial Participation in Plea Negotiations: A Comparative View", *American Journal of Comparative Law*, vol. 54, 2006, pp. 199, 256–266.
[2] 胡云腾:《完善认罪认罚从宽制度改革的几个问题》,载《中国法律评论》2020年第3期,第83页。
[3] 参见王兆鹏等:《刑事诉讼法(下)》(第4版),新学林出版股份有限公司2018年版,第105页。

(一) 为何进行实质审查？

认罪认罚从宽制度的最大缺陷在于协商的不对等性，检察官在审前程序中几乎处于绝对优势地位，非法强制在所难免，不少实务人员也暗示了这一点。① 在此前提下，法官的中立审查义务显得至关重要。但在司法实务中，法官的审查流于形式的问题已经暴露出来：无论适用简易程序还是速裁程序，法官仅进行简短的提问；尤其是速裁程序，在短则三五分钟、长则十几分钟的超简短庭审中，司法审查的形式性表露无遗；有的法官甚至对认罪认罚案件来者不拒、照单全收。而一旦法院的审查流于形式，"就无从发现审前程序存在的问题，审判程序的监督、把关作用就会失守，法院一定意义上就会成为橡皮图章或签字先生，对公正司法、保障人权必然有害无利。"② 正如有学者批评的那样，"当一个程序如此简化，且赋予检察官无限宽广的权力而严格限制被告人权利之时，它就会导致更多的无辜者被错误定罪。"③

因此，主要基于以下两点理由，法庭应当对认罪认罚案件进行实质审查：

1. 提高事实认定的准确性，最大程度避免司法误判

"无冤是司法的最高境界"。这当然是一种崇高的理想，但司法裁判完全达致无冤是很难的，因为其受到各种主客观条件的限制。认罪量刑协商会不会造就冤错案件？理性与经验告诉我们，它确实会发生，检察官的强势地位和被告人辩护权保障之不足共同决定了这一点。④ 而且，轻罪案件未必个个都是事实清楚、证据确实充分的简单案件，在效率导向的驱使下、在案多人少的重压下，案件事实（包括定罪事实和量刑事实）的准确性受到轻视在所难免。事实上，除了内在强迫性以外，蔑视真实及其发现过程是认罪协商制度的另一重大缺陷。⑤ 因此，这就需要法官对认罪量刑协商的过程进行实质审查，以发现"真正的事实"，从而避免错判无辜。"在审判中，事实认定的准确性是法治之基石。"⑥ "没有什么比事实更重要，事实是正义的基础，脱离事实认定的准确性去追求其他价值，都是有一

---

① 参见吴冬等：《认罪认罚从宽制度改革中量刑建议研究》，载《人民检察》2017 年第 17 期，第 22 页。
② 胡云腾：《正确把握认罪认罚从宽，保证严格公正高效司法》，载《人民法院报》2019 年 10 月 24 日，第 5 版。
③ Gwladys Gilliéron, "Comparing Plea Bargaining and Abbreviated Trial Procedures", in Darryl K. Brown et al. eds., *The Oxford Handbook of Criminal Process*, New York: Oxford University Press, 2019, p. 724.
④ "我不认为大量无辜的人会自行对陌生人所犯的罪行作出有罪答辩，但是，在美国，现在有相当可观的证据表明，这样的案件的确已经发生，在这些案件中，特别是在承认有罪的被告人处于受惊吓、贫困以及孤独无助的情形之下，他们放弃了合理的辩护，或者承认实施了极其严重的、事实上他们根本没有实施的犯罪。" [美] 约翰·兰博约：《辩诉交易和刑事审判的消失》，江溯译，载陈兴良主编：《刑事法评论》第 31 卷，北京大学出版社 2012 年版，第 131 页。
⑤ 参见 [英] 麦高伟：《正义与辩诉交易：路在何方？》，王贞会译，载《国家检察官学院学报》2008 年第 5 期，第 43 页。
⑥ Paul Roberts & Adrian Zuckerman, *Criminal Evidence*, 2nd ed., Oxford: Oxford University Press, 2010, p. 19.

定限度的。"① 因此，无冤理想虽然难以完全实现，但我们绝不能放弃对"最大程度避免司法误判"的不懈追求。

2. 提高人权司法保障水平，保障被追诉人及被害人的诉讼权利

党的十八届四中全会《决定》明确提出："加强人权司法保障。强化诉讼过程中当事人和其他诉讼参与人的知情权、陈述权、辩护辩论权、申请权、申诉权的制度保障。"这一纲领性文件为我国新时期的人权事业提出了明确的前进方向。具体到认罪认罚案件，权利可能受到侵害的主要是两类主体，其一为被追诉人，其二即为被害人。侦控机关强迫认罪认罚，以获取有罪供述，妨碍行使辩护权、上诉权均侵害到了被追诉人的权利；而控辩双方达成"地下交易"，检察官提出过轻的量刑建议，甚至出现冒名顶罪等现象，则侵害了被害人的诉讼权益（有时还包括社会公众利益）。因此，如何有效维护这两类主体的诉讼权利，以防范侦控部门滥权，从而维护司法的廉洁性？唯有对认罪认罚从宽案件进行实质性司法审查，也只有进行实质审查，提高人权的司法保障水平才成为可能。

（二）实质审查认罪认罚的自愿性、真实性与合法性

如何有效保障被追诉人认罪认罚的自愿性、真实性与合法性，是认罪认罚从宽制度成败的关键。确保认罪认罚的自愿性、真实性与合法性，一方面主要靠辩护机制发挥作用，另一方面则靠法官的司法审查功能。而问题的关键在于，法官应如何实质审查认罪认罚的自愿性、真实性与合法性，通过何种程度的实质审查才能最大限度地避免司法误判，同时又照顾到了诉讼经济原则和司法效率价值？笔者认为，主要应注意以下两个方面：

其一，对认罪认罚案件必须进行开庭审理，而不能实行书面审理。只有进行开庭审理，法官才能在控辩双方都在场的情况下，对认罪认罚的过程进行重点审查。因为审前的量刑协商法官是没有参与的，是在控辩双方之间私下进行的，但如果开庭审理，那么这种由法官主持的当庭审查方式，一方面有利于将控辩双方私下进行的协商过程暴露在法庭上，另一方面也给予被告人重新考虑是否接受协商结果的机会，确保被告人当庭所做的选择确实是出于真实意愿和理性考量。② 在我国现有的法律援助体系尚不发达，值班律师不能有效帮助被追诉人进行量刑协商，且控方权力过大的现实背景下，法院进行开庭审理并对认罪认罚具结书进行实质性审查是一项必不可少的要求。在一项实证调研中，研究者也得出了相同的结论：多数法官表示认罪认罚案件必须开庭审理，不愿意也不敢适用书面审理方式，因为单纯依靠书面材料是难以形成准确判断的，还是需要坚持直接言词原则对案件进行开庭审理，方能减少或避免冤错案件的发生。③ 由此可见，实质性司法审查的公开

---

① 杨波：《以事实认定的准确性为核心——我国刑事证据制度功能之反思与重塑》，载《当代法学》2019年第6期，第135页。
② 参见陈瑞华：《认罪认罚从宽制度的若干争议问题》，载《中国法学》2017年第1期，第38页。
③ 参见宋善铭：《认罪认罚从宽案件中法官作用的实证研究》，载《法律适用》2019年第13期，第29页。

性、透明性至关重要。

其二，法官应对被告人的诉讼权利和认罪认罚后果进行再次明确告知，并着重围绕认罪认罚具结书的签订过程和具体内容展开实质性司法审查。一方面，在庭审过程中，法官对被告人的诉讼权利和认罪认罚后果进行再次明确告知，其目的是让被告人准确认知权利放弃的真正含义和随之而来的法律后果，并告知其在庭审中仍有撤回认罪认罚的权利。如果被告人认为其先前的认罪认罚是在非自愿的情形下作出，且因在审前程序"人身自由受限、自由意志受限、辩护机能受限"的背景下而无法提出有效救济的话，那么在庭审这一相对缓和与平等的场合，应充分保障被告人的救济权利。另一方面，就认罪认罚具结书的签订过程和具体内容，法官应通过详细讯问被告人的方式审查以下主要几点：①对检察官指控的犯罪事实是否供认不讳，对控方的证据有无异议；②对检察官指控的罪名和提出的量刑建议有无异议；③在审前程序中有无得到有效的法律帮助，是否在正确理解认罪认罚的法律含义和法律后果的基础上签署具结书；④签署认罪认罚具结书是否确系本人自愿，有无强迫情形或其他违规情形等。

（三）实质审查量刑建议的精准性、适当性

"从宽幅度过大或过小，会直接引起被害人不满、被告人失望、公众猜疑，甚至可能导致认罪认罚从宽制度价值实现的落空、司法权威的受损。"[1] 可见，检察机关提出的量刑建议是否精准、适当直接决定了认罪认罚从宽制度的公正走向。因为在大多数认罪认罚案件中，控、辩、审对于案件事实和定罪证据的争议并不大，而更关键的则在于检察官提出的量刑建议是否精准、适当，是否既体现了"认罪认罚即可从宽"的立法意旨，又没有违背被害人和社会公众的利益，同时也没有违反类案同判、法律统一适用原则以及背离一般司法认知等明显不当情形。

阿尔舒勒教授曾指出，检察官的求刑可能往往不是基于刑罚的理由，而是基于诉讼策略和行政性的原因。[2] 因为在实践中，一方面，检察官在面临积案如山和业绩考核压力时，自利性会导致其开展更多的认罪量刑交易，从而忽略个案的办案质量，通过交易解决证据有问题的案件无可避免，甚至让无辜者迫于现实压力而无奈认罪也都有可能；同时，为了避免被告人反悔上诉，力求认罪认罚的稳定性和确定性，过于宽大的量刑减让幅度就成了惯用策略。另一方面，认罪认罚具结书的达成是在庭外进行的，与规则明确、公开透明的庭审相比，秘密进行的认罪认罚程序受到的监督有限，被告人谈判能力和谈判筹码的弱小使得检察官很容易利用手中的自由裁量权对其施加不当影响；同时，规则的缺失和不完善也为检察官个人偏好、人情关系的滥用留下了更大的操作空间。由此可知，检察官的

---

[1] 陈国庆：《量刑建议的若干问题》，载《中国刑事法杂志》2019年第5期，第4页。

[2] See Albert W. Alschuler, "The Prosecutor's Role in Plea Bargaining", *University of Chicago Law Review*, vol. 36, 1968, p. 60.

自利性和协商的秘密性很有可能导致量刑建议失衡，从而违反罪刑相适应原则，使认罪认罚从宽制度偏离公正轨道。美国的辩诉交易经验也表明，不仅如此，还有很多因素都会影响到检察官的求刑质量，如案件的证据强度、案件的社会关注度、检察官的工作年限、求刑技巧等。[①]

故而，在认罪认罚案件的审理中，法官应对检察官所提的量刑建议进行实质审查，其重点即在于：该量刑建议是否畸轻畸重。但实际上，协商司法中的量刑减让幅度是一个困扰各方多年的最主要难题。有学者指出，最高可达到1/3的量刑减让幅度以及立即监禁与非监禁刑的区别对被告人来说是无法抗拒的制度激励。这样大幅度的量刑折扣如果对真正有罪之人和无辜被告人同样适用的话，就会形成一种不公平的压力和强大诱惑，促使那些本来想要维持无罪答辩的无辜被告人被迫承认有罪，以换取从轻量刑，尤其是非监禁刑，这导致虚假供述确实存在。而一个更公平的制度应该提供更小的、不超过10%的量刑激励，以保障那些坚持自己无罪的人拥有选择自由。[②] 从这个意义上说，检察机关要求公诉人在认罪认罚案件中"一般应当提出确定刑量刑建议"，尤其是建议判处管制或缓刑时，如果法官在庭审中轻于审查而一律采纳，这是存在较大误判风险的。

关于对检察官量刑建议的具体审查方式，各级法院可根据本地区实际情况制定详细规则，但总体而言，法官可以通过庭前阅卷和庭审发问相结合的方式，逐一审查判断如下要点：检察官的量刑建议是否有事实依据、计算是否准确、说理是否充分；各个具体的量刑情节是否有足够的证据支撑，不同性质量刑情节的权重以及之间的叠加、冲抵是否合理；量刑起点、基准刑和拟宣告刑的确定是否符合法律和司法解释规定；主刑的量刑幅度或确定刑量刑建议是否符合《关于规范量刑程序若干问题的意见》（法发〔2020〕38号）《关于常见犯罪的量刑指导意见（试行）》（法发〔2021〕21号）及本地实施细则的具体要求；附加刑及是否适用缓刑的建议是否适当，对建议判处管制、宣告缓刑并接受社区矫正的被告人，社会调查程序是否完成并附卷；被告人及其辩护人或值班律师对量刑建议的意见是否被充分考虑，量刑建议是否在控辩双方充分沟通的基础上达成；对于有被害人的案件，量刑前是否听取被害人及其诉讼代理人的意见等等。

五、结论

认罪认罚从宽制度的正当性基础在于诉讼经济原则与司法效率价值，其本质是为实现庭审实质化和审判中心主义而服务的，只有做到"明案速判、疑案慎断"，上述目标和理想才能得以实现。因此，认罪认罚从宽制度改革与以审判为中心的诉讼制度改革是互为表

[①] 参见［美］斯蒂芬诺斯·毕贝斯：《庭审之外的辩诉交易》，杨先德、廖钰译，中国法制出版社2018年版，第13页。

[②] See Liz Campbell, Andrew Ashworth, Mike Redmayne, *The Criminal Process*, 5th ed., New York: Oxford University Press, 2019, p.341.

里、相互依存之关系，我国刑事司法改革的长期目标仍然在于：努力提升司法品质，实现"审判中心主义"。程序的繁简分流既不是为了买卖正义，也不是为了重新分配司法权力，其根本目的是为了在效率与公正之间寻求某种平衡，以更好、更快、更优的方式促进司法正义。而作为一种以效率价值为根本导向的"打折正义"程序，法官应当在认罪认罚案件中承担"中立的司法审查者"这一角色义务，并应实质性审查"认罪认罚的自愿性、真实性、合法性和量刑建议的精准性、适当性"，防止强迫认罪、钱权交易和司法误判，以提高事实认定的准确性和人权司法保障水平。只有有效控制认罪认罚从宽制度的结构性风险，才能最终实现刑事司法正义。

更进一层，认罪认罚以被追诉人放弃或折损自己的各项诉讼权利为前提，且大量的程序分流带来了诉讼结构和职权配置的失衡，因此对被追诉人协商和抗辩能力的提升至为关键。在认罪认罚从宽的制度实践中，国家应全面保障被追诉人的防御权和主体性，否则认罪认罚从宽将完全演变成以国家强制力为主导的程序形态。目前的值班律师制度仅定位为"法律帮助"性质，并不能满足被追诉人进行"平等武装"的要求，认罪认罚的自愿性、真实性、合法性无法得到充分保障。因此，改革侦查讯问程序和审前羁押制度，要求控方进行证据开示、探索建立"认罪认罚听证程序"，完善国家法律援助体系、引入"公设辩护人"制度等将是我国未来进一步努力的方向。

（编辑：杨知文）

后果主义裁判的后果可靠性危机及其解决机制

樊力源[*]

摘　要　后果主义裁判是法官根据后果考量逆向选择裁判路径的一种裁判方式。后果主义裁判反对刻板教条的法条主义，具有较强的现实关怀和社会关怀，与传统的裁判方式相比，能够更加灵活地应对疑难案件，有利于实现实质正义，发挥塑造和引导社会的功能。但是，在司法实践中，后果主义裁判面临着后果考量缺乏可靠性的危机，诱发了司法社会功能越位、司法公信力下降等问题，需要从规范后果预测和后果评价这两个环节入手化解这一危机，并通过落实法官的法律论证义务，加强对后果考量随意性的制约。通过多层次、分步骤地规范法官的后果考量行为，可以有效防范恣意司法，真正在司法裁判中实现形式理性与实质正义、法律效果与社会效果的统一。

关键词　后果主义裁判　后果考量　实质正义　社会效果

引言：后果主义裁判的两难处境

在司法裁判的理论和技术不断发展的过程中，传统的奉行"规则至上"的演绎推理方式总是难以应对层出不穷的疑难案件。[①] 当变动不居的社会事实与天然具有局限性的法律规范难以相互适应时，就会出现案件疑难的情况。随着中国社会的转型快速发展，社会实践的复杂性和多变性与法律的一般性和滞后性之间的矛盾日益加剧；民众的法律意识和权

---

[*] 樊力源，女，山西晋城人，中国政法大学比较法学研究院 2021 级博士研究生，研究方向为法律论证、比较法。
[①] 参见王彬：《司法裁决中的"顺推法"与"逆推法"》，载《法制与社会发展》2014 年第 1 期，第 76 - 80 页。

利意识不断增强，对于司法裁判实现实质正义的要求越来越高；社会价值观念朝着多样化方向发展，法律纠纷中的价值分歧更加突出；传统媒体和新兴媒体覆盖全社会，司法活动受公众关注的概率大幅提高；司法的功能定位也逐渐扩展到社会治理方面。① 在这样的背景下，不仅如何确定三段论推理的大前提成为一项难题，法官还常常要面对裁判合法但不合理的情况。在一些受到社会关注的舆论公案中，法官如果不对强大的民意作出回应，甚至会被贴上"机械司法""司法不公"的标签。此时，严格依照法条进行三段论推理的传统裁判方式在解决这些难题面前显得力不从心，如果法官坚持教条地在封闭的法律体系内展开推论，无异于是在"囚笼中跳舞"。② 为了弥补传统裁判方式容易刻板教条的缺陷，后果主义裁判应运而生。但也有人认为后果主义裁判有越法裁判、价值司法之嫌，因此对其嗤之以鼻。在两种裁判方式的争论背后，蕴含着人们对司法裁判如何处理形式理性和实质正义的关系、如何兼顾法律效果和社会效果的思考。

本文通过探究后果主义裁判面临的后果可靠性危机及其解决机制，讨论司法裁判中如何处理后果考量和防范恣意司法之间的张力。后果主义裁判主张，司法裁判不能只满足于对法律条文的遵循和三段论推理上的逻辑自洽，更要注重裁判结果是否符合实质正义的要求，裁判后果的好坏是评价裁判行为正确与否的标准。③ 通过对此类司法实践的考察可知，法官关注的后果基本上是社会后果，即裁判结果对社会行为、社会风气的影响。在后果主义裁判中，法官首先要对不同的裁判结论所可能带来的后果进行考量，根据所欲追求的后果对裁判依据进行选择，并对裁判技术进行调整，直到能够得出法官预期的结论。由此可见，后果主义裁判打破了基于规则进行三段论推理的裁判传统，在逻辑上以后果为起点逆向进行，将法外因素和价值判断融入裁判过程之中，把社会予以的反馈作为影响裁判行为的指标。与传统的裁判方式相比，后果主义裁判更有利于弥合形式理性与实质正义之间的裂痕，更善于及时回应多变的社会现实，更能有效发挥引导社会风尚的功能。④ 但是由于后果主义裁判中赋予了法官较多的裁量空间，扩大了民粹主义裹挟司法的可乘之机，后果主义裁判也经受着滋生恣意司法、瓦解依法裁判等质疑。⑤ 所以，后果主义裁判究竟是否构成对法治的威胁，我们又该采取何种对策补正其缺陷，是值得探讨的问题。

后果主义裁判作为司法实践中日益常见的现象，现有研究对于后果主义裁判的合理性

---

① 参见雷磊：《反思司法裁判中的后果考量》，载《法学家》2019 年第 4 期，第 17 页；王彬：《司法裁决中的后果论思维》，载《法律科学》2019 年第 6 期，第 23 页。
② 参见［英］麦考密克：《法律推理与法律理论》，姜峰译，法律出版社 2005 年版，第 76 页。
③ 参见王彬：《司法裁决中的"顺推法"与"逆推法"》，载《法制与社会发展》2014 年第 1 期，第 80 - 82 页。
④ 参见孙海波：《通过裁判后果论证裁判——法律推理新论》，载《法律科学》2015 年第 3 期，第 88 页。
⑤ 参见王彬：《司法裁决中的"顺推法"与"逆推法"》，载《法制与社会发展》2014 年第 1 期，第 83 页。

和正当性普遍予以一定程度的认可。① 从理论渊源上看,后果主义裁判可以追溯到霍姆斯的实用主义审判理论;② 从实践表征上看,后果主义裁判体现为以后果为起点的逆向推理、以后果为导向的法律适用,以及对"坚持法律效果和社会效果相统一"的司法政策的推崇;③ 从文化和思维习惯上看,后果主义裁判的存在与中国法律传统中讲究情理交融的实质性思维密不可分。④同时,现有研究也普遍指出了后果主义裁判可能引发的恣意司法的风险,认为要限制后果主义裁判的使用范围,并提出了诸多规范后果主义裁判的意见。⑤ 总之,目前对于后果主义裁判的利弊分析已经较为充分,相关规制措施主要集中在法教义学层面,从法律推理、解释、论证等方面入手,讨论方法论上的规范或重构。然而,现有研究忽视了法官如何进行后果考量的问题。法官对后果的考量是后果主义裁判的逻辑起点,其后的法律解释、法律论证等都是围绕对特定后果的实现来展开,后果的可靠性奠定了后果主义裁判的合理性和正当性的基础,但是目前学者们对于后果考量的可靠性问题的关注尚显欠缺。⑥本文就是计划揭示后果主义裁判在后果考量的可靠性上面临的危机,为增强后果考量的可靠性提出具体细致的可操作性标准,从而为后果主义裁判的公正性和规范性提供保障。

后果主义裁判最为人诟病之处在于这种"先定后审"的裁判模式损害了法律理性和客观公正性,现有研究也表明,实践中的后果主义裁判确实严重缺乏规范性,验证了人们对其局限性的担忧。前人提出的后果主义裁判的法律解释和法律论证等方法论建议主要是在讨论如何把此类裁判的运作路径控制在依法裁判的框架下,努力满足法教义学上形式合理性的要求。而本文是将对后果主义裁判规范性的制约集中在了法官的后果考量上,从后果预测和后果评价两个环节入手,为法官对于后果的价值判断和利益衡量提供智识性标准,最大程度提高法官预测和评价后果时的科学性和客观性,以便作出最可靠的后果考量,让司法裁判在拥有较高可接受性的同时,不失规范性和合法性,真正实现形式理性与实质正

---

① 参见宋保振:《后果导向裁判的认定、运行及其限度——基于公报案例和司法调研数据的考察》,载《法学》2017年第1期,第128-140页;唐娜、王彬:《结果导向的裁判思维——基于法官审判经验的实证研究》,载《法律适用》2020年第4期,第87-107页。

② 参见张顺:《后果主义审判:源流、思维特征与理论定位》,载《北方法学》2019年第2期,第93页。

③ 参见杨知文:《后果取向法律解释的运用及其方法》,载《法制与社会发展》2016年第3期,第167-180页;戴津伟:《司法裁判后果取向解释的方法论应用》,载《法学》2020年第7期,第175-192页;张顺:《后果主义论辩的证成与具体适用》,载《北方法学》2016年第1期,第133-147页;王彬:《逻辑涵摄与后果考量:法律论证的二阶构造》,载《南开学报》2020年第2期,第33-43页。

④ 参见孙笑侠:《中国传统法官的实质性思维》,载《浙江大学学报》2005年第4期,第5-7页。

⑤ 参见杨知文:《基于后果评价的法律适用方法》,载《现代法学》2014年第4期,第35-48页;陈辉:《后果主义在司法裁判中的价值和定位》,载《法学家》2018年第4期,第35-50页;王彬:《司法裁决中的后果论思维》,载《法律科学》2019年第6期,第15-29页。

⑥ 现有的相关研究主要是孙海波在论文中提出了后果预测和评价的方法,参见孙海波:《通过裁判后果论证裁判——法律推理新论》,载《法律科学》2015年第3期,第82-95页;雷磊在论文中论证了后果考量在追求价值判断客观化上的困难,参见雷磊:《司法裁判中的价值判断与后果考量》,载《浙江社会科学》2021年第2期,第43-53页。

义、法律效果与社会效果的和谐统一。

一、后果考量的可靠性危机

与早已形式化的法律推理相比，后果主义裁判的后果考量缺乏明确的操作规程，法官对于后果的预测和评价过程通常秘而不宣，导致后果考量成为判案法官的"一言堂"。从我国当前的司法实践来看，后果主义裁判在后果考量上主要存在后果预测规范性不足、后果评价程序缺位等问题，这使得裁判过程中所追求的后果的可靠性难以得到保证。由于后果考量是后果主义裁判的开端和基石，缺乏可靠性的后果考量最终危及的是整个裁判的公正性和合理性。

（一）后果预测的规范性不足

在后果主义裁判中，法官需要对后果作出恰当且准确的预测，在其引导下得出的裁判结果才会更具合理性。但是在当前后果主义裁判的实践中，法官预测后果的行为是缺乏规范性的，主要体现在以下两个方面。

1. 缺乏对裁判结论与后果之因果关系的证明

在进行后果主义裁判时，为了增强选择特定裁判路径的说服力，法官需要在裁判文书中对裁判结论与所欲后果之间的因果关系进行论证和说明。所欲后果是指法官预期中想要实现的后果，是一种理想状态下的后果。因果关系是指"两个事件的发生不仅在时空上密切相关，而且作为原因和结果相互关联，其中一个导致了或必然地引起了另一个的发生。"[①] 由于生效的裁判文书在社会治理中发挥着约束、示范和引导社会行为的功能，法官行使裁判权得出的裁判结论自然会引发一系列经济或社会后果。反过来，法官为了追求或规避特定的经济或社会后果，会从该后果出发去选择对应的裁判结论，然后调控裁判技术来保证该结论的得出，进而保证相应后果的产生或消灭。此时，法官对特定裁判结论与所欲后果之间因果关系的证明，就是对自己所选裁判路径的可行性和正确性的证明。这一证明环节是法官对于自身判断的自我检查，也是文书受众监督判决合法性和合理性的窗口。

但是，在司法实践中常见的情况是，法官对于某个裁判结论引发相关后果的高度可能性的确信主要来自于个人心证，既没有展示出客观的检验方法，也很少在裁判文书中对二者的因果关系加以论证。在刘洪友等财产损害赔偿纠纷案中，一审和二审法院均出于对社会效果的考量，驳回了原告提出的恢复原状的诉讼请求，判令被告以给付赔偿款的方式承担侵权责任。但是两审法院并没有论证说明，为何与恢复原状相比，判令被告给付赔偿款

[①] ［英］沃克：《牛津法律大辞典》，李双元等译，法律出版社2003年版，第177页。

是更有利于实现积极社会效果的方案。①特别是在该案中，原告多次强烈要求恢复原状，而且原告对于房屋实实在在的使用权与房屋变价而来的赔偿款所代表的利益是完全不同的。在这种情况下，法官要基于对社会效果的追求改变被告侵权责任的承担方式，进行裁判结论与所欲后果之间因果关系的检验和论证是非常必要的。否则，在这种常见的自然人民事纠纷中，与当事人的利益和诉求相比，社会效果并不能显示出当然的优先性。

2. 缺少对后果的影响范围和程度的考察

在进行后果主义裁判时，法官还应该考察的是裁判后果的影响范围和影响程度。裁判后果是指特定裁判结论实际上可能引发的后果，有时会与法官理想预期下的后果存在偏差。为了防止或者缩小这种偏差，法官就需要对特定裁判后果的影响范围和影响程度进行考察。一方面，法官需要明确裁判后果的影响范围是否能够辐射到法官意欲覆盖的群体或地域范围；另一方面，法官需要考量裁判后果的影响程度是否能够达到法官预期的高度。裁判后果的影响范围和影响程度代表着该后果的重要性大小。由于后果主义裁判通常会出于对某种理想化后果的追求而脱离常规的裁判路径，也就是说，面对同一类案件，法官纳入后果考量的裁判方式会不同于其他同类案件的裁判方式，一定程度上损害着法律的可预测性和确定性。因此，法官需要在判决书中论证说明特定裁判结论可能引发的后果足够重要，以至于法官选择不遵循常规的裁判路径，并由此得出不同于寻常的裁判结论。

但从当前的司法实践看，我国法官在后果主义裁判中仍然比较缺乏对裁判后果影响范围和程度的考察，导致有些影响较为有限的后果的地位被非理性地拔高，并由此得出一些缺乏合理性的裁判结论。在北京建机资产经营有限公司与北京三维业商贸有限责任公司房屋租赁合同纠纷案中，法官考虑到被告待安置职工的利益，为了实现保障民生的社会效果，不仅宽限了被告腾退房屋的时间，还驳回了原告对涉案房屋租金及使用费的诉求，并且判令由原告承担案件受理费。② 在该案中，保障被告部分职工权益的影响范围和程度是否足以支撑法官径直从社会效果的层次进行考量，进而损害原告本应该享有的债权，是值得判案法官谨慎判断的。结合在案证据和常理分析，被告支付租金的义务很可能是确实存在的。而法官此时要基于社会效果认定被告不需要支付租金，就需要考察并说明被告公司目前的财务状况是否难以承担必要的付款义务和安置员工的费用，不支付租金在何种程度上能够帮助被告实现企业的稳定和员工利益的保障，并对维持被告企业的稳定和保障员工利益的必要性和重要性进行解释。否则，减免被告责任所带来的社会后果的影响范围和程度可能比较有限，并不能达到法官理想化的预期后果，反倒是原告成了法官小题大做的牺牲品。

---

① 参见（2020）京 02 民终 145 号民事判决书。
② 参见（2020）京 0105 民初 18810 号民事判决书。

（二）后果评价的程序缺位

完成后果预测后，法官面临的就是后果评价的问题。对裁判后果进行事先预测并不足以保障后果主义裁判的可靠性，还应该通过一系列的评价程序，对裁判行为可能涉及的多种后果进行排序和权衡。[1] 有时针对同一类案件可能存在多条裁判路径，不同的路径选择背后蕴含的就是法官对多种后果不同的评价结果。如果法官没有对可以预测到的不同后果进行排序和权衡，会使文书受众对法官后果考量的周全性产生质疑，也会导致后果主义裁判难以割离法官个人主观意愿和法外因素的强烈干扰。同时，由于司法裁判活动应当在公开、公正的程序下进行，法官在预测到不同的后果之后，应该将自己对这些后果的评价和衡量过程公开，经过严密的论证程序，选出最具有优先性的后果。这样做既能最大程度地避免法官的恣意，使裁判活动经得起法律的检视，又能向社会公众展示司法者的价值导向，提高司法活动的权威性。

但是在司法实践中，法官一般只是将自己认为可欲的某一种后果单独展示出来，很少将其可以预见的其他不同后果进行公开，省略了对多个后果位序的排列，也忽视了对不同后果之间的衡量，导致后果评价这一程序完全缺位。在富嘉公司与升达股份公司的保证合同纠纷中，富嘉公司与升达股份公司签订了保证合同，由于该保证合同的签订并未经升达股份公司股东大会决议，升达股份公司主张该保证合同应属无效。但我国《公司法》第十六条缺少了对法律后果的规定，所以司法界对于越权担保合同的效力问题存在不同的看法。[2] 一审法院认为如果免除升达的保证责任，会鼓动公司恶意逃债，扰乱市场秩序，最终认定该保证合同有效。[3] 但是换个角度思考，如果不将升达这种上市公司的越权担保行为认定为无效，公司不规范的担保行为可能会增多，还会加重我国公司忽视股东权益的倾向，影响资本市场的持续健康发展。而法院在审理过程中没有论证防止公司恶意逃避责任的后果为何优先于对广大股民权益的保护，所以使人难以对其基于前一后果作出的法律适用充分信服，这种裁判也难以为今后类似案件的裁判提供明确的指引。

综上所述，在后果主义裁判中，法官对于哪种后果应当被考量、哪种后果具有优先性的问题并没有进行细致和充分的验证和说明，这使得本就融入过多法外因素和价值判断的后果考量显得更加主观和随意。没有客观和科学的后果预测和评价机制，后果考量很容易成为法官想当然的决定，无论是从逻辑上还是从经验上都经不起推敲。久而久之，这种缺乏可靠性的后果考量会给司法裁判工作带来很多隐患。

---

[1] 参见江必新：《司法审判中的价值考量》，载《法律适用》2020年第19期，第48页。
[2] 倪芷若：《公司法对外担保规则问题研究》，载《法律适用》2020年第4期，第118页。
[3] 参见（2019）京03民初328号民事判决书。

二、缺乏可靠性的隐忧

后果考量缺乏可靠性表现为法官对所谓社会效果的盲目追求,这会导致司法社会功能的越位,损害司法法理功能的实现;不公开后果考量的过程则会降低判决的可接受性,不利于监督法官裁判权的行使,进而降低司法的公信力。

(一) 导致司法社会功能的越位

当前,司法在我国社会生活中的重要性越来越高,社会各界对于司法功能的解读也由单一的法理功能论走向多元的法理与社会功能并存论,但主流观点认为,司法的法理功能应该始终保持在首要地位,社会功能则是建立在法理功能基础上的附带性功能。[①] 司法的法理功能面对的对象是个案当事人,是指法官通过依法裁判实现纠纷解决、权利救济、释法补漏等本体性功能。司法的社会功能面对的对象是社会公众,是指通过个案裁决实现引领社会风气、推动社会发展等预期性功能。首先,一般情况下,司法裁判都应该围绕法律规范展开,将辨别是非、解决诉讼两造的法律纠纷作为首要目标。司法的社会功能则是在必要的情况下、在尊重法理功能的基础上,法官可以适度兼顾的功能目标。所以,司法的法理功能是司法最基本和核心的功能。[②] 其次,司法的法理功能带来的是针对当事人的直接影响,而司法的社会功能带来的是针对社会的间接影响。直接影响是现实的、即刻发生的,而间接影响是预期的、可能发生的。相比之下,优先考虑直接影响要比优先考虑间接影响更加经济和理性。

然而,后果主义裁判中后果缺乏可靠性的种种表现导致司法的社会功能超越了法理功能的地位,由此对司法裁判的一系列特性产生了消极影响。其一,法官一味地追求社会效果损害了司法法理功能的实现。正如上文在刘洪友案中提到的,在大量的普通案件中,优先追求社会效果的理由并非是显而易见的,而诉讼两造的利益分配问题却是紧迫和棘手的,但由于法官缺乏对结论与后果的因果关系的考察,在此类案件中将社会效果放在了首位,没能恰当地解决当事人之间的纠纷,忽视了对受侵害者合法权益的救济,妨碍了司法基本功能的实现,进而损害了司法裁判的公正性和合理性。其二,法官不加评估地盲目追求社会效果,会导致司法丧失法理功能而沦为社会功能的附庸。在上文的北京建机公司案中,法官为了贯彻保障民生的中央政策,没有科学评估裁判后果的影响程度和范围,轻易地为了未经验证的社会效果得出了相关裁判结论,导致司法成为政策实施的工具,进而危

[①] 参见孙笑侠:《论司法多元功能的逻辑关系——兼论司法功能有限主义》,载《清华法学》2016 年第 6 期,第 5 – 13 页。

[②] 参见 [日] 棚濑孝雄:《纠纷的解决与审判制度》,王亚新译,中国政法大学出版社 2004 年版,第 1 页;关玫:《司法公信力研究》,人民法院出版社 2008 年版,第 14 – 15 页;胡玉桃、江国华:《论现代社会中的司法功能》,载《云南大学学报》2014 年第 3 期,第 3 页。

害了司法的独立性。在涉及公众讨论的案件中也存在同样的问题，如果法官不对后果进行科学、客观的预测和评估，很容易在所谓的民意的裹挟之下进行裁判，威胁到司法的公正性。总而言之，如果不对后果主义裁判中后果的可靠性加以强化，司法裁判的社会功能可能会过度扩张，使得我国本就羸弱的依法裁判理念遭受更大的挫伤。

（二）降低司法公信力

司法判决的一个重要目标是向当事人及公众证明其判决结果是正当的、合理的。对于法官的裁判文书来说，"不仅要陈列适用的法律规则、案件事实、案件结论，更重要的是要进行符合理性逻辑的论证。"① 后果主义裁判中，判案法官往往要选择规则的解释方式或者创制一个规则，还要进行价值判断、后果衡量，甚至可能会做出一个与先例不同的判决，此时法官必须承担更高的说理义务，将其裁判过程尽可能详尽且诚实地表现在判决书上。对于在判决过程中考虑了哪些后果，这些后果是如何能够与裁判结论存在因果关系的，这些后果是如何被权衡的，如何将可欲后果通过法教义学的路径在裁判中实现等问题，法官都应当在判决书中予以论证和说明。如果法官不公开自己裁判的真实过程，不注重裁判过程的形式合理性，整个裁判的判决理由可能会逻辑混乱、十分牵强，降低判决的可接受性，也不利于监督法官裁判权的行使，进而降低司法的公信力。

但是在后果主义裁判的司法实践中，法官很少将其对后果的预测和评价过程公之于众，更多的是逃避说理、隐藏裁判理由，抱着侥幸的心理想要通过司法裁判实现某些法外目的。在知假买假的案件中，由于我国《消费者权益保护法》中的"消费者"没有明确的认定标准，对于知假买假者是否属于消费者这一问题，很多法官会从后果出发进行法律解释。一些法官会基于动员民间力量打击制假售假行为的后果考量，以"购买标的物的性质"为解释标准，将知假买假者认定为消费者。② 另一些法官则认为知假买假者想要通过专业买假来牟利，这种行为违反了诚实信用原则，反复诉讼会浪费司法资源，所以他们选择以"购买者的主观状态"为解释标准，认定知假买假者不属于消费者。③ 由此可见，知假买假的案件中法官对消费者的认定可能会引起"鼓励打击制假售假行为"和"节约司法诉讼资源"等后果，在总结前人司法经验的基础上，法官对于这些后果必然都能够有所预见。但是通过考察发现，此类案件中，法官通常只会在判决书里分析其选择的某一种后果，并不会将该后果与其他后果进行比较、排序和衡量。由于缺乏规范和严谨的后果评价程序，容易导致司法裁判中哪种后果具有优先性，完全由法官按照个人喜好决定，并不将判断和衡量过程展示出来，以至于很多隐秘的主观判断在经验上缺少说服力，在逻辑上也难以成立，长此以往将损害司法活动的公信力。

---

① 参见张顺：《后果主义论辩的证成与具体适用》，载《北方法学》2016年第1期，第137页。
② 参见（2018）京03民终613号、（2019）鲁01民终1770号民事判决书。
③ 参见（2019）辽01民终6694号民事判决书。

综上所述，后果考量可靠性的缺失放大了后果主义裁判的局限性。不能谨慎对待后果考量的后果主义裁判，不仅难以真正做到维护实质正义、实现法律效果和社会效果的统一，而且还会消解司法裁判最基本和最核心的功能与定位。为了尽可能实现后果主义裁判的最佳运行效果，法官应该保证自己的后果主义裁判立基于可靠的后果考量之上。可靠的后果考量可以从规范后果预测和后果评价这两个环节入手。

三、构建客观的后果预测机制

法官如果想就后果作出可靠的预测，应该从经验法则出发，对裁判结论和裁判后果之间的因果关系加以检验和证明，从程序和实体两方面增强后果预测的客观性。从程序上讲，后果预测应当遵循明确的因果关系论证逻辑；从实体上讲，法官可以通过跨学科合作、参考类案、完善配套机制等获取具有高度盖然性的经验法则。

（一）明确后果预测的论证逻辑

社会科学中追求客观性主要是想寻找并证成一些共同性的、可普遍接受的信息、话语和知识，以此满足社会成员对于行为可计算性和生活可确定性的需要。① 此处的"客观性"更多指涉的是认识论层面的客观，即尽可能排除法官个人的偏好，寻求具有公共性、普遍性和可重复性的认知标准。② 因为"一种理解方式越容易为更多的主体所理解——越少依赖于特殊的主体能力，它就越客观"。③ 此处的"信息、话语和知识"可以被统称为"经验法则"。④ 经验法则告诉我们，有一些对象的存在是恒常结合的关系，相似的对象在处于相似的环境下时，通常会产生相似的结果。由于它们是人们在日常生活的长期反复实践中习得的因果关系经验，所以总是能够反映和指代事物发展的趋势和规律。在社会学研究、统计学长足发展的今天，通过社会调查和大数据分析，某些事件发生的概率更加容易获取，经验性归纳也随之变得更加方便和科学。

具体到后果主义裁判中，后果预测的客观性就是要求法官对裁判后果的事前预测符合经验法则。对后果的事前预测是通过因果关系的寻找和证明加以确认的。事前的预测性判断是具有可证实性的，因为对一系列因果关系的判断可以通过经验加以证实。⑤ 因果关系之所以能够被人发现，则是凭借于经验。⑥ 由于后果主义裁判中对后果的预测依靠的是经

---

① 参见孙志海：《价值理性批判：价值观念生成的先验程序和先验结构》，中央编译出版社2017年版，第107页。
② 参见高一飞：《论司法价值判断的客观性》，载《浙江社会科学》2021年第2期，第65页。
③ ［美］T.内格尔、姚大志：《什么是客观性？》，载《世界哲学》2003年第3期，第86页。
④ 参见孙志海：《价值理性批判：价值观念生成的先验程序和先验结构》，中央编译出版社2017年版，第107页。
⑤ 参见冯平：《价值判断的可证实性——杜威对逻辑实证主义反价值理论的批判》，载《复旦学报》2006年第5期，第117、118页。
⑥ 参见［英］休谟：《人类理解研究》，关文运译，商务印书馆1981年版，第28页。

验法则，为了保证后果预测的客观性，法官对裁判结论和后果之间因果关系的证明应该符合公共感知和理解的经验。这一套证明程序用结构化的模式表达就是：已知有一种经验法则为"如果A，那么B"；如果案件事实C从属于前提A的情形，那么事实C就与后果B存在因果关系。法官对于后果的预测应该遵循这一模式展开论证，如此就可以从程序上明确法官的论证义务。此外，在此证明程序中，第一步经验法则的获取最为关键，它决定了论证结果的可靠性。如果获取经验法则的过程很随意，待证因果关系的可靠性就非常值得质疑了。

（二）获取高度盖然性的经验法则

因为我们无法穷尽所有人的生活经验和所有事物的具体情况，所以对经验法则的归纳始终是一种不完全归纳，所以，参考民事诉讼法中的证明标准，经验法则具有高度盖然性就可以作为预测后果的依据。获得具有高度盖然性的经验法则的途径有很多种：其一，可以将法学与其他学科的知识和方法相结合，为后果预测提供较为客观的依据。经济学理论可以帮助法官对案件判决进行效率和成本分析，还可以从实现最优威慑和有效惩罚的层面出发解决加重或减轻法律责任的难题。① 美国曾在商标侵权案件中运用社会调查的方法帮助法官确定商标混淆可能性的问题。② 我国未成年人刑事案件中也确立了社会调查制度，要求法院将针对未成年被告人的社会情况的调查作为量刑和评价人身危险性的依据。③ 在对社会后果进行考量时，法官还可以借助人类学的调查方法和思维来考察其所在地的情理或风俗习惯，以便妥善解决纠纷。④

其二，法官可以对不同类型的案件进行归纳整理，考察和总结同类案件判决结果所引起的后果，为之后的后果预测工作提供行动指南。从2010年我国的案例指导制度正式确立到2020年最高人民法院发布《关于统一法律适用加强类案检索的指导意见（试行）》，我国的司法类案裁判制度已经初具雏形。⑤ 类案裁判不仅有助于提高司法效率、实现形式正义，还可以帮助法官在审理疑难案件时从先前类案的审判经验中获取思路。⑥ 具体来说，面对有争议的疑难案件，法官在遵循"争议点——比较点——相似性程度"三步走方

---

① 参见许志鹏：《许霆案重审判决的法律经济学分析——以被害人过错责任为视角》，载《福州大学学报》2010年第4期，第58-62页。
② See Triangle Publications v. Rohrlich, 167 F. 2d 969. (C. A. 2 1948); Oneida, Limited, v. National Silver Co, 25N. Y. S. 2d 271. (N. Y. Sup. 1940); [美] 约翰·莫纳什·劳伦斯·沃克：《法律中的社会科学（第六版）》，何美欢等译，法律出版社2007年版，第105-107页。
③ 桂林市中级人民法院课题组：《社会调查报告收集和审查机制的实证研究——以桂林市两级法院未成年人刑事案件为研究对象》，载《中国应用法学》2017年第6期，第113-130页。
④ 参见侯猛：《司法过程中的社会科学思维：以人类学为中心》，载《思想战线》2020年第6期，第85页。
⑤ 参见孙悦：《论类案判断的司法方法——以案例指导与类案检索为背景》，载《法律方法》2021年第2期，第178页。
⑥ 参见高尚：《司法类案的判断标准及其运用》，载《法律科学》2020年第1期，第26页。

法完成类案检索和筛选后,需要分析先例判决中蕴含的对后果预测的经验,对先前司法实践中体现出的经验法则进行总结,在前人经验的指引下选择裁判路径,走出疑难案件裁判后果预测不确定的困境。总之,在面对后果预测的难题时,类比的思维和技术可以"将经验和价值这种任意性问题的判断权力从法官手中交还给先例",以此帮助判决变得更加合理。①

其三,由于后果预测中法官发挥着极大的能动作用,所以法官需要注重提升自身的人文素养和业务素质。法官不仅要掌握法律的专业知识和技能,还要了解一定的社会科学的知识,在日常生活中有意识地深入群众,了解社会习惯的变迁,把握最新的舆论动向,体察真实的基层生活,积累丰富的社会经验,培养自己理解社情民意的能力。法官还可以积极参考人民陪审员的意见,防止自己局限于单一的职业视角,导致在后果预测的过程中出现失误。② 此外,法院系统可以加强对民主沟通机制的建设。因为经由多方主体的沟通,各种关于社会后果、价值判断的观点可以在法官的思维中进行碰撞,帮助法官从多角度进行后果考量。具体来说,在庭审中,法官要注重与各方当事人的沟通,注重了解案件发生时的社会背景和心理学语境;在法庭之外,法官可以通过利用媒体资源了解民众对裁判后果的预期,防止法官对任何有价值的后果的忽略,也避免对某些不当后果的错误重视。

四、构建科学的后果评价机制

后果预测是为了证明将会发生什么后果,接下来法官要做的是对这些可能发生的后果进行评价。首先,法官需要论证这些后果是否是值得追求的,也就是后果的正当性问题;其次,法官需要在多种可预测的正当性后果中选择出最值得追求的后果,也就是后果的衡量问题。为了增强后果评价的科学性,需要确立两级标准评价后果的正当性;面对多个具有正当性的后果,法官应该掌握科学的利益衡量方法,以此找出最具有优先性的后果。

(一) 两级标准评价后果的正当性

现有关于后果主义裁判的研究普遍认为后果主义的运用不能违背立法的精神,应当优先维护依法裁判的核心地位,防范径行超越法律甚至严重违背法律的后果考量。法官进行后果主义裁判不能架空法律体系,而是要为规则、原则、政策或者其他法律上的理由的适用提供"二次证明",以确保法律体系形式上的融贯性。③ 援引法外价值时必须尽可能将其内化为法内理由,或者将其转化为具有排他性的"二阶理由",才能作为裁判依据支持

---

① 参见刘宇:《间接后果主义的类案判断程序研究》,载《北方法学》2021年第4期,第154页。
② 参见张亚东:《经验法则——自由心证的尺度》,北京大学出版社2012年版,第228页。
③ 参见张顺:《后果主义论辩的证成与具体适用》,载《北方法学》2016年第1期,第146页。

裁判结论。① 例如，在刘柯好诉刘茂勇、周忠容共有房屋分割案中，法官出于维护善良风俗和传统美德的后果考量，认为不能支持原告分割房产的诉讼请求，但是法官并没有直接将后果考量作为裁判依据，而是通过说理排除了对《物权法》第九十七条的适用，转而援引了《物权法》第七条的原则性规定，利用法内理由进行了裁判，同时将后果考量作为二阶理由为裁判结论提供了辅助支持。② 总之，法官在进行后果评价时，第一层级评价标准是法律标准，第二层级评价标准是法外标准，第一层级的标准优先于第二层级。

作为第一层级评价标准的法律标准，具体包括宪法的基本理念、法律原则、法律目的和判例等。法官在进行后果主义裁判时，一种情况是法律规则本身不完善，后果考量主要通过对既有的法律规则进行法律解释等方法进入裁判之中；另一种情况是既有立法存在漏洞，法官需要根据后果考量进行法律漏洞填补。但无论是基于不完善的法律规则还是基于法律漏洞的存在，法官进行后果主义裁判时，都需要将既定的法秩序作为评价后果的优先性依据。原因在于，首先，在现代法治国家，出于宪法至上和对宪法根本法地位的尊重，法律适用对宪法问题的考量是不可避免的，也是司法者应当履行的一种使命。③ 其次，对法体系融贯性的寻求不仅要求裁判理由应该与法律体系的既有规则不相冲突，还要求新确立的裁判规范及其实质理由必须与法律体系的价值或精神相协调。④ 因此，根据法律标准等对后果进行评价时，如果相关裁判可能产生的后果能够被纳入既有法律所涵盖的目的之中，不违背既有法律体系基本的价值和原则，法律创制能够适用于未来类似案件的裁判中，相应后果就是可欲求的。

作为第二层级评价标准的法外标准，具体包括公共道德、善良风俗、社会福利等符合社会主流价值观和社会公共利益的标准。一方面，人们对真善美等道德理想的追求时常要依靠法律来保障和实现，但现有的具体部门法规范无法保证满足每一个特殊、复杂的案件在道德层面的要求。当具体法律规范的适用会导致判决结果违背伦理道德时，法官应当发挥能动性，援引体现着普遍意义上的道德观念的法律原则等，尽可能使判决结果得到生活实践中道德律的支持，从而引导社会公众树立正确道德观念，践行良法善治的法治原则。另一方面，由于社会公共利益中蕴含着对平等、正义、秩序的维护和追求，当法官无法直接通过法律条文判断出某一行为合法与否时，"不得损害社会公共利益"这一原则就是判断相关行为合法性的标准之一。⑤ 特别是在市场经济下，社会利益结构多元分化，而社会资源是有限的，必然会发生各种侵犯他人权益来获取自身利益的情况。如果任由个人为实

---

① 参见唐娜、王彬：《结果导向的裁判思维——基于法官审判经验的实证研究》，载《法律适用》2020年第4期，第106页。
② 参见《最高人民法院公报》2016年第7期（总第237期）。
③ 参见杨知文：《基于后果评价的法律适用方法》，载《现代法学》2014年第4期，第43页。
④ 参见杨知文：《司法判决证立的理由》，载《广东社会科学》2012年第4期，第251－256页。
⑤ 参见吴义龙：《如何界定社会公共利益——以电梯劝烟案切入》，载《南大法学》2020年第2期，第73页。示范案例参见（2016）京02民终6272号民事判决书；（2015）一中民终字第02203号民事判决书。

现一己私利而损害社会公共利益，那么这个社会就难以成为有序的、理性的、道德的社会。这也是当个人利益的实现过程中对社会不特定多数人产生不良影响时，社会公共利益总是优先受到保护的原因所在。所以，如果裁判后果能够符合上述这些代表实质正义的法外标准，其就具有了更强的正当性，是裁判过程中可以追求的后果。

(二) 多种正当后果的利益衡量

经历过上述两级标准的评价后，可能还是会存在多个符合正当性要求的后果，[①]接下来要做的就是多种正当后果之间的比较和权衡，评价出最具优先性的后果。一般来说，宪法规定的基本权利的价值高于普通权利的价值，社会公共利益高于个人利益，但这些标准都不是绝对的，我们不能当然地认为某一种利益具有优先性，而是要根据案件情况和社会环境进行具体分析。阿列克西借用比例原则对宪法基本权利的位阶排序问题进行过研究。[②] 借鉴阿列克西的方法，其他类型的利益冲突也可以援引比例原则进行分析。[③] 其中，狭义比例原则要求的是采取措施对冲突利益所造成的限制，不得超过该措施所要实现的利益。狭义比例原则所要解决的正是对于冲突的利益如何衡量的问题。所以，法官可以依据狭义比例原则进行利益衡量。根据该原则，在利益 X 与 Y 冲突的情况下，如果 X 不被实现的程度越高，则 Y 的重要性就必须随之越高。因此，当利益 X 与 Y 冲突且法官倾向于支持 Y 时，具体的衡量步骤如下：第一，确定 X 不被实现的程度；第二，确定实现 Y 的重要性；第三，确定实现 Y 的重要性是否大于不实现 X 而产生的危害。狭义比例原则作为一种衡量公式，为法官的利益衡量工作提供了方向上协助，促进利益衡量最大程度上趋于理性。

不得不承认的是，利益权衡始终是一个经验命题，人们无法以完全客观和量化的方式解决利益分配的方法问题，所以也就无法像自然科学中的化学元素表一样将权利的位阶进行图谱式排序。这是社会科学中利益分配问题的天然局限性。"没有什么价值判断可以被完全证实，就像没有什么事实判断可以被完全证实一样。任何实验在解决一个疑问的过程中都隐藏着一种新的风险。但这并不意味着判断和实验性检验就对我们毫无益处，或是我们应该靠投掷硬币这样的方法来决定取舍"。[④] 从本质上说，利益衡量方法就是把权力交给了衡量者，由衡量者根据具体情况机动排序。尽管利益衡量的步骤不具有绝对的形式

[①] 例如，泸州遗赠案中，原告的财产权利、遗嘱自由与被告的财产权利、正常的婚姻秩序都是具有正当性的后果。

[②] 参见钱福臣：《解析阿列克西宪法权利适用的比例原则》，载《环球法律评论》2011 年第 4 期，第 47 – 58 页。

[③] 参见梁迎修：《权利冲突的司法化解》，载《法学研究》2014 年第 2 期，第 61 – 72 页。

[④] [美] 约翰·杜威：《确定性的寻求：关于知行关系的研究》，傅统先译，上海人民出版社 2004 年版，第 123 页。

化,但还是具有一些可操作性的,是可以被运用来适当解决司法裁判中利益衡量的问题的。①

五、借助法律论证补强后果考量的可靠性

从上文可以看出,后果预测的规范性不足和后果评价的程序缺位实际上都源于法官对说理的逃避,以及对裁判理由的隐藏。规范法官在后果主义裁判中的法律论证工作是增强后果预测和评价的客观性和科学性的途径。落实法官的法律论证义务也可以给法官的后果预测和评价操作增加一定程序准则上的制约,进一步补强后果考量的可靠性。

法律论证是保障裁判过程的可靠性的重要措施,法官在进行后果预测和评价时,应该尽可能将其推理和论证的过程详尽且诚实地展示在判决书上。一方面,法官在预测和评价后果时不可避免会加入主观判断,如果法官仅仅是将预测和评价的结果与既有的法律条文进行罗列,做出形式化的三段论推理和简单的论证,无疑是给突袭裁判和恣意裁判增加了机会,不利于监督法官裁判权的行使。②另一方面,基于法感所做出的判断,如果缺乏对相关理由的展示,对于那些与之没有同感的人来说,是缺乏可靠性的。③如果法官能够通过说理来证明支持其结论的理由是否足以确立其结论,是否足以让判案法官以外的人对这些理由予以接受,那么法官就可以在说明责任的压力下,更加开放其思维、不断反思自己的判断,做出更加妥当的判决;同时,法官通过向当事人及公众展示其论证过程和推理逻辑,便于他人评判司法是否公正合理,增强判决结果的说服力,还可以以此制约法官的自由裁量权的过度扩张。所以,在后果主义裁判中,让法官承担更为严格的法律论证义务可以强化后果考量的可靠性。

后果主义裁判中对后果可靠性的证立是法律论证理论中的外部证成或二阶论证。阿列克西把法律论证区分为内部证成和外部证成,内部证成对应的问题是法律判断是否由证立前提逻辑推导而来的,外部证成应对的问题是这个前提是否正确的问题。④ 诺伊曼指出,裁判的证成可以划分为两层结构,第一层级是通过规则证立裁判,第二层级是对规则的证立。⑤ 麦考密克也主张把司法裁决的证立过程区分为两个层级:一阶论证是通过演绎性证明对裁决进行法律论证;如果还需要对演绎性证明的前提进行证立,就属于二阶论证要做的论证工作。⑥ 后果主义裁判中,法官有义务在一阶论证之前进行二阶论证,论证说明为什么适用法律 A 的后果 a 优于适用法律 B 的后果 b;为什么解释 C 的后果 c 优于解释

---

① 参见陈金钊:《被社会效果所异化的法律效果及其克服》,载《东方法学》2012 年第 6 期,第 56 页。
② 参见焦宝乾:《法律论证导论》,山东人民出版社 2006 年版,第 215 页。
③ 参见[德]卡尔·拉伦茨:《法学方法论》,陈爱娥译,商务印书馆 2003 年版,第 5 页。
④ [德]罗伯特·阿列克西:《法律论证理论》,舒国滢译,中国法制出版社 2002 年版,第 274 页。
⑤ [德]乌尔弗里德·诺伊曼:《法律论证理论大要》,郑永流等译,北京大学出版社 2005 年版,第 6 页。
⑥ 参见宋保振:《司法的社会功能及其实现》,载《济南大学学报(社会科学版)》2020 年第 6 期,第 95 页。

D 的后果 d。通过结构化模式来表达就是：

第一步，要论证说明：若选择法律 A，会导致某个后果 a；若选择法律 B，会导致某个后果 b。

第二步，要论证说明：后果 a 比后果 b 更具有优先性。

第三步，得出结论：应该选择 A 作为裁判依据。

或者

第一步，要论证说明：对于法律 E，若选择解释 C，会带来某个后果 c；若选择解释 D，会带来某个后果 d。

第二步，要论证说明：后果 c 比后果 d 更具有优先性。

第三步，得出结论：应该选择解释 C。

以上论证方式被称为"后果主义论证"，其与客观目的论证结构相似，但并不完全相同，因为"客观目的论证中的目的是能直接从既有的权威性资料（法律、判例、教义学等）中导出或重构出来，而后果主义论证中的后果是一种来自法外的后果判断，比如社会后果、经济后果、政治后果。"[1] 进行后果主义论证是为了让法官在判决书中说明在判决过程中考量了哪些后果，所选用的法律与后果实现之间为何具有因果关系，以及不同后果之间进行了怎样的权衡等。总之，后果主义裁判中对后果的考量经由逻辑严谨的步骤加以论证，有助于满足裁判规范性的要求，判决结果更容易得到各方的信服和尊重，也能够促使法官更加理性地考量各方利益和审判实效，约束价值判断中的恣意妄为，尽可能帮助当事人重拾公正、取得积极的社会效果。

六、结语

后果主义裁判实质上代表了一种价值偏好，即优先考虑后果的司法裁判更容易实现司法正义。诚然，从理论上讲，在各阶层矛盾激化、社会问题疑难复杂的今天，后果主义裁判的做法表现出了对社会实际和当事人利益更多的现实关怀，所以相应的判决结果更容易产生良好的社会效果。但是通过对后果主义裁判运行现状的调查会发现，这种颠覆传统的裁判方式纳入了许多法外因素和主观判断，同时又缺少科学的、客观的后果预测和评价机制，使得法官裁判具有较大的恣意空间，容易破坏司法裁判的客观公正性。厘清后果主义裁判的优点和局限之后，本文针对后果主义裁判的后果考量环节提出了增强后果可靠性的措施，多层次构建客观的后果预测机制和科学的后果评价机制，并且督促法官完善后果主义裁判中的论证和说理行为，在后果考量环节尽可能缩小法官恣意的空间，为后续的法律适用环节提供合理、正当的前提和基础。但正如文中所说，对后果的预测和评价不可避免会加入法官的主观认识和价值判断，难以做到如同自然科学那样客观。因此，想要最大限

---

[1] 参见雷磊：《反思司法裁判中的后果考量》，载《法学家》2019 年第 4 期，第 27 页。

度地限制后果主义裁判对法治秩序的动摇,还需要将后果主义裁判的适用范围限制在必要的疑难案件裁判中;并且将后果考量融入法教义学的轨道,维护依法裁判的核心地位,提高后果主义裁判的规范性,促使其扬长避短,真正实现司法裁判中形式理性与实质正义、法律效果与社会效果的统一。

(编辑:侯竣泰)

美国专家证言审查的科学哲学与启示*
——从教条的科学主义到怀疑的理性主义

胡 萌**

摘 要 各国司法实践都存在高度依赖科学证据的现状与趋势,司法领域对科学证据有效性与可靠性的关注度持续上升。不同学科、领域存在不同科学原理、方法,但科学精神与科学哲学的探究具有普适性。美国对科学证据的审查从间接表象的依赖到抛弃,体现了联邦最高法院对科学哲学的探究从教条的科学主义到怀疑的理性主义的转变。目前我国在理论上对鉴定意见的审查范式尚未形成共识,司法实践中对于鉴定主体唯资质论,鉴定人出庭质证率低而采信率偏高,对鉴定意见的采纳亦是依赖表象标准。为提高事实认定的准确性,可借鉴美国联邦法院的科学哲学,聚焦对科学有效性及可靠性的实质审查,对于鉴定意见的科学属性与法律属性进行分层次审查,建立起符合我国司法制度的科学证据审查范式。

关键词 专家意见 科学证据 科学哲学 鉴定意见 审查范式

一、问题的提出

当代诉讼活动中,法律与科学的联系日益密切,科学证据是运用最为普遍的证据类型之一,何家弘教授曾在1999年就提出司法证明将进入"科学证据时代"。[①] 德国社会学家

---

* 本文系2019年度上海市社科规划青年课题"电子商务纠纷在线解决中的证据规则研究"(2019EFX006)、2018年度证据科学教育部重点实验室(中国政法大学)开放基金资助课题"在线纠纷解决中的证据法问题研究"(2018KFKT02)的阶段性成果。

** 胡萌,女,山东枣庄人,华东政法大学中国法治战略研究中心助理研究员,法学博士,主要研究方向为证据法学。

① 何家弘:《21世纪中国证据法学前瞻》,载《检察日报》1999年9月2日,第3版。

Max Weber 思想中最常被提及的一个概念是"祛魅",他认为世界祛除巫魅是一个社会理性化的重要标志,这意味着曾经崇高的价值逐步隐退。而在法庭科学领域,也存在着对科学证据"祛魅"的过程,通过揭开科学证据的神秘面纱,逐步确立起一种崇尚理性主义的科学证据审查范式。科学证据涉及多个学科领域的原理、理论、技术,而法庭上的事实认定者通常欠缺相应的科学知识,导致科学证据的审查标准成为美国近一个世纪来饱受争议的话题。被称为"Daubert 三部曲"的一系列判例,从不同层面为法庭提供了更接近理性的科学证据审查标准;而成文法与判例法的互动背后,是美国联邦最高法院对于科学与司法之间关系的理性哲思,呈现了科学证据审查范式的破与立。

在我国,2019 年 12 月 26 日最高人民法院发布了《关于修改〈关于民事诉讼证据的若干规定〉的决定》,直接涉及司法鉴定的条文有 24 条之多,篇幅及权重之大受到司法鉴定领域的关注。我国对科学证据的审查大多是科学证据的合法性和关联性的审查,对其真实性审查比较薄弱。[1] 2012 年修改后的《刑事诉讼法》和《民事诉讼法》和 2014 年修改后的《行政诉讼法》相继增加了电子证据,并将"鉴定结论"改为"鉴定意见"。简单的话语改变却意味着法官要对鉴定意见的采信做最终把关,这就需要实质审查,避免对鉴定意见的证明力作出过度评价,影响事实认定的准确性。如何在诉讼体制改革下,实现科学证据的庭审实质化,让科学证据经得起法律的检验成为当前学者和法律工作者的重要课题。本文从更具普适性的科学哲学着手,考察美国在判例法与成文法互动中,如何从教条的科学主义走向理性的怀疑主义,聚焦对于科学证据有效性与可靠性的审查标准,从中思考对我国鉴定意见审查实质化的启示。

二、科学证据审查的间接表象依赖

科学证据并非严格意义上的证据种类,甚至也不是一个含义明确的法律概念,而且是在哲学和自然科学领域中被广泛使用的术语。[2] 根据《布莱克法律词典》,科学证据是"利用某门科学专业知识或者依靠科学原理形成的具有证明价值的事实或意见"。[3] 该类证据背后是包罗万象的科学原理与方法,在法庭中以专家证言或鉴定意见、检验报告的形式示证。在英美法系国家,专家证人是指具有专家资格,并被允许帮助陪审团理解某些普通人难以理解的复杂的专业性问题的证人,专家证言是指专家提供的意见证据。[4] 根据普通

---

[1] 例如,2012 年两高三部通过的《关于办理死刑案件审查判断证据若干问题的规定》第 23、24 条以及同年最高法出台的《关于适用〈中华人民共和国刑事诉讼法〉的解释》中第 84、85 条虽然内容上对鉴定意见的审查有所规定,但是实际上只是对鉴定意见的形式审查,其真实性与可靠性并不能得到实质审查与保障。

[2] 何家弘主编:《刑事诉讼中科学证据的审查规则与采信标准》,中国人民公安大学出版社 2014 年版,第 1 页。

[3] Bryan A. Garner: Black's Law Dictionary (7th edition), West Group, 1999, p.580.

[4] 参见《元照英美法词典》,北京大学出版社 2016 年版,第 515 页。

法传统，意见证据通常不具有可采性，但是专家意见作为意见证据规则的例外具有可采性。①

表象是有效性的间接指征，因为它们是通常与有效性理论相伴随的事物。② 在19世纪和20世纪早期，法院依赖于市场的外行人对专家行当的普遍接受这一表象。正如Faigman教授所评论的，"对专门知识的保证，暗含在专家在［被接受］的行业或者职业中的成功上……如果一个人能够通过在市场上出售其知识而得以谋生，则这种专门知识就可能存在……就拥有专门知识的行业或者职业而言，该专门知识几乎总是伴随着些许繁荣。事实上，市场通过赋予知识以商业价值，决定着有效的知识是否能够存在。与日常生活的活动相比，还有用于检验专门知识的更好的标准吗？日常生活有着巨大——与审判中的争端相比甚至更大——的关涉，消费者辛苦赚得的金钱反映了人们的决断。"③ 为了适用该标准，审判法官要调查专家是不是在市场上已经获得普遍接受的行业或者职业的一员。

1923年的Frye v. United States案④确立了一项新的普通法规则：证据提出者在引入基于新兴科学技术的证言之前，必须证明该技术已经在相关科学领域内得到了普遍接受（general acceptance）。在Frye案中，刑事被告Frye在庭审前接受了"心脏血压收缩欺骗测试"，⑤ 测试结果表明他对于未犯有被指控罪行一事没有撒谎，被告意图将该测试结果作为证据提交到法庭，以证明谋杀指控不成立。法庭拒绝采纳该证据，被告又提出让为他测试的心理学专家在法庭上将这一新型科学加以演示，仍被法庭拒绝。法官认为：科学原理或发现是否已经跨越了实验或证实阶段是难以界定的，但是作为证据而言，其证据价值得到认可的前提是该科学原理已经得到承认。尽管从科学原理被承认到其所推导的结论具有可采性之间会经历漫长的路程，但是该推论具有可采性的前提应当是其所依据的科学原理已经在所属领域得到普遍接受。⑥ 显然，Frye案中的心脏血压收缩欺骗测试方法无论在生理学权威还是心理学权威方面均未得到科学界的普遍接受，因而该证据不可采。

这一被称为"Frye标准"的裁判规则不同于先前的市场标准，市场标准是看外行对

---

① 王进喜：《美国〈联邦证据规则〉（2011年重塑版）条解》，中国法制出版社2012年版，第213页。
② ［美］Edward J. Imwinkelried：《论表象时代的终结》，王进喜译，载《证据科学》2011年第4期，第471页。
③ David L. Faigman, Michael J. Saks, Joseph Sanders & Edward K. Cheng, *Modern Scientific Evidence: The Law and Science of Expert Testimony* §1.2 (2010, 11ed.). 转引自［美］Edward J. Imwinkelried：《论表象时代的终结》，王进喜译，载《证据科学》2011年第4期，第471页。
④ Frye v. United States, 293 F. 1013 (D. C. Cir. 1923).
⑤ 1913年，美国哈佛大学心理学家Marston经过大量心理实验研究得出结论：正常人说谎一定会在心理机制和生理机制上消耗更多精力，从而引起心脏血压、呼吸的变化。以他的这一研究结论为基础，1921年有人发明了"心脏血压收缩欺骗测试"方法，其原理在于：受试者一开始通常会比较紧张，但是如果其对问题的回答都是诚实的，则其紧张情绪会逐渐得到缓解，因此测试的曲线应当是一路走低；如果受试者一直在撒谎，则由于其消耗的精力更多，情绪会一直保持紧张，心脏血压会一直保持高压状态，测试的线路也会一路走高。
⑥ 王进喜：《美国〈联邦证据规则〉（2011年重塑版）条解》，中国法制出版社2012年版，第216-217页。

专家的行业或职业的接受，而 Frye 标准要求专家的理论或技术得到了"明显多数"[1] 内行专家的接受。在就其对间接表象的依赖进行理论解释时，法院常常提到法律制度的参与者缺少能力来直接审查有效性问题。Frye 标准本质上将科学证据所依赖的科学理论之有效性交由科学共同体去检验，而缺乏科学背景的法官得以逃避对科学证据的实质性审查。Frye 标准在确立后的 70 年间一直是司法实践中科学证据可采性的主导标准。[2] 然而，从实践来看，依赖于 Frye 标准来确定专家证言的有效性存在两个问题：一是无论科学研究的合理性如何，如果该领域的大多数专业人员还没有听说过该新理论，则就不能说该理论获得了必需的流行程度；二是即使一个理论获得了法律所要求的流行程度或者批准，可得的数据可能会表明该理论缺乏经验有效性。这样，依赖于表象，可能会导致采纳"垃圾"或者站不住脚的科学涌入法庭。[3]

1975 年生效的《联邦证据规则》702 规定："如果科学、技术或者其他专门知识将会帮助事实审判者理解证据或者确定争议事实，则因知识、技能、经验、训练或者其他教育而具有专家资格的证人，可以以意见或者其他的形式就此作证。"[4] 规则 703 规定："专家意见或推论所依据的特定案件中的事实或者数据，可以是该专家在听审时或听审前意识到或者知晓的事实或者数据。如果特定领域的专家就某事项形成意见时将合理地依赖的那类事实或者数据，则该事实或者数据不需要具有证据可采性。"[5]

尽管上述条款对专家证言作出了专门规定，但一方面，由于规则 402 关于相关证据具有可采性的例外中并未提及判例法，[6] 普通法判例所确立的 Frye 标准是否被成文法所取代存在很大争议。有论者认为《联邦证据规则》吸纳了 Frye 标准，将科学证据的可采性交给科学共同体。另一方面，在大多数司法辖区，缺乏对规则 702、703 等规则的统一、恰当的体系化解释，且 Frye 标准的实用性使得狭义的科学观点充满诱惑，继续延用该标准成为多数法官的选择。对于科学证据的可采性，仍然是一种教条的科学主义审查范式。1991 年，曼哈顿研究院的 Peter Huber 在《伽利略的复仇：法庭上的垃圾科学》[7] 一文中呼吁法院控制对基于"垃圾科学"的证言的采纳，引发了关于科学证据可采性标准的激烈

---

[1] People v. Guerra, 37 Cal. 3d 385, 418, 690 P. 2d 635, 656, 208 Cal. Rptr. 162, 183 (1984). 转引自 [美] Edward J. Imwinkelried：《论表象时代的终结》，王进喜译，载《证据科学》2011 年第 4 期，第 471 页。

[2] [美] Edward J. Imwinkelried：《论表象时代的终结》，王进喜译，载《证据科学》2011 年第 4 期，第 473 页。

[3] [美] Edward J. Imwinkelried：《论表象时代的终结》，王进喜译，载《证据科学》2011 年第 4 期，第 474 页。

[4] 王进喜：《美国〈联邦证据规则〉(2011 年重塑版) 条解》，中国法制出版社 2012 年版，第 212 页。

[5] 王进喜：《美国〈联邦证据规则〉(2011 年重塑版) 条解》，中国法制出版社 2012 年版，第 223 页。

[6] 《美国联邦证据规则》402 规定：所有相关证据均具有可采性，《美国宪法》、国会立法、本证据规则或者最高法院依据制定法权限制定的其他规则另有规定者除外。王进喜：《美国〈联邦证据规则〉(2011 年重塑版) 条解》，中国法制出版社 2012 年版，第 62 页。

[7] Peter W. Huber, Galileo's Revenge: Junk Science in the Courtroom (1991), 转引自 [美] Edward J. Imwinkelried：《科学证据的秘密与审查》，王进喜译，中国人民大学出版社 2020 年版，第 68 页。

争论，而联邦法院也在 Daubert 案中抛弃了表象标准，对法庭科学进行了认识论探究。

三、"Daubert 三部曲"中的理性主义思辨

（一）Daubert 案确立了法官的"守门"职责

Frye 标准在 Daubert v. Merrell Dow Pharmaceuticals, Inc.① 案中的适用遇到了障碍。一方面，Frye 标准确立于刑事案件，且在此之前只适用于刑事案件，罕见用于民事审判则的案例；另一方面，Frye 标准的地位受到了质疑，因为 1975 年实施的《美国联邦证据规则》没有明确采纳 Frye 标准中的"普遍接受"。因此，Daubert 案被提到了联邦最高法院，联邦最高法院发出调卷令以判断联邦规则是否已取代 Frye 标准。然而，Blackmun 大法官于 1993 年在这个里程碑式案件中的裁决不仅解决了 Frye 标准是否被联邦规则所吸纳的问题，它还引发了联邦法院对于科学哲学的讨论。②

Blackmun 大法官在 Daubert 案判决的多数意见中明确写道：《美国联邦证据规则》取代了 Frye 标准，规则要求法官不仅要审视专家证言的相关性，还要审视其可靠性。他认为，科学证言在立法上或证据上的可靠性是一个科学"有效性"问题；在评估科学证言是否具有立法上的可靠性时，法庭不能只关注专家的结论，还要看其得出结论的"方法论（methodology）"，以确定所提供的证据的确是"科学的……知识"并因而是可靠的。法官应对科学证据履行重要的"守门人（Gate Keeper）"职责，对是否具有规则 702 之"科学知识"的资格作出判断。Blackmun 大法官对"科学知识"采用了一个方法论定义，即"推论或主张必须源自科学方法"，而科学方法是一种验证技术。③ 至于哪一方法论可以标示出真正的科学性，Blackmun 大法官引用法学教授 Michael Green 以及哲学家 Karl Popper 的观点，提出了法院评估可靠性时可以灵活适用的四个标准因素：（1）"可证伪性"，也就是说提出的证据是否"能被检验或者已经接受了检验"；（2）已知或潜在的错误率；（3）同行评议与发表情况；（4）相关领域的普遍接受性（向 Frye 标准致意）。④

（二）证据"可靠性"与科学"有效性"的思辨

在判断科学证据的可靠性方面，Popper 将其科学哲学称作"证伪主义（Falsification-

---

① Daubert v. Merrell Dow Pharms., Inc., 509 U.S. 579 (1993). 在该案中，原告 Jason Daubert 与 Eric Schuller 是具有严重先天缺陷的幼儿，他们的父母起诉 Merrell Dow 制药公司，声称天生缺陷是他们的母亲在怀孕期间服用了其销售的抗呕吐处方药盐酸双环胺（Bendectin）所致。被告提交了医生和流行病学家 Steven H. Lamm 的宣誓陈述书，Lamm 医生原因了关于盐酸双环胺与人类先天缺陷的 30 多种文献涉及 130000 多位患者的研究，认为没有研究表明二者存在因果关系。原告提出了 8 位专家证人，依据动物细胞研究、活体研究以及化学结构分析，认为存在因果关系。法官依据"普遍接受"标准支持被告的专家意见。

② Susan Haack, Evidence Matters: *Science, Proof, and Truth in the Law*, Cambridge University Press, 2014, p. 105.

③ ［美］Edward J. Imwinkelried：《科学证据的秘密与审查》，王进喜译，中国人民大学出版社 2020 年版，第 70 页。

④ 王进喜：《美国〈联邦证据规则〉（2011 年重塑版）条解》，中国法制出版社 2012 年版，第 215 页。

ist)"，与逻辑实证主义者们的"证实主义（*Verificationism*）"不同，① 他认为即便一个理论被证实到较高程度，也证明不了其一定为真，甚至证明不了可能为真。② 因此他所划定的标准是：一个科学观点必须是"可验证的（testable）"的才能算是真正科学的，其意为"可反驳的"或者"可证伪的"，也就是说可以有潜在的证据能够证明是错误的（如果它是错误的话）。已被检验而尚未被证伪的理论即是"被证实的（corroborated）"，在某一时间被证实的程度取决于检验的次数及严谨性。但是，Popper 也强调，证实（corroboration）不是真实性或"真实可能性"（truth-likeness）的量尺，③ 充其量只是在某时间点上一个理论与其他理论相联系使得其看上去有多真实的一个指标；④ 且一个理论被证实并不意味着相信它就是理性的。Popper 认为，这意味着选取该理论而不是其他理论来指导实践是理性的，但并不意味着有充分的理由相信该理论在将来也是正确的——对于这一点也不存在充分的理由。⑤ 因此，所有的这些"让步（concession）"似乎意味着在判断科学证据的可靠性时，遵循尚未被证伪的理论是个最佳选择。

法院采纳 Popper 上述见解所产生的第一个问题就是，适用其划分标准并非易事——正如 Rehnquist 大法官在 Daubert 案中所说，由于他并不真正理解说一个理论"可证伪"意味着什么，他怀疑其他联邦法院法官也不会理解。⑥ 事实上，Popper 自身似乎也不确定该如何适用他的标准。此外，在判决的不同意见中，大法官 Rehnquist 认为："可靠的"一词并没有出现在规则 702 的文本中；他提醒道，将来 Daubert 规则能否用于判断非专家证言的可采性以及如何判断将是个难题；他还担心，少有受到科学培训的联邦法官在当下能准确判断相关领域专家都尚存分歧的实质科学问题；他认为，联邦法院还是仅解决 Frye 标准的地位问题更可取，而不要投入到关于"科学的……知识"之本质的复杂争辩中。法院采纳 Popper 的观点还存在一个更严重的问题，这一问题 Rehnquist 大法官似乎并未意识到：Popper 的科学哲学显然不适用于法院所关注的可靠性问题。当 Popper 将其方法描述为"批判理性主义（Critical Rationalism）"时，他所强调的是，科学事业的理性存在于科学理论对批判的接受性，也就是说，要接受检验与证伪；其理性并不存在于可证实性与可验证性。一个理论的证实程度仅代表其过去的适用情况，并"没有表明其将来的适用情

---

① 证实主义（Verificationism）是作为是否具有实证意义的一个标准提出的，而不是像 Popper 的可证伪主义（Falsificationism）作为是否具有科学性的一个标准。Susan Haack, Evidence Matters: *Science, Proof, and Truth in the Law*, Cambridge University Press, 2014, p. 106。

② Karl R. Popper: The Logic of Scientific Discovery, Hutchinson, 1959, p. 18, 转引自 Susan Haack, *Evidence Matters: Science, Proof, and Truth in the Law*, Cambridge University Press, 2014, p. 106。

③ "Verisimilitude"作为一个术语，Popper 的解释是"接近真实"（nearness to the truth）。

④ Karl R. Popper: *Objective Knowledge: An Evolutionary Approach*, Clarendon Press, 1972, p. 32. 转引自 Susan Haack, *Evidence Matters: Science, Proof, and Truth in the Law*, Cambridge University Press, 2014, p. 107。

⑤ Karl R. Popper: *Objective Knowledge: An Evolutionary Approach*, Clarendon Press, 1972, p. 32. 转引自 Susan Haack, *Evidence Matters: Science, Proof, and Truth in the Law*, Cambridge University Press, 2014, p. 107。

⑥ Daubert v. Merrell Dow Pharms., Inc., 509 U.S. 579 (1993).

况,也不代表该理论未来的'可靠程度'";即使通过最佳检验的理论也会不可信。①

Blackmun大法官还强调:"关注点必须完全是原理和方法,而不是它们所产生的结论"。② 然而,和每一类研究者一样,科学家们遵循了某一方法的事实并不能实质性地说明其证言是否可信。专业的方法和技术加深了科学的意义,科学家们总结出避免出现实验错误的潜在根源需要控制哪些因素,以及排除仅仅是一种偶然的联系需要怎样的统计方法,等等。但是进行研究的这些科学上的"帮助"仅适用其所属特定领域并在其领域不断优化,并不能为所有科学家一概使用。因此,不存在联邦法院所理解的那一种"科学的方法",不存在所有科学家都能够适用的关于推理或研究过程的唯一的理性模式。科学研究应建立在推理、所需要素、限制条件这些对于所有严谨的调查所共同要求的因素上,但所使用的方法却是于本领域不断优化的方法,这些方法可以扩展想象、增加理性成分、扩大证据范围以及强化证据,且多种多样。③

(三) Kumho案对"科学知识"的扩张解释

1997年,联邦最高法院通过General Electric Co. v. Joiner案的上诉审再次强调了法官对专家证言是否可采具有自由裁量权,此为"Daubert三部曲"之二。1999年的Kumho Tire Co. v. Carmichael案关注了规则702中的"其他专门知识",以及Daubert案中确立的判断标准可以在多大程度上扩大适用于非科学性专门知识。Kumho案在认识论上又前进了一步,在这个产品责任案件中,法院尝试解决关于非科学性专家证言的可采性问题,正如Rehnquist大法官事先所预料的,这一问题很快便在Daubert案之后浮现出来。法官不能因为专家证言是非科学性的就逃避其守门职责,法院在判决中认为:《联邦证据规则》702中的关键词是"知识",而不是"科学的"。在Kumho案中,联邦法院不再纠结于科学知识的划分问题,而是认识到了"科学性"与"可靠性"之间存在差异,进而认为关键问题应是证言是否可信,而不是证言是否是科学性的。Kumho案的判决赋予法官更深层次的自由裁量权,即可以选择其认为可作为相关科学性专门知识可靠性"合理量度"的因素。至此,法院完成了专家证言可采性标准的判例三部曲。

2000年,修订版的《联邦证据规则》将Daubert案中所认为的隐含于规则702的内容加以明确:具有可采性的专家证言必须基于"足够的"事实或数据,是可靠的原理或方法的产物,且专家将这些原理和方法并可靠地适用于案件事实。④ 可以说,《联邦证据规则》

---

① Karl R. Popper: *Objective Knowledge: An Evolutionary Approach*, Clarendon Press, 1972, p. 32. 转引自Susan Haack, *Evidence Matters: Science, Proof, and Truth in the Law*, Cambridge University Press, 2014, p. 108.

② [美] Edward J. Imwinkelried:《科学证据的秘密与审查》,王进喜译,中国人民大学出版社2020年版,第70页。

③ Susan Haack, *Evidence Matters: Science, Proof, and Truth in the Law*, Cambridge University Press, 2014, p. 117.

④ 王进喜:《美国〈联邦证据规则〉(2011年重塑版) 条解》,中国法制出版社2012年版,第212页。

将联邦法院关于科学哲学讨论结果的要义悉数加入了成文法规则,交由法官在评价证据时选择应适用的参考要素。结果,联邦法院的法官现在在审查科学证据与非科学证据时担负起了重大职责并拥有较大的自由裁量权,然而他们缺少实施这一复杂任务的具体指导。

"Daubert 三部曲"使得联邦法院就专家证人问题有了认识论上的进步,Rehnquist 大法官所担心的另一个问题——法官们通常缺乏评价科学(或其他技术)证言之证据价值的基本背景知识——更加迫在眉睫。目前的法律制度仍然没有找到新的办法来分担对法官来说十分繁重的辨别不可靠专家证言的责任吗?在一定程度上有,但仅限于一定程度,方法就是教给法官一些必要的背景知识,让他们向科学界寻求帮助。对法官进行教育以使其掌握基本的概率理论,让法官明白样本可能被误用以及实验室里各种可能出现的错误,向他们解释关于实验室出错的概率信息如何影响了随机匹配概率。确保法官能够理解常用的、常遇到的科学理念不仅可行而且实用。①

四、启示:我国鉴定意见审查应抛弃表象标准

诉讼中的科学证据涉及两个基本问题:什么必须被验证,以及如何得到验证,这是两个密切相关的问题。从美国联邦最高法院的科学哲学演变路径我们可以得到这样的启示:相比于证实专家所从事之学科的有效性,证据提出者的唯一义务应当是证明相关理论或技术能够让专家准确地作出其准备就此作证的判定。对此,法官需要采取灵活的验证方式,而不是固守经验验证,应以一种怀疑的理性主义态度,探究运用相关技术所得结果是否证实该技术奏效。我国鉴定意见的审查规则与实践中也存在依赖间接表象的现象,如依据在司法行政机关登记备案的鉴定主体资质来认定鉴定主体具备案涉专门知识,行政管理以及对技术的批准是一种典型的表象。我国刑事诉讼中鉴定意见的采信率非常高,② 并存在严重的"涉鉴上访"问题。从少见的排除情况来看,主要是鉴定机构不符合相关法律规定、鉴定程序违法鉴定人应回避而未回避的、鉴定文书制作不符合相关法律规定等程序性问题。③ 目前在理论上对鉴定意见的审查模式尚未形成共识,而司法实践中涉及的鉴定事项广泛,鉴定人出庭接受质证率低。④ 在这种情形下,对鉴定意见证明力大小的评价并不理

---

① Susan Haack, *Evidence Matters: Science, Proof, and Truth in the Law*, Cambridge University Press, 2014, p. 109.

② 依据公安部物证鉴定中心对于 2013 至 2015 年之间在全国范围内的 495 份裁判文书中涉及其单位所出具的 621 份鉴定意见书进行分析发现,其所出具的鉴定意见绝大多数都被明确采信,其中毒品、声纹、年龄、电子物证及笔迹印章等方面的鉴定意见采信率高达 100%。相关学者在北京市司法鉴定行业社会调查的结果显示在北京市各级人民法院办理案件涉及的 500 份裁定文书中,共有 485 份鉴定意见被采信,占 97%。15 份未被采信的鉴定意见中无任何一例是因为鉴定意见的科学性问题。参见刘道前:《基于学科维度的鉴定意见采信问题研究》,载《中国司法鉴定》2020 年第 2 期,第 75 页。

③ 参见刘晓丹:《科学证据可采性规则研究》,载《证据科学》2012 年第 1 期,第 31 页。

④ 参见郭华:《司法鉴定管理体制改革的现状反思与未来方向》,载《中国司法》2015 年第 11 期,第 60 页。

性，形式审查色彩较重，影响事实认定的准确性，有必要建立起一种实质审查模式。

（一）明确鉴定必要性的判断标准

在美国，采纳专家证言的一个条件是其有助于事实认定者作出裁判，这也是提交专家证言这类证据必要性的一个判断标准。我国早在1979年刑事诉讼第88条就规定："为了查明案情，需要解决案件中某些专门性问题的时候，应当指派、聘请有专门知识的人进行鉴定。""2.28决定"第1条对鉴定的界定为"司法鉴定是指在诉讼活动中鉴定人运用科学技术或者专门知识对诉讼涉及的专门性问题进行鉴别和判断并提供鉴定意见的活动。"在民事诉讼法、行政诉讼法、监察法，以及相关司法解释、部门规章均有类似规定。可见，我国立法对于鉴定必要性判断的基本原则是：专门性问题由具有专门知识的人解决。英美法系国家为专家证人模式，大陆法系国家为鉴定人模式，我国目前模式为鉴定人/鉴定机构+有专门知识的人。尽管模式不同，其共性目标都在于"帮助裁判者获得关于案件中专门性事实的认识"。[①] 我国司法实践中对于案件中"专门性问题"的标准把握不一致，导致对于特定证据应否予以鉴定的判断不恰当，影响举证精准度与证明效果。例如，在"快播案"中，须认定被告构成传播淫秽物品牟利罪，控方提交了"案涉视频中有21251个淫秽视频"的鉴定意见，辩方质问鉴定人对于淫秽物品是否有鉴定资质。显然，由于我国实行鉴定事项登记管理制度，即鉴定资质法定，鉴定人不可能具有案涉相关资质。但进一步思考，淫秽物品的鉴别属于需要由具有专门知识的人处理的专门性问题吗？控方真的有必要对案涉视频资料提出鉴定意见已达到证明目的吗？

如前文所述，对于案件相关事实、证据是否有鉴定的必要，应判断是否属于"专门性问题"，以及是否能够帮助事实裁判者获得关于案件中专门性事实的认识。具体而言：（1）交付鉴定的事项涉及专门知识领域。该领域需以较为成熟的理论研究、实践应用及相关数据为基础，按照所属学科、领域的评价标准占据主流地位或在评价体系中具有权威性（主要考虑到新兴科学技术）。（2）专门性问题需要凭借专门的科学知识、技术、经验等，运用科学的方法，遵循严格的程序。专门知识与常识、宗教、神学的区别，就在于方法论的不同。在解决这些专门性问题的过程中，有专门知识者运用的原理、方法，遵循的程序操作，依赖的仪器设备，均以各种专门知识为基础。专门性知识既包括自然科学知识，也包括社会科学知识，甚至一般人所不具有的经验知识。[②]（3）专门知识通常独立于法律知识而存在。虽然个案中需要处理的专门性问题各不相同，但这些专门性问题的共同特点是其严重影响了事实认定者的认识能力，而不得不将其交付有专门知识者去解决，以提高事实认定的准确性。

[①] 汪建成：《专家证人模式与司法鉴定模式之比较》，载《证据科学》2010年第1期，第18页。

[②] 例如，毒品案件中，对不同种类毒品以及新型毒品，毒贩具有一般人所不具有的经验知识，能够帮助法官认定相关事实，但对该类经验知识应限制范围。

（二）对鉴定意见进行分层次审查

我国司法实践中对于鉴定人资质的审查大多采取程序审，只要鉴定意见附上资质证明，就推定鉴定主体具有相应资格，这与鉴定事项法定以及鉴定资质登记备案管理制度相关。主体和知识被视为一体，如果主体取得了资格，则就存在专门知识。但是我国对于鉴定人资格只考虑学历和工作经历，且授予是大学科方向，而非具体的检验专业方向，通过承认主体的地位，法院默示并错误地预设了有效的专门知识的存在。而最高法公布的典型案例"倪旭龙诉丹东海洋红风力发电有限责任公司环境污染侵权纠纷案"[①] 传达了这样的观点：对案涉鉴定意见的审查，不能简单看其有无鉴定资质，而应审查其拥有的资质是否能实质性解决诉讼中争议的专门性问题。该案中再审法院未采信鉴定报告同样是从鉴定机构的资质切入，但其切入时却紧紧关联了案涉的专门性问题：再审法院准确归纳了案涉专门性问题是什么，再结合调查结果，认定该鉴定报告出具机构的现有资质未能覆盖本案中的专门性问题，其实质是认为该机构没有专门能力解决发电噪声、光影等与甲鱼死亡间的关联度——也就是说，该法院无法认可鉴定报告所得出结论的可靠性，因而不予采纳。显然，此案一、二审法院单单依赖鉴定机构的资质证书，而未对该资质下其实际专门能力进行实质审查的做法被再审法院否定了。

从鉴定意见的本质来看，是一种基于科学原理、方法的专家意见。一方面，其所依赖的科学原理、方法，所遵循的程序具有客观标准，体现了其客观性，但对这些原理等的应用与分析是主观性的活动，存在一定的误差以及主体认识差异，这就决定了需要对鉴定意见进行实质审查以判定其可采性，以正确评价其证明力大小。另一方面，在诉讼活动中要实现诉讼价值，还要符合法律规则，如鉴定人资质、检材及样本来源的真实性、合法性等方面的可采性规则。针对这两个方面，需要法官对鉴定意见进行分层次审查，即针对其科学属性的实质审与针对法律属性的程序审；且需要明晰各自所审查的要素，避免需要实质审查的要素流于形式。针对法律属性的程序审主要是从法律对鉴定意见的共性要求进行审查，涉及证据能力与证明力两个维度，具体包括鉴定机构的资质情况、检材及样本的来源、检验鉴定的程序、鉴定意见书的完整性等。针对科学属性的实质审，主要审查鉴定意见的科学有效性、可靠性，包括作为鉴定意见产生依据的学科成熟度，在此学科原理基础上是否建立了鉴定的标准程序，依据此学科原理建立起来的检验方法是否可靠，以及该检验方法对于检材和样本数量及质量的需求等，这些都是法庭质证的重点。

（三）明确有专门知识的人出具检验报告的证据效力

对于"有专门知识的人"的认识存在广义说与狭义说，广义说认为，诉讼中凭借专门

---

① （2013）辽审三民提字第45号。

知识解决专门性问题的人均为有专门知识的人。如美国证据规则即采广义说，因知识、技术、培训、经验而具有专门知识的人，能够有助于陪审团认定事实的，均可作为专家证人。狭义说则将"有专门知识的人"限定于协助控辩双方对鉴定意见提出意见的人。[1] 最高检《关于指派、聘请有专门知识的人参与办案若干问题的规定（试行）》第2条规定：有专门知识者是指"运用专门知识参与人民检察院的办案活动，协助解决专门性问题或者提出意见的人，但不包括以鉴定人身份参与办案的人。"这一规定虽是排除了有鉴定资格的人作为有专门知识者参与办案，但并非为了禁止有专门知识者参与鉴定，而是要排除那些已经以鉴定人身份出具鉴定意见的人再以有专门知识者的身份介入到检察院的办案活动中。[2] 因此我国司法制度中是将有专门知识者作狭义理解，与鉴定人身份在法律上做区分，等同于"专家辅助人"；且鉴定人须来自登记备案的鉴定机构，而有专门知识的人不限于此，法官认为其具备特定领域专业知识即可。但从本质上来讲，我国专家辅助人与鉴定人都是在特定领域具有专门知识的人，但在制度层面的区别导致二者所出具意见之证据效力也存在差异。

目前，不同部门法与指导性案例对于具有专门知识的人出具的报告之证据效力规定存在冲突。《最高人民法院关于适用〈中华人民共和国刑事诉讼法〉的解释》第87条规定："对案件中的专门性问题需要鉴定，但没有法定司法鉴定机构，或者法律、司法解释规定可以进行检验的，可以指派、聘请有专门知识的人进行检验，检验报告可以作为定罪量刑的参考。"《最高人民法院关于适用〈中华人民共和国民事诉讼法〉的解释》第122条第2款规定："具有专门知识的人在法庭上就专业问题提出的意见，视为当事人的陈述。刑事诉讼中将有专门知识的人作出检验报告作为定罪量刑的参考，相比定案依据而言证明力较弱；民事诉讼中作为当事人陈述，与当事人陈述具有同等证据效力。一方面，两大诉讼对该类证据效力的规定有差异；另一方面，民事诉讼中，作为当事人陈述存在主要问题是，会弱化各类证据本应呈现的客观性。

根据最高人民法院2020年12月29日发布的指导案例147号"张永明、毛伟明、张鹭故意损毁名胜古迹案"，四名地质专家接受侦查机关委托出庭，对于案中巨蟒峰受损情况出具意见。法院在判决中写道："四名专家出具专家意见系接受侦查机关的有权委托……且经法院通知，四名专家中的两名专家以检验人的身份出庭，对'专家意见'的形成过程进行了详细的说明，并接受了控、辩双方及审判人员的质询。'专家意见'结论明确，程序合法，具有可信性。从证据角度而言，'专家意见'完全符合刑事诉讼法第197条的规定。"在关于该指导性案例的裁判要点中写道："对刑事案件中的专门性问题需要鉴定，但没有鉴定机构的，可以指派、聘请有专门知识的人就案件的专门性问题出具报告，相关报

---

[1] 左宁：《我国刑事专家辅助人制度基本问题论略》，载《法学杂志》2012年第12期，第149页。
[2] 赵志刚等：《关于指派、聘请有专门知识的人参与办案若干问题的规定（试行）理解与适用》，载《人民检察》2018年第10期，第32页。

告在刑事诉讼中可以作为证据使用。"因此,具有专门知识的人所作的检验报告应具有法定证据效力,一方面其在本质上与鉴定意见相同,不存在整体类别上的证明力高下;另一方面,由于我国现行鉴定管理制度,大量有鉴定需求的案件在没有相应鉴定机构时需要具有专门知识的人出具检验报告,应赋予其法定证据地位,严格按照诉讼程序规定予以质证。

五、结语

美国联邦法院的科学哲学经历了从教条的科学主义到怀疑的理性主义的嬗变,一方面将专家意见可采性的实质判断权从科学界收归法官手中,对科学证据从间接表象依赖或形式审查到实质审查;另一方面对于科学有效性与证据可靠性之间关系的认识也在不断修正。作为科学证据的"守门人",法官所关注的重点不是科学知识的一般可靠性,而是特殊可靠性,即特定理论、技术能否让专家准确、可靠地遂行当前案件中的具体任务。在美国证据法的宏大框架下,法官不仅是怀疑论者,还是经验主义传统下的理性主义者。

科学审查范式从教条的科学主义到怀疑的理性主义的转变,离不开传统科学到现代科学概念的转变,其中最重要的是对"科学并非绝对确定"这一事实的坦率承认。正如 Daubert 案中 Blackmun 法官所说,"得出结论说科学证言必须是'已知'为确定无疑,这是不合理的;可以说,科学中没有确定性"。而法律处理法庭科学不确定性的方式也历经演变,愈加客观、理性、细致。法律永远是一门平衡的艺术,以怀疑的理性主义态度对待科学,才能有足够的睿智与灵活性去适应科学的日新月异,减少因审判者对科学证据给予过度评价而导致正义不彰的风险。

(编辑:蒋太珂)

部门法方法论

刑事立法中平等原则的适用与展开[*]

吕小红[**]

摘　要　刑事立法为了保证所制定的刑法规范合法有效，理应受宪法平等原则的指导和制约。现代意义上的平等理念是对形式平等进行修正的实质平等，允许合理的差别对待。分类标准的合理性是平等原则的判断重点，在刑事立法领域中不能脱离行为的法益侵害性展开判断。平等原则要求刑事立法应该以平等保护人民为目的，平等设置犯罪和配置法律后果。我国现有的刑法规范中存在一些不平等规范，根据不平等作用的对象，可以分为不平等保护行为对象的规范和不平等保护行为主体的规范；根据不平等的具体内容，可以分为性别不平等型规范和身份不平等型规范。

关键词　刑事立法　平等原则　差别对待　类型化分析

一、问题的提出

《刑法》第 4 条明确规定"对任何人犯罪，在适用法律上一律平等。不允许任何人有超越法律的特权。"理论上一般认为，适用刑法人人平等原则是宪法平等原则在刑法中的具体体现，该原则是司法适用原则，而非刑事立法原则。[①] 但是，平等原则作为宪法原则，基于宪法国家根本大法的地位，具有最高的法律效力，刑事立法为了保证所制定的刑法规范合法有效，理应受平等原则的指导和制约。在罪刑法定原则的要求下，刑事立法层面上是否遵循平等原则直接决定着刑事司法平等的实现。实际上，我国刑事立法中确实存在一些不符合平等原则精神的内容，最典型的代表就是体现性别差异的部分条文。例如，奸淫幼女以强奸罪论，从重处罚，而奸淫幼男以猥亵儿童罪论处，因强奸罪最高法定刑可

---

[*]　本文系 2021 年度上海政法学院青年科研基金项目（项目编号：2021XQN05）的研究成果。
[**]　吕小红，女，福建建瓯人，上海政法学院讲师，法学博士，研究方向为刑法学。
[①]　参见陈忠林：《刑法面前人人平等原则》，载《现代法学》2007 年第 4 期。

达死刑，奸淫对象不同，行为人可能直接面临生与死的刑罚后果。可是，刑法何以在保护幼女幼男身心健康方面做出如此明显的区别呢？虽然现实中幼女遭受性侵的数量高于幼男，① 但是因为受害人少就给予幼男低一等级的刑法保护合理吗？从行为性质和社会危害性来看，性侵幼男还是幼女没有本质区别，而且幼男被性侵还可能发生易感染艾滋病等一些特殊的后果，我国刑法在性侵儿童案件中，应对所有儿童进行平等保护。②

平等原则作为宪法原则，其重要性不言而喻，但作为抽象的原则，如何在具体的刑事立法中发挥作用还需要进一步细化其内容，才能真正凸显该原则的实践意义。下文将从以下三个方面讨论刑事立法中平等原则的适用问题：首先，阐释平等原则的基本内涵和判断标准，明确讨论的理论基础；其次，论述刑事立法中平等原则的基本要求，为展开平等原则在刑事立法中的适用提供具体的规则；最后，系统梳理、分析我国刑事立法中可能有违平等原则的内容，为今后的刑事立法完善提供参考资料。

二、平等原则的基本内涵和判断标准

（一）平等原则的基本内涵

"平等乃是一个具有多种含义的多形概念。"③ 虽然各国宪法中关于平等的具体规定并不相同，但是平等是公平正义的应有之义，是法追求的基本价值之一，早已是现代社会的共识。我国《宪法》第33条明确规定"中华人民共和国公民在法律面前一律平等"。

通常认为，"同等情况同等对待，不同种情况不同对待"是平等的核心要义，可以从形式平等和实质平等两个层面理解平等。形式平等追求机会平等，将所有人在法律上予以均等对待，并保障其自由活动，但其结果却不一定都是平等的，而实质平等追求结果平等，通过对社会意义、经济意义上的弱者给予更为优厚的保护，以保障弱者也能与其他人同等地自由和生产。④ 由于形式平等不考虑个人差异，追究绝对的平等，有时反而会产生不平等的结果，因此目前公认的平等理念是对形式平等进行修正的实质平等。正如《中国大百科全书·法学》所解释的："平等，泛指人们在社会上处于同等地位，享有同等的经济、政治等权利并负有同等的义务。但权利的平等并不是指所有人都有同样数量或对同等事物的同等权利。"⑤ 换言之，平等原则中的"平等"包括无差别的形式平等和允许合理

---

① 有学者统计，2018年1月至2020年7月某地检察院审查起诉的未成年性侵案件中，被害人一共有229人，其中男性有20人，其余为女性。参见陈小彪、柳晔：《性侵未成年人案件的司法疑难及应对》，载《中国青年社会科学》2022年第1期。

② 参见刘仁文：《论我国刑法对性侵男童与性侵女童行为的平等规制》，载《环球法律评论》2022年第3期。

③ ［美］E. 博登海默：《法理学》，邓正来译，中国政法大学出版社2017年版，第310页。

④ 参见［日］芦部信喜著，［日］高桥和之补订：《宪法（第六版）》，林来梵、凌维慈、龙绚丽译，清华大学出版社2018年版，第98页。

⑤ 中国大百科全书总编辑委员会：《中国大百科全书·法学》（修订版），中国大百科全书出版社2006年版，第386页。

差别对待的实质平等。

需注意的是,现代意义的平等强调实质平等,但是不等于否定形式平等的重要性。实际中,无差别的形式平等才是常态,在形式平等明显有失"公平正义"时,才有必要以合理的区别对待追求实质平等进行补充。如果直接跳过形式平等,过分追求"实质平等",很可能出现过度关注某个群体的差异性,产生反向不平等现象,即对某个群体进行特别优待而导致其他群体受到不合理的差别对待。如果反向不平等现象得到国家正式规则的认可或者公权力主体的推行,演变为"制度性歧视",将使一定社会群体持续遭受普遍的、规范化的不合理对待。[1] 如此带来的负面影响不仅是特定个人利益的受损,而且会降低公众对法律制度的信赖,动摇法治的根基。

(二) 平等原则的判断标准

平等原则的核心要义是"等者等之,不等者不等之",可是如何确定两个或多个对象之间是"等"还是"不等"呢?将男女区别对待就意味相同情景下的差别对待吗?还是差别情形下的差别对待呢?在某些时刻,同等情形下的差别对待或者差别情形下的同等对待是否正确呢?[2] 要解决这些问题,必须明确平等原则的判断标准。具体到本文的讨论对象,所面临的就是如何判断刑事立法是否违背平等原则的问题。

有比较才有是否平等的问题。待比较对象有共通点才有可比较性,才有是平等对待还是差别对待的问题,对毫无关联的对象进行差别对待理所当然。例如,刑事立法将侵犯国家法益的行为最高法定刑设置为死刑,将侵犯财产法益的行为最高法定刑设置为有期徒刑,两类犯罪行为性质不同,只要符合自身的罪质进行任何形式的刑罚配置都是合理的,显然不能说刑事立法将两种犯罪区别对待有违平等原则。反之,刑事立法将这两类犯罪的最高法定刑均设置为死刑,也不能说两种不同犯罪同等对待与平等原则相背离。

接下来要思考的问题是,为什么要对某些对象进行比较,以确定特定的对象是否受到平等对待呢?简而言之,就是这些对象在本质上具有相似性,却存在差别对待的现象,因而必须判断差别对待是否符合平等原则。具体到立法领域,法律所调整和规范的社会关系多种多样,立法者在进行规范设计时,不是毫无区别地考虑待规范评价的各种社会关系,而是先按照一定的标准将各种调整对象进行分类,然后再进一步抽象为类型化的规定,以保证条文的简洁性、体系性和必要的开放性。例如,刑事立法在设置分则具体罪名时会根据行为侵害法益的类型和具体内容,考虑刑法条文的位置和规范内容。立法者正是通过一定的分类以实现平等原则所要求的不同情形不同对待,相同情形相同对待的基本要求。既然有分类,就必须考虑进行分类予以差别对待是否符合平等原则。如果不根据宪法平等原

---

[1] 参见任喜荣、周隆基:《制度性歧视的内涵与辨异》,载《北方法学》2014年第2期。
[2] 参见 [英] 埃里克·海因策:《平等的逻辑:非歧视法律的形式分析》,中国政法大学出版社2017年版,导论第5页。

则对立法分类进行有效审查,难以避免歧视性规则的出现,损害的将是众多人的利益。①

理论上一般认为,基于合理分类的差别对待不违反平等原则,但是建立在不合理的分类基础上的差别对待,则违背了平等原则。② 因此,立法者在考虑设置差别对待的规范内容时,就必须充分说明分类标准的合理性,以保证此处所追求的实质平等是必要且妥当的。实际上,在法律规范领域中,之所以理论和实务均倾向于对评价对象进行分类,进而对同种类对象进行相似评价,对不同种类对象进行区别对待,正是贯彻平等原则的结果。只不过,分类标准合理是这一推论成立的前提。这也就决定了平等原则审查判断的重点是分类标准的合理性。简单说了,合理的分类标准应该是能直击不同事物本质的内容。由于不同领域所关注的对象不同,分类标准具体内容不尽相同,以下仅关注立法领域的分类标准。

"只是由于我表现自己,只是由于踏入现实的领域,我才进入受立法者支配的范围。对于法律来说,除了我的行为以外,我是根本不存在的,我根本不是法律的对象。"③ "人的行为"是法律评价的对象,而行为的性质是一类行为不同于其他行为的本质属性,是区分行为与行为之间不同的根本标准。由于不同法律的规范目的不同,所调整的行为范围不同,在确定行为性质的分论标准上也会有所不同。例如,民法调整的民事法律行为是指民事主体通过意思表达设立、变更、终止法律关系的行为,对民事法律行为的分类就可以考虑行为法律关系发生变动的原因、法律后果等内容。而刑法调整的行为是犯罪行为,法益侵害是犯罪行为的本质,对犯罪行为的分类就可以考虑行为侵害法益的类型和程度等内容。因此,行为的法益侵害性应该是刑事立法对不同对象进行区别对待所要重点考虑的内容。刑法中的法益是指"根据宪法的基本原则,由刑法所保护的,客观上可能受到侵害或者威胁的人的生活利益"。④ 虽然随着社会的发展,个人生活利益的内容和表示形式不断丰富,但是从根本上来说,生命、身体、自由、名誉和财产等宪法核心法益是刑法保护法益的基础范围。⑤

三、刑事立法中平等原则的基本要求

宪法作为国家根本大法,是刑事立法的根据,平等原则作为宪法原则,其效力辐射至刑事立法领域。不违背平等原则是刑事立法保证其自身合法性的根据之一。根据平等原则的内涵,"禁止对本质相同之事情,在不具备实质理由下任意地不同处理,以及禁止对于

---

① 参见张青波:《宪法平等原则对立法分类审查的体系性标准》,载《法商研究》2015年第5期。
② 参见刘仁文:《论我国刑法对性侵男童与性侵女童行为的平等规制》,载《环球法律评论》2022年第3期。
③ 付子堂:《马克思早期的法学思想》,载《光明日报》2014年11月10日11版。
④ 张明楷:《法益初论(增订本)上册》,商务印书馆2021年版,第190页。
⑤ 参见姜涛:《追寻理性的罪刑模式:把比例原则植入刑法理论》,载《法律科学(西北政法大学学报)》2013年第1期。

本质不相同之事件，任意地作相同处理"[1] 是其核心要求。简言之，平等原则的基本要求就是平等对待。根据具体要求的不同，平等对待可以分为强势意义上的平等对待和弱势意义的平等对待，前者强调尽可能避免对人进行分类，以对各类群体给予平等待遇，侧重形式平等，而后者提出针对不同情况，要区别对待，侧重实质平等。[2] 两者都是刑事立法应该重视的内容。结合刑事立法的具体情况，可以从立法目的和立法内容两个方面考虑平等原则的基本要求。

（一）在立法目的上，刑事立法应坚持平等保护人民

"刑事立法的目的也是刑法本身的目的，是立法机关规定犯罪及其法律后果的意义之所在。"[3] 刑事立法目的不违背平等原则，才能指引具体的刑事立法活动落实平等原则。

首先应该明确"保护人民"是我国刑事立法目的。虽然《刑法》第1条的规定，我国刑事立法目的是"惩罚犯罪，保护人民"，但是一个国家制定法律不能以惩罚为目的，这是现代法治国家的基本理念。[4] 刑法以刑罚作为制裁措施，惩罚性是其基本属性，若将"惩罚犯罪"作为刑事立法的目的，即出现为了惩罚而惩罚的刑事立法。一个国家惩罚犯罪，其实并不需要刑法，刑法要遏制的对象是国家，而不是犯罪人，其真正价值在于明确国家刑罚权的范围，防止国家权力肆意侵害公民的权利和自由，人权保障才是刑法的核心和灵魂，离开它，刑法就是一纸空文。[5] 因此，"保护人民"才是我国刑事立法的目的，而"惩罚犯罪"只是刑事立法制定刑法保护人民的具体手段。从另一个方面来说，《宪法》第2条规定："中华人民共和国一切权力属于人民"，刑事立法是国家权力的具体活动，以保护人民为活动目的才能保证其正当性。因此，平等原则对刑事立法目的的基本要求就是"平等"地保护人民，即无论出生、财物、社会地位等如何，人民在获得刑法保护方面没有实质的差异，这是刑事立法者必须始终坚持的目的。

需要注意的，刑事立法需要进行平等保护的人民包括被害人或者社会中的一般公众，也包括作为惩罚对象的犯罪人。而且，可以说保护犯罪人才是刑法实现"保护人民"目的的根本价值。弱者的利益最容易受到侵害因而也最需要保护，如果法律不强调保护弱者利益的话，弱者利益必然受到侵害。[6] 在强大的国家刑罚权面前，犯罪人作为个体总是处于弱势地位，将犯罪人排除在刑法保护范围之外，刑法难免会沦为惩罚机器，犯罪人的合法

---

[1] 法治斌、董保城：《宪法新论》，台湾元照出版有限公司2004年版，第188页。
[2] 参见杨代雄：《民法总论专题》，清华大学出版社2012年版，第23页。
[3] 张明楷：《刑法理论与刑事立法》，载《法学论坛》2017年第6期。
[4] 参见高颖文：《刑罚目的与犯罪论体系：由"刑"到"罪"的思考》，载《刑事法评论》2016年第2期，第196页。
[5] 参见李海东：《刑法原理入门（犯罪论基础）》，法律出版社1998年版，"我们这个时代的人与刑法理论——代自序"第4页。
[6] 参见刘宪权：《刑法学名师讲演录·总论》（第3版），上海人民出版社2021年版，第53页。

权益将岌岌可危，刑法平等保护人民的目的也必将落空。犯罪人实施了危害社会的行为基于报应的理念，应当受到相应的惩罚，但是同时作为一个普通个体，犯罪人也应受包括刑法在内的所有法律无差别的保护，如此才算真正实现法律面前人人平等的宪法精神。

（二）在立法内容上，刑事立法应做到平等设置犯罪和平等配置法律后果

刑事立法的主要内容是制定具体的刑法规范即"规定犯罪及法律后果的规范"，平等原则在刑事立法领域中的基本要求即平等地设置犯罪和配置法律后果。

1. 刑事立法平等设置犯罪

虽然行为的法益侵害性、行为人的主观恶性、刑事立法的必要性和刑事立法的实效性等因素都会影响刑事立法是否将某一侵害法益的行为/危害社会的行为作为犯罪。但是"刑法的任务在于法益保护，这在现代刑法思想中已不存在重大分歧。"① 如前文所述，犯罪行为的本质是法益侵害性，法益侵害性是刑事立法设置犯罪时考虑的核心因素。因此，刑事立法平等设置犯罪总要求就是对法益侵害性类型和程度相似的行为进行平等对待。具体而言，在平等设置犯罪方面，刑事立法需注意以下几点：

第一，根据形式平等的要求，刑事立法需根据行为侵害法益的类型妥当考虑犯罪的体系位置。我国刑法分则根据侵犯法益的类型，将所有犯罪分为十章。因此，如果刑事立法确定某一法益侵害行为确有必要纳入犯罪圈，就必须进一步确定该类行为侵害的法益类型和程度，将这一行为放置在刑法分则中相应的章节中，以体现刑事立法对某一类法益侵害行为的同等评价。《刑法修正案十一》（草案）拟在侵犯公民人身权利、民主权利罪中新增一个罪名规制侮辱、诽谤英雄烈士的行为就是刑事立法违反形式平等的一个反例。草案拟新增《刑法》第246条之一："侮辱、诽谤英雄烈士，损害社会公共利益，情节严重的，处三年以下有期徒刑、拘役、管制或者剥夺政治权利。"② 立法一方面明确该类行为"损害社会公共利益"，一方面又将其置于侵犯公民人身权利、民主权利犯罪中予以评价，很明显违反了平等原则所要求的侵害同种法益的行为应进行相似评价的要求。也正是因此《刑法修正案十一》将这一规定修改后纳入扰乱公共秩序罪中。

第二，根据实质平等的要求，刑事立法只能着眼于影响行为性质即法益侵害性的因素，才能考虑进行区别对待。结合实践来看，以下两种情况中，刑事立法在设置犯罪时区别对待符合平等原则：（1）行为方式相同，但因主体、对象的不同，导致所侵害法益的类型和程度不同，刑事立法做出不同的罪名设置。例如，国家工作人员利用职务便利窃取公共财物的行为与非国家工作人员窃取公私财物的行为，客观行为都为窃取财物，但是行为

---

① ［德］伊沃·阿佩尔：《通过刑法进行法益保护？——以宪法为视角的评注》，马寅翔译，载赵秉志等主编：《当代德国刑事法研究》2016年第1卷，法律出版社2017年版，第49页。

② 参见荆龙：《刑法修正案（十一）草案亮相》，http：//www.hncourt.gov.cn/public/detail.php？id=181356，最后访问日期：2022年6月3日。

主体和对象决定了前者除了财产法益之外，还损害了国家公职人员的职务廉洁性，因而前者设置为贪污罪，后者设置侵犯财产法益的盗窃罪。反之，不同主体以相同方式侵害同一法益，由于行为的法益侵害性不受主体的不同而有本质区别，刑事立法在设置犯罪时就不能进行区别对待。例如，刑事立法不顾单位和自然人在实施贷款诈骗行为时法益侵害性的同质，将单位排除在贷款诈骗罪的行为主体之外违背平等原则。（2）行为侵害的法益类型和程度相似，但行为方式不同导致法益侵害的具体情况有所不同，刑事立法做出不同的罪名设置。例如，以盗窃、诈骗等不同方式取得他人财产，虽然这些行为都侵害到被害人的财产法益，统一纳入侵犯财产罪范围，但是对这些行为分别设置罪名能更为妥当对不同侵财行为做出更贴切的刑法评价。

第三，刑事立法通过不同方式设置犯罪，在进行平等原则判断的侧重点并不相同。通常，刑事立法设置犯罪的主要原因是现行刑法所设置的犯罪圈出现了处罚漏洞或不必要处罚的问题，可以通过新设罪名、修改既有罪名、删除罪名三种方式设置犯罪。虽然总体而言，无论刑事立法通过何种方式设置犯罪都要符合平等原则的要求，但是在不同情况中对是否符合平等原则判断并不相同。以新设罪名为例，刑事立法新设犯罪严密刑事法网往往会有两种思路：其一，在既有犯罪中，将其中某种特定的法益侵害性行为独立为新罪。如《刑法修正案十一》新增的袭警罪脱胎于妨害公务罪，协助组织卖淫罪等帮助行为正犯化的立法设置。其二，将某种全新的法益侵害行为作为犯罪。如《刑法修正案九》新增侵犯公民个人信息罪保护公民个人信息权这一新兴权利，《刑法修正案十一》新增高空抛物罪、催收非法债务罪等一系列新罪名保护不同领域的公共秩序。在第二种立法设置中，由于面对的是全新的法益侵害行为，立法者是否将法益侵害行为设置在合适的章节中，是判断立法设置是否符合平等原则的判断重点。而在第一种立法设置中，由于既有的刑法规范也能评价某一法益侵害行为，设置独立罪名的合理性是判断立法设置是否符合平等原则的判断重点。如果现有的刑法规范已足以规制某一侵害法益的行为，在缺乏实质合理的根据，为突出某一特殊群体的保护而单独立法，就可能违背平等原则。前面提到的《刑法修正案十一》新设的袭警罪恐怕就是反例。行为人以暴力，适用枪支、管制刀具袭击正在依法执行公务的人民警察和其他国家机关工作人员，在扰乱公共秩序上并没有太大的区别，刑事立法对暴力袭警行为设置独立的罪名，做出区别对待缺乏实质合理性。

2. 刑事立法平等配置法律后果

在平等配置法律后果方面，基本要求是法律后果必须与犯罪行为的罪责相匹配。具体而言，刑事立法要做到平等设置法律后果，要注意以下几点：

第一，侵犯同一法益的犯罪行为应分别规定过失犯罪和故意犯罪的刑罚。行为人的主观恶性程度也是刑罚设置应该考虑的内容，犯罪人故意犯罪的主观恶意明显大于过失犯罪，应有刑罚惩罚的程度更高，在侵犯同一法益时，故意犯罪的刑罚应该要重要过失犯罪才符合平等原则。《刑法》第398条关于故意泄露国家秘密罪和过失泄露国家秘密罪法定刑完全相同就有失公平。虽然司法实践可以在法定刑量刑幅度内对两类泄露国家秘密的行为进行区别对待，但是这并不能成为刑事立法可以不顾平等原则设置刑罚的正当理由。

第二，刑事立法基于正当合理的事由对不同犯罪主体实施相同的犯罪行为的刑罚进行有区别的设置，并不当然违背平等原则。正如前文所述，现代意义上的平等原则追求实质正义的相对平等，允许合理的差别对待。刑事立法依据正当合理的事由，对实施相同的犯罪行为的不同罪犯设置不同的刑罚，符合平等原则"不等者不等之"的要求。例如，刑事立法考虑到未成年人、老年人、残疾人、孕妇等弱势群体生理和心理上的特殊性，基于人道主义对这些弱势群体实施的犯罪行为做出合理的从轻处罚，考虑到对累犯以及严重的故意杀人、强奸等暴力犯罪的行为人主观恶性和人身危险性较大，在一定条件下做出不得假释的从重处罚，都不违背平等原则，能做到罪责刑相适应的要求。

第三，当个人差异不影响犯罪行为的法益侵害性的情况下，刑事立法对相似法益侵害行为的刑罚不能差异悬殊。犯罪的本质是法益侵害性，只要个体差异不影响犯罪行为的法益侵害性，刑事立法就不需要考虑这些差异，对相同的犯罪行为设置相同的刑罚，才符合平等原则"等者等之"的要求。这一问题尤其凸显在刑法规范涉及被害人性别的情况。例如，《刑法》第237条规定侮辱妇女的行为可处5年以下有期徒刑或者拘役，《刑法》第246条规定公然侮辱男性且情节严重的，可判处3年以下有期徒刑、拘役、管制或者剥夺政治权利，刑事立法对侵害男性人格尊严的行为不仅提高了入罪门槛还减低了处罚力度。然而人格尊重作为公民最重要的基本权利并不会因为性别而存在实质性差异，刑事立法将侮辱妇女与侮辱男性的行为作如此区别，明显存在不平等保护男女人格尊严的问题。

第四，刑事立法设置刑罚应无差别坚守维护人格尊严的底线。人格尊严"是所有宪法基本权利的出发点，具有价值的优先性和不可剥夺性，无论是国家公权力还是私人主体在和平时期和紧急状态之下都不可侵犯的绝对权利"。[①] 作为绝对权利是刑事立法设置刑罚不可碰触的底线。我国《宪法》第38条已经明确规定，"中华人民共和国公民的人格尊严不受侵犯。"这一条款也被学者称为"宪法保留"事项，即使是制定法律也不能进行限制，除非修改宪法已表明的绝对保护人格尊严的立场。[②] 犯罪人也是人，刑事立法设置刑罚不能触犯到其人格尊严，这就要求刑事立法不能采取残酷、不合人道或贬低人格尊严的刑罚来制裁人民，也不能基于一般威胁恐吓理由来制裁人民，使人民成为国家防止犯罪的客体。[③] 现代国家刑法追求人道主义精神在设置刑罚时能够坚守人格尊严的底线，但是也存在值得反思之处。例如《刑法修正案九》对重特大的贪污犯罪增设了终身监禁，起到了很好的威慑作用，但这样完全否定犯罪人改过自新可能性的刑罚执行措施恐怕存在忽视人格尊严之嫌疑。

---

① 宦吉娥：《宪法基本权利规范在刑事法中的效力研究》，厦门出版社2011年版，第170页。
② 参见张翔：《基本权利的规范构建（增订版）》，法律出版社2017年版，第129页。
③ 参见法治斌、董保城：《宪法新论》，台湾元照出版有限公司2004年版，第205页。

四、刑事立法中不平等规范的类型化分析

虽然从我国刑事立法中能找出不少直接体现平等原则要求的规范，例如《刑法》第6条规定了任何人在中国境内犯罪的，除非有法律的特殊规定，均平等适用刑法；第249－251条煽动民族仇恨、民族歧视罪，出版歧视、侮辱少数民族作品罪和侵犯少数民族风俗习惯罪，在促进民族平等方面具有重大现实意义。[①] 但是，在我国刑法中也存在一些不符合平等原则的规范，在前文的论述中已举出不少例子。这些不平等规范因违宪当然无效，如果后续的立法活动中不及时予以纠正，刑事立法和司法的权威性、有效性都会受到不同程度的负面影响。下文将根据不平等的作用对象和不平等的具体内容，对不平等规范进行类型化分析，以期能为后续立法活动提供有益参考。

（一）不平等作用对象不同的刑法规范

根据不平等作用的对象，刑事立法中不平等规范可以分为不平等保护行为对象的规范和不平等惩罚行为主体的规范。平等概念要求在特定体系认同的相关语境下，两个个体应当受到平等对待。[②] 法律规范体系中，平等原则所关注的是不同"个体"在法规范体系中是否被平等对待。具体到刑法规范领域，立法者面对的"个体"是直接与犯罪行为相关的行为对象和行为主体，制定的不平等规范要么体现为不平等对待行为对象，要么体现为不平等对待行为主体。进一步而言，前一种不平等规范未能实现刑法的平等保护，后一种不平等规范行为未能实现刑法的平等惩罚。不过，实际上刑法的平等保护与平等惩罚是"一个硬币的两面"，不能平等惩罚犯罪人如何能平等保护相应的行为对象呢？

由于所关注的对象不同，上述两种不平等规范多发的领域有所不同。不平等保护行为对象的不平等规范多出现在侵犯个人法益的犯罪中。因为侵犯个人法益的犯罪直接针对特定个体，立法者很容易关注到行为对象中所谓的"弱势群体"，很容易出现过度保护"弱势群体"，对其他对象保护不足的问题。而更深层的原因是立法者往往对"弱势群体"进行了不合理的界定。例如，刑事立法对性侵案件中的幼男幼女进行区别保护，很大程度上受到传统认知、落后观念的影响，认为幼女较弱势理应受到更多的保护。[③] 但实际上，在性侵案件中的所有的儿童都是弱势群体，遭受的侵害基本没有区别，应当进行无差别的平等保护。

而不平等惩罚行为主体的规范在侵犯超个人法益的犯罪中更多见。因为在超个人法益

[①] 参见李永升：《刑法与平等简论》，载《河南社会科学》2010年第4期。
[②] 参见［英］埃里克·海因策：《平等的逻辑：非歧视法律的形式分析》，中国政法大学出版社2017年版，前言第9页。
[③] 参见刘仁文：《论我国刑法对性侵男童与性侵女童行为的平等规制》，载《环球法律评论》2022年第3期。

的犯罪中，主体身份的不同其实并非总会影响法益侵害性的判断，但是刑事立法忽视这一点对不同主体的行为区别对待，就可能出现不平等的刑法评价结果。例如，单位和自然人都能实施贷款诈骗、扰乱金融管理秩序犯罪，从法益侵害性的本质上来，两类主体实施的行为没有区别，可是刑事立法却规定单位不能构成贷款诈骗罪。虽然实践中，司法机关通过合同诈骗罪或认定为自然人犯罪等方式算能解决部分问题，但是不能否定刑事立法缺陷是客观存在的。此外，贪污贿赂犯罪特别从宽处罚制度等体现对身份犯进行优待的刑法规范也属于不平等惩罚行为主体的规范。

（二）不平等具体内容不同的刑法规范

根据不平等的具体内容，不平等的规范划主要可以分为性别不平等型和身份不平等型。

1. 性别不平等型规范

正如美国情感关系研究专家约翰·格雷所描述的"男人来自火星女人来自金星"，男女是"两个星球"上的物种，在生理、心理等方面存在天然的差异。这种差异自然而然也引起了立法者的关注。在设置法律规范时，立法者会考虑男女差异，以求实现实质层面上的平等。这本身无可厚非，也有必要如此。因为在某些情况下，男女性别差异直接决定某一行为性质上不同，立法上若仍一坚持形式平等，只会导致与公众朴素的法感情相背离的规范内容。因而，立法者有时候会在规范中对男女进行区别对待。例如，立法者在考虑设置限制适用死刑的对象时，考虑到怀孕妇女肚子中有一个无辜的胎儿，明确规定"审判的时候怀孕的妇女，不适用死刑"，而男性的生理结构决定了不可能出现立法所想保护的胎儿，因而不能说在限制适用死刑的情形中存在男女不平等的问题。当然，如果某一天男性也能怀孕了，仍保持现有的规定就是不平等规范。

但从另一方面来说，立法者有时候又会过度重视男女性别差异，进而出现实质上并不符合平等原则的规范，本文称之为性别不平等型规范。结合我国刑法立法内容来看，性别不平等型规范的特点在于偏向保护女性，忽视对男性合法权利进行同等保护的必要性。除了上文提到的，对幼女幼男身心健康进行不平等保护的问题之外，刑事立法对男女性自主权的保护也不平等。性侵女性构成强奸罪，法定刑可以达到10年以上有期徒刑、无期徒刑甚至是死刑，而性侵男性构成强制猥亵罪，法定刑为处五年以上有期徒刑，定罪量刑差距悬殊。很明显，男性成为性侵案件受害人时，刑法提供的保护力度远不及女性受害人。实际上，在2015年之前男性甚至不是猥亵罪的保护对象，因为当时的刑法规定的是罪名是强制猥亵妇女、儿童罪，2015年11月1日施行的《刑法修正案九》才将"妇女"修改为"他人"。但是，本次修法遗留下一个问题，即并没有将强制侮辱罪中"妇女"一并修改为"他人"。值得一提的是，《刑法修正案十一》新增负有照护职责人员性侵罪，提升了未成年女性的性同意年龄，实质上加剧了我国刑法不平等保护男女性权利的问题。

随着社会观念的发展，在现代社会中，除了与生理区别外，在权利和义务方面男女基本趋同，刑事立法仍然滞后地坚持将女性作为弱势群体进行特殊保护，明显缺乏合理性。对于性别不平等型规范，刑事立法应该积极扩张行为对象，将男性权利也纳入特定罪名的保护范围，在刑法领域中真正实现男女平等的理念。

2. 身份不平等型规范

考虑到在某些情形中，行为人是否具备一定的身份直接影响其所实施行为的法益侵害性，刑事立法在设置规范时会有意识地考虑身份的影响，对有身份者和无身份者进行区别对待，这是贯彻平等原则的应然之举。但是，如果刑事立法对身份者与无身份者所进行的差别对待丙不合理，就产生了身份不平等型规范。身份是行为人所持有的资格、地位或者状态，[①] 某一行为人具有一定的身份，通常意味着其有进行某些活动的便利、承担一定的职责和义务，因此有身份者利用身份实施危害社会的行为，往往会带来更严重的法益侵害后果，刑事立法对身份犯的定罪处罚会重于非身份犯。例如，国家机关工作人员利用职权非法拘禁他人的，依照非法拘禁罪的规定从重处罚。但是，刑事立法有时候基于政策等特殊原因，在某些刑法规范中却对有身份者给予优待，进而造成有身份者与无身份者或者是不同身份者之间明显不公平的刑法评价。

例如，刑事立法针对贪污贿赂犯罪创设了特别从宽处罚制度就是最典型的身份不平等型规范。由于贪污罪和受贿罪的定罪量刑标准相同，按照《刑法》第383条第三款的规定，一定条件下涉嫌贪污罪和受贿罪的行为人在提起公诉前如实供述自己罪行、真诚悔罪、积极退赃、避免、减少损害结果的发生，就可以得到法定的从宽处罚。不能否定特别从宽处罚制度在提高贪腐犯罪治理成效方面具有积极意义，但是该制度适用的对象仅限于国家工作人员受贿，而非国家工作人员受贿却不能适用，客观上造成了"优待官员、苛责民众"的现象。[②]

《刑法》第306条的规定也属于身份不平等型规范。按照《刑法》第306条的规定，在刑事诉讼中，辩护人、诉讼代理人帮助当事人毁灭、伪造证据的，就判处三年以下有期徒刑或者拘役。而按照《刑法》第307条，司法人员等其他人员帮助当事人毁灭、伪造证据，情节严重的，才可能构成犯罪。何以两种主体相同的行为，入罪标准不同呢？从法益侵害性的角度来看，司法人员帮助毁灭证据，不仅扰乱刑事诉讼活动的正常秩序，而且会侵害司法工作人员职务的公正性与廉洁性，行为的危害性明显更重。

五、结语

宪法作为国家根本大法，是整个法律体系的核心，包括刑法在内的所有部门法都应该

---

① 周光权：《刑法总论》（第4版），中国人民大学出版社2021年版，第94页。
② 参见张远煌、彭德才：《贪污贿赂犯罪特别从宽处罚制度价值分析》，载《河南大学学报（社会科学版）》2017年第1期。

自觉地向宪法靠拢,以免出现规范或价值与宪法相冲突而无效的后果。刑事立法遵循宪法平等原则是当然要求。判断刑事立法是否违背平等原则,应围绕规范目的、行为的法益侵害性等关乎刑法规范的实质内容分析具体分类标准的合理性。按照平等原则的要求,刑事立法应以平等保护人民为目的,要做到平等设置犯罪和配置刑罚。但是,从我国现行刑法规范来看,刑事立法在处理涉性别差异、身份差异的犯罪行为时,因立法理念过于陈旧,体系性、系统性思维不够等因素的影响,仍存在一些有违平等原则的操作,产生了一些不平等规范,在后续的立法活动中有必要对这些规范一一加以修改,进一步完善我国刑法规范。

(编辑:蒋太珂)

刑法正当防卫条款的判断构造

陈 雪

摘 要 刑法第20条规定的正当防卫制度存在内在冲突，导致规范对象存在不当的被限制或者扩张。化解前述冲突的关键在于，将"防卫行为"而非"行为"或"正当防卫"作为建构正当防卫制度的支点，在解释论上，应当将刑法20条第1款规定的"行为"限缩解释为"防卫行为"，将第2款的规定的"正当防卫"扩张解释为"防卫行为"。进而根据防卫行为的适度性，将防卫行为区分为防卫适当（正当防卫）和防卫过当，以解决现行条文规定在概念上的逻辑矛盾和在规范对象上的宽窄失范问题。对于防卫行为的限度，应在损害后果的设定上体现"比例原则"，解决绝对化问题。在刑事政策上，正当防卫的设定理念是鼓励与犯罪作斗争，而非鼓励私力救济，故在司法裁量上需要严格把握正当防卫的成立条件。

关键词 正当防卫 规范冲突 防卫行为 判断构造

一、问题的提出

2016年的"于欢案"一度成了舆论焦点，由此引发了社会公众尤其是刑法学界对正当防卫问题的广泛热议。通过案例检索可以知道，法院在裁判文书的"本院认为"部分涉及正当防卫的刑事案件的数据最早出现在1996年。从1996年至2015年，案例数量呈逐年上升趋势，2013年至2014年间的涨幅最大。在2017年达到最高，多达3045例。现有数据显示，1996年至2018年8月，全国涉及正当防卫的刑事案件共15987件，以故意伤害罪起诉的多达14709件，总占比95%，以故意杀人罪起诉的777件，剩余491件大致涉及其他11种罪名。[①] 由此可见，在司法实践中，涉及正当防卫的刑事案件数量较大，罪名以故意伤

[①] 陈雪，女，山东临沂人，中国人民大学法学院博士研究生，研究方向为刑法学、法律方法。参《正当防卫制度与司法案例数据分析报告》，载见北大法宝 https://xw.qq.com/cmsid/20181012A1CNVW00，2018年第3期（案例报告总第6期），最后访问日期：2022年1月19日。

害罪为主，而真正被法院认定为正当防卫的案件数大概数十件，占比不到百分之一，大量以正当防卫为辩护理由的案件，均被当做犯罪行为处理。许多刑法学者认为，2016年轰动全国的于欢故意伤害案说明，1997年立法修改的意图并未得到起码的贯彻，司法实务还是保持着既有的惯性，不愿或是不敢认定正当防卫的成立。[1] 以至有学者认为，刑法第20条已沦为"僵尸条款"，其裁判适用效力可疑[2]。目前以"正当防卫"为主题在中国知网上进行检索后可以发现，发文量已多达六千余篇，反映了学界对正当防卫问题的高度关注。

从刑法界围绕正当防卫条款所进行的大量研究看，多数学者从法律教义学的角度出发，揭示了刑法第20条在解释适用过程中存在的问题，认为法官对条文的解释适用与公众直觉判断出现错位乃至断裂，应当对该条文进行更加科学合理的法教义学建构。[3] 与此同时，也有不少学者认为，法教义学建构固然重要，但也不能忽略影响该条文的社会因素，应当同时分析条文产生和适用的社会历史场景，从司法惯习和刑事政策的角度出发，探究影响条文正确适用的问题。[4] 不过，无论是从法律教义学的角度对待问题，还是从法律社会学的角度审视问题，似乎都没有把矛头直接指向条文规定本身，没有认真审视条文规定本身的得与失。而这恰恰也是需要引起注意的地方。

法律条文是法律规范的载体，一个法律条文在理解适用中被过度争议，表明该条文在规范指引力上的缺失或毁损。这种情况的出现，可能是由于条文之外的原因，也可能出自条文自身的原因，或两者兼而有之。按照法律教义学或解释学理论中"理性立法者"的构设，立法者不会意图立法在司法适用时出现荒谬的结果，故对法律的解释适用应该努力做条文规定无瑕疵的操作，弥补法律规定可能存在的问题。[5] 这样一种对待法律条文的立场，显然容易遮蔽立法本身存在的问题。实际上，坚持在解释适用法律上的"理性立法者"构设，并不意味着法律条文的规定完美无缺、无完善之余地，而是在承认法规范可能

---

[1] 劳东燕：《正当防卫的异化与刑法系统的功能》，载《法学家》2018年第5期，第76页。
[2] 周光权：《正当防卫的司法异化与纠偏思路》，载《法学评论》2017年第5期，第1页。
[3] 高铭暄：《正当防卫与防卫过当的界限》，载《华南师范大学学报（社会科学版）》2020年1月第1期，第157页；周光权：《正当防卫裁判规则的构建》，载《中国检察官》2018年9月，总第300期，第20页。陈兴良：《正当防卫的司法偏差及其纠正》，载《政治与法律》2019年第8期，第57页；明楷：《防卫过当：判断标准与过当类型》，载《法学》2019年第1期，第17页。张明楷：《正当防卫的原理及其运用——对二元论的批判性考察》，载《环球法律评论》2018年第2期，第51页。张明楷：《正当防卫与防卫过当的司法认定》，载《法律适用》2018年第20期，第3页；周光权：《论持续侵害与正当防卫的关系》，载《法学》2017年第4期，第4页；陈兴良：《正当防卫如何才能避免沦为僵尸条款——以于欢故意伤害案一审判决为例的刑法教义学分析》，载《法学家》2017年第5期，第89页；车浩：《正当防卫制度的理解与适用》，载《中国检察官》2018年9月（下），第12页；阮齐林：《不退让和城堡规则在正当防卫制度中的运用》，载《中国检察官》2018年9月（下），第15页。阮齐林：《发挥正当防卫作用、鼓励公民反抗不法侵害》，载《法律适用》2018年第20期，第12页；曾粤兴：《正当防卫的司法误区》，载《中国刑事法杂志》2019年第5期，第112页；冯军：《正当防卫理论与实践问题辩驳》，载《中国检察官》2018年9月（下），第22页。以上文章均对正当防卫条款的解释适用问题做出了细致深刻的论证与思考，为解决正当防卫条款在司法实践中的认定问题提供了大量的理论支持。
[4] 劳东燕：《正当防卫的异化与刑法系统的功能》，载《法学家》2018年第5期，第76页。
[5] 张志铭：《法律解释学》，中国人民大学出版社2015年9月版，第26页。

存在缺陷的前提下，通过对法规范进行合理解释，形成更为完善的正当防卫制度。

因此，本文基于刑法学者已有研究提出的问题线索，试图从立法技术和更一般的法理的意义上，分析探讨刑法第 20 条关于正当防卫规定的完善和恰当把握问题，给出相应的改善建议。

二、正当防卫条款存在的规范冲突

我国刑法第 20 条规定了正当防卫制度。其中，刑法第 20 条第 1 款规定了正当防卫的概念及其刑事责任，刑法第 20 条第 2 款规定了防卫过当的判断标准和刑事责任。前述规定，在体系层面，系以"行为"或者说"正当防卫"作为建构体系的支点。由于在一定程度上措置了行为事实和法律效果的关系，导致刑法第 20 条第 1 款和第 2 款的规定存在冲突。

（一）正当防卫条款存在逻辑上的冲突

刑法第 20 条第 1 款规定，为了使国家、公共利益、本人或者他人的人身、财产和其他权利免受正在进行的不法侵害，而采取的制止不法侵害的行为，对不法侵害人造成损害的，属于正当防卫，不负刑事责任；第 2 款规定，正当防卫明显超过必要限度造成重大损害的，应当负刑事责任，但是应当减轻或者免除处罚；第 3 款规定，对正在进行行凶、杀人、抢劫、强奸、绑架以及其他严重危及人身安全的暴力犯罪，采取防卫行为，造成不法侵害人伤亡的，不属于防卫过当，不负刑事责任。

根据刑法第 20 条的规定，现有刑法第 20 条是将"行为"作为建构正当防卫制度的逻辑起点，满足防卫限度条件的行为是正当防卫，未能满足防卫限度条件的行为是防卫过当。基意旨，刑法第 20 条第 1 款是对正当防卫的规定，第 2 款是对防卫过当的规定。由于正当防卫是一个集合概念，必须同时具备法益正当性与手段适度性两个要件，欠缺任何一个要件则不构成正当防卫。因此，在逻辑上，防卫过当与正当防卫是对立关系，其是因欠缺适度性要件而成了犯罪行为。但是，根据刑法第 20 条第 2 款的规定，所谓的防卫过当，是指"正当防卫明显超过必要限度……应当负刑事责任"的行为。换言之，根据"同一概念在同一法律部门内部都应当尽可能保持含义的一致，立法者在同一文本中应该对同一词语规定同一的意义"[①] 的要求，对于刑法第 20 条第 2 款的"正当防卫"的内涵，原则上应做与第 20 条第 1 款同样的解释。但是，这样的解释结论，意味着刑法第 20 条第 2 款将"正当防卫"作为可分解概念进行使用。者不但容易导致防卫行为正当性被稀释，在实践后果上，丢失了正当性又会使防卫过当很容易等同于其他犯罪。因此，在条文的概念逻辑上，关于正当防卫与防卫过当的条文规定存在逻辑上的断裂。

具体而言，现有刑法第 20 条以"行为"这一中性词为逻辑起点进行下位概念的逐步

---

① 王太平：《商标法上商标使用概念的统一及其制度完善》，载《中外法学》2021 年第 4 期，第 1030 页。

划分，分为防卫行为和攻击行为，"防卫行为"是一个可分解概念，包括正当防卫和不当防卫（根据条文第 2 款此处理解为防卫过当）。第 1 款规定的是"正当防卫"，它是一个集合概念或者说不可分的概念，要求同时具备法益正当与手段适度两个条件[①]。也就是说，如果两个条件都不符合或者只有一个条件符合，则是不当防卫。由此可知，第 2 款规定的"防卫过当"就是因欠缺适度条件而属于不当防卫，从而失去了法益的正当性。正当防卫与防卫过当在构成要件上的重合部分是法益的正当性。而如果否认了一个行为的正当性，则不构成正当防卫，那么也很难构成防卫过当。

在这个意义上，第 1 款的"正当防卫"和第 2 款的"防卫过当"是对立概念。但是，第 2 款的表述为"正当防卫明显超过必要限度……"，又意味着"正当防卫"与"防卫过当"是一组相关概念，也就是说，如果一个行为成立正当防卫，除了具有法益正当性之外，同时也不能超过必要限度；如果超过必要限度，则不成立正当防卫。由第 1 款可知，正当防卫不负刑事责任，而第 2 款又规定，正当防卫明显超过必要限度造成重大损害的，应当负刑事责任。既然正当防卫是不负刑事责任的合法行为，如何又能超过必要限度成为犯罪行为？这种表述造成了概念逻辑上的矛盾，导致人们对"正当防卫"一词的理解出现混乱。本文将从防卫制度的历史演进、司法裁判文书的表达以及第 20 条三款的逻辑关系这三方面进行描述和分析。

（二）正当防卫条款的冲突的实践表现

正当防卫条款规定在逻辑上的冲突，不仅停留在理论逻辑层面，其同样对相关司法实践产生了不当影响。在此，以于欢案为例，对相关裁判适用刑法第 20 条时产生的问题进行更为具体的论证。[②]

"防卫行为"是一个可分解概念，包括正当防卫和防卫过当，二者是对立关系。"正当防卫"是不可分的概念，要求同时满足法益正当与手段适度两个必要条件。正当防卫与防卫过当在构成要件上的重合部分是法益的正当性。而如果否认了一个行为的正当性，或者说否定了行为具有保护法益的性质，则其不但不构成正当防卫，同时也不构成构成防卫过当。第 2 款的表述为"正当防卫明显超过必要限度……"，又意味着"正当防卫"与"防卫过当"是一组相关概念，也就是说，第 1 款与第 2 款之间存在着逻辑矛盾。简言之，如果一个行为成立正当防卫，除了具有法益正当性之外，同时也不能超过必要限度；如果超过必要限度，则不成立正当防卫。如果失去了保护法益的正当性，将因不具有防卫性质而不能被评价为防卫过当行为。所以，裁判文书中，上诉人于欢认为"其行为系正当防卫

[①] 陈兴良：《正当防卫的司法偏差及其纠正》，载《政治与法律》2019 年第 8 期，第 57 页；周光权：《正当防卫的司法异化与纠偏思路》，载《法学评论》2017 年第 5 期，第 17 页。

[②] 于欢案二审判决书的详细内容，请参见山东省高级人民法院《于欢故意伤害案二审判决书》[刑事附带民事判决书，（2017）鲁刑终 151 号]。

或防卫过当",这种表述是矛盾的,是不周延的,因为,基于正当防卫和防卫过当之间的相关关系,如果于欢的行为不构成正当防卫,也很难认定其构成防卫过当。

检察院和二审法院认为,"原判认为于欢持尖刀捅刺被害人不具有正当防卫意义上的不法侵害前提,属于适用法律错误。于欢的行为具有防卫性质,但明显超过必要限度造成重大损害,属于防卫过当"。前述观点实际上,首先认定了于欢存在正当防卫意义上的不法侵害,意味着承认了于欢的行为具有法益上的正当性,然后,仅仅承认其行为具有"防卫性质",从而认为于欢构成防卫过当。对条文分析可知,根据现有刑法第20条的规定,防卫性质仅仅区别于攻击行为,仅仅肯定或讨论"防卫性质"而没有肯定"正当防卫",不敢或者不愿意肯定于欢是"正当防卫",仅仅将行为定性在"正当防卫"与"防卫过当"两个"属概念"之上,试图用"种概念"界定于欢的防卫行为,在法律上没有意义。认定于欢构成防卫过当,但又不敢承认法益的正当性,与第2款所描述的,防卫行为应具有法益上的正当性相悖,构成裁判结果与刑法条文逻辑上的矛盾。

综上可知,法院在裁判文书的撰写过程中,试图将于欢的行为向防卫过当的方向不断论证。但通过以上评析可以发现,让人不解的是,如果严格按照现有条文进行解释适用,则于欢不构成防卫过当,当然更不会构成正当防卫,与条文表达明显不符;但如果于欢构成防卫过当,那么就与现有条文不相吻合,超出了条文本身所包含的意思,从而导致了司法领域的乱象丛生。

三、正当防卫条款的逻辑冲突的化解

为了妥当化解正当防卫条款存在的冲突,我们有必要对于刑法第20条规定的正当防卫的规定进行合理的解释。

(一)将防卫行为作为正当防卫制度的支点符合目的解释的要求

萨维尼认为,法律解释的任务在于对立法目的的重构。解释者必须站在立法者的角度追溯他的目的,使条文在逻辑上是不相矛盾的,同时做到语法上的通顺表达。在坚持目的性思考的情况下,避免逻辑上的冲突,就要求解释者在体系的关联性上去看待法条,认识这些彼此互为条件且相互衍生的法条,以便能够从个别的条文向上追溯至其原则,同时也可以从这个原则向下衍生至最外部的分支,否则就很难要求司法者正确适用该条文以至于还要通过抽象、模糊的法律规定去实现司法公正的目的。这一要求同样适用于我国刑法第20条关于正当防卫的三个条款。

如前所论,我国目前的正当防卫的立法将"行为"作为建构正当防卫制度的核心。但是,正当防卫的规制对象只定位在"行为"上则太宽泛,仅锁定在"正当防卫"上又太狭窄。既然,正当防卫制度旨在解决什么样的防卫行为不负刑事责任的问题。条文的规范对象应当是"防卫行为",而不是"行为"和"正当防卫行为"。但现有条文却并没有锁定在"防卫行为"上,而从防卫行为出发,一定是对其法益正当性的表述,没有法益正当性的区分,单纯谈攻防行为在法律上是没有意义的。在量刑方面,之所以应当对防卫过当的行为减轻或免除处罚,是因为防卫过当原初的法益正当性不可否认。因而,我国刑法第20条不仅在概念逻辑上出现了矛盾,在规范对象上还出现了宽窄失范的问题。为避免上述问题,应当对第20条第1款和第2款应当做出以下修改:

> 为使国家、公共利益、本人或者他人的人身、财产和其他权利免受正在进行中的不法侵害,而采取的制止不法侵害的防卫行为(添加了"防卫"二字),对不法侵害人造成损害的,属于正当防卫,不负刑事责任。
>
> 防卫(删除了"正当"二字)明显超过必要限度造成重大损害的,应当负刑事责任,但是应当减轻或者免除处罚。

我们尝试运用更扁平化的概念层级,以"防卫行为"的法益正当性为起点,对刑法第20条予以改造:

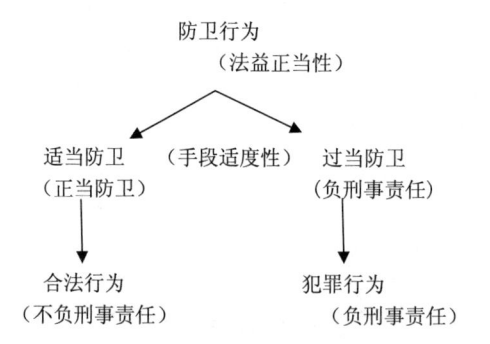

```
                    防卫行为
                  (法益正当性)
                    ↙      ↘
        适当防卫   (手段适度性)   过当防卫
       (正当防卫)                (负刑事责任)
            ↓                        ↓
         合法行为                  犯罪行为
       (不负刑事责任)            (负刑事责任)
```

从修改后的条文结构可以看出,内涵法益正当性的防卫行为才应该是刑法予以肯定,并加以规范的对象。适当防卫(正当防卫)和过当防卫是一组相关概念,共同点是保护正当法益,由此过当防卫行为不同于其他侵害法益的行为,立法才会做出对其"应当减轻或免除处罚"的规定。同时,我们发现,防卫过当行为之所以应当减轻或免除处罚,其量刑理由来源于曾经的正当性基础。在解释论层面,意味着我们应当对刑法第20条第1款和弟款的规定作出相应的限缩或者扩张解释。亦即,刑法第20条第1款的"行为"应当限缩解释为"防卫行为",刑法第20条第2款的"正当防卫"应扩张解释为"防卫行为"。

(二)将"防卫行为"作为正当防卫制度的支点符合立法沿革

防卫制度来源于人类为谋求生存的一种防卫本能。而正当防卫的形成和发展,曾经历了漫长的历史进程。伴随着社会结构的变迁以及国家和法的产生,自氏族社会的同态复仇开始,不同社会形态对正当防卫的规制大概经历了原始社会的血亲复仇时期、奴隶社会的私刑时期、封建社会私刑的衰退时期以及封建社会正当防卫制度的形成时期。而正当防卫的法律制度的雏形一般只有在较为发达的封建社会才可能呈现。

在我国封建社会发展过程中，虽有正当防卫的规定，却未找到防卫过当的影子。目前认为，防卫过当的概念是从西方引进的。最早记载于1907年编成的中国历史上第一部近代刑法典《大清新刑律》之中。该律第15条规定：对现在不正之侵害，出于防卫自己或他人权利的行为不为罪；但防卫行为过当者，得减刑一等至三等。1928年颁布的《中华民国刑法》，第23、24条规定：对于现在不法之侵害，而出于防卫自己或他人权利之行为，不罚。但防卫行为过当者，得减轻或免除其刑。因避免自己或他人生命、身体、自由、财产之紧急危难而出于不得已之行为，不罚。但避难行为过当者，得减轻或免除其刑。从字面意思来看，和现在的刑法第20条第2款的防卫过当制度比较相似。

新中国成立后，我国在1950年颁布了《中华人民共和国刑法大纲》，其中第9条规定：因防卫国家政权、国家财产，或自己、他人正当权利的现在不法侵害，而未超过必要限度者之行为不成为犯罪；因防卫行为过当而成为犯罪者，从轻处罚。1954年颁布的《中华人民共和国刑法指导原则草案》第5条规定：为防卫公共利益或者个人的人身和权利免受正在进行中的犯罪侵害，不得已而对犯罪人实行的正当防卫行为，不认为是犯罪。但是防卫行为显然超过必要限度，应当认为是犯罪，根据具体情况可以减轻或者免除处罚。1963年制定的《中华人民共和国刑法草案》中规定的防卫过当的表述依然沿用至1979年《中华人民共和国刑法》。1979年，我国第一部刑法的颁布确立了正当防卫与防卫过当制度："为了使公共利益、本人或者他人的人身和其他权利免受正在进行的不法侵害，而采取的正当防卫行为，不负刑事责任。正当防卫超过必要限度造成不应有的危害的，应当负刑事责任；但是应该酌情减轻或者免除处罚。"出于经济社会的不断发展以及对刑事政策的考虑，1997年刑法把这一制度修改成现有条文的表述。

细读上述立法条文可以发现，《大清新刑律》《中华民国刑法》以及1950年的《中华人民共和国刑法大纲》、1954年的《中华人民共和国刑法指导原则草案》以及1963年《中华人民共和国刑法草案》中对规范的行为对象皆为"防卫行为"。而在1979年包括现行1997年的刑法中，行为规制对象由"防卫行为"变更为"正当防卫行为"。也就是说，在1979年之前，中国立法史上从未出现过"正当防卫明显超过必要限度……应当负刑事责任"这样的矛盾的表述。

（三）将防卫行为作为正当防卫制度的支点是比较法上共同见解

目前各国刑事法律制度普遍都规定了正当防卫和防卫过当制度。为了更好地发现各国关于正当防卫和防卫过当的区别，我们做了一个对比的表格放在文末。

以日本为例，日本刑法中把防卫过当分为质的过当和量的过当，故意防卫过当和过失防卫过当。[①] 从第20条第2款的规定来看，超过必要限度但并非明显超过必要限度的情

---

① [日]山口厚：《刑法总论》（第二版），付立庆译，中国人民大学出版社2011年版，第266-267页。

形，以及防卫行为超过必要限度但仅造成轻伤的情形，根据日本的刑法规定，理论上均有构成防卫过当的可能。就此而言，日本现行法规定比较接近于我国1979年刑法的立场。[①]而仅就规范对象来说，日本刑法第35条规定，任何受法律或具有正当化事由的防卫行为不应当受到处罚。第36条规定，（1）为了保护自己或他人的权利免受不当侵权而做出的迫不得已的防卫行为将不会受到惩罚。（2）防卫超过必要限度，可以根据具体情况减少或免除其刑期。由此可知，日本正当防卫条款的规范对象是"防卫行为"；

德国刑法典第32条紧急防卫规定：（1）任何实施防卫行为的人都不能以非法的方式行事。（2）自卫是为使自己或他人免受正在发生的不法侵害而实施的必要的防卫行为，是正当防卫。第33条防卫过当规定，如果行为人出于慌乱、恐吓、急迫或者惊吓而实行了超出防卫范围的行为，不予处罚。可以知道，德国正当防卫条款的规范对象是"自卫和防卫行为"；

法国刑法第122-5规定，在本人或他人面临不法侵害之时，为保护本人或他人的合法权益而不得不做出的防卫行为，不负刑事责任，但防卫手段与受不法侵害的严重程度应当成正比。为制止实施侵害财产而实施的除故意杀人以外的防卫行为，出于正当的目的，且防卫手段与受侵害严重程度成正比时，行为人不负刑事责任。可以看出，法国正当防卫条款的规范对象是"防卫行为"；

意大利刑法典第52条1. 当行为人因处于不法侵害的危险之中必须捍卫自己的权利之时而实施的防卫行为，只要防卫手段与受侵害的程度相适应，则免于处罚。可以看出，意大利正当防卫条款的规范对象是"防卫行为"；

美国法学会《模范刑法典》第3.04节对于正当防卫的规定比较详细而冗杂，其中第一款规定，本法保护为了人身安全而使用合理限度内的武力自卫。在遵守本节和第3.09节的规定的前提下，行为人为保护自己免受暴力侵害而立即使用武力自卫是合法的。可以看出，美国模范刑法关于正当范围规范的对象是"武力自卫"；

俄罗斯刑法第37条规定了必要的防卫：（1）为了保护自己或者他人免受不法侵害，在必要的防卫状态下，防卫人的伤害行为不是犯罪，但排除相互斗殴的情形。（2）在这种情况下，如果没有超出必要的防卫范围，即没有与防卫性质和被侵害程度不相符的故意行为，则有理由采取防卫行为，使防卫人或他人免受具有生命危险的暴力或具有直接暴力威胁的攻击。（2）—1 如果由于受到侵害的紧迫性而无法客观地评估遭受袭击的危险程度和性质，则防卫人可以免责。可以发现，俄罗斯刑法中对正当防卫规制的对象是"伤害行为或防卫行为"。

对比中、日、德、法、意、美、俄七个国家可以发现，将刑法正当防卫条款限定为

[①] 劳东燕：《结果无价值逻辑的实务透视——以防卫过当为视角的展开》，载《政治与法律》2015年第1期，第23页。

"行为"这一上位概念的国家，只有中国。其他六国的正当防卫条款大多以"防卫行为"为对象进行限定。

四、防卫行为的后果标准的判断

有学者认为，纵观世界各国关于正当防卫的立法，写成中国这样的几乎绝无仅有，他们写得更抽象，都没有什么解说，更没有第20条第3款这样的表达。[①] 而作为一个很好的参照系，我们发现，日本等国的表述更符合概念逻辑的构成，对解释适用正当防卫的问题给予了更为合理的解决方案。

我们认为，在操作层面，对正当防卫条款中"制止"所要求的适度性考量，应当基于防卫手段与后果的比例关系，引入"比例原则"；在具体的把握上要诉诸个案法官的自由裁量权，不可能也不应该有太多刚性标准。另外，在刑事政策方面，应当认为，正当防卫条款的设置理念并非鼓励私力救济，而是对私力救济进行合理规范和严格限定。

（一）采用"比例原则"

比例原则，是指行为产生的害处，不允许超过其带来的好处，手段与目的要成比例。例如，欧洲人权法院在对其成员国的人权案件的审理过程中，大量运用了比例性原则以裁判其成员国立法机关制定的法律，以判断司法机关的判决是否侵犯了基本人权。有鉴于此，欧洲各成员国在立法时，常运用比例性原则对相关的法律条文进行一系列评估，与此同时，司法机关亦会采用比例性原则审查法律条文，以评价其判决对基本人权是否会构成不合比例的非法制约。

正是基于比例原则，有学者指出，在正当防卫的损害后果设定方面，违法阻却事由的成立，是对法益进行权衡的结果。正当防卫因法益正当性与手段适当性具有本质的优越性，而对优越的利益保护就是正当防卫的目的。所以，应将不法侵害者造成的损害、危险以及为对抗防卫所实施的新的不法侵害造成的损害、危险与正当防卫造成的损害进行比较，对防卫人所处的本质的优越地位给予充分考虑。而哪些认为正当防卫中的利益衡量就是将正当防卫造成的损害与不法侵害者造成的损害简单比较的观点是不合理的。[②]

而对比全世界的正当防卫的立法，可以看出，在损害后果设定方面，中国的认定标准是"是否造成损害、造成重大损害、造成不法侵害人死亡"；日本的认定标准是"可以根据具体情况"；德国的认定标准是"是否出于慌乱、恐吓、急迫或者惊吓而实行了超出防卫范围的行为"；法国的认定标准是"防卫手段与受不法侵害的严重程度是否成正比"；意大利的认定标准是"防卫手段与受侵害的程度是否相适应"；美国的认定标准是"符合

[①] 周光权：《正当防卫裁判规则的构建》，载《中国检察官》2018年9月总第300期，第20页。

[②] 张明楷：《正当防卫的原理及其运用——对二元论的批判性考察》，载《环球法律评论》2018年第2期，第51页。

相称性";俄罗斯的认定标准是"根据侵害的紧迫性判断是否是必要的防卫状态、防卫性质和遭受袭击的危险程度以及被侵害程度是否相符"。

因而,对防卫行为适度性的考量不应简单以结果论,而是应注重比例原则,当防卫手段与受侵害程度相适应或成正比时,行为人不负刑事责任。在正当防卫的案件中,尤其要引入比例原则的裁判理念。即使法官并非在任何时候都严格按照比例性原则的步骤进行分析,但它确实提供了可供分析的框架。虽然比例性原则的运用仍然不能克服主观性的弊端,但是在需要斟酌平衡的时候,比例性原则却可以帮助法官进行架构分析,在一定程度上不断提高裁判的可预见性与稳定性。

(二)诉诸个案法官的自由裁量权

在具体的把握上要诉诸个案法官的自由裁量权,不可能也不应该有太多刚性标准。法官自由裁量权是法官针对案件争议,运用证据认定事实,解释和运用法律,在法的指引作用之下、在审理案件过程中,统筹运用法理、事理与情理进行裁判说理,结合具体案情对案件事实进行认定,对适用法律进行判断,进而推断做出权威性决定。在正当防卫案件中,法官自由裁量权是审判活动的重要组成部分,增进法官自由裁量权的合理运用,对实现司法公正、化解社会矛盾等方面有着积极的促进作用。近年来人们对正当防卫案件的关注度逐渐增加,从而使自由裁量权成了舆论的热点问题。法官的自由裁量权中的"自由"所表现出来的是法官所具备的法律职业伦理和业务素质,这是一种受法律规范约束的自由。

司法裁决经过了法庭上的举证、质证和辩论活动,听取了双方的辩论意见。这种裁决同时兼顾了双方提出的诸多定罪与量刑的情节,如被害人的生理与心理创伤程度、被害人对被告人的谅解程度、被告人对被害人的赔偿情况,又比如证明防卫人主观恶性较小、社会危害程度不大以及具结悔过的量刑情节。与此同时,法官做出的裁决还经历了双方对量刑情节的商讨过程。经过这种符合正当程序色彩的审查和辩论过程,法官的裁决结论才会照顾到各方的诉求,让法官拥有了更多的调查权和量刑空间,更容易得到各方的认可和接受,至少可以不同程度地减少各方对裁决结论的抵触,有利于法律效果与社会效果的统一。

(三)反思刑事政策的设立理念

刑事政策是指国家的刑事法律思想的外化形式,是以抑制和预防犯罪为根本宗旨,用于指导国家刑事立法,刑事司法和其他与之相关的社会活动的策略、方针与原则。① 在司法裁判中引入刑事政策的考量,将会使法官在个案中对被告人的惩罚必要性进行更加充分细致的衡量,同时,这也有助于使刑法教义学的发展与司法实践紧密结合。刑事政策可能

---

① 陈兴良:《宽严相济刑事政策研究》,载《法学杂志》2006年第1期,第17页。

影响特定犯罪所侵害的法益的选择与认定，分则中的一些罪刑条文，在创设时便受到刑事政策导向的支配。这种支配在很大程度上会影响该条所涉犯罪的法益选择与认定，使法益的具体内容受制于刑事政策的价值取向。[1] 而对于正当防卫的设置理念而言，刑事政策的影响不可忽视。

一些学者认为，我国刑法明确地把保护国家和公共利益的行为规定为正当防卫，由此而使我国刑法中的正当防卫具有明显的和违法犯罪行为作斗争的性质。[2] 所以，从刑事政策看，立法机关对正当防卫的认定做了有利于防卫人的规范设置，其规范意旨恰恰是鼓励公民积极捍卫合法权益。而1997年的刑法对1979年刑法立法修改的目的显而易见，是在遏制犯罪与鼓励公民同不法侵害做斗争的刑事政策的指导之下产生的，[3] 意在放宽正当防卫的成立标准，以纠正此前普遍存在的对防卫限度的把握过于严格的做法，其立法原意和立法精神就是为了强化私力救济意义上的防卫权，鼓励公民勇于实施正当防卫。要求立法者要求法官在裁判案件时，必须考虑前述刑事政策，不能将正当防卫的成立范围界定得过窄，而应当积极促成正当防卫的成立。因此有学者认为，正义不必屈从于非正义，个人在遭受不法侵害的时并没有甘受痛苦的义务，尤其在急迫之际不可能求得公权力的救助之时，准许公民在一定限度内排除危害的行为，符合法律的精神。[4]

然而，回溯历史我们知道，封建社会的正当防卫理念正是由为义而报仇和为制止盗贼而允许的私刑蜕变而来，后来随着兵、刑脱离以及法、刑分离，防卫的行为对象逐步演变为孤立的个人反对统治关系的斗争，后来，这部分私刑在中央集权的规制下又成为国家刑罚权的一部分。私刑由此退隅于家族内部，以至我国唐代以后，都属于禁止私刑的时代。而从私力救济向公力救济发展的过程也是人类法治文明进步的过程。

如果把刑事政策的导向划定为鼓励私力救济，我们不免表示担忧，该条款由于未对防卫限度做必要的限定，可能引发滥用防卫权和助长私刑报复的危险。因而刑法对正当防卫、见义勇为行为的倡导、鼓励，并非是对私力救济的鼓励与支持。而所谓的宽松或严格，应当根据社会治安状况、法治环境以及经济政治等因素的变化而不断调整，不能简单理解为法律要求公民不考虑面临的危险程度和自身反击能力，一味选择防卫，所以刑法第20条也仅是授权性规定，而非强制性规定。这种鼓励，应理解为，法律通过豁免或减轻防卫人的责任，为防卫权的正当行使提供必要的保障。[5] 所以，正当防卫条款的设置初衷不是为了鼓励私力救济，而是对私力救济进行合理规范和严格的限定。

---

[1] 劳东燕：《罪刑规范的刑事政策分析——一个规范刑法学意义上的解读》，载《中国法学》2011年第1期，第122页。

[2] 陈兴良：《正当防卫的司法偏差及其纠正》，载《政治与法律》2019年第8期，第47页。

[3] 陈兴良：《正当防卫如何才能避免沦为僵尸条款——以于欢故意伤害案一审判决为例的刑法教义学分析》，载《法学家》2017年第5期，第91页。

[4] 周光权：《刑法总论（第三版）》，中国人民大学出版社2007年11月版，第198页。

[5] 高铭暄：《于欢案审理对正当防卫条款适用的指导意义》，载《人民法院报》2017年6月24日，第2版。

五、结语

法律条文本身的自洽性与妥当性对法律体系的完善有着至关重要的基础性作用。康特洛维茨认为,一套真正忠于法律的法律体系,唯有站在自由法变动的认知基础上方能成为可能。① 而自由法变动的过程也是法律条文不断完善的过程。在一定意义上讲,修缮法律的历史也是人们运用法律不断调整社会关系的历史。透过概念逻辑和修辞技艺的细微变化,人们可以看到当时关于法的制定、法的适用、法律意识、法律技术等方面的样貌,推断出国家的法治状况以及经济政治生活的发展程度。

因此,为了增强刑法正当防卫条文的指引作用,回应科学立法的现实需求,本文在解析条文理解适用上所存在的认识和实践问题的基础上,比照国内外相关立法例,主张在立法上将"防卫行为"的基本特性设定为法益正当,进而据防卫行为的适度性区分为防卫适当(正当防卫)和防卫过当,以解决现行条文规定在概念上的逻辑矛盾和在规范对象上的宽窄失范问题;同时,主张在损害后果的设定上体现"比例原则",解决绝对化问题;另外,认为在刑事政策上,正当防卫的设定理念是鼓励与犯罪作斗争,而非鼓励私力救济,故在司法裁量上需要严格规范成立条件。

(编辑:蒋太珂)

---

① 黄舒尤:《法律拘束与个案正义——自由法运动对德面法治国传统下立法与司法权限分际问题的反思》,载《变迁社会中的法学方法》,台湾元照出版公司2009年版,第11-12页。

税法解释性规则的理论阐释与司法适用

刘 珊[*]

摘 要 税法解释性规则以解释性税务规范性文件为表现形式，具有第二性规则的从属性、实施性解释的回应性以及税法配套规则的附属性等特征，其本质上属于税务非立法性规则。因税收成文法固有的局限性、税法适用的专业性、调整对象的复杂性而生，并在增强税法规则的确定性、缓和税收法定与税法操作性间的矛盾等方面发挥着不可替代的积极作用。"判断余地"与"行政权威"为税法解释性规则的生成提供了理论支撑。然而，税法解释性规则因受限于自身文本形态繁杂、内容失当以及效力瑕疵而在司法实践中饱受合法性与正当性诟病。缓释税法解释性规则适用困境，应分别从统一文本形态、建立解释规则体系、优化效力规定等路径同时展开治理，确保其充分发挥良性效应。

关键词 税法解释性规则 税务非立法性规则 判断余地 行政权威 税法确定性

引 言

由于税收法定原则落实程度有限，税务法律、行政法规的规定存在较大解释空间，税法适用的专业性和复杂性强，使得税法规则在实施过程中面临着极大不确定性。以解释性的税务规范性文件为表现形式的税法解释性规则在弥补税收成文法的不足、细化税务法律法规的实施、提供专业技术标准、灵活有效应对税法适用问题等方面具有积极作用。然而，税法解释性规则自身亦存在明显缺陷，使得其在实践中发挥的作用有限，甚至无形中侵蚀着税收法定主义原则。税法解释性规则的规范化无疑是促进税法良性实施、落实税收法定的重要议题。为规范解释性税务规范性文件制定与管理活动，有必要深入研究这一类

---

[*] 刘珊，女，湖南株洲人，武汉大学法学院博士后研究人员，主要研究方向为财税法、经济法。

解释性税务规范性文件,并将其界定为"税法解释性规则",进一步挖掘其生产逻辑、法理基础,从根源上治理税法解释性规则司法适用困境,以期弥合税收法定原则与税法规则操作性之间的脱节。

一、税法解释性规则的涵义及相关概念辨析

税法解释性规则,是针对税务法律、行政法规的具体应用性问题作出解释而制定的解释性税务规范性文件,还是用来解释税法规范的操作性准则?税法解释性规则和税务立法性规则之间又是何种关系?解决因"税法解释性规则"而引发的前述疑问,首先有必要从内涵和外延两个方面对税法解释性规则作出准确界定,厘清税法解释性规则与税法行政解释的关系,明确税法解释性规则与税务立法性规则的界限,进而从中提炼税法解释性规则的本质,以获得关于税法解释性规则的清晰边界。

(一)税法解释性规则的涵义

税法解释性规则是税务行政规则的重要组成部分。"行政规则的功能意义多为解释法律,进而成为行政法律规范与行政管理实践之间的平衡点与缓冲带。"① 从学理角度看,根据规则制定程序和法律效力的不同,税务行政规则可以分为税务立法性规则和税务非立法性规则。税务立法性规则指的是财税行政主管部门依据行政法规、行政规章的制定程序而制定的具有普遍拘束力的行政规则,其具体表现为税务行政法规和税务行政规章等《立法法》所明确规定的立法形式。而税务非立法性规则指的是财税行政主管部门未经过法定程序制定的仅在本辖区内具有拘束力的行政规则,其具体表现为各种层级的税务规范性文件。根据规范内容及功能意义的不同,税务非立法性规则又可以分为解释性规则、管理性规则、裁量性规则。

本文的"税法解释性规则"即财税行政主管部门在税务行政执法过程中对税务法律、法规等税法规则的具体适用问题作出解释、说明而形成的一种非立法性行政规则。换句话说,即"由于不确定法律概念或法律、法规中存在的罅漏等原因引发明晰其中涵义或弥补漏洞的需求,或者由于国家税务政策发生变动而需要对税法中有关课税要素的规定进行调整,而由行政机关依据其规则制定权所制定的规则。"② 并且,其在实践中具体表现为"以内部公文形式下发至下级行政机关,行政机关在对外作出行政处罚等具体行政行为时须遵守,尽管法院通常并不承认其具有法的效力,也不受其约束"的解释性税务规范性文件。

税法解释性规则本质上是一种非立法性规则,除了带有非立法性规则的一般特征外,

---

① 郑雅方:《我国行政规则研究中的若干误区之克服》,载《政法论坛》2012年第5期,第158-164页。
② 刘书燃:《我国税法体系中的行政规则初论》,载《法学杂志》2009年第1期,第127-129页。

还有其个性特征。从法律规则属性来看,税法解释性规则是税法第二性规则,根据哈特法律规则理论,第二性规则是指改变第一性规则的规则,其主要包括修改规则、承认规则、审判规则等。"那些对行使权力的方式施加义务的规则和标准,以及对违反第一性规则给予补偿和惩罚的规则,都属于第二性规则。"① 显然,税法解释性规则具有从属性与不可续造性的特征;从行政解释的形式来看,税法解释性规则是财税行政主管部门在税务行政执法过程中对税法适用问题所作出的一种实施性解释,并不对外发生普遍适用的效力,仅限于财税行政系统内部具有拘束力,具有回应性特征;从规则本身的内容来看,税法解释性规则作为税法配套规则,具有税法独有的经济性、专业性特征,正因为这一点,使得税法解释性规则不同于一般的解释性规则,其在内容上具有较强的经济性、专业性以及流变性。

(二) 税法解释性规则与相关概念辨析

税法解释性规则与"税务立法性规则""税务裁量性规则"等相关概念的内涵边界相对模糊,很容易因理解偏差而造成混淆。税法解释性规则与"税法解释规则"看似仅一字之差,但二者涵义完全不同。为更清晰地界定税法解释性规则,避免不必要的歧义,有必要对税法解释性规则的相关概念进行逐一辨析,以便厘清税法解释性规则的外延。

1. 税法解释性规则与税务立法性规则

税务立法性规则主要是指,财税行政主管部门按照行政法规、行政规则的制定程序对税务法律在具体适用过程中出现的没有规范或规范不足的地方作出补充、解释规定而形成的具有法律效力的行政规则。税法解释性规则和税务立法性规则同属于税务行政规则的范畴。

二者的区别主要体现在以下两个方面:其一,制定程序不同。税务立法性规则的制定"应遵守行政法规、行政规章的制定程序,通常须由行政首长签署命令并公告于众方可实施,并发生法的效果。"② 立法性规则的制定必须适用严格遵守法定的规则制定程序,其中包括通知和评论程序,③ 而解释性规则不需要遵从规则制定程序,具有程序自由裁量的优势。④ 可见,税法解释性规则的制定与发布程序相对简单、随意。其二,法律效力不同。税务立法性规则具有完全的法律效力,能成为法院的裁判依据;而税法解释性规则仅能产生内部约束力,并不能作为司法裁判依据,对外不具有直接的法律效力。另外,"从解释性规则的属性来看,因为'解释'是要阐明所要解释规则的原意,而不是'创制'"

---

① 赵树坤:《我国法理学中"法律规则"论拷问》,载《法学论坛》2013年第5期,第118-124页。
② 刘书燃:《我国税法体系中的行政规则初论》,载《法学杂志》2009年第1期,第127-129页。
③ Koch, Charles H. Jr. "Public Procedures for the Promulgation of Interpretative Rules and General Statements of Policy," *Georgetown Law Journal*, vol. 64, 1976, pp. 1047-1080.
④ 参见理查德·皮尔斯、宋华琳:《立法性规则和解释性规则的区别》,载浙江大学公法与比较法研究所编:《公法研究》(第2辑),商务印书馆2004年版,第421-449页。

新的规则。因此，解释性规则只能对立法性规则进行解释，而不能改变立法性规则；能够修改立法性规则的只能是另一个立法性规则。"① 一旦出现"一个税收规范性文件并非是对现有法律的解释，而是具体地填补了立法上的空白或者漏洞的时候，它就具有了'立法性'。"② 是故，税务立法性规则具有补充立法规定的意义和功能，税法解释性规则只能在文义范围内作出细化规定。

2. 税法解释性规则与税务裁量性规则

税法解释性规则本质上是"针对法律规范的解释和适用，特别是法律概念的理解"而制定的行政规则，"它是规定法规之解释与适用，特别是不确定法律概念之解释。并可提供其下级机关解释上的协助以保障法律之统一解释。"③ 而裁量性规则，是指"行政机关在法律规定的裁量空间内，依据立法者意图以及比例原则等要求并结合执法经验的总结，按照裁量涉及的各种不同事实情节，将法律规范预先规定的裁量范围加以细化，并设以相对固定的具体判断标准。"④ 简言之，税务裁量性规则是财税行政主管部门在税务行政执法过程中行使自由裁量权时所必须遵守的基本裁量幅度或标准，即"确定行政机关如何行使法定裁量权的行政规则，其目的是确保裁量权行使的统一性和平等性。"⑤

税法解释性规则和税务裁量性规则是两种不同的税务非立法性规则，二者都具有细化税法规则、增强税法规则可操作性等目的，且最终目的都是为了促进税法规则的实施。但二者裁量空间大小不同：原则上，税法解释性规则只能在已有的税法规则条文、概念的立法原意基础上作严格的文义解释，不得随意扩张解释或限缩解释，并没有多少可裁量的空间；而税务裁量性规则是为税务行政管理机关提供一个裁量幅度和裁量标准，允许税务行政管理机关在法定幅度内自由裁量，由此可见，税务裁量性规则的裁量空间明显较大。诚如美国的《联邦行政程序法》明确区分解释性规则和裁量性规则，我国也有不少学者明确将行政规范性文件划分为创制性文件、解释性文件和指导性文件。⑥ 此外，从我国台湾地区的《行政程序法》第 159 条之 2 项第二款中有关"解释性规则"与"裁量性规则"的描述中也可以看出，⑦ 税法解释性规则并不等同于税务裁量性规则，二者各有其个性特征及作用空间。

---

① 孙首灿：《论行政规范性文件的司法审查标准》，载《清华法学》2017 年第 2 期，第 139 - 154 页。
② 洪小东：《税收规范性文件司法审查的标准和方法》，载《大连海事大学学报（社会科学版）》2016 年第 2 期，第 73 - 78 页。
③ 程明修：《行政法之行为与法律关系理论》，新学林出版股份有限公司 2005 年版，第 340 页。
④ 周佑勇：《裁量基准的正当性问题研究》，载《中国法学》2007 年第 6 期，第 22 - 32 页。
⑤ ［德］哈特穆特·毛雷尔：《行政法学总论》，高家伟译，法律出版社 2000 年版，第 593 页。
⑥ 参见姜明安：《行政法与行政诉讼法》，北京大学出版社 2015 年版，第 174 - 176 页；章剑生：《现代行政法总论》，法律出版社 2014 年版，第 70 - 72 页。
⑦ 台湾地区的《行政程序法》第 159 条之 2 项第 2 款规定，"为协助下级机关或属官统一解释法令、认定事实及行使裁量权，而订颁之解释性规定及裁量基准。"

3. 税法解释性规则与税法解释规则

从概念形态上理解，税法解释性规则与税法解释规则是关系密切但并不相同的两个独立的概念。正如前述，税法解释性规则是财税行政主管部门对税法规则中的一般条款、不确定概念、兜底条款等对象作出解释说明而制定的一种税务非立法性规则。而税法解释规则，是指财税行政主管部门在解释税法条文、不确定概念等过程中所必须遵守的基本准则。税法解释规则在实践中具体表现为税法解释的立场、目标、方法和原则等多项内容。更准确地来说，税法解释规则本质上是税法解释方法、原则等在实践中如何运用的一套技术标准。

税法解释性规则不同于税法解释规则，税法解释性规则是对解释文本的规范，税法解释规则是对解释行为的约束。毋庸置疑，税法解释性规则的规范生成离不开税法解释规则的清晰、明确、具体、统一，税法解释规则亦直接影响着税法解释性规则是否能够规范生成。若缺乏统一的税法解释规则，"行政机关在理解法律法规以及行政规章时，出现不同的解释，而这些不同的解释会导致不同的行政执法效果"。① 各级财税行政主管部门在理解税法规则的过程中可能得出各不相同甚至互相矛盾冲突的结论，发布不同的税法解释性规则，如此势必影响税法解释性规则的有序运行，进而影响税法规则的良性实施。

综上，税务立法性规则、税务裁量性规则、税法解释规则等概念与税法解释性规则密切相关，但它们与税法解释性规则并不能等同视之，相互间的差异亦不可忽视。

二、税法解释性规则的生产逻辑与法理基础

为克服税收成文法固有的模糊等局限性、税法适用的专业性过强以及税法规则调整对象的复杂性、多变性，财税行政主管部门作为税务行政执法主体，不得不凭借其专业智识对税法规则的具体适用问题作出解释说明，税法解释性规则的生成有其必然性和正当性。

（一）税法解释性规则的生产逻辑

1. 税收成文法的局限性

作为成文法的税务法律、税务行政法规等税法规则，其不仅具有稳定性与抽象性的特征，同时也具有模糊性、滞后性等先天局限性。"对于某一时期的某些个人来说，不可能达到绝对的真理，对真理的认识永远是一个过程。"② 而税法规则所调整的税务法律关系是灵活多变的，如此一来，税法规则的滞后性在所难免。再者，从法律语言模糊性的角度进行分析，"用以表述法律的日常语言的特性决定了法律解释的必要性"③，税法规则亦不可避免地具有模糊性与不确定性。正如哈特所提出的"法律开放文本"理论，任何法律概

---

① 马怀德：《行政程序立法研究》，法律出版社 2005 年版，第 340 页。
② 李洪林：《辩证唯物主义和历史唯物主义原理》，福建人民出版社 1985 年版，第 215－216 页。
③ 魏治勋：《法律解释的原理与方法体系》，北京大学出版社 2017 年版，第 22－40 页。

念都有一个核心意思,同时在其边缘地带又有无数的模糊意思,使得税法规则的实施面临极大的不确定性。因此,为了克服税法规则的滞后性与模糊性,最大程度地实现税收法治目标,则必须对税法规则中的不确定概念、原则性条款、一般条款、借用概念、拟制概念等对象进行解释说明,如此便为各级财税行政主管部门制定税法解释性规则提供了一定空间。

2. 税法适用过程的专业性

"解释是任何规则适用的一个不可缺少的步骤。"[①] 哪里有法律适用,哪里就有解释。尤其是税法领域,税法适用过程即税法规则与税法事实不断接近的过程,而税法事实的认定通常涉及税务、财务、会计等多元学科知识,有关税务政策、税务法律法规的理解以及应纳税额、成本费用、扣除额的计算等事项更是具有极强的专业性。普通人往往缺乏相关专业知识背景,对于税法事实和税法规则的理解与判断难免存在认知偏差,而财税行政主管部门对于税务行政相对人是否存在合理避税动机、是否具有逃税事实等事项的判断具备较高的专业敏感度和经验智识,因此,由各级财税行政主管部门在具体的行政执法过程中对税法规则作出专业的分析、解说、释明就显得十分必要。"税法的专业性与复杂性使得税收规范性文件频频出现,税务机关的'越位'与纳税人的'缺位',成为税法领域的标志性现象。"[②] 税法规则适用过程的专业性与复杂性在一定程度上促使了我国税法解释性规则的生成。

3. 税法调整对象的复杂性

市场交易活动具有灵活多变性,任何交易形式的变化都可能影响其最终的税法评价。一旦市场经济形势发生变化,交易活动的形式亦随之变化,税法调整对象不可避免地具有流变性与多样性的特征,税法实施所面临的不确定性必然加大。促进税法规则的良性实施,财税行政主管部门必须根据现有的税法规则及时对各类新型交易形式作出准确的定性,并对税法规则的具体应用性问题作出解释说明,这一过程催生着税法解释性规则的不断生成。与此同时,"法律规则的普遍性和一般性常与个案的特殊性和具体性形成对立和矛盾;法律规则模糊性和多义性;法律缺陷或法律漏洞的存在;法律规范的竞合。"[③] 这些因素都在某种程度上促成了法律解释性规则的生成。不论是作为成文法的税法规则的局限性,还是税法适用过程的专业性过强,抑或是税法调整对象的复杂多样性,都从不同角度促成了税法解释性规则的生成,这些因素都是税法解释性规则生成的现实基础,亦是内在动因。

---

① [英] M. J. C. 维尔:《宪政与分权》,苏力译,生活·读书·新知三联书店1998年版,第313页。
② 叶金育:《税收规范性文件复议审查:理念、功能与制度调适》,载《兰州学刊》2016年第7期,第130-138页。
③ 参见杨伟东:《行政行为司法审查强度研究》,中国人民大学出版社2003年版,第48-51页。

(二) 税法解释性规则的法理基础

任何规则的生成都有其内在的理论支撑。诚如前述,税法规则实施的不确定性、专业性和复杂性,为我国财税行政主管部门的税务行政判断余地提供了相应空间。同时,财税行政主管部门所具有的税务行政权威亦为税法解释性规则的生成提供了一定的理论基石。

1. 判断余地

"判断余地",[①] 又称"行政保留余地",指的是"行政机关对法律规则构成要件、特别是其中的不确定性法律概念进行具体化、确定化而拥有的自由活动空间,被视为行政机关基于其自主性而具有的、司法机关仅能作有限度的保守审查的最终决定权。"[②] 简言之,为克服成文法的局限性,充分发挥行政机关专业、高效、灵活等优势,赋予行政机关对其职权范围内的专业事实认定问题和法律适用问题以一定的自由裁量权限和空间。

"立法权、行政权和司法权并非在所有事务领域都予以相同配置,具体的权力配置取决于规范调整对象的性质和特点。国家决定应由最可能作出正确决定的机关作出。"[③] 因此,"判断余地"理论的适用对象应具有可预测性、专业性、复杂性等基本特征,其对象范围必须是行政机关擅长的领域,且其他机关的专业能力无法替代行政机关在其中发挥的作用。

"每个行使公权力的机构都有着自己的专业知识,熟稔本领域的情势,能够做出比普通人和其他机构更为合适的判断。这便是判断余地提出的现实前提。"[④] 而税务机关在专业知识以及经验积累方面具有其他行政机关无可取代的优势。为了确保税法规则的实施具有一定的弹性和灵活性,税法不确定概念的运用是税收立法技术使然,而税务机关在适用税法不确定概念、一般条款之际便获得了一种税收行政判断余地。"判断余地实际上来自实体法的直接授权,至于一个不确定法律概念是否包含行政机关判断余地以及该判断余地的范围如何,必须结合具体案件,根据相关的法律规范加以解释,尤其从实体法规定的意义和目的,并斟酌事物之性质以及法律程序规定来加以确定。"[⑤] 可以说,立法自身的局限性使得行政判断余地具有正当性。"税务行政判断余地"是税法解释性规则生成的重要

[①] 20世纪50年代,德国的宪法与行政法学者最先关注行政判断余地理论的研究,明确区分"行政判断余地"和"行政裁量"。行政判断余地理论最开始主要应用于探讨行政诉讼中行政机关的事实认定权限及范围在多大程度上应当接受法院审查,换句话说,法院可以审查哪些内容,不可以审查哪些内容,行政机关对于哪些事实具有绝对的认定权,而不受司法审查的干扰。尽管这一理论最早应用于司法领域,但该理论从反面证成了行政机关在专业领域享有自由判断余地。

[②] 参见 [德] Kadelbach, Allgemeines Verwaltungsrecht unter europäischem Einfluss, S. 444。

[③] 伏创宇:《行政判断余地的构造及其变革——基于核能规制司法审查的考察》,载《华东政法大学学报》2014年第5期,第100-111页。

[④] 袁文峰:《论高教行政案件中的判断余地之司法审查》,载《行政法学研究》2010年第2期,第81-88页。

[⑤] 伍劲松:《行政判断余地之理论、范围及其规制》,载《法学评论》2010年第3期,第146-154页。

理论基础。

2. 行政权威

"权威理论"最早由德国著名的社会学家马克斯·韦伯提出,其以权威的来源为分类标准,将权威分为传统型权威、卡里斯玛型权威、法理型权威。① 传统型权威是指基于社会风俗传统而享有权威。卡里斯玛型权威,又称"魅力型权威",指统治者凭借个人自身超凡的人格魅力等方面而享有权威。法理型权威则是指因相对明确、具体、清晰的法律规则和制度而拥有权威。法理型权威即"法治",前两种权威即为"人治"。

本文所研究的税法解释性规则的生成主要是源于法理型的行政权威。"财税行政机关在应税事实认定和税法规范适用上的主导权,使得其事实上几乎是垄断行使税务法律的解释权和应税事实认定上的裁量权。"② 税法解释性规则的生成离不开财税行政主管部门的"行政权威"。所谓行政权威,主要是指行政主管部门"通过对社会实施行政管理获得的权力及在此过程中形成的影响力和威望"。同时,行政权威具有"以法律为基础的强制力保障、以权力为依托的普遍约束力、主体对客体的单向度传递"③ 等诸多特性。

税法解释性规则生成的行政权威路径,具体包括两个部分:"制度权威"和"理论权威"。其一,"制度权威"是指我国现行《宪法》、《组织法》等相关法律制度对国务院及其财税行政主管部门以及各地财税行政主管部门的职能定位而产生的一种权威。比如,我国《宪法》第 89 条、第 90 条第 2 款、第 107 条④等相关法律规定明确赋予了国务院及其财税主管部门、地方各级政府及财税机关等主体对其职权范围内的行政事务具有税务行政管理权和执法权,其在税务行政执法过程中,势必需要对税法规则进行解释,因此,税务行政权衍生出相应的税法行政解释权。不言而喻,税法解释性规则作为财税行政主管部门执法、释法、适法的重要产物,其自然也就附带上了"制度权威"的属性。其二,"理论权威",财税行政主管部门具有专业知识和经验,其所制定的税法解释性规则本质上亦是为税法规则的适用提供了一种可操作的"技术标准"。"立法必然涉及某些技术性事项,而这并不是所有的立法机关和立法人员能力所能及的。因此,当某一立法机关出台的法律法规涉及一些技术性事项的规定,必然会涉及授权给另一些技术力量雄厚的专业部门制定

---

① 参见[德]马克斯·韦伯:《韦伯作品集Ⅱ:经济与历史,支配的类型》,康乐等译,广西师范大学出版社 2004 年版,第 303 - 304 页。
② 叶姗:《消费税法的解释与解释性规则》,载《社会科学辑刊》2019 年第 1 期,第 47 - 55 页、第 209 页。
③ 牛春景:《论我国行政权威的流失与维护》,载《山东行政学院学报》2016 年第 3 期,第 40 - 43 页。
④ 《中华人民共和国宪法》第 89 条规定,"国务院行使下列职权:根据宪法和法律,规定行政措施,制定行政法规,发布决定和命令。"《中华人民共和国宪法》第 90 条第 2 款规定,"各部、各委员会根据法律和国务院的行政法规、决定、命令,在本部门的权限内,发布命令、指示和规章。"《中华人民共和国宪法》第 107 条规定,"县级以上地方各级人民政府依照法律规定的权限,管理本行政区域内的经济、教育、科学、文化、卫生、体育事业、城乡建设事业和财政、民政、公安、民族事务、司法行政、计划生育等行政工作,发布决定和命令,任免、培训、考核和奖惩行政工作人员。"

相应的配套规定。"① 总的而言，税法解释性规则基于其生成主体的专业性、经验性以及制度赋权而具有行政权威。

三、税法解释性规则的适用困境及缓释路径

如前所述，税法解释性规则因缓和税法规则的稳定性与税法适用的灵活性之间的矛盾而生成，在一定程度上能够增强税法规则的确定性，克服弥补税收成文法的局限性。毋庸置疑，税法解释性规则的生成有其必要性和重要性。然而，从当前我国税法解释性规则的实施现状来看，税法解释性规则自身在形态、内容以及效力等方面也存在明显的缺陷，使得其频频陷入合法性与正当性不足的诟病之中。当前司法实践中因税法解释性规则适用而引发的税务争议日益增加，如此必将严重阻碍税收法定的落实，拖延税收法治进程。

（一）税法解释性规则面临的主要适用困境

1. 文本形态混杂

考察我国现行的税法解释性规则的文本形态，不难发现，无论是文本名称或结构，还是制发主体等方面，均呈现出多样性与多变性等特征。目前我国税法解释性规则的外在表现形式复杂多样，文本体例格式混杂，结构要素不全，尤其是税法解释性规则的文本名称不一，其中包括"通知""复函""批复""规定""注释""办法"等十余种，其无疑是在一定程度上损害了税法权威，妨碍税法规则的良性实施。

在税务行政执法实践中，大多数不是以"解释"为名的税法解释性规则在行"解释之实"，如常见的税法解释性规则名称有"意见""解释""公告""批复""答复""通知""规定""复函"。规范税法解释性规则的形态是实现税法解释性规则规范生成与运行的重要环节。有关税法解释性规则名称多样、文号不一、结构无序等诸多文本形态问题亟待解决。

2. 文本内容失当

从税法解释性规则的文本内容来看，由税务总局、财政部等多元制发主体作出的各级税法解释性规则的内容之间存在明显的合法性不足与合理性欠缺的问题。

所谓的合法性不足主要是指，现行的税法解释性规则在文本内容上存在超越法定权限、突破上位法规定以及无明确法律依据增加相对人义务或者减损相对人权利、违反法定程序等诸多问题，使得其在实践中饱受合法性不足的诟病。

合理性欠缺，主要是指税法解释性规则存在违反适当性原则、违法必要性原则或者狭义比例原则而引起的文本内容合理性欠缺。尽管我国当前的行政规范性文件附带审查制度

---

① 张义清、曾林翃晨：《配套立法：授权条款支配下的"次级"立法》，载《厦门大学法律评论》2016年第2期，第13-41页。

中并没有对规范性文件的合理性审查作出规定,但实践中却出现了不少税务行政相对人提起税法解释性规则合理性附带审查的具体诉求。令人遗憾的是,法院并没有直接审查税法解释性规则的合理性,而是采取"驳回诉讼请求"的方式维持消极回避的态度。

3. 文本效力瑕疵

从现行税法解释性规则文本效力规定来看,其存在失效时间规定不明、效力范围不清、不利溯及适用等问题。具体而言:其一,当前我国税法解释性规则文本中大多是只对生效时间和实施时间做出了规定,并没有明确规定失效时间,使得实践中有关税法解释性规则是否现行有效、何时失效、是明示废止而失效还是新规则出台就自动失效等问题层出不穷;其二,理论上,税法解释性规则文本仅具有内部拘束力,并不具有普遍适用的外部效力,但由于文本中没有明确效力范围,实践中出现了不少以"转发""抄送"等形式普遍适用个案税法解释性规则文本的情况;其三,法不溯及既往乃法治国家的一项基本原则。①一般认为,税法解释性规则文本不具有溯及适用的效力,除非是有利于税务行政相对人,否则不允许溯及既往。然而当前我国税法解释性规则文本中存在不少不利于税务行政相对人的溯及适用规定。

(二) 税法解释性规则适用困境的缓释路径

为缓释我国现行税法解释性规则在适用过程中遭遇的现实困境,有必要对其从统一文本形态、建立解释规则体系、优化效力规定等方面展开治理。

1. 统一文本形态

税法解释性规则的文本形态应当做到清晰、准确、简明,文本名称中至少应当明确解释对象,即在税法解释性规则的文件名称中具体指明解释对象。如此不仅能给适用税法规则的主体提供更明确的指引,有利于税务机关提高税务行政效率,也有利于税务行政相对人对税务机关的执法行为进行监督,更便于法院等其他主体对税法解释性规则进行审查监督。

税法解释性规则的实质内涵是对税法规则的具体应用性问题作出进一步解释说明,因此,统一税法解释性规则的名称表达方式,不论概念界定型的税法解释性规则,还是条款细化型的税法解释性规则,都应当以"对××法(××条例)第××条的解释"这一形式进行命名,并且标注上条款序号,以此统一税法解释性规则的名称形式。与此同时,应当尽量避免使用诸如"对××有关条款的解释"或者"对××问题的若干解释"等类似的指向不明的名称形式。如果是有多个条款需要解释,建议分开解释,以多个独立的解释性规则文本进行解释说明。若是连续的条款,则可以在文件名称中直接注明"第×条—第×条的解释"。

---

① 林三钦:《法令变迁、信赖保护与法令溯及适用》,新学林出版股份有限公司2008年版,第33页。

2. 建立解释规则体系

"法律解释在元规则上的缺失，影响着法律解释学在方法论上的意义。"① 建立税法行政解释规则体系有利于从根源上治理税法解释性规则文本内容失当问题。

首先，规范解释主体形式。税法解释性规则的制定与发布应有专门的主体，各级财税行政主管部门应当考虑成立专门的税法行政解释机构。"税法执行过程中，需要有一个研究解释税收政策执行口径的委员会或班子，并且要有充足的人力和专家队伍，要集体研究，不能像现在这样某一个税种的（解释）靠某分管个人或某个处的具体工作人员个人来确定了就答复出去，这种方法既不科学也不民主。如果有了解释权，如果能答复纳税人提出的问题，就可以解决现在没有人敢解释税法、没有人能解释税法、纳税人和基层税务人员都无所适从的问题。"② 建立权威的税法行政解释机构（税法行政解释小组或者委员会），做到税法行政解释窗口统一，确保税法行政解释过程与结论的科学性、规范性，"提高行政执法主体的法律水平、理解能力、解释技能以及规范其作出非正式解释的方法和程序。"③ 可以预见，建立专门的税法行政解释机构，如此必定能同时加强税法解释性规则的备案审查。

其次，统一解释立场。构建解释规则体系的重要一环即统一解释立场，明确解释立场适用规则。通常而言，解释目标指引着解释主体对于解释立场的选择，解释目标是什么决定了解释立场应当怎样。"法律解释的目标，就是指解释者通过法律解释所要探求和阐明的法律意旨。"④ 当前我国税法行政解释的目标可以概括为以下三个层次：第一层次是确保解释结论的准确、到位、合理，促进税法规则实施与适用；第二层次是准确适用执法依据，降低税务行政执法风险；第三层次则是坚持有利于纳税人原则，保护纳税人合法权益，提高纳税人税法遵从度。在上述不同层次目标的指引下，财税行政主管部门在解释税法规则时应注重平衡国家税收利益与纳税人合法权益的保护，坚持"去国库主义"解释立场，也就是以纳税人为中心，将"有利于纳税人"作为基本的价值取向。

再者，"如何在选定解释方法的前提下，适用各种解释规则，是法学实践必须解决的难题。"⑤ 规范税法解释性规则生成与运行的关键措施之一即建立健全税法行政解释行为规则，规范不同解释主体的解释行为。"法律解释是一种行为，而法律解释规则是此种行为之运行应当遵守的诸如权力主体、职权范围、权力授出、启动条件、草案形成、结果命名、解释效力等方面的规则。"⑥ 因此，所谓的构建解释规则体系，并不是拘泥于讨论运

---

① 桑本谦：《法律解释的困境》，载《法学研究》2004年第5期，第89页。
② 刘磊：《新时代税收理论创新中的三个问题》，载《财政科学》2017年第11期，第24-26页。
③ 方世荣、宋涛：《行政执法主体对法律规范的非正式解释及司法审查》，载《国家行政学院学报》2010年第6期，第53-57页。
④ 沈宗灵：《法理学》，北京大学出版社2000年版，第432页。
⑤ 杨铜铜：《论法律解释规则》，载《法律科学》（西北政法大学学报）2019年第3期，第22页。
⑥ 李可：《法律解释规则性质的追问与驳议》，载《中国社会科学报》2019年1月23日，第5版。

用何种方法解释税法规则，也不是讨论税法行政解释方法的位序问题，而是重点关注解释方法的运用规则，关注税法行政解释共识的形成，分别从解释立场、解释目标等方面提炼税法行政解释行为规则，制定类似《税法行政解释操作指南》的文本，打造税法行政解释共同体的统一行为规则。

此外，还应建立联合解释规则。规范不同主体的联合解释行为，原则上不允许财税行政主管部门与其他行政部门联合署名对外发布税法解释性规则，除非是必须联合解释的领域，应当严格限定"联合解释"的范围，联合解释的作用对象只能是专业性强、且财税行政主管部门不擅长的领域。换言之，非财税行政主管部门仅能对其擅长专业领域内、职权范围内的事宜作出解释。尤其应规范跨部门、跨行政系统、跨专业领域的不同主体的联合解释行为，明确各主体的责任，以免各主体间的权责不清，互相推诿责任。

3. 优化效力规则

解决税法解释性规则文本效力规定瑕疵而引起的困境，应当在文本中明确规定文本内容不得溯及适用，除非是有利于纳税人的规定。更为重要的是，考虑到税法解释性规则是以解释性税务规范性文件为现实载体，而根据税务规范性文件制定与管理规定，应当明确文件废止时间，因此，有必要在税法解释性规则文本的最后明确文件的失效时间或者废止时间。

为保证文本形态的规范性，不论是对任一税法规范的形式进行解释说明，还是对税法规范的实施时间、废止或失效时间作出解释说明，或者是对税法规范的具体条文内容作出解释说明，都应满足税法解释性规则文本形态的基本要求。考虑到税法解释性规则在适用过程中不可避免地将对税务行政相对人产生事实上的效力，因此，税法解释性规则的废止与否、溯及适用等问题皆与税务行政相对人的合法权益息息相关，其废止或溯及适用的相关规定应当以书面形式明文公示，并配合相应的宣传和指导，以便税务行政相对人及时准确知悉。

四、结语

税法解释性规则本质上是一种税务非立法性行政规则，明显区别于税务立法性规则和税务裁量性规则，其与税法解释规则等概念之间也存在较大差异。挖掘税法解释性规则的基本理论，全面、深入分析税法解释性规则生成的主要动因、理论基础，有利于厘清税法解释性规则的缘起与发展脉络，为税法解释性规则现实难题的解决提供方向性指引。税法解释性规则的规范化对于促进税法规则的良性实施和税收法治的实现具有不可忽视的积极意义。有效缓释税法解释性规则的适用困境，可以尝试从统一形态、规范内容及明晰效力等方面展开。

（编辑：杨铜铜）

隐名股东排除代持股权强制执行的利益衡量论

范 一[*]

摘 要 有限公司代持股权强制执行的制度规范同时涉及程序法和实体法，规范背后的制度利益包括财产保护和交易安全的平衡、公司独立人格的尊重、合同相对性与债权平等性等。在进行利益衡量时，需要准确解释现行法规范的制度利益。《公司法》关于股权性质和权属采取的是形式标准，代持股权归属于显名股东，隐名股东只拥有债权。在此基础上进行利益衡量，隐名股东不拥有排除强制执行的权利。以学理概念代替制度利益，或者超越制度利益进行不必要的类型区分，属于利益衡量的滥用，难以得出妥当的结论。

关键词 股权代持 实体权利 制度利益 利益衡量 法律解释

有限责任公司股权代持指的是隐名股东与显名股东订立股权代持协议，由隐名股东认缴或者实缴出资并实际享有股权收益，但股东名册记载以及工商登记的股东系显名股东，导致股权公示状况的"名实不符"。[①] 有限责任公司的股权具有财产属性，在显名股东为民事诉讼强制执行的被执行人时，代持股权可能被列为显名股东的责任财产，此时隐名股东往往以其为股权的真实权利人为由提出执行异议，要求排除显名股东债权人的强制执

---

[*] 范一，男，江苏靖江人，上海财经大学法学院博士研究生，上海市高级人民法院法官，研究方向为民商法。

[①] 强制执行有限责任公司股权时，工商登记的股东情况只是初步的财产线索，执行法官通常会同时要求公司提供股东名册，以确保执行的准确性。如果被执行人并不是股东名册所记载的股东，即便工商登记尚未变更，也不会对该股权进行执行。因此，本文所称股权代持，限于显名股东记载于股东名册，而隐名股东未记载于股东名册的情况。

行。[1] 就这一问题，存在两种截然对立的观点。肯定说认为，隐名股东系代持财产的真实权利人;[2] 隐名股东对显名股东享有的财产返还请求权优先于普通债权人的债权。[3] 否定说认为，依据商事公示原则，隐名股东对于代持股权的权利未经公示，不得对抗第三人。[4] 从价值判断的角度，借名持股的行为应给予负面评价，隐名股东应当自行承担投资风险，隐名股东不享有排除强制执行的权利。[5]

理论层面目前有关股权代持的研究，多从法教义学或者比较法的角度就这一问题进行阐述。在法教义学层面，多主张类推适用不动产物权的相关规则来解释股权，将隐名股东对股权所享有的权利视同未登记的不动产物权人对物权拥有的权利，从而适用不动产物权善意取得等相关法律规则来解决隐名股东的权利保护问题。[6] 在比较法层面，有学者主张引入英美法的信托制度来化解隐名股东与显名股东、债权人等其他当事人之间的权利冲突。[7] 这些学说观点的逻辑前提是，我国当前关于代持股权执行的法律规则存在漏洞，因而有必要在司法裁判中采取类推适用的裁判方法，或者进一步完善立法。

我国目前立法层面虽然没有直接规定股权代持，但并非无法寻找到法律适用的依据。利益衡量作为一种漏洞填补的法律方法，对于立法模糊地带的问题解决有其独特优势。代持股权强制执行中涉及隐名股东、显名股东、公司、债权人等多方主体，不同主体之间确实有不同的利益诉求。不过，利益衡量是在法律解释失灵之后出场的法律方法，其适用有特定的前提和分析论证路径，而不是简单的直接进行各方利益的比较。纵观目前实践和理论界关于这一问题的阐述，大多未能严格遵循利益衡量的基本方法，特别是缺乏对于制度利益的充分挖掘，超越利益衡量的边界导致利益衡量的滥用。本文使用利益衡量的基本方法进行分析验证，尤其注重选择适当的法律作为利益衡量的依据，通过制度利益的准确界定框设利益衡量的边界，避免了利益衡量的恣意，确保结论的妥当性。

一、代持股权强制执行制度利益的范围

从法学发展的历史看，以《法国民法典》和《德国民法典》为代表的近代民法相对

---

[1] 显名股东的债权人既可能是普通金钱债权人，也可能是与显名股东进行代持股权交易的股权受让人。本文只讨论申请人为显名股东普通金钱债权人的情况。

[2] 参见最高人民法院（2019）最高法民申1326号民事裁定书。

[3] 参见最高人民法院（2018）最高法民申5464号民事裁定书。

[4] 参见最高人民法院（2017）最高法民申110号民事裁定书。

[5] 参见最高人民法院（2017）最高法民终100号民事判决书。

[6] 参见张双根：《德国法上股权善意取得制度评析》，载《环球法律评论》2014年第2期，第156页。彭晓娟、魏纪林：《论非上市股份有限公司的股权变动》，载《武汉理工大学学报（社会科学版）》2012年第3期，第440页；刘俊海：《现代公司法》，法律出版社2011年版，第213–214页；张双根：《论股权让与的意思主义构成》，载《中外法学》2019年第6期，第1552页；杨瑞峰：《股权转让合同的生效与股权变动》，载《法律适用》2007年第10期，第96页；李建伟：《有限责任公司股权变动模式研究——以公司受通知与认可的程序构建为中心》，载《暨南学报（哲学社会科学版）》2012年第12期，第18页。

[7] 葛伟军：《有限责任公司股权代持的法律性质——兼评我国〈公司法司法解释（三）〉第24条》，载《法律科学（西北政法大学学报）》2019年第5期，第175页。

应的是概念法学的时代,强调以法典为中心,现实中发生的或者可能发生的一切问题,都可以从民法典中获得解决。① 此后,利益法学对概念法学进行了批判,认为法律命令决定着利益冲突,法律选择保护需要优先加以保护的利益,法官虽然要受到法律约束,但也要像立法者一样界定利益,并对利益冲突进行判决。之后,价值评价法学兴起。价值评价法学并没有否定利益衡量,但认为,法律所规定的类型化利益冲突的优劣顺位,是立法者抱持者不同的动机而做出的一种价值判断;立法者在进行价值判断时除了考虑被评判的个人或团体利益之外,还要考虑普遍的秩序立场,法官在裁判案件时应当将立法者的评价作为法律解释以及法律没有直接规定、但价值上应做相同评价的待决案件裁判的推论基础。②

当存在法律漏洞时,法官需要掌握到与该判决相关的利益,然后对这些利益加以比较,并且根据他从制定法或者其他地方得出的价值判断对这些利益加以衡量,然后决定受该价值判断标准偏爱的利益获胜。③ 不过,这并不是意味着法官可以抛开现行法律制度直接进行利益衡量,而是说只有在案件事实不符合法律规定的事实构成时,才需要考察案件中的利益冲突,以及法律是否以其他的事实构成的形式决定了同样的利益冲突。这是因为法律适用中的利益衡量,是建立在具体的法律制度的共识之上的。④ 法律制度的共识又包括具体层面上的制度共识和抽象层面上的价值共识,所谓自由、秩序、正义等体现的是社会基本价值秩序,属于抽象层面上的价值共识,当法律已经作出规定形成了具体法律制度时,公平正义等就已经隐藏在法律制度的背后,让位于具体的制度利益。

制度利益的衡量,前提是选择妥当的法律制度。⑤ 法律制度的范围直接决定了制度利益的范围。法律作为一种行为规范,在确定法律制度的范围时,主要是考虑该行为所对应的法律规范。代持股权强制执行是公权力对私人行为的介入,同时涉及程序法和实体法。程序法层面,《民事诉讼法》就案外人对执行标的提出异议和提起执行异议之诉作了程序上的规定,并未规定异议成立与否的实体评判标准。最高人民法院在相关司法解释中确立的一般标准是案外人拥有"足以排除强制执行的实体权益"。⑥ 也就是说,在代持股权执行领域,隐名股东是否能够主张排除执行,关键在于隐名股东是否拥有足以阻止对代持股权进行强制执行的实体权利。然而,程序法并未就足以排除强制执行的实体权利作出类型化的规定,因此无法直接通过对程序法规范的解释得出结论,需要依托实体法进行当事人实体权利的认定和比较。

实体法层面,股权代持强制执行涉及的主要制度规范是股权权利归属的规范和一般的

---

① 参见梁上上:《利益衡量论》(第二版),法律出版社2016年版,第17-18页。
② 参见[德]卡尔·拉伦茨:《法学方法论》,黄家镇译,商务印书馆2020年版,第160页。
③ 吴从周:《概念法学、利益法学与价值法学:探索一部民法方法论的演变史》,中国法制出版社2011年版,第193页。
④ 参见梁上上:《利益衡量论》(第二版),法律出版社2016年版,第103页。
⑤ 参见梁上上:《制度利益衡量的逻辑》,载《中国法学》2012年第4期,第73页。
⑥ 2015年1月30日最高人民法院《关于适用〈中华人民共和国民事诉讼法〉的解释》第312条。

合同法律规范。股权权利归属规范决定了隐名股东在公司法层面对股权是否享有权利。合同法则是决定隐名股东在股权代持协议中所享有的权利。在股权权利归属规范方面,《公司法》第4条规定,股权是"公司股东依法享有资产收益、参与重大决策和选择管理者等权利。"股权兼具财产和身份属性,其中享有资产收益即为财产权利。参与重大决策和选择管理者,即是投票权这一身份性权利。强制执行中对于股权的强制执行,即是针对的股权中的财产性权利。从强制执行的方式看,通常是拍卖、变卖股权,继而将拍卖变卖所得价款用于清偿债务,强制执行股权的对象实际是股权的交换价值。因此,"足以排除强制执行的实体权益"在股权的执行中应当理解为足以阻止对股权进行拍卖变卖等交易行为的权利。这就涉及股权归属的判断,也就是隐名股东和显名股东谁才是代持股权真正的权利人。通常情况下,对被执行财产享有的足以排除强制执行,也就是足以阻止交易的权利应当指支配权或者是绝对权,因为只有支配权或者绝对权,才具有排他性和对世效力。[1] 因此,代持股权权利归属于隐名股东还是显名股东就显得尤为重要。如果对《公司法》进行解释,得出的结论系股权归属于隐名股东,则隐名股东可以排除强制执行。如果解释的结论是代持股权的权利不属于隐名股东,那么隐名股东只是拥有代持协议的债权,就需要适用合同法律规范,判断该债权是否能够排除强制执行。

上述法律规范的范围,决定了制度利益的范围。制度利益的分析依赖于具体法律制度的解释。在具体案件的利益衡量中,对当事人的具体利益进行衡量只有放置在利益的层次结构中进行衡量,才能保证利益衡量的公正和妥当,其中妥善处理所涉及的法律制度的制度利益和社会公共利益的关系是关键。[2] 在制度利益的判断上,应当充分尊重立法所蕴含的利益安排,这是因为立法本身就是利益衡量的结果。上述法律制度背后蕴含着特定的制度利益,例如股权归属层面,涉及财产保护、交易安全、公司独立意志维护等。如果认定股权归属与隐名股东,则制度利益体现为对出资人静态财产权利的保护,同时可能牺牲交易安全,削弱了公司的独立意志。如果认定股权归属于显名股东,则体现的是对公司独立人格的肯定和独立意志的尊重,以及动态交易安全的保护。在合同法层面,合同相对性和债权的平等性是基本的制度利益。如果认定隐名股东只是拥有债权,那么除非法律有特别规定,否则其享有的债权也应当受到合同相对性、债权平等这些制度利益的约束。对于上述制度利益,需要结合具体的法律规范进行分析。

二、代持股权权利归属制度利益的具体内容

法律制度的范围确定后,需要就具体制度反映制度利益的内容进行解构,具体包括两个层面:一是通过正确的法律解释,妥当的分析出制度所体现的制度利益。二是对制度利

---

[1] 参见龙卫球:《民法总论(第二版)》,中国法制出版社2002年版,第124、131页。
[2] 梁上上:《利益的层次结构与利益衡量的展开——兼评加藤一郎的利益衡量论》,载《法学研究》2002年第1期,第58页。

益进行评判，通过比较该制度利益与公共利益关系来判断制度利益是否存在缺陷，是否有必要在具体利益衡量时做出调整。在代持股权强制执行领域，涉及的程序法的制度利益以及合同法的制度利益并不存在争议。有争议的是公司法所涉及的制度利益，也就是代持股权权利归属规范的制度利益，需要重点进行分析评判。

（一）不同立法模式下股权归属的制度利益安排

关于代持股权归属，不同的立法模式有着不同的制度利益安排。比较法上看，大陆法系民商法理论关于股权性质的学说一度众说纷纭，经历了从"一元论"到"二元论"的即区分自益权和公益权的发展过程，其中又形成了社员权说、股东地位说、债权说、所有权说、独立权利类型说等多种学说。[1] 所有权说、债权说等学说实际还是在用传统的民事权利理论来对股权的性质进行界定，试图将股权纳入到某种传统的权利类型中去，难以应对公司法律关系中的复杂情况。并且这种权利主体和客体相对应的思维模式导致的结果是，如果将股权视为一种独立的不可分割的权利类型，那就意味着它只有一个权利主体即股东，除非股东将该权利的部分权能通过民事法律行为让渡给其他主体，该项权利的所有权能当然只归属于股东，因此股权的确认就显得尤为重要。在股权代持的关系中，确定隐名股东还是显名股东为股权的权利人，将对隐名股东或者显名股东的利益产生十分重要的影响。然而，传统的大陆法系国家的公司法对于股权的权利主体即股东却反倒没有缺乏明确的规定。[2] 这种制度模式下，代持股权的权利归属问题形成了法律漏洞，实务中就股权的权利主体、客体和内容的认定均存在较大的不确定性，制度背后的制度利益也比较难以得出确定的结论。英美公司法关于股权性质和归属的制度设计采取了实用主义的态度，不着眼于给予股权性质以抽象的界定，而是关注股权的具体权能，甚至认为这些具体的权能可以分属不同的权利主体，从而构建起比较灵活的交易规则。这种立法模式在概念上虽然不如大陆法系国家的民商事法律涉及那么精巧，但规则更为明确，也比较容易界定其制度利益。

股权就其权能或者权利内容看，无非包括两个方面：一方面是获得股权收益等财产性权利；另一方面是投票权等身份性权利。英美公司法理论对于股东身份的确认一般有"实质标准"和"形式标准"两种不同的判断尺度，其中实质标准是将公司看作是股东财产的衍生物，股东如果实际持有股票或者类似行为例如出资或者取得出资证明书即可被确认为股东；形式标准则强调股东和公司之间的相互信任和关联，股东必须在公司进行登记（股东名册）才可以被确认为股东，只有被确认为股东，才能够拥有投票权等身份性权利。[3]

---

[1] 江平：《论股权》，载《中国法学》1994年第1期，第72-73页。
[2] 虞政平：《股东资格的法律确认》，载《法律适用》，2003年第8期，第69页。
[3] 参见邓峰：《普通公司法》，中国人民大学出版社2009年版，第347-348页。

在具体的立法例上，英美法就股东身份一般采取的是形式标准。美国《示范商事公司法》对股东定义为："股东是指被记录的股东。"①《英国 2006 年公司法》第 126 条规定，"明示或拟制的任何信托的通知，不得记载于在英格兰和威尔士或北爱尔兰登记的公司的成员登记册，或者登记官不得接受该类通知。"② 如果采取英美法形式标准的判断方法，股东资格确认的问题将大为简化，即在处理与股东身份相关的事项时，以公司登记（股东名册）为准，适用公司法。对于股权中的财产性权能，适用合同法来调整，当事人可以自由转让。这种立法模式下，可能会有实质意义或者现象意义上的股权代持。例如，实际出资人为甲，通过股权信托的方式委托乙"代持"股权，公司名册将股东登记为乙，甲乙约定股权收益由甲享有，乙只是收取一定的代持费。但从法律层面上看，并不存在所谓股东资格的代持，因为形式标准下只有登记的股东才具有股东资格，所谓隐名股东只是基于合同享有股权相关的财产性收益，并不是股东，也就不存在所谓真实权利人与名义权利人的区分。实践中，英美法国家由于有着发达的信托法制度，所谓借名持股可以通过信托制度加以解决。③ 根据股东名册的股东资格推定效力，只有显名股东具有股东资格，行使股东权利，而显名股东与隐名股东之间的关系依据信托法处理。例如，澳大利亚公司法允许在股权之上设立信托利益，即股票由信托人为其他受益人持有，公司可以只把股东名册上的人当作股东，不问其他人对股权是否具有任何利益。至于信托人与受益人之间的问题，适用信托法。④

上述"实质标准"和"形式标准"两种不同的制度，背后体现的不同的制度利益安排。具体表现在两个方面：一是静态的财产保护与动态的交易安全或者说信赖保护的价值取舍。采"实质标准"，意味着立法上更加注重对公司出资人私有财产的保护，将公司视作股东财产的延伸。在股权代持的情况下，考虑到隐名股东是实际的财产出资人，即便不具备将股权记载于股东名册或者办理工商登记等形式要件，仍然要优先保护出资人的财产利益，认定隐名股东具有股东资格并实际拥有股权，因而拥有了排除强制执行的实体权利。在显名股东擅自处置股权的场合，股权受让人取得股权的依据是类推适用物权法之善意取得制度，显名股东仍然属于无权处分。强制执行不是交易领域，不存在善意取得，显名股东不实际拥有代持股权，代持股权因而不纳入显名股东的责任财产范围。这种利益安排的弊端是不利于动态交易安全的保护，可能损害债权人的利益。股权代持协议不具有公开性，交易相对人基于股东名册或者工商登记，仍不足以准确判断公司股权的归属。如果

---

① 王毓莹：《股权代持的权利架构——股权归属与处分效力的追问》，载《比较法研究》2020 年第 3 期，第 23 页。
② 《英国 2006 年公司法（第 3 版）》，葛伟军译注，法律出版社 2017 年版，第 93－94 页。
③ 葛伟军：《有限责任公司股权代持的法律性质——兼评我国〈公司法司法解释（三）〉第 24 条》，载《法律科学（西北政法大学学报）》2019 年第 5 期，第 175 页。
④ 最高人民法院民事审判第二庭编著：《最高人民法院关于公司法司法解释（三）、清算纪要理解与适用》，人民法院出版社 2016 年版，第 383 页。

采用"形式标准",严格以股东名册或者工商登记作为确定股权归属的标准,则显名股东就是股权人,股权纳入显名股东的责任财产,降低了债权人的交易成本,能有效地维护交易安全。但如果显名股东背负债务或者擅自转让股权时,隐名股东将面临一定的风险。二是公司的实体独立性及背后的群体利益与股东个人利益的权利。如果采取"实质标准",意味着还是将公司的性质待成"群商共同贮本钱做生意",只是在形式上承认公司的独立人格,但在股东资格的确认、股权的行使和归属方面,没有真正尊重公司的独立意志。[①] 公司存在的目的主要是实现股东的利益。如果采取"形式标准",则充分考虑了公司的独立意志。股东身份只有得到公司的确认才能生效,从而真正拥有股权。公司的意志与股东的意志虽然内容可能相同,但仍然是两个不同主体的意志。股东的意志必须遵循一定的程序才能实现。这种制度安排的目的,是让公司除了向股东负责外,能够向更多的群体负责,承担更多的社会责任。[②] 这实际上更符合现代供公司发展的趋势,有利于公司更好地促进社会经济的发展。

(二) 我国代持股权归属制度利益的分析

我国《公司法》关于股权归属制度利益,有其发展演变的过程,与公司法人的财产制度密切相关。我国1993年《公司法》第4条将股东的股权界定为"作为出资者按投入公司的资本额享有所有者的资产受益、重大决策和选择管理者等权利。"将公司对公司财产享有的权利界定为"享有由股东投资形成的全部法人财产权,依法享有民事权利,承担民事责任。"但是规定,"公司中的国有资产所有权属于国家。"上述立法既承认了公司对企业财产享有所有权,同时又将股东特别是国有资产的股东也视为公司财产的所有者,导致股权属性和企业财产性质的模糊。其原因还在于当时正处于我国市场经济转型期间,对于公司这样的现代企业制度的认识还不够清晰,缺乏公司作为独立主体,通过发行方式去动态从事经营的知识,认为公司只不过是大家一起出本钱做生意而已。[③] 有关股权的性质,《公司法》第4条第1款使用了"所有者"的概念,因此容易将股东享有股权的性质类比为物权制度中的所有权。"双重所有权"的观点的影子仍然存在。[④]

随着我国市场经济制度的建立完善,现代公司制企业的实践发展,物权法"一物一

---

① 参见邓峰:《董事会制度的起源、演化与中国的学习》,载《中国社会科学》2011年第1期,第164 - 176页。
② 参见邓峰:《中国公司理论演变和制度变革方向》,载《清华法学》2022年第2期,第54页。
③ 邓峰:《物权式的股东间纠纷解决方案——〈公司法司法解释(三)〉评析》,载《法律科学》2015年第1期,第188页。
④ 有关"双重所有权"的观点,参见王利明:《论股份制企业所有权的二重结构——与郭锋同志商榷》,载《中国法学》1989年第1期,第47页。

权"原则的确立,学界基本就公司法人对法人财产拥有独立的所有权形成了共识。① 2005年修订的《公司法》第3条明确规定,"公司是企业法人,有独立的法人财产,享有法人财产权。"② 第4条将股东权利界定为"依法享有资产收益、参与重大决策和选择管理者等权利。"删除了1993年《公司法》中股东按照投入资本额享有"所有者"的权利的规定,并且删除了国有资产所有权属于国家的规定。2005年《公司法》明确了公司法人的独立人格,确认了公司财产的权利归属。虽然在法律条文的表述上没有明确,但应当认为2005年《公司法》有关股权性质的规定,更接近于英美公司法所规定的形式标准,即公司拥有独立的人格和财产,股东依据公司章程享有请求公司分配资产收益的权利和参与公司经营管理的资格。股权其实包括财产性权利和身份性权利两个方面,是一系列权利所构成的"权利束",其中财产性权利的性质是请求权而非绝对权。对此主要有两方面的理由:一是2005年《公司法》删除了1993年公司法第4条第1款"所有者"的表述,应当认定为否定了股东对于公司资产权利的物权性质。二是2005年《公司法》第4条关于股东财产性权利的权能表述为享有"资产收益",说明股东享有的是财产利益,而非财产的物权。股东财产与公司财产互相独立,股东如果以实物例如机器设备等进行出资,公司设立后物权将移转给公司,公司在经营期间新取得的物权,也当然归属于公司。③

2005年《公司法》第33条第2款规定,"记载于股东名册的股东,可以依股东名册主张行使股东权利。"④ 如果对该款规定进行反对解释,意味着如果其姓名没有记载于股东名册,则不可以主张行使股东权利。该条第3款还规定了工商登记的对抗效力,即"公司应当将股东的姓名或者名称及其出资额向公司登记机关登记;登记事项发生变更的,应当办理变更登记。未经登记或者变更登记的,不得对抗第三人。"对这些规定进行文义解释,可以得出结论,即我国公司法采取的是英美公司法中的形式主义的股东资格确定标准,股东资格需要得到公司的确认,而公司确认股东资格的意思表示即为将股东记载于股东名册。

与现行《公司法》在股权和股东资格确认问题上采取的形式主义标准不同,股权确认案件的司法实践中似乎更接近于实质标准。最高人民法院于2010年发布、2014年修订的《关于适用〈中华人民共和国公司法〉若干问题的规定(三)》(以下简称《公司法解释三》)第21条规定了股东资格确认之诉的诉讼程序。当事人起诉要求确认股东资格的,以

---

① 参见江平主编:《法人制度论》,中国政法大学出版社1994年版,第206页;赵旭东:《公司法人财产权与公司治理》,载《北方法学》2008年第1期,第60页;樊云慧:《从"抽逃出资"到"侵占公司财产":一个概念的厘清——以公司注册资本登记制度改革为切入点》,载《法商研究》2014年第1期,第104页。

② 我国《公司法》在2013年、2018年再次进行了修订,但第4条没有变化,第33条条文序号调整为第32条,条文内容没有变化,与2005年《公司法》的相关规定内容一致。

③ 参见最高人民法院民事审判第二庭编:《最高人民法院关于公司法解释(三)、清算纪要理解与适用》,人民法院出版社2016年版,第357页。

④ 即现行《公司法》第32条。

公司为被告，与案件争议股权有利害关系的人作为第三人参加诉讼。该规定的理由是股东资格是相对于公司而言的，股东资格被确认后，就可以在公司中行使相应权利。[①] 有关股东资格确认之诉的纠纷类型，主要包括瑕疵出资股东的股东资格确认纠纷、名义出资人与实际出资人的股东资格确认纠纷、因婚姻继承等关系产生的共有股权确认纠纷，以及因股权转让而产生的股东资格确认纠纷等。[②]《公司法解释三》第22条规定了股权确认的事实构成要件，即请求确认股权的当事人需要证明其实际出资，或者已经继受公司股权。第23条则规定公司拒绝向股东签发出资证明书、记载于股东名册并办理公司登记机关登记，当事人可以请求公司履行上述义务。

《公司法解释三》首次就有限责任公司股权代持作出了规定，并引入"实际出资人"的概念来指代借名持股关系中的隐名股东。根据解释第24条第1款规定，借名持股合同没有法律行为无效情形，应当认定有效。实际出资人（隐名股东）和名义股东（显名股东）之间按照代持协议的约定处理，名义股东不能以股东名册记载、公司登记机关的登记为由否定实际出资人对于投资权益的权利。就代持协议的外部效力而言，准用现行《公司法》第71条有关股份转让时的限制条件的规定。关于实际出资人所享有的投资权益的性质，最高法院的观点是不同于股东权益，股东权益只能是由名义股东直接行使，实际出资人只能假名义股东之手间接行使股东权益来实现其投资权益。[③] 从司法解释的该条规定看，最高法院对于借名持股领域股东资格的归属采取的又是形式标准，即只有显名股东才是公司股东，隐名股东不是公司股东，不享有股东权利，隐名股东必须履行一定的显名程序（经公司其他股东半数以上同意），才能成为公司股东。如果按照这种观点，股东资格确认之诉并不适用于股权代持的领域。不过，在《公司法解释三》第25条，最高法院对于股权的归属又采取了实质标准。即认为股权代持中，显名股东虽然与实际出资人约定由其行使股权，但由于该股权的取得是实际出资人出资所致，股权最终归属于实际出资人，名义股东可以行使股东权利，但如果没有得到实际出资人的授权处分股权的，属于无权处分，其法律效果需要参照物权法有关善意取得的规则处理。[④] 该司法解释遭受到学界的不少质疑，有观点认为，名义股东是法律上的股东，其对股权的处分系有权处分而非无权处分，不存在善意取得的问题。[⑤]

《公司法解释三》与《公司法》体现了不同的制度利益，而且《公司法解释三》第24

[①] 最高人民法院民事审判第二庭编：《最高人民法院关于公司法解释（三）、清算纪要理解与适用》，人民法院出版社2016年版，第339页。

[②] 参见金剑锋等：《公司诉讼的理论与实务问题研究》，人民法院出版社2008年版，第29页。

[③] 最高人民法院民事审判第二庭编：《最高人民法院关于公司法解释（三）、清算纪要理解与适用》，人民法院出版社2016年版，第379页。

[④] 最高人民法院民事审判第二庭编：《最高人民法院关于公司法解释（三）、清算纪要理解与适用》，人民法院出版社2016年版，第393页。

[⑤] 张双根：《论隐名出资——对〈公司法解释（三）〉相关规定的批判与发展》，载《法学家》2014年第2期，第76页。

条和25条所体现的制度利益也存在一定的矛盾,反映出我国在有限责任公司股权制度设计上,始终存在"形式标准"与"实质标准"之间的摇摆,背后则代表者对股东利益以及公司利益、公司债权人等相关群体利益之间的权衡取舍。笔者认为,虽然司法解释也是我国重要的法律渊源,但在制度利益解释的问题上,首先还是应当充分体现法律所规定的制度利益。如果司法解释规定的制度利益与法律规定的制度利益明显相悖,则需要进行比较和判断,看哪种制度利益更加符合公共利益,从而做出恰当的取舍。就法律层面而言,依照《公司法》的规定,目前我国代持股权的制度应当解释为形式标准。在股权代持关系中,只有记载于股东名册的显名股东才具有股东资格,从而拥有代持股权的实体权利。隐名股东不是股东,不拥有股权,只是基于股权代持协议拥有对显名股东的债权。这种情况下,背后的核心制度利益应当是尊重公司独立人格以及交易安全的保护。虽然《公司法解释三》体现的制度利益与《公司法》存在一定差异,但该司法解释毕竟没有就股权代持的权利归属问题作出明确的规范,也没有涉及代持股权的强制执行问题,因此,在代持股权强制执行的问题上,仍然应当优先适用《公司法》规定。

(三)我国代持股权归属制度利益的评判

对制度利益进行评判,主要是将制度利益与公共利益进行比较,判断该制度利益是否符合公共利益,从而确定该制度利益是否存在缺陷。公共利益具有抽象性,具体而言,要看该制度在宏观层面上是否有利于促进经济发展以及社会的稳定和进步,在微观层面是否有利于保护人的自由和权利。将《公司法》关于股权性质和归属的规范解释为"形式标准",认定代持股权权利人为显名股东,背后的制度利益更符合公共利益。

首先,有利于维护公司的独立人格和独立意志,有利于更好地发挥公司的作用,促进经济发展。现代社会的公司拥有独立的人格和财产,不再只是股东财产的延伸,这是近代以来工商业得到巨大发展的重要动因。正是尊重了公司的独立人格和独立意志,公司才能从纯粹地注重股东个体利益,转而更好地关注债权人等更多群体的利益,更好地实现多方当事人的利益平衡,从而更好地发挥公司对于促进经济发展的重要作用,符合宏观层面的公共利益。"形式标准"的立法模式体现了对公司独立人格和独立意志的尊重。公司的投资人必须得到公司的认可才能取得股东的身份并且行使股权。由于对公司类组织体的意思表示进行解释时,必须严格遵循形式主义的标准,即只有满足《公司法》规定的形式要件,将股东记载于股东名册,才意味着公司承认其股东身份。公司在股东名册之外以其他的形式作出相反的意思表示,并不具有法律效力。股权代持关系中,股东名册记载的股东系显名股东,隐名股东显然不具备取得股东身份的形式要件。

其次,有利于规范公司治理,保护交易安全。即便公司明知或者应当知道股权代持,譬如实际由隐名股东参加股东会、进行投票表决等,也不影响股权归属的认定。显名股东和隐名股东之间基于股权代持协议建立的合同关系,股东与公司之间的关系是两层不同的法律关系。股东与公司之间的权利义务，依照公司章程确定，而隐名股东与显名股东之间的关系，依据的是股权代持协议。就股东与公司之间，股东可以自己行使股东权利，也可以委托他人行使权利。因此，具体由谁实际行使股东权利，并不影响股权归属的认定。当然，实践中确实可能存在公司的真实意思系认可隐名股东为实际股东，而显名股东不是实际股东的特殊情况。例如，公司将显名股东记载于股东名册，同时又向隐名股东出具书面证明，承认隐名股东的股东身份。由于一个股份只能对应一个股东，《公司法》第32条第2款的规则应当理解为系股东资格取得要件的强制性规定，不能由当事人另行约定予以排除，此种情况下仍应当认定记载于股东名册的股东也就是显名股东才是公司的股东。另外，公司知晓股权代持，并不等同于公司认可隐名股东为其实际股东。公司知晓股权代持，只能说明公司对隐名股东与显名股东之间基于股权代持协议所作出的利益安排不持异议。基于合同相对性，隐名股东与显名股东之间的股权代持协议本就对合同当事人之外的其他人无法律上的约束力，公司无权也无需就此提出异议。

第三，有利于法律统一适用，稳定当事人的预期。股东资格确认之诉不完全等同于确认股东资格之诉。当事人要求公司确认其股东资格，既可能是确认之诉，也可能是给付之诉。如果是因为股东名册记载错误原因向公司提起的要求确认股东资格的诉讼，属于确认之诉，判决的效力具有溯及力。但在股权代持领域，股权登记至显名股东名下是当事人的自愿行为，如果嗣后隐名股东要求显名，并且参照现行《公司法》第71条的规定履行了相应的程序，但公司拒绝确认股东资格的，隐名股东起诉请求公司确认股东资格，实质系给付之诉，隐名股东自公司根据生效判决将其记载于公司名册之时起取得股东资格。取得股东资格才可以直接向公司行使股东权利。认定代持股权属于隐名股东，导致了股东身份认定标准的模糊化，不利于法律适用的统一。

最后，有利于体现对当事人意思自治的尊重，保护了当事人的自由和权利，且未侵害隐名股东的个人利益。隐名股东可以依照股权代持协议间接享有资产收益、参与公司决策等实际利益。隐名股东也可以依照股权代持协议的约定，要求显名股东将公司分配的利益转移给隐名股东，也可以要求显名股东按照隐名股东的指示进行公司决策，如行使投票权等。如果显名股东违反股权代持协议的约定，虽然不能直接向公司提出主张，但可以依照股权代持协议追究显名股东的违约责任，从而获得救济。该交易结构系隐名股东和显名股东依照相关法律规定理性决策之后的自由安排，符合意思自治的原则。并不能认为，代持股权归属于显名股东就一定会损害隐名股东的合法利益。

综上所述，依据我国《公司法》第32条的规定将代持股权确定归属于显名股东，既遵守法律规定之文义，其所体现的制度利益也符合公共利益，体现了制度利益衡量的科学方法。在隐名股东要求排除强制执行的利益衡量的过程中，应当尊重该项制度利益，以股权归属于显名股东为前提进行利益衡量。

三、代持股权强制执行在现行法律框架内的利益衡量

利益衡量的滥用可分为"因缺少对利益结构的整体衡量而导致的滥用"和"因超越利益衡量的边界而导致的滥用"。① 在代持股权强制执行领域,最典型的问题是超越利益衡量边界导致的滥用。有的观点出于对隐名股东的同情,在缺乏明确法律规定的情况下,超越法律滥用利益衡量,具体表现为两种情况:

一是以学理概念代替法律制度进行利益衡量,主要是将外观主义理论的适用范围作为隐名股东可以排除代持股权强制执行的理论基础。

该观点认为,外观主义主要运用于交易行为领域,显名股东的普通金钱债权人与显名股东之间没有股权交易,不存在对代持股权的信赖利益,因此在执行程序中,应当基于实事求是的原则,当隐名股东作为被执行人时,该股权应当认定为隐名股东的责任财产,可以对其执行。② 言下之意,当显名股东作为被执行人时,不应当将股权作为显名股东的责任财产。该观点虽然涉及利益衡量,但其关于股权归属的界定本身已经违背了制度利益。其隐含的前提是隐名股东才是真正的股权人,实际是以实质标准来认定股权,即将公司认定为股东财产的衍生物,股东对其财产的拥有、交易和转让仅仅以股东的意思表示为核心,而忽略了《公司法》规定的股东身份必须得到公司确认的规则。③ 另外,即便股权不作为隐名股东的责任财产,并不意味着隐名股东必然会因此逃避债务。隐名股东拥有基于股权代持协议的债权,该债权本身也是一种财产性利益,可以成为强制执行对象。

除了违背制度利益外,该观点本身也缺乏利益结构的整体衡量。主要理由是:第一,信赖利益并不只是存在于股权转让交易领域,而是存在于所有的交易。显名股东的普通债权人虽然没有与显名股东进行股权交易,但显名股东在对外进行交易行为例如借贷时,其名下的股权完全可能给交易相对方产生信赖,即交易相对方正是由于看到的显名股东名下有包括股权在内的财产,才选择与显名股东进行交易。如果认定这些股权不属于显名股东的责任财产,当然会损害债权人的信赖利益。第二,如果采取实质主义的标准,在个案中对于股权的归属进行甄别,交易成本过高且存在道德风险,不符合公共利益。合同不需要进行公示,完全可能存在当事人为了逃避执行而虚构股权代持合同关系的情况。所谓显名股东的债权人并不是股权代持协议的当事人,即便怀疑股权代持协议的真实性,也难以举证证明其虚假。由此导致的结果增加市场交易的风险,挫伤市场主体开展交易活动的积极性,导致社会交易成本的整体上升。第三,在当事人的具体利益层面,隐名股东本身不存在需要特别优先保护的利益。隐名股东在签订股权代持协议已经明知所能取得的只是债权,但其经过权衡仍然选择了代持的方式,说明其自愿承担了包括股权成为显名股东责任

---

① 梁上上:《利益衡量的界碑》,载《政法论坛》2006年第5期,第66页。
② 参见崔建远:《论外观主义的运用边界》,载《清华法学》2019年第5期,第10-11页。
③ 邓峰:《普通公司法》,中国人民大学出版社2009年版,第348页。

财产的风险，法律适用时没有必要再给予其额外的特别的保护。①

二是进行不必要的类型区分，譬如以显名股东的债权人是否知情或者是股权代持的事实成立先后作为区分隐名股东是否可以排除强制执行的标准。

金钱债权人对于代持股权是否知情，并不会影响隐名股东排除强制执行的判断结论。主要理由是：第一，这种区分不符合债权平等这一制度利益。从债权人对代持协议内容的知晓程度的角度看，合同本身并不需要公示，因此债权人即便从隐名股东或显名股东处得知存在股权代持的情况，也未必查看过隐名股东和显名股东之前的代持协议。即便查看过代持协议，也无法阻止隐名股东和显名股东之间在代持协议之外进行权利义务的特别约定。从当事人的预期角度看，绝对权和相对权本来就有着不同的法律效力。绝对权以不特定人为义务人，而相对权的效力仅及于特定人。② 当事人依照代持协议所拥有的权利是债权，是一种相对权。显名股东的债权人即便明知隐名股东和显名股东之间存在代持协议，但基于对法律规则的预期，认为隐名股东只是拥有对显名股东的债权，代持协议并不能给显名股东的债权人设定义务。隐名股东的债权和显名股东的其他普通债权人所享有的债权平等。如果认定隐名股东可以排除强制执行，相当于赋予了隐名股东对代持协议的债权以优先性，缺乏法律依据。第二，这种区分也不符合社会公共利益。在欠缺法律明确规定的情况下，区分债权人是否知情，会破坏市场主体对于法律规则的预期。如果以债权人对借名持股是否知情作为区分该股权是否应当列入显名股东责任财产的判断标准，就必须界定债权人对代持协议知晓到什么程度才算是知情，这也会导致交易成本的额外增加，不符合公共利益。第三，在当事人具体利益层面，并不存在强制执行后隐名股东无法救济的情况。不论显名股东的债权人对于借名持股的事实是否知情，认定股权属于显名股东的责任财产，并不妨碍隐名股东依据代持协议向显名股东主张权利，代持协议中约定的显名股东擅自转让需要承担的违约责任。认定股权不属于显名股东的责任财产，反倒会打破当事人既有的利益安排。当然，如果存在显名股东与其债权人恶意串通，以虚构债权等方式以侵害隐名股东对代持协议的债权，可以从侵权责任的角度认定显名股东及其债权人构成恶意侵害债权。③

金钱债权与股权代持事实的成立先后，也不影响隐名股东排除强制执行的利益衡量结论。有观点认为，隐名股东实际出资、成为隐名股东以及参与公司经营等行为发生时间与显名股东的债权人债权形成时间的先后，会影响利益衡量的结论。如果股权代持事实发生的时间早于显名股东的金钱债权人取得债权的时间，那么可以作为隐名股东对显名股东拥

---

① 参见最高人民法院（2017）最高法民终100号民事判决书。
② 朱庆育：《民法总论》，北京大学出版社2016年版，第512页。
③ 关于债权能否成为侵权责任法的保护客体，学说存在争议。《民法典》对此未做明确规定，但有权威观点认为债权可以成为侵权行为的客体。参见黄薇主编：《中华人民共和国民法典侵权责任编释义》，法律出版社2020年版，第3页。

有的要求返还代持股权的返还请求权优先于显名股东的债权的论据之一。① 此种以权利取得时间先后作为权利优劣判断标准的依据并不充分。一方面，这种观点违反了制度利益。决定权利优劣的首先是权利的性质，其次才是权利取得的时间。对于同样性质的权利，取得时间有可能影响权利顺位，例如担保物权，也有可能不影响权利顺位，例如普通债权。隐名股东基于代持协议的约定，在满足特定条件的情况下，取得要求显名股东转让股权的权利性质系债权，而非"返还请求权"。认定隐名股东拥有"返还请求权"，实际是将物权善意取得的相关规则误用到股权领域。另一方面，在当事人具体利益层面，如果股权代持确实发生在显名股东的债权人取得债权之前，也无法得出显名股东债权人的债权劣后于隐名股东债权的结论。股权代持的事实发生在先，并不意味着隐名股东基于代持协议所享有的特定权利一定产生在显名股东的债权人之前。隐名股东基于代持协议拥有何等债权，既要考虑代持协议的性质，也要考虑代持协议的履行情况。不同的代持协议中，显名股东和隐名股东的权利义务不尽相同。有的代持协议中，隐名股东可能拥有特定条件下移转股权或者股权收益的权利，而有的代持协议中，隐名股东通常只拥有利益分配权。合同履行角度，在合同履行的初期，尚未产生股权收益或者尚不具备股权交易条件的情况下，隐名股东只是享有要求显名股东按照隐名股东指示行使股东表决权的权利，尚不享有移转股权收益或者处置股权的权益。因为恰恰可能是显名股东的债权人系基于对显名股东名下所谓代持股权作为责任财产的信任，才与显名股东为相应的交易。股权代持发生在先的事实，恰恰成为了显名股东的债权人产生信赖的原因。

基于上述分析可以得出，隐名股东不拥有股权，只是拥有股权代持协议的债权。债权的内容可能是请求显名股东移转股权收益、根据隐名股东的指示行使投票权、根据隐名股东的指示处分股权或者是将股权转移给隐名股东等权利，其中与代持股权强制执行直接相关主要是隐名股东要求显名股东移转收益，或者请求显名股东依据其指示处分或者移转股权等。隐名股东拥有的这些债权性权利与显名股东的普通金钱债权人的金钱债权之优劣，现行法律除了合同相对性以及债权平等的一般性规则外，并无特别规则。因此，在强制执行领域，隐名股东只能以普通债权人的身份主张权利，而不能以拥有对代持股权的实体权利为由要求排除强制执行。如果超越或者违背制度利益，强行赋予隐名股东排除强制执行的权利，反倒不利于社会公共利益以及法律秩序的维护，甚至不当损害了当事人的具体利益。

四、结语

代持股权强制执行案件适用法律的难点在于准确把握其中涉及的制度利益，并且在利益衡量时运用妥当的方法，避免滥用。当前理论和实践就这一问题产生争议的主要原因，

---

① 参见最高人民法院（2018）最高法民申 5464 号民事裁定书。

在于对现行法律规范的制度利益缺乏准确界定，在利益衡量时超越了利益衡量的界碑，没有在现行法律制度框架范围内进行利益衡量，导致利益衡量的结论因观点提出者的个人立场不同而产生较大分歧。虽然我国立法上没有就代持股权的归属以及执行等问题作出直接的规定，但《民事诉讼法》有执行异议的程序性规定，《公司法》有关于股权权利性质和归属的规定，《民法典》有关于债权的一般规定，这些规则共同构成了解决这一问题的制度规范，其背后体现的保护交易安全、公司独立人格和独立意志等具体制度利益，以及促进经济发展、保护权利自由等抽象制度利益均符合公共利益。在现行法范围内进行利益衡量，代持股权强制执行问题的分析并不需要考虑太多其他因素，无需就隐名股东利益予以特别强调，法律适用反倒得到简化，也更加明确。这也充分说明了在具体部门法领域妥当适用利益衡量方法的重要性。

（编辑：吕玉赞）

国际法的碎片化与体系化：
体系思维与方法的运用[*]

黄 炎[**]

> **摘 要**：伴随逆全球化思潮的蔓延，部分国家逐渐背离多边的国际法律秩序，成文国际法的立法速度开始减缓，国际法碎片化问题趋于严峻。体系思维作为一种将成文法再体系化的方法论，能够在一定程度上弥补制定法碎片化的缺陷，保障国际法秩序的整体一致性和逻辑融贯性。司法实践中，借助法源理论确定国际法律秩序的要素后，需要结合法律发现、法律推理、法律论证等过程将体系思维转变为条约体系解释方法，促使国际法成为具备自我更新和再生能力的法律制度。
>
> **关键词** 国际法碎片化 逆全球化 体系思维 条约体系解释方法

世界更加互联互通，社会却愈发支离破碎，这是我们正面临的一种悖论。[①]

近年，受疫情影响，一些国家政策内顾倾向加重，大国提供国际公共产品的意愿和能力明显减弱。保护主义和"逆全球化"抬头，全球供应链遭受冲击。大国协调难度加大，全球统一规则的制定实施面临更大困难，分领域菜单式合作更加受到青睐，进一步加剧了国际法体系的碎片化。[②] 部分国家开始对国际条约内容"侵蚀"主权的状况表示担忧。一

---

[*] 本文系国家社科基金青年项目"国家控制传染病跨境蔓延的风险预防义务研究（20CFX080）"的阶段性成果。

[**] 黄炎，女，安徽安庆人，华东政法大学国际法学院讲师，法学博士，主要研究方向为国际公法。

[①] 参见联合国网站：《联合国秘书长古特雷斯在第 73 届联合国大会高级别一般性辩论开幕上的致辞》，https://news.un.org/zh/story/2018/09/1018612，最后访问日期：2022 年 2 月 12 日。

[②] 参见外交部网站：《外交部条法司司长贾桂德出席中国国际法学会 2022 年学术年会》，https://www.mfa.gov.cn/web/wjdt_674879/sjxw_674887/202205/t20220530_10694480.shtml，最后访问日期：2022 年 2 月 12 日。

方面，国际条约的签署和批准程序逐渐受阻；另一方面，通过国际指南、国际宣言等软法文件促成国际合作日渐成为国际治理模式多样性、多元化的自然结果。

逆全球化潮流加剧了本就存在的国际法"碎片化"（fragmentation）问题，进而对国际法律秩序造成一定程度的影响。碎片化是国际社会"功能分化"（functional differentiation）与国际法体系发展的必然现象。但是，碎片化所引起的国际法规范之间的矛盾冲突也给国际关系增加了不稳定因素，影响国际法体系的效力，这是当前亟待解决的问题。本文提出一种司法定向的思维方式，即通过"体系思维"整合国际法律秩序，进而在实践中结合法律发现、法律推理、法律论证等司法方法将体系思维转化为条约体系解释方法。运用体系思维的意义在于，确保国际争端无论诉诸何种国际法庭，法官所适用的"相关国际法规则"都是一致的。它能够在司法层面实现国际法从碎片化到体系化的转变，是保障国际法体系效力的一种新的径路。

一、逆全球化背景下的国际法碎片化问题

国际法"碎片化"是国际法学界持续讨论的热点理论问题之一。[1] 基于国际法本身的特质与发展趋势，制定法碎片化问题在相当长的时期内将客观存在。国际法多样化和扩展进程导致国际法不同规则之间相互分离，影响国际法体系的权威和效力。

（一）国际法碎片化对国际法体系的冲击

"功能分化"是后现代性的重要特征之一。伴随专业性和（相对）自治性的法律规则或规则复合体、司法机构与法律实践领域的出现，社会的功能分化开始在法律层面彰显意义。社会各子系统的日益专业化与相对自主化进程不仅发生在国内社会，同时也因应于国际社会。[2] 造法性条约倾向于在不同的历史性、功能性和区域性系统中各自发展，这些系统彼此分离，其相互关系在某些方面类似于独立的国内法律体系。[3] 伴随国际法规范领域不断扩大，国际法不同规则之间逐渐分离，缺乏一致性甚至相互冲突，这是国际法"碎片化"的成因。[4]

---

[1] 主要文献可参阅古祖雪：《现代国际法的多样化、碎片化和有序化》，载《法学研究》2007年第1期；王秀梅：《国际法体系化机制及其进路》，载《政法论丛》2007年第2期；陈喜峰：《国际法自足制度：在不成体系和社会宪政之间》，载《国外社会科学》2009年第4期；莫世健：《国际法碎片化和国际法体系的效力》，载《法学评论》2015年第4期。Also see Martti Koskenniemi & PäiviLeino, Fragmentation of International Law – Postmodern Anxieties, *Leiden Journal of International Law*, pp. 553–579. 联合国国际法委员会（以下简称"国际法委员会"）也曾在2006年专门研究该问题并形成一项专题报告——《国际法碎片化：国际法多样化和扩展进程中的困难》（以下简称《国际法碎片化报告》）。See Fragmentation of International Law: Difficulties Arising from the Diversification and Expansion of International Law, Report of the Study Group of the International Law Commission, Finalized by Martti Koskenniemi, *A/CN. 4/L.* 682, 13 April 2006。

[2] See A/CN. 4/L. 682, p. 11.

[3] See C. Wilfried Jenks, The Conflict of Law – Making Treaties, *BYBIL*, Vol. 30, 1953, p. 403.

[4] See A/CN. 4/L. 682, p. 10.

国际法对主题事项的"视角转换"与社会学的"功能分化"不谋而合。国际法"碎片化"问题实质是反映了法社会学对全球化社会的一个基本假定，即领土作为社会区分的原则已经为（非领土的）功能性所取代。全球法经历着从领土分化到功能或者说"部门分化"（sectoral differentiation）的过程。① 在超国家背景下，创始神话并非产生于全面的国际公法叙事。在各种制度工具中，法律实践的世界正在被分割，以迎合有特殊利益和特殊社会精神的特殊受众。联合国人权体制、WTO 自由贸易体制以及更晚近的全球环境体制都掌握了这种宪法叙事。这些创始神话存在于它们的宪法中心，将它们的"法律生产"（jurisgenerative power）予以正当化。② 曾经被"一般国际法"所管辖的对象已成为"国际贸易法"、"国际环境法"、"国际人权法"、"国际海洋法"、"欧盟法"、"国际投资法"、"国际难民法"等专业制度的运作领域。并且，几乎每个国际法分支都有其自身的条约规则，这些条约项下又有着各自独立的争端解决程序，晚近的国际法著作将其称之为"国际司法/仲裁解决机构"（以下简称"国际法庭"）的"扩散化"（proliferation）。③ 国际法各分支在进行条约制定与机构设计过程中，一定程度上忽视了其他分支的造法活动以及国际法的一般原则与实践。

国际法"碎片化"对国际法体系造成冲击的典型案例是 2001 年"MOX 核废料加工厂案"。"MOX"是位于英国谢菲尔德靠近爱尔兰海的核废料加工厂，主要业务是将核反应堆使用过的废料再生产为一种混合燃料。爱尔兰政府认为英国方面未对 MOX 核废料加工厂实施环境影响评价，导致核废料和放射性物质经海上运输活动对爱尔兰构成潜在威胁，从而违反了《联合国海洋法公约》（以下简称《海洋法公约》）项下的跨界环境影响评价义务与《东北大西洋海洋环境保护公约》（以下简称《OSPAR 公约》）项下的信息交流义务。该案的特殊之处在于，同一项争端被诉诸三类独立的国际司法/仲裁程序，分别是：依据《海洋法公约》附件七所设立的仲裁程序（爱尔兰 V. 英国），《OSPAR 公约》项下的仲裁程序（爱尔兰 V. 英国）以及《欧共体公约》和《欧洲原子能共同体公约》项下的欧洲法院司法程序（英国 V. 爱尔兰）。④ 显然，该案涉及海洋环境保护问题，是具有普遍约束力的《海洋法公约》和区域性的《OSPAR 公约》的管辖事项，同时又涉及欧共体国家间的关系，属于《欧共体公约》和《欧洲原子能共同体公约》的管辖范畴。由于"各自背景、宗旨、当事方的准备工作及后续行为之不同"，⑤ 国际法庭就相同争端所适用

---

① 陈喜峰：《国际法自足制度：在不成体系和社会宪政之间》，载《国外社会科学》2009 年第 4 期，第 125－132 页。
② ［德］贡塔·托伊布纳著：《宪法的碎片：全球社会宪治》，陆宇峰译，中央编译出版社 2016 年版，第 70 页。
③ See Buergenthal Thomas, Proliferation of International Courts and Tribunals: Is It Good or Bad?, *Leiden Journal of International Law*, Vol. 14, 2001, pp. 267－276.
④ See A/CN. 4/L. 682, pp. 12－14.
⑤ See A/CN. 4/L. 682, p. 13, para. 12.

的条约规则并不一致,导致"同案不同判"的结果,继而影响国际法的确定性。

在现代国际法体系中,新的特殊类型的国际法分支愈来愈倾向于建构一种"自足制度"(self-contained regime),将自身独立于其他国际条约体系。例如,WTO作为以促进自由贸易为宗旨的国际组织,向来就"能否借助国际环境条约解释WTO涵盖协定"的问题十分谨慎。尽管其在平衡贸易与环境方面已做出较大努力,但也不能期待其为保护环境而牺牲自由贸易。就此,WTO涵盖协定实际上是一个相当"自足的"、"封闭的"条约系统。在国际法诸多分支领域中,各类国际条约都具有精细的目标与宗旨,各自推崇不同甚至相互冲突的法律原则。很多时候,新的国际法规则或制度正是为了偏离一般法律规则而制定的。当这种偏离变得普遍和频繁时,国际法的体系性就会受到损害。

(二)逆全球化潮流加剧国际法碎片化倾向

全球化的开端最早可以追溯至公元15世纪的"地理大发现",而以国际贸易、国际投资在全球范围内流动为特征的真正意义上的全球化兴起于20世纪下半页,其进程深刻影响着世界各国的经济、政治、文化、社会等领域的变迁。然而,日渐兴盛的全球化浪潮在2008年金融危机后开始遇阻。随着全球投资与贸易两大经济增长引擎的收缩以及失业率的激增,世界经济逐渐走向全面衰退并陷入结构性低迷。一种对全球化悲观失望的情绪不断蔓延。作为一个与"全球化"相对的概念,"逆全球化"主要是指与市场、资本等要素在全球层面加速一体化的全球化进程背道而驰的现象,[1] 包含由全面开放退回到有条件开放,甚至封闭的过程。其实质是全球治理机制的失灵与危机,是反全球化潮流在国际政治经济层面的表现。由此,"主导性的自由秩序可能将被一种充满竞争的民粹主义所取代"[2]。

在国际法层面,"逆全球化"主要表现为部分主权国家对于国际法律秩序的背离。其一,国际条约的编纂进程日益受到逆全球化浪潮的阻力。联合国成立70年以来,之所以能够"在解散的不断威胁下"趋于整体进步,并一直维持着世界整体的和平,从法律上说,其原因就在于它一开始就在其宪法性文件——《联合国宪章》中确立了"共存"国际法、"合作"国际法和"人权"国际法的体系性存在,并在以后的实践中不断充实着它们的内容,从而为联合国实现其三大核心价值——安全、发展与人权,提供了比较完整的规范体系。[3] 然而,"国际法委员会"作为专门从事国际法编纂的联合国分支机构,正面临条约立法速度放缓甚至停滞的局面。目前,国际法委员会共有9项工作议题。其中,在

---

[1] 参见许源源、张潇:《逆全球化趋势下的合作治理:影响、演变与中国应对》,载《当代世界与社会主义》2017年第6期,第173-180页。

[2] See Francis Fukuyama, US against the World? Trump's America and the New Global Order, *Financial Times*, Nov. 11, 2016.

[3] 参见古祖雪:《现代国际法的多样化、碎片化与有序化》,载《法学研究》2007年第1期,第135-147页。

"国家官员的刑事豁免"议题方面,各国政府仍在特别报告员报告的基础上就"国外官员刑事豁免的限制和例外条款"进行争论;"与条约解释有关的嗣后协议及实践"议题在2008年就已启动,但至今尚未开展草案的"二读"工作,"反人类罪"议题也面临同样的困境。

其二,已经完成起草程序的条约往往因批准或加入的国家数目欠缺而陷入僵局。《联合国国家及其财产豁免公约》即为一个典型的例证。该公约以30个国家批准或加入为生效条件,其自2004年就经由联大决议通过,但截至2018年12月,仅有28个国家签署该公约,其中22个国家完成批准或加入程序。[①] 在少数由条款草案进展为国际公约的情形中,《联合国国际水道非航行使用法公约》的签署过程可谓异常艰辛。自联大建议国际法委员会着手研究国际水道非航行适用法以来,依次有5位特别报告员递交了共13份报告。事实上,国际法委员会早在1991年和1994年就分别完成了条款草案的"一读"和"二读"工作;[②] 1997年,联大决议通过该公约。[③] 但是,直到2014年,公约才因缔约国数量达到35个而正式生效。

其三,逆全球化潮流遏制了多边国际条约的编纂进程,客观上促进了"国际软法"的发展。全球问题的出现曾经使得国际社会结构发生改变:政府间组织、非政府组织等次国家行为体深度参与国际社会活动;在联合国等国际组织的推动下,诸多国际法原则、规则及制度在国际条约和国家实践中得以确立。条约项下的国际合作制度增强了国家间的相互信任和依赖,同时,层出不穷的条约义务也限制着国家行为,在一定程度上淡化了国家主权观念。不过,这种传统国际法的形成进程已不能满足日益加速的国际社会发展步伐和日益增长的国际社会生活领域的要求。人们逐渐发现,国际条约、特别是多边条约,可能旷日持久,而且很有可能中途失败、不见结果,这种矛盾催生了"国际软法"。[④] 例如,2008年《联合国跨界含水层法条款草案》因国际实践的欠缺以及草案本身的缺陷而在短期内无法通过,只能以"国际软法"的形式存在。此外,依据2018年国际法委员会第70届会议文件,关于"大气层保护"和"条约的暂时适用"两项议题的草案都已确定不会形成国际条约,而是将以不具备拘束力的"国际指南"的形式呈现。目前,软法已成为国际关系中的一类重要法律文件。

---

① 参见联合国条约数据库:United Nations Convention on Jurisdictional Immunities of States and Their Property, https://treaties.un.org/pages/ViewDetails.aspx?src=TREATY&mtdsg_no=III-13&chapter=3&clang=_en, Apr. 16, 2022.

② See Convention on the Law of the Non-navigational Uses of International Watercourses, GA Res. 51/229, 1997; Draft articles on the Law of the Non-navigational Uses of International Watercourses, A/CN. 4/L. 458, Yearbook of the International Law Commission, 1991, vol. I.

③ See Convention on the Law of the Non-navigational Uses of International Watercourses, GA Res. 51/229, 1997.

④ 参见何志鹏:《逆全球化潮流与国际软法的趋势》,载《武汉大学学报(哲学社会科学版)》2017年第4期,第54-69页。

概而言之，国际法规则的形成是国家不断接受其主权受到约束的过程。在逆全球化潮流的影响下，各国为了在条约义务上争取更大的主权空间而进行持续的磋商博弈，达成国家间合意的承诺成本愈发增高。国际法碎片化问题的原本动因是国际条约文件的"多元化"以及国际法庭的"扩散化"。逆全球化潮流导致国际条约的起草、编纂程序受阻，同时促进了国际宣言、国际指南等国际软法的兴起。软法文件大量产生，适用范围重叠、冲突的状况不断，加剧了国际法碎片化问题。长此以往，国际法律秩序将不可避免地进入动荡期。

二、以体系思维整合"碎片化"的国际法律秩序

制定法的不成体系与司法方法的兴起之间存在某种内在的联系。自20世纪利益法学和自由法学产生以来，法学研究开始投向法官适用法律的方法论技术和哲学解释依据，试图通过司法定向的思维方式为法律实践提供智识上的支持。若国际法"碎片化"问题在短时期内难以改变，则应当在法官的思维规则与司法方法中寻找应对该问题的径路。体系因素的一个重要功能在于避免或排除法秩序中的"体系违反"，[1] 通过"体系思维"与特定的司法方法将"碎片化"的规则紧密交织在国际法体系中，从而构成一个有意义的关系。

（一）体系思维的国际法依据

裁判者对立法者的服从应当是经过思维的服从，而非不加思辨的盲从；从司法立场研究体系思维，防止法治因法律意义的不确定而难以成行，实现包括法律在内的诸多因素的一致性和融贯性。[2] 这是内国法背景下的概念，但国际司法在司法权限制方面与国内司法并无本质区别。并且，由于体系思维是以成文法再体系化为目标的思考路径，其可作为缓解国际法碎片化、重塑国际法律秩序的最佳切入点。

以体系思维整合国际法律秩序首先源于对国际法"碎片化"（不成体系）问题的担忧。联合国以及其他国际组织框架下的各类国际条约本就是独立的"自治"体系，并且，联合国虽是主权国家为免"后世再遭今代两度惨不堪言之战祸"而依《联合国宪章》创造的这样一个国家"联合体"，然而这个"联合体"的"创造"并不是一劳永逸的，它还面临着"解散的不断威胁"。[3] 同时，国际法庭的"扩散化"使得不同法庭的裁判者所适用的规则缺乏一致性。当国际法规范体系的"碎片化"与国际法庭的"扩散化"可能给国际关系的稳定带来某种消极影响之时，主权国家不应当怀疑甚至否定这个体系存在的合

---

[1] 参见黄茂荣：《法学方法与现代民法》，中国政法大学出版社2001年版，第280页。
[2] 参见陈金钊：《体系思维的姿态及体系解释方法的运用》，载《山东大学学报（哲学社会科学版）》2018年第2期，第69–81页。
[3] 参见古祖雪：《联合国与国际法结构的现代变迁——纪念联合国成立70周年》，载《政法论坛》2015年第6期，第3–14页。

理性和必要性,而应以善意的态度,为缓解这种"碎片化"趋势做出具有法律意义的努力。

其次,在国际司法实践中运用体系思维直接归因于1968年《维也纳条约法公约》(以下简称《条约法公约》)第31条第3款(c)项法律价值的重新发现。该条款要求条约解释者考虑"适用于当事方之间的任何相关国际法规则"(以下简称"相关国际法规则")。① 如本文开头所述,国际法委员会专门就"国际法碎片化:国际法多样化和扩展进程中的困难"议题进行研究并提交《国际法碎片化报告》。该报告在第六部分专门讨论"体系整合与《条约法公约》第31条第3款(c)项"。② 这表明了一种"体系整合"的目的:把条约放置到整个国际法体系之中,参照"相关国际法规则"进行体系解释。如果国际法庭的裁判者能够运用体系思维,充分考虑适用于争端当事方的"相关国际法规则",从而为支离破碎的国际法"版图"注入一点点的"粘合剂",那么无疑将有助于缓解国际法不成体系问题。《条约法公约》第31条第3款(c)项的价值曾长期被忽略,③ 近年来似乎被重新发现,并得到国际法庭多次明示或暗示的适用。现任国际法院副院长、中国籍大法官薛捍勤女士将该条款喻为"开启国际法大楼的万能钥匙"。④ 还有学者认为它是"条约解释的一般规则",在国际法体系中有"宪法性规范"的地位。⑤

再次,随着当代条约关系和条约解释实践的发展,"体系思维"和"体系解释方法"(systemic interpretation)日益成为条约解释的重要依据。众所周知,《条约法公约》关于条约解释的规定包含在第31至33条三个条文之中,分别涵盖"解释的通则"、"补充解释资料"和"以多种语言认证的条约之解释"。据此,条约应依照其目的,善意地予以解释,以使其发生合理的效果。现有的许多所谓解释规则只宜作为解释的参考,解释者应善意地运用这些规则,从而使条约发生依其目的应有的合理效果,促进国际合作。在进行条约解释过程中,最重要的不是条约起草者的意志,而是条约本身的意图,强调以法律解释者在一定限度内赋予条约某种目的或意图的可能性。具体而言,双边条约的解释应注重探

---

① 《条约法公约》第31条第3款规定:"应当与上下文一并考虑的有:(a)当事方嗣后所订关于条约解释或其规定之适用之任何协定;(b)嗣后在条约适用方面确定各当事国对条约解释之协定之任何惯例;(c)可适用于当事方的任何相关国际法规则。"

② See Fragmentation of International Law: Difficulties arising from the Diversification and Expansion of International Law, Report of the Study Group of the International Law Commission, A/CN.4/L.682, 13 April 2006, p. 208, para. 413.

③ 美国国际法学者菲利普·桑兹教授曾指出,从法院判决发展而来的国际司法实践方面,有一种普遍不愿提及该条文的倾向。See Philippe Sands, Treaty, Custom and the Cross-Fertilization of International Law, *Yale Human Rights and Development Law Journal*, Vol. 1, 1998, p. 95。

④ See Fragmentation of International Law: Difficulties Arising from the Diversification and Expansion of International Law, Report of the Study Group of the International Law Commission, A/CN.4/L.682, 13 April 2006, p. 211, para. 420.

⑤ See Campbell Maclachlan, The Principle of Systematic Integration and Article 31 (3) (c) of the Vienna Convention, *International & Comparative Law Quarterly*, Vol. 279, 2005, pp. 280–281.

求缔约双方缔约时的共同意思，以发现条约的目的而据以解释。多边条约的实质不在于缔约各方权利义务的平衡，而在于为创立一般国际法，解释时应注重条约所建立的法律、组织、制度的社会目的及其发展。① 对于这些条约的解释可以运用体系思维，参照其他适用于当事方的国际条约、国际习惯以及一般法律原则，对争端所涉条约进行体系解释。

质言之，"解释法律是法院正当而特殊的领域。"② 要想有一个"好"的、"正义"的国际法体系，条约解释就必须超越条约之外，参考"适用于当事方之间的相关国际法规则"。从国际法历史发展的脉络来看，国际法分支体系都是从原来的国际法母体中分离出来逐渐发展而成的。欲对某一个国际法领域的约文进行分析和解释，就必须将其放置到整个国际法体系之中。体系思维能够填补被解释条约的空白，通过参照"相关国际法规则"在平行的条约规范之间做出指引，解决不同条约项下互相冲突的国家义务，最终促进国际法体系的融合与发展。

（二）在体系思维中确定国际法律秩序的要素

国际法律秩序的要素问题涉及国际法庭如何定位自身与外部世界的关系。《条约法公约》草案曾规定"条约应依据缔约当时有效的一般国际法规则进行解释"，有学者建议将"一般"替换成"习惯"。但正如《条约法公约》第 31 条第 3 款（c）项所表明的，该条款后来做了重大修改，不仅剔除了"时际"因素，而且删除了"一般"，这就产生了"相关国际法规则"范畴的疑问。对此，国际法庭有较大的酌处空间。③ 从重塑和整合国际法律秩序的角度而言，本文认为应当重视体系思维，在解释案件系争条约时，不仅参照适用于当事方之间的条约，而且适当考虑与案件相关的国际习惯法规则、一般法律原则以及作为现代国际法表现形式之典型的国际软法。

1. 适用于当事方之间的国际条约

作为"确立当事国明白承认之规则者"，条约是唯意志论学派最为推崇的国际法的主要渊源。本文在此并不打算讨论条约在国际法渊源中的地位问题，而主要讨论条约作为国际法秩序要素的实践因应。

其一，国际条约和国际习惯在理论上虽是两类要素，在司法实践中两者却并非完全割裂，一项国际法规则可能同时以条约和习惯的形式表现出来。④ 早在 1950 年，国际法委员会向联合国大会递交的报告中就已说明："国际习惯可能存在于一个双边或多边协议中，在协议当事方之间，该规则在有效期内具有条约拘束力；对其他国家而言，该规则仍以国

---

① 参见李浩培：《条约法概论》，法律出版社 2003 年版，第 361 页。
② ［美］汉密尔顿、杰伊、麦迪逊：《联邦党人文集》，程逢如等译，商务印书馆 1980 年版，第 393 页。
③ 参见吴卡：《国际条约解释：变量、方法与走向——〈条约法公约〉第 31 条第 3 款（c）项研究》，载《比较法研究》2015 年第 5 期，第 149 - 164 页。
④ 下文 WTO "海龟海虾案"中上诉机构对"可用竭自然资源"之解释即为典型例证。

际习惯的形式存在。"① 特别报告员迈克尔·伍德2015年向国际法委员会提交的报告中指出：条约规定本身并不构成习惯国际法，但这些规定作为国家意志的明确表达，能够提供国际习惯法规则存在的有价值的证据。② 由此，条约规定在三种情形下反映了国际习惯法规则：第一，将现有的习惯法规则法典化；第二，将条约达成之前出现的习惯法规则固定化；第三，促使一种普遍的国家实践和法律确信，从而产生新的习惯法规则。

其二，适用于当事方之间的条约是解释争端所涉条约的当然法则，但裁判者在实践中将遭遇一类复杂情形：要求被解释条约的所有缔约国同时是所借助条约的缔约国（"条约当事国理论"），抑或争端当事国是所借助条约的缔约国即可（"争端当事国理论"）？假设国际贸易法领域的甲条约共有若干成员国，这些成员国同时全部为国际环境法领域的乙条约之成员国，此种情形下，无论按照"条约当事国理论"还是"争端当事国理论"，乙条约的规则都可用来解释有关甲条约的争议。然而，当甲条约新增某个成员国，而该成员国并未加入乙条约，按照"条约当事国理论"，国际法庭便不可在解释甲条约时再借助乙条约。

如此，一个多边条约的成员国越多，越受国际社会认可，其反而可能面临被"孤立"的危险。进而言之，"条约当事国理论"可能导致各领域的多边公约被隔离成数个"孤岛"，无法互相作为解释的工具。是故，采纳"争端当事国理论"更加合乎体系思维的逻辑。

2. 与案件相关的国际习惯法规则

国际习惯是"通例之证明而经接受为法律者"，展现了传统国际法作为"实践性技艺"的范式。习惯法不同于条约，其形成并没有一个精确固定的公式。国际法委员会自2012年就该议题展开讨论，③ 据此，国际和国内法院、法庭涉及国际习惯存在与内容的判决是证明国际习惯的辅助方式。国家的立法和行政行为、国内法院判决均为"国家实践的具体方式"，是证明国际习惯存在的直接证据，④ 弥合了学界关于国际习惯法识别问题旷日持久的纷争。

仍待进一步讨论的是，国际法庭能否借助"正在形成中的"（emerging）国际习惯法来解释争端所涉条约，即"正在形成中的国际习惯法"能否纳入"相关国际法规则"的范畴。以风险预防原则为例，近年来，"能否在条约解释中运用风险预防原则"成为司法

---

① See *Yearbook of the International Law Commission* 1950, Vol. II, p. 268, para. 19.

② See International Law Commission, *Third Report on Identification of Customary International Law*, by Michael Wood, Special Rapporteur, A/CN. 4/682, at http：//legal. un. org/docs/？ symbol = A/CN. 4/682, Jan. 19, 2022.

③ See International Law Commission, *Identification of customary international law*, at http：//legal. un. org/ilc/guide/1_ 13. shtml, Jan. 9, 2022.

④ See International Law Commission, Identification of Customary International Law, *Text of the Draft Conclusions Provisionally Adopted by the Drafting Committee*, A/CN. 4/L. 872, *at* http：//legal. un. org/docs/？ symbol = A/CN. 4/L. 872, Jan. 10, 2022.

机构试图回避但又必须做出解释的棘手问题。①

在 WTO "荷尔蒙牛肉案"中，欧共体主张，风险预防原则已经构成国际习惯法，其实施的荷尔蒙牛肉禁令是一项适当的风险预防措施，符合国际习惯法的规定。② 美国方面则声称，尽管《里约宣言》等重要的国际文件将风险预防原则列为一项重要原则，但其并不认同风险预防原则已构成国际习惯法。③ 最终，上诉机构对风险预防原则的法律地位做出经典论述："风险预防原则的国际法地位是学界、立法机构和司法机构持续争议的话题。我们认为，上诉机构在本案中就此重要但抽象的问题做出解释是没有必要，甚至是不明智、不谨慎的。该问题有待于国际环境法领域日后更为权威的答案。"④ 国际法院在"匈牙利/斯洛伐克项目案"中也没有支持匈牙利方面提出的适用风险预防原则的请求，而只是指出警惕和预防在环境领域的必要性。⑤

国际法庭在讨论"相关国际法规则"时回避了能否借助"正在形成中的"国际习惯法问题，不对其法律地位做出正面回答，而是运用一种修辞技巧，认为即使能够援用，也不能推翻案件的结果。从目前的国际司法实践来看，"相关国际法规则"只涵盖国际社会公认的已经构成国际习惯法的规则，不包含"正在形成中的"习惯法。

3. 与案件相关的一般法律原则

由于实定法不足以涵盖不断更新的社会法律问题，20世纪复兴的自然法学派主张突破过度实定主义和文本依恋的掣肘，认为实定法应当接受非实定法的指引、补充和修正。裁判者不应被视为"说出法律之语的没有生命的机械"，而是适用此种"活法"（living law）的理性人。⑥ 一般法律原则作为非实定法的典型，已不再只是哲学思考的产物，而是各文明国家所公认的社会法律生活中真实的法律规范。不过，一般法律原则本质上是国内法，其只有在符合国际共同体的根本特征之前提下，才能成为"相关国际法规则"在国际层面适用。

欧洲人权法院曾经在1975年"戈尔德诉英国案"中指出：适用于当事方的"相关国际法规则"包括一般法律原则，尤其是《国际法院规约》第38条第1款（c）项中'为世界文明各国所认可的一般法律原则'。个人享有民事诉讼权是世界公认的基本法律原则之一，禁止拒绝司法也是一项重要的国际法原则。《欧洲人权公约》第6条的解释应当参

---

① 风险预防原则自产生以来就是一个具有争议性的话题，其内涵主要是指当环境面临严重或不可逆转的损害威胁时，应采取适当措施防止环境退化，缺乏完全的科学证据不能成为延迟采取措施的理由。在过去的二十余年间，该原则一直处于国际环境法学理讨论的风口浪尖。

② EC's appellant's submission, para. 88.

③ United States' appellee's submission, para. 92.

④ Report of the Appellate Body, European Communities – Measures Concerning Meat and Meat Products, *WT/DS26/AB/R*, para. 123.

⑤ See Gabcikovo – Nagymaros Project (Hungary/Slovakia), Judgment, *I. C. J. Reports* 1997, p. 78.

⑥ 参见郑斌：《国际法院与法庭适用的一般法律原则》，韩秀丽、蔡从燕译，法律出版社2012年版，第18页。

照这些原则。① 在国际法院1997年"匈牙利诉斯洛伐克项目案"中,匈牙利方面请求法院裁定,出于保护多瑙河沿岸自然环境的紧急性和必要性,其有权暂停继而放弃依据双方"1977年条约"承担的"加布奇科沃－大毛罗什项目"特定部分。② 法院通过分析"1977年条约"的相关条款,认为并不存在终止条约的情势变更条件,匈牙利无权放弃其本应承担的项目。不过,法院同时认识到,在适用和解释"1977年条约"时,也应当考虑到国际环境法中的"可持续发展原则"。③

尽管传统的目的解释学也在一定程度上追求个案正义,但一般法律原则直接表明了体系思维的价值论基础。上述案例中的"个人享有民事诉讼权原则"、"禁止拒绝司法原则"、"可持续发展原则"等是上升为原则的人类一般价值,这种正义的价值衡量和法律的道德性为司法裁判提供了前提效力。一般法律原则在当前的国际法秩序中大多被转化为条约法规则或习惯法规则,但只要新的国际法领域存在法律漏洞,一般法律原则就会重新焕发活力。

4. 适用于当事方之间的"国际软法"

逆全球化潮流一定程度上导致各国之间因国家利益的冲突而难以达成国际条约。此种背景下,诸多国际组织通过制定"国际软法"构建基础性的框架,缓解传统国际造法机制供给的不足。国际软法的优势在于,其无需经过国内有关机构的批准,易于固定协商结果、促成国际合作。此外,软法能够使行为谨慎的国家更容易就某一共同目标达成一致,已成为解决国家冲突、促进国际合作的重要形式。就表现形式而言,国际软法所涵盖的范围很广,凡不属于生效的公约、条约、议定书范畴的书面文件,无论其名称为何,均可被归入其中。有学者将其概括为三个类别:(1)两个以上国家作出的政治宣言,此类文件表达了国家对某些国际事务的政治立场或看法,具有表达意愿和宣示的意义;(2)政府间国际组织作出的建议和决议;(3)以技术规程、示范法等方式出现的行为准则。④

需要澄清的是,国际宣言、国际组织决议等国际软法虽不属于《国际法院规约》第38条第1款所规定的任何一类法律,但有必要认识到,《规约》只是规定国际法院发现法律的场所,并未约束所有国际法庭。自二十世纪八十年代以来,联合国制定并通过了一系列的国际宣言,如《世界自然宪章》、《里约环境与发展宣言》、《21世纪议程》等等,联合国安理会、世界卫生组织、上海合作组织等政府间组织通过了诸多有拘束力的决议,这些宣言和决议在实践中已被国际法庭所参考援引。例如,欧洲人权法院曾在"罗兹都诉土

---

① 《欧洲人权公约》第6条第1款规定:"在决定某人的公民权利和义务或者在决定对某人确定任何罪名时,任何人有理由在合理的时间内受到依法设立的独立而公正的法院的公平且公开的审讯。"See Golder v. the United Kingdom, Judgment of 21 February 1975, *ECHR Series A*, No. 18, p. 524, para. 35.

② See Gabcikovo – Nagymaros Project (Hungary/Slovakia), Judgment, *I. C. J. Reports* 1997, p. 73.

③ See Gabcikovo – Nagymaros Project (Hungary/Slovakia), Judgment, *I. C. J. Reports* 1997, p. 78.

④ 参见何志鹏:《逆全球化潮流与国际软法的趋势》,载《武汉大学学报(哲学社会科学版)》2017年第4期,第54－69页。

耳其案"援引联合国安理会决议进行裁判。法院参考联合国安理会决议以及相关的国家实践，判定"土耳其北塞浦路斯共和国"不是国际法上的国家，塞浦路斯共和国依然是塞浦路斯境内唯一的合法政府，"土耳其北塞浦路斯共和国"的所谓国家行为是无效的。[1] 又如，WTO争端解决机构在"海龟海虾案"中曾借助《21世纪议程》判断"可用竭自然资源"的含义。

从司法的立场考察国际组织决议、国际宣言在裁判中的价值，这类软法文件事实上已经构成国际法的形式渊源。显然，此种类型的国际法秩序要素是现代国际法典型特征之体现。

三、体系思维在司法实践中的运用：条约体系解释方法

抽象的法律思维需要转变为法律方法，继而才能运用于具体的司法实践。"条约体系解释方法"（systemic treaty interpretation）是体系思维运用于国际司法实践的具体方法。多边条约可能因涵盖主题广泛导致其内部条款相互矛盾，长期谈判后形成的条文本身也因各方妥协而存有模糊性特征。法官难以依赖所谓的"立法意愿"推测国家的共同意图，而将国际法律秩序视为一个整体就成为必需的选择。实践中，借助法源理论确定国际法律秩序的要素之后，就需要结合法律发现、法律推理、法律论证来适用条约体系解释方法，保障要素之间的整体一致性和逻辑融贯性。

（一）经由法律发现之"法"难以直接进行法律推理

"法律发现"是指在某一特定的制度内用来发现与解决具体问题或在具体问题上确定与案件相关的法律原则、规则的意义而使用的方法，其目的是找到一种对个案而言正当合理，同时又符合现行法的裁判方法。[2] 法律发现是国际司法过程中首先使用的方法，通过法律发现所确认适用的法律是进行法律推理的大前提。

以国际法院"伊朗/美国石油平台案"（以下简称"石油平台案"）为例，伊朗政府于1992年向国际法院提起诉讼，称美国在两伊战争期间向其控制的石油平台发动袭击，违反了两国于1955年缔结的《经济关系与领事权利条约》（以下简称《美伊条约》）。美国援引《美伊条约》第20条第1款（d）项的免责条款，认为发动军事袭击的行为是基于"核心安全利益"的考虑，并不违反条约义务。[3] 国际法院的说理表明，《美伊条约》第1款（d）项是法院断案的直接依据，也就是经"法律发现"过程所寻找到的"法"。但是，

---

[1] See Loizidou v. Turkey (Merits) Judgment of 18 December 1996, *ECHR* 1996 – VI, p. 2231, para. 44.
[2] 参见陈金钊：《司法过程中的法律发现》，载《中国法学》2002年第1期，第49—60页。
[3] 该条约第20条第1款（d）项规定："本条约规定并不排除当事方采取以下措施：……（d）出于履行维持或重建国际和平与安全义务的必要，或者保护本国核心安全利益的必要"。See Oil Platforms case (Iran v. United States of America), Merits, *I. C. J. Reports* 2003, para. 32。

《美伊条约》并未对"核心安全利益"做出解释,直接将该条约作为大前提则无法完成三段论的推理过程。

WTO"海龟海虾案"中,被申诉方美国认为印度、巴基斯坦、马来西亚、泰国等国因未使用"TED海龟隔离器"捕虾而对海龟造成威胁,遂依据其国内法对来源于上述国家的虾及虾制品实施进口禁令,印度等国将美国诉至WTO争端解决机构(DSB)。美国以《关税与贸易总协定》第20条"一般例外"的(g)项规定作为抗辩理由,提出海龟是"可用竭的自然资源"。① 但是,包括《关税与贸易总协定》在内的所有WTO涵盖协定均没有关于何为"可用竭的自然资源"之规定,DSB难以直接依据WTO涵盖协定为大前提进行推理。同样地,在"生物技术制品案"中,被申诉方欧共体暂停批准来自美国、加拿大和阿根廷的转基因生物制品,并禁止成员国在其境内进口或销售该类生物制品。美国等申诉方认为,欧共体的普遍暂停措施导致其拖延生物制品的批准程序,与WTO项下的《实施动植物卫生检疫措施的协定》(《SPS协定》)第8条及附件C不符。② 然而,依据《SPS协定》无法判断生物技术制品是否会影响人类生命健康,DSB只能"向外看",借助环境法领域的条约规定。

国际司法实践表明,经法律发现所指向的"法"一般是国际争端所涉条约。若条约的相关条款是明确的法律规范,则可直接作为大前提并结合事实进行法律推理,不需要运用条约体系解释方法。只有当这个大前提存在模糊或者空缺结构时,才需要借助体系思维进行解释。

(二)在"相关国际法规则"中寻找可借助的"法"

寻找《条约法公约》第31条第3款(c)项中的"相关国际法规则"是适用条约体系解释方法的核心,而国际法律秩序的诸要素即为"相关国际法规则"的存在场域。理想状态的国际法秩序应当是一个完整的、具有内在一致性的体系,所有条约规定都从一般法中获得其效力和有效性,其设立的权利和义务与其他条约规定和国际习惯法规则共同存在。这些权利或义务均不享有任何的内在优先权,它们之间的关系问题只能通过一种解释和推理的过程来解决,而正是这一过程使其成为一个连贯而有意义的整体。正如麦克奈尔所指出的,条约规定必须"在一般国际法的背景下得到应用和解释"③。

国际法院在"石油平台案"中首次认识到,对国家"核心安全利益"的解释必须考虑到《条约法公约》第31条第3款(c)项的规定,借助国际法中"使用武力"的相关

---

① See United States – Import Prohibition of Certain Shrimp and Shrimp Products (12 October 1998) WT/DS58/AB/R, para. 158.

② See EC – Measures Affecting the Approval and Marketing of Biotech Products (7 February 2006) WT/DS291–293/INTERIM, para. 7.70.

③ See A. D. McNair, *The Law of Treaties*, Oxford: Clarendon Press, 2nd edition, 1961, p.466.

规则，即《联合国宪章》。美国袭击伊朗石油平台的行为不属于《联合国宪章》规定的"自卫"等合法使用武力的情形，因而不是《美伊条约》中的免责措施。① WTO 上诉机构在"海龟海虾案"中也认同"需要利用《条约法公约》第 31 条第 3 款（c）项，从一般国际法中寻找适当的解释指引。"② 其引用 1973 年《濒危野生动植物物种国际贸易公约》、1982 年《联合国海洋法公约》、1992 年《生物多样性公约》以及 1992 年《21 世纪议程》，以及相关的国际习惯法，说明"可用竭的自然资源"不仅包括非生物资源，也包括海龟等生物资源。③ "生物技术制品案"中，由于转基因生物制品的国际贸易与人类生命健康相关，专家组本也应"向外看"，借助"非 WTO 协定"，如环境法领域的《生物多样性公约》及《〈生物多样性公约〉卡塔赫纳生物安全议定书》的规定。不过，专家组认为，由于美国不是《生物多样性公约》或《卡塔赫纳议定书》的缔约国，专家组不能适用其项下的国际法规则，最终确认欧共体的禁令措施不符合《SPS 协定》。④

欧洲人权法院在 2001 年审结了 3 个具有里程碑意义的案件，均利用了条约体系解释的方法解决国家豁免权与《欧洲人权公约》第 6 条中诉诸司法权的冲突问题。法院认为："该公约（即《欧洲人权公约》），包括其第 6 条的规定，不能在真空中解释；而是需要比照《条约法公约》第 31 条第 3 款（c）项的规定来解释，从而考虑到适用于当事方的相关国际法规则"。⑤ 法院注意到《欧洲人权公约》作为一项人权条约的特殊性质，对该公约的解释应当尽量与其他国际法规则（包括国家豁免规则）相协调。是故，普遍认可的"国家豁免规则原则"上不应当视为向《欧洲人权公约》第 6 条"诉诸司法权"施加了不适当的限制。

在"相关国际法规则"中寻找用来解释案件所涉条约之"法"的过程蕴含着整合国际法律秩序的体系思维。但需注意的是，体系思维的运用并不意味着"相关国际法规则"可以代替被解释的条约而得到适用，参考"相关国际法规则"进行解释之目的通常不是使"被解释的条约"服从"相关国际法规则"的效力，而是通过参考后者解释、阐明前者的内容。

（三）就体系解释所确认之"法"进行法律论证

法学理论的发展在韦伯提出"工具合理性"和"目的合理性"的范畴后一度陷入

---

① See Oil Platforms case (Iran v. United States of America), Merits, *I. C. J. Reports* 2003, para. 78.
② See United States – Import Prohibition of Certain Shrimp and Shrimp Products (12 October 1998) *WT/DS58/AB/R*, para. 158.
③ See United States – Import Prohibition of Certain Shrimp and Shrimp Products (12 October 1998) *WT/DS58/AB/R*, para. 168.
④ See EC – Measures Affecting the Approval and Marketing of Biotech Products (7 February 2006) *WT/DS291 - 293/INTERIM*, para. 7.70.
⑤ See Al – Adsani v. the United Kingdom, Judgment of 21 November 2001, *ECHR* 2001 – *XI*, p. 100, paras. 55 – 56; Fogarty v. the United Kingdom, Judgment of 21 November 2001, *ECHR* 2001 – *XI*, paras. 35 – 36; McElhinney v. Ireland, Judgment of 21 November 2001, *ECHR* 2001 – *XI*, paras. 36 – 37.

"合法性"与"正当性"讨论的纠缠之中。二战后,适逢自然法理论的复兴,法的正当性问题再次成为法哲学的关注焦点。[①] 但正当性不能依靠自觉主义加以证立,而是有赖于裁判本身论证的合理性,即通过法律论证为裁判结果提供正当性辩护。

从国际法庭适用法律方法的实践看,法律论证是对条约体系解释所确认之"法"进一步的证伪过程,目的是证明作为大前提的"法"的正确性,使裁判结果兼具客观性和正当性的标准。随着利益法学和评价法学初露为主流理论的端倪,法的强制性观念日渐式微,法在内容上的可接受性、可论辩性逐渐构成裁判正当的基础。作为一种实践理性活动,法律论证旨在达成裁判者与"听众"之间的"商谈"。国际裁判的正当性取决于争端当事国的认同,以及作为论辩参与整体的国际社会的认可。交互性的商谈进路在国际司法裁判过程中首先体现为裁判者对"国家同意原则"之恪守。国家同意是国家识别和承认对本国或他国具有约束力的规则之方式。同意使得国家之间合法性的沟通成为可能,就像语法规则能够促进个体之间的交流一样。[②] 19世纪大兴的实定法学派从国家主权的概念出发,主张国家之上既无任何权威,国际法是平等主体之间的法律,国际法的拘束力以国家同意为前提,主权国家仅在本国同意的条件下负担义务。[③] 否认国家同意作为国际条约和国际习惯发生效力的必要因素,将影响国家对于国际法普遍规则的判断。

例如,2001年"MOX核废料加工厂案"中,爱尔兰方面请求仲裁庭援引2001年《关于在环境问题上获取信息、公众参与决策及诉诸司法的奥胡斯公约》(简称《奥胡斯公约》)来解释争端所涉条约——1992年《东北大西洋海洋环境保护公约》中的"环境信息获取"问题。问题在于,爱尔兰方面所提到的法律文件并不是"相关国际法规则",而只是"不断发展的国际法",如果没有具体的授权,仲裁庭就无法适用。纵然《奥胡斯公约》已经生效,且爱尔兰和英国均已签署,但英国方面尚未正式批准该公约,基于国家同意原则,英国并无受到该公约约束的义务。仲裁庭无权将《奥胡斯公约》视为争端双方对环境信息定义共同看法的证据,不能借助其解释系争问题。

价值衡量也是基于条约体系解释方法进行法律论证的重要理由。国际法院在"石油平台案"中以武力使用的"正义"、"道德"等价值标准综合到裁判过程,并对这些价值所导致的对立结果进行论证。如《国际法碎片化报告》所示,若不借助《联合国宪章》中合法使用武力的规定,则美国的军事袭击行为很可能因符合《美伊条约》的免责条款而不被追究。更甚者,它会导致一种荒谬的结果,即一旦某两个国家之间达成双边条约,那么一般国际法规则对于该两国而言就无拘束力,这显然是不合理的。"石油平台案"是国际

---

① 参见雷磊:《法律论证的功能、进路与立场——以菲特丽丝法律论证原理一书为视角》,载葛洪义主编:《法律方法与法律思维》(第4辑),法律出版社2007年版,第364-382页。

② See J. Shand Watson, State Consent and the Sources of International Obligation, *American Society of International Law Proceedings*, Vol. 86, 1992, pp. 108-113.

③ 参见李浩培:《条约法概论》,法律出版社2003年版,第279-280页。

法院首次适用"相关国际法规则"来解释当事方所援引条约之案例,代表了这个具有一般管辖权的国际司法机构对待条约体系解释方法的支持态度。

国际法庭的案例对于嗣后的司法实践有着垂范的效应。各类国际法庭适用《条约法公约》第 31 条第 3 款(c)项的案例对于更新和发展条约体系解释方法有着重要的促进作用。德沃金曾注意到,在疑难案件中法官可以按照"整合性"的标准发展法律,提出"作为整合的法"的建构性解释方法论之思路。① 全世界有百余个国际争端解决机构,适用条约体系解释方法有助于促进各类国际法庭之间的"交流"(cross–fertilization),从而形成"国际裁决的共同法"。

四、结论

方兴未艾的逆全球化潮流导致统一国际法规范的形成遇阻,成文国际法的立法速度开始减缓,国际法碎片化问题趋于严峻,进而影响到国际法体系的效力。

体系思维是以成文法再体系化为目标的思考路径,是裁判者在成文法碎片化的背景下应当重视的一种思维方法。

国际司法过程中的体系思维涉及一种有关法律渊源和目的的哲学,运用体系思维能够填补条约解释的空白,解决不同条约项下互相冲突的国家义务。反之,对体系思维的忽视可能会使国际法体系陷入更深层次的碎片化,妨碍其进一步的协调发展,并减损个案中的实质正义。《条约法公约》规定了条约解释的基本规则,这些规则也被认为反映一般国际法的原则和理念,但它们只是条约解释的起点,而非终点。我们应试图在借助"相关国际法规则"与尊重"被解释的条约"之间找到合理的中间立场,从而弥补当前国际立法发展滞后的缺陷,保障国际法律秩序的体系性。

条约体系解释方法建立在体系思维的基础之上,是解决国际争端问题时能够有所创建、有所超越而必须借助的方法论。国际法庭在各自管辖权和裁决职能的范围内形成其对条约的体系解释,将在一定程度上弥补国际法不成体系的缺陷,促使国际法成为具备自我更新和再生能力的法律制度。

(编辑:杨知文)

---

① Dworkin, Law's Empire, chap. 8–10. 引自季卫东:《法律体系的多元与整合——与德沃金教授商榷解释方法论问题》,载《正义思考的轨迹》,法律出版社 2007 年版,第 26 页。

企业合规问题的"中国化"探索[*]
——以国家治理为视域的分析

邵 晖[**]

摘 要 对企业合规问题予以"中国化"的定位和探索,是该理论和实践能够合理、合法、有效地落地于我国土壤之关键。企业合规的理论体系由价值目标、内容构成、运作机制等基本维度组成,其核心要义表现为以企业为中心场域并在确定其自治性的基础上,凸出企业对规范、制度等之间的合理性回应。企业合规的实践必然展示为企业同国家相关规范和制度之间的有序化共治,而有序化则体现为回应性、协调性、融合性等基本要求。立足国家治理之视域,一方面,企业合规的理论应在恪守其核心要义的基础上,着力体现和融合它与国家治理理论中多元性、规范性、参与性、公共性等基本原则之间的关系。另一方面,企业合规"中国化"问题的实践解决之道,体现为秉持企业合规核心要义前提下的法治性优先、目标性明确、多元性融合、协商性参与等国家治理技术的具体布局和操作。

关键词 企业合规 "中国化"探索 国家治理 有序化共治 法治

近几年,有关企业合规理论和实践的探索,已然成为我国业界和学界所关注的热点问题。无论是2005年至今,国务院所辖的国有资产管理委员会、国家发展和改革委员会等部门所陆续发布的文件及推行的具体改革举措;抑或是2020年3月开始,最高人民检察院展开的"企业犯罪相对不起诉适用机制改革"试点性工作,我国在企业合规建设方面体

---

[*] 本文系2020年度教育部人文社科研究青年项目(项目编号:20YJC820038)、2019年度北京市教育委员会科研计划项目(项目编号:SM201910009006)的阶段性研究成果。

[**] 邵晖,男,黑龙江大庆人,北方工业大学文法学院法律系副教授,法学博士,研究方向为检察理论、司法制度。

现出多方参与、稳步前行的发展趋势。与实践相随，学界对企业合规理论和实践的探讨也处于方兴未艾之中，并展现出多学科介入、研究渐进深入的局面。例如，刑法学界深入到刑事合规理论和实践，并对既有单位犯罪和刑罚责任体系等进行反思；刑事诉讼法学界对附条件不起诉、企业合规不起诉以及暂缓起诉协议制度等的探讨，以及民商法学界基于企业合规理论和实践而对我国公司治理理论的思索。

需要强调的是，作为一项制度舶来品，企业合规的理论和实践主要缘起于域外，主要为英美法系国家。对企业合规的理论汲取和现实操作，必然关涉到同我国具体制度实践之间能否合理衔接与契合，从而凸显出企业合规的"中国化"问题。这也是时下学界和业界所关注的重点。依托于既有的理论创建和实践探索，本文不揣浅陋，并试图立足国家治理之视域来对企业合规的理论和实践进行整体的学理性分析，以便对企业合规的"中国化"问题给予适当的应对和解答。

整体来看，文章的基本思路和结构体现如下：第一，分析构成企业合规理论体系的基本维度，为采用国家治理视域进行审视来提供准确地目标。第二，基于理论层面，探讨国家治理同企业合规之间的学理性关联。第三，立足实践及操作方法层面，从国家治理视域出发，为企业合规的"中国化"问题提供合理的思考和建议。

一、企业合规理论体系的价值目标、内容构成和运作机制

企业合规作为一种在当下世界范围内流行的制度性实践，它的理论体系表现为由价值目标、内容构成和运作机制这三个基本维度来所组成1。而对企业合规理论体系的研讨，则需以合规、企业合规这两个基本概念的厘定为初始，并逐步递进地对企业合规价值目标、内容构成、运作机制等的基本范畴及彼此联系予以分析，从而整体性的认知和塑造企业合规的理论体系。

（一）合规及企业合规的基本辨识

英文中指称"合规"的词语为compliance，它是动词comply，即"遵守、服从"的名词形式。而在英文中，"企业合规"则表述为"corporate compliance"。从这个词组的字面直译来看，"corporate compliance"的中文语义应是"企业服从和遵守"。此种严格基于字面文义的翻译显然会带来必然的疑问，即企业"对什么"服从和遵守或企业遵守和服从"什么"。而中文翻译者将词组"corporate compliance"翻译成"企业合规"，这说明：一方面，英文词组"corporate compliance"承载着特定的制度性实践；另一方面，企业所需服从和遵守的对象，存在着需要挖掘和探讨的问题，即企业应该服从或遵守"什么规"。仅仅从指称"企业合规"之意的英文词组来看，所谓的合规或"compliance"就包含着开放性的格局及有待思索的空间。

进一步来看，我国及域外的学界和业界对"合规"这一概念有着不同的认识及界定。

从域外来看,学者 Guido Governatori 认为:合规是确保企业的业务操作、工作流程和实践运营等符合规范性文件的行为或过程。同时,他强调企业服从和遵守的"规",主要应是国家制定出的法律[1]。而学者 Geoffrey P. Miller 认为:合规体现为对符合规范性的行为或过程表示认同及遵守,企业遵守和服从的"规"应是多方面的,它包含组织外部和内部的多项规则[2]。此外,学者 Sean J. Griffith 指出:合规体现为一种公司的新型治理方式,它是指企业试图使其相关行为同一系列准则相契合,从而体现出一种动态合理的运行过程。这一系列准则包括法律、社会规范、行业标准、企业内部的管理规则等[3]。而巴塞尔银行监管委员会在 2005 年所出台的文件中,则把"合规"定义为:应该对国家创制的法律或监管规定、相关组织或协会制定的有关准则,以及世界范围内银行开展自身业务活动所普遍采纳的行为准则等规范予以遵守或服从。

从我国来看,相关学者指出:合规通常包含三层意思,一是企业在运营过程中要遵守法律法规,二是企业要遵守商业行为守则和企业伦理规范,三是企业要遵守自身制定的规章制度[4]。而有的学者强调:合规既是法律要求行为也是企业自律行为,它的目的在于完善公司治理体系并实现社会有效治理[5]。同时,其它学者则认为:现代企业合规由治理结构、内控机制以及企业社会责任价值三个维度构成[6]。此外,我国政府部门在近几年出台的相关文件中,也对合规这一概念进行了基本的定义。例如,2017 年出台的中华人民共和国国家标准《合规管理体系指南(GB/T35770－2017)》中指出:合规意味着组织遵守了适用的法律法规及监管规定,也遵守了相关标准、合同、有效治理原则或道德准则。而 2018 年,国务院国有资产监督管理委员会制定的《中央企业合规管理指引(试行)》中指出:合规体现为"中央企业及其员工的经营管理行为符合法律法规、监管规定、行业准则和企业规章、规章制度以及国家条约、规则等要求"。

从国内外有关"合规"的定义来看,能够发现如下的特点:第一,国内外主要围绕遵守和服从"哪些规则"以及"怎样"服从和遵守规则这两方面来定义"合规"的基本概念。第二,在遵守和服从"哪些规则"方面,凸显出对"合规"中"规"的范围之多样化认识。第三,在"怎样"服从和遵守规则这方面,体现出强调认同、回应、过程、融合的特点。进一步来看,"企业合规"就是企业对"规"的服从和遵守,而围绕这一表述,则包含着三个基本问题:为什么企业要遵守和服从规则、企业遵守和服从规则具体指的是

---

[1] Guido Governatori. Representing business contracts in rule ML, *International Journal of Cooperative Information Systems*, 2005, 14: 181－216.

[2] Geoffrey P. Miller. *The law of governance, risk management, and compliance*, Holland: Wolters Kluwer Law&Business(the second editon), 2014, p.23.

[3] Sean J. Griffith. Corporate governance in an era of compliance, *William &Mary Law Review*, 2016, 57: 2075－2140.

[4] 陈瑞华:《企业合规基本理论》,法律出版社 2021 年版,第 33 页。

[5] 赵万一:《合规制度的公司法设计及其实现路径》,载《中国法学》2020 年第 2 期,第 69 页。

[6] 杨力:《中国企业合规的风险点、变化曲线与挑战应对》,载《政法论丛》2017 年第 2 期,第 3 页。

什么、企业如何遵守和服从规则。因此，这就形成了企业合规理论体系的基本维度，即价值目标、内容构成和运作机制。

(二) 企业合规的价值目标

企业合规的价值目标，是指创制企业合规这一制度所欲达到的基本价值诉求是什么、企业合规能够满足我们怎样的价值期许。企业合规的价值目标应对了企业合规实践或企业合规制度得以存在的正当性基础之问题。从价值理论来看，企业合规的价值目标包含着目的价值和形式价值两方面。其中，企业合规的目的价值是指，我们采取企业合规的方式或创建企业合规制度期求获得哪些价值。而企业合规的形式价值则是指，应该注重哪些基本属性价值，才能保障我们对企业合规所希望的目的价值能够得以实现。进一步来看，目的价值之实现脱离不开形式价值的支撑。这是因为：任一制度目的价值之能否实现，都受该制度自身属性所决定，而偏离制度自身特点的目的价值期求显然是"镜花水月"。企业合规的目的价值受其形式价值的保障和支撑。

在有关企业合规价值目标的理论研究上，大体分为两类[①]：第一类，立足于合规作为公司治理方式的角度，形成了"自我监管理论"、"商业效益理论"、"企业社会责任理论"、"道德行为理论"等。第二类，立足于合规对政府执法的意义以及降低企业违法成本的角度，包含了"社会效益理论""降低违法成本理论"等。整体来看，进一步来看，我们可采用价值理论中目的价值和形式价值之一对范畴，对以上的分类进行更细致的分析和解读。

首先，理论上目的价值包含着公平、正义、自由、平等、秩序、效益、责任等基本内容。而从有关企业合规价值的相关理论中来看，社会责任和效益显然是证明企业合规实践或企业合规制度得以正当性存在的主要价值支撑，如"企业社会责任理论""商业效益理论""社会效益理论""降低违法成本理论"等。同时，立足于企业自身管理的角度，企业合规的目的价值主要立足于效益[②]，而依托于政府执法及降低违法成本的角度，企业合规的目的价值则主要表现为社会责任。这明显地体现出：把"合规"视为何者之手段，其正当性基础必然有所不同的特点。也就是说，"合规"处于何种主体的场域当中，必然会导致其所期求的目标价值的差异化。进一步来看，有关企业合规两个基本目的价值的设定，存在着价值冲突的困境和隐患。例如，效益强调以利益为导向，而责任则更加凸出义务，这势必包含着对一定利益进行抛弃的风险。可以说，任何一国在实践中推行企业合规方式或构建企业合规制度，都包含着对其目的价值的合理取舍及折冲平衡。

其次，企业合规的形式价值主要凸出应遵守哪些基本属性才能保障其目的价值之实

[①] 陈瑞华：《企业合规基本理论》，法律出版社 2021 年版，第 109 页。
[②] "效益说"之所以成为企业合规目的性价值的主流理论，其主要原因是效益也是企业目的性价值的重要基础。

现。从最低限度来说,维持企业自身合理存在和运行的基本要求是企业合规目的价值得以实现的保障。也就是说,企业的自主、自治、独立运行的基本特性,既是凸显企业能够被称其为企业的条件,又是实现企业合规目的价值的支撑。进一步来看,企业合规的形式价值又不能仅仅依靠企业的自治或自主性要求,它还必须体现出回应性的特点。这是因为:企业合规目的价值的实现,在表现形式上,需要企业对其外在的制度及规范予以合理的应对和交流。可以说,企业合规的形式价值主要体现为回应性,而其回应性的表现则是依托于企业自身之中心场域,是立足于自主性基础上对企业予以更深化的要求。"自我监管论"、"道德行为理论"皆可被视为偏重于对企业合规形式价值的理论阐释。

最后,企业价值同企业合规价值之间,既有着必然的联系又有着明显的区分。从两者的联系来看,企业合规的实现脱离不开企业这一基本主体,因此企业合理存在所需要的价值性诉求势必在企业合规的价值性设定上有所体现。而两者又有着明显的区分,一方面企业价值仅仅依托于对企业自身的定位,而企业合规价值则在强调企业自身定位的同时,凸显出企业同其他制度及规则之间的能动性关系,另一方面正是企业合规强调同其它因素之间的积极互动这一特性,决定了企业合规价值中包含着企业价值所不具有的回应性属性。

(三)企业合规的内容构成

基于以上的论述,英文词组"corporate compliance"的中文语义是"企业对什么予以服从和遵守",而"谁"、"什么方式遵守和服从"、"遵守和服从什么"构成了企业合规的内容。对这三方面问题的分析和探索,是对"企业服从和遵守规则具体指的是什么"的回答。进一步来看,这三方面问题则细化表现为企业合规的主体、企业合规的对象、企业合规的方式。

首先,企业会规的主体是企业自身。从理论来看,有关企业合规中主体的定位,势必影响到对企业合规理论内核的认知以及具体实践操作和制度设计。企业合规中的主体主要指的是企业自身,它处于中心地位、是承载企业合规理论和实践的重要主体,也是合理把握企业合规内核的关键点。从实践审视,应对企业合规的主体及企业合规的参与主体这一对范畴进行有效的区分。其一,企业合规的主体决定了探究企业合规理论的出发点,以及实践中推行企业合规应注重的中心场域。其二,企业合规的参与主体,则表明在企业合规的实践构建过程中包含着多方面的主体,它并不单纯是企业自身一家之活动,而是多主体参与的过程。其三,企业合规的实践过程体现为多主体的参与,其表明任何一国在企业合规制度的构建中,并不仅仅是一方的参与。同时,企业合规中多方参与的背后包含着以企业自身为中心场域来协调和平衡各方的基本理论立场。因此,虽然实践中企业合规的参与主体是多元的,但在推动企业合规改革中确应恪守企业自身的中心地位和场域来理顺多方之间的关系和地位。可以说,对企业合规主体的审视,一方面便于我们精准地分析和探究企业合规理论的基本内核,另一方面能够使我们对实践活动进行更加具体的反思,即任何偏离企业合规主体中心场域的现实举措都存在着违背基本原理的风险。

其次,企业合规的方式体现为回应性。对相应规则予以遵守和服从是企业合规的基本要求,而如何遵守和服从则是"企业合规"中"合"的关键蕴意,也是区别于传统意义上"遵从"规则的主要特点。在传统法治实践中,企业对法律或相关规范性文件的遵守及服从,主要表现为一种消极、被动性的遵从。这也是对法治理论中"法无禁止即自由"原则的体现,"它的首要关注是保持机构的完整性。为了这个目的,法律自我隔离,狭窄地界定自己的责任,并接受作为完整性的代价的一种盲目的形式主义"①。在此设定下,法律或相关规范只需划定不能触碰的基本"边界",就企业而言,不去侵犯法律的"禁忌"就是应对法律的最高要求。与此相反,在企业合规的理论和实践中,不但要求企业对法律或相关的规范不能违反,而且需要它对这些规则予以积极的回应性遵守和服从。这体现为,企业对外在规范的一种能动性交互并将其内化于自身机体的组织和活动当中,简单的被动型遵循已然不能满足企业合规中"合"的内核和要求。正如域外学者在研究企业合规的过程中,提出了"合规文化"(Cultures of Compliance)之理论②,就意图说明:企业合规的实现,需要一种企业内部的文化构建作为重要支撑,这种文化构建应体现为一方面树立合理的企业管理要求,另一方面则要将外在的法律及行业标准内化于企业运行当中,因此,在企业内部的规章设定、员工管理和培训、组织构建等方面都应体现出以上两方面条件。可以说,企业合规中对规则的回应性遵守和服从之方式,是企业同相关规则之间互动关联的重要标准和要求。进一步来看,企业合规中的回应性方式之实现,也需要相关的制度设置和规范性要求等予以支撑。

最后,企业合规的对象是多样化规则。企业合规之具体实践,表现为以企业主体为中心场域并强调企业对相关规则的回应性遵守和服从之活动。在规则的内容上,它体现出包含着国家制定的法律和规范性文件、行业所创设的伦理要求和行为标准,以及企业内部规章、要求等。在规则之间的关系上,由于需要企业对多样化的规则予以回应性的遵守和服从,势必涉及不同规则之间的合理甄别及有效融合。正如美国律师协会合规指南的主要起草者 Paul E. McGreal 指出:公司合规和伦理体系由组织行为规则、政策和程序性要求构成,它应符合法律立法及公司内部的伦理性标准。因此,公司必须创造相应的公司文化,以便能够合理得动员、教育和组织雇员,是他们能够依照法律规则和伦理标准来行事③。值得注意的是,企业合规中多样化规则的融合过程,立足于对规则予以合理甄别的前提之下。也就是说,需要设定基本的评价标准,一方面对法律、规范性文件、行业标准、行业

---

① [美] P. 诺内特、P. 塞尔兹尼克:《转变中的法律与社会:迈向回应型法》,张志铭译,中国政法大学出版社 2004 年,第 85 页。
② Donald C. Langevoort, Cultures of Compliance, *American Criminal Law Review*, 2017, 54: 933–977.
③ Paul E. McGreal, Corporate Compliance Survey, *Business Law*. 2005, 60: 1759–1797.

伦理要求及企业内部规章等规则予以筛选和排查,另一方面当多样化的规则产生冲突之时也能够提供可兹判断的基准。

(四) 企业合规的运作机制

企业合规的运作机制是指采取何样的举措才能确保企业合规内容得以良好实现,从而达到为企业合规所创设的价值目标。企业合规的运作机制主要包括运作方式、制度设置两个基本方面。

从理论上来看,企业合规运作机制中的运作方式,主要关注企业合规内容如何运行或得以实现的方式及方法之问题。其中,企业合规内容有企业合规主体、企业合规方式、企业合规对象三方面构成。因此,企业合规内容中企业合规主体对企业合规对象的回应性方式,必然处于企业合规运作机制中运作方式的范围之内。正如企业合规的内容体现为企业对相关性规范的回应性遵守和服从,而企业合规的运作方式上也需包含回应性要求,才能保障企业合规内容能够得到良好实现。

同时,企业合规的运作方式并不完全等同于回应性,即,企业合规运作机制中的运作方式,并不仅仅是对企业合规内容中企业合规方式的体现。这是因为:企业合规内容中的企业合规方式,强调的是企业应如何遵守或服从规则才能被称为企业合规,它概括的是"何为企业合规"这一问题。而企业合规运作机制,则是意图回答"怎样实现企业合规"的问题。进一步来看,企业合规的方式着力于塑造企业合规的内容,而企业合规的运作方式则更关注于"企业合规内容"之实际作用和效用。值得注意的是,此种实际效用的实现,既以企业合规具体内容的确定、保障和展开为基础,又脱离不开以企业为主体的中心场域之外因素的参与。而企业合规中企业同其他制度之间的协调与互动,则是企业合规运作机制所必须考量的因素。因此,企业合规运作机制中的运作方式,一方面包含企业合规内容中的合规方式之回应性要求,另一方面它还包含着协调性或融合性的特点。如果说企业合规内容中的企业合规方式,主要定位于企业合规主体如何遵守和服从规范的话,那么企业合规运作机制中的运作方式,则在此基础上进一步强调企业合规主体同企业合规参与主体之间的基本关系,并注重于凸显企业合规的实际效用。

此外,企业合规运作机制的合理实现也需要制度性支撑。就企业合规制度设置而言,主要包含企业合规外在机制、企业合规内在机制两方面。企业合规外在机制包含行政监管激励机制、刑法激励机制等[1],相关学者也将刑法激励机制概括或具象化为刑事合规机制[2]。企业合规外在机制设置的理论和实践,表明了在世界范围内企业合规制度的构建,都脱离不开外在制度的激励和推动,特别是国家制度。同时,企业合规制度的构建本身就

---

[1] 陈瑞华:《论企业合规的中国化问题》,载《法律科学》2020年第3期,第34页。
[2] 李本灿:《刑事合规制度的法理根基》,载《东方法学》2020年第5期,第32页。

包含着内外制度之间的匹配与协调。企业合规内在机制，主要是指为实现合规性要求，企业在内在自身应采取的制度性设置。进一步来看，以企业合规计划为中心的相应要求构成了企业合规内在制度设置的基础。"一个完整的合规计划通常包含五大体系：一是商业行为准则；二是合规组织体系；三是防范体系；四是监控体系；五是应对体系"①。合规计划的基本要求体现为：针对企业合规内在机制的创设上，其一方面包含规范创建、组织设计、内在程序等基本内容，另一方面应为企业合规内容中回应性方式予以制度性体现和保障。可以说，在企业合规运作机制中的制度设置层面，其反映出受到企业合规运作机制中运作方式之影响和决定，即制度设置上应体现出对运作方式中回应性、协调性、融合性等特质。

整体来看，企业合规作为一项制度性实践，它的理论体系由价值目标、内容构成、运作机制三方面构成。其中，企业合规的价值目标既是确定企业合规实践得以存在的正当性基础，又是推动及评判企业合规制度和改革是否合理的重要标准。企业合规的目的价值主要依托于社会责任和效益等，而企业合规的形式价值则体现为自治性、积极应对等属性。企业合规形式价值既是保障企业合规目的价值得以实现的重要基石，也是对企业合规具体内容的抽象性归纳。值得注意的是，企业合规目的价值具有多样性特点，虽然任何企业合规目的价值的实现都需立足于恪守企业合规形式价值之基本要求，但在具体实践过程中，一方面源于价值之间的冲突和取舍，另一方面由于不同价值诉求对制度性设置环节的差异性权重，都会导致现实中对某类具体改革举措的"偏好"。而企业合规的内容则是由主体、方式、对象三方面构成，企业合规内容得以实现的中心场域立足于其主体的设定，但企业合规制度的整体实践则是参与企业合规之多元主体共同推动的结果。企业合规内容体现为企业合规主体采取积极回应性的方式对多样化的规范予以服从和遵守。企业合规的内容是企业合规价值得以实现的重要保障，同时，企业合规的运作机制则是企业合规内容得以实现、企业合规价值能够达到的重要性支撑。企业合规的运作机制，在运作方式和制度建设两方面，贯穿实现了企业合规的基本内容以及企业合规的价值性目标。可以说，企业合规的理论体系表现为价值目标、内容构成、运作机制三者之间的有机关联，而它们之间的有机互动则凸显出企业合规的基本要义。即，应以企业为中心场域并在确定其自治性的基础上，凸出企业对规范、制度等之间的合理性回应。企业合规的实践必然体现为企业同国家及其他相关规范和制度之间的有序化共治，而有序化则表现为回应性、协调性、融合性等基本要求。

二、国家治理视域下的企业合规："中国化"问题的理论解读

2019 年党的十九届四中全会通过《中共中央关于坚持和完善中国特色社会主义制度、

---

① 周振杰、赖祎婧：《合规计划有效性的具体判断：以英国 SG 案为例》，载《法律适用（司法案例）》2018 年第 14 期，第 112 页。

推进国家治理体系和治理能力现代化若干重大问题的决定》,明确提出推动国家治理体系和国家治理能力现代化的具体方式及远景和目标。塑造国家治理体系及提升国家治理能力,既是实践中构建中国特色社会主义制度的重要路径和实际要求,又是时下具体制度改革举措所必须遵循和参照的基本前提。因此,应对企业合规理论和实践的"中国化"问题,必然需要立足于国家治理这一整体框架当中。进一步来看,我国实务界和学界针对企业合规的理论研究和实践推动,目前还存在着"片面化"和"主观化"的问题。例如,一些企业界人士及民商法学者,往往仅仅注重企业合规在公司治理方式和治理现代化上的优势,而只强调企业合规在公司治理结构和方法上的重要性。从事行政性监管工作的实务者,则偏重于企业合规对防范法律风险的重要意义。特别是,近几年海外发展的中国企业由于不符合企业合规要求而频繁受到制裁的现实[1],他们更强调在国内企业合规制度构建过程中应凸出行政主导、行政监管的作用。而刑法学者则更加偏重于在企业合规过程中刑法所带来的效用,并将研究直接拓展和延伸到刑法中的单位犯罪、刑事责任等领域当中。可以说,"这些研究都观察到了企业合规问题的一个侧面,并对这个侧面给予了强调。但是,这种研究也不可避免地带有一定的片面性和局限性,难以形成对企业合规制度的整体视角"[2]。而国家治理理论显然为我们认知企业合规提供了一种整体化的视角,并为应对企业合规的"中国化"问题提供了有裨益的视域。

所谓治理,"是指在一个既定的范围内运用权威维持秩序,满足公众的需要。它的目的是在各种不同的制度关系中运用权力去引导、控制和规范公民的各种活动,以最大限度地增进公共利益"[3]。"它是各种公共的或私人的个人和机构管理其共同事务的诸多方式的综合,通过正式制度和非正式制度调和相互冲突或者不同利益并采取联合行动的持续过程"[4]。治理体现为,多元主体之间通过共同参与、合理互动的方式来实现并获得国家和社会公共利益最大化结果之过程,即"共建共治共享"。就国家治理而言,它强调国家所涉的政治、经济、文化、环境等领域都应贯穿治理的理念和方式。从实践来看,企业合规改革处于我国国家治理实践当中,是其必然包含的内容。而从理论来看,企业合规的理论体系则表现出对国家治理理论中多元性、规范性、参与性、公共性等原则的贯穿和依赖。

首先,企业合规对多元性特点的体现。企业合规的中心主体是企业自身,而企业则是社会学意义上的组织。组织不仅是社会的"细胞"、社会的"基本单位"而且可以说是社

---

[1] 例如,中国航油(新加坡)股份有限公司案件、中兴通讯因违反美国出口限制法规支付巨额罚款案件、中国四大商业银行(中国工商银行、中国建设银行、中国银行、中国农业银行)的分支机构分别在美国、西班牙、意大利等地受到当地监管机构的反洗钱执法调查等案件。

[2] 陈瑞华:《企业合规基本理论》,法律出版社2021年版,第61页。

[3] 俞可平:《治理与善治》,社会科学文献出版社2000年版,第9页。

[4] The Commission on Global Governance, *Our Global Neighbourhood*, Oxford: Oxford University Press, 1995: 4.

会的基础①。作为组织之一种的企业，显然是国家治理当中的重要元素和参与者。可以说，国家治理就是试图将其内部包含的不同组织和个人等成分，予以整体有序、有机互动的合理排列和组合。无论是企业合规的主体抑或是企业合规的参与主体，都可被视为国家治理当中必不可缺的成分和因素。进一步来看，任何国家的企业在构建和运行当中，都势必同其外部环境当中的不同组织和个人之间有着千丝万缕的联系，而这些外部因素也会影响到企业自身的管理和发展。而就企业合规而言，其核心要义体现为以企业为中心场域并在确定其自治性的基础上，凸出企业对规范、制度等之间的合理性回应。此种合理性回应的要求，自然的外化表现为企业同其他制度之间的联系。正如企业合规作为一种制度，其能够在当今世界范围内得到普遍认同和构建的事实，恰如其分地说明了在企业合规制度创建过程中多种主体之间的互动参与。特别是企业外部环境中的行政制度、司法制度等所构建的激励性制度，对企业内部组织创建的影响，更是说明了企业合规的制度构建，脱离不开多元主体之间的良性支撑和合理互动。

其次，企业合规对规范性特点的体现。依照企业合规理论体系中的内容构成，企业合规可被视为是一种"企业对规则予以回应性遵守和服从"的活动。一方面，此种活动本身就隐含着规范性的特质，即，企业合规不但是一个遵守规范的活动而且是受规范所指引的回应过程。另一方面，企业合规活动中遵守和服从的规范，包括法律、规章、政策性文件、行业标准、行业伦理及企业内部章程等。而从实践来看，如何将这些规范予以统合和匹配，保障其外在体现为不同规范之间的协调融合，内在表现为企业对不同规范的合理吸收并转化为组织内部的构建和行为当中，则是实现对规范予以回应性遵守和服从的重要保障。进一步来看，国家治理理论强调在治理过程中对多种规范的尊重和融合，这无疑能够容纳企业合规过程中对不同规范予以回应性遵守和服从基本要求。同时，国家治理理论认为：善治是防止国家治理失效的重要保障，而法治则是善治的基本要求②。也就是说，在国家治理过程中，其一，任何组织的活动都应遵守法治的底线；其二，不同规范之间融合和匹配也应该以法律为中心和依归。就企业合规而言，这既给企业合规这一活动本身厘定了法治的规范性基准，又给其具体活动过程中不同规范之间的融合和匹配提供了以国家法律为中心的评价性立场。可以说，企业合规活动本身、企业合规过程中各种规范之间的互动，都应整体地立足于法治原则。其中，法治原则下企业合规过程中各种规范之间的关系则体现为：国家法律、规章、政策性文件等对行业标准、行业伦理及企业内部规范等的合理采纳、适度放权，行业标准、行业伦理及企业内部规范等对国家法律、规章、政策性文件等的有效遵守、内化吸收等兼容并蓄、有序融合之特征。

再次，企业合规对参与性特点的体现。回应性是企业合规内容设定中，对企业遵守和

---

① D. S. Pugh, *Organization theory: selected readings*, Harmondsworth: Penguin, 1990, p. 16.
② 俞可平：《国家治理的中国特色和普遍趋势》，载《公共管理评论》2019年第1期，第25页。

服从多种规范的基本方式之要求。在企业合规实践过程中，回应性的要求表现为：多元主体之间的互动参与来有效带动企业对不同规范的合理遵守和服从。正是不同主体的共同参与和合力拱卫，推动了企业从单向度的衡量内在发展向多向度的考量社会责任及效益之转向。可以说，企业合规中回应性方式的实现，依赖于多元化主体及不同规范之间的有效参与及互动。进一步来看，这种不同主体之间的参与互动过程，应遵守怎样的原则和要求，会直接影响企业合规过程中回应性方式能否落实到位。而国家治理理论中，对多元主体之间的互动参与应遵守怎样的原则提供了理论上的支撑。国家治理理论认为：多元主体的参与性要求应体现出以协商性为核心的特点。在制度的创建和管理过程中需立足于平等沟通的维度之中，以便达到制度及规范之间的合理融贯。针对企业合规而言，在确立企业作为合规中心场域之前提下，注重多元主体之间的参与表现出平等协商的特质，才是保障企业合规中回应性方式得以实现的关键基础。

最后，企业合规理论对公共性特点的体现。企业合规作为制度性实践，其存在的正当性基础主要立足于社会责任和效益两方面。从理论和实践来看，之所以创设企业合规制度，一方面是源于它给企业自身带来的效益产出，另一方面则主要因为它能推动企业担当更多的社会责任并带动国家整体公共利益的正向增长。企业效益的增长和攀升，并不能仅仅依靠其内部自身的职权行使、组织构建和人员配置等，它需要其所处外部环境相应因素的支撑和保障。因此，无论是从企业自身构建和运行抑或是立足于企业外部的环境而言，只有企业对自身效益的追求同国家公共利益的增持处于并行不悖、互动支撑的状态，企业才能被真正视为国家治理当中的积极性"因素"，从而才能体现出其存在的正当性基础。可以说，对予以合规性要求，其本身就体现出对国家公共性利益的考量，并凸显出对企业正当性基础的权衡。有关企业合规价值目标的诸种理论言说，从各自视角阐释了企业合规的价值性基础，而它们则全面整合于"企业采取合规性要求应对国家公共利益予以服务和增持"这一目标中。这说明：公共性视角下对国家利益的整体考量，是审视企业合规理论和实践过程中所必须注重和贯彻的基本要求。而国家治理理论中对公共性原则的分析和探索，则为我们审视企业合规理论和实践的价值性基础提供了重要的学理性支撑。

整体来看，企业合规的具体实践，表现为处于国家场域下的企业同多种组织在制度构建、规范遵循、权能运行等方面的互相影响、彼此回应的过程，并凸显出对多元性、公共性、参与性、规范性等特点。而这些特点的彼此关系和有效整合，则蕴含于国家治理的理论当中。因此，对企业合规"中国化"问题的整体性审视，显然应该立足于国家治理的视域来予以解答和应对。

三、国家治理视域下的企业合规："中国化"问题的实践应对

我国企业合规实践最初肇始于金融行业，之后则在中央国有企业中逐渐得到推广。2005年，中国金融监管机构开始在国有金融企业中推行合规体制建设。此后两年在借鉴及

参照域外相关规定的基础上，原中国银行业监督管理委员会和中国保险监督管理委员会，陆续发布了《商业银行合规风险管理指引》、《保险公司合规管理办法》等文件①。2017年，习近平总书记在中央全面深化改革领导小组第三十五次会议上明确指出："加强企业海外经营行为合规制度建设，逐步形成权责明确、放管结合、规范有序风险控制有力的监管体制机制"，显然为推动我国企业合规改革提供了重要的指引方向和动力渊源。在同年，中国标准化管理委员会以国际标准化组织发布的《合规管理体系指南》为参照，发布了中国版的《合规管理体系指南》。第二年，国务院国有资产管理委员会发布《中央企业合规管理指引（试行）》，这为中央国有企业合规建设提供了重要指导性准则②。2018年5月，中国国际贸易促进委员会率先设立全国企业合规委员会。当年12月，国家发展和改革委员会协同相关六个部门，共同发布《企业境外经营合规管理指引》之规范性文件，意在为处于境外的我国企业在合规建设方面提供必要的参照标准。可以说，国有企业在境外的运营过程中由于未达到企业合规的相关要求而频繁受到行政或刑事处罚之状况，是推动我国开始逐步重视企业合规建设的主要诱因，而企业合规在我国的最初实践也体现出行政机构主导的特点。

2020年3月起，最高人民检察院在上海、江苏、山东、广东等四地选取六家基层检察院，率先开展"企业犯罪相对不起诉适用机制改革"的试点性活动。此项改革打破了此前仅由国务院所属的行政机构来推动企业合规建设的单一局面，标志着企业合规已然纳入到法律监督机构或司法机构的实践当中。2021年，最高人民检察院将试点地区扩大为10个省份，并继续开展为期一年的第二期试点工作。同年6月，最高人民检察院会同司法部、财政部、生态环境部、国资委、国家税务总局等九部门联合印发《关于建立涉案企业合规第三方监督评估机制的指导意见（试行）》，以便为深化此项改革提供必要的规范性指导和制度性支撑。与最初企业合规实践主要由行政机构一家主导相比，检察机构的参与无疑为我国企业合规制度的构建提供了新的助力。同时，在检察机构推动的"企业犯罪相对不起诉适用机制改革"实践中，也展现出司法同行政机构合力塑造我国企业合规制度的新局面，如检察机关主导的涉案企业合规第三方评估机制建设。此种行政、检察等多方参与的改革状况，无疑为合理塑造我国企业合规制度具有重要推动作用。

值得注意的是，企业合规改革在不断深化和拓展的同时，其实践过程当中也凸显出一定的问题，这体现为：在企业合规建设过程中，存在着外在的积极推动同内在的消极应对向并存的矛盾局面。即，针对企业合规的改革实践，多数企业和企业外部的制度组织有着两种不同的态度和面向。虽然企业外在的国家制度及组织等积极性地推动企业合规改革，但我国多数企业在应对企业合规改革时则表现为一种"不置可否"的状态。相较于企业合

---

① 陈瑞华：《中国金融监管机构确立的合规体系》，载《中国律师》2019年第8期，第83页。
② 陈瑞华：《国有企业的合规管理问题》，载《中国律师》2019年第7期，第79页。

规理论中所要求的企业对相关规范的积极性回应而言,在我国实践过程中,企业更多地表现为一种被动性的应对和变相性的服从。"颇具讽刺意味的结果是,合规本来应当是一个'回应型'的法律制度,但是实际上变成了'压制型'的"①。

进一步来看,此种状况的产生直观地源于两方面原因:其一,我国在企业合规激励机制的创建上仍有欠缺。此方面凸出地表现为需要对我国既有的刑法和刑事诉讼法予以合理改良,以便其能够承载起企业合规激励机制。"在刑法和刑事诉讼法领域引入合规激励机制,这是企业合规中国化所面临的重大难题"②。在我国既有刑法理论和实践中,由于单位主体严格责任制度的缺失,造成企业如若采取合规建设也并不是企业无罪抗辩的理由、更与免除刑事责任无关。"虽说我国现行刑法并没有规定企业犯罪的成立要件,但司法实践中,也主要是通过特定自然人的行为和意志追究企业刑事责任的。这种做法既不符合近代刑法的责任原理,也不符合当今企业犯罪的实际情况"③。同时,我国刑法中单位犯罪"双罚制"的设定,一方面使其只关注惩罚结果之实现而不注重整改过程,实践过程中导致犯罪企业在缴纳罚金后被"一放了之"④,而并不能真正合理抑制企业再犯罪的可能性;另一方面这种对企业仅以罚金的制裁手段,显然也不能完全激励和支撑起企业对合规建设的兴趣。而当下检察院推动的企业犯罪相对不起诉适用机制或企业合规不起诉制度改革实践,在合规不起诉的模式选择、合规考察期的设置等方面仍存在着相应问题,并凸出地展现出既有刑事诉讼法律制度还无法对企业合规激励制度形成合理的支撑。其二,我国当下企业自身治理结构上的制度性缺失。从理论来看,"立足外在控制的角度来说,合规是以改善市场主体的行为价值取向为目的而预设的一种强制性规则。而基于企业内部运行来说,合规是一种以适应外在要求为目的、以有效改善内部控制和自我约束能力为核心的企业自律行为"⑤。企业合规的理论和实践,强调企业作为中心场域以及企业自治的重要性,而企业合理自治的基础则是依托于内在组织结构的有效支撑,这是企业合规得以实现的关键点。虽然外在制度性激励是推动企业合规制度建设的重要助力,但合规制度有序构建的中心点则仍是基于企业自身的合理塑造。就我国企业自身的治理而言,显然存在着一定的制度规范性上的不足。例如,我国当下公司治理中内部的权力分立不足且内部组织化水平较低,权力更多的集中于股东会。同时,既有法律设定上的董事注意勤勉义务和责任追究模式,显然同合规理论和实践中所设定的要求不相匹配等。

整体来看,企业合规改革中所反映出的"中国化"问题,虽然其外在展现为合规激励制度、企业内在治理结构等方面缺失之症结,但究其本源来看,则是面对作为一种多主体

---

① 邓峰:《公司合规的源流及中国的制度局限》,载《比较法研究》2020年第1期,第34页。
② 陈瑞华:《企业合规基本理论》,法律出版社2021年版,第104页。
③ 黎宏:《合规计划与企业刑事责任》,载《法学杂志》2019年第9期,第9页。
④ 黎宏:《完善我国单位犯罪处罚制度的思考》,载《法商研究》2011年第1期,第80页。
⑤ 赵万一:《合规制度的公司法设计及其实现路径》,载《中国法学》2020年第2期,第69页。

和对象互动参与、彼此协调过程的企业合规制度建设，在重视创设新型制度和规范、弥补原有不足和缺漏的同时，更应注重贯穿怎样的理念、细化何样的技术来推动既有和新型的多种制度及规范之间协调互动和彼此匹配。进一步来看，仅仅采取单向度的视角来对企业合规"中国化"的问题进行分析，显然并不能对其予以完整地把握和应对。企业合规改革处于我国国家治理实践之中，而国家治理理论也能够对企业合规的基本原理予以囊括和解读。因此，借助国家治理之视域对企业合规"中国化"问题予以审视，并提出如下思索和建议：

第一，企业合规实践中应注重法治性优先地位。法治原则是国家治理有序推进所必须遵守的原则，也是企业合规改革所务必恪守的底线。在企业合规改革过程中，法治性优先原则应具体表现在两方面：其一，合法性前置，即企业合规制度的构建应时刻注重法律的规定和授权。以检察院推动的"企业犯罪相对不起诉适用机制改革"为例，所有推行此项改革的检察机关，几乎都采取审查起诉阶段设置合规考察期的措施。此项改革措施的初衷，显然意图提供充足的时间来保障企业内部合规管理体系的有序构建。而在合规考察期限的设置上，检察机关体现出在"不突破刑事诉讼法的规定"之前提下对时限的最大限度延长之特征。例如，《宁波市检察机关关于建立涉罪企业合规考察制度的意见（试行）》中，规定在审查起诉阶段，可设定6个月到1年的考察期。而浙江省舟山市岱山县人民检察院出台的《岱山县人民检察院涉案企业刑事合规办理流程（试行）》中，则将合规整改期设定为6个月到2年。虽然刑事诉讼法中对审查起诉期限的规定具有较大灵活性，但需要注意的是"在审查起诉环节设置如此长的考察期，检察机关对作为犯罪嫌疑人的企业采取多方面的合规监管措施，并根据企业推进合规管理体系的情况，来决定是否提起公诉，这确实没有明确的法律依据"[1]。因此，检察院推行的此项改革就存在着一定的合法性危机，而需要予以重视和纠正。进一步来看，企业合规改革实践中应凸出将合法性作为考评具体内容和举措的准则。

其二，以法律为中心来推动多种规范之间的有序融合。企业合规体现为企业对不同规范予以回应性遵守和服从的活动。这些不同规范涉及法律、规章、行业标准、行业伦理准则、企业内部章程等。而有关理论则认为，它还包括形塑企业文化的规范性要求。正如"合规计划减刑机制旨在促进企业的自我监管，鼓励企业培养守法文化，制止员工的犯罪行为"[2]，良好的企业文化是推动企业合规建设的重要因素。而这些不同规范之间怎样兼容并蓄，是推动企业对规范予以回应性遵守和服从所需权衡的基本问题。整体来看，企业合规建设过程中不同规范之间的融合，一方面应强调国家法律之中心地位，注重解决既有企业合规建设中法律设定上存在"效力层次低""有关合规要求的设置上缺乏明确、清

---

[1] 陈瑞华：《企业合规不起诉制度研究》，载《中国刑事法杂志》2021年第1期，第78页。
[2] ［美］菲利普·韦勒：《有效的合规计划与企业刑事诉讼》，万方译，载《财经法学》2018年第3期，第150页。

晰、系统的规范"① 等方面之问题；另一方面，应着力于既有法律对其他相关规范的"开放性"容纳和吸收，以避免法律设定过于"僵硬"而影响其实际效果之发挥。

第二，企业合规实践中应对价值目标予以明确设定和平衡。企业合规的价值目标体现为目的价值和形式价值。其目的价值主要由责任和效益构成，而形式性价值则包括回应性、自治性要求。传统意义上，多数企业的主要目标价值体现为效益或盈利，而企业形式价值则表现为内在的独立性运营。进一步来看，在价值目标的设定上，企业合规同企业二者之间存在着必然的联系和冲突。在联系方面，企业合规目的价值和形式价值之实现，必须立足于企业这一基本主体和场域，而企业自身形式价值或价值属性的体现是实现企业合规价值的题中应有之意。也就是说，企业形式价值的独立性、自治性要求是保障企业能够被称其为企业的基础，也是企业合规中企业能够回应性遵守和服从相关规范的保障。因此，企业合规相关价值的实现都应立足于企业自身自治性这一要求，它是企业合规同企业在价值设定上的必然联系。

在冲突方面，多数企业的目的价值体现为效益或盈利，此种设定体现出企业自身目的价值和形式价值的统一。而企业合规的目的价值体现出责任和效益两方面，从理论来看，责任和效益两种价值之间本就存在着冲突，这是因为：责任更多地强调义务性的被动遵守，它赋予企业更多的"框架"和边界，而企业效益的最大化显然更强调一种权利性的需求，期望赋予企业更多的自由度。从实践来看，企业合规目的价值中社会责任的实现，势必存在着对企业效益价值的折损。这也是为何各国实践过程中，都特别重视对企业合规激励性机制的构建，这显然是一种通过外在制度介入的方式来合理平衡企业合规过程中，责任和效益之间的冲突。针对我国企业合规改革，需要在价值目标设定上明确两方面的问题：其一，企业合规制度的构建，应尊重企业自身运作规律，把握企业作为企业合规制度构建之中心场域的地位来有序推动具体举措。其二，企业合规目的价值内容之间存在着必然冲突，需要我们一方面合理认知它们之间的联系和对抗并明确不同价值之间的位阶关系，以便为价值指引和价值冲突提供必要的标准。另一方面，应重视制度性构建对于衡价值冲突的重要作用并凸出价值彼此之间的动态均衡。因此，采用以某种价值为主导而强力压制其它价值的方式来指引改革实践，显然是有所问题的。

第三，企业合规实践中应凸出多元性融合与协商性参与。企业合规实践体现为多种主体互动参与的过程。从具体情况来看，企业合规的制度构建涉及行政机构、司法机构、行业协会、企业组织等多种主体。相关学者认为：企业合规制度包括四个方面的基本维度，即作为公司治理方式的合规、作为行政监管激励方式的合规、作为刑法激励机制的合规和作为应对国家组织制裁之依据的合规等②。此种理论划分，凸显出在企业合规制度构建中

---

① 赵万一：《合规制度的公司法设计及其实现路径》，载《中国法学》2020 年第 2 期，第 69 页。
② 陈瑞华：《企业合规基本理论》，法律出版社 2021 年版，第 35–60 页。

多主体参与的特点。进一步来看,在塑造企业合规制度的过程中,不同主体之间的互动和参与存在着阻滞和不顺畅的问题。例如,有关学者指出:"我国企业合规管理具有政府推进的特点,目前已形成'刚性'和'柔性'两种推进模式。'刚性'模式潜含法律依据不完善、法定权限有欠缺等合法性风险,易导致劳动认识纠纷和行政纠纷。'柔性'模式存在非强制指引因缺乏配套激励机制而导致的推进失灵风险,企业合规管理易产生有名无实的'符号化'现象"[1]。政府主导是我国推动企业合规建设的基本特点,相较于他国实践而言,我国政府推动的企业合规建设体现出更加"中国化"的问题,即政府管理"刚性"则容易侵蚀企业的自主性,反之,政府管理"柔性"则政策和规定在企业当中确无法落实。我国率先由行政机构主导的企业合规改革,意图以行政指引或行政规章的形式,力求推动企业能够塑造内部的合规机制。客观地来看,行政主导的方式虽然对企业形成了一定"外部"压力,但对多数企业而言,其并没有真正地通过改变内部治理结构或运行模式的方法,来对外部压力予以合理地转化。也就是说,企业合规中所要求的回应性特征并没有具体得到实现,从而使企业内部的合规制度构建流于形式化。进一步来看,政府推进或主导企业合规实践并不是造成此种问题的症结所在,其关键是推动企业合规过程中的方式。即,理念方法上从"单一主导"向"多元、平等、有序参与"的转变。

企业合规中回应性的实现既包括多种规范之间的合理融合,也包括不同主体之间的协商性参与。这是企业对多种规范能够回应性遵守和服从的关键性支撑。只有企业同合理地参与到合规的制度建设中,并同外在组织在企业合规的规范性要求上进行平等讨论和言说,才能真正实现企业对多种规范予以回应性遵守和服从。新制度主义理论认为,组织对制度压力的依赖程度直接影响组织的回应方式,组织对压力来源的依赖程度越高,则越倾向于遵守制度要求[2]。如果组织能够参与到制度压力的创建过程中并影响制度压力的产生和发展,显然一方面能够推动并加强组织对制度压力的依赖,另一方面能够促使组织更加积极性的遵守制度要求,并愿意将外在制度压力内化于自身当中。也就是说,在企业合规改革中,虽然客观存在着国家制度对企业的外在压力,但这并不能导致组织对外在压力来源的必然遵守和依赖。因此,我国企业合规制度的构建过程,应重视多元主体的协商性参与,在规范设定、制度创建中凸出不同主体之间的平等性和互动性。这一方面有益于企业合规建设中定位不同组织之间的角色并推动它们之间的融合,从而加强企业对外在制度压力的依赖,另一方面也有利于企业可将外在制度和规范内化于自身,以便形成真正的回应性效果。

四、结论

总之,我国企业合规改革展现出特有的"中国化"问题,而基于国家治理之视域能够

---

[1] 郑雅芳:《论政府介入企业合规管理的风险及其防范》,载《法商研究》2021年第3期,第80页。
[2] Christine Oliver, Strategic responses to institutional processes, *Academy of Management Review*, 1991, 16: 145–179.

对其进行整体性的分析和认识。企业合规的核心要义体现为以企业为中心场域并在确定其自治性的基础上,凸出企业对规范、制度等之间的合理性回应。立足国家治理之视域,一方面,企业合规的理论应在恪守其核心要义的基础上,着力体现和融合其与国家治理理论中多元性、规范性、参与性、公共性等基本原则之间的关系。另一方面,企业合规"中国化"问题的实践解决之道,体现为秉持企业合规核心要义前提下的法治性优先、目标性明确、多元性融合、协商性参与等国家治理技术的具体布局和操作。

(编辑:侯竣泰)

论去行政化审批后专业法官会议制度
——以刑事审判为研究视角

李炜杰[*]

摘 要 司法改革的一项重要价值追求是能够更加有效地预防司法腐败问题,既包括审判活动中行政化审批滋生的腐败,也包括办案人个人的腐败。取消行政化审批后,既不能让行政化审批以另一种形式继续存在,也不能完全将案件让办案人个人决定,否则有违司法改革的初衷。通过专业法官会议制度的建立及完善,可以保证本法院辖区内司法实践标准的统一,解决没有明确法律规定但必须即刻解决也有权即刻解决的问题。另外,这项制度还能够实现在将审判权完全交给办案人负责的同时,确保对审判权的监督与制约机制不缺位。

关键词 司法改革 行政化审批 审判权 专业法官会议

引 言

党的十八大以来,以习近平同志为核心的党中央从推进政治体制改革、实现国家治理体系和治理能力现代化的高度擘画司法体制改革宏伟蓝图,加快建设公正高效权威的社会主义司法制度,推动新一轮司法体制改革。党的十九大再一次将司法改革作为重中之重。司法活动关系着国家政治生活、人民生活等方方面面,人民法院更是守护社会公平正义的最后一道防线。司法改革中包含诸多内容,例如,取消行政化审批,完善办案责任制,让审理者裁判、让裁判者负责,增加司法公开、提高司法效率等等不一而足。凡此种种,都与司法改革的一个基本价值追求相联系,即就是要更加有效地预防司法工作人员腐败,尤其是审判人员的腐败。过去我国学者在研究预防司法人员尤其是审判人员腐败时,主要从

---

[*] 李炜杰,男,浙江杭州人,黑龙江大学法学院刑法学2018级博士研究生,研究方向为中国刑法学、比较刑法学。

加强对审判人员的监督，独立行使审判权，提高司法职业群体的素质，完善对审判人员的惩戒制度等等角度进行腐败预防论的展开①，此外还有从提高司法人员待遇②、取消行政化审批③、加强审判监督④等诸多方面进行的补充论证。不能说上述观点不正确，恰恰相反，这些观点是也必须是我国司法改革当前以及未来的发展方向。但是上述制度设计如何落实在实践中，如何在实践中发挥其应有的作用，而不是让这些看似美好的制度设计仅仅停留在纸面上才是改革的重点和难点。在笔者看来还应当对预防司法腐败的制度设计进一步细化，或者说还应当有一些更加具体的制度措施。习近平总书记说："要坚持用制度管权管事管人，抓紧形成不想腐、不能腐、不敢腐的有效机制，让人民监督权力，让权力在阳光下运行，把权力关进制度的笼子里。"为了预防司法活动中的腐败，在司法活动特别是审判活动中去除行政化审批这种办案模式是一种必然的选择。为什么要去行政化审批？去行政化审批是要建立什么样的替代性制度、机制才能实现司法改革的目标？对这些问题的回答构成本文的分析进路。

一、为什么要取消行政化审批

过去我国法院一直采用行政化审批模式：办案人拿出案件初步审理意见报请庭长审批，庭长审批后再报请分管副院长审批。这样的审批模式在特定历史条件环境下具有一定的合理性。副庭长、庭长、审判委员会专职委员、分管副院长和院长等行政领导对案件的审批、监督和把关等，对提高案件质量具有不可忽视的作用（尤其是在一些重大疑难案件中更是如此），既有利于得出正确的裁判结论、防止冤假错案的发生，某种程度上也有利于防止司法腐败等问题。"一个高素质的分管院长或庭长，能够在很大程度上保证该法院相应类型案件审判的基本质量。这也是'行政化'在现实中'欲去却归'或'既去还留'的原因。"⑤但时至今日，行政化审批模式则有些不合时宜。本轮司法改革的重中之重在于取消行政化审批模式，让审理者裁判、让裁判者负责。"除了少量由审判委员会讨论决定案件以外，合议庭和独任法官对一般案件拥有独立审理权和裁判权，其裁判文书不再经过院长、副院长、庭长、副庭长的审批或签署。"⑥究其原因在于行政化审批的办案模式虽有一定的现实合理性但终究不可能孕育出科学的司法责任制，易使得司法责任制落空。行政化审批主要具有以下三个危害后果：

---

① 参见张明楷、劳东燕等：《司法工作人员犯罪研究》，中国人民大学出版社2008年版，第315－323页。
② 参见张智辉，《论司法责任制综合配套改革》，载《中国法学》2018年第2期，第64页。
③ 参见董玉庭：《检察机关去行政化审批模式改革探析》，载《吉林大学社会科学学报》2015年第6期，第45－52页。
④ 参见梁平、李庆保：《论我国司法监督资源的优化整合》，载《法学杂志》2014年第11期，第98－107页。
⑤ 顾培东：《再论人民法院审判权运行机制的构建》，载《中国法学》2014年第5期，第287页。
⑥ 陈瑞华：《司法体制改革导论》，法律出版社2018年版，第158页。

其一，行政化审批最主要的问题在于无法从根本上预防司法腐败。正如学者指出，"中国司法制度存在的根本问题是法院的司法行政管理权与司法裁判权没有分离，使得法院的院长、庭长、审判委员会等司法行政管理者，同时享有高于普通法官、合议庭之上的司法裁判权。结果，这些司法行政管理者凭借其在行政管理方面的权威地位，却可以直接干预法官、合议庭的裁判结果，代行了本来应当由法官、合议庭独立行使的司法裁判权。"① 作为具有审批权的行政领导（院庭长）完全有能力通过明示或暗示的方式对办案人发布指令或命令，干预案件的裁判结果。"院长、庭长除了可以通过私下打招呼等隐性方式影响案件的裁判外，主要通过审批案件的形式发挥对案件处理的影响或决定作用。"② 如果办案人提交的裁判结果符合领导的意图，则法律文书可以顺利签批通过；如果办案人提交的裁判结果不符合领导的意图，则行政领导会将该案件以"某个理由"退回办案人并要求其重新"研究"，直至办案人根据领导意图重新报请新的裁判结果，此时法律文书才会顺利得到签发。由于行政化审批模式下存在两级审批，一旦日后出现追责的情况，办案人就可以将责任全部推卸给当时签发法律文书的行政领导（院庭长），毕竟该法律文书是经由两级行政领导签批后才生效，也就是得到领导同意，而不是由办案人个人决定的。所以在行政化审批模式下，"容易让承办人产生对后置审批程序的依赖、推责心理，使责任心不强的办案人员不在案件排除疑点、解决矛盾上下功夫，而是寄希望于后面的人员或是环节去把关，或是将矛盾上交，以集体决策的方式转移风险。这不仅不利于提高办案人员业务水平，而且一旦出现问题责任也往往说不清、道不明。"③ 而行政领导（院庭长）由于并不是具体办案人，在责任追究的情况下往往只承担领导责任或违纪责任，很难进一步追究其法律责任，此种行政化审批模式下的责任不清就为司法腐败的存在留下较大的寻租空间。不仅如此，"司法责任制是以司法职权的内部分配为基础的。有权才有责，没有司法职权就不存在司法责任的问题。"④ 行政化审批模式与"让审理者裁判、让裁判者负责"的司法责任制理念相悖，与司法规律相左。

其二，行政化审批浪费司法资源、降低司法效率。从事司法实践工作的人都知道，法律文书的逐级审批往往导致案件不能及时审结，虽未超过法定审限，但因审批耗时导致被告人的羁押期限被延长，这也是对被告人的一种不正义。对于侦查羁押而言，"刑拘期限的延长成为一般情形，侦查程序的合法性受到挑战。"⑤ 而对于审判阶段的羁押而言，延期羁押会在现实层面转变成对被告人的一种程序滥用性惩罚，"审判程序的程序滥用性惩罚扭曲了实体法的惩罚性功能，不仅背离罪刑法定原则，而且使罪责刑相适应原则无所适

---

① 陈瑞华：《司法改革的理论反思》，载《苏州大学学报》（哲学社会科学版）2016年第1期，第57页。
② 陈卫东：《司法责任制改革研究》，载《法学杂志》2017年第8期，第31页。
③ 贾宇、马谨斌：《论检察环节刑事错案防纠机制之完善》，载《河北法学》2015年第5期，第46页。
④ 张智辉：《论司法责任制综合配套改革》，载《中国法学》2018年第2期，第62页。
⑤ 左卫民、马静华：《侦查羁押制度：问题与出路》，载《清华法学》2007年第2期，第81页。

从。"① 案件不能及时得到处理，势必损害对被告人相关合法权利的保护。"提高司法效率，不仅可以使被害人的权利及时得到救济，还可以使受损害的法律秩序及时得到恢复，同时有助于增强公众对司法机关的信任。"② 例如，已经得到被害人谅解的故意伤害、诈骗、盗窃、交通肇事等轻微刑事案件，如无其他不宜适用缓刑的情形，应当及时对被告人宣判缓刑并予以释放，但因为缓刑案件必须提交审判委员会讨论，审委会通过后必须再将案件依次提交庭长、分管院领导审批，这就经常导致被告人被多羁押一段时间。这显然是因为我们的审批环节过多致使司法效率低下，进而产生此类对被告人不公的司法现象。而且绝大多数提交审委会的缓刑案件都是上述之类极为简单的普通刑事案件。在程序上，办案人需要先向审判委员会进行案件汇报（实践中由于案件简单，汇报过程往往仅需一两分钟），然后所有参会委员再对案件进行依次表决，整个过程犹如例行公事走过场，并不能起到制度设计时所寄予的现实作用。面对这样的行政审批现象自然就会产生针对行政化审批进行改革的现实需求。行政化审批模式过多地让根本没必要提交审委会讨论的案件上会讨论，严重降低了司法活动的效率，这类案件完全可以适用简易程序、速裁程序等。审委会的主要任务是总结审判经验，讨论本院的重大或者疑难案件，而不是每天评议这类轻微的当事人双方已经和解、谅解的刑事案件。

其三，行政化审批有违司法亲历性。"所谓亲历性，也就是裁判者要亲自经历裁判的全过程。"③ 换言之，裁判者或者对案件裁判结果有决定权的人要亲自经历裁判的全过程。而作为法律文书签发、审批的庭长、分管院领导，在没有亲身参与庭审调查、质证、辩论等环节，仅通过听汇报或书面阅卷来了解案情的情况下，很难说他们能够真正做到全面认定案件事实。即使绝大多数普通案件可以凭借阅卷就可以较为全面、准确地认定案件事实，但是对于那些事实疑难复杂、争议较大或者法律适用有疑问的案件，仅靠书面阅卷或者听取办案人口头汇报，根本不可能准确认定案件事实、适用法律，并得出恰当结论。即使办案人在汇报案件时没有掺杂个人利益，也难保其没有受到个人感情、价值取向等的影响。因此在汇报案件时势必存在一定程度的倾向性，甚至对相关案情有所取舍，而该领导也极有可能被办案人影响进而得出错误的结论，此时行政领导的签批就会导致变相为办案人背书的结果。只有亲身经历案件审理的全过程，才有可能最大程度接近案件事实的原貌。"司法不同于军事行动，可以'运筹帷幄，决胜于千里之外'，也不同于行政工作在一定情况下可以听取汇报，商议决策于办公室。"④ 这也就是为什么法庭审理活动不能随意中断；法官必须当面听取被告人、证人、鉴定人等的口头陈述；一旦案件在审理过程中由于各种原因导致更换办案人或合议庭成员，就需要对案件重新开庭审理，并组织各方当

---

① 陈在上：《程序滥用性惩罚及其规制》，载《理论探索》2015年第3期，第106页。
② 张文显：《人民法院司法改革的基本理论与实践进程》，载《法制与社会发展》2009年第3期，第6页。
③ 陈瑞华：《司法的性质——以刑事司法为范例的分析》，载《法学研究》2000年第5期，第43页。
④ 陈光中、龙宗智：《关于深化司法改革若干问题的思考》，载《中国法学》2013年第4期，第7页。

事人重新质证、辩论等的原因。这些程序规则设定背后的原理就是司法亲历性，而行政化审批模式恰恰与司法亲历性原则背道而驰。

综上所述，行政化审批模式不论对行政领导（院庭长）、办案人，还是对被告人，亦或是对案件裁判质量而言都是弊大于利。去行政化审批是预防司法腐败的题中应有之意，也是司法体制改革的内在要求。

二、取消行政化审批后产生的新问题

在行政化审批中，法律文书的签发一般需要两级审批：先由办案人拿出初步的办理意件报请庭长审批，庭长审批后再报请分管院领导审批。取消行政化审批后，法律文书只需要由审理案件的合议庭全体成员或者由独任制的审判员签署即可，不再需要行政领导（院庭长）逐级审批，这也被称为"合议庭负责制"或"办案人负责制"。但是在审判实践中可能会出现以下两种情形：第一种情形是隐性审批模式。办案人同过去一样拿出初步裁判意见报请行政领导（院庭长），行政领导不再签批法律文书，只口头答复办案人，但其仍然对案件的裁判结果有直接的决定性影响和制约作用。例如，对于行政领导关注的某个案件，如果办案人提出的拟判意见符合领导的意图，该领导就会同意办案人的意见，办案人汇报后就可以签发法律文书；如果行政领导不同意办案人的拟判意见，其可以通过明示或暗示的方式让办案人更改意见，或者让办案人回去"继续研究"，直到办案人提出的拟判意见符合该领导的意图。第二种情形是事实上完全取消行政化审批。办案人不需要将裁判结果报请行政领导审批，行政领导（院庭长）也不再主动就个案听取办案人的汇报，案件完全以办案人的意见作为裁判结论，切实做到让审理者裁判。

（一）隐性审批模式的具体表现

在第一种审判实践情形，即隐性审批模式中，具体可能出现两种隐性"审批方式"。第一种隐性"审批方式"是由各个行政领导担任合议庭审判长，即在一个审判庭内分成若干个合议庭，每个合议庭成员相对固定，合议庭的审判长全部由分管院领导、庭长、副庭长等具有行政领导职务的审判人员担任，其他审判人员即使是具体办案人也不能担任审判长，其所审理的案件必须由审判长（也就是行政领导）签发。换言之，此种方式下所谓的"合议庭负责制"，所有的法律文书其实也必须由审判长（行政领导）签批。审批与行政领导的身份竞合导致的结果，其实就是办案与审批的竞合。除此以外，行政职务高的领导还可能通过集体决策程序实现隐性审批。由于行政领导兼任审判组织里的审判长职务，审判决策会议与行政会议之间就有可能界限不清。召开审判决策会议时所有审判长（分管院领导、庭长、副庭长等行政领导）在一起集中开会定案，对每一起案件进行集中讨论研究，但这种集中定案的结果往往也是由所有定案的审判长（行政领导）中行政级别最高的审判长（一般是分管副院长）享有更大的话语权，其他的审判长不过是将自己合议庭案件的初步意见提交给行政级别最高的行政领导,最终仍由行政级别最高的审判长(一般是分管副院长)来决定裁判结果,这与过去的行政化审批模式并没有本质区别。"由于院庭长同时兼具法官与行政领导的双重角色,对案件的看法不但可以通过内在性的制度和影响力公开且合法化地制约裁判结论,也能够通过隐性的权威和缺乏合法性的定案机制来影响甚至决定案件的裁判结果。"① 这样的集中会议形式虽名为定案的集体决策,各合议庭审判长根据集中定案结果确定裁判结论、签发裁判文书,但实质上与行政会议的区别不大。所以行政领导的隐性审批,无论是否召开集体决策会议,都有可能出现。个案中表面看起来是"合议庭负责制"下的审判长签发,但其不过是另一种异化形式的行政化审批。"合议庭及其成员的组织和主体职责不清,审判长、案件承办人及其他成员责任界限模糊,无人可对也无人愿意对裁判结果负责,造成审判权运行机制失序,案件处理过程背离司法规律,加之内外部行政干预等法外因素的影响,导致裁判结果存在较大的不确定性、不稳定性、不可预测性,极大地违背了合议制的设立初衷及司法对公平公正价值的追求。"② 第二种隐性"审批方式"是办案人在案件宣判前将拟判意见分别逐级向庭长、分管院领导汇报。办案人汇报审理经过、具体案情、拟判意见等,汇报的程序与过去行政化审批的程序完全相同,一般由分管副院长做最终决定;或者由办案人在集体决策程序中的"定案会议"上同时向几位行政领导(院庭长)汇报,由行政领导(院庭长)对裁判结论"集中定案",经参会行政领导(院庭长)集体研究同意(一般也是由分管副院长做最终决定),裁判文书再由办案人(有时可能是审判长)签发。当然,对于行政领导并不关注的案件,除非办案人提出的拟判意见与本院处理其他同类案件的裁判结果相比畸轻、畸重或相悖,否则不会改变办案人的拟判意见。在这种隐性审批模式中,办案人对案件仅提出一个初步的裁判意见,事实上仍然是行政级别最高的领导(刑事案件一般情况下是分管刑事审判的副院长)对案件的裁判结论享有最终决定权,这与过去的行政化审批模式也无本质区别,区别仅在于领导不在文书上签字。

改革中之所以出现隐性审批问题,其中一个原因是行政领导(院庭长)担心办案人独立裁判后,可能会滥用自由裁量权,进而导致更严重的司法腐败问题。行政化审批预设的理论前提中一个很重要的方面就是办案人在独立办案过程中可能会出现严重的司法腐败问题,而院庭长在审批环节则很少出现类似问题,起码会小于办案人的腐败问题(如果不承认这个前提,过去行政化审批存在的理由将会大打折扣)。在此种理论预设中行政领导(院庭长)的签批就是对办案人的一种监督。然而,认为办案人独立行使审判权会导致更严重的司法腐败必须要有实证数据支持,例如办案人独立行使审判权后每年的司法腐败案件数量是否出现了大幅度的增加。但事实可能并非如此,没有数据可以支持院庭长的腐败

---

① 方乐:《审判权内部运行机制改革的制度资源与模式选择》,载《法学》2015年第3期,第29页。
② 刘少军:《司法改革语境下合议庭独立审判问题研究》,载《法学杂志》2017年第10期,第113页。

问题比普通办案人小,而实践中往往是权力越大、越不受监督,腐败问题越严重。有学者以 20 世纪 90 年代后期到 2010 年为时间跨度,针对法官违法违纪中院长与庭长所占比例进行研究并得出高比例的研究结果。① 因为办案人的自由裁量权有其边界,一旦突破这个边界,院庭长的行政权力就有足够的理由干预或介入到办案人的审判活动中。而这个边界外的裁判结果才是案件当事人最希冀的结果,才是腐败的重灾区。在这个腐败的重灾区,永远存在着办案人的办案权与院庭长的行政权之间博弈的可能性。我国法院始终实行办案责任终身制,从未有过办案人结案后、或者过了若干年后,相关案件就与办案人绝缘的先例,本轮司法改革也只是将办案责任终身制放在更为凸显的位置上而已。事实上,办案人永远是错案追究的第一责任人,即便案件的结果可能是经过签批法律文书的院庭长的授意,但授意者往往承担的只是领导责任,除非查明该行政领导在案件中存在权钱交易或徇私枉法等问题,否则行政领导承担的错案责任往往就会小于具体的办案人。"在司法机关普遍行政化的现实下,特别是到底谁来担责是司法机关自我确定的情况下,责任的主要承担这几乎皆为一线办案人员,责任一般也是从一线人员到领导人员递减趋势。"② 所以有人认为"集体决策办案方式还能够在一定程度发挥着规避办案风险的作用。"③ 至少从事后责任追究对办案人或行政领导产生的心理强制角度看,办案人滥用自由裁量权的风险并不比行政领导滥用自由裁量权的风险更高。因此基于功利考虑,办案人滥用自由裁量权的可能性一般不会比他的行政领导滥用权力的可能性更大,更遑论违法办案。虽然刑法对犯罪行为、情节等对应的刑期只是做了一般性的规定(这也是绝大多数人认为法官自由裁量权大的原因),但各省市地区都有自己的"量刑规范"文件,对常见犯罪的数额、伤残等级、人数、自首、累犯等量刑情节都有具体规定,甚至有些精确到"月",审判人员的自由裁量权并不大,起码没有想象中的那么大。"中国法官的自由裁量权是一种细节上的选择、判断和决定权力"。④ 如果认为办案人可能会基于金钱、人情等影响对被告人判处较轻的刑罚,那么在院庭长的授意指使下,办案人同样有可能会在自由裁量权的界限外对被告人判处较轻的刑罚,此时行政化审批是否真的能抑制司法腐败在理论上就存在疑问。之所以要改革,是因为该制度未能解决问题,起码不能很好地解决问题。司法改革中取消行政化审批、由审理者独立行使办案权,就是基于审判实践中行政化审批并没有真的抑制司法腐败,起码不能很好地抑制司法腐败这一现实。"定案方式所希图创造的法院作为审判主体的'集体优势',在审判工作的现实中并没有得到很好体现。而由于这种审判运行状态容易为苟利营私者所利用,司法不公或司法腐败现象与此也不无联系。"⑤ 导致隐性审

---

① 参见蒋超:《三十年来中国法官违法犯罪问题:一个统计分析》,载《宁夏社会科学》2010 年第 4 期。
② 陈海锋:《错案责任追究的主体研究》,载《法学》2016 年第 2 期,第 134 页。
③ 陈卫东:《司法机关依法独立行使职权研究》,载《中国法学》2014 年第 2 期,第 23 页。
④ 杨翔:《我国法官自由裁量权存在、运行及规制》,载《湘潭法学学报(哲学社会科学版)》2016 年第 1 期,第 24 页。
⑤ 顾培东:《人民法院内部审判运行机制的构建》,载《法学研究》2011 年第 4 期,第 6 页。

批还有一个原因就是极个别行政领导不愿放弃一直以来的权力，一旦没有审批就没有了权力，也就没有办法通过签批影响案件。因此会对司法改革制度阳奉阴违，表面上取消行政化审批，实质上变为隐性审批模式，继续保有权力，并以平衡刑期、案件指导等冠冕堂皇的理由对个案进行干预和影响。而办案人囿于上级对下级的权力制约关系，一般不会也不敢违逆领导意愿作出其他裁判结果。总之，无论什么原因，一旦出现隐性审批模式的办案方式，那么其导致的后果可能要比改革前的公开审批还要严重，隐性审批所滋生的司法腐败也可能更难以控制。如何在去行政化审批改革中防止出现隐性审批是改革的难点，更是改革的重点。

（二）行政化审批完全取消后的新问题

第二种审判实践情形是在事实上完全取消行政化审批，也就是行政领导（院庭长）不再过问具体个案，也不再签批法律文书，案件结论完全由办案人或合议庭独立决定并签发，这是司法改革将要达到的最终目标。此种情形的审判活动在司法实践中可能会产生以下三个新的问题。第一，取消行政化审批面临的首要问题就是办案人自由裁量权的扩大，以及办案人如何规范行使其审判权的问题。行政化审批与审判权是此消彼长的关系，它限制办案人自由裁量权的扩张，一定程度上保证审判权的规范行使，同时也对审判权起到监督制约的作用。权力天生就具有扩张性，在旧的监督制约机制取消而新的监督制约机制没有建立的情况下，仅仅取消行政化审批很可能会导致办案人审判权的无序扩张。"一切有权力的人都容易滥用权力，这是万古不易的一条经验，有权力的人们行使权力一直到遇到有界限的地方才休止。"[①] 某基层法院分管民事审判的副院长曾跟笔者说过：司法改革后领导的权力越来越小，而办案人的权力则越来越大，某省人大代表通过正规程序以书面形式督办某起民事案件，该副院长让办案人带卷到其办公室汇报案件审理情况，办案人直接以司法责任制的理由予以拒绝。取消行政化审批，将审判权从行政权的约束中解脱出来，每个办案人都能依法依规独立行使审判权毕竟是一种理想状态。制度设计不能假定一个"好人"始终做"好事"，而应该假定每一个人都可能是"坏人"，或者说每一个人都是有可能"变坏"的人。审判权的扩张与滥用并没有不可逾越的界限，如果制度设计中缺少必要的监督和制约机制，尤其是事中的监督，就有可能导致办案人滥用其审判权。一个人说了算的审判权力在任何时候都是危险的，它比行政化审批中的审判权产生的危害可能更大。"权力失去监督，必然导致腐败。"[②] 第二，当办案人的个人能力（知识储备、审判经验、业务知识等）不足以应对审判工作时（罪与非罪、此罪与彼罪等问题），不论其向院庭长、其他审判人员或者检察官等寻求帮助，还是向律师、法学专家学者等寻求帮助，可

---

① ［法］孟德斯鸠：《论法的精神（上册）》，张雁深译，商务印书馆1982年版，第154页。
② 李传松：《法院审判活动行政化之克服》，载《法学》2010年第8期，第121页。

能都无法得到有效并且负责任的答案。必须承认,没有任何一名审判人员敢称自己的能力可以处理现在以及未来的任何一起案件,哪怕此人有非常高的学识和非常丰富的审判实务经验。在行政化审批的办案模式下,办案人只需要提出初步的拟判意见并交由庭长、分管院领导审批,作为审批的行政领导定然会对整个案件全盘思考、深思熟虑、协调各方,并最终确定一个裁判方案。因为其需要对自己的审批承担责任,审批有时并非完全代表其个人观点,很多时候甚至是代表着审判庭或者是法院的意见。取消行政化审批,由办案人独立行使裁判权后,在出现办案人个人能力无法解决的案件时,即使其向院庭长请示,得到的答案也不过是领导的个人意见,该领导可以没有任何顾虑地发表个人观点和看法,因为其对裁判结果不承担任何责任。从体制外法学专家那里得到的答案也是如此,有时可能只是该专家学者的个人理论观点,能否解决司法实务问题还值得商榷。当办案人能力不足且不能从第三人处得到负责任的答案时,其作出的裁判结果的理性水平可想而知,此种能力与裁判不对等的审判对案件当事人的司法正义实现很可能是一场灾难。第三,取消行政化审批可能产生同案不同判的问题。排除办案人可能受到的腐败、人情关系、院庭长的行政指令等诸多因素干扰,我们必须承认这样一个事实,即不同的办案人囿于个人的社会阅历、教育经历、经济状况、家庭环境、文化背景、性别、年龄等的不同,对相同案件的理解很有可能存在不同观点与看法。"我们对案件事实的认识,只是一种相对的真实,而非绝对的真实"。① 在民事案件中,有时没有绝对的对与错、是与非的责任划分标准,裁判理由有时不过是办案人的个人观点与价值取向,裁判结论有时也不过是办案人个人价值衡量、取舍的结果,这些最终体现在办案人自由裁量权的行使上。刑事案件也是如此,有的办案人可能认为现有证据已经达到案件事实清楚、证据确实充分,可以排除合理怀疑,而有的办案人则可能认为案件事实不清,现有证据不足以排除合理怀疑,无法达到内心确信的程度;有的办案人主张严厉打击犯罪并对被告人处以较重的刑罚,而有的办案人更倾向于对被告人处以较轻的刑罚。"'判断'本身就默认了价值判断,……虽然放在法律天平上的构成要件是客观的,但每个构成要件的个别权重,和最后综合出来的衡量结果,会因不同法官而有所不同。"② 因此,办案人对审理的案件完全由个人说了算极易出现同案不同判的情形。如果同一个法院就同一类型案件作出不同甚至完全相反的裁判结论,或者同一地区的不同法院对同一类型案件作出不同甚至完全相反的裁判结论,这显然违背了同样事情同样处理的司法原则,那么在逻辑上就一定有人受到了不公正的对待,长此以往也势必会影响人民法院的公信力和人民群众对法律的信仰。

(三) 两个新问题的逻辑后果

不能否认,行政化审批这种有形监督在过去几十年人民法院的审判活动中发挥了积极

---

① 锁正杰:《刑事程序的法哲学原理》,中国人民公安大学出版社2002年版,第117页。
② [南非] 奥比·萨克斯:《断臂上的花朵:人生与法律的奇幻炼金术》,陈毓奇、陈礼工译,广西师范大学出版社2014年版,第129页。

的作用,行政领导的签批在客观上确实是对办案人的一种制约监督,并促使其规范行使审判权,以达到实体与程序上的公平正义,起码在特定历史条件下保证了绝大部分案件都实现了公平正义。然而以今天的司法理念来看,行政化审批早已不合时宜,它是行政权对司法权的干扰,有违司法规律,去行政化审批则是司法改革的必然选择。但是去行政化审批之后,新出现的问题急待在改革中用新的机制加以克服,否则司法改革的预期目标难以实现。去行政化审批后无论是出现上述第一种隐性审批方式,还是出现第二种事实上完全取消行政审批的情况,都有可能导致更严重的危害后果,前者可能让司法腐败问题更加隐蔽,后者可能让办案人的审判权不受监督。

事实上隐性审批方式与过去的行政化审批模式并无本质区别,差别仅在于前者不需要行政领导签批法律文书。隐性审批方式无法在卷宗中体现行政领导的个人意志,一旦日后出现任何冤假错案问题,该行政领导都可以"审判长签发""合议庭负责"等理由予以推脱。在法院系统中,近几年司法改革、机构改革的目标都是要在法院系统内部构建一种扁平化的管理方式,尽可能压缩中间行政权力的影响。例如,将过去多个民事审判庭整合成一个民事审判庭,在该审判庭下设立若干个审判组;在法院执行局内部取消"庭"的设置,执行局长下面不再是庭长,而是各个执行团队。虽然一系列改革的目标都是尽可能地减少行政权对审判权的干预和影响,但是办案人的职级晋升、评优评先、工作调整等,无不与行政领导对该办案人的评价有很大关系,甚至是决定性影响。因此,在法院系统内部行政权始终对审判权具有一定的制约作用,而这个制约作用就是一把双刃剑,一方面可以监督办案人的自由裁量权(事中的监督),另一方面也可能导致对审判权的干预。前者是过去行政化审批的逻辑前提,而后者正是本文所关注的重点。去行政化审批后,虽然隐性审批方式已经不需要行政领导对法律文书进行签批,但一旦行政领导关注个案,对办案人作出明示或暗示的指示,鲜有办案人不按照领导的指示办理案件(哪怕行政领导并非该办案人的直接分管领导),除非是明显的枉法裁判。然而过去院庭长对案件裁判结果的审批可以体现在人民法院案卷的副卷中,"……副卷只是其背后的判决权威结构的集中反映和如实记录,这种"全程留痕",在某种意义上也充当了一种对法庭之外的各种干预的约束和规范,自有其存在的现实合理性。"[①] 一旦日后案件被确定错案追责时,因为案件由院庭长签批,负责签批的院庭长也需要承担相应的责任,这种签批、审批的责任对行政领导是一种客观制约,起码从理论上说,该领导一般不会要求办案人作出某种明显超出自由裁量权范围或者明显违法的裁判结果。在去行政化后的审批的隐形审批方式中,好像完全由办案人独立裁判,对案件审理结果负责,但行政领导(院庭长)可以通过行政权力对办案人加以明示或暗示的指示,干预案件裁判结果,而且还能不留任何痕迹,难以进行责任倒

---

① 魏晓娜:《以审判为中心的诉讼制度改革:实效、瓶颈与出路》,载《政法论坛》2020年第2期,第167页。

追、倒查。办案人面对上下级的领导与被领导关系时，很难做出有悖行政领导（院庭长）意图的裁判结果。这种隐性定案方式的客观存在无论对于行政领导还是对于具体办案人都会留下更大的寻租空间，至少在逻辑上存在更大寻租空间的制度可能性。对于行政领导来讲，想干预的案件通过行政权力的影响力完全有能力干预，甚至是不留痕迹地实现了干预，这比签字审批的寻租空间更大，危害性也更大，因为在隐性审批中有形监督制约机制缺失了。对于具体办案人来讲，一旦碰到行政领导不关心、不干预的案件，其自由裁量权或寻租空间也将大幅度提升，因为此时过去的那种行政审批形成的有形监督也消失了。从长远来看，将裁判权完全由办案人个人行使，取消行政制约和审批，将"让审理者裁判，让裁判者负责"的理念贯彻到底，一定是我国司法制度未来发展的趋向。但以现阶段的具体情况视之，如果缺少必要的监督制约机制，则可能导致自由裁量权被滥用。"一步到位不仅可能行不通，甚至不无可能出现更多滥用司法权甚至以权谋私的'独立的'法官。"[1]审判人员个体独立行使审判权固然美好，从理论上说可以让办案人完全排除各种外界干扰，完全遵从法律和内心确信审理案件，以此确保司法的公平正义，这无疑是一种非常理想的状态。但是必须认识到，无论在任何时候，让办案人一个人说了算的司法活动都将是可怕的，其弊端甚至比传统的行政化审批还要严重。一旦缺少对办案人事中的监督制约机制，随之而来的司法腐败问题便可能接踵而至，办案人为了个人私欲或其他不可言说的理由而滥用审判权将更加难以限制，此时除了事后的错案追责的监督压力外，能够制约审判人员的可能唯有道德情操、思想境界与法律信仰了。不言自明的是，在针对审判权的限制层面，如果缺少了对办案人员相应的制度制约，仅靠道德情操保证法官自由裁量权不被滥用的想象实在过于乌托邦。

上述两种有形监督（对行政领导的监督和对办案人的监督）的缺失如不能在司法改革中得到根本上的解决，那么司法改革很难成功，至少在预防司法腐败的问题上很难成功。如果放任这样的危害后果发生，可能还不如不取消行政化审批。司法改革的过程中如何既限制行政权对裁判权的干扰，同时又能在事中和事后两个方面对裁判权进行监督，是一个需要认真思考的难题。本文主要从专业法官会议的角度提出解决方案，并尝试通过这个方案使司法责任制落到实处。

三、完善专业法官会议制度的基本内容

限制行政领导的行政权与扩大办案人的审判权是一体两面的，限制行政权必然使审判权扩大，二者是此消彼长的关系。我们目前的主要矛盾在于如何真正扩大办案人的审判权，并建立有效防止办案人滥用审判权的机制。因为当下与此对应的配套机制仍然有些粗放。司法责任制改革的焦点就在于，一方面既要从真正意义上取消行政化审批，将审判权

---

[1] 苏力：《道路通向城市：转型中国的法治》，法律出版社2004年版，第183页。

还给办案人，由办案人对案件负责；另一方面又要防止办案人对审判权的滥用。我们不能在理论上预设办案法官的道德毫无瑕疵。如果办案人不存在业务能力不足和任何的道德瑕疵，那么就可以允许办案法官对其所审理的案件完全不受约束地作出判断。但审判人员道德无瑕疵显然只能是一个理论假设，审判人员业务能力足以应付所有审理的案件同样也只能是假设。但是在现实中，两者都有可能与假设相反。任何的制度设计都不能以这两种假设为前提。相反，有可能存在能力不足和更有可能存在道德瑕疵才是司法责任制在设计时对办案法官应该坚持的理论预设。先不论法学理论功底如何，当前法院系统中普遍存在一线办案人平均年龄较小、审判经验较少、社会阅历不足的现状。举一个不是很恰当的例子，没有结过婚的办案人审理各类婚姻继承案件时，他们想的多是如何依法审判，而不是如何化解矛盾。不能说这样的做法是错的，但如此依法审判的结果经常导致双方矛盾激化。而一个有经验的办案人，往往在依法办案的同时，还能够抽丝剥茧，设身处地为双方化解矛盾，从而做到案结事了。退一步讲，即使办案人法学理论功底、司法经验都足以胜任当下案件的审理，但是一旦出现徇私问题，办案人的业务水平就会与其权力滥用的社会危害性成正比，业务水平越高就越容易让其在权力滥用中隐藏的越深。可以说无论办案法官法学理论功底是否深厚，也无论司法经验是否丰富，完全让办案法官个人说了算都是不可取的。对审判权进行有效监督既可以避免审判权恣意运行，又可以在监督中弥补办案人司法知识的不足。"必须要有这样的监督制约机制存在，即每一个不恰当的执法办案行为均有机会被发现，或者能在事中发现，或者能在事后发现，当然关键还是在事中（法律效力产生之前）被发现。"[1] 基于以上想法，本文针对刑事审判提出如下制度设计：取消各种以"平衡刑期""指导案件"等理由设立的"定案会议"或"定案制度"，审判员独立审理的案件，由审判员的个人意见作为裁判结论；合议庭审理的案件，合议庭内部按照少数服从多数，以合议庭多数意见作为裁判结论，由审判长签发法律文书。与此同时，建立专业法官会议制度，让它承担审判监督管理之责。"司法权是一项判断权，应当遵循司法公正的内在逻辑。然而，权力不可能完全独立，必须受到监督和制约才能保证其公正性。"[2]

2015年最高人民法院印发了《关于完善人民法院司法责任制的若干意见》，提出人民法院可以分别建立由民事、刑事、行政等审判领域法官组成的专业法官会议，为合议庭正确理解和适用法律提供咨询意见。合议庭认为所审理的案件因重大、疑难、复杂而存在法律适用标准不统一的，可以将法律适用问题提交专业法官会议研究讨论。专业法官会议的讨论意见供合议庭复议时参考，采纳与否由合议庭决定，讨论记录应当入卷备查。这些规定明确了人民法院可以建立专业法官会议，为审判组织正确理解和适用法律提供咨询意

---

[1] 董玉庭：《检察机关去行政化审批模式改革探析》，载《吉林大学社会科学学报》2015年第6期，第46页。

[2] 梁桂平：《论专业法官会议的功能定位及运行模式》，载《法律适用》2016年第8期，第96页。

见。2021年1月14日，最高人民法院印发了《关于完善人民法院专业法官会议工作机制的指导意见》，进一步完善了专业法官会议的组织形式、人员组成、讨论范围、召开程序、议事规则等工作机制。专业法官会议在一定程度上保证了本法院辖区内司法实践标准的统一，便于形成一些规则性的具体做法，限制审判员个人的自由裁量权；特别是在缺少明确的法律条文的情况下，专业法官会议的集体协商还有助于形成一些规则，解决没有明确法律规定但必须即刻解决也有权即刻解决的问题。"专业法官会议既非法定审判组织，亦非法定诉讼程序，只是嵌入审判权力运行体系的内部机制或咨询平台。"[1] 当然，专业法官会议还承担着许多其他职责和功能，不再一一赘述。本文根据最高人民法院发布的相关文件，结合近些年的司法实践经验，认为专业法官会议应从以下几个方面进行具体的制度设计，这些制度设计既可以从实质上取消行政化审批，防止行政权对审判权的干预，又可以解决办案人的能力不足问题，同时也可以在办案人存在徇私可能性时能够对办案人形成有效地监督和制约，进而规范审判权的行使。

第一，专业法官会议应广泛吸纳审判业务经验丰富、法学理论功底扎实的一线办案法官加入，避免由各级院领导、庭长、副庭长垄断，"切实防止专业法官会议行政化、官僚化倾向。"[2] 司法实践中，专业法官会议成员大多均由各级院庭长组成，甚至成员全部都是行政领导。不能否认的是，各级院庭长的确是本院某一审判领域的审判业务专家，具有丰富的审判经验和深厚的法学理论功底，但如果专业法官会议均由这些具有行政级别的领导担任组成人员，极易导致专业法官会议异化为另一种审判权对行政权的服从或行政权对审判权的控制。具体实践中，专业法官会议的组成人员应向一线的办案法官倾斜，设定具有领导职务人员的上限比例，尽可能多地吸纳一线办案人员加入其中。

第二，专业法官会议讨论案件的范围应当明确。应当以列举的方式明确专业法官会议讨论案件的范围，不能所有案件都提交专业法官会议进行研究讨论，或者院庭长、办案人等随意要求案件提交专业法官会议进行讨论。例如，新类型案件、在本地区有重大影响案件、可能变更检察机关指控罪名的、可能判处无罪的、可能加重或减轻处罚的、可能与本院或本地区过去同类型案件判决结果不一致的、可能引发群体性事件的案件，应当由审判长将案件提交专业法官会议讨论。专业法官会议应对上述案件集体讨论后形成书面会议记录供合议庭参考，其他案件由合议庭自行合议后由审判长签发即可。如果不对专业法官会议讨论案件的范围进行明确限制，或者仅采用"疑难复杂"等含糊其辞的表述，专业法官会议就容易衍变成另一个"集中定案"制度，行政领导（院庭长）可能滥用专业法官会议制度将所有案件均由专业法官会议研究，导致与改革前行政化审批模式无本质区别。

第三，专业法官会议实行集体决策，凝聚集体智慧。专业法官会议由理论功底深厚、

---

[1] 刘峥、何帆、马骁：《〈关于完善人民法院专业法官会议工作机制的指导意见〉的理解与适用》，载《人民法院报》2021年1月14日，第5版。
[2] 骆锦勇：《厘清专业法官会议功能定位》，载《人民法院报》2017年6月8日，第2版。

审判经验丰富的审判人员组成,发言时不能仅就合议庭的某个意见表态同意或不同意,应详细阐释同意或不同意的理由,先由主审人汇报案件的基本情况,重点提出争议焦点,发言时应按照行政级别从低到高依次发言,避免将专业法官会议变为行政领导(院庭长)的一言堂。会后形成书面会议记录,由所有参会人员签字确认后存卷备份。专业法官会议不一定要得出一致性意见或多数意见,所有参会人员的意见都可以作为合议庭的参考意见,每个参会人员的意见也仅作为合议庭评议时的参考性意见。"任何会议的召开都是为决策者科学决策提供智慧参考。无论是事实认定,还是法律适用方面,多数人通过平等、民主展开观点交流与碰撞,总是胜过少数人的独断与孤立。"①

第四,专业法官会议不改变合议庭意见。专业法官会议仅是一个议事咨询机构,不是一个决策机构,更不是审判委员会,它的存在"有利于提高审判质效,提升现阶段法官整体职业化水平"②。换言之,专业法官会议并不形成统一的决议,也不是少数服从多数,每个成员的意见都可以作为合议庭的参考。如果合议庭合议后同意专业法官会议的某个意见,则由合议庭成员依次签字,并由审判长签发后宣判。也可能存在这样的情况:经专业法官会议讨论后,合议庭再次合议时认为专业法官会议的意见均不妥当,案件结果应按照合议庭最终评议意见处理,合议庭可以不采纳专业法官会议的任何意见。不论合议庭最终是否采纳专业法官会议的意见,均由合议庭对案件审理结果负责。

第五,专业法官会议只研究法律适用。案件事实、证据审核应由合议庭负责,并将合议庭认定的案件事实提交专业法官会议。"合议庭认为所审理的案件因重大、疑难、复杂而存在法律适用标准不统一的,可以将法律适用问题提交专业法官会议研究讨论。"③ 专业法官会议侧重研究讨论合议庭在审理案件时所遇到的疑难法律适用问题,它更多的是一种业务上的指导和法律适用的统一,防止同一个行为得出不同的裁判结果。"法律适用不统一,抑或矛盾裁判的存在,必然内含着部分裁判法律适用不正确的问题。"④ 如果合议庭对案件事实仍存在事实不清的情况,则案件还不具备提交专业法官会议的条件。

第六,专业法官会议不得对个案的量刑进行决议或发表意见,除非案件可能判处的刑罚会加重或减轻检察机关指控的刑期,或者可能判处的刑罚会加重或减轻本院、本地区过去同类型案件判处的刑期。因为案件的审判长或办案人亲历案件审理的全过程,对案件事实、情节等有更全面丰富的认识,因此合议庭意见只要是在法定刑范围内判处刑罚,与检察机关指控一致,则无需提交专业法官会议讨论,由合议庭自行决定即可。以此防止行政权对审判权(个案裁判结果)的干预,真正做到让审理者裁判。

---

① 戴建军:《专业法官会议制度的功能辨析》,载《人民司法》2018年第10期,第68页。
② 冯之东:《司法改革背景下的专业法官会议制度研究》,载《甘肃政法学院学报》2017年第1期,第86页。
③ 罗霄悍、梁桂平:《让专业法官会议规范审判权运行》,载《人民法院报》2015年11月9日,第2版。
④ 顾培东:《人民法院改革取向的审视与思考》,载《法学研究》2020年第1期,第18页。

专业法官会议是在让审理者独立裁判、取消行政审批的背景下出炉的。人民法院在取消行政领导（院庭长）的审批权后，势必扩大了办案人的裁判权，而如何规范并监督审判权的行使，统一裁判尺度和标准显然是重中之重的问题。"专业法官会议作为司法责任制创新性构架组织，其功能定位在于为不同意见提供平等沟通的对话平台，着重解决司法实践中的疑难杂症和统一裁判尺度的问题，同时兼备案件推介、法官能力培养的效果，能有效促进审判权的规范运行。"① 让专业法官会议在放权与控权之间发挥桥梁作用，应该是司法责任制改革中最重要的配套制度设计。专业法官会议对审判人员能力不足的补充作用不言而喻，多数人的集体司法智慧为办案人提供参考，如果办案人真的想实现司法公正，他就可以在集体司法智慧中找到那个正确的司法答案。"依托集体智慧，既可弥补专业知识的不足，丰富其办案思路，避免承担完全本就可以避免的错案责任，又可借助意见的平等发表，有效抵御外部行政干预的侵袭，确保合议庭达到'独立而不孤立'的效果。"② 当然他也可以寻找其他的帮助，例如咨询体制外的专家学者等。但是专业法官会议所凝结的法官集体智慧显然是办案人在体制内获取专业知识补充的最重要的途径。另一方面，经过专业法官会议讨论过的案件，尽管不对办案人产生法律上的约束力，但却能对办案人形成道德或事实上的压力，因为更好或更佳的司法意见在专业法官会议出现过，如果办案人任性地或出于私心放弃最好的答案，那么这些记录在案的最佳司法意见就让办案人承担更大的说明义务，即有义务证明为什么不选更好的答案。这种说明义务的形成就是专业法官会议对预防办案人任性或反腐败的制度贡献。

需要特别注意，也许是因为专业法官会议的讨论结果并不像审判委员会那样形成有约束力的决议，实践中专业法官会议有时很可能会流于形式，参会人员争论来、争论去，仍不能给合议庭提供有价值的意见。"事实上将造成一些法院审理案件的法官不愿意将案件提交专业法官会议讨论，专业法官会议成员也对此缺乏责任感，会议基本不召开或难以召开，出现制度的'仪式化'问题。"③ 假如专业法官会议真如上文分析的那样，即对去行政化审批之后的审判活动具有重大的智力支撑和监督制约作用，那也要依赖于专业法官会议讨论案件质量的不断提升。一旦专业法官会议流于形式，即使没有行政权在其中干扰，也难以起到该制度理论设计中应有的作用。所以对专业法官会议除了上文提及的六个方面限制条件之外，如何让每一个参会法官像对待自己办的案件一样认真对待会议上讨论的每一个案件，是确保专业法官会议能够提升案件质量、预防司法腐败的前提条件。办案人何以认真对待专业法官会议上讨论的每一个案件？答案无非是奖励或惩戒机制决定的。所以审判机关在去行政化审批之后，为了更好地发挥专业法官会议独特的功能，必须把促使参

---

① 罗霄悍、梁桂平：《让专业法官会议规范审判权运行》，载《人民法院报》2015 年 11 月 9 日，第 2 版。
② 冯之东：《司法改革背景下的专业法官会议制度研究》，载《甘肃政法学院学报》2017 年第 1 期，第 86 页。
③ 袁辉根：《专业法官会议制度的准确定位与合理设定》，载《人民法院报》2017 年 2 月 8 日，第 8 版。

会法官认真对待上会案件作为机制建设的着力点。对积极参加会议并认真讨论的法官，要给予工作绩效方面的奖励，从而进行正面激励；对消极参会或不认真参与讨论的法官要给予工作纪律方面的惩罚，从而实现反向禁止。唯有如此，专业法官会议讨论案件的水平才会真的是集体智慧的结晶，这样的专业会议才能够在去行政化审批后实现对办案人自主裁判的监督制约。

（编辑：蒋太珂）

电商平台个人信息民事案件管辖裁定的利益衡量

起海霞[*]

摘　要　管辖法院的确定是民事案件主体寻求司法救济面临的首要问题。电商平台个人信息民事案件管辖程序不仅内涵管辖活动公正、效益、自由程序价值的追求，还涉及个人信息主体权益保护，电商平台在数字经济背景下的健康有序发展以及信息数据高效利用多维度利益。因缺乏利益衡量，司法裁定在"电商平台用户协议中约定管辖条款的有效性""协议管辖的效力范围""侵权与合同竞合情形下管辖规则的适用"具体争议问题的判定上呈现"混乱"态势。对于利益冲突多元化的电商平台个人信息民事纠纷，利益衡量方法凸显其适用性和生命力，具有矫正法律适用的作用，能为管辖裁定提供指引路径。

关键词　电子商务　个人信息　法定管辖　协议管辖　利益衡量

电子商务领域的个人信息保护问题日益成为科技法领域各国关注的焦点，除了从监管的角度对个人信息的收集、存储、使用、加工、传输、提供、公开等活动进行规范，保障个人主体的司法救济权也在各国个人信息保护立法中得以确立。司法救济程序中的首个问题便是管辖法院的确定，本文通过案例实证分析发现，司法实践中适用民事诉讼管辖规则解决电商平台个人信息民事纠纷案件，裁判结果呈现出"同案不同判"之情形。究其原因，不外乎案件利益关系的复杂性、法律规范的抽象性以及法官理性的局限性。[①]

---

[*] 起海霞，女，四川攀枝花人，北京外国语大学法学院博士，主要研究领域为知识产权法、国际私法。
[①] 参见杨素云：《利益衡量：理论、标准和方法》，载《学海》2011年第5期，第203页。

一、电商平台个人信息民事案件管辖裁定的问题检视

（一）电商平台个人信息民事案件管辖裁定的实证分析

在数字经济加速发展的背景下，个人信息的聚合价值为经济的发展和繁荣带来巨大红利的同时，个人信息主体的权益也受到了严峻挑战。个人信息被非法收集、非法处理的情况随之增加。本文以中国裁判文书网收录的案例为研究范本，筛选出2017年至2021年涉及电子商务平台的个人信息民事案件管辖裁定共18件，以供实证分析。①

表1：2017—2021年电商平台个人信息民事案件管辖裁定信息表

案号	审理法院	管辖裁定理由
管辖裁定结果：认定法定侵权管辖		
粤01民辖终851号	广州市中级人民法院	侵权纠纷，不适用约定管辖
（2020）鄂0111民再1号	武汉市洪山区人民法院	侵权纠纷，不适用约定管辖
（2019）黑0110民初5429号之二	哈尔滨市香坊区人民法院	侵权纠纷，不适用约定管辖
（2020）赣0191民初2553号	南昌高新技术开发区人民法院	侵权纠纷，不适用约定管辖
（2020）京0491民初5463号	北京互联网法院	侵权纠纷，不属于约定管辖
（2019）渝05民辖终559号	重庆市第五中级人民法院	信息网络侵权适用侵权管辖
（2020）辽01民辖终289号	沈阳市中级人民法院	管辖约定为格式条款，无效
（2017）湘01民辖终1090号	长沙市中级人民法院	管辖约定为格式条款，无效
（2019）浙02民辖终375号	宁波市海曙区人民法院	管辖约定为格式条款，无效
（2019）闽01民辖终410号	福州市中级人民法院	存在第三人，不适用约定管辖
（2018）京01民辖终812号	北京市第一中级人民法院	存在第三人，不适用约定管辖
（2018）粤01民辖终2425号	广州市中级人民法院	存在第三人，不适用约定管辖
管辖裁定结果：认定协议管辖		
（2021）粤01民终23706号	广东省广州市中级人民法院	基于合同的侵权可适用约定管辖
（2020）赣01民辖终261号	江西省南昌市中级人民法院	基于合同的侵权可适用约定管辖

---

① 在中国裁判文书网中，单独及合并以"个人信息""管辖""平台""服务协议""隐私政策""协议管辖"等关键词进行检索。

续表

案号	审理法院	管辖裁定理由
（2017）湘0111民初4335号	湖南省长沙市雨花区人民法院	基于合同的侵权可适用约定管辖
（2019）浙0203民初3884号	浙江省宁波市海曙区人民法院	基于合同的侵权可适用约定管辖
鄂0111民初383号（2018）鄂0111民初383号	湖北省武汉市洪山区人民法院	基于合同的侵权可适用约定管辖
管辖裁定结果：认定法定合同管辖		
黑01民辖终310号	哈尔滨市中级人民法院	管辖格式条款无效，适用合同管辖

（注：对于二审维持一审裁定的案件，仅列出二审裁定）

检索发现，表1案例所涉案由包括："隐私权、个人信息权益网络侵权""网络侵权"。① 在对案件管辖裁定进行分析前，有必要先对我国"个人信息保护"和"隐私权"两者进行辩证分析。从比较法研究视角，我国立法对个人信息保护与隐私权界分的理解，可谓独具特色。我国《民法典》将"隐私权"和"个人信息保护"并列为人格权编，隐私保护和个人信息保护以私密信息为重叠，私密信息需要同时具备"识别"功能和"不愿为他人知晓"两项要件，才能适用隐私权进行保护；而个人信息保护的对象除了私密信息，相当部分的个人信息，例如，姓名、身份证号、地址等，因个人生活的社群特征属于非隐私范畴。正是由于网络环境下隐私与个人信息的密切关联，才使得"隐私权、个人信息权益网络侵权"案由的出现。

回归到电商平台个人信息民事案件管辖裁定本身，其具有案件事实重合度较高，但管辖裁定结果差异巨大的特征。案件事实大致可以分为两类：一类是平台内消费者发现其个人信息被平台经营者泄露给平台内经营者或第三人；另一类是消费者发现其个人信息被平台内经营者非法利用，而平台未尽到合理义务。个人信息泄露及非法处理可能给信息主体带来用户权限限制、歧视、身份盗窃或欺诈等经济损失和名誉受损结果。② 原告出于诉讼便利和诉讼成本的考量通常选择向其住所地法院提起侵权诉讼，而电商平台则以用户协议、隐私政策中存在约定管辖条款为由提出管辖异议，主张应适用协议管辖。③ 对此，法院作出的裁定结果包括：适用法定侵权管辖规则、认可电商平台单方提供的约定管辖条款、适用法定合同管辖规则。

---

① （2021）粤01民辖终851号案件的案由为"隐私权、个人信息权益网络侵权"。
② 盛小平、焦凤枝：《国内法律法规视角下的数据隐私治理》，载《图书馆论坛》2020年第6期，第88页。
③ 除杭州淘美航空服务有限公司、毛惠金侵权责任纠纷管辖民事裁定书（2019）闽01民辖终410号的原告主张择一被告住所地法院为管辖法院外，其他管辖案件的原告均主张被侵权人住所地为管辖法院。

通过分析表 1 管辖裁定可发现，不同法院对于平台服务协议约定管辖条款的法律效力、协议管辖的效力范围、侵权与合同竞合情形下管辖规则适用问题存在不同理解。即使是在案件事实高度重合，甚至涉及的电商平台及约定管辖条款相同的案件中，不同法院对于管辖问题的裁定也存在巨大差异，甚至完全对立，使得电商平台个人信息民事案件管辖裁定呈现出"混乱"态势。①

（二）电商平台个人信息民事案件管辖裁定呈现"混乱"态势之症结

司法裁判结果体现的是裁判者将法律规范运用于现实生活的法律思维。剖析表 1 的管辖裁定，可以发现对于相同或类似案件事实，法官选择适用的具体法律条文并不相同，或者相同的法律规范运用到相同或类似案件事实也会出现完全对立的裁判结果。机械的概念法学和超出法律规范的情理式裁定并存，表现为机械式追求"依法裁判"和过度强调"案结事了"的极端。②

具体来说，对于法定管辖和协议管辖的优先适用问题，部分法院以"受损害方有权主张侵权方承担违约责任或者侵权责任"为法律依据，在原告选择侵权纠纷为起诉案由的情形下，裁定"侵权纠纷，不适用协议管辖"；优先适用协议管辖的裁定则依据《中华人民共和国民事诉讼法》（以下简称《民事诉讼法》）第 34 条判定协议管辖仅以不违反级别管辖和专属管辖为限，基于合同关系的侵权诉讼并非排除适用协议管辖的法定情形。上述两类裁定均可以被归为机械式追求"依法裁判"的代表，未在探究法律制度全貌及立法本意的基础上作出裁定。更有法院对于法定管辖和协议管辖的优先适用问题不进行直接回应，而是以电商平台单方预先准备的约定管辖条款无效得出适用侵权管辖规定的裁判结果。对于管辖约定条款的有效性问题，存在为了得出符合内心"情理"而忽略以法律规范要件为依据的裁判，表现为"一刀切"否认电商平台管辖格式条款效力，走向"依法裁判"的对立。

电商平台个人信息民事案件管辖裁定呈现"混乱"态势之症结，不外乎电商平台个人信息民事案件所涉利益关系的复杂性，理性有限的法官在适用抽象法律规范时，难以实现对各项冲突利益的有效平衡，导致裁定结果充斥着"法理"和"情理"的混乱。起源于德国十九世纪末、二十世纪初的自由法运动及在对概念法学进行批判的基础上创立的利益

---

① 例如，（2021）粤 01 民辖终 851 号、（2020）京 0491 民初 5463 号、（2020）浙 0203 民初 3884 号、（2019）浙 02 民辖终 375 号案件中，电商平台均为"拼多多"，（2021）粤 01 民辖终 851 号、（2020）京 0491 民初 5463 号案件裁定"侵权纠纷，不适用约定管辖"；浙 0203 民初 3884 号裁定"基于合同的侵权可适用约定管辖"，（2019）浙 02 民辖终 375 号裁定"约定管辖属于格式条款无效"。

② 例如，（2018）鄂 0111 民初 383 号案件，法院对于协议管辖规则适用的理解，其背后体现出机械的概念法学；（2020）辽 01 民辖终 289 号案件，法院对于约定管辖条款是否属于无效的格式条款则是情理式裁定的代表。

法学，在划分利益冲突的基础上引导法官在司法裁判中运用利益衡量方法协调多元利益冲突。① 在法律关系所涉利益多元且无法通过直接适用法律规范获得具有说服力的裁判结论的情形中，利益衡量方法能为司法裁判提供指引路径，增加裁判结果的合理性和确定性。②

二、电商平台个人信息民事案件管辖裁定引发的利益冲突

利益法学认为，每项法律裁定都建立在各种对立利益之间的相互作用上。③ 同时也揭示出利益衡量方法在司法裁定中的生命力。在涉及多元利益的电商平台个人信息管辖案件中，利益衡量方法更是显示出其适用性。对电商平台个人信息民事案件管辖程序价值导向的剖析则是对其中所涉利益的分析，冲突利益的取舍和平衡在此基础上得以实现。

（一）电商平台个人信息民事案件管辖程序的价值导向

价值导向对诉讼程序的运转具有引领作用，诉讼程序基于一定的价值被设计，又基于一定的价值运作。④ 诉讼程序的价值内涵存在程序工具主义和程序本位主义两种主流理论，分别对应诉讼程序的外在（结果）价值和内在（过程）价值。"通过程序正义实现实体法正义"为程序工具主义的经典论述。⑤ 程序本位主义则强调，一项法律程序是否具有正当性和合理性，不在于其能否助力于产生正确的结果，而在于其能否保护独立的内在价值。⑥ 管辖程序作为诉讼程序中的一环，其价值内涵与其上位概念"诉讼程序"具有一致性。

电商平台个人信息民事案件管辖程序的内在价值与一般民事管辖程序无本质差别，其规则设计本身就体现出对程序公正、效率、自由的价值追求。程序公正之内涵并无统一标准，"主体性""裁判者居中裁判""公开性"通常被视为其三项基本内涵："主体性"的核心要义为争议方具有诉讼程序上的独立地位，在诉讼过程中享有陈述、答辩的权利。管辖异议制度则是管辖程序"主体性"价值设计的典型体现；"裁判者居中裁判"强调两造具备，法官作为中立第三方对各方管辖法院争议依法裁定；诉讼程序和裁判结果的公开性

---

① 参见李帅：《论作为法学方法的利益法学》，载陈金钊、谢晖主编：《法律方法》（第34卷），研究出版社2021年版，第113页。
② 参见李帅：《论作为法学方法的利益法学》，载陈金钊、谢晖主编：《法律方法》（第34卷），研究出版社2021年版，第123页。
③ 参见储陈城：《以利益衡量作为网络领域刑事治理的原则》，载《法学论坛》2021第5期，第66页。
④ 胡思博：《我国当前司法环境下民事诉讼程序价值的保障力度与限度》，载《法学杂志》2017年第7期，第123页。
⑤ 参见［德］马克斯·韦伯：《论经济与社会中的法律》，张乃根译，中国大百科全书出版社1998年版，第23页。
⑥ 陈瑞华：《程序正义理论》，中国法制出版社2010年版，第27页。

则是管辖程序"公开性"价值的应有之义。① 管辖程序的效率价值则从成本与收益的功利主义角度出发,对人力成本、时间成本、纠错成本进行考量。例如,将"被告住所地"作为一般管辖规则,体现出向被告送达诉讼文书和便利裁判结果执行的经济考量;将"侵权行为地""侵权结果地""合同履行地"作为特殊管辖规则,则出于查明案件事实的成本考量。程序自由价值则意味着当事人可以在法律允许的范围内处分自己的权利,同样内涵于管辖程序中。

电商平台个人信息民事案件管辖程序的外在价值内涵于实体公正的实现,即保障个人信息保护制度价值内涵的实现。民法理论上将"对象"与"客体"的关系外化为"载体"与"利益"的关系。② 个人信息法律制度的保护对象是具有识别功能的信息数据,作为个人信息利益的载体,对个人信息的保护应该理解对个人信息派生出来利益的保护。③ 我国《个人信息保护法》明确将"保护个人信息权益"和"促进个人信息合理利用"作为制度目标。考察我国个人信息保护制度的立法体例,以及其他大陆法系、普通法系国家及地区个人信息保护制度的源流,都可论证个人信息保护框架呈现出公法监管与私权保护相交织,公共利益和私人利益多元呈现的特点。

个人信息因其关乎互联网时代每一主体的人格权益而受到普遍关注。探究个人信息法律保护制度的历史演进,欧洲基于个人尊严的个人数据保护理论与美国基于个人自由的隐私理论构成个人信息保护制度的理论源头。尽管两个法域的理论基础不同,但其结论是相同的,即个人应当有权控制其个人信息,以实现对个人独立人格和私人自治等基本权利的保护。中国在立法层面对个人信息的保护从最开始政策性的规定,发展到各部门法及司法解释中的分散规定,再到纳入《民法典》人格权编进行规制。针对个人信息收集者、处理者侵害消费者个人信息合法权益的情形,设置了"停止侵害""恢复名誉""消除影响""赔礼道歉""赔偿损失"五类救济请求权,可选择的司法救济权的路径包括基于个人提出诉讼或者基于消费者协会的代表诉讼,无不彰显出对个人信息人格利益的保护。④

从价值判断的角度,法律对个人信息采取何种保护方式应由个人信息对主体体现的价值决定:个人信息所蕴含的价值不仅包括人格利益,还包括财产利益。⑤ 根据传统民法理论,财产权的重要特征在于财产所有人能够排他性自由处分其财产,销售行为则为最常见的财产处分方式。强调对人格尊严的压倒性保护的欧盟国家,并未完全放开个人数据自由买卖的闸口,而在尊崇私人自治和公平实践的美国,一些州已经在立法层面赋予了个人出

---

① 参见谢夏影:《论民事诉讼程序价值间的关系——兼评〈民事诉讼法〉的修改》,中国政法大学 2014 年硕士论文,第 5 至 8 页。
② 参见袁泉:《大数据背景下的个人信息分类保护制度研究》,对外经济贸易大学 2019 年博士论文,第 84–85 页。
③ 参见高富平:《个人信息保护:从个人控制到社会控制》,载《法学研究》2018 年第 3 期,第 89 页。
④ 参见《消费者权益保护法》第 14 条、第 47 条、第 50 条;《个人信息保护法》第 27 条。
⑤ 刘德良:《个人信息的财产权保护》,载《法学研究》2007 年 3 期,第 84 页。

售其个人信息的权利。在数字存储和处理技术不够先进的时期，个人信息的财产利益并未完全显性出来。在大数据算法等技术的运用下，个人信息的聚合价值被充分挖掘。如果说单个信息本身的财产价值是有限的，那么海量个体信息经过加工后的商业价值则是不可估量的。我国立法中虽暂未明确个人信息主体对其个人信息的财产利益，但电商平台对其合法收集、处理个人信息后形成的财产权益已为立法明确。①

个人信息之上利益形态多元，除人格权益、财产权益外，个人信息所承载的社会公共利益也无可否认。从世界范围来看，各国普遍未将个人信息上升为独立的"个人信息权""个人数据权"，其中一项重要的考量则是个人信息的公共属性。当信息用来指向、描述某个人时，该个人并不因此独占或排他性地拥有这些信息。信息本质上属于公共领域的资源，用于识别某人的信息数据同时也可以用来识别其他人。个人可以控制不联系或如何联系，但不能控制信息本身。② 属于公共领域的资源被任何人独占则会导致社会不公，甚至阻碍社会进步。如赋予个人对其信息的绝对控制权，则会出现信息被垄断，这与个人信息保护制度"促进个人信息合理利用"的宗旨相背离。在数据驱动型经济发展的趋势下，社会福祉最大化的实现离不开信息的高效利用。电商平台个人信息民事案件管辖法院的确立在服务于纠纷解决的同时，具有反向促进个人信息公共价值实现的现实意义。

（二）电商平台个人信息民事案件管辖程序之利益冲突

在利益法学的范畴，纠纷被视为价值冲突的外化。诉讼机制作为借助国家强制力的纠纷解决机制，属于公力救济的范畴，通过司法裁判实现对冲突利益的安置。不同于传统隐私权制度，个人信息保护制度的目的并不是以单一主体保护为唯一指向，而是在保障各方主体合法利益的同时实现社会福祉的最大化。在电商平台个人信息民事案件管辖程序中则具化为对个人信息主体权益的保护，对电商平台健康有序发展的保障，以及对信息数据高效利用的促进，还体现为对公正、效益、自由等程序价值的追求。电商平台个人信息民事案件管辖程序中价值的多元性和特例性，对我国管辖规范中确立的价值选取和价值排序带来了现实冲击。

作为诉讼程序的"第一道门槛"，管辖法院的确定不可避免会对后续的实体案件审理产生联动作用，凸显出电商平台个人信息民事案件中各项利益之间的现实冲突。通过实证研究，管辖裁定的结果对个人信息主体维权意愿，即是否继续后续案件实体审理具有现实影响。③ 通过对表1管辖案件实体审理情况的跟进，当个人信息主体取得理想管辖裁判结

---

① 2021年11月25日通过的《上海市数据条例》12条规定："本市依法保护自然人对其个人信息享有的人格权益。本市依法保护自然人、法人和非法人组织在使用、加工等数据处理活动中形成的法定或者约定的财产权益，以及在数字经济发展中有关数据创新活动取得的合法财产权益。"

② 高富平：《个人信息保护：从个人控制到社会控制》，载《法学研究》2018年第3期，第95页。

③ 参见史沐慧：《电子商务平台个人信息民事管辖问题研究——基于2018—2020案件实证剖析》，载《海南大学学报（人文社会科学版）》2022年第1期，第164页。

果，即在法院裁定由被侵权人住所地法院管辖的情形下，案件大多会进入实体审理，甚至可以促使电商平台与个人达成和解；① 当管辖裁定对电商平台有利时，会出现了个人放弃后续实体问题审理的情形。② 单纯以结果为指向，判定电商平台用户协议中的约定管辖条款无效体现出对弱势谈判方的保护，因格式管辖条款中约定的管辖法院通常是对电商平台有利的法院。在个人信息权益损害相比于实物损失难以计算的情形下，消费者多提起"一元诉讼"寻求象征性经济赔偿。如裁定消费者至电商平台所在地法院进行诉讼，诉讼成本的考量是消费者放弃维护其个人信息权益的重要原因。另一方面，对约定管辖条款效力的否定则是对协议管辖确定性和效益价值的放弃。鉴于消费者个人相对于电商平台的弱势"议价地位"，格式条款制度体现出立法对当事人公平协商、意思表达自由的平衡。如"一刀切"否定格式条款的效力，则会出现不利于电商平台，尤其是一些市场份额、规模较小或新成立电商平台的发展，从而阻碍商务平台数字化发展及电子商务公共服务体系的数字化建设。③ 另外，以个人信息主体选择侵权纠纷为诉由裁定不适用协议管辖的裁定体现出对原告自由选择和处分其司法救济权利的价值取向。判定基于合同的侵权纠纷同样适应于协议管辖条款的裁定，体现出对当事人在法院选择过程中私人意思自治的尊重，及对管辖契约价值的肯定。可见，个人信息民事案件管辖程序中所涉的多元利益冲突，使得立法预先设定的价值平衡在司法适用中被打破。

三、电商平台个人信息民事案件管辖裁定的利益衡量方法

新型权利的出现，本质上为权利主体对权利客体特定利益需求的产生。法律规范通过权责分配以实现相互冲突的利益价值的立法平衡。然而，现实社会关系的复杂性使得法律规范的司法运用同样需要利益衡量。利益衡量属于法律科学所不能回避的问题，充斥着法律制度构建以及法律规范适用于现实案件的全过程。④ 利益衡量方法运用的核心在于利益衡量的标准问题，运用于司法裁判领域的利益衡量方法，必然要遵循一定的标准和限制，否则将走向"法官无限裁量空间"的极端。任何法律规范都是立法者"利益评价"的体现。⑤ 本文将利益衡量方法作为司法裁判法律方法，强调其对法律适用的矫正作用。日本

---

① 例如，在（2020）京0491民初5463号及（2020）辽01民辖终289号案件中，法院裁定由被侵权人住所地管辖，案件分别以调解和原告撤诉结案；除了部分有利于原告的管辖裁定因作出时间较短暂未检索到实体案件审理情况外，（2017）湘01民辖终1090号、（2019）浙02民辖终375号、（2019）闽01民辖终410号等案件进入民事实体审查。

② 例如，（2019）黑01民辖终310号案件中，法院于2019年8月30日作出管辖裁定，裁定由合同履行地（电商平台住所地）法院管辖，截止至2022年2月14日，仍未检索到任何实体案件审理信息。

③ 国务院《"十四五"数字经济发展规划》，将提升商务领域数字化水平列为数字化重点行业，明确提出"健全电子商务公共服务体系，汇聚数字赋能服务资源，支持商务领域中小微企业数字化转型升级"的规划目标。

④ 参见王晓琼：《利益平衡论与司法的艺术——立足于中国法治文化本土化的思考》，载《法学论坛》2005年第5期，第122页。

⑤ 参见［德］魏德士：《法理学》，丁晓春译，法律出版社2005年版，第285页。

民法学者星野英一将利益衡量论论述为法律解释论的最高点,提出利益衡量理论是为了弥补法律与事实的裂痕,是在种种法律解释方法上的总结。① 司法裁判的目的是在具体的案件中实现法定的价值判断。电商平台个人信息民事案件管辖程序中的多维价值冲突外化为具体争议问题:电商平台用户协议中约定管辖条款的有效性、协议管辖的效力范围、侵权与合同竞合情形下管辖规则的适用。对具体争议问题的司法裁判应当首先穷尽对法律规范的探求,在此基础上引入利益衡量方法,以降低或避免法律规范相对于其所调整的法律关系的概括性及滞后性而导致案件裁判结果的不合理性。

(一) 电商平台用户协议中管辖格式条款的有效性判定

"遵循公平原则确定当事人之间的权利和义务"以及"采取合理的方式提示对方"为有效格式条款的实质要求和形式要求。此外,立法还对格式条款的无效情形作出规定,包括"不合理限制对方主要权利""排除对方主要权利"。法律规范的"概括性"使得"公平原则""合理""主要权利"等法律表达在司法裁判中存在不同认定。(2020)辽01民辖终289号裁定肯定了电商平台的提示义务,但以消费者通常不会阅读而直接点击同意为理由认定条款非消费者真实意思表示;(2019)浙02民辖终375号裁定则以"只需点击同意协议,而无需阅读协议内容"认定电商平台对管辖格式条款未履行合理提示义务;(2017)湘01民辖终1090号裁定以存在"黑体字进行了提醒"肯定了提示义务的履行,但以消费者只能被动接受而裁定管辖约定限制了使用者的权利。上述案件虽均得出约定管辖条款无效的结论,但对于电商平台在其单方准备的服务协议中约定由其住所地法院为管辖法院是否限制了消费者的主要权利以及合理提示义务的标准均未进行正面论述。

虽然协议管辖在确立管辖法院方面具有可预见性和确定性的优势,但欧盟布鲁塞尔体系②及日本2012年生效实施的《民事诉讼法》基于经营者与个人消费者主体地位的差距,将个人信息主体视为谈判弱势当事方,在管辖权制度设计方面体现出对民事法律关系中弱势方的倾斜性保护。③ 布鲁塞尔体系向消费者倾斜的"保护性管辖规则"体现在赋予消费者管辖法院选择权,消费者管辖法院选择权也被称为"目的国原则(Country of Destination Principle)",即企业在成员国或针对(directing)成员国从事商事活动以消费者为被告的诉讼,仅能在消费者住所地法院起诉消费者,而消费者针对企业提起的诉讼,消费者可选择在被告住所地或消费者住所地。④ 日本《民事诉讼法》则专门就消费者合同中的法院

---

① 参见张利春:《日本民法中的利益衡量论研究》,山东大学2008年博士论文,第1页。
② 在《布鲁塞尔公约》基础上,先后形成了《2000年12月22日欧盟理事会关于民商事案件管辖权和判决执行的第442001/EC号条例》(通常被称为《布鲁塞尔条例Ⅰ》)和《关于民商事案件管辖权和判决执行的第1215/2012号(欧盟)条例》[通常被称为《布鲁塞尔条例Ⅰ》(重订本)],因管辖条款的延续性,本文将上述三个法律文件统称为"布鲁塞尔体系"。
③ 参见罗剑雯:《欧盟民商事管辖权比较研究》,法律出版社2003年版,第139页。
④ See Council Regulation (EU) No. 44/2001 of 22 December 2000, article 16.

选择条款设定额外生效要件——管辖协议订立时允许消费者住所所在法院管辖。日本协议管辖制度的此项设计虽与布鲁塞尔体系采取的保护路径有所区别，但两者均在保护弱势群体管辖权理念的基础上设立。

对于管辖格式条款有效性的判定，美国采用的"根本公平说（fundamental fairness）"由美国联邦最高法院在 Bremen v. Zapata Off - shore Co 案①中提出。"根本公平说"认为协议选择法院条款本身有效且应当得到执行，除非该条款"不合理且不公正（unreasonable and unjust）"抑或该条款存有"欺诈，不正当影响或强势议价之地位（fraud, undue influence or overwhelming bargaining power）"。②审查事项主要包括：第一，格式管辖条款提供方有无阻止对方提起诉讼之意图以及是否给予对方充分通知；第二，对方当事人收到通知以后对于该条款有无选择或拒绝之权利等。可见，美国法院并不认可弱者保护原则在协议管辖中具有适用空间。③ 美国"根本公平说"与我国采用实质要件加形式要件的做法一致，并非绝对否定格式管辖条款的有效性。

运用利益衡量方法的目的是在穷尽法律规范本意的基础上作出裁定。因一方住所地为与诉讼案件有实际联系的地点，立法本意上并未将约定由一方住所地法院管辖判定为对另一方主要诉讼权利的限制。对于电商平台用户协议中管辖格式条款的有效性判定，在立法本意难以探寻的情形下，理应回归到法律行为的本身。管辖协议作为法院选择合意的契约，"契约性"为其核心要义，而"契约性"的内在价值则是"意思表示真实"之要义。④ 意思表示是向外部表明意欲发生私法上法律效果之意思的行为，完整意思表示的实现需要表示行为将内部的效果意思外部化出来。⑤ 协议管辖的制度价值是在当事人自由协商的基础上对管辖程序确定性、效益性的追求。由于消费者相比于经营者的弱势议价地位，由电商平台在争议发生前单方订立的管辖协议，消费者未能在协议管辖条款订立阶段外化其对于协议管辖条款的内心效果意思。正是基于对当事人真实意思表示的考量，我国在立法中确立格式条款订立主体的合理提示义务，以实现对未参与条款订立当事人意思表示的补正。

探究立法之本意，对格式条款订立主体合理提示义务的法定，确保消费者得以识别格式条款内容以了解对方的意思表示。并非所有的协议管辖条款均未体现个人信息主体的意思表示，因此不能径直判定所有电商平台的管辖条款均无效。电商平台的合理提示义务是对个人信息主体了解对方意思表示的补正，实践中存在的提示形式包括浮窗、勾选同意、首段提示、标黑加下划线等。管辖裁判中存在"消费者通常不会阅读用户协议"为理由裁

---

① See Bremen v. Zapata Off - Shore Co., 407 U. S. 1 (1972).
② 蒋剑伟：《美国格式合同中管辖权条款效力评析——以"根本公平规则"为中心》，载《法学评论》2006年第2期：第129页。
③ 何其生：《互联网环境下的争议解决机制：变革与发展》，武汉大学出版社2009年版，第184页。
④ 《民法典》第143条规定"意思表示真实"民事法律行为有效的要件之一。
⑤ 梁慧星：《民法总论（第三版）》，法律出版社2007年版，第170-171页。

定电商平台未履行合理提示义务，属于法无据。在获得合理提示了解对方意思表示的基础上，管辖条款有效性判定的下一步即相对方能否能外化其意思表示。从利益衡量角度，个人信息保护处理的是不平等主体之间的关系。消费者个人相比于提供商品或服务的平台经营者或互联网巨头公司，在经济能力、应诉能力等方面明显处于弱势地位，个人意思表达不可避免会受到限制。因此，法律赋予信息主体诸如知情选择权、访问权、更正权、被遗忘权等新型权利，意在通过赋予弱势主体特定权利来矫正信息处理者和个人主体的不平等关系。① 考量到个人信息主体对于管辖法院选择的权利限制，在消费者不同意约定管辖条款而不能使用电商平台服务的情形下，因其未给消费者提供意思效果外化的机会或权利，协议管辖条款应被视为完全未体现消费者的效果意思，限制了消费者对管辖条款的协商权利，协议管辖的"契约性"要义未能实现。此种利益衡量结果符合美国"根本公平说"对格式条款相对方有无选择或拒绝之权利的审查要求，也与日本、欧盟基于保护弱势消费者而设计的管辖规则适用效果相一致。

（二）电商平台管辖协议的效力范围

依据我国《民事诉讼法》立法条文文意，协议管辖以不违反级别管辖和专属管辖为限。在电商平台个人信息民事案件中，管辖协议适用的纠纷范围、主体范围因缺乏价值衡量指引，致使现实裁判分歧之大。1999年《民事诉讼法》虽在涉外民事诉讼章节采取"财产权益纠纷+与争议有实际联系的地点"的规定，但对于国内民事案件通过协议选择法院的案件类型仅限于"合同"这一类，且可供当事人选择的管辖法院仅限于列举的"被告住所地、合同履行地、合同签订地、原告住所地、标的物所在地"五个管辖连接点。

2012年《民事诉讼法》对国内民事诉讼协议管辖的规定进行修改，使涉外和非涉外案件的协议管辖规则趋于一致。对此，电商平台与个人信息主体的管辖协议需符合"财产权益纠纷+与争议有实际联系的地点"两项要件。虽然学术界对于协议选择的管辖法院是否以与争议有实际联系为限制存在较大争议，因电商平台个人信息民事管辖案件中对此内容无争议，本文不做赘述。② 电商平台个人信息民事侵权纠纷是否属于法定的"财产权益纠纷"是裁定管辖协议能否适用的决定性问题。表1认定不适用协议管辖的裁定中，法院的裁判理由分为两类：侵权纠纷不适用协议管辖；存在协议外第三人，不适用约定管辖。

---

① 丁晓冬：《个人信息保护原理与实践》，法律出版社2021年版，第191页。
② 鉴于协议管辖对于管辖法院确定的有效性，从当代国际通行的做法来看，各国及国际上有关协议管辖的规定大都呈现出不断放宽的趋势，不要求协议选择的管辖法院必须与争议有实际联系为普遍做法，例如中国2017年签署的《选择法院协议公约》作为对协议管辖进行专门规定的国家公约，并未强制要求协议选择的法院要与争议有实际联系；1999年《海牙判决公约》草案也并未限制协议管辖法院与案件存在实际联系；日本、布鲁塞尔体系以及国际法协会（International Law Association, ILA）和国际法研究院（Institut de Droit International, IDI）两个国际组织针对隐私保护和互联网人格权侵权设计的协议管辖规则中都未作出此要求，而是选择为当事人预留了较大的选择空间。

虽然"侵权纠纷不适用协议管辖"与肯定约定管辖条款在电商平台个人信息侵权案件中的适用理由"基于合同的侵权纠纷可适用协议管辖"在裁判结论上相对立，但其裁判思路本质上具有一致性，即协议管辖的适用范畴限于合同纠纷或基于合同关系的其他纠纷。[1]

对于电商平台管辖协议能否适用于个人信息民事案件的判定，其本质并非"侵权"或"合同"纠纷性质的判定，而在于其是否属于法律规范中的"财产权益纠纷"。一方面，如前所述，个人信息的人格权益属性并不当然否定其财产权益属性；另外，在协议管辖中"其他财产权益纠纷"缺乏直接立法规范的情形下，《仲裁法》对于"财产权益纠纷"的界定具有一定的借鉴意义，《仲裁法》第 2 条将可仲裁纠纷限制为平等主体之间的"合同纠纷和其他财产权益纠纷"，第 3 条将"婚姻、收养、监护、扶养、继承纠纷"这类身份关系纠纷排除在可仲裁范围外，由此可以推论出身份关系纠纷属于法定的非财产权益纠纷，与人格权益相关的纠纷案件并无立法明确将其规定为非财产权益纠纷。

管辖协议作为程序性契约，是当事人对于管辖法院的合意选择，因此探讨电商平台管辖协议效力范围的前提为管辖协议的有效性。[2] 在管辖协议已达到立法实质和形式合法要求，且个人信息纠纷并未被立法明确规定为非财产权益纠纷的情形下，肯定管辖协议在电商平台个人信息民事案件的适用空间，是对自由意思表示的尊重及协议管辖效益性的价值考量，同时能反向促使电商平台有效履行管辖格式条款提示义务，保障消费者合法权益。

电商平台个人信息民事管辖案件中，裁定管辖协议不适用的另一情形为纠纷涉及协议外第三人。管辖协议的契约效果体现为合同约束力的相对性，协议外第三人不受其未表示意思的管辖条款约束是契约法的本质价值取向，不允质疑。在缺乏管辖协议的情形下，协议外第三人与电商平台及个人信息主体之间的案件管辖则应适用法定管辖规则，在个人信息主体选择将电商平台及协议外第三人作为共同被告的情形下，如出现协议管辖法院和法定管辖法院冲突的情况，个人信息主体可择一有管辖权的法院起诉，与节约诉讼成本、高效利用司法资源的效益价值相符。

（三）侵权与合同竞合情形下的管辖规则选择

因"衡量"是在利益位阶无高低的情形下适用，在立法已对协议管辖优先于法定管辖适用的利益价值进行法定排序的情形下，电商平台个人信息民事案件中侵权与合同竞合情形下法定管辖规则的适用问题，仅在管辖协议不存在或无效的情形下才需要进行考量。在电商服务合同关系中出现侵权行为，是侵权和合同纠纷出现竞合的现实原因。个人信息

---

[1] 例如，（2021）粤 01 民终 23706 号案件裁定适用协议管辖的理由为"引起纠纷发生的事实均发生于合同关系履行过程中"；（2020）赣 01 民辖终 261 号案件的裁定理由为"本案的基础法律关系是合同关系，如果上诉人的行为构成侵权也是因合同而产生"。

[2] 在认定适用协议管辖的 5 个案件中，仅（2021）粤 01 民终 23706 号和（2019）黑 01 民辖终 359 号案件裁定维持原裁定，其他 3 个案件二审均以约定管辖条款无效而裁定适用侵权管辖规则。

"处理"中的任何一个环节的行为都可能构成侵权，在任何一个环节违反双方约定或超出合同约定，都有可能构成侵权与合同的竞合，例如，超出双方约定扩大个人信息收集范围或违反保密义务造成当事人信息泄露。

电商平台个人信息民事案件的定性关乎法定管辖规则的适用。合同纠纷的法定管辖连接点为"被告住所地"或"合同履行地"，侵权纠纷的法定管辖法院为"被告住所地"或"侵权行为地"人民法院。为了应对互联网对传统管辖规则的挑战，最高人民法院对"合同履行地"和"侵权行为地"的内涵进行了补充和细化，例如，"计算机等信息设备所在地"和"被侵权人住所地"分别为信息网络侵权案件中侵权行为地和侵权结果地的补充；① "履行义务一方所在地"为非特定交付标的的合同管辖连接点。② 在电商平台个人信息民事案件中，适用侵权管辖规则意味着对个人信息主体选择其住所地法院管辖的认可，适用合同管辖规则的现实结果是案件由电商平台所在地法院审理。

针对侵权和合同竞合的理解，不同法律体系存在不同的认识。大陆法系认为，"违反合同是否可以作为导致侵权责任的情况处理"是需要考虑的核心问题。③ 普通法系则认为"解决责任竞合的问题即解决合同当事人之间产生侵权法上的注意义务时如何取舍的问题"。④ 在此认识基础上，各国关于合同与侵权竞合主要有以下三种解决模式：一是法条竞合模式，认为侵权行为法和合同法是一般法和特别法的关系，依照特别法优于一般法的规则，应当优先适用合同法。采取此种模式的国家为法国；二是请求权竞合模式，认为当事人对于同时违反合同法和侵权法的一个行为享有两个互不排斥的请求权，但不能据此获得双重赔偿。我国《民法典》中针对合同和侵权竞合的解决途径则是此种模式的代表；⑤ 三是请求权规范竞合模式，认为合同与侵权的竞合不是请求权的竞合而是请求权基础的竞合，属于法律规范冲突的范畴。⑥

在我国立法将合同与侵权竞合理解为请求权竞合的情形下，应根据原告请求权的选择判定适用对应的管辖规则。个人信息主体选择侵权案由提起诉讼是原告对其诉权的自由处分，同时也意味着法院审视原告诉讼请求、判定被告责任承担时都应适用侵权纠纷对应的法律规范。可见，案件性质的判定应落入法律范畴而非纯事实判定。在（2019）黑01民

---

① 参见《最高人民法院关于适用〈中华人民共和国民事诉讼法〉的解释》第25条。
② 参见《最高人民法院关于适用〈中华人民共和国民事诉讼法〉的解释》第18条。
③ 参见[德]克雷斯蒂安·冯·巴尔、乌里希·德罗布尼希：《欧洲合同法与侵权法及财产法的互动》，吴越、王洪等译，法律出版社2007年版，第506页。转引自尹竹：《合同责任与侵权行为责任竞合分析——从损害赔偿责任的视角》，载《贸大法学》2019年第4期，第53页。
④ 参见王少禹：《侵权与合同竞合问题之展开——以英美法为视角》，北京大学出版社2010年版，第133页。
⑤ 参见《民法典》第186条："因当事人一方的违约行为，损害对方人身权益、财产权益的，受损害方有权选择请求其承担违约责任或者侵权责任"。
⑥ 台湾学者王泽鉴教授便持此观点，参见王泽鉴：《民法学说与判例研究（第1册）》，中国政法大学出版社1998年版。

辖终 310 号案件中,在涉案管辖格式条款被判定为无效的情形下,二审法院裁定一审适用侵权管辖规则存在错误,应适用合同管辖规则,裁判理由为"原告以侵权纠纷为案由仅是其对责任承担方式的选择,法定管辖规则的适用应依据案件性质确定,因本案系合同引发的纠纷应适用合同管辖规则"。从二审裁判理由可以看出,法院将案件性质的判定归入纯事实判定范畴,忽略了基于现实合同关系引发的侵权纠纷,由于当事人的诉权选择而成为法律范畴的侵权纠纷。

并且,尊重原告诉权适用侵权管辖规也是对个人信息保护特性的考量。对于个人信息案件中由被侵权人住所地法院为管辖法院,在国际上已经发展出 2.0 版本,即"利益中心地(the place where the victim has his centre of interests)"。"利益中心地"是在 2011 年由法国大审法院审理的 Martinez 案①中确立的针对网络侵犯人格权案件设立的管辖连接点。国际法协会(International Law Association, ILA)② 在 2018 年悉尼会议上提出《关于隐私保护管辖与法律适用指导方针草案的临时报告和评论》(Interim Report and Commentary to the Draft Guidelines on Jurisdiction and Applicable Law: Protection of Privacy in Private International-al and Procedural Law,简称 ILA 草案),该草案将网络环境下的个人信息保护包含在"隐私权"框架下,并采纳"主要利益中心地((center of main interest)"这一管辖连接因素。对于"利益中心地"的确定,Martinez 案和 ILA 草案从"联系论"为出发点均将"被侵权人住所地"作为示范解释。③ 如前所述,个人信息权益损害相比于实物损失难以计算,允许原告在其住所地法院提起诉讼符合个人的社群特征、个人信息的非物质性、个人信息违法行为的特定指向性。④ 对个人信息保护特性的考虑,使得法定管辖规则的适用趋于理性。

四、结语

电商平台个人信息民事案件管辖程序中冲突价值的多元性和特例性对我国管辖规范中确立的价值取向带来了现实冲击。利益衡量方法可对"电商平台用户协议中约定管辖条款的有效性""协议管辖的效力范围""侵权与合同竞合情形下管辖规则适用"具体争议问题的裁定作出有效指引。以利益衡量为基点,管辖协议作为法院选择合意的契约,电商平台格式管辖条款有效性判定的核心在于消费者是否获得合理提示及能否外化其意思表示,

---

① See Olivier Martinez and Robert Martinez v. MGN Limited. , In Joined Cases C 509/09 and C 161/10, paras. 25 – 27.
② 国际法学会为属纯学术性机构,大会讨论通的报告得到了学术界和实践部门的高度评价。
③ Martinez 案认为自然人的"利益中心地"一般是其惯常居所地,但是不排除其他与当事人建立紧密联系的地点,如从事职业的地方;根据 ILA 草案委员会的解释,因个人和职业关系而与之有更密切联系的地点也就是遭受人格利益损害最广泛和最严重的地方,该地方就是个人的"主要利益中心地",也是法院最适合评判和了解各方利益冲突的地方。
④ 何其生:《互联网环境下的争议解决机制:变革与发展》,武汉大学出版社 2009 年版,第 184 页。

据此得出的利益衡量结果与美国"根本公平说"及日本、欧盟"保护性管辖规则"适用效果相一致;电商平台管辖协议能否适用于个人信息案件的核心在于其"财产权益纠纷"性质的判定,在管辖协议体现个人信息主体意思表示而被认定为有效,且个人信息纠纷并未被立法明确规定为非财产权益纠纷的情形下,肯定管辖协议在电商平台个人信息民事案件的适用空间是对当事人自由意思表示的尊重及协议管辖效益价值的肯定;侵权与合同竞合情形下裁定尊重原告诉求适用侵权管辖规则是对个人信息主体自由处分其诉权及管辖程序效益性的肯定,更是出于对个人信息保护特性的考量。

(编辑:吕玉赞)

违约金调整释明的正当性审视*

邱饰雪**

摘　要　民事诉讼中释明的价值和功能主要是追求实质正义与程序正义的统一，保障当事人的程序主体性，避免突袭裁判，促进纠纷解决，提高诉讼效率，增强民众对裁判结果和可接受度和对司法的信任度。违约金的调整是为了尽可能平衡双方当事人的利益，使违约金与实际损失相匹配，减少因违约方过度赔偿造成的其他纠纷。关于违约金调整是否应当释明，我国目前无论在立法上、理论界、还是在司法实践中都存在一些争议和分歧。对违约金调整进行释明具有一定的正当性，此举将会利大于弊，不但不会违反民事诉讼所追求的公正和效率价值，不会影响法官中立和辩论主义，反而可以平衡当事人的诉讼能力，有利于纠纷的解决，保障司法公正，提高诉讼效率，而且更彰显了法官与当事人在诉讼中协同合作共同推进诉讼进程的实效价值。

关键词　违约金调整　释明　法官中立　纠纷解决　正当性

引　言

民事诉讼释明制度具有重要的作用和价值，其是实现诉讼制度目的的修正器。[①] 自2001年《最高人民法院关于民事诉讼证据的若干规定》出台，我国理论界和实务界开始关注民事诉讼释明问题。释明究竟是权力还是义务，理论界表述不一，但更多地倾向于是

---

* 本文为国家社会科学基金项目"民事生效判决对后诉案件事实认定的影响研究"（项目编号：20BFX083）的阶段性成果。
** 邱饰雪，女，河南洛阳人，华东政法大学2019级博士研究生，研究方向为民事诉讼法学。
① 参见张卫平：《转换的逻辑：民事诉讼体制转型分析》，法律出版社2004年版，第349页。

一项权力。① 释明从其产生时起就备受争议，这不仅体现在我国立法和司法实践中，在域外也有所体现，比如德国和日本也有学者认为"释明界限的划定相当困难"②，长期以来"存在激烈的争议"③ 法官能否对违约金调整进行释明，近年来理论界讨论颇多却未能达成一致意见。随着《民法典》的颁布，民法与民事诉讼法衔接的相关问题再次引起广泛讨论。2012年《关于审理买卖合同纠纷案件适用法律问题的解释》（以下简称《买卖合同解释》）第27条规定了违约金调整的释明，《民法典》第585条在对约定违约金进行规范的同时并没有将违约金调整的释明纳入其中，而2020年修订的《买卖合同解释》第21条沿用了此前2012年《买卖合同解释》第27条的内容，规定法院应当对违约金调整进行释明。2020年10月17日在宁波召开的东海卓越论坛"民法与民事诉讼法的对话"中，王利明教授提到了违约金调整应不应该释明的问题，提出司法实践一致认为法院是有义务做出释明的，但是有人提出反对意见，认为释明规则违背了法院本应保持的司法中立立场，申请调整违约金与否取决于当事人自己的处分权，应取决于当事人的意思自治，而且法律也没有规定诉讼时效届满这一问题的释明，④ 因此违约金调整也不应释明。对此，王利明教授认为，违约金调整的释明和诉讼时效届满的释明是有区别的，违约金调整的释明是有必要的，因为如果法院不释明，被告就可能因没有机会提出违约金调整的请求而导致承担过重的责任。在此后的对话环节，许多专家学者也对这一问题作出了回应。⑤ 由此，《民法典》和《买卖合同解释》关于违约金调整释明的规定是否存在矛盾？违约金调整释明制度是否有其正当性？以及这一制度在《民法典》施行后如何理解与适用？需要进一步探讨和研究。

一、违约金调整释明的争议

（一）法律规定的差异

我国许多法律和司法解释都曾对违约金调整释明相关问题作出过规定。比如1999年《合同法》第114条规定了约定违约金过高情形下的处理方式；2009年《关于当前形势下

---

① 将释明表述为权力的成果，例如张力：《阐明权研究》，中国政法大学出版社2006年版，第1页；蔡虹：《释明权：基础透视与制度构建》，载《法学评论》2005年第1期，第107页。将释明表述为义务的成果，例如韩红俊：《释明义务研究》，法律出版社2008年版，第1页。此外，还有学者将其表述为诉讼指挥权，例如，翁晓斌、周翠：《辩论原则下的法官实质诉讼指挥与收集证据的义务》，载《现代法学》2011年第4期，第131页。

② 参见［日］中村英郎：《新民事诉讼法讲义》，陈刚、林剑锋、郭美松译，法律出版社2001年版，第178页。

③ 参见［德］罗尔夫·施蒂尔·纳阿斯特里德·施塔德勒：《法官的积极角色》，载［德］米夏埃尔·施蒂尔纳编《德国民事诉讼法学文萃》，赵秀举译，中国政法大学出版社2005年版，第420页。

④ 虽然我国现行法律并未对诉讼时效届满的释明进行规定，但笔者认为对于该问题不能一概而论，也应根据具体案情视情况而定，以不释明为原则，消极释明为例外，该例外应以当事人提出诉讼时效抗辩的构成要件事实为基础。

⑤ 《"民法与民事诉讼法之高峰对话"对话环节》，载微信公众号"民事程序法研究"2020年10月26日。

审理民商事合同纠纷案件若干问题的指导意见》（以下简称《指导意见》）第 5 条规定了法院应依法调整过高的违约金，第 8 条规定法院可以对违约金过高问题进行释明；2020 年《民法典》第 585 条也规定了违约金过高的处理方式，但并未对法院应否释明或者可否释明进行规定；2020 年《买卖合同解释》第 21 条沿用了 2012 年《买卖合同解释》第 27 条的规定，规定了法院应当对买卖合同中过高的违约金进行释明。

上述与违约金调整释明问题相关的法律和司法解释中，现行有效的有 2009 年《指导意见》第 5 条和第 8 条，2020 年《民法典》第 585 条，2020 年《买卖合同解释》第 21 条。其中，明确规定违约金调整释明问题的有《指导意见》第 8 条和《买卖合同解释》第 21 条。

在这些法律规定中，有以下三个方面的差异。

其一，《买卖合同解释》和《民法典》规定的差异。

2012 年《买卖合同解释》第 27 条一直是学者们解读违约金调整释明问题的关键条文，2020 年修改后的《买卖合同解释》沿用了这一条文的表述，仅仅将条文序号从第 27 条变为第 21 条，其余未做任何改变，该条规定似乎表明我国立法上对违约金调整的释明采取积极态度。《民法典》第 585 条第 2 款继受自《合同法》第 114 条第 2 款，但是并未吸收《买卖合同解释》中相关规定的内容，即没有吸收其中"人民法院应当就法院若不支持抗辩，当事人是否需要主张调整违约金进行释明"，没有以明确的法律条文规定法院可以对违约金调整进行释明。

《民法典》和《买卖合同解释》对违约金调整问题的不同规定缘于二者有不同的价值追求。《民法典》第 585 条更加强调当事人意思自治。其中关于当事人可以约定违约金数额和损失赔偿额计算方法的规定就属于当事人意思自治的范畴，法院在审判过程中应当尊重当事人的意思自治。然而，我国《民法典》合同编对违约金的规定以损失弥补为原则，惩罚性违约金为例外。在当事人约定的违约金过分高于一方违约所造成的实际损失之情况下，《民法典》第 585 条第 2 款为违约方提供了补救的机会和可能。为了防止法院在裁判过程中干预到当事人意思自治，该条款还规定了采取此种补救措施的前提是当事人提出请求。与《民法典》第 585 条强调当事人意思自治相对应，2020 年《买卖合同解释》第 21 条则更加强调实质公正。

其二，《买卖合同解释》和《指导意见》规定的差异。

在 2012 年《买卖合同解释》出台前，最高法于 2009 年印发的《指导意见》第 5 条规定："现阶段由于国内宏观经济环境的变化和影响，民商事合同履行过程中违约现象比较突出。对于双方当事人在合同中所约定的过分高于违约造成损失的违约金或极具惩罚性的违约金条款，人民法院应根据合同法第一百一十四条第二款和最高人民法院《关于适用中华人民共和国合同法若干问题的解释（二）》第二十九条等关于调整过高违约金的规定内容和精神，合理调整违约金数额，公平解决违约责任问题"，其第 8 条规定："为减轻当事人诉累，妥当解决违约金纠纷，违约方一合同不成立、合同未生效、合同无效或不构成违约进行免责抗辩而未提出违约金调整请求的，人民法院可以就当事人是否需要主张违约金过高问题进行释明。"这两条规定是在当时国内宏观经济环境变化的背景下提出的实现实质公正的司法政策。不难发现，《买卖合同解释》中关于"人民法院应当就法院若不支持免责抗辩，当事人是否需要主张调整违约金进行释明"的规定就是从上述政策性规定中发展而来的，而且将上述第 8 条中的"可以"改为"应当"，将其变为一种强制性规定，同时也将违约金调整的释明作为一项强制性程序。然而，《买卖合同解释》第 21 条中用"应当"释明表述，《指导意见》第 8 条中用"可以"释明表述，这两条同时存在的规定是否相互矛盾？是否是因为买卖合同和其他民商事案件有不同之处才有不同的规定？对此笔者认为并非因为买卖合同的特殊性才有了"应当"和"可以"的区别，两条规定是有矛盾的，且法律应进行修改明确该问题，即便不在法律中规定，也应统一司法解释及现行有效的司法解释性质文件的规定。

其三，《合同法》和《民法典》规定的差异。

关于违约金的调整，《合同法》第 114 条规定的是"当事人可以请求人民法院或者仲裁机构予以增加（适当减少）"，而修改后的《民法典》第 585 条规定的是"人民法院或者仲裁机构可以根据当事人的请求予以增加（适当减少）"，这两个规定的表述看似意思一样，但是如果意思一样为什么要进行措辞变化，这个变化是否又意味着更加强调了如果当事人没有请求的情况下，法官可以不调整违约金。

（二）理论观点的争鸣

理论界对违约金调整释明的争论更多的是从 2012 年《买卖合同解释》之后展开的。具体而言，可以分为两种截然不同观点：其一，赞成法院对违约金调整问题向当事人释明；其二，反对法院对违约金调整问题向当事人释明。

1. 赞成释明

赞成法官对违约金调整进行释明的学者主要是从纠纷解决和节约司法资源的角度出发去考虑问题，认为释明可以促进民事纠纷的一次性解决，最大限度地节约司法资源。

有学者将民事实体抗辩分为事实抗辩和权利抗辩。并认为，对事实抗辩，法官应当进行释明，原因有二：其一，法官对事实抗辩进行释明有利于实现实质正义；其二，援引效力强于释明，法官应当依职权主动援引事实抗辩，根据举重以明轻规则，法官当然应当对事实抗辩进行释明。而违约金抗辩属于事实抗辩的范畴，属于其中的减责事由抗辩，因此法官应当对其进行释明。同时，还提出法官对违约金调整进行释明可以促使被告构建二元化防御体系，有效防止裁判突袭，从而达到纠纷一次性解决的目的，提高诉讼效率。[1] 不

---

[1] 参见张海燕：《论法官对民事实体抗辩的释明》，载《法律科学》2017 年第 3 期，第 186 页。

仅阐述了法官应当对违约金抗辩进行释明的原因，还从释明后将达到的有利效果方面对应当释明违约金调整问题进行了补证。此外，2020年10月在宁波召开的"民法与民事诉讼法的对话"论坛中，以王利明教授为主的多数学者也赞同应该对违约金调整问题进行释明。

2. 反对释明

反对法官对违约金调整进行释明的学者主要是从以下三个方面考虑：其一，是否请求对违约金进行调整是当事人意思自治和自由处分的范畴，法官不应干预，也即法官不应在当事人没有申请的情况下进行释明，必须以当事人主张为前提，否则将与民事诉讼中当事人的处分原则相悖。其二，对违约金调整的释明不属于法官释明的范畴。日本学者奈良次郎曾将释明概括为澄清不明确的释明、消除不妥当的释明、补充诉讼材料的释明、新提出诉讼材料的释明和举证方面的释明五个类别。① 严格来讲，违约金调整不属于其中任何一项。其三，域外没有相应立法例。

有学者曾明确反对对违约金调整进行释明。提出违约金调整的立法例可以根据是否需要债务人申请为依据分为无需债务人申请的立法例和需要债务人申请的立法例，前者以瑞士、意大利为代表，后者以德国为代表。我国《民法典》第585条第2款明确规定人民法院或者仲裁机构可以根据当事人的请求适当增加或减少约定违约金，显然，我国采纳的是类似于德国的立法例，这实际上规定了请求调整违约金是当事人的权利，法院不得依职权进行调整，只能在当事人请求调整后才可以根据当事人的请求进行适当调整。《买卖合同解释》第21条要求法院应当对违约金调整进行释明，且用"应当"一词将释明界定为法院的一项义务，这与释明的性质、范围以及应遵循的基本原则相悖。因此，应当规定当事人未要求调整违约金的，法院不得进行释明，当事人要求调整可以以反诉或者抗辩的方式进行。二审中法院如果查明约定违约金过高，不予调整将造成裁判结果显失公平的，法院可以直接依职权适用诚实信用原则认定违约金条款无效，撤销原审中关于违约金的判决并发回重审。②

有学者从比较法、诉讼法、司法实践三个角度论证了应当废止法院对违约金调整的释明。③ 从比较法角度分析，域外国家或地区没有违约金调整释明的立法例，对违约金的调整。域外有两种不同的立法例，分别是依职权和依声明，依职权调整违约金的代表性国家有瑞士④，依声明调整违约金的代表性国家有德国⑤，根据我国现行法律的规定，我国采

---

① ［日］高桥宏志：《民事诉讼法：制度与理论的深层分析》，林剑锋译，法律出版社2003年版，第367页。
② 参见梁慧星：《违约金调整，应否释明——〈买卖合同解释（法释〔2012〕8号）〉第二十七条解读》，载中国法学网 http://iolaw.cssn.cn/bwsf/201211/t20121119_4619039.shtml，最后访问日期：2022年1月10日。
③ 参见睢晓鹏：《违约金调整释明制度之探讨》，载《人民法院报》2020年11月19日，第7版。
④ 瑞士债务法第163条规定："法官得依其裁量，酌减过高之违约金"。
⑤ 德国民法典第343条规定："违约金之金额过高者，在债务人提出申请时，得以判决减至适当之金额"。

取依声明的立法例，但是域外对违约金调整采依声明立法例的国家也没有规定违约金调整释明制度。从诉讼法角度分析，违约金调整释明不属于释明范围。根据对释明的界定①可知，释明的范围限于诉讼程序、事实和法律，不包括对当事人行使权利与否的释明。对当事人行使某项权利与否进行释明，一定程度上也违反了法官中立原则。从司法实践角度分析，法官向当事人释明可以提出违约金过高的抗辩会导致约定违约金制度丧失了其应有的目的和功能。规定约定违约金制度一方面是为了通过当事人意思自治敦促其严格履行合同，另一方面是为了减轻守约方的举证负担。法院如果向当事人释明违约金抗辩，违约方当事人也提出了违约金过高的抗辩的情形下，守约方需证明违约金合理，应提出相应的证据，然而在实践中，守约方也很难确切地对其损失进行举证导致其往往会承担不利的后果，这就使减轻守约方举证责任这一目的落空。同时，法院向当事人释明后，通常以酌情调整违约金为原则，这样一来，也违背了敦促当事人履行合同这一目的。

还有学者认为不应将违约金调减纳入法院释明的范畴。在论述这一问题时，石冠斌教授提出，最高人民法院在不同的司法解释中并未保持一致的立场，在《合同纠纷案件指导意见》第8条中规定法院"可以"对违约金调整问题向当事人释明，而在《买卖合同解释》中又规定法院"应当"对违约金调整问题向当事人释明，这两个司法解释存在分歧，这一分歧是否存在矛盾，是否意味着买卖合同纠纷相较于普通合同纠纷存在特别之处，司法实务界并未形成一致意见。同时，他提出，对违约金调整进行释明违背法院本应持有的中立立场，且对违约金进行释明本就不属于法院释明的范畴。②

二、违约金调整释明的司法实践

笔者对违约金调整释明的司法实践的研究主要是通过在威科先行数据库搜索裁判文书，并通过对裁判文书进行宏观和微观两个方面的解读，得出一些有价值的信息。虽然数据库中得出的资料可能不能够完全显示和概括违约金调整的释明问题，但私以为还是可以说明一定司法实践运行状况的。

（一）司法实践的宏观情况

笔者在威科先行数据库案例一栏中输入"违约金调整""释明"，共得出3670个检索结果，通过对这3670个裁判文书进行分析，得出以下信息。

第一，从审理年份看，如图表一所示，这3670个裁判文书的裁判日期为2001年至今，且从2017年开始呈迅速增长之势。近五年来相关裁判文书数量占了2001年至今文书

---

① 释明是指在民事诉讼中，当事人的诉讼请求、陈述的意见或提供的证据不明确、不充分、不适当的情形下，法官依法对当事人进行发问、提醒、启发或要求当事人对上述事项作出解释说明或补充修正的诉讼行为。
② 参见石冠斌：《民法典合同编违约金调减制度的立法完善——以裁判立场的考察为基础》，载《法学论坛》2019年第6期，第63页。

总量的80%以上，似乎说明近几年来违约金调整的释明更加重视。当然这个数据呈现也与2016年裁判文书上网规定的实施以来，裁判文书的公开数量和公开比例都有明显提高有一定关系。

图表一：

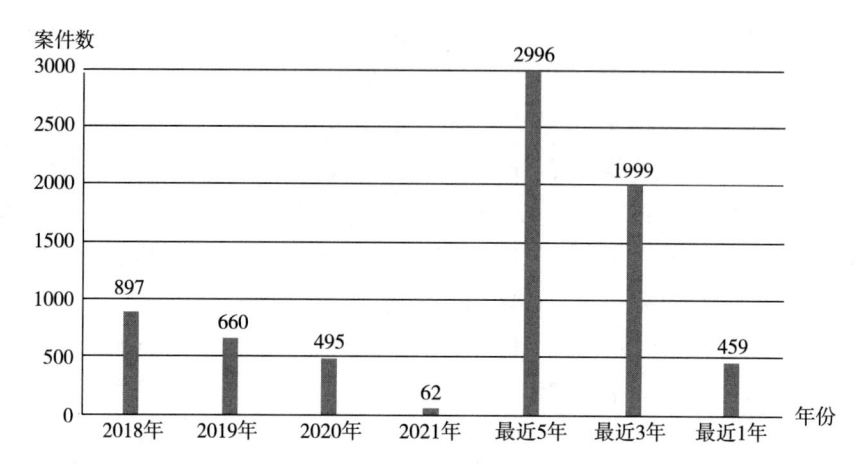

第二，从聘请律师情况看，如图表二所示，在这些案件中，聘请律师（包括双方聘请律师和单方聘请律师）的占多数，双方聘请律师的比例接近总数的一半，单方聘请律师的稍少一些，占比37.49%，未聘请律师的占比15.18%，从总案件数来看，还是有相当一部分当事人没有聘请律师。

图表二：

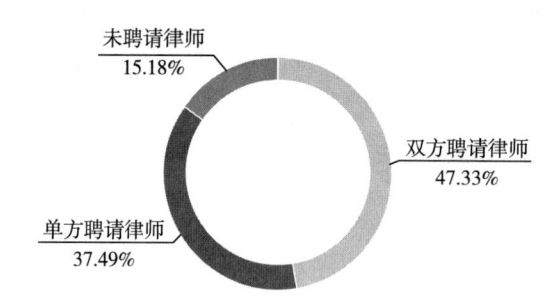

第三，从当事人的类型看，如图表三所示，相关案件的当事人大多数为自然人，法人及其他组织占少数，还有极少一部分个体工商户。

图表三：

个体工商户 0.36%
法人及其他组织 24.22%
自然人 75.42%

（二）司法实践的微观情况

选取的裁判文书都是 2021 年作出的裁判，笔者选取这些裁判文书是考虑到这个时间是目前为止所有关于违约金调整释明的相关法律和司法解释都修改后的、相对稳定的，而且是最新的，理应具有一定的科学性。如果在这一时间段的裁判文书对这一问题还没有达成一致，就说明立法或司法关于违约金调整的释明在某些方面仍然需要修缮。为了更加简洁明了的说明本文所要研究的问题，以下选取的案例内容将有部分省略，仅涉及与违约金调整释明相关的部分。

1. 法官没有向当事人释明，而是直接对违约金进行调整的案例：

案例一： 浙江某公司诉瑞安市某公司、施某某房屋租赁合同纠纷案。在本案中，原告浙江某公司与被告施某某签订了一份《厂房租赁合同》约定原告将其办公楼出租给被告，年租金 394128 元，租期 3 年，租期内违约一方应向对方赔偿 40 万元作为补偿损失。被告租房后注册成立瑞安市某公司。在租期尚未届满时，被告以资金紧张为由拖欠原告浙江某公司租金。法院认为，被告公司至今尚未支付上述期间的租金，已构成违约，原告有权解除合同。被告未按约支付租金，导致合同解除，其应承担违约责任。原告也向法院提出了 40 万元违约金请求。根据《最高人民法院关于适用〈中华人民共和国合同法〉若干问题的解释（二）》第 29 条第 2 款规定，当事人约定的违约金超过造成损失的百分之三十的，一般可以认定为《合同法》第 114 条第 2 款规定的"过分高于造成的损失"的规定。双方约定违约金 400000 元已过分高于原告的实际损失，法院根据本案实际情况酌情将违约金调整为 40000 元。①

案例二： 安龙县某租赁部与吴某某、姜某建筑设备租赁合同纠纷案。原告安龙县某租赁部与被告吴某某、姜某建筑设备租赁合同纠纷一案，原告请求判令二被告按月利率 2% 支付原告自 2020 年 6 月 25 日起至上述租赁费全部付清为止期间的违约金。法院经审理认

---

① 浙江鹏洲油脂有限公司与瑞安市鑫足鞋业有限公司、施巨令房屋租赁合同纠纷案，浙江省瑞安市人民法院民事判决书（2021）浙 0381 民初 1685 号。

为，本案中，虽然二被告并未举证证明原告诉请违约金过高，但原告亦未在二被告提出"视为放弃2%的租赁费""请求驳回原告的一些过分诉求"的异议后对其主张违约金的合理性提供证据证明，结合二被告认可所欠债务，也愿意承担这一实际情况，法院酌情将违约金调整为：以尚欠租金20148元为基数，从2020年6月25日起，按当月中国人民银行授权全国银行间同业拆借中心公布的一年期贷款市场报价利率（3.85%）为基础，加计50%计算。①

案例三：长沙某公司与黎某房屋买卖合同纠纷案。原告向法院请求解除原告与被告签订的《长沙市商品房买卖合同》，并请求被告根据合同约定的总房款的10%支付原告违约金183432.3元。被告认为，原、被告双方签订的商品房买卖合同属实，被告未支付后期购房款，双方都有过错，因此，同意解除合同和协助撤销网签手续，但律师费和违约金只同意支付20000元。法院认为，被告构成根本违约，且被告同意解除合同，因此支持原告解除合同的诉讼请求；关于违约金部分，被告逾期付款行为已构成合同违约事项，依法应当承担违约责任，但双方在合同中约定按照总房款10%计算违约金的标准过高，综合考虑被告违约情形、原告所受损失等因素，按照补偿性和惩罚性相结合原则，法院酌情将违约金调整为总房款2%，即36686元（四舍五入），故对原告主张的违约金予以部分支持。②

以上三个案例涉及租赁合同、买卖合同，虽然案件具体情形不完全相同，但仅从裁判文书上看，法院的做法基本相似，都是在当事人没有明确提出调整违约金请求的情况下，没有向当事人释明违约金调整，而是综合考虑被告违约情形、原告所受损失等因素，按照补偿性和惩罚性相结合原则，酌情对违约金进行了调整。

2. 法官向当事人释明了违约金调整的案例：

案例四：某建材店与张某某买卖合同纠纷案。原告某建材店系由韩某某经营的个体工商户，经营范围为建材、厨卫用品销售。2019年2月19日，被告张某某在原告处相赊购卫浴一套，于2020年1月22日向原告出具欠条一张，欠条载明欠款金额为4700元，同时载明付款时间为1月23日，逾期每日加百分之三违约金。欠条出具后，被告于2020年1月23日支付货款2000元，余款2700元至今未付。庭审中，经法院释明，原告自愿将逾期付款违约金调整为按起诉时全国银行间同业拆借中心公布的一年期贷款市场报价利率的四倍计算。法院认为，原告自愿调整后的违约金不违反法律规定，予以确认。③

案例五：何某、张某某等与李某某等建设工程施工合同纠纷案。2013年二被告李某某、阮某某在贵州省金沙县承接了"跑马坪—白岩"通车油路工程，二被告将其中的劳务

---

① 安龙县昌盛建筑器材租赁部与吴平少、姜成建筑设备租赁合同纠纷案，贵州省安龙县人民法院民事判决书（2020）黔2328民初3731号。

② 长沙龙芙置业有限公司与黎敏房屋买卖合同纠纷案，湖南省长沙市芙蓉区人民法院民事判决书（2020）湘0102民初16747号。

③ 1767赣榆区青口镇恒久建材店与张钦军买卖合同纠纷案，江苏省连云港市赣榆区人民法院民事判决书（2021）苏0707民初1767号。

分包给二原告组织施工。二原告组织工人完成劳务任务后，二被告未能全部支付劳务费。2017年11月28日双方签订《金沙县跑马坪至白岩通车油路工程结算备忘录》载明：1. 二被告应付二原告工程劳务费80万元，双方同意按37.5万元进行结算支付。2. 此款在2018年1月31日前支付完，否则从2018年1月31日起按3%月息计算支付违约金，直至付完该款为止……二被告未在约定的期限内支付劳务费尾款。至今仍欠37.5万元的劳务费尾款。为此，原告何某、张某某向法院提出诉讼请求，请求法院判决被告李某某、阮某某立即支付劳务费37.5万元及违约金（从2018年1月31日起至付清为止，以37.5万元为基数，按月利率3.0%计算）。被告主张合同无效，不认可违约金。法院在庭审中就当事人是否需要主张违约金过高问题进行释明。原告主张违约金按全国银行间同业拆借中心公布的一年期贷款市场报价年利率的四倍计算，被告主张资金占用损失按照中国人民银行同期贷款利率计算。法院认为，原告的违约金调整主张符合法律规定，予以支持。[1]

　　案例四是买卖合同纠纷，法院在向当事人释明了违约金调整后，原告自愿将逾期付款违约金调整为按起诉时全国银行间同业拆借中心公布的一年期贷款市场报价利率的四倍计算，法院予以确认。案例五是建设工程施工合同纠纷，法院在庭审中就当事人是否需要主张违约金过高问题进行释明，在原告提出主张违约金按全国银行间同业拆借中心公布的一年期贷款市场报价年利率的四倍计算后，法院予以支持。由此可见，法院在庭审中向当事人释明违约金调整问题后，只要当事人提出的调整违约金请求符合法律规定，法院都将予以支持。

　　上述五个案例由于种种局限虽不足以十分全面地说明问题，但也能表明一些现象，比如可以体现出在司法实践中法院对违约金不符合法律规定的情形是怎么处理的，是否完全按照法律规定进行操作。虽然实践中有法院会严格按照法律规定在特定情况下向当事人释明违约金，然而事实上，审理案件的法官对提出违约金释明也有顾虑，因为如果当事人一方坚持合同无效，而法官认为合同有效向另一方当事人进行了违约金调整的释明，那么坚持合同无效的当事人就会认为法官没有做到公平公正，有偏私嫌疑，如此一来，可能有损司法公信力。因此，法官对违约金调整的释明的态度也非常谨慎。

三、违约金调整释明制度的正当性及其制度完善

　　通过前述对违约金调整释明的立法、理论观点和司法实践的分析，笔者认为对违约金调整进行释明具有一定的正当性，此举将会利大于弊，不但不会违反民事诉讼所追求的公正和效率价值，不会影响法官中立和辩论主义，反而可以平衡当事人的诉讼能力，有利于纠纷的解决，保障司法公正，提高诉讼效率，而且更彰显了法官与当事人在诉讼中协同合

---

[1] 何强、张林明等与李自纯等建设工程施工合同纠纷案，贵州省金沙县人民法院民事判决书（2020）黔0523民初5344号。

作共同推进诉讼进程的实效价值。然而目前违约金调整释明制度存在着一些问题：其一，立法上对违约金调整释明规定的位阶低且有矛盾。现行有效的相关法律和司法解释中，明确规定违约金调整释明问题的有《买卖合同解释》第21条和《指导意见》第8条，《民法典》和《民事诉讼法》中并没有对这一问题进行规定，这就说明立法规定位阶低。同时，《买卖合同解释》第21条和《指导意见》第8条看似内容相似，都是赞同法院向当事人释明违约金调整，然而一个用"应当"一个用"可以"，措辞不同，表达的强度也不同，造成了矛盾规定。其二，理论观点存在争议。民法和民事诉讼法理论界对这一问题仍然有不同观点，部分学者赞成法院对违约金调整问题向当事人释明，还有部分学者反对法院对违约金调整问题向当事人释明。赞成法官对违约金调整进行释明的学者主要是从纠纷解决和节约司法资源的角度出发去考虑，反对法官对违约金调整进行释明的学者多是从当事人意思自治，法官释明的范围，域外相关规定入手去论述。出发点不同，也就不可避免促成了不同的观点。其三，司法实践操作不统一。这不仅源于每个案件都有不同的具体案情，而且与立法不十分完善、法官个人对违约金调整释明存在顾虑等因素密切相关。

（一）违约金调整释明的正当性

有学者认为，现如今的司法背景与最初规定违约金调整释明制度时的司法背景已经发生了翻天覆地的变化，再加上司法实践中提出违约金抗辩已经成为常识性问题，因此，违约金调整的释明制度也理应没有存在的必要，可以功成身退，应当废止违约金调整的释明制度，[①] 对此，笔者存在不同意见，违约金调整释明制度至少在目前还是有其存在的正当性和必要性的，理由如下：

首先，从目的角度分析。违约金制度的根本目的并不是单纯为了惩罚违约方，更重要的是保障合同的履行，维护社会经济秩序，促进社会主义法治现代化建设。因此，单从违约金所呈现出的表面目的[②]就认定违约金调整的释明和违约金制度的目的相悖的观点是片面的，由这种错误观点得出的结论也将与司法公正的长远发展不符。虽然法院对违约金调整问题进行释明可能遭受违反辩论主义、法官中立等方面的质疑，但是我们更要认识到辩论主义的适用不能绝对化，法院对违约金调整进行释明具有重要的现实意义，有利于保障司法公正，可以促进快速高效解决纠纷，提高诉讼效率。反之，不进行释明反倒可能增加当事人不必要的诉累和司法成本，不利于纠纷的高效解决。

其次，从必要性角度分析。无论是从立法上还是司法实践中，对违约金调整应否释明这一问题仍然存在矛盾。从立法上看，虽然《民法典》中没有规定违约金调整的释明问题，然而，《民法典》出台之后修订的《买卖合同解释》沿用了此前关于违约金调整释明

---

① 参见睢晓鹏：《违约金调整释明制度之探讨》，载《人民法院报》2020年11月19日，第007版。
② 违约金调整的表面目的大致包括：激励债务履行，避免举证困难，预先限定责任等。

的规定,即规定法院应当对违约金调整进行释明,此外,《指导意见》中"可以释明"的规定也还有效存在。从司法实践上看,关于违约金调整释明与否,实务中并没有达成完全一致的做法,有向当事人释明的,也有不向当事人释明直接进行调整的。而且认为司法实践中提出违约金抗辩已经成为常识性问题,这并不代表违约金的过高或过低约定不合法也是常识性问题,通常所指的违约金调整的释明是指对违约金过高或过低进行调整,并非是对提出违约金与否进行调整。这些都表明违约金调整的释明制度至少在当今社会并没有达到功成身退的程度,仍然有其存在的必要。

再次,从律师代理角度分析。我国不采取律师强制代理制度,根据前述数据显示,违约金调整释明的相关案件中,聘请律师(包括双方聘请律师和单方聘请律师)的占多数,双方聘请律师的比例接近总数的一半,单方聘请律师的稍少一些,占比37.49%,未聘请律师的占比15.18%,从总案件数来看,还是有相当一部分当事人不聘请律师的。在民众法律知识和诉讼观念相对淡薄的情形下,当事人不聘请律师而选择本人进行诉讼可能无法透彻理解法律规定,如果法院不对当事人进行释明,会使其无法通过诉讼充分行使自己的权利,其合法权益无法及时有效得到满足。

最后,从抗辩角度分析。违约金调整是一个事实问题,违约金抗辩属于实体抗辩中的事实抗辩。普遍认为,法院应当对事实抗辩进行释明,原因如下:其一,法院对事实抗辩进行释明有利于实现民事诉讼实质正义。事实抗辩牵涉到当事人民事实体权利的存在问题,与当事人实体权益有很大关联,无论当事人提出抗辩与否,法院都应当对事实抗辩进行释明。其二,援引的效力较释明更强。对事实抗辩,无论当事人主张与否,法院都应当依职权援引,由此类推,法院当然可以对事实抗辩进行影响力更弱的释明行为,且此行为不会对当事人的诉讼权利造成影响。其三,根据民事诉讼法诚实信用原则的要求,法官在审理案件过程中应当适时公开其心证,尽可能地避免突袭裁判。而释明恰好可以将法官心证的内容传达给当事人,促进法官和当事人之间的有效沟通交流,避免突袭裁判。同时,释明还有助于发现案件真实,实现实质公平,促进诉讼效率的提高,实现纠纷的一次性解决。[1]

(二) 违约金调整释明的完善

1. 明确违约金调整释明的立法

前述理论和实践均表明,违约金调整的释明有其正当性和必要性。为此,需要对现行法律进行适当调整,使其更适应司法实践的需要。首先,《指导意见》第8条中"可以"释明的表述用得不科学,因为"可以"就意味着法官具有选择权,可释明亦可不释明,如

---

[1] 参见王杏飞:《论释明的具体化:兼评〈买卖合同解释〉第27条》,载《中国法学》2014年第3期,第268-272页。

此，法官将不会承担释明不当的后果，间接的也会增加法官在实务中办理案件时为了减少麻烦选择不释明的可能性。该条规定本意是在违约金调整释明问题上赋予法官自由裁量权，然而忽视了具体适用问题上的现实性，因此"可以"用词不科学。其次，现行《买卖合同解释》虽以"应当"释明的规定赞同法院对违约金调整进行释明，但存在两个问题：其一，规定的法律位阶低。《买卖合同解释》属于司法解释，司法效力较之于法律而言相对有限。其二，规定的范围较小。现行法律法规和司法解释中，仅《买卖合同解释》明确规定了可以对违约金调整释明，似乎仅将范围限定在买卖合同。结合前述分析，笔者认为，可以将"法院应当对违约金调整进行释明"纳入法律规定之中，并规定法官在应当释明时不释明的后果以规范其行为。在更高位阶的法律中作出明确规定，以提高其在司法实践中的可操作性。同时，从立法层面扩大法院对违约金调整释明的范围，使其不仅限于买卖合同，也应当包含租赁合同、借款合同、建设工程合同、运输合同等等。

2. 统一违约金调整释明的司法

通过前述对司法实践中的宏观情况和微观情况的分析可知，近年来实务界也在关注和重视这一问题以寻求更便捷有效的解决该问题的方式。我国不采取律师强制代理制度，因此在相关案件中，聘请律师的（包括双方聘请律师和单方聘请律师）的占多数，未聘请律师的仅占比 15.18%，但从总案件数来看，还是有相当一部分当事人没有聘请律师。再加上相关案件的当事人类型大多为自然人，少部分是法人及其他组织，这就不可避免地会存在一些没有聘请律师的当事人对案件认识不够全面，法律知识和诉讼观念也有待提高，法院不释明难以有效保障其合法权益。然而，从微观个案上看，司法实践中的具体做法却并没有达成统一。既有法院没有向当事人释明违约金调整，而是综合考虑被告违约情形、原告所受损失等因素，按照补偿性和惩罚性相结合原则，酌情对违约金进行调整的情况；也有法院向当事人释明违约金调整的情况。根据案例显示，在法院向当事人释明违约金调整后，只要当事人提出的调整违约金请求符合法律规定，法院都将予以支持。

对于司法实践中存在的这种不统一现象，需要采取一些措施进行规范。一方面，要采取有效措施减少甚至打消法官对提出违约金释明的顾虑，在法官向当事人释明，发现案件真实并顺利解决纠纷的同时确保法官保持中立性，提高司法公信力。要协调好法官释明后可能造成的发回重审所造成的当事人诉累、审理成本、法官绩效等多种因素。[①] 司法实务中普遍认为法官有审查合同效力的义务。法院合理向当事人释明并不违背当事人的意志，因为法院释明后，最终作出何种选择、是否行使权利调整违约金还是由当事人依其自由意志决定。另一方面，要继续着力提高法官的综合素养和普通民众的法律知识和诉讼观念。要求法院对违约金调整进行释明实际上对法官的综合素养和当事人的法律观念都提出了更

---

① 参见张卫平、戴书成：《民事诉讼法学：多领域跨学科互动聚焦新问题》，载《检察日报》2021 年 1 月 8 日，第 003 版。

高的要求，只有提高法官的职业素养和专业素养，才能进一步确保法官中立和司法公正，使释明更好地发挥应有的作用和价值，弥补当事人法律知识的欠缺，真正达到避免突袭裁判，揭示案件事实真相，有效解决矛盾和纠纷的效果。

（编辑：杨知文）

将社会主义核心价值观融入全民守法的路径分析[*]
——基于法治价值论的视角

陈 瑶[**]

摘 要 全民守法作为依法治国的根本目标与基础工程，在法治中国建设中应体现出守法主体的自觉性与普遍性，而守法主体的自觉性理应建立在其对现行法的价值的认同和肯定的基础之上。基于法律工具主义范式和法律规范主义范式的价值分析可以看出，全民守法不能仅仅依赖于法律的外部强制，而是要在更大程度上依赖于守法主体基于价值认同所形成的主观上的接受和内化。因此，要实现全民守法，就需要推动社会主义核心价值观立体式地融入全民守法的各个环节，即在国家层面确立规则的合法性及制度的威慑力、在社会层面达成中国特色社会主义新时代的全民守法共识以及在个人层面实现公民道德价值观与守法意识的契合。

关键词 社会主义核心价值观 全民守法 价值认同 守法共识 法治价值论

习近平总书记在十八届中央政治局第四次集体学习时提到，"全面推进依法治国，必须坚持全民守法。"[①] 全民守法已然作为依法治国的根本目标与基础工程，全民守法的特征在于守法的普遍性与自觉性。当前我国公民守法的现状与法治的内在要求仍然存在较大

---

[*] 本文系江苏省高校哲学社会科学基金项目"社会主义核心价值观与法治价值的关系研究"（项目编号：2018SJA1775）的阶段性研究成果。
[**] 陈瑶，女，上海师范大学马克思主义学院博士研究生，常州工学院讲师，研究方向为法学理论。
[①] 习近平：《在十八届中央政治局第四次集体学习时的讲话》（2013年2月23日），载《习近平关于全面依法治国论述摘编》，中央文献出版社2015年版，第88页。

差距，全民守法的养成尚面临认知层面、守法行为层面和制度层面的三重挑战。笔者认为，要达到全民"信任立法、配合执法、倚赖司法、自觉守法、主动护法"的理想境界，① 必须遵循内外结合的路径，即将社会主义核心价值观全方位、立体式融入全民守法的全过程，既要从内部来唤起社会主体对法律的认同和尊重，又要从外部推动人们守法，从而寻找到全民守法的理据与实践的契合点。

一、基于工具主义范式和规范主义范式的价值分析

守法是社会主体主观意志上的法律认同与行为上的合法行为的有机结合。② 从法的价值论角度看，全民守法的提出，就体现了我国法治建设进入新时代这个阶段时对现行法的价值的认同和肯定。在阐释人们遵守法律的动因这个问题时，目前法学理论上主要存在以下两个范式，即工具主义范式和规范主义范式。简而言之，工具主义关注如何通过法律权威的工具性控制功能和威慑力量来促使人们遵守法律，侧重于守法行为中的外在因素，其借助的主要手段是提供奖惩机制。规范主义则强调守法行为中的内在因素，即行为主体遵守法律的自觉性。规范主义理论认为影响规范与守法行为关系的核心因素是人们对法律规范的正义与合法性的认识与理解；行动者选择守法主要是其对法律规则内化的结果。每个行动者选择自己的行为，是基于自己特有的认知和观念的支配。规范主义理论认为法治建设应关注行为与观念、意识之间的内在联系。

规范主义范式是基于现代法律的价值合理性而作出的对工具主义范式的理论回应。因为按照工具主义的逻辑，增强公民守法意识的关键在于提高法律工具的有效性，即法治建设的关键就在于加强法律机构或法律权威的控制功能。然而，工具主义理论显然无法回答以下问题：即当人们面对相同的法律控制时，为何不同的行动者会选择不同的行为？显然，单一的工具主义范式无法解释行动者之间的差异问题。美国学者泰勒（Tom Tyler）于 20 世纪 90 年代在对美国芝加哥市居民守法意识的经验研究中，认为规范意识是美国公民遵守法律的主要动因。泰勒提出，尽管程序正义也会影响人们的行为选择，但人们的行为更多的是受到他们对规范和权威的合法性评价的影响。③

中国公民守法行为的动因是工具性因素和规范意识因素共同作用的结果。根据国内学者运用经验分析的方式对影响中国农民守法行为的因素进行了调查的结果显示，法律工具

---

① 有学者提出，守法的境界有三种类型，即他律境界、自律境界和价值目标境界。参见胡旭晟：《守法论纲——法理学与伦理学的考察》，载《比较法研究》1994 年第 1 期，第 11 页。也有学者认为，当公民具备了守法的道德自律精神，就是达到了守法行为上的理性境界。参见刘同君：《论和谐社会语境下公民守法的道德机制》，载《学习与探索》2006 年第 6 期，第 105 页。
② 参见周世中、黄竹胜：《法的价值及实现》，广西师范大学出版社 1999 年版，第 389 页。
③ 参见 [美] 汤姆·R. 泰勒：《人们为什么遵守法律》，黄永译，中国法制出版社 2015 年版，第 6 – 10 页。

性因素和行动者主观意识因素往往共同作用于人们的行为选择。① 正如全国人大代表韩德云在 2021 年两会期间提出的亟需予以整治的"全民违法"② 现象，既有出自"法"本身的制度性问题，也有缘于"民"身上的意识性因素。可见，全民守法绝不仅仅依赖于法律的外部强制，守法的实现更大程度上要依赖于社会主体在主观上的接受和内化，而社会主体主观层面的接受与内化正是建立在行为主体对法律价值认同的基础之上。以极具中国特色的民事判决"执行难"问题为例，造成民事判决"执行难"的原因是多方面的，有制度层面的威慑力不足、执行联动机制运行不畅、社会层面的诚信体系建设相对滞后等，也有观念层面的公民法治意识不强等因素。中国若要实现在 2025 年达成全社会办事依法、遇事找法、解决问题用法、化解矛盾靠法的法治环境显著改善这个目标，我们需要以社会主义核心价值观为价值合理性的判定依据，进而对工具主义范式和规范主义范式进行整合。社会主义核心价值观是一个综合的立体的概念，在国家层面体现为国家的意识形态，在社会层面体现为全体公民共同的价值追求，在个人层面体现为公民的道德要求，正是作为国家信仰、社会价值共识以及公民的道德引领的统合体，社会主义核心价值观才能够实现为法治中国的建设提供导向目标、奠定观念基础以及提供道德支撑的特殊功能。

二、制度层面：以社会主义核心价值观确立法律的正当性与威慑力

从国家层面而言，以社会主义核心价值观为引领的确立"良法之治"是全民守法的制度前提，"吾国已有良法"是中国民众能够认同和接受法律规则、尊重司法裁决的重要前提。法律的权威性来自合法性，民众有且只有遵守"良法"的义务，正当性、合法性正是法律获得权威的价值基础所在。社会主义核心价值观作为当代中国民众的共同价值观，既是制度正当性之制定依据，亦是社会大众对国家法律制度本身的价值评判标准。

1. 以社会主义核心价值观引领法律制度的正当性

在规范层面，以社会主义核心价值观来检视法律法规以及党内法规、政策等的合法性及一致性。社会主义核心价值观中已将"法治"纳入其中，说明实现法治是中国特色社会主义制度的价值追求，用法治思维和法治方式来实现国家治理的现代化已经成为共识。制度本身的合宪性是"法治"这一核心价值的应有之义。关于"恶法亦法"还是"恶法非法"的争议在此先不作评述，笔者认为，在中国特色社会主义建设已经进入新时代的当下，我们要隔绝"良性违宪"③ 这种现象存在的制度空间。改革开放以来，中国出现了不

---

① 参见陆益龙：《影响农民守法行为的因素分析——对两种范式的实证检验》，载《中国人民大学学报》2005 年第 4 期，第 97 页。

② 在 2021 年全国"两会"期间，韩德云代表提出"在全国各地存在滥设电子警察而导致的全民违法现象，即一些几乎没有任何危害性的违章行为也被处以高额罚款"。他建议交通管理部门能够肃清规范，整顿以罚款为目的的不合理电子抓拍。

③ 有关"良性违宪"的讨论，可参见郝铁川：《论良性违宪》，载《法学研究》1996 年第 4 期，第 89 - 91 页。

少表面上看似违宪、但实际上却符合历史发展趋势的事件，"制度突破——推行全国——党的理论——宪法文本"的改革路径①看似迫于无奈，但我们应清醒地认识到，这种现象的存在并不符合"法治思维"的特征与要求，也不利于良性守法环境的生成。在"法治"的价值理念指引下，当宪法或法律法规已经落后于时代的要求时，正确的做法是及时地对之进行修改和完善，而不是纵容所谓的制度突破。"实现立法和改革决策相衔接，做到重大改革于法有据、立法主动适应改革和经济社会发展需要"，2014年通过的《中共中央关于全面推进依法治国若干重大问题的决定》对于"良性违宪"问题给予了正面回应。

在主体层面，法律应体现社会主义核心价值观所倡导的人民主体性。人民是法治建设的主体，社会主义法律首先应体现出"以人为本"的价值取向，应不断满足人民对民主、公平、正义、安全等价值需求。特别是二战之后，为矫正形式法治的弊端，以人的尊严为导向的法治价值观日益受到尊崇，人的尊严被视为法治的终极价值。② 在这样一种时代背景下，我们来审视当前民众所热议的买卖妇女儿童类型的刑事案件，不难发现，法律正当性的缺失，尤其是法律对人的尊严没有构建起充分的防护屏障，正是人贩子们敢于铤而走险、收买者敢于有恃无恐的重要原因。从目前立法规定来看，在基本刑方面，单纯的购买妇女、儿童与购买珍贵、濒危野生动物存在严重的罪刑失衡。③ 价值选择理应是定罪量刑时需要考虑的最核心、最根本的问题。在法治中国语境下，法治即是"法为民而治"。马克思主义唯物史观的价值观强调以人为中心，以人的自由和全面发展作为其终极价值追求。"富强、民主、文明、和谐"既是国家的价值目标，也是人民的价值追求。"自由、平等、公正、法治"等价值的实现，需要把人民民主与民主立法过程统一起来，使人民在每一项立法中真真切切地感到自己是国家的主人。人民只有成为立法的主导者、参与者和消费者，才能保障中国最广大多数人利益的实现。

2. 以社会主义核心价值观保障法律制度的合理性

制度的价值合理性是其具有威慑力的前提。大多数人的守法都是在特定的约束下追求自我利益，④ 美国法律经济学代表人波斯纳教授更是认为，"服从法律更多的是一个利益刺激问题，而不是敬重和尊重的问题。"⑤ 基于趋利避害的人的本能，以"自由、平等、公正、诚信"价值理念来建构守法利益诱导机制是实现全民守法的关键举措，亦是形成"守法被肯定、违法受惩罚"、"守法光荣、违法可耻"的社会氛围的制度保证。

---

① 参见常安：《"摸着石头过河"与"可改可不改的不改"——改革背景下的当代中国宪法变迁》，载《法律科学》2010年第2期，第10页。

② 参见李桂林：《法治价值观：以人的尊严为导向》，载《法学》2020年第4期，第64-76页。

③ 我国刑法第241条第1款规定：收买被拐卖的妇女、儿童的，处三年以下有期徒刑、拘役或者管制。刑法第341条规定了危害珍贵、濒危野生动物罪，法定最高刑可处十年以上有期徒刑，并处罚金或者没收财产。刑法第344条规定了危害国家重点保护植物罪，法定最高刑可处三年以上七年以下有期徒刑，并处罚金。然而，笔者认为，贩卖妇女儿童的行为，远比买卖珍贵动植物以及卖淫嫖娼等行为的危害性要大得多。

④ 参见苏力：《法治及其本土资源》，北京大学出版社2015年版，第77页。

⑤ 参见［美］理查德·A. 波斯纳：《法理学问题》，苏力译，中国政法大学出版社1994年版，第297页。

须进一步强化"公正、平等"价值在守法利益诱导机制中的导向作用。前文中人大代表所提到的行政执法领域存在的"全民违法"现象，很大程度上是由于我们的规则在一定程度上偏离了"公正""平等"等价值，从而导致制度欠缺合理性。① 在设定交通执法领域的行政处罚规则时，需要处理好"安全与自由"这两个利益之间的平衡关系。为保证制度的正当性与合理性，任何基于公共利益对公民自由权进行限制的规定均需经过"适当性""必要性"与"均衡性"三个环节的逐次考量。② 由于目前我国还存在个别部门由于执法理念的错位，将日常执法工作简单化、指标化，以罚代管，甚至有的执法部门将行政执法当作私利扩张的"罚款陷阱"，以上种种因素导致了在交通执法过程中法律效果偏离立法目标的后果。其实，全民违法问题不仅仅存在于交通执法领域，还存在于交通运输执法、劳动执法等其他领域。正如博登海默所说，"一个切实可行并有效的法律制度，必须以民众的广泛接受为基础，相当数量的不满和反对现象的存在，往往预示着所制定的法律是一种病态而非常态"。③

须进一步强化"诚信、文明等"价值理念在守法利益诱导机制中的激励作用，以提升强制的正当性以及奖赏的必要性。笔者关注到近些年全国各地都频频出现的围绕限购与拆迁问题所引发的"假离婚"现象，部分民众为了自身利益的最大化，采取了明显违背"诚信及善良风俗等原则"来规避法律的行为，导致我国社会衍生出了诸多不和谐的因素。同样，在民事执行领域，对付"老赖"的执行威慑力机制仍有待加强，必须进一步加强社会诚信机制的建设，健全公民和组织守法信用记录，完善守法诚信褒奖机制和违法失信行为的惩戒机制。《中共中央关于全面推进依法治国若干重大问题的决定》中提出要通过奖惩并举的方式来督促人们遵守法律。总而论之，关于守法上的利益诱导机制，在宏观层面，国家要让人们从服从法律中获得益处；在微观层面，确保任何人不会因"违背诚信"的行为而获益。

三、社会层面：以社会主义核心价值观促成新时代的全民守法共识

习近平总书记明确指出："法律要发挥作用，需要全社会信仰法律。"④ 从社会层面看，在进入新时代的今天，如何引导人们形成对于法律至上的价值判断和文化认同，从而在全社会形成理性的法治文化及实践，正是当前中国法治建设中的重要与难点。中国法治在不同程度上存在一种疲软现象，这种现象的背后原因与社会主体对中国法治文化的认同

---

① 参见秦前红：《宪治审视下"全民违法"现象的产生及破解之策》，载《政治与法律》2022年第4期，第7页。

② 参见余军：《"公共利益"的论证方法探析》，载《当代法学》2012年第4期，第23页。

③ 参见［美］埃德加·博登海默：《法理学：法律哲学与法律方法》，邓正来译，中国政法大学出版社1999年版，第358页。

④ 中共中央文献研究室编：《习近平关于全面依法治国论述摘编》，中央文献出版社2015年版，第87–88页。

度不高有关。① 基于现代人的社群性，任何人都不能摆脱社会群体的影响带来的规范性压力，只有全社会达成守法共识，才能彻底改变信"访"不信"法"、"大闹大解决、小闹小解决"等失序现象。

1. 以社会主义核心价值观夯实全民守法共识的理念根基

守法共识建立在法治认同的基础之上。法治认同本质上是一种文化认同，我们须清醒地认识到，法治认同不是凭空产生的，它需要全社会共同搭建有利于形成法治认同的知识背景和环境平台。法治认同的实现有赖于两个关键性因素：一是社会要形成一种关于法治的"群际关系"特性；二是公民对于社会整体的法治的范畴化认知和自我归类。② 笔者认为，当前中国已具备实现法治认同的两大关键因素，但总体上尚处于法治认同的初级阶段。首先，尽管我国当前正处于一个文化多元的时代，面临着现代资本主义法治文化与中国传统法律文化的双重挑战与冲击，但中国民众在经历过十年浩劫之后，已经基本形成"摒弃人治、实现法治"的价值认同，即在法治的"群际关系"方面认同法治在国家治理体系中的主导地位。2012年随着社会主义核心价值观的提出，"法治"也被明确纳入社会主义核心价值观的内容体系，可以看出中国民众在法治轨道上持续推进国家治理现代化的决心。其次，由于中国传统法律文化中的封建特权主义、人治主义的影响，中国民众在对社会整体的法治的范畴化认知方面，可以说更多的只是停留在制度层面，而没有深入到精神层面，距离"法治成为民众的信仰"之间尚有遥远的距离。具体表现在部分公民包括一些领导干部的宪法意识还有待进一步提高，一些地方和部门还存在有法不依、执法不严和违法不究等现象。因此，仍有必要发挥社会主义核心价值观在社会治理中的价值引领作用，提升核心价值观在法治中国建设中的"自然法"功能，从而促成宪法至上、守法光荣的社会氛围。

2. 以社会主义核心价值观拓展新时代中国民众守法共识的内涵

从世界法治文明的发展历程来看，守法共识的内涵是一个不断拓展的过程。受中华法系"维护君权、义务本位"传统理念的影响，在很长一段时期，以义务为核心的"消极守法"理念都是中国民众对守法的共识，即守法就是"严格遵守国家的现行法律的规定，人们的活动都必须符合国家法律的要求，依法办事"。在传统中国，老百姓的守法意识往往是以是鬼神化的形式表现出来的，由于中国古代的鬼神大多具有劝善止恶的功能，蕴含着"善有善报、恶有恶报"的传统思想，守法共识不仅带有强烈的伦理道德性，而且民众是在日常的鬼神信仰和仪式中间接地、无意识地接受法律规范的。③ 直到近代以后，随着

---

① 参见龚廷泰：《法治文化的认同：概念、意义、机理与路径》，载《法制与社会发展》2014年第4期，第42页。
② 参见[澳]迈克尔·A.豪格、[英]多米尼克·阿布拉姆斯：《社会认同过程》，高明华译，中国人民大学出版社2011年版，第51-63页。
③ 参见郝铁川：《中华法系研究》（增订本），商务印书馆2021年版，第335-352页。

社会的进步与发展,加上西法东渐的影响,权利观念开始传播,"人权、自由、平等"等理念逐渐为民众所熟知,以权利为核心的"积极守法"理念才随之兴起。关于法治认同的内涵,在马尔库塞看来,法治认同指的是对个体权利的相互承认;① 在罗尔斯看来,法治认同指的是包括政治正义观念以及基于道德基础的社会观念、公民观念、正义原则以及主体间达致的合作性美德的共识。② 当前,中国民众对于法治认同的内容除了社会秩序观念之外,还包括正义观念、公民作为人的观念、制度正义原则以及关于合作性美德等方面。③ 社会主义核心价值观中"自由、平等、公平、正义"等理念从内容方面看,已经涵盖了当前中国民众法治共识的应有之义。毋庸置疑,新时代的全民守法共识应以"自由、平等、公平、正义、法治、和谐"等理念为其基本内涵,人们只有在信念上接受了这些法律,才会选择遵守法律,并且在行为上能够体现出这些法律所要表达的价值观。

四、个人层面：以社会主义核心价值观促成个人道德价值观与公民守法意识的契合

守法意识是公民法治意识的核心内容,培育公民的守法意识是达成全民守法的内在保障。价值目标导向下的遵法守法,不仅体现出民众对法律规则的认同和尊重,更是对规则背后所蕴含的价值理念和治理逻辑的尊重。日本学者川岛武宜从"主体性"的角度来界定守法精神的内核,他将之归纳为两个基本内容,一是"对自己权利的主张";二是"对他人权利的承认和尊重"。④ 川岛武宜认为,近代化的法不同于其他各个历史时期所有的法律,它尤其不可缺少的条件是一定的意识性、精神性的因素。⑤ 在法治中国建设进入攻坚期的当前阶段,我们应致力于让尊法守法成为全体人民共同追求和自觉行动这一目标的实现,更多地关注守法主体内心对规则本身的尊重和认识。那么,法治中国的实践中,如何以社会主义核心价值观来唤起行为主体遵守法律的自觉性,让中国公民的道德自律成为公民守法的内在源动力,笔者有以下几点思考。

其一,将社会主义核心价值观持续地、全面地融入公民素质教育的全过程。法治教育与道德教育是公民素质教育的主要内容,一个文明社会的合格公民会将遵守法律内化为自身的内心确信力。通过教育,我们希望实现如下目标:当人们遵守法律,是因为他们认为这样做是正确的;人们坚信,遵守法律本身就是一件有价值的事情;当一个人在践行助人为乐、诚实守信、孝老爱亲、敬业奉献等美德善行时,他不仅实现了自身的个人价值,同

---

① 参见[美]马尔库塞:《理性和革命——黑格尔和社会理论的兴起》,程志民等译,上海世纪出版集团2007年版,第80页。
② 参见[美]罗尔斯:《作为公平的正义——正义新论》,姚大志译,上海三联书店2002年版,第321页。
③ 参见龚廷泰:《法治文化的认同:概念、意义、机理与路径》,载《法制与社会发展》2014年第4期,第42页。
④ 参见[日]川岛武宜:《现代化与法》,王志安等译,中国政法大学出版社1994年版,第74页。
⑤ 参见[日]川岛武宜:《现代化与法》,王志安等译,中国政法大学出版社1994年版,第52页。

时也在实现着国家和社会的共同价值。在20世纪九十年代对美国芝加哥市居民守法意识的研究报告中,泰勒发现,之所以很多公民有强烈的守法义务感,是因为他们都认为违反法律在道德上是错误的,他们即便对法律权威的合法性存有疑惑,仍会忠实于自己的道德信念而选择服从法律。① 只有当公民把个人价值的实现与社会整体价值的实现融为一体的时候,才能实现公民的道德自律。守法与实现自身价值之间存在着协同关系,例如,法律的遵守即是自由的实现;法律的遵守也是实现正义的过程;守法是通向幸福生活的道路,守法是实现民主的根本途径,守法是通往和谐秩序的必经之路,等等。总而言之,当民众基于社会主义核心价值观养成道德自律,每个人在遵从理性规则的同时,即是在对自身权益的进行最佳保护。

在现代法治国家中,新加坡的经验可资借鉴。新加坡提倡了五大共同价值观,② 并通过强制式教育手段向公民进行广泛宣传,结合法治教育与法律惩戒,双管齐下,在强化公民的道德习惯与守法意识的同时,也取得了良好的社会治理效果。中国历来注重道德教化,法治教育目前也正出于蓬勃兴起阶段,若能将社会主义核心价值观持续、切实地融入公民素质教育的全过程,就可以有效提升公民的德治与法治素养。社会主义核心价值观之所以能够促成个人道德价值观与公民守法意识的契合,其原因就在于社会主义核心价值观与法治中国的价值目标存在高度的一致性,核心价值观一直以来都是中国民众道德自律性的本源。因此,宣传、教育并践行社会主义核心价值观的过程,其实就是将法治教育与道德教育相结合的过程。

其二,加强法治宣传,以社会主义核心价值观重点培育中国公民的规则意识。公民规则意识是指公民在法治状态下通过对法律规范内在价值的认同,进而把法律有效地内化为其自觉的价值尺度和行为准则,形成一种自觉的程序规则意识和自觉服从意识,进而上升到遵守法律的自主自律意识。可以说,规则意识正是公民道德素质和法治素养相统一的产物。前文提及的"全民违法"现象,除了"法"本身的问题,更亟须解决是"民"身上的问题。"中国式过马路"之所以成为一个难以根治的顽疾,主要还是因为部分公民尚存有"法不责众"的心理,从而导致对规则的选择性忽视。同时,中国民众规则意识的欠缺更突出地表现在"遇事找人不找法""将特权凌驾于规则之上"等现象上。在人情(熟人)社会中,关系重于法律;在法治社会中,法律优于关系。近代以来,中国为走出"熟人社会",传统法观念经历了"从特权(专制)到平等、从权力到权利"的转型。从当下中国的法治实践来看,转型尚未成功,培育中国公民的规则意识仍然要重点突破传统的权力思维所带来的巨大障碍。社会主义核心价值观中所倡导的"平等、诚信、自由、友善"

---

① 参见[美]汤姆·R. 泰勒:《人们为什么遵守法律》,黄永译,中国法制出版社2015年版,第42-45页。
② 其内容为:国家至上,社会为先;家庭为根,社会为本;关怀扶助,尊重个人;求同存异,协商共识;种族和谐,宗教宽容。

等建立在权利基础上的价值理念,有助于矫正特权意识,从而理性培育公民的规则意识。

其三,积极践行社会主义核心价值观,通过法治实践提升公民的守法境界。公民的守法境界大致可分为以下四种类型:不敢违法的"惧法"境界、不能违法的"信法"境界、不愿违法的"敬法"境界以及自觉守法的"悟法"境界。[①] 目前,中国公民的守法境界参差不齐,总体层次不高,地区差异明显。以这场开始于 2020 年、历时近 3 年的新冠疫情防控战为例,中国公民朴素的守法意识正是我国迅速和有效地控制疫情的重要"法宝",但在疫情防控过程中,也出现了一些"不合法、不和谐、不文明"的现象。笔者认为,可以将社会主义核心价值观作为司法裁判的依据,通过相关司法实践来正向激励公民的守法意识。最高人民法院从 2016 年开始,先后发布三批"弘扬社会主义核心价值观典型案例"[②],这些案例中弘扬的价值主要包括诚实守信、家庭美德、社会公德、友善互助、革命英烈保护、未成年人保护以及环境公益等。近些年,"江歌母亲诉刘暖曦生命权纠纷"(2022 年)、"医生劝阻老人吸烟案"(2017 年)等案件引发了民众的关注,这些案件的判决结果表达了司法裁判应当守护社会道德底线、弘扬美德义行、引导全社会崇德向善的价值理念,对公民的法治信仰起到了正向促进作用。综上而言,公民法治境界的不断提升的过程,也正是塑造法治信仰、革新国民意识这一宏大工程逐步实现的过程。[③] 社会主义核心价值观正是引导中国公民从对守法的被动性接受对守法的高度自觉和理性认同这一高级境界的精神力量。

(编辑:侯竣泰)

[①] 参见李林:《建设法治社会应推进全民守法》,载《法学杂志》2017 年第 8 期,第 6 页。
[②] 最高人民法院于 2016 年 3 月 10 日、8 月 23 日,以及 2020 年 5 月,分三次发布弘扬社会主义核心价值观十大典型民事案例。
[③] 参见胡玉鸿:《全民守法何以可能?》,载《苏州大学学报(哲学社会科学版)》2015 年第 1 期,第 63 页。

清末修律中罚金刑与赎刑的调适与反思

刘 维[*]

> **摘 要** 在清末修律过程中，自引进罚金之法后，罚金与赎刑的组合体系呈现出三种形态。以《大清现行刑律》为标志，形成了"轻罪罚金+重罪赎刑"并立的体系。以章董氏《刑律草案》稿本为标志，形成了"轻罪罚金+妇女重罪赎刑"体系。以《大清新刑律》为标志，形成了"轻重罪罚金+短期自由刑易科罚金"体系。清末罚金与赎刑体系的演进，具有激烈变动的特点，其原因一方面是删订旧律与编纂新律的不同修律宗旨导致的差异，另一方面是受外法的变化而变化。罚金从无到有，从与赎刑并存到几乎完全排挤掉赎刑，其本质上是外来法与本土法调适的问题，是坚持中外法制共存还是全盘接受外法的问题。在吸收外来罚金之法时，也要注重吸取本土赎刑合理的法律文化资源。
>
> **关键词** 罚金　赎刑　现行刑律　新刑律　法律移植

一、引言

罚金与赎刑最主要的区别即在于前者为正刑，后者为替代刑。[①] 在清末法制变革以前，赎刑占据着统治地位，而罚金只在短暂的时期存在过。[②] 中国近代意义上的罚金起自清末修律，修订法律馆引进外来罚金之法，罚金替代笞杖，成为一种新的刑罚。外来罚金之法的引入与同为财产刑的本土赎刑相互作用、相互影响，由此形成了罚金与赎刑共存的体系。光绪

---

[*] 刘维，男，江西赣州人，华东政法大学法律史专业博士研究生，研究方向为中国法律史、法律文化。

[①] 对罚金与赎刑的区别，沈家本进行过论述，其认为，"凡言罚金者，不别立罪名，而罚金即其名在五刑之外自为一等。凡言赎者，皆有本刑，而以财易其刑故曰赎，赎重而罚金轻也。"参见沈家本：《历代刑法考》（上册），商务印书馆2011年版，第298页。

[②] 关于罚金的沿革，沈家本认为，"汉以罚金为常法，而赎则武帝始行之，下逮魏晋六代南朝并承用斯法。北朝魏及齐周并有赎而无罚金，隋唐承之，于是罚金之名无复有用之者。"参见沈家本：《历代刑法考》（上册），商务印书馆2011年版，第298页。

三十一年（1905）修订法律馆变通笞杖为罚金，罚金作为轻刑适用，且与赎刑并立；光绪三十三年（1907）《大清新刑律》草案公布，罚金列为主刑之一，轻重罪皆适用，而在文本中已无"赎刑"之名，只存一条短期自由刑易科罚金的类似赎刑条文。问题在于：短短两年之间，罚金的性质为什么发生如此剧烈的变动？赎刑与罚金的此消彼长是如何演变的？

学者在关注清末刑罚变革时，其相关研究往往提及罚金的改定，但相关研究鲜有涉及从笞杖改定的罚金到新刑律罚金的演变等主题。① 专门以新刑律罚金为主题的研究则较为少见，高汉成教授讨论了部院督抚对新刑律草案涉罚金问题的签注异议，其对本文讨论的主题具有一定的启发。② 学者对清末赎刑变革的研究并不多见，张兆凯教授讨论了赎刑的废除问题，虽提及清末赎刑的废除，但其研究重点不在于此，因此着墨不多，并未深入提及清末赎刑的演变，以及罚金与赎刑关系的演变。③ 清末罚金刑性质的变化，以及罚金刑与赎刑关系的演变等问题，学界之前罕有涉及，而这也是本文讨论的重点。本文试图对这一演变过程进行法律史的梳理，分析清末罚金的出现与演变、罚金与赎刑关系演变的过程与原因。

在清末修律中，目前可见三个不同的刑律文本：《大清现行刑律》、章董氏《刑律草案》稿本、《大清新刑律》。虽然章董氏《刑律草案》稿本并未颁行，但对于观察清末修律中罚金与赎刑立法思想和制度的演变，仍然具有一定的意义，故将此刑律稿本列入其中。④ 本文拟从以上三段历史进程展开论述。其一介绍从改定新章到《大清现行刑律》罚金与赎刑的关系，其二介绍章董氏《刑律草案》稿本罚金与赎刑的关系，其三介绍《大清新刑律》罚金与赎刑的关系。此三段历史进程并非完全按照时间顺序排列，而是按照"删订旧律——编纂新律"的逻辑顺序进行的排列。从改定新章到《大清现行刑律》是删订旧律的进程，而章董氏《刑律草案》稿本与《大清新刑律》则是编纂新律的进程。两者的修律思想几乎完全不一致，故分而论述，以示区别。

二、中外杂糅：清末罚金与赎刑体系的三种形态

（一）《大清现行刑律》：轻罪罚金与重罪赎刑

修订法律馆引入外来罚金之法的同时，本土的传统赎刑也仍然存在，因此自将罚金引

---

① 提及清末罚金的相关研究并不少见，试举数例。参见张德美：《探索与抉择——晚清法律移植研究》，清华大学出版社2003年版；孙家红：《清末章董氏〈刑律草案〉稿本的发现和初步研究》，载《华中科技大学学报（社会科学版）》2010年第3期；李贵连：《1902：中国法的转型》，广西师范大学出版社2018年版；李欣荣：《自创良法：清季新刑律的编修与纷争》，社会科学出版社2018年版；徐小群：《现代性的磨难：20世纪初期中国司法改革（1901-1937）》，中国大百科全书出版社2018年版。
② 参见高汉成：《罚金刑在近代刑法中的确立》，载《政法论坛》2007年第4期，第97-105页。
③ 参见张兆凯：《赎刑的废除与理性回归》，载《北方法学》2008年第6期，第83-92页。
④ 章董氏《刑律草案》稿本由章宗祥、董康等起草，完成的时间为光绪三十二年（1906）春。但该草案稿本仅可见总则编，不见分则编。该草案也被称为新刑律预备案，最终被《大清新刑律》草案替代。章董氏《刑律草案》稿本最初为孙家红教授所注意并整理。参见孙家红：《清末章董氏〈刑律草案〉稿本的发现和初步研究》，载《华中科技大学学报（社会科学版）》2010年第3期，第12-23页。

入之始,罚金与赎刑共存的体系即已开始形成。经过若干完善,这一体系最终在《大清现行刑律》中完成。在清末法制变革过程中,这是最早形成的罚金赎刑体系。该体系具有明显的区分轻罪重罪的特点,即在轻罪上适用罚金,而在重罪上适用赎刑。此处的轻罪对应先前的笞杖之刑,而重罪则对应徒流以上之刑。经过梳理后发现,罚金的引入在时间线上具有以下几个前后衔接的步骤:

其一,刑部将作为暂行章程的捐赎著为定例,并将捐赎银数减半。刑部变通捐赎的动因在于希望借助捐赎缓解清末新政中的财政困境,而清代的赎刑体系存在复杂烦琐、畸轻畸重等诸弊,显然非急迫加以变通不可。① 光绪二十九年(1903)四月初三日,刑部将原来在律例之外的捐赎银数减半,纳入律例之内。刑部此次修例,起因在于议覆护理山西巡抚赵尔巽于光绪二十八年(1902)的奏请。赵尔巽上奏将军、流、徒等罪改设习艺所作工。刑部认为,除作工之外,还应当加入监禁、罚赎之法,"必三者相辅而行,乃能垂诸久远。"② 刑部提及的"罚赎"之法,即是对原有捐赎的变通办法。该办法为:除不原之罪仍然不准捐赎外,在寻常各案中,将贡监、平人捐赎银数各自减半,但官员捐赎银数"毋庸议减"。③

刑部此次捐赎修例的考量可以从两方面来看。一方面是银数的问题,在新政中经费成为一个棘手的问题,以赎刑解困成为方案之一。原有律例内的赎刑"银数甚微",而捐赎"为数过巨,虚悬一赎罪之典,而呈请赎罪之案,往往累岁不获一见,未免有名无实",因此有必要将赎刑银数调整到一个合理的范围;另一方面是适用主体的问题。赎刑的适用主体过窄,只限于"老幼废疾及命妇官员正妻等项";捐赎主体则较为宽泛,包括"官员、贡监及平人",④ 因此有必要将捐赎纳入律例之内。不过刑部最终将"官员"排除在外,理由是官员知法犯法,"诚不可不严其罚"。⑤ 刑部希望达到一举两得的目的,即既能充实习艺所费用,又能使"贡监及平人偶蹈法网者易于赎罪自新。"⑥

其二,吉同钧提出继续减轻捐赎银数,并给出了笞杖折为作工罚金的方案。吉同钧认

---

① 在《大清律例》中,赎刑主要包括纳赎、收赎和赎罪;在律例之外,还有捐赎等暂行章程。于条文而言,律例条文与图表呈现数量多、分散且多不概括的特点;于银数而言,律例内赎刑银数甚微。吉同钧称赎刑"定例之意原为惩戒罪犯,使知畏法,并非利用其财充公用也。"而律例外的捐赎等条文则银数甚重,"系利其赀财以佐军饷"。参见吉同钧:《赎刑论》,载吉同钧著、闫晓君整理:《乐素堂文集》,法律出版社2014年版,第109页。
② 《奏议录要:刑部议覆护晋抚赵奏请各省通设罪犯习艺所折》(续一百二十二册),载《北洋官报》1903年第123期,第3页。
③ 《奏议录要:刑部议覆护晋抚赵奏请各省通设罪犯习艺所折》(续一百二十三册),载《北洋官报》1903年第126期,第4页。
④ 《奏议录要:刑部议覆护晋抚赵奏请各省通设罪犯习艺所折》(续一百二十三册),载《北洋官报》1903年第126期,第3页。
⑤ 沈家本等编订:《大清现行刑律案语》,清宣统元年法律馆铅印本,"名例上",第17页。
⑥ 《奏议录要:刑部议覆护晋抚赵奏请各省通设罪犯习艺所折》(续一百二十三册),载《北洋官报》1903年第126期,第3页。

为刑部捐赎银数减半新章并无实效,原因在于中国民众过于穷困,捐赎银数仍然过高。为了增强捐赎的实效,吉同钧建议在前例基础上继续减轻银数,"与其虚悬一赎罪之典,仍属有名无实,不如再行变通量减。"① 光绪三十年(1904)五月,吉同钧出具《上修律大臣酌除重法说贴》,提出了十条主张,其中"笞杖之刑宜酌改也"、"罪犯作工宜仿行也"以及"罚锾宜推广也"三条共同阐述了一个方案:将笞杖徒流都改为作工,并可按照作工日数折算罚金。与前述捐赎减半例相比,吉同钧的方案在银数上大为减轻。

除此之外,该方案还有多项创新之处。其一,在主体上更加简洁,不再区分贡监、平人等主体。其二,引入了"罚金"概念,并明确提及是"仿照东西各国工作罚金之法而变通之"。其三,将笞杖徒流、作工、罚金三者联系起来,并确立了折算的标准。徒流改为作工的办法,在刑部议覆赵尔巽的奏请中已予确定:徒罪依其年限作工,"流二千里者限工作六年,流二千五百里者限工作八年,流三千里者限工作十年,军犯即照满流工作年限科断。"② 吉同钧在此基础上,将笞杖也改为作工。并按各刑作工时长折算罚金银数。其四,对赎刑诸条进行简化或删除。妇女有犯"照此减半计算,或罚三分之一",老幼废疾"不胜工作而又无力出银者"仍照旧收赎。其余例内纳赎、赎罪诸条过于烦琐,一概删除。③ 该方案主要内容见下表:

表1:吉同钧折工罚金方案表

原刑罚	改为作工	折算罚金	原刑罚	改为作工	折算罚金
笞一十	2日	0.5两	徒一年	1年	36两
笞二十	4日	1两	徒一年半	1.5年	54两
笞三十	6日	1.5两	徒二年	2年	72两
笞四十	8日	2两	徒二年半	2.5年	90两
笞五十	10日	2.5两	徒三年	3年	108两
杖六十	20日	5两	流二千里	6年	180两
杖七十	30日	7.5两	流二千五百里	8年	240两
杖八十	40日	10两	流三千里	10年	300两
杖九十	50日	12.5两			
杖一百	60日	15两			

---

① 吉同钧:《上修律大臣酌除重法说贴》,载《大清律讲义》,知识产权出版社2017年版,第317页。
② 《奏议录要:刑部议覆护晋抚赵奏请各省通设罪犯习艺所折》(续一百二十三册),载《北洋官报》1903年第126期,第3页。
③ 吉同钧:《上修律大臣酌除重法说贴》,载《大清律讲义》,知识产权出版社2017年版,第317页。

其三，修订法律馆将笞杖变通为罚金。在吉同钧出具说贴后不到一年，修订法律大臣沈家本、伍廷芳即上奏将笞杖改为罚金。不过在奏折中却并未提及该说贴。光绪三十一年（1905），沈家本、伍廷芳在奏折中说明，改笞杖为罚金是议覆刘坤一、张之洞关于禁止刑讯、变通笞杖的奏请。不过刘、张的主张是将笞杖改为羁禁。在《江楚会奏变法三折》之第二折中，刘、张提出禁止刑讯的主张之后，对笞杖等罪也提出了变通办法，"其笞杖等罪，酌量改为羁禁，或数日，或数旬，不得凌虐久系"。刘、张此举的目的很明确，即刑讯的刑具也包括笞杖，将作为刑罚的笞杖改定为其他刑罚，才能从根本上达到禁止刑讯的目的。在刘、张的制度设计中，笞杖是较为轻微的刑罚，将笞杖改为同为轻罪的羁禁，是比较合适的。沈家本、伍廷芳在奏折中称，其并不认同将笞杖改为羁禁，而是主张改为罚金。沈、伍首先认同废除笞杖刑对于禁止刑讯是必要的，想要除刑讯之弊，"若仅空言禁用刑讯，而笞杖之名，因循不去，必至日久仍复弊生，断无实效"。但是将笞杖改为羁禁同样存在问题：笞杖刑过重，而羁禁又过轻，"遽如原奏改为羁禁数日数旬，立法过轻，又不足以示惩警"。沈、伍的主张是将笞杖改为罚金。沈、伍认为这既可除笞杖之弊，又可解决羁禁处罚太轻的问题，并且在笞杖与罚金之间制定了转换的标准：

其笞杖等罪，仿照外国罚金之法，凡律例内笞五十以下者，改为罚银五钱以上，二两五钱以下。杖六十者，改为罚五两。每一等加二两五钱，以次递加，至杖一百，改为罚十五两而止。如无力完纳者，折为作工，应罚一两，折作工四日，以次递加，至十五两，折作工六十日而止。①

可见，在笞杖的变通办法上，无论是出现的罚金与作工等名词，还是具体的折算罚金和作工的标准，都与吉同钧的说贴是一致的。可以推测，吉氏的说贴起到了重要的作用。至于为何在奏折中未予提及，其原因可能是吉氏是修订法律馆员，说贴仅为馆员在修订法律馆内部出具的建议。

不过沈家本和伍廷芳只是部分接受了吉氏的建议，且作出了本质上的改动。吉同钧的方案模式是"笞杖徒流→作工→罚金"，而沈、伍的模式则是"笞杖→罚金→作工"。沈、伍的改动主要体现在：一方面在变通范围上，沈、伍只接受了笞杖的变通，并未接受徒流的变通。可以说，吉氏的方案是完全改动了捐赎减半新章，而沈、伍的方案只是在笞杖上改动了捐赎减半新章，而在徒流上则未作改动。笞杖改为罚金，因此捐赎减半新章中的笞杖捐赎二条"已属具文"，② 笞杖人犯"此后均应遵章改罚，毋庸再援赎罪之条。"③ 另一方面，吉氏的方案是将笞杖徒流"俱改为作工"，并可以折算为罚金；而沈、伍的方案是将笞杖改为罚金，无力则折为作工。虽然只是顺序不同，且都名为罚金，但是两者存在着本质上的差异。吉氏的方案中作工是正刑，罚金是替代刑；而沈、伍的方案中罚金才是正

---

① 《奏议：录修订法律大臣沈、伍奏议覆恤刑狱折》，载《四川官报》1905年第13期，第11-19页。
② 《大清现行刑律案语》，清宣统元年法律馆铅印本，"名例上"，第18页。
③ 《江苏臬司朱请通饬各属遵办罚金赎罪详文》，载《南洋官报》1905年第25期，第2页。

刑，作工是替代刑。吉氏的方案虽然名为罚金，但本质上仍然是赎刑；而沈、伍的方案中罚金是正刑而非赎刑。

沈、伍有意将罚金定义为正刑和轻刑。从吉同钧的方案中可知，罚金即是赎刑，罚金与"罚锾""罚赎"等不过是同一个概念的不同表述，另外罚金既非重刑也非轻刑，并无轻刑或重刑的特别属性。而沈、伍则有意将之加以重新定义。沈家本将笞杖等轻刑改为罚金，罚金替代笞杖成为正刑，但却并未将徒流等重刑改为罚金。另外，沈家本也明确指出罚金适用于"轻罪人犯及无知犯罪者"。① 轻罪罚金与重罪赎刑的并行格局开始显现。

将罚金引入之后，后续的相关变通包括以下几个方面：

其一，既然将罚金定义为轻刑，那么因重罪科处笞杖者即不适合改为罚金。光绪三十一年（1905），修订法律馆将因犯窃盗而科罚笞杖者直接改为作工，而不改为罚金。② 即对于平常之犯"笞杖→罚金→作工"的模式，窃盗之犯则为"笞杖→作工"。但是在具体作工日期上增加了数倍之多。③

其二，妇女赎刑的变通办法比较特殊，兼具罚金与赎刑。妇女收赎银数过少，刑部将之加重变通。④ 光绪三十一年（1905）九月初二日，刑部奏请酌量变通妇女收赎银数。刑部将妇女犯笞杖等罪也改为罚金，妇女犯徒流等罪赎刑银数则重新厘定。

其三，光绪三十三年（1907）法部将附加枷号改为罚金五两，形成了"附加枷号→罚金五两→作工二十日"的变通办法。⑤

可见，变通笞杖为罚金涉及多个方面，赎刑也随罚金的变通而变动。罚金经过了数次变通，以适应不同的情况，显示罚金的变通并非一次即成。逐渐形成的格局是罚金替代笞

---

① 《奏议录要：修订法律大臣伍、沈会奏酌拟变通窃盗条款折》，载《北洋官报》1905年第650期，第2页。

② 沈家本认为，"定律窃盗赃四十两以下，科罚仅止杖笞，折责发落亦等具文"，导致"定律过轻，难昭惩创"。因窃盗而科笞杖者改为罚金并不合适。一方面，罚金适用于"轻罪人犯及无知犯罪者"，对于窃盗之犯并不合适；另一方面，用赃款来缴纳罚金也不合情理。并且在窃盗之罪中适用罚金并非各国通例。因此采用的方案是因窃盗而科笞杖的，改为作工。参见《奏议录要：修订法律大臣伍、沈会奏酌拟变通窃盗条款折》，载《北洋官报》1905年第650期，第2页。

③ 具体的办法是："凡窃盗应拟笞杖者改拟工作一月，杖六十者改拟工作两月，杖七十至一百每等递加两月。徒罪以上，仍照向章办理。"如果各省习艺所还未设立的话，"即将现犯照应得工作期限暂予监禁"。参见《奏议录要：修订法律大臣伍、沈会奏酌拟变通窃盗条款折》，载《北洋官报》1905年第650期，第3页。

④ 刑部指出妇女收赎主要存在以下几个问题：其一男女异制；其二银数太微难以惩戒；其三易产生"与人涉讼，辄令妇女出头，贿买主使诸弊"。刑部的方案是将笞杖改为罚金，徒流等"寻常各案，准其赎罪"，笞杖罚金与徒流银数均较原例大为提高。刑部的变通方案并没有完全解决男女法制不一的问题，男女在罚金等轻刑上同一处罚，但在徒流以上刑罚，妇女赎刑银数仍然远低于平民银数。参见《奏议录要：刑部奏妇女犯罪收赎银数太微不足以资戒拟请酌量变通以昭画一折》，载《北洋官报》1905年第796期，第1-2页。

⑤ 枷号折为罚金五两，起初是在光绪三十一年（1905）刑部变通妇女赎刑办法时提出来的，妇女"其犯该枷号，不论日数多寡，俱酌加五两，以示区别"。光绪三十三年（1907）法部将此办法扩展，"其由笞、杖、徒、流、军罪所附加之枷及丁单留养拟枷各犯，俱比照妇女罚赎章程，不论月日多寡，各罚折枷银五两。如无力完缴者，仍折作工二十日。"参见《奏议录要：法部奏议覆变通枷号并除去苛刑折（续昨报）》，载《北洋官报》1907年第1378期，第4页。

杖枷号等，成为一种轻刑；而赎刑继续留存在徒流等罪，以在平常之罪上适用。

以《大清现行刑律》为标志，自清末改定新章以来逐渐形成的罚金赎刑体系最终完成。《大清现行刑律》的编纂是清末以删订旧律为修律宗旨的成果。宣统元年（1909）八月二十九日，沈家本等上奏编订《大清现行刑律》告竣。① 从时间上来说，《大清现行刑律》编订晚于光绪三十三年（1907）告成的《大清新刑律》草案，但是两者并不具承继关系，而是删订旧律与编纂新律两种修律宗旨下的各自产物。②

在罚金与赎刑方面，《大清现行刑律》一方面吸收了先前若干新章的内容，另一方面也"补其未备"，其补充的内容主要体现在：

其一，加重老幼废疾收赎的银数。关于赎刑的多次变通，都选择将老幼废疾收赎予以保留。比如在吉同钧的说帖中称，"惟老幼残废不胜工作又无力出银者，准照旧律银数收赎。"③ 刑部在变通妇女赎刑时也认为，老幼废疾"势难使之工作，应仍照旧律旧例赎银数科断"。④ 正如上述所言，无力出银与无力作工，是收赎变通之难所在。修订法律馆在编订《大清现行刑律》时认为老幼废疾收赎银数很有变通的必要，"收赎则银数太微，与新定罚赎各章程轻重颇为不类"。⑤ 最终进入律文的老幼废疾收赎方案为：收赎笞杖人犯照罚金数目减半，徒流以上人犯照"妇女罚赎数目减折一半"，死刑收赎银数为四十两。⑥ 变通后的收赎银数较旧增加不少，但在整个赎刑体系中仍然是最低的。

其二，将原有赎刑体系从律文中删除。律例内赎刑包括纳赎、收赎和赎罪三项。纳赎"久已不行"，⑦ 老幼废疾收赎改为笞杖照罚金减半、徒流以上照妇女赎刑减半，赎罪已改为妇女罚赎章程，三项都成赘文故而删除。

其三，将官员捐赎银数减半并纳入例内。光绪二十九年（1903），刑部考虑到官员知法犯法不能轻纵，因此只将"贡监、平人捐赎"减半并著为定例，而将"官员捐赎"排除在外。此次编订《大清现行刑律》，修订法律馆方才将"官员捐赎"纳入其内。⑧ 自此

---

① 《沈家本全集》第二卷，中国政法大学出版社2010年版，第472页。
② 对于是否要以新刑律草案为依据编定《大清现行刑律》，多有争论。比如高等检察厅检察长徐谦对于编纂《大清现行刑律》的办法，即提出要"参照新刑律妥为核订"。对罚金与赎刑来说，徐谦提出要参照新律"停止赎刑"以及"妇女有罪应与男犯同一处罚"。宪政编查馆抵制了这一要求，强调编订《大清现行刑律》的办法是"按照现在通行章程，改其不合，补其未备，删其已废诸条，以便援引。"参见《折奏类：又奏请饬修订法律大臣另编重订现行律片》，载《政治官报》1909年第822期，第8页。
③ 吉同钧：《上修律大臣酌除重法说帖》，载《大清律讲义》，知识产权出版社2017年版，第317页。
④ 《奏议录要：刑部奏妇女犯赎罪收赎银数太微不足以资警戒拟请酌量变通以昭画一折》，载《北洋官报》1905年第796期，第2页。
⑤ 《大清现行刑律案语》，清宣统元年法律馆铅印本，"名例上"，第3页。
⑥ 《大清现行刑律案语》，清宣统元年法律馆铅印本，"名例上"，第3页。
⑦ 《大清现行刑律案语》，清宣统元年法律馆铅印本，"名例上"，第9页。
⑧ 修订法律馆将"官员捐赎"纳入《大清现行刑律》的理由在于："捐赎事例，官员之于平民，其银数等差相悬巨。况贪赃枉法等项，既为例所不准赎，则此之得准捐赎者，系为常赦得原之犯，其情罪尚轻，其处罪自不得独重。此而必取盈巨款，似非所以持情法之平。"参见《大清现行刑律案语》，清宣统元年法律馆铅印本，"名例上"，第17页。

形成了各级官员、贡监、平人的差序捐赎体系。

其四,将笞杖不得改为罚金的罪行范围扩大到十恶、犯奸等项。"凡关系十恶、犯奸等项应处罚罪者,按应罚银数以一两折算四日改拟工作,"这一例文是宪政编查馆在核议沈家本等奏定《大清现行刑律》时,加以续纂的。先前因犯笞杖之罪改拟工作而不得改为罚金的情况,仅包括窃盗之罪。此次将不得改为罚金的范围扩展到了十恶及犯奸等项。宪政编查馆给出的理由是十恶"为常赦所不原",奸罪"尤系风化人心所系",若改为罚金则"似涉轻纵"。① 此一续纂的例文将不得改为罚金的罪行扩大到十恶、犯奸等违背礼教伦常的重罪,重申了罚金的轻刑属性。②

《大清现行刑律》的这些修订基本形成了较为完整的"轻罪罚金+重罪赎刑"体系。在罚金方面,原笞杖等轻罪原则上适用罚金,除老幼废疾收赎犯罚金罪名为罚金银数的一半之外,其余主体,包括平人、妇女、进士、举人、贡监及各级官员,在罚金银数上并无差异。在赎刑方面,徒流等重罪可适用赎刑,其银数依照身份不同差序递减,即形成了包括各级官员、贡监、平人、妇女、老幼废疾在内的差序赎刑体系。这一体系既引入了平等适用的罚金,也将中国传统的身份差序体现出来。如下表所示:

表2:笞杖罚金折工表

原刑罚	改为罚金(单位"两")	无力完纳折工	老幼废疾照罚金数目减半(单位"两")
笞一十	0.5	2日	0.25
笞二十	1	4日	0.5
笞三十	1.5	6日	0.75
笞四十	2	8日	1
笞五十	2.5	10日	1.25
杖六十	5	20日	2.5
杖七十	7.5	30日	3.75
杖八十	10	40日	5
杖九十	12.5	50日	6.25
杖一百	15	60日	7.5

---

① 《核订现行刑律》,清宣统元年铅印本,"名例上",第2页。
② 宪政编查馆的这次续纂,可以说是正面回应了新刑律中关于罚金的异议。光绪三十三年(1907),修订法律馆将新刑律草案上奏后,新刑律罚金在涉礼教伦常等罪行上的广泛适用引起了中央部院和地方督抚的诸多异议。虽然部院督抚的异议主要针对的是新刑律罚金,但是异议涉及的问题在《大清现行刑律》中同样存在。宪政编查馆在《大清现行刑律》中将罚金的适用范围缩小,当是在这种压力下作出的改动。

表3：徒流等罪赎刑表（单位"两"）

	三品以上官	四品官	五六品官	七品以下及进士举人	贡监生员	平民	妇女	老幼废疾
徒一年	1000	500	400	300	200	100	20	10
徒一年半	1250	625	500	365	250	135	25	12.5
徒二年	1500	750	600	430	300	170	30	15
徒二年半	1750	875	700	495	350	205	35	17.5
徒三年	2000	1000	800	560	400	240	40	20
流二千里	2500	1200	950	640	460	270	50	25
流二千五百里	3000	1400	1100	720	530	315	60	30
流三千里	3500	1600	1250	800	600	360	70	35

"轻罪罚金＋重罪赎刑"是典型的"中外杂糅"体系。一方面，引进外律罚金之法，在主体上基本没有身份上的差异，不同主体的罚金银数一致；另一方面，又保留了赎刑体系，且具有身份上的明显差异，比如处于主体身份两极的"三品以上官"与"老幼废疾"，犯同罪须缴纳的捐赎银数却相差百倍。罚金与赎刑并行，是与外改同一律和保留礼教传统的一种中间路径。

（二）章董氏《刑律草案》稿本：轻罪罚金与妇女重罪赎刑

与删订旧律不同的是，在编纂新律的修律宗旨下，形成了不同的罚金与赎刑之体系。在修订法律馆将由冈田朝太郎主草的《大清新刑律》草案上奏以前，可见由章宗祥、董康等起草的《刑律草案》稿本（以下简称"章董氏草案"）。但章董氏草案仅可见总则编，不见分则编。① 冈田朝太郎称，"最早之草案，仅经中国委员之手，脱稿在光绪三十二年春间。是年秋，加派外国委员，遂全废弃之。"② 虽然之后冈田朝太郎等重新起草了另一文本，但是该草案是"中国近代刑法改革史上第一个官方的刑律草案（总则），"颇具"开篇之作"之意。③ 与删订旧律不同，章董氏草案是编纂新刑律的产物。

1. 章董氏草案中的罚金

章董氏草案将罚金视为轻刑，并在条文中多有体现。该草案对罚金性质的认定，基本

---

① 章董氏草案文本可参见黄源盛纂辑：《晚清民国刑法史料辑注》，元照出版有限公司2010年版，第3－34页。
② 留庵译：《日本冈田博士论改正刑律草案（译法学协会杂志二十九卷第三号）》，载《法政杂志（上海）》1911年第1卷第2期，第17页。
③ 参见孙家红：《光绪三十二年章董氏〈刑律草案〉（稿本）所附签注之研究》，载《华东政法大学学报》2010年第4期，第111页。

与先前变通笞杖为罚金的新章一致：都将罚金视作轻刑。在不同的条文中，该草案不断强调罚金的轻刑属性。其一，章董氏草案将轻重罪主刑分为死刑、流刑、徒役、三元以上之罚金（第12、13条），在大致范围内对应着旧律中的死、流、徒、杖、笞五刑。其中"三元以上之罚金"即对应旧律笞杖之刑，显示两者在轻重程度上大体相当。其二，在刑罚体系上，明确将罚金列入轻罪主刑和违警罪主刑之中，且均为最轻一等（第13、14条）；其三，在罚金数额上，规定了最高500元的限制（第22条）。罚金数额上限的确定，参照了他国的立法经验，"然罚金既列轻刑，似不宜漫无等差，兹从瑞典之例，以五百元为最上限"（案语第22条）；其四，规定罚金易科劳役的日数不得超过十日（第27条）。这一规定极大减少了罚金可能易服劳役的日数。因为如若按照罚金逾期不缴纳"以一元折算一日改令服役"（第26条）的折算方法，罚金上限为五百圆，则需服役一年有余。章董氏草案将服役上限从五百日降低到十日，日数上大为减轻，考虑的正是罚金的轻刑属性，"如以一元折算一日，恐与长期至徒役无殊"（第27条案语）；其五，罚金折抵的羁禁日数在主刑中为最少（第35条）。该条将未决羁禁之日折抵的刑期分为三档：流刑一日可折抵羁禁十日，徒役、拘留一日可折抵羁禁五日，罚金一元只可折抵羁禁三日；其六，罪犯逃亡期满免缉的经过年限，罚金为最少（第38条）。该条将各主刑的免缉经过年限，从重到轻列为六档，其中罚金分列最后两档。轻罪罚金的免缉经过年限为三年，违警罪罚金的年限则只有一年。

笞杖改为罚金的新章与章董氏草案都将罚金视为轻刑，可看到是后者对前者的吸收，但是两者又存在着差异。笞杖罚金的单位为银两，而章董氏草案罚金单位为银元。抛开单位而言，最主要的差异是罚金数额的绝对与相对确定性问题。笞杖罚金章程虽然是"仿照外国罚金之法"，但在罚金体例上继承了中律赎刑的立法特点，具有绝对确定的数额；而章董氏草案罚金体例取自日本刑法，对罚金数额只规定了大致的范围，并没有绝对确定性可言。

2. 章董氏草案中的妇女赎刑

在章董氏草案条文字词中不见"赎刑"之名，但仍可见妇女赎刑的规定。章董氏草案将罚金列为主刑和轻刑，舍弃传统赎刑。颇为值得注意的是，在该草案中仍有一处关于赎刑的规定。第24条规定，"凡妇女犯流刑及徒役并拘留者，除不孝、奸、盗、诈伪、诬告等项，仍依律治罪外，余准纳一元至五百元之罚金，折算本刑。"该条语义很明确：妇女犯轻罪如常处以罚金；妇女犯流刑、徒役、拘留者，如果是平常之罪可处以罚金。虽然在该条文中出现的是"罚金"一词，但其实质仍是赎刑，仍然是作为流刑、徒役、拘留等刑的替代刑。草案该条之"案语"明确指出："与收赎之义，正复相同"。该条很明显吸收了先前刑部变通妇女赎刑的修律成果。除数额等细节不同之外，两者大体相似：妇女犯笞杖之罪改用罚金；犯徒流等罪若系平常之罪，则准适用赎刑。另外，章董氏草案略微扩大了不准赎刑的范围，妇女赎刑新章规定"不孝及奸盗、诈伪等项"仍应作工不准赎，① 而该草案则在前述不准赎的类型中增加了"诬告"一项。

除妇女犯罪吸收旧律赎刑的规定外，章董氏草案在大多数情况下对赎刑采取的是废除态度。比如该草案并未将捐赎减半定例纳入法条之中，即贡监生员、平民在犯徒役以上罪时并无可适用捐赎的规定；另外，旧律中的纳赎、收赎、赎罪诸项也未予纳入。至于为何将大多数赎刑舍弃，其根本原因仍在于修律者的修律宗旨。中律赎刑以财抵罪、以身份决定缴纳银数的多寡等特点与外律差异巨大，修律者不得不考虑将其废除，因此用外来罚金之法而不用传统赎刑。

将妇女赎刑以罚金之名纳入草案，是中外杂糅的典型体现。虽然改同一律，但中国本土的法律资源同样难以全部舍弃。历史惯性、外律的适应性、旧派的异议都是因素之一。修律者以罚金之名达赎刑之实，应当也是考虑了以上因素。综上，章董氏草案以罚金为主刑和轻刑，并且舍弃了赎刑，但以罚金之名，仍然保留了妇女赎刑的条文。

（三）《大清新刑律》：罚破轻刑与"短期自由刑易科罚金"

光绪三十三年（1907），修订法律馆分期上奏《大清新刑律》草案总则和分则。在《大清新刑律》之下，清末罚金刑与赎刑呈现出第三种形态，即罚金刑性质变化，突破轻刑的限制，在轻罪重罪上均可适用；而具有赎刑式特征的易科罚金制度只能有条件地适用于轻罪。

1. 罚金性质的改变

《大清新刑律》对罚金性质的认定，存在不少相互矛盾之处。究其原因，一方面是其体系不够周延；另一方面是不同主体对《大清新刑律》中罚金的认识也并不完全一致。关于罚金的性质，大致可概括为以下三种表述：

其一，将罚金视为最轻的主刑。第 37 条按照"主刑之种类及重轻之次序"，将主刑依次列为：死刑、无期徒刑、有期徒刑、拘役、罚金。从条文的次序可知，罚金轻于拘役，是最轻的主刑。另外，在因时效经过而消灭其执行权的期限上，《大清新刑律》第 74 条依照期限长短将各刑罚分为八等，其中拘役和罚金列为最后一等，时效经过期限仅为一年。此种对罚金的认识，基本与笞杖改定的罚金，以及章董氏草案罚金一致。

其二，将罚金视为介于有期徒刑与拘留之间的主刑。在《大清新刑律》草案告成的奏折中，沈家本称："拘留专科轻微之犯，以当旧律笞杖。罚金性质之重轻，介在有期徒刑与拘留之间，实亦仍用赎金旧制也。"② 奏折中的表述表明替代笞杖及与笞杖之刑相当的

---

① 《奏议录要：刑部奏妇女犯罪收赎银数太微不足以资戒拟请酌量变通以昭画一折》，载《北洋官报》1905 年第 796 期，第 2 页。

② 《修订法律大臣沈家本奏刑律草案告成分期缮单呈览并陈修订大旨折》，故宫博物院明清档案部编：《清末筹备立宪档案史料》，中华书局 1979 年版，第 847 页。

是拘留,而不是罚金;而罚金在轻重程度上又重于拘留。如此则意味着,《大清新刑律》之罚金已非先前笞杖改定的罚金。在轻重程度上,《大清新刑律》之罚金重于笞杖改定的罚金以及章董氏草案罚金。沈家本在奏折中的表述表明其认识到《大清新刑律》中的罚金与之前两种罚金存在着区别。

其三,将罚金视为性质上与自由刑不同,不能与之比较程度轻重的主刑。这一论述在不同语境中多次出现。首先,罚金不能加入自由刑,自由刑也不能减入罚金。《大清新刑律》草案第56条规定"不得减徒刑或拘留入罚金",在该条"注意"中给出的理由是"因罚金之性质亦与自由刑不同。"在《大清新刑律》草案的修改过程中,修订法律馆在第56条基础上,增入条文"罚金不得加入拘役及徒刑"。给出的解释仍然是"自由刑与罚金非程度有重轻,乃性质有不同也。"[①] 其次,罚金与自由刑不能比较轻重。修订法律馆称:"罚金与徒刑各不相蒙,既不能互为加减,自不能执罚金与徒刑较量轻重也。"[②] 宣统二年(1910),董康在回应劳乃宣关于罚金适用的异议时,明确认为:"罚金之与自由刑不能比挈重轻,各国设此刑制之理由,因人之重视财产甚于重视生命,容有仅科罚金,其惩罚之效较自由刑为速者。"[③] 再次,罚金不与徒刑按比例对应。作为宪政编查馆特派员的董康在资政院称:"罚金刑性质与自由刑不同,刑律各条之应否科以罚金,视其情节而定,不能按照徒刑划分等级,即征诸各国立法例亦然。"[④]以上种种表述都在强调罚金与自由刑不是轻重程度之别,而是性质之别。

结合《大清新刑律》之罚金体系可知,上述第三种认定最为相符。即罚金并非是最轻的主刑,也并非是介于有期徒刑与拘留之间的主刑,罚金是一种与自由刑性质不同的主刑。罚金不能当然地认为是一种轻刑,在重罪方面也会适用罚金,这一点在分则中体现得尤为明显。在数额上,罚金最低额为"一元"(第37条),最高额达到二千圆,比如第95条、第305条、第326条等。《大清新刑律》规定如此高额的罚金,在《大清新刑律》草案"刑名"一章中给出的理由主要有两点:一方面是该主体较高的身份,"以其地位而论,固有与少额之罚金不相适者;"另一方面是刑罚的均衡,"易重大之自由刑,亦必以巨额乃能相抵也。"在刑罚设置上,罚金最低可与拘役选择适用,最高可与二等有期徒刑选择适用,且不具有按比例对应的关系。在适用的罪名上,在分则绝大多数章节中都规定了罚金的适用。[⑤] 从轻罪到重罪,适用范围非常广泛。因此,《大清新刑律》之罚金突破了轻刑的限制,这一点与汉晋之间的罚金、笞杖改定的罚金以及章董氏草案罚金均有不同。

---

① 《修正刑律案语》,清宣统元年(1909)铅印本,第一编第32页。
② 《修正刑律案语》,清宣统元年(1909)铅印本,第一编第26页。
③ 《董科员答劳议员论新刑律(续十二日稿)》,载《申报》1910年12月19日,第1张第26—27版。
④ 《资政院第一次常年会第三十七号议场速记录》,李启成校订:《资政院议场会议速记录——晚清预备国会论辩实录》,上海三联书店2011年版,第598页。
⑤ 《大清新刑律》草案分则中只有第二章(关于内乱之罪)、第十章(关于监禁者脱逃罪)、第二十九章(关于逮捕监禁之罪)、第三十章(关于略诱及和诱之罪)未规定适用罚金。

2. 《大清新刑律》中的赎刑因素

虽然在《大清新刑律》文本中已无"赎刑"字样，但仍可见具赎刑式特征的条文。赎刑式特征最明显的体现是在"短期自由刑易科罚金"方面。①《大清新刑律》草案第43条第1项规定："凡受五等有期徒刑或拘留之宣告，其执行上实有窒碍时，得以一日折算一元，易以罚金。"立法"理由"中称："本条之规定，系据最新之学理而设。"与《大清新刑律》草案不同的是，在日本新旧刑法中均不见短期自由刑易科罚金的规定。可以说，此条的立法理由既包括参照最新的学理，也有将中国传统赎刑纳入其中的考量。这是传统赎刑在新刑律草案中最直接的体现。新刑律的起草者冈田朝太郎明确指出此条即是赎刑之制：

赎罪制度，发达最早，欧洲古代多用之，例不胜举，中国亦然，《尚书》金作赎刑，其明证也。然若滥用此制，则无论何罪，皆许其赎，必因贫富而异刑之效力，岂不失用刑之本旨。故虽不得已而用之，亦必严定其范围，庶不至失刑罚之平也。第四十四条即明定其范围也。试述其理由，该条所定具有二要件：（一）五等有期徒刑或拘役，（二）执行上实有窒碍。刑既轻微，执行又有窒碍，故不妨易科罚金。②

冈田的上述言论也解释了将"自由刑易科罚金"制度限定在轻微之罪上的原因。在一定意义上，此制度类似于轻罪赎刑，并与《大清现行刑律》之徒流等罪赎刑，以及章董氏草案之妇女犯徒流等罪赎刑形成鲜明的差别。

此条文虽然可以说保留了赎刑特征，但仍然与中律赎刑之制存在差别。吉同钧即称，此条与罚金主刑的规定，"举旧律收赎、纳赎之制及《现行律》笞杖罚金之法一并改变矣。"③东三省签注则认为此条比之中律赎刑更具平等意义，"现行律则以犯人资格上之差异而有赎刑之设，本律则以执行上之窒碍而易罚金，相提而论，本律似较平允。"④传统赎刑根据主体的不同呈现出身份差序，而"短期自由刑易科罚金"制度并不因主体的不同而呈现差别，相比而言显然后者比前者更具现代法治精神。

但也存在不少批评和反对的意见。时人秦瑞玠即强烈反对此条，其称本条是"予人情以所便，苟小有资力，皆可设法捐免"，将导致种种不平不统一的结果。⑤ 并且建议将此条删除，"以免藉口于最新之学理，隐为旧章保存之地步，而致全律主义不能一贯。"⑥ 吴重熹在《河南巡抚原奏》认为此条"是使豪于财者玩于法，绌于赀者罹于刑，止奸不足，

---

① 张兆凯教授认为，赎刑与易科罚金制度"并没有什么实质差别，只是名称不同而已。"参见张兆凯：《赎刑的废除与理性回归》，载《北方法学》2008年第6期，第90页。
② 冈田朝太郎教授，张维辑：《最新刑律释义》民国元年铅印本（总则下），第64页。
③ 吉同钧著：《乐素堂文集》，闫晓君整理，法律出版社2014年版，第110页。
④ 《东三省签注清单》，高汉成主编：《〈大清新刑律〉立法资料汇编》，社会科学文献出版社2013年版，第438页。
⑤ 秦瑞玠编：《新刑律释义》商务印书馆1911年版，第191页。
⑥ 秦瑞玠编：《新刑律释义》商务印书馆1911年版，第196页。

长恶有余。"[1] 陕西签注认为"专能为富者计，不能为贫者计，仍难得情法之平。"[2] 排除对具体立法细节的批评，对此条的相关批评基本都集中于其赎刑特征。对赎刑的批评自古有之，绝非只是因此条文而起。但也并不能因此即得出废除赎刑是主流声音。事实上，大致分析清末关于赎刑的社会舆论可知，对赎刑进行根本性否定的声音并不占主流。以对新刑律草案的签注意见为例，部院督抚评判罚金条文之规定当与不当，其依据的主要标准即是中律的赎刑规定。清末修律的主导者沈家本反而也是赎刑的支持者之一，沈氏认为，重要的是该罪当不当赎，而不是犯罪者财力能不能赎。[3]

以修订法律馆为代表的修律者将赎刑因素融入罚金之中，兼具主被动等两方面因素。一方面，这包含强调赎刑等本土资源，减少罚金推行阻力的考虑；但另一方面，也显示修律者并不愿意完全屈就外律，不愿将本土资源完全废弃。虽然"赎刑"一词已经不在新刑律草案文本中出现，但是赎刑因素仍然能在条文中找到，赎刑并未完全从新刑律草案中消失。

三、激烈变动：清末罚金与赎刑体系演进的特点

以上可见，在短短数年的清末修律过程中，至少形成了三种差异极大的罚金与赎刑体系。其演进呈现出激烈变动的特点。可以说，自将罚金引进之始，罚金与赎刑究竟要如何调适，在修订法律馆诸公心中并没有一个清晰和明确的构想。罚金与赎刑体系激烈变动的演进，可以归结为几个方面的原因：

其一，删订旧律与编纂新律的不同修律宗旨，导致呈现出两种完全不同的罚金赎刑体系。《大清现行刑律》是删订旧律的产物，而章董氏草案与《大清新刑律》是编纂新律的产物。在删订旧律的宗旨下，中律固有的赎刑得到了更多的保留。外来罚金之法与中律赎刑形成了一个区分明显的两分体系。此体系罚金与赎刑界限明确，且两者基本达到了平衡的格局。而在编纂新律的宗旨下，罚金的地位上升，因赎刑与列强刑律精神不合，所以在与外律一致，废除领事裁判权之目标下，赎刑的适用空间受到了最大的挤压，赎刑只得以妇女重罪赎刑以及"短期自由刑易科罚金"制度的方式得以最低限度的保留。

而删订旧律与编纂新律几乎在同一个时间维度上，因此导致紧随其后者对先前修律成果一定程度上的吸收。比如，《大清现行刑律》与章董氏草案修律宗旨完全不同，但是两个文本下罚金的性质却一致都是轻刑。《大清现行刑律》之罚金是光绪三十一年（1905）修订法律馆变通笞杖而来，具有轻刑的性质；脱稿于光绪三十二年（1906）的章董氏草

---

[1] 高汉成主编：《〈大清新刑律〉立法资料汇编》，社会科学文献出版社 2013 年版，第 212 页。
[2] 高汉成主编：《〈大清新刑律〉立法资料汇编》，社会科学文献出版社 2013 年版，第 443 页。
[3] 沈家本认为，"'富者得生，贫者坐死'，自汉以来，议赎法者皆以此为言。第国家立法，但问其当于理否耳，苟当于理，则法一而已，祇论罪之当赎不当赎，不能论其人之富与贫。富者之得生，法如是，非幸也；贫者之不能自赎，贫者之不幸，非法使之也。且果为疑赦者，法亦必有以济其穷，何至忍视其受刑哉？"参见沈家本：《历代刑法考》（上册），商务印书馆 2011 年版，第 393 页。

案，其文本下的罚金也延续了轻刑的设定。另外，《大清现行刑律》之妇女重罪赎刑的规定，也进入到章董氏草案条文之中。《大清现行刑律》之妇女重罪赎刑的规定，来自光绪三十一年（1905）刑部对妇女赎刑的变通办法。而章董氏草案也于此段时间起草，妇女赎刑新章甫经颁布，修律者在编纂章董氏草案时很难不加以采纳。

其二，受外来法的影响，罚金的性质发生激烈的变动。此一外来法的影响指的是日本新旧刑法的变化。① 在清末修律中，为收回领事裁判权，须改同一律，外国法制因此作为目标范式而存在。日本法制因最易于入手而成为主要模范对象，② 因此日本新旧刑法的变化必然会对清末修律造成影响。

在罚金赎刑体系的三种形态中，《大清现行刑律》与章董氏草案中的罚金性质为轻刑，而《大清新刑律》中的罚金却被定义为与自由刑性质不同，不能与自由刑比较轻重的刑罚，既可适用于轻罪，也可适用于重罪。轻罪罚金与轻重罪罚金的性质之别，并不是以删订旧律与编纂新律宗旨之别为划分依据。其划分的依据是1907年颁布的日本新刑法。日本新刑法于1907年颁布，罚金性质不再限于轻刑之中。而光绪三十一年（1905）变通笞杖为罚金的新章、光绪三十二年（1906）春间完成的章董氏草案之罚金模仿日本旧刑法，而成轻刑罚金之性质；1907年告成的《大清新刑律》草案则是以同年颁布的日本新刑法为依据，罚金突破轻刑限制。可以说，日本新旧刑法中罚金性质的变化直接影响了此三种罚金性质的确定，由此也导致了罚金性质的激烈变动。

沈家本、伍廷芳将笞杖改定的罚金定义为轻刑，可见明显地受外国法，特别是日本旧刑法影响的证据。一方面，沈、伍言明"仿造外国罚金之法"，强调其舶来性质。"外国罚金之法"多将罚金视为轻刑，如当时施行的日本旧刑法即把罚金确定为轻罪主刑，③ 赫善心（Harald Gutherz）亦评价德国刑法中"罚金视自由刑较轻"。④ 另一方面，沈氏又言，"近日东瀛刑法有罚金一项，其事则采自西方，其名实本之于古，论者不察，辄诋为欧人之法，不宜于中华"。⑤ 根据沈家本的考证，赎刑与汉晋之间的罚金的主要区别即是重刑与轻刑、附加刑与正刑的区别。外律和中律都将罚金指为正刑和轻刑，因此，将笞杖改定的罚金也如此定位，既可与外改同一律，也能传承中律资源，减少施行的阻力。

---

① 日本近现代刑法经过两个阶段，两部标志性的刑法典分别为：1880年颁布的日本刑法典和1907年颁布的日本新刑法典。为行文的方便，将前者称为"日本旧刑法"，后者称为"日本新刑法"。日本旧刑法与新刑法文本可参见［日］牧野英一：《法学名著日本刑法通义》，陈承泽译，上海商务印书馆宣统二年十二月版。

② 修律者在清末法制变革中确定的修律方式早在1904年即见诸报端，"编纂诸员近已商定入手办法，拟先将中律与日本律分按门类逐条比较列为表式，则中律与日律轻重同异之差已一目了然，再将日律与法律逐条比较列表，然后参以别国之律，折中去取。统以日律为枢纽，庶几易于订定。"参见《各省内务汇志》，载《东方杂志》1904年第5期，第58页。

③ 与笞杖改定罚金同时期的日本刑法即日本旧刑法，该法第8条规定："载于下者，为轻罪主刑：一、重禁锢；二、轻禁锢；三、罚金。"参见［日］牧野英一原著，陈承泽译述：《法学名著日本刑法通义》，上海商务印书馆宣统二年十二月版。

④ 《德意志帝国新刑律草案总则一卷》，魏理慈译，赫善心注，1910年铅印本，第19页。

⑤ 沈家本：《历代刑法考》（上册），商务印书馆2011年版，第298页。

章董氏草案将罚金列为轻刑,亦可见明显地受日本旧刑法影响的证据。章董氏草案模仿日本旧刑法,规定了轻罪罚金和违警罪罚金。(第13、14条)。两类罚金在数额上有明显区别:"三圆以上、五百圆以下"之罚金为轻罪罚金(第22条),"百钱以上、二圆以下"之罚金为违警罪罚金(第25条)。两类罚金在性质上不相同,该草案第14条"案语"明确提及:"至罚金名称,轻罪与违警罪虽属并用,然罪之性质,则各自不同也。"有证据显示后来沈家本并不赞成将罚金分为轻罪罚金和违警罪罚金。沈氏的意见是章董氏草案主要以日本旧刑法为参照,现在日本改正刑法(日本新刑法)已经不再区分两类罚金,因此中国也没必要再进行区分。① 很显然日本新旧刑法罚金的变化影响了沈氏的意见。在之后起草的《大清新刑律》文本中,则不再区分轻罪罚金与违警罪罚金。

虽然章董氏草案罚金的体例主要参照的是日本旧刑法,但是并非完全抄袭照搬。事实上,存在差异的内容并不少见。其一,在名称上,日本旧刑法在轻罪主刑及违警罪主刑中分别用的是"罚金"与"科料"之名,但是章董氏草案皆用"罚金"。其二,在刑罚性质上,日本旧刑法既将罚金列为主刑,也列为附加刑,而章董氏草案则只将其列为主刑。其三,在罚金逾期不纳而易科的刑罚上,日本旧刑法规定易为不服定役的轻禁锢,而章董氏草案则易为服役。章董氏草案"案语"第26条给出了不用轻禁锢的理由:"罚金以征收金额为目的,如改为处监禁等刑,食用均待官给,与罚金本旨背驰。"事实上,罚金逾期不完纳易为服役,亦是沿袭了先前笞杖罚金新章中罚金折为作工的修律成果。其他存在差异之处不一而足,可以说,章董氏草案中的罚金在参照他国立法的同时,也在斟酌取舍。

从章董氏草案到《大清新刑律》中罚金的变化,基本与日本新旧刑法罚金的变化相切合。首先,在刑罚体系的分类上,两者都从轻罪主刑改为主刑,"轻罪"字样从法条中删除。这是日本新刑法"废重罪、轻罪、违警罪之区别,扩大刑罚裁量之范围"的体现。② 其次,在罚金数额上,两者都有明显的提高。③ 修订法律馆以日为师编纂新刑律,因此很自然地顺应了日本新旧刑法的此种变化。不过在适用领域上,《大清新刑律》下的罚金较之日本新刑法更加广泛。特别是某些重罪领域,而这些领域在日本新刑法中是不适用罚金的。如在"关于帝室之罪"中,日本新刑法对于此类犯罪并不适用罚金;而《大清新刑律》草案在此类犯罪中适用罚金刑的条文则比比皆是。④ 以上可见,《大清新刑律》之罚

---

① 参见孙家红:《光绪三十二年章董氏〈刑律草案〉(稿本)所附签注之研究》,载《华东政法大学学报》2010年第4期,第118页。

② [日] 牧野英一:《法学名著日本刑法通义》,陈承泽译述,上海商务印书馆宣统二年十二月版,第4页。

③ 日本旧刑法中罚金数额最高只有200元,但在日本新刑法中则达到3000元。章董氏草案中罚金最高数额只有500元,而《大清新刑律》草案的最高数额则达到了3000元,后在钦定颁行文本中,降低到2000元。日本新旧刑法中罚金的数额,参见 [日] 牧野英一:《法学名著日本刑法通义》,陈承泽译述,上海商务印书馆宣统二年十二月版。

④ 在《大清新刑律》草案"关于帝室之罪"一章中,适用罚金的条文包括:第89条、第91条、第93条、第94条、第95条、第96条、第97条、第98条。后来在旧派的反对声浪中,修律者对"关于帝室之罪"一章中的罚金数额进行了一定的删减。

金参照日本新刑法罚金，提高了罚金数额，并在此基础上扩大适用领域，《大清新刑律》下的罚金已经超出轻刑的限制。

其三，受罚金性质变化的影响，赎刑的性质亦相应随之变化。在三个法律文本中形成了三种形式的赎刑，分别是《大清现行刑律》之重罪赎刑、章董氏草案之妇女重罪赎刑、《大清新刑律》之"短期自由刑易科罚金"制度。三者不仅内容差距巨大，且在性质上更是有重罪赎刑与轻罪赎刑之别。其中前两者都只能在徒流以上罪行上适用，而在笞杖等罪行上只能适用罚金，属于重罪赎刑的范畴；后者"短期自由刑易科罚金"，其适用的前提明确是最低等级的自由刑，在性质上明显属于轻罪赎刑的范畴。三种赎刑呈现出的激烈变化，其根本原因仍然在于对应罚金的性质。赎刑的变动是被动的，其因罚金的变动而变动。当《大清现行刑律》与章董氏草案将罚金性质定义为轻刑时，其相应的赎刑在轻刑领域退出；《大清新刑律》之罚金突破轻刑的界限，具有赎刑特征的"短期自由刑易科罚金"制度又回到轻刑领域。

四、罚进赎退：清末罚金刑与赎刑的博弈与反思

（一）罚金与赎刑的区分：从模糊到清晰

根据沈家本的论述，罚金是正刑，赎刑是替代刑，概念的界定很明确。但在清末修律的早期阶段，两者的界限起初并不是那么明晰，时人很难加以区分。比如刑部在变通捐赎之法时，即将捐赎称之为"罚赎"之法。吉同钧在提出折工罚金说贴时，引入了"罚金"概念。吉同钧可以说是清末最早建议将罚金引入律例的人之一。不过吉同钧所言的罚金与赎刑是同一个意思，并非正刑，只是替换作工的刑罚。可以看出，在这一时期，吉同钧并不认为罚金与赎刑存在本质的区别。并且在用语上，吉同钧也不太在意细微的意思差别，在该说贴中用了"罚赎""罚锾""罚金"等三个不同的语词来表达同样的概念。

在修订法律馆将笞杖变通为罚金之后，罚金与赎刑的概念界限变得清晰：罚金为正刑和轻刑，赎刑为替代刑和重刑，两种刑罚维持着清晰的两分平衡格局。但在修订法律馆内部，仍可见将罚金与赎刑联系起来的论述，可能有强调赎刑因素以减少罚金施行阻力的考虑。比如，在《大清新刑律》草案告成的奏折中，沈家本称罚金"实亦仍用赎金旧制也。"[①] 另外，修订法律馆在《大清新刑律》草案第37条"沿革"中也将赎刑与罚金相提并论，"罚金即唐虞赎金之遗制，历代相沿，或以谷，或以缣，或以金，或以绢，或以铜，或以钞，其制不一。然汉晋之间，罚金列为正刑，其制自四两迄二斤不等。"[②] 在修订法律馆之外，将赎刑与罚金视为一物的观点在当时舆论中仍属常见。比如，河南签注即对第

---

① 《修订法律大臣沈家本奏刑律草案告成分期缮单呈览并陈修订大旨折》，故宫博物院明清档案部编：《清末筹备立宪档案史料》，中华书局1979年版，第847页。

② 据李欣荣教授的研究，草案中"沿革"的内容当出于法律馆司员之手，董康在其中发挥了重要的作用。参见李欣荣：《自创良法：清季新刑律的编修与纷争》，社会科学出版社2018年版，第126页。

44条罚金与自由刑并科的规定提出异议,"科罪即不应罚金,二者并科,岂赎刑本旨耶?"①

(二)罚金与赎刑的博弈:从并存到退出

清末罚金与赎刑体系三种形态的演变,显示罚金从无到有且逐渐替代赎刑,但也显示赎刑并没有完全消失。在清末法制变革进程中,罚金进而赎刑退的路径非常明晰。

罚金在近代的出现以及赎刑的逐渐弱化,均是清末以废除领事裁判权为目标而与外法改同一律的结果。中律赎刑之制与世界列强法制差异较大,因此不得不考虑适用外来罚金之法,这是中律屈从于外律的体现。根植于中国传统礼法差序传统的赎刑,其以主体身份差序确定的赎刑银数体系,以及替代正刑的刑罚性质,都越来越与近代法治平等观念不符。赎刑逐渐退出历史舞台,也是这种思潮下的必然反映。在某种意义上,赎刑的逐渐退出与梅因所论及的"从身份到契约"的社会运动进程相切合。② 从罚金与赎刑并立到罚金完全占据优势地位,这是中国传统刑律从设想与外律并存到被外律几乎完全取代的一个缩影。

作为外来之法,罚金的引进存在某些有利的外部环境。一方面,清代律例内外的赎刑体系畸轻畸重、复杂烦琐的弊端突出,而清末新政需款孔急,迫切需要对传统赎刑进行改革,而罚金之法正好能提供一个看起来有效的解决方案。罚金引进的其中一个动因正是对传统赎刑体系的改良变通。另一方面,外来罚金与传统赎刑都属于财产刑,两者存在相似的部分,时人常难以加以分辨;且"罚金"之名在汉晋之间即已存在,从称谓上也并不遭排斥,有助于接受。

在罚金引进的过程中,修律者对赎刑的态度有所变化。从清末的三个刑律文本可以看出这一点。其一,在《大清现行刑律》之下,废除赎刑并非修律者的目标。在删订旧律的路径中,虽然对罚金与赎刑进行了较大变通,但是赎刑并未遭废除。修律者的主要目标在于改变畸轻畸重、复杂烦琐的赎刑体系,其变通的方法也并非简单地加重或减轻,而是减轻畸重的捐赎,加重畸轻的妇女赎刑以及老幼废疾收赎的银数。并且删去并不合时宜的旧赎刑体系。修律者如此变通的主要动机,在于希望更有效地借助赎刑解决清末紧张的司法财政困境。其二,在章董氏草案及《大清新刑律》之下,修律者模仿日本新旧刑法之体例,以罚金为主刑,文本中已无"赎刑"之名。虽仍有以罚金的名义保存的少量赎刑条文,但基本可以认定,在与罚金的博弈中,赎刑几乎已经退出。

问题在于,在新刑律的编纂中,中律传统赎刑几乎完全在文本中退出是否合理?是否

---

① 《河南签注清单》,高汉成主编:《〈大清新刑律〉立法资料汇编》,社会科学文献出版社2013年版,第389页。

② 张兆凯教授以梅因"从身份到契约"的社会运动过程总结赎刑退出的原因,颇有启示意义。参见张兆凯:《赎刑的废除与理性回归》,载《北方法学》2008年第6期。

值得反思？在个人主义或国家主义的思潮引入之际，具有身份伦理差序格局的中国传统赎刑制度应当如何对待？民国即有法学家提出过"如何使中国国情与外国法制兼容并蓄"之问。① 黄源盛教授也提出了"究竟要如何对待伦理道德与法律之间的关系"之问。②

法的国际化与本土化，"是法的普遍性规律与特殊性规律的具体表现"，两者都是缺一不可的。③ 以法的国际化与本土化的视角来审视清末三个刑律文本下的罚金与赎刑体系，可以对上述之问进行更多的思考。在《大清现行刑律》之中，参照日本旧刑法引入轻刑性质的罚金，本土传统赎刑从而退出轻刑领域，变通为只适用于重罪，从而形成了"轻罪轻刑＋重罪赎刑"的两分格局，法的国际化与本土化体现得很明显。而在章董氏草案中，主要参照日本旧刑法的体例，罚金依然是轻刑，而除了妇女赎刑之外，赎刑消失在文本中，导致的结果是财产刑几乎退出了在重罪领域的适用。在《大清新刑律》中，则主要参照日本新刑法的体例，罚金突破轻刑领域，而具赎刑特征的"短期自由刑易科罚金"则加入其中。后两个刑律文本，在罚金与赎刑领域，明显过于重视国际化，而本土化则体现不足。事实上在清末修律中这一现象很普遍，"其内容全系直接继承外国法，大部分模仿日本，而于本国法源毫不介意。"④ 因此，清末法律移植频遭"水土不服"之困。对于罚金与赎刑而言，中国传统赎刑所具有的怜恤弱者区分罪过等具有合理性因素的内容，都是可以利用的传统法律文化资源。

在清末新政中出现的罚金与赎刑关系问题，是近代外来法与本土法律如何调适问题的缩影。罚金与赎刑体系演变中出现的中外杂糅、罚进赎退以及激烈变动等现象即是这种调适在实操上的反映。对修律者而言，外来法与本土法律如何调适，并非始终都有清晰、明确的共识。中外共存还是全盘摒弃中律，一直是清末政治精英争论不休的问题。在不同修律宗旨下，出现的数个刑律文本即是这种激烈争论的真实写照。很显然，在以收回领事裁判权为背景色的清末法制变革进程中，几乎全盘摒弃中律及与外改同一律的修律宗旨占了上风，外来罚金之法也几乎全面挤压了中国传统赎刑的适用空间。

在当今立法中，如何调适现代法治与我国传统法律文化也仍然是一个重要问题。现代法治是全盘取代我国传统法律文化，抑或将我国传统法律文化融入现代法治之中，在当今现代法治体系建设中仍然具有讨论的价值。可以说，一百余年以来，法律移植产生的中外法制调适的问题仍然在延续。

（编辑：戴津伟）

---

① 吴经熊：《法律哲学研究》，上海法学编译社1933年版，第85页。
② 黄源盛：《传统与当代之间的伦常条款——以"杀尊亲属罪"为例》，载《华东政法大学学报》2010年第4期，第106页。
③ 何勤华：《法的国际化与本土化：以中国近代移植外国法实践为中心的思考》，载《中国法学》2011年第4期，第52页。
④ 杨幼炯：《近代中国立法史》，台湾商务印书馆1966年版，"自序"第4页。

附:《法律方法》稿约

《法律方法》是由华东政法大学法律方法论学科暨法律方法研究院编辑出版,陈金钊、谢晖教授共同主编的定期连续出版物。本刊自 2002 年创办以来已出版多卷,2007 年入选 CSSCI 来源集刊,并继续入选近年来 CSSCI 来源集刊。从 2019 年起,本刊每年拟出版 3 至 4 卷。作为我国法律方法论研究的一方重要阵地,本刊诚挚欢迎海内外理论与实务界人士惠赐稿件。

稿件请以法律方法研究为主题(含译文),包括部门法学领域有关法律方法的研究论文。稿件的正文应在 1 万字以上。本刊审稿实行明确的三审制度,对来稿以学术价值与质量为采稿标准,并由编辑委员会集体讨论提出相应的最终用稿意见。本刊已实行独立作者署名的制度。本刊将不断推进实施用稿与编辑质量提升计划。

一、栏目设置

本刊近几卷逐渐形成一些相对固定的栏目,如域外法律方法、法律方法理论、司法方法论、部门法方法论等。当然,也会根据当期稿件情况,相应设置一定的主题研讨栏目。

二、版权问题

为适应我国信息化建设,扩大本刊及作者知识信息交流渠道,本刊已被《中国学术期刊网络出版总库》及 CNKI 系列数据库收录,其作者文章著作权使用费与本刊稿酬一次性给付。如作者不同意文章被收录,请在来稿时声明,本刊将做适当处理。

三、来稿要求

1. 本刊属于专业研究集刊,只刊登有关法律方法论研究方面的稿件,故请将这方面的作品投稿本刊。

2. 稿件须是未曾在任何别的专著、文集、网络上出版、发表或挂出,否则本刊无法采用。

3. 来稿如是译文,需要提供外文原文和已获得版权的证明(书面或电子版均可)。

4. 来稿请将电子版发到本刊收稿邮箱 falvfangfa@163.com 即可,不需邮寄纸质稿件。发电子邮件投稿时,请在主题栏注明作者姓名与论文篇名;请用 WORD 文档投稿,附件 WORD 文件名也应包括作者姓名和论文篇名。请把作者联系方式(地址、邮编、电话、电子信箱等)注明在文档首页上,以便于联系。

5. 本刊不收任何形式的版面费,稿件一经采用即通知作者,出版后邮寄样刊。

6. 来稿需要有中文摘要(300 字左右)、关键词(3-5 个)。欢迎在稿件中注明基金项目。作者简介包括：姓名，性别，籍贯，工作（学习）单位与职称、学历和研究方向等。

7. 为方便作者，稿件请采用页下注释，注释符用"1、2、3…"即可，每页重新记序数。非直接引用原文时，注释前需要加"参见"，引用非原始资料时，需要注明"转引自"。每个注释即便是与前面一样，也要标注完整，不可出现"同前注…"、"同上"。正文中注释符的位置，应统一放在引用语句标点之后。

四、注释引用范例

1. 期刊论文

陈金钊：《法治之理的意义诠释》，载《法学》2015年第8期，第20页。

匡爱民、严杨：《论我国案例指导制度的构建》，载《中央民族大学学报（哲学社会科学版）》2009年第6期，第65页。

2. 文集论文

参见焦宝乾：《也论法律人思维的独特性》，载陈金钊、谢晖主编：《法律方法》（第22卷），中国法制出版社2017年版，第119~120页。

3. 专著

参见王泽鉴：《民法思维：请求权基础理论体系》，北京大学出版社2009年版，第165~166页。

4. 译著

[德] 卡尔·拉伦茨：《法学方法论》，陈爱娥译，商务印书馆2005年版，第160页。

5. 教材

张文显主编：《法理学》（第四版），高等教育出版社2011年版，第274页。

6. 报纸文章

葛洪义：《法律论证的"度"：一个制度问题》，载《人民法院报》2005年7月4日，第5版。

7. 学位论文

参见孙光宁：《可接受性：法律方法的一个分析视角》，山东大学2010年博士论文，第182页。

8. 网络文章

赵磊：《商事指导性案例的规范意义》，载中国法学网 http://www.iolaw.org.cn/showArticle.aspx?id=5535，最后访问日期：2019年6月21日。

9. 外文文献

See Joseph Raz, "Legal Principles and The Limits of Law", *Yale Law Journal*, vol. 81, 1972, p. 839.

SeeAleksander Peczenik, *On Law and Reason*, Dordrecht/Boston/London：Kluwer Academic Publishers, 1989, p. 114-116.

Tom Ginsburg, "East Asian Constitutionalism in Comparative Perspective", in Albert H. Y. Chen, ed., *Constitutionalism in Asia in the Early Twenty-First Century*, Cambridge: Cambridge University Press, 2014, p. 39.

引用英文以外的外文文献请依照其习惯。

《法律方法》编辑部
2022 年 4 月于上海